합격에
자신 있는
무역시리즈
합격자!

KB084654

무역영어

2급 | 기출이 답이다

SD에듀
(주)시대고시기획

편저자의 말

21세기, 국경 없는 무한경쟁의 시대에 대외교역을 보다 확대하기 위해서는 무역에 관한 전문지식이 필수적이며, 무역 관련 영문서류의 작성 · 번역 등 영어구사 능력은 물론 무역실무 지식과 함께 전문적인 실력이 요구됩니다. 이러한 시대의 요구에 발맞추어 대한상공회의소와 정부는 무역영어에 대한 국가공인시험제도를 마련하여 인재를 양성해 국가경제의 발전을 이어가기 위해 노력하고 있습니다.

무역영어 시험은 무역관련 영문서류의 작성 · 번역 등 영어능력뿐만 아니라 무역실무 전반에 걸친 지식을 평가하는 시험 입니다. 따라서 원하는 결과를 얻기 위해서는 정형화된 무역용어와 서신, 무역서류에 쓰이는 문구 및 무역실무 전반을 이해해야 하며 무역에서 자주 쓰이는 영어표현도 익혀야 합니다.

무역영어 시험을 준비하는 많은 수험생이 수험에 대한 부담감 때문인지 효율적이지 않은 공부 방법으로 오히려 수험기간만 늘리고, 결국 기대한 결과를 얻지 못하는 경우를 종종 보아왔습니다. 출제경향에 따라 핵심이론을 학습하고, 기출문제와 예상문제 등 가능한 한 많은 양의 문제를 풀어보는 것이 가장 기본적인 학습방법임을 다시 한 번 말하고 싶습니다.

이에 본서를 여러분 앞에 내놓게 되었습니다. 이 책의 특징은 다음과 같습니다.

> 첫 째 최근 무역영어 2급 3개년(2018~2020년) 기출문제와 자세한 해설을 수록하여 독학이 가능하도록 하였습니다.
>
> 둘 째 회차별 문제를 풀어보며 출제경향과 난이도를 파악할 수 있도록 구성하였습니다.
>
> 셋 째 핵심 영단어 A to Z를 부록으로 수록하여 중요한 단어를 암기할 수 있도록 하였습니다.
>
> 넷 째 핵심 확인학습을 통해 주요 키워드와 영문표현에 익숙해질 수 있도록 하였습니다.

끝으로 세계를 무대로 대한민국 무역 일선에서 활약하게 될 예비무역인 여러분의 건승을 빕니다.

편저자 올림

본 도서는 항균잉크로 인쇄하였습니다.

항균잉크(V-CLEAN99)의 특징

◉ 바이러스, 박테리아, 곰팡이 등에 항균효과가 있는 산화아연을 적용

◉ 산화아연은 한국의 식약처와 미국의 FDA에서 식품첨가물로 인증받아 **강력한 항균력을** 구현하는 소재

◉ 황색포도상구균과 대장균에 대한 테스트를 완료하여 **99.9%의 강력한 항균효과** 확인

◉ 잉크 내 중금속, 잔류성 오염물질 등 **유해 물질 저감**

TEST REPORT

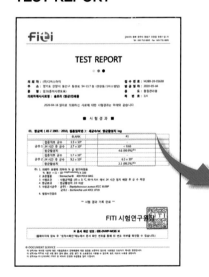

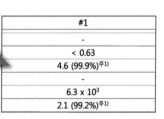

#1
-
< 0.63
4.6 (99.9%)주1)
-
6.3 x 10³
2.1 (99.2%)주1)

Clean Zone

SD에듀
(주)시대고시기획

코로나19 바이러스
"친환경 99.9% 항균잉크 인쇄"
전격 도입

언제 끝날지 모를 코로나19 바이러스

99.9% 항균잉크(V-CLEAN99)를 도입하여 「안심도서」로

독자분들의 건강과 안전을 위해 노력하겠습니다.

영문해석 / 영작문

영문해석/영작문 과목의 경우에는 무역서신이 지문으로 제시되기 때문에, 전반적인 무역용어와 실무에 대한 이해가 선행되어야 문제를 잘 풀 수 있습니다. 무역용어의 한글·영문표현 모두 숙지해 두도록 하며, 독해 능력을 꾸준히 키우도록 합니다.

빈출 유형

- 밑줄 친 부분이 가리키는 것 추론하기
- 서신의 앞뒤에 올 내용 혹은 이전 서신 내용 추론하기
- 빈 칸 채우기
- 적절한 것/적절하지 않은 것 찾기
- 문장 삽입하기
- 주제 찾기
- 흐름에 맞지 않는 문장 찾기

무역실무

무역실무에서는 무역계약, 운송, 결제, 보험 부분이 높은 비율로 출제됩니다. 서비스무역, 기술무역, 해외투자, 전자무역 부분은 출제빈도가 낮습니다. 무역실무 내용은 영문해석, 영작문 과목에서 영어로 출제되기 때문에, 무역실무에서 자주 출제되는 부분에 대한 공부를 가장 중점적으로 하는 전략이 필요합니다.

빈출 유형

- 무역계약 : 인코텀즈, 신용조회, 청약, 품질/수량조건
- 운송, 선적 : 선하증권, 선적서류(원산지증명서), 송장, 해상운임
- 무역결제 : 결제방식, 신용장, 포페이팅, 환어음, 무역금융
- 무역보험 : 해상손해(물적손해/공동해손), 협회적하약관, 피보험이익
- 무역규범 : UCP 600, URC 522, CISG

2018~2020년 2급 기출문제 & 해설!

무역영어 2급 최근 3개년 (2018~2020년) 기출문제 총 9회분을 모두 실어 출제경향을 파악하고 빈출 유형을 파악할 수 있어요!

CHAPTER 01

무역영어 2급 기출이 답이다

2020년 제1회(117회) 기출문제

제1과목 **영문해석**

01 Select all the statements that are TRUE about the characteristics of Incoterms 2020?

> a. Incoterms 2020 has been released by the International Chamber of Commerce maintaining the number of terms, 11.
> b. One new Incoterm, DPU has replaced the Incoterms 2010 rule DAT.
> c. Incoterms 2020 rules are available for application to both international and domestic sale contracts.
> d. Incoterms 2020 rules have specified shipping documents that could be replaced by electronic means of communication.

① a, b, c
② b, c, d
③ a, c, d
④ a, b, d

정답 ①

해설 Incoterms 2020 특징을 서술한 아래 문장 중 사실인 것은?

> a. 인코텀즈 2020은 국제상공회의소에 의해 11개 조건을 유지하며 출시되었다.
> b. 새로운 인코텀즈 규칙인 DPU가 인코텀즈 2010 DAT를 대체했다.
> c. 인코텀즈 2020은 국제 및 국내 판매 계약에 모두 적용할 수 있다.
> d. 인코텀즈 2020은 전자통신수단으로 대체될 수 있는 선적서류를 명시했다.

*release : (대중들에게) 공개[발표]하다
*maintain : 유지하다[지키다]
*replace : 대신[대체]하다
*available for : ~에 적용 가능한
*specify : (구체적으로) 명시하다
*shipping documents : 선적서류

기출문제와 풀이를 함께 구성!

오답 풀이까지 수록되어 있는 상세한 해설을 문제 아래 배치하여 문제를 읽으면서 바로바로 관련 이론들을 학습할 수 있도록 구성했어요!

꼼꼼한 영문 해석과
무역실무 지식 제공!

영문 지문의 정확한 해석과 지문에 쓰인 단어의 뜻도 편하게 암기할 수 있고, 스스로 이해하며 학습할 수 있도록 무역실무 지식을 함께 제공했어요!

정답 ②

해석 다음 중 협회전쟁약관에서 제외되는 것은?
① 내 전
② 테러리즘
③ 교전국에 의한 또는 대항하는 적대 행위
④ 포획, 나포, 체포, 억지 또는 억류

해설 전쟁면책약관(War Exclusion Clause, ICC(A) 제6조)
어떠한 경우에도 이 보험은 다음의 사유로 인하여 발생한 멸실, 손상 또는 비용을 담보하지 아니한다.
• 전쟁, 내란, 혁명, 모반, 반란 또는 이로 인하여 발생한 국내 투쟁, 교전국에 의하여 또는 교전국에 대하여 행해진 적대 행위
• 포획, 나포, 강류, 억지 또는 억류(해적행위 제외) 및 그러한 행위의 결과 또는 그러한 행위의 기도
• 유기된 기뢰, 어뢰, 폭탄 또는 기타의 유기된 전쟁 무기
*belligerent : 교전국, 전쟁 중인

20 Which is suitable for the blank.

Delivery occurs when the goods are placed on board the vessel at the port of loading in ( ).

① CFR, CIF and FOB　　　　② CFR, CIP and FOB
③ CFR, CIF and FAS　　　　④ CFR, CIP and FAS

2020　제3회 기출문제

정답 ①

해석 빈 칸에 들어갈 말로 가장 적절한 것은?

(CFR, CIF, FOB) 규칙에서 물품이 선적항의 선박에 선적될 때 인도가 이루어진다.

해설 ① CFR(운임 포함 인도), CIF(운임 · 보험료 포함 인도), FOB(본선 인도)는 모두 Incoterms 2020의 해상운송과 내수로운송에 적용되는 규칙으로, 물품의 인도는 매도인이 지정선적항에서 매수인이 지정한 선박에 물품을 적재할 때 이루어진다. 물품의 멸실 또는 훼손의 위험은 물품이 선박에 적재된 때 이전하고, 매수인은 그 순간부터 향후의 모든 비용을 부담한다.
FOB vs CFR vs CIF 비교

규 칙	내 용
FOB (본선 인도)	• 위험이전 : 계약 물품이 본선에 적재된 때 • 비용부담 : 본선에 적재된 이후의 일체의 물류비용을 매수인이 부담
CFR (운임 포함 인도)	• 위험이전 : 계약 물품이 본선에 적재된 때 • 비용부담 : 매도인은 추가로 목적항까지의 운임을 부담
CIF (운임 · 보험료 포함 인도)	• 위험이전 : 계약 물품이 본선에 적재된 때 • 비용부담 : 매도인은 추가로 목적항까지의 운임 및 보험료를 부담

안심Touch

상세하고 명쾌한 해설!

자세한 해설을 통해 자신의 취약점을 보완하고 출제의도를 파악하고 넘어갈 수 있고, 다시 한 번 핵심 개념을 복습하여 완벽하게 이해할 수 있도록 구성했어요!

부록 — 무역영어 2급 기출이 답이다
핵심 영단어 A to Z

■ 무역계약

- acceptance : 승낙
- accumulate : 축적하다, 모으다
- anticipate : 예상하다, 기대하다
- approval : 승인, 시제품
- authoritative : 권위 있는, 믿을 만한
- bank reference : 은행 신용조회처
- banker's check : 은행수표
- barrel : 통
- bilateral contract : 쌍무계약
- borne : bear(비용이나 책임 등을 지다, 떠맡다)
  의 과거분사
- bundle : 묶음
- business ability : 영업능력
- business proposal : 거래제안
- buyer : 구매자, 구입자, 매수인
- capacity : 기업운용능력
- capital : 재정상태
- case by case contract : 개별계약
- character : 상도덕
- claim : (주문품의 미도착 등으로 인한) 클레임
- client : 고객
- collateral : 담보능력
- commercial invoice : 상업송장
- common carrier : 전문 운송인
- conditional offer : 조건부 청약
- consensual contract : 낙성계약
- contract of carriage : 운송계약

- contract of sales of goods : 물품매매계약
- correspond : 일치하다
- counter offer : 반대청약
- credit inquiry : 신용조회
- cross offer : 교차청약
- currency : (거래) 통화
- deal : 처리하다, 다루다, 거래하다
- deficit : 적자, 부족액
- delay : 지연시키다, 연기하다, 미루다
- escalation : (단계적인) 증대, 확대, 상승
- exclusive contract : 독점계약
- expiry date : 만료일, 유통기간
- export license : 수출승인
- facility : (기계나 서비스 등의 특수) 기능
- factoring : 팩터링
- fair average quality : 평균중등 품질조건(FAQ)
- financial status : 재정상태
- firm offer : 확정청약
- good merchantable quality : 판매적격 품질조건
  (GMQ)
- handwriting : 수기
- hereto : 이에 관하여
- hereunder : 이 아래에, 이 다음에
- honesty : 정직성
- implied contract : 묵시계약
- import license : 수입승인
- inferior quality : 열등한 품질
- informal contract : 불요식 계약
- infringement : 위반, 침해

> ### [부록] 핵심 영단어 A to Z 제공!
> 시험에 자주 출제되는 주요 용어들을 무역실무 출제기준에 맞춰 수록했어요!

부록 — 무역영어 2급 기출이 답이다
핵심 확인학습

해석을 보고 빈칸을 채워보세요.

001 당사는 금일 귀사를 지급인으로 한 일람 후 30일 출급조건의 환어음을 발행하였고, 런던의 바클레이 은행을 통하여 매입하였습니다.
→ We have today drawn on you at 30 d/s, and ( ) the draft through the Barclays Bank, London.

002 당사자 무역은 자기 자신을 위해 혹은 자신의 회사 이익을 위해 교역하는 것이나 대행사는 고객 혹은 고객사를 위해 교역한다.
→ ( ) is trading for himself or money for his firm but agency is trading for a client or firm of a client.

003 귀사의 상품이 동 시장에 적합하기 때문에 9월 10일자 귀사의 제안을 기꺼이 수락합니다.
→ We are pleased to ( ) your proposal dated September 10 as your goods suit our market.

004 당사는 전보로 확정청약을 합니다.
→ We cable you the ( ) offer.

005 당사는 반대청약을 하고자 합니다.
→ We would like to make a ( ) offer.

006 제품의 품질은 샘플의 품질과 정확히 동일해야 합니다.
→ The ( ) of the goods should be exactly to that of the samples.

007 운송비 지급 인도조건에서 합의된 목적지까지 운송을 위하여 후속 운송인이 사용될 경우에, 위험은 물품이 최초 운송인에게 인도되었을 때에 이전된다.
→ In CPT, if subsequent carriers are used for the carriage to the agreed destination, the risk passes when the goods have been delivered to the first ( ).

008 공장 인도조건을 제외한 모든 인코텀즈는 매도인이 물품의 수출통관을 이행할 것을 요구하고 있다.
→ All the terms of INCOTERMS except EXW require the ( ) to clear the goods for export.

> ### [부록] 핵심 확인학습 수록!
> 확인학습 문제를 풀며 한 번 더 머릿속에 암기할 수 있어요!

시행처 : 대한상공회의소

응시자격 : 제한 없음

응시료 : 29,000원

2022 무역영어 시험일정

원서접수	개설일로부터 시험일 4일전까지
시험일자	연 52회 시행 – 매주 화요일, 일요일(4~6월, 9~11월)
발표일자	시험일 다음날 오전 10시

※ 해당 시험일정은 변경될 수 있으니, 반드시 해당 시행처 홈페이지(http://license.korcham.net/)를 확인해주시기 바랍니다.

시험과목 및 시험시간

등 급	시험방법	시험과목	제한시간	문제수	출제방법
1·2·3	필기시험	• 영문해석 • 영작문 • 무역실무	90분	75문항	객관식 4지선다형

출제기준

1·2급	3급
❶ 무역실무 전반에 걸친 무역통신문 ❷ 해외시장조사, 신용조사방법, 수출입 개요 등 ❸ 무역관계법(실무에 적용되는 것에 한함) ❹ 무역계약 ❺ 대금결제 ❻ 운송, 용선계약, 적화보험 ❼ 무역클레임과 상사중재 ❽ EDI에 의한 수출입 통관	❶ 무역통신문의 구성 및 형식 ❷ 거래관계의 개설(신용조회 및 보고, 거래제의) ❸ 거래관계의 성립(청약, 주문, 계약) ❹ 신용장(발행신청, 통지 및 수정) ❺ 선적과 운송서류(선적보험, 운송서류, 보험) ❻ 기본 무역용어 ❼ 상용회화

※ 1·2급의 문제는 상기 범위 내에서 난이도로 조정하여 출제됩니다.

합격기준 : 매 과목 100점 만점에 전 과목 평균 60점 이상 합격(단, 1급은 과목당 40점 미만인 경우 불합격)

CONTENTS
목차

PART 01

2020년 기출문제

무역영어 2급 기출이 답이다

제1과목   영문해석

01 Select all the statements that are TRUE about the characteristics of Incoterms 2020?

> a. Incoterms 2020 has been released by the International Chamber of Commerce maintaining the number of terms, 11.
> b. One new Incoterm, DPU has replaced the Incoterms 2010 rule DAT.
> c. Incoterms 2020 rules are available for application to both international and domestic sale contracts.
> d. Incoterms 2020 rules have specified shipping documents that could be replaced by electronic means of communication.

① a, b, c
② b, c, d
③ a, c, d
④ a, b, d

정답 ①

해석 Incoterms 2020 특징을 서술한 아래 문장 중 사실인 것은?

> a. 인코텀즈 2020은 국제상공회의소에 의해 11개 조건을 유지하며 출시되었다.
> b. 새로운 인코텀즈 규칙인 DPU가 인코텀즈 2010 DAT를 대체했다.
> c. 인코텀즈 2020은 국제 및 국내 판매 계약에 모두 적용할 수 있다.
> d. 인코텀즈 2020은 전자통신수단으로 대체될 수 있는 선적서류를 명시했다.

*release : (대중들에게) 공개[발표]하다
*maintain : 유지하다[지키다]
*replace : 대신[대체]하다
*available for : ~에 적용 가능한
*specify : (구체적으로) 명시하다
*shipping documents : 선적서류
*electronic means of communication : 전자통신수단

해설 Incoterms 2020 개정사항
- 본선적재표기가 있는 선하증권과 Incoterms FCA 규칙
- 비용 – 어디에 규정할 것인가
- CIF와 CIP 간 부보수준의 차별화
- FCA, DAP, DPU 및 DDP에서 매도인 또는 매수인 자신의 운송수단에 의한 운송 허용
- DAT에서 DPU로의 명칭 변경
- 운송의무 및 비용 조항에 보안관련 요건 삽입
- 사용자를 위한 설명문

02 Select the wrong interpretation in view of the following sentences.

> Any claim by buyer of whatever nature arising under this contract shall be made by cable within 14 days after arrival of the goods at the destination specified in the bill of lading. Full particulars of such claim shall be made in writing, and forwarded by registered mail to seller within 7 days after cabling. Buyer must submit seller with particular sworn surveyor's reports explaining the quality or quantity of the goods delivered is in dispute.

① 매수인의 클레임은 선화증권에 명시된 목적지에 물품이 도착한 후 14일 이내에 전신으로 제기되어야 한다.
② 클레임의 명세는 전신 후 7일 이내에 서면으로 작성되어야 한다.
③ 클레임의 명세는 전신으로 매도인에게 송부되어야 한다.
④ 인도된 물품의 품질이나 수량에 문제가 있는 경우 매수인은 상세한 감정보고서를 제시하여야 한다.

정답 ③

해석 다음 문장의 관점에서 잘못된 해석을 고르시오.

본 계약에서 매수인에 의해 발생하는 어떠한 종류의 클레임도 선하증권에 명시된 목적지에 제품이 도착한 후 14일 이내에 전신으로 제기되어야 한다. 동 클레임의 명세는 전신 후 서면으로 작성되어 7일 이내에 등기우편으로 매도인에게 송부되어야 한다. 인도된 제품의 품질 또는 수량에 문제가 있는 경우 매수인은 상세한 감정보고서를 매도인에게 제시해야 한다.

*whatever nature : 어떠한 종류라도
*bill of lading : 선하증권
*particulars : 상세, 명세
*forward : (물건·정보를) 보내다[전달하다]
*swear : ~할 것을 맹세하다[보증하다]

해설 지문의 세 번째 문장에서 Full particulars of such claim shall be made in writing, ...to seller within 7 days after cabling.이라고 하였으며, after cabling은 '전신 후', in writing은 '서면으로'라는 뜻으로 ③이 적절한 해석이 되려면 '동 클레임의 명세는 전신 후 서면으로 작성되어 7일 이내에 등기우편으로 매도인에게 송부되어야 한다.'가 되어야 한다.

03 What is the best in the blank?

> After seeking overseas connections through the foreign market research, we are supposed to send the ( ) which suggests the business proposal.

① catalog
② circular letter
③ distribution list
④ directory

정답 ②

해석 빈 칸에 가장 적절한 것은?

> 당사는 해외 시장조사를 통해 해외 연계를 모색한 후 거래를 제안하는 (거래권유장)을 보내기로 되어 있다.
>
> *overseas : 해외의
> *connection : 관련성
> *be supposed to : ~하기로 되어 있다

① 목 록
② 거래권유장
③ 배포 목록
④ 안내 책자

해설 ② 지문은 거래 가능업체에게 거래를 제안하는 거래권유장(Circular letter)이다.
거래권유장(Circular letter)
가볍게 돌리는 거래의향서로, 거래제안서(Business proposal)와 의미는 비슷하나 보다 무게가 실린 서신이라고 보면 되는데 작성 내용은 일반적으로 다음과 같다.
• 상대방을 알게 된 배경이나 경로
• 거래제의 상사의 업종, 취급상품, 거래국가 등
• 거래제의 상사의 자국 내에서 지위, 경험, 생산규모 등
• 거래조건(특히 결제 및 가격조건 등)
• 신용조회처(주로 거래은행명 및 주소)
• 정중한 결문

04 Select the right order in a business proposal below.

Ⓐ We are desire of extending our business to your country and shall be much obliged if you will introduce us to some reliable firms in your country who are interested in this line of business.

Ⓑ For the thirty years, we have been supplying all kinds of fishing equipment to our domestic market and also to various markets abroad enjoying a good reputation.

Ⓒ As to our credit standing, the Korea Chamber of Commerce and Industry will supply necessary information.

Ⓓ We thank you for your cooperation in advance and wait for your early reply.

---

① Ⓓ – Ⓑ – Ⓒ – Ⓐ   ② Ⓑ – Ⓒ – Ⓓ – Ⓐ

③ Ⓓ – Ⓒ – Ⓐ – Ⓑ   ④ Ⓑ – Ⓐ – Ⓒ – Ⓓ

정답 ④

해석 아래 거래제안서를 올바른 순서로 배열한 것은?

Ⓑ 지난 30년 동안, 당사는 모든 종류의 낚시 장비를 국내시장과 해외의 다양한 시장에도 공급하여 좋은 명성을 얻고 있습니다.

Ⓐ 당사는 사업을 귀사의 나라까지 확장하기 바라며 만약 귀사가 이 사업에 관심이 있는 믿을만한 회사들을 당사에 소개해 준다면 대단히 감사하겠습니다.

Ⓒ 당사의 신용상태와 관련하여 대한상공회의소가 필요한 정보를 제공할 것입니다.

Ⓓ 귀사의 협조에 대해 미리 감사드리며 조속한 회답을 기다리겠습니다.

*supply : 공급[제공]하다
*fishing equipment : 낚시 장비
*domestic : 국내의
*reputation : 평판, 명성
*desire for : ~을 갈망하다
*be obliged if : ~해주시면 감사하겠습니다
*reliable firms : 믿을 만한 회사들
*As to : ~에 관해서는[~은]
*credit standing : 신용상태
*in advance : 미리, 전부터

해설 ④ 지문은 거래제안서로, 문맥상 가장 먼저 작성자의 회사와 제품을 소개하고Ⓑ, 사업을 함께 할 거래처를 소개해 줄 것을 요청하고 난 뒤Ⓐ, 작성자의 회사에 대한 신용조회처를 소개하고 있으며Ⓒ, 마지막으로 감사인사로 마무리하고 있다Ⓓ.

거래제의(Business proposal)
• 신용조사 결과 거래가능업체로 판정된 상대방에게 구체적인 사항을 제시하여 거래를 제의하는 것이다.
• 선별했거나 소개받은 후보들에 자신을 알리고 거래를 제의하는 편지(Circular letter, 거래권유장)를 발송한다.
• 거래권유장에는 상대방을 알게 된 동기, 자사소개 및 신용조회처, 수출 물품 및 가격표(Price list) 등 정보를 함께 전달할 수 있다.

안심Touch

We have been testing the market with a new line of furniture assembly kits, and have found that demand for these kits, both here and overseas, has exceeded my expectations. In the past six months alone, we have had over USD120,000 worth of orders, half of which we have been unable to fulfil because of our limited resources.

For this, we will make a loan for about USD40,000 to buy additional equipment and raw materials. As a part of (   ), we can offer USD10,000 in ordinary shares, and USD5,000 in local government bonds. We estimate it would take us about six months to repay a loan of this size.

05 Select the best word in the blank?

① security

② credit

③ asset

④ property

06 Which can NOT be inferred?

A : 위 서신의 작성자는 국내 및 국외에서 예상외로 많은 주문을 받았다.
B : 위 서신의 작성자는 지난 1년간 모두 USD120,000의 주문을 받았다.
C : 위 서신의 작성자는 모든 주문에 응할 수 없는 점에 대하여 사과한다.
D : 위 서신의 작성자가 모든 주문에 응할 수 없는 이유는 생산설비와 원료부족 때문이다.

① A, B

② B, C

③ C, D

④ A, D

해석

당사는 새로운 가구 조립 키트 라인으로 시장을 시험해 왔으며, 국내외적으로 이 키트들에 대한 수요가 저의 예상을 초과했다는 것을 알게 되었습니다. 지난 6개월 동안에만 당사는 120,000달러가 넘는 주문을 받았는데, 이 중 절반은 제한된 자원 때문에 주문량을 채울 수 없었습니다.

이 때문에, 당사는 추가 장비와 원자재 구입을 위해 약 미화 4만 달러를 대출할 것입니다. (담보)의 일환으로 당사는 회사의 보통주 10,000달러와 지방채 증권 5,000달러를 제공할 수 있습니다. 이 정도 규모의 대출을 상환하는 데 약 6개월이 걸릴 것으로 추정합니다.

*assembly kits : 조립 키트
*demand : 수요
*exceed : 넘다[초과하다/초월하다]
*fulfill : 실현[성취]하다
*make a loan : 빚돈을 내다
*additional equipment : 추가 설비
*security : 담보
*ordinary shares : (회사의) 보통주
*local government bonds : 지방채 증권
*estimate : 추산[추정]하다
*repay : 갚다[상환하다]

05 빈 칸에 가장 적절한 단어를 고르시오.
　① 담 보
　② 신 용
　③ 자 산
　④ 부동산

06 추정할 수 없는 것은?

해설 05

지문의 빈 칸 앞 문장에서 we will make a loan for about USD 40,000 to buy additional equipment and raw materials(당사는 추가 장비와 원자재 구입을 위해 약 미화 4만 달러를 대출할 것입니다.)라고 했고 빈 칸 다음에 we can offer USD 10,000 in ordinary shares, and USD 5,000 in local government bonds(당사는 회사의 보통주 10,000달러와 지방채 증권 5,000달러를 제공할 수 있습니다.)라고 했으므로, 장비와 원자재 구입을 위해 대출할 때 보통주와 지방채 증권을 제공받을 수 있다는 내용이다. 따라서 빈 칸에는 '담보'라는 뜻의 ① security가 적절하다.

06

• 지문에서 In the past six months alone, we have had over USD 120,000 worth of orders(지난 6개월 동안에만 당사는 120,000달러가 넘는 주문을 받았다.)라고 했으므로, 지난 1년간 USD 120,000의 주문을 받았다는 B의 내용과 다르다.
• 지문에서 half of which we have been unable to fulfill because of our limited resources(이 중 절반은 제한된 자원 때문에 주문량을 채울 수 없었습니다.)라고 했으므로, 모든 주문에 응할 수 없다는 C의 내용과 다르다.

[07~09] Read the following letter and answer the questions.

(A) We are suppliers to Mackenzie Bros Ltd, 1-5 Whale Drive, Dawson, Ontario, who have asked us to give them facilities to settle their statements on ㉮ (분기별 조건으로). (B) While we have little doubt about their ability to clear their accounts, we would like to confirm that their credit rating warrants quarterly settlements of up to £8,000. (C) We would be very grateful for an early reply, and can assure you that it will be treated ㉯ (극비로). (D)

---

07 Where does the following sentence best fit the above letter?

They told us that you would be prepared to act as their referee.

---

① (A)
② (B)
③ (C)
④ (D)

08 Which is the appropriate Korean - English translation for the blank ㉮?

① a quarterly basis
② a quarter base
③ quarterly basis
④ quarter basis

09 Which is the appropriate Korean - English translation for the blank ㉯?

① in the strictest confidence
② in confidence
③ as confidential
④ as strict confidence

해석

(A) 당사는 맥켄지 브라더스(1-5 Whale Drive, Dawson, Ontario 소재)의 공급업체로, 그들은 ㉮ (분기별 조건으로) 명세서를 결제할 수 있는 시설을 제공해 달라고 당사에 부탁했습니다. (B) 그들은 귀사가 그들의 추천인 역할을 할 준비가 되어 있을 것이라고 당사에 말했습니다. 당사는 그 회사의 결제능력에 대해 거의 의심하지 않지만, 그들의 신용등급이 분기별로 최고 8,000파운드의 결제를 보증한다는 것을 확인하고 싶습니다. (C) 조속한 회답을 주시면 대단히 감사하겠습니다. 또한, 회신은 ㉯ (극비로) 취급될 것입니다.

*settle : (주어야 할 돈을) 지불[계산]하다, 정산하다
*statement : 입출금 내역서
*clear : 결제를 받다[결제하다]
*confirm : 사실임을 보여 주다[확인해 주다]
*warrant : 보장[장담]하다

07 다음 문장이 위 서신의 어디에 들어가야 가장 적절한가?

그들은 귀사가 그들의 추천인 역할을 할 준비가 되어 있을 것이라고 당사에 말했다.

08 빈 칸 ㉮의 한국어 – 영어 번역으로 가장 적절한 것은?

09 빈 칸 ㉯의 한국어 – 영어 번역으로 가장 적절한 것은?

해설 **07**
지문의 (B) 다음 문장에서 ... we would like to confirm that their credit rating warrants quarterly settlements of up to £8,000.라고 했으므로, 신용조회처를 선택하게 된 계기를 말하는 주어진 문장은 (B)에 들어가는 것이 가장 적절하다.
*prepare : 준비하다[시키다]
*act as : ~으로서의 역할을 하다[맡다]
*referee : 추천인

08
a quarterly는 '분기마다'의 뜻이고, basis는 '기준 (단위)'의 뜻이므로, ㉮에 적절한 영어 표현은 ① a quarterly basis이다.
*quarterly : 분기별의
*basis : 기준 (단위)
*quarter : 4분의 1
*base : 기초[토대]

09
① 지문은 신용조회 의뢰 서신으로 마지막 문장은 관용적으로 들어가는 문장이다. '비밀로, 은밀하게'는 일반적으로 전치사 in을 사용하여 in confidence로 나타낸다. 이 때 '극비로, 엄격한 비밀로'의 뜻을 나타내는 표현은 '엄격한 (strict)'에 최상급 비교 the -est를 사용하여 in the strictest confidence로 표현한다.

10 Which of the following is the payment method involved?

> We were very surprised to hear that the bill of exchange No. 211 dated March 12 was not met when presented.
>
> As you have never failed to meet your obligations on the bills we have drawn so far, we are surprised to know that the payment has not been made. Also we did not receive any reply from you on this matter and we would appreciate it if you could explain the reason why the draft was not honored.
>
> We instructed our bank today to present the draft again and we believe you will honor it immediately.

① Red clause credit   ② Standby credit
③ Documentary collection   ④ Documentary credit

정답 ③

해석 다음 중 지문에 포함된 지불방법은 무엇인가?

> 당사는 3월 12일자 환어음 211번이 제시되었을 때 결제되지 않았다는 것을 듣고 매우 놀랐습니다.
>
> 지금까지 당사가 발행한 어음에 귀사가 지불이행을 실패한 적이 없었으므로, 결제되지 않았다는 사실에 놀랐습니다. 또한 당사는 귀사로부터 이 사안과 관련해서 어떠한 회답도 받지 못했으며, 어음이 결제되지 않은 이유를 설명해 주시면 고맙겠습니다.
>
> 당사는 오늘 당사의 은행에 다시 환어음 제출을 지시했고, 귀사가 그것을 즉시 결제할 것으로 믿습니다.

*bill of exchange : 환어음
*meet : (필요요구 등을) 충족시키다; (기한 등을) 지키다
*obligation : 의무
*honor : 〈어음을〉 인수하여 (기일에) 지불하다, 받아들이다
*instruct : 지시하다

① 선대신용장   ② 보증신용장
③ 추심어음   ④ 화환신용장

해설 ③ 추심어음(Documentary collection) : 수출업자가 선적 후 선적서류와 환어음을 발행하여 거래은행을 통해 수입지 은행에 수출대금의 추심을 의뢰하게 되는데, 이때 발행되는 환어음으로, 관계 선적서류의 인도조건에 따라 '지급도환어음(D/P)'과 '인수도환어음(D/A)'으로 구별된다.

① 선대신용장(Red clause credit) : 수출물품의 생산·가공·집화·선적 등에 필요한 자금을 수출업자에게 융통해 주기 위하여 매입은행으로 하여금 일정한 조건에 따라 신용장 금액의 일부 또는 전부를 수출업자에게 선대(선불)해 줄 것을 허용하고 신용장 개설은행이 그 선대금액의 지급을 확약하는 신용장이다.

② 보증신용장(Standby credit) : 담보력이 부족한 국내 상사의 해외지사의 현지 운영자금 또는 국제입찰 참가에 수반되는 입찰보증(Bid bond)·계약이행보증(Performance bond) 등에 필요한 자금을 해외현지은행에서 대출받고자 할 때, 이들 채무보증을 목적으로 국내 외국환은행이 해외은행 앞으로 발행하는 무담보신용장(Clean L/C)이다.

④ 화환신용장(Documentary credit) : 선하증권, 송장, 보험증권 등의 운송서류가 첨부되어야만 어음대금을 결제받을 수 있는 신용장으로, 신용장 발행은행이 수출업자가 발행한 어음을 수송화물의 담보가 되는 선적서류 첨부를 조건으로 하여 인수 또는 지불할 것을 확약하는 신용장이다.

I wish to say at once how pleased we were to receive your request of 12th March for waterproof garments on approval.

As we have not previously done business together, perhaps you will kindly supply either the usual (ⓐ), or the name of a (ⓑ) to which we may refer. Then as soon as these inquiries are satisfactorily settled, we shall be happy to send you a good selection of the items you mentioned in your letter.

We sincerely hope this will be the beginning of a long and pleasant business association. We shall certainly do our best to make it so.

Yours faithfully,

David Choi

11 Fill in the blanks with the best word(s).

① ⓐ L/C – ⓑ marketing manager

② ⓐ quotation – ⓑ company

③ ⓐ trade reference – ⓑ bank

④ ⓐ receipt – ⓑ stock company

12 Who is David Choi?

① Supplier

② Buyer

③ Bank manager

④ Importer

해석

당사는 귀사의 3월 12일자 서신에서 점검매매 조건으로 방수복 구매요청을 받고 매우 기뻤습니다.

우리는 이전에 함께 거래한 적이 없으므로, 아마도 귀사는 당사가 참조할 수 있는 통상적인 (ⓐ 신용조회처)나 (ⓑ 은행)명 중 한 가지를 제공해 주실 수 있을 것입니다. 신용조회가 충분히 끝나는 대로, 당사는 기꺼이 귀사의 서신에서 언급한 품목 중 적절한 품목을 선택하여 보낼 것입니다.

당사는 이번이 장기간 좋은 비즈니스 유대관계를 형성하는 시초가 되기를 진심으로 바랍니다. 당사는 이를 위해서 최선을 다할 것입니다.

그럼 안녕히 계십시오.

David Choi

*request : 요청[신청]
*waterproof garment : 방수복
*on approval : 점검매매 조건/견본승인
*previously : 미리, 사전에
*refer : 조회하다
*inquiry : 문의, 조회
*satisfactorily : 충분히
*settle : 결정하다[정리하다]

11 빈 칸에 들어갈 가장 적절한 단어를 채우시오.
① ⓐ 신용장 – ⓑ 마케팅 책임자
② ⓐ 견적서 – ⓑ 회 사
③ ⓐ 신용조회처 – ⓑ 은 행
④ ⓐ 영수증 – ⓑ 주식회사

12 David Choi는 누구인가?
① 공급자
② 구매자
③ 은행 지점장
④ 수입자

해설 11

③ 처음 거래하는 회사의 신용도를 알아보기 위해서 신용조회처 거래은행에 신용조회를 할 수 있다.

신용조회(Credit inquiry)

• 계약으로 연결될 가능성이 있다고 판단되는 거래선의 신용에 대해 신용조사 전문기관에 의뢰하여 조사하는 것이다.

• 무역거래에서 거래대상 업체의 신용 상태를 확인하는 것은 향후 거래 가능성을 진단하고 위험요소를 사전에 예방한다는 면에서 매우 중요하다.

12

서신은 매수인의 방수복 구매 요청에 대한 답신이므로, 서신을 쓴 David Choi는 ① Supplier(공급자)이다.

13 What is the following called?

A company of Korea has excess products that it does not want to sell into the Korean market because it will bring down the domestic price and instead the company decides to sell them in another country below the cost of production or home market price.

① Countervailing
② Quota
③ Dumping
④ None of the above

정답 ③

해석 다음에서 설명하는 것은 무엇인가?

한국의 한 회사는 한국 시장에 팔고 싶지 않은 초과 생산된 제품이 있는데, 그것이 국내가격을 낮출 것이기 때문이다. 대신에 회사는 그 제품을 생산원가나 국내시장가격보다 낮은 다른 나라에서 팔기로 결정했다.

*excess : 초과한
*bring down : 내리다, 떨어뜨리다
*domestic price : 국내물가

① 상계관세
② 할당제
③ 덤 핑
④ 해당사항 없음

해설 ③ 덤핑(Dumping) : 국내시장가격 이하의 가격 또는 생산비 이하의 가격체계를 교란시키고, 그 시장에서 독점적 지위를 확보하려는 것을 말한다. 자국의 산업을 보호하기 위하여 덤핑방지관세(Anti-dumping duty)를 부과한다.
① 상계관세(Countervailing duty) : 수출국이 지급한 보조금의 효과를 상쇄하기 위하여 수입국이 보조금의 지원을 받은 수입품에 대해 부과하는 관세를 말한다.
② 할당제(Quota) : 수출입되는 상품의 일정 금액 또는 수량을 제한하는 제도를 말한다. 수출입을 제한하는 데 이용되는 비관세장벽(NTB)제도 중에서 가장 효율적인 수단으로 이용되고 있다.

14 Which of the following is NOT replaceable for the underlined phrase?

> In reply to your fax of 13 May, the earliest vessel due out of London for New Zealand is the Northern Cross, which is <u>at present</u> loading at No. 3 Dock, Tilbury, and will accept cargo until 18 May, when she sails.

① now
② currently
③ recently
④ at the moment

[15~16] Read the following paragraph and answer the questions.

> We have received your letter of August 20, 2019, informing us that you have not yet received the letter of credit covering our order dated August 10, 2019, and requesting us to open it at once. The credit in question was already airmailed to you on August 20, 2019 by our bankers and it is expected that the L/C covering this order will reach you in time.
> We are sorry for not informing you upon (a) an L/C, and please accept our apologies for the inconveniences we have caused you.

15 What is the main purpose of the letter?

① request for opening L/C

② confirmation of L/C issuance

③ receipt of L/C

④ amendment of L/C

16 What is NOT suitable for blank (a)?

① notifying   ② establishing

③ opening   ④ issuing

정답 15 ② 16 ①

해석

당사는 귀사의 2019년 8월 20일자 서신에서, 당사의 2019년 8월 10일자 주문서에 대한 신용장을 아직 받지 못했고 즉각 신용장 개설을 요청하는 내용을 통보받았습니다.
해당 신용장은 당사의 은행들이 이미 2019년 8월 20일에 항공우편으로 보냈으며, 본 주문서를 포함한 신용장이 제시간에 도착할 것으로 예상됩니다.
신용장을 (a) 개설/발행하자마자 통보하지 못해서 죄송하며, 불편을 끼쳐 드린 점 사과드립니다.

*in question : 문제의[논의가 되고 있는]
*airmail : 항공우편

15 서신의 주 목적은 무엇인가?
  ① 신용장 개설 요청
  ② 신용장 발행에 대한 확인
  ③ 신용장 인수
  ④ 신용장 개정

16 빈 칸 (a)에 적절하지 않은 것은?
  ① 통지하는   ② 설립[개설]하는
  ③ 개설[개방]하는   ④ 발행하는

해설 15
위 서신은 지난 서신에서 주문에 대한 신용장을 받지 못하여 즉각 개설해줄 것을 요청하는 서신에 대한 답신이다. 따라서 서신의 작성자는 해당 신용장의 발행을 확인하여 보냈다고 설명하고 있으므로, 작성 목적은 ② confirmation of L/C issuance(신용장 발행에 대한 확인)이다.

16
빈 칸 (a)에는 문맥상 신용장을 개설하자마자 통보하지 못하여 죄송하다는 내용이 들어가야 하므로 '개설/발행하다'를 뜻하는 단어가 적절하다. establishing, opening, issuing은 모두 '개설하다; 열다'는 뜻이므로 빈 칸에 들어갈 수 있지만, ① notifying은 '통지하다'의 뜻이므로 적절한 표현이 아니다.

17 Select the right expression in the blank.

> A consular invoice is normally signed by (　　).

① a chamber of commerce in the exporting country

② a chamber of commerce in the importing country

③ an embassy official in the exporting country

④ an embassy official in the importing country

정답 ③

해석 빈 칸에 들어갈 표현으로 옳은 것을 고르시오.

> 영사송장은 통상 (수출국 주재 대사관 직원)에 의해 서명된다.

① 수출국의 상공회의소

② 수입국의 상공회의소

③ 수출국 주재 대사관 직원

④ 수입국 주재 대사관 직원

해설 ③ 영사송장은 수출지 국가에 주재하고 있는 수입지 국가의 영사가 서명[확인]해주어야 하는 공용송장 중 하나이다.
영사송장(Consular invoice)
영사송장은 수입상품가격을 높게 책정함에 따른 외화 도피나 관세포탈을 규제하기 위하여 수출국에 주재하고 있는 수입국 영사의 확인을 받아야 하는 송장이다.
*consular invoice : 영사송장
*chamber of commerce : 상공회의소
*embassy official : 대사관 직원

---

18 Which of the following does NOT fit in the blanks?

> We are pleased to inform you that we have shipped the ((A)) by M/S "COSMOS" of Hyundai Line due to ((B)) Busan on May 10 ((C)) New York.

① (A) goods – (B) leave – (C) for

② (A) goods – (B) separate from – (C) at

③ (A) cargoes – (B) depart from – (C) to

④ (A) cargoes – (B) clear from – (C) to

해석 다음 중 빈 칸에 들어갈 말로 적절하지 않은 것은?

> 당사는 5월 10일 부산을 (B) 출발해 뉴욕으로 (C) 향하는 현대선의 M/S "코스모스"로 (A) 상품/화물을 발송했음을 알려드리게 되어 기쁩니다.
>
> *ship : 수송[운송]하다
> *be due to : ~할 예정이다

① (A) 상품, 물품 - (B) ~을 떠나는 - (C) ~으로 향하는
② (A) 상품, 물품 - (B) ~에서 분리된[독립한] - (C) ~에(서)
③ (A) 화물 - (B) ~에서 출발하는 - (C) ~(으)로
④ (A) 화물 - (B) ~에서 치우는[떨어지는] - (C) ~(으)로

해설 지문의 빈 칸 (A)에는 '물품, 화물'을 뜻하는 goods, cargoes가 적합하다. 빈 칸 (B)와 (C)는 문맥상 부산을 출발항으로 하여 뉴욕에 도착하는 것이므로 (B)에는 '출발하는, 떠나는'을 뜻하는 leave, depart from, clear from이 적합하고, 빈 칸 (C)에는 '~(으)로 향하는'이라는 방향성을 뜻하는 전치사 for, to가 적합하다.
*cargo : 화물
*separate from : ~에서 분리하다
*clear : (출발·도착 등을) 허가하다

[19~20] Read the following paragraph and answer the questions.

> THIS is a bill of lading term that the carrier acknowledges the receipt of stated number of packages but is unaware of the exact nature, quantity, and/or value of their contents. This is an important issue because, in case of an insurance claim, the carrier's liability depending on the ruling convention, such as (   ) may be limited only to the number of packages (for which a standard compensation is paid) and not to the total value of the claim.

19 What is NOT true about THIS?

① THIS indicates the Unknown Clause.
② THIS is also called as the Said to Contain(STC) or the Shipper's Load and Count.
③ THIS is mostly included in a bill of lading for an LCL shipment.
④ THIS may not be shown in a bill of lading in case of bulk cargo.

20 What is APPROPRIATE for the blank?

① Hague-Visby Rule or Hamburg Rule
② New York Convention
③ Warsaw-Oxford Rules
④ Warsaw Convention

해석

이것은 운송인이 명시된 수의 포장화물을 수령하였으나 내용물의 정확한 성질, 양, 가격을 알지 못하는 것을 나타내는 선하증권 조건이다. 보험 청구의 경우 (헤이그-비스비 규칙 또는 함부르크 규칙) 같은 규약에 따라 운송인 책임은 청구총액이 아닌 (표준보상이 지급되는) 포장화물의 수에만 제한될 수 있기 때문에, 이는 중요한 사안이다.

*carrier : 수송[운송]회사
*acknowledge : (편지 · 소포 등을) 받았음을 알리다
*receipt : 영수증
*be unaware of : 모르다
*in case of : 만일 ~한다면
*insurance claim : 보험금 청구
*carrier's liability : 운송인 책임
*ruling : 지배[통치]하는

19 이것에 대한 설명으로 옳지 않은 것은?
① 이것은 부지약관을 가리킨다.
② 이것은 Said to Contain(STC) 또는 the Shipper's Load and Count라고 불린다.
③ 이것은 대부분 LCL 선적에 대한 선하증권에 포함되어 있다.
④ 이것은 대량화물의 경우 선하증권에 표시되지 않을 수 있다.

20 빈 칸에 적절한 것은 무엇인가?
① 헤이그-비스비 규칙 또는 함부르크 규칙　　② 뉴욕 협약
③ 바르샤바-옥스포드 규칙　　　　　　　　④ 바르샤바 협약

해설 **19**

③ 소량 컨테이너 화물(Less than Container Load, LCL)은 다수 화주의 소화물을 모아서 하나의 컨테이너 화물로 작업하는 경우로, 화주가 직접 운송사(선사)와 접촉하지 않고 대개 운송중개인(Forwarder)의 도움을 받는다.
부지약관/문언(Unknown clause)
• 화주가 포장한 컨테이너(Shipper's pack)의 경우, 운송인은 운송물의 수량, 중량 등의 명세를 확인할 수 없으므로 화주의 요구에 따라 선하증권에 운송물의 명세를 기재할 때 화주의 신고를 신뢰할 수밖에 없다.
• 이로 인해 화주가 포장한 컨테이너에 대해서는 운송물의 수량, 중량 등의 명세를 모른다는 취지의 약관을 선하증권 이면에 기재하게 된다. 이것을 부지약관 또는 부지문언이라 한다.
• 선하증권 표면에 "Shipper's Load and Count(SLC, 화주의 계산으로 포장한 것이므로 운송인은 모른다는 의미)" 또는 "Said to Contain(STC, 어떤 운송물이 포장되어 있지만 운송인은 모른다는 의미)" 등의 문언을 기재하는 경우가 많다.

20

① 헤이그-비스비 규칙(Hague-Visby Rules)은 헤이그 규칙(Hague Rules)이 제정된 후, 상당 기간이 지난 뒤에 컨테이너 운송 출현 등으로 헤이그 규칙의 일부 조항을 개정한 규칙이다. 함부르크 규칙(Hamburg Rules)은 이전의 관련 규칙이 선박을 소유한 선진국 선주에게 유리하고, 개도국 하주에게 불리하다는 주장에서 제정되었으며, 운송인의 책임이 강화되고 하주의 권리가 신장되었다.
함부르크 규칙에서 변경된 사항
• 선박의 감항능력담보에 관한 주의의무 규정 삭제
• 항해과실에 대한 면책사항 폐지
• 화재면책의 폐지 및 운송인 책임한도액 인상(화물운임의 2.5배로 책임한도액 제한)
• 지연손해에 관한 운송인 책임의 명문화
• 면책 카탈로그의 폐지

21 What is the main purpose of the letter below?

Gentlemen :

We are sorry to trouble you again by reminding you of our repeated letters asking to clear the payments which are already two months overdue.
After sending the third letter on April 25, we waited for two weeks. Now, we couldn't help concluding that you are facing serious problems in meeting your obligations. We ask you to settle your all the accounts by the end of May.
If we don't receive your remittance by that time, we would be left with no choice but to take legal actions even though we are reluctant to do so.

Yours very truly,

---

① Information of drawing a draft ② Request of payment receipt
③ Request of credit note ④ Request of payment

정답 ④

해석 아래 서신의 주요 목적은 무엇인가?

담당자께 :

이미 두 달이나 연체된 대금 결제에 대한 당사의 되풀이된 서신을 상기시키게 되어 유감입니다.
4월 25일자 세 번째 서신을 보낸 후, 당사는 2주 동안 기다렸습니다. 이제, 당사는 귀사가 지불의무 이행에 있어서 심각한 문제에 직면하고 있다고 결론 내릴 수밖에 없습니다. 당사는 귀사가 5월 말까지 모든 계좌를 정산해 주시기 바랍니다.
만약 그때까지 귀사의 송금액을 받지 못한다면, 당사는 부득이하게 법적 조치를 취할 수밖에 없을 것입니다.

그럼 안녕히 계십시오.

*remind of : ~을 생각나게 하다
*clear : (수표[를]) 결제를 받다[결제하다]
*overdue : 기한이 지난
*cannot help ~ing : ~하지 않을 수 없다
*face : 직면하다[닥쳐오다]
*settle : 지불[계산]하다, 정산하다
*remittance : 송금액
*no choice but to : ~하지 않을 수 없다
*take legal actions : 법적 조치를 취하다
*be reluctant to : ~을 주저하다, 망설이다

---

① 어음발행에 대한 정보 ② 지급영수증 요청
③ 신용전표 요청 ④ 지불 요청

해설 서신 작성자가 거래 상대방에게 연체된 대금 결제를 독촉하면서 서신의 첫 번째 문단의 마지막 문장에서 We ask you to settle your all the accounts by the end of May(당사는 귀사가 5월 말까지 모든 계좌를 정산해 주시기 바랍니다.)라고 했으므로, 서신의 목적은 ④ '지불 요청'이다.
*draw a draft (on) : 어음을 발행하다

22 Select the wrong translation in the following sentences.

> Confirming our telephone conversation yesterday, ① please ship twenty units of item No. TY-002 ② for account of, and to be consigned to, Peterson Corporation, Denver, Colorado, USA by Prince, sailing from Busan on August 16. ③ Cases must be marked as shown below :
> Denver, Via San Francisco
> C/# 1-20, Made in Korea
> And ④ please take out insurance on them as far as Denver. We look forward to receiving your shipping advice soon.

① TY-002 20대를 선적해 주십시오.
② 덴버 시의 피터슨 주식회사의 계정으로, 그리고 동사를 수취인으로
③ 상자들은 아래 주소로 보내주십시오.
④ 덴버까지 화물보험을 들어주십시오.

정답 ③

해석 다음 문장들 중 번역이 잘못된 것을 고르시오.

> 어제 당사의 전화통화를 확인하며, ① TY-002 20대를 선적해 주시고, 미국 콜로라도 ② 덴버시의 피터슨 주식회사의 계정으로, 동 회사를 수취인으로 8월 16일 부산을 출항하는 프린스호로 보내주세요. ③ 케이스는 아래와 같이 표시해야 합니다. :
> Denver, Via San Francisco
> C/# 1-20, Made in Korea
> ④ 덴버까지 화물보험을 들어주십시오. 당사는 귀사의 선적통지서를 곧 받기를 고대합니다.

*confirm : 확정하다[공식화하다]
*ship : 수송[운송]하다
*consign : ~에게 ~을 보내다
*take out insurance on : ~을 보험에 들다
*look forward to : ~을 기대하다
*shipping advice : 선적통지서

해설 ③ be marked as는 '~로 표시되다'의 뜻이므로, '상자들은 <u>아래 주소로 보내주십시오 → 아래와 같이 표시해야 합니다.</u>'가 되어야 한다.
*be marked as : ~로 표시되다

23 Put the following sentences in order.

(a) Unfortunately, the item No. P4344 is not in stock.

(b) We will backorder this item and ship it within three weeks.

(c) We received your purchase order 02-3450-6 on April 22, 2020.

(d) The rest of your order is being processed and will be shipped by Monday, April 25.

① (c) − (a) − (b) − (d)

② (b) − (a) − (c) − (d)

③ (d) − (b) − (c) − (a)

④ (a) − (d) − (c) − (b)

정답 ①

해석 다음 문장들을 순서대로 배열하시오.

(c) 당사는 2020년 4월 22일 귀사의 주문 02-3450-6을 받았습니다.

(a) 유감스럽게도, P4344 품목은 재고가 없습니다.

(b) 당사는 이 품목을 이월주문해서 3주 이내에 선적할 것입니다.

(d) 귀사의 나머지 주문품은 처리 중이며 4월 25일 월요일까지 발송될 예정입니다.

*purchase order : 구입주문(서)
*backorder : 이월주문하다
*in stock : 비축되어, 재고로

해설 위 지문은 수출자가 수입자의 주문사항을 확인하고, 선적일정을 안내하는 내용이다. 문맥상 주문을 먼저 확인하고(c), 주문한 품목 중 품절된 품목을 안내하고(a), 품절품목에 대한 이월주문과 선적일정 및(b), 나머지 주문품목에 대한 발송일정을 안내하면서(d) 마무리하고 있다.

24 Select the LEAST correct in translation.

> ① Thank you for the letter of 10th November, pointing out that we sent you two reminders for $1,500 mistakenly due to the recent confusion in our accounting department. It is only through letters like yours that ② we can learn about our occasional slip-ups in courtesy and service. ③ I apologize for the errors which were due to a fault in computer system, which has now been fixed. ④ We have corrected the errors concerning your account, which is now all cleared.

① 11월 10일자 서신에서 귀사에 독촉장을 2통 보냈다는 지적을 해 주셔서 대단히 감사합니다.
② 당사에서 고객에 대한 배려와 서비스에 가끔 허점이 생긴다는 것을 귀사도 알 수 있어야 합니다.
③ 그것은 당사 컴퓨터 시스템이 고장을 일으켰기 때문에 일어난 것인데, 이제 수리를 끝마쳤습니다.
④ 귀사의 계정에 관한 실수도 정정되어 귀사의 계정은 완납으로 되었습니다.

정답 ②

해석 다음 번역 중 가장 옳지 않은 것을 고르시오.

> ① 11월 10일자 서신에서 최근 당사 경리부가 실수로 귀사에 1,500달러에 대한 독촉장을 2통 보냈음을 지적해 주셔서 감사드립니다. 귀사의 경우처럼 서신을 통해서만 ② 고객에 대한 배려와 서비스에 간혹 허점이 생긴다는 것을 당사도 알 수 있습니다. ③ 그것은 당사 컴퓨터 시스템이 고장을 일으켰기 때문에 일어난 것인데, 이제 수리를 끝마쳤습니다. ④ 귀사의 계정에 관한 실수도 정정되어 귀사의 계정은 완납으로 되었습니다.
>
> *reminder : 독촉장
> *due to : ~ 때문에
> *recent : 최근의
> *confusion : 혼동
> *occasional : 가끔의
> *slip-up : (사소한) 실수
> *fix : 수리하다, 바로잡다

해설 ② we can learn about our occasional slip-ups in courtesy and service에서 our는 주어 we의 소유격이므로, '당사에서 고객에 대한 배려와 서비스에 가끔 허점이 생긴다는 것을 귀사도 알 수 있어야 합니다 → 당사도 알 수 있습니다.'가 되어야 한다.

25 Select the wrong term in the blank.

> ( ) contract – Contract which is regarded as a shipment contract and not as an arrival contract. The point of delivery is fixed to on board the ship and the risk of loss of or damage to the goods is transferred from the seller to the buyer at that very point.

① CIF
② CFR
③ FOB
④ DDP

정답 ④

해석 빈 칸에 들어갈 조건으로 옳지 않은 것을 고르시오.

> (CIF / CFR / FOB) 계약 – 도착계약이 아닌 선적계약으로 간주되는 계약. 인도지점은 선상으로 정해졌으며 물품의 멸실 또는 손상 위험은 바로 그 시점에 매도인으로부터 매수인에게로 이전된다.
>
> *regard as : ~으로 여기다
> *fix : 정하다
> *on board : 선상에

해설 ④ DDP(Delivered Duty Paid, 관세 지급 인도)는 모든 운송방식에 적용되는 규칙으로, 수출자가 물품의 인도지점까지 운임(수입국의 내륙운송까지 포함), 관세, 통관 등 모든 과정에 드는 비용과 위험 등을 일체 부담해야 한다.
①·②·③ CIF(Cost Insurance and Freight, 운임·보험료 포함 인도), CFR(Cost and Freight, 운임 포함 인도), FOB(Free On Board, 본선 인도)는 해상운송과 내수로운송에 적용되는 규칙이다.

DDP[Delivered Duty Paid, (지정목적지) 관세 지급 인도조건]상 매도인과 매수인의 책임

매도인(Seller)	매수인(Buyer)
• 매도인은 지정목적지에 도착할 때까지 목적지 국가에서 관세를 포함하여 계약물품을 인도할 때까지의 모든 비용과 위험 부담 • 매도인의 부담이 가장 큰 조건	• 계약물품이 지정목적지에서 자기가 임의 처분할 수 있는 상태로 된 이후의 모든 위험과 비용 부담

인코텀즈(Incoterms) 2020 중 해상과 내수로 운송에 적용 가능한 규칙
• 규칙(4개) : FAS(Free Alongside Ship), FOB(Free on Board), CFR(Cost and Freight), CIF(Cost, Insurance and Freight)
• 화물 인도와 물품의 멸실 또는 손상 위험의 이전이 지정선적항에서 이루어진다.

26 Select the wrong one which translates the following.

> 당사의 제품은 전 세계에서 잘 팔리고 있습니다.

① Our goods are selling like wildfire throughout the world.

② Our goods show a excellent sales throughout the world.

③ Our goods are enjoying a ready sale all over the world.

④ Our goods are made to sell all over the world.

정답 ④

해석 다음을 번역한 것으로 옳지 않은 것을 고르시오.
① 당사의 제품은 전 세계에 걸쳐 맹렬하게 판매되고 있다.
② 당사의 제품은 전 세계에 걸쳐 훌륭한 판매를 보이고 있다.
③ 당사의 제품은 전 세계적으로 순식간에 잘 팔리고 있다.
④ 당사의 제품은 전 세계에 팔리기 위해 만들어졌다.

해설 sell like wildfire, show a excellent sales, enjoy a ready sale 모두 '잘 팔리다(판매량이 좋다)'의 의미를 나타내는 표현인데, ④는 '당사의 제품은 전 세계에 팔리기 위해 만들어졌다.'라는 뜻으로 판매가 잘 이루어지는지는 아직 알 수 없으므로 적절하지 않다.
*like wildfire : 맹렬히
*show the excellent sales : 잘 팔리다
*ready sale : (상품이) 금방 팔리다

27 Select sentence which has most same meaning.

> Our products are most competitive in the market.

① Some other product in the market is as cheap as theirs.

② Any other product in the market is as expensive as ours.

③ Other product in the market is as cheap as ours.

④ No other products in the market is as cheap as ours.

정답 ④

해석 가장 비슷한 의미를 지닌 문장을 고르시오.

> 당사의 제품은 시장에서 가장 경쟁력이 있다.

① 시중의 어떤 다른 제품은 그들의 제품만큼 싸다.
② 시장에 나와 있는 다른 모든 제품은 당사의 제품만큼 비싸다.
③ 시중에 나와 있는 다른 제품은 당사의 제품만큼 싸다.
④ 시장에서 당사의 제품만큼 싼 제품은 없다.

해설 보기의 competitive는 '(가격·상품·서비스의 가격이) 경쟁력 있는(저렴한)'의 뜻으로, 최상급 비교표현인 most가 함께 쓰여 '가장 저렴한'이라는 뜻을 나타내고 있다. 따라서 이와 동일한 표현인 No other ~ as cheap as ~(~만큼 저렴한 것은 없다)가 쓰인 ④ '시장에서 당사의 제품만큼 싼 제품은 없다(당사 제품이 가장 싸다)'가 적절하다.

28 Select one which has LEAST same meaning.

The great deal of increase in volume of our trade with the USA made us decide to start a branch in Boston with Mr. Smith in charge.

① Owing to the great amount of increase in volume of our trade with the USA, we have elected to open a branch in Boston with Mr. Smith in charge.
② Since there was the largest increase in volume of our trade with the USA, we considered to open a branch in Boston with Mr. Smith in charge.
③ On account of the great increase in volume of our trade with the USA, we have resolved to open a branch in Boston with Mr. Smith in charge.
④ The large increase in volume of our trade with the USA helped us decide to open a branch in Boston with Mr. Smith in charge.

정답 ②

해석 가장 의미가 비슷하지 않은 것을 고르시오.

미국과의 교역량이 크게 늘어남에 따라 우리는 스미스 씨를 담당으로 하여 보스턴에 지점을 설립하기로 결정했다.

① 미국과의 무역량이 크게 증가했기 때문에, 우리는 스미스 씨를 담당으로 하여 보스턴에 지점을 개설하기로 결정했다.
② 미국과의 무역량이 가장 많이 증가했기 때문에, 우리는 스미스 씨를 담당으로 하여 보스턴에 지점을 개설할 것을 고려했다.
③ 미국과의 교역량이 크게 늘었기 때문에, 우리는 스미스 씨를 담당으로 하여 보스턴에 지점을 열기로 결정했다.
④ 미국과의 교역량이 크게 증가하면서 우리는 스미스 씨를 담당으로 하여 보스턴에 지점을 열기로 결정하게 되었다.

해설 지문에서는 '... made us decide to start~(우리가 ~을 개설하기로 결정했다)'라고 했는데, ②는 '... we considered to open~(~을 개설하기로 고려했다)'라고 했으므로, 지문과 의미가 같지 않다. ① ~ we have elected to open~, ③ ~we have resolved to open~, ④ ~ helped us decide to open~은 모두 '우리가 ~을 개설하기로 결심했다'의 뜻이다.
*in charge : ~을 맡은, 담당인
*Owing to : ~때문에

29 In case of bulk cargo transaction without clear stipulation of number, weight or amount, how much cargo surplus or shortage could be acceptable under UCP 600?

① 3%　　　　　　　　　　　② 5%

③ 7%　　　　　　　　　　　④ 10%

정답 ②

해석 수량, 중량 또는 금액에 대한 명확한 규정이 없는 산화물 거래의 경우, UCP 600 하에서 물품에 대한 어느 정도 과부족이 허용될 수 있는가?

해설 ② UCP 600 제30조 b항의 내용으로, 5% 범위 내의 과부족이 적절하다.

UCP 600 제30조 신용장금액, 수량 그리고 단가의 과부족 b항

A tolerance not to exceed 5% more or 5% less than the quantity of the goods is allowed, provided the credit does not state the quantity in terms of a stipulated number of packing units or individual items and the total amount of the drawings does not exceed the amount of the credit.

신용장이 수량을 포장단위 또는 개별품목 수로 명기하지 않고, 청구되는 총액이 신용장의 금액을 초과하지 않는 경우에는, 물품수량이 5%를 초과하지 않는 범위 내의 과부족은 허용된다.

*bulk cargo : 산(적)화물, 묶거나 포장하지 않은 짐
*clear stipulation : 명확한 규정
*surplus : 과잉
*shortage : 부족

---

30 Select the right order of following words for the correct meaning.

> 1. your letter of credit
> 2. we receive
> 3. we are ready
> 4. as soon as
> 5. your order
> 6. to make
> 7. the arrangement for

① 2 − 5 − 4 − 3 − 6 − 7 − 1

② 3 − 6 − 7 − 1 − 4 − 2 − 5

③ 2 − 1 − 4 − 3 − 6 − 7 − 5

④ 3 − 6 − 7 − 5 − 4 − 2 − 1

해석 다음 단어들을 의미상 옳은 순서대로 배열하시오.

> 3. We are ready 6. to make 7. the arrangement for 5. your order 4. as soon as 2. we receive 1. your letter of credit
> 당사는 귀사의 신용장을 인수하자마자 귀사의 주문을 처리할 준비가 되어 있다.

해설 문맥상 주절은 '당사는 … 귀사의 주문을 처리할 준비가 되어 있다'이므로 3 – 6 – 7 – 5, '~하자마자'라는 의미인 as soon as가 이끄는 부사구인 '당사가 귀사의 신용장을 인수하자마자'는 4 – 2 – 1의 순서가 적절하다.
*make the arrangement for : ~을 처리하다

31 Put right words into the blank in case of demand draft.

> ( ) OF THIS FIRST BILL OF EXCHANGE (SECOND OF THE SAME TENOR AND DATE BEING UNPAID) PAY TO THE ABC BANK OR ORDER THE SUM OF US DOLLARS FORTY FIVE THOUSAND ONLY.

① AT SIGHT
② AFTER 60 DAYS SIGHT
③ AFTER 60 DAYS AT SIGHT
④ AT 60 DAYS AFTER SIGHT

해석 일람불어음에 대한 설명 중 빈 칸에 들어갈 단어로 알맞은 것은?

> (동일한 기한 및 일자의 제2환어음이 지급되지 않은 경우) 본 제1환어음이 (일람출급으로) ABC은행 또는 지급인에게 미화 45,000달러만 지급하십시오.

해설 지급기일에 따른 분류
- at sight : 일람출급. 어음의 지급인에게 어음을 제시하는 날이 곧 만기일이 된다.
- at ○○ days after sight : 일람 후 정기출급. 지급인에게 어음을 제시하여 지급인이 어음을 인수한 그 익일로부터 ○○일째 되는 날이 만기일이 된다.
- at ○○ days after B/L date : (확정)일자 후 정기출급. 선적일 등과 같이 특정한 일자를 기준으로 하여 만기일을 산정하는 방식으로, 인수일에 상관없이 지정된 특정일자의 익일로부터 ○○일째 되는 날이 만기일이 된다.
- 수취인 또는 수취인을 지시할 자의 명칭 기재방식
  – 기명식 : pay to ○○○
  – 지시식 : pay to the order of ○○○ 또는 pay to ○○○ or order
  – 소지인식 : pay to bearer
  – 선택 무기명식 : pay to ○○○ or bearer

32 Select the right order of following words in the blank for the correct meaning.

> We thank you for your email informing us that [negotiated / sight / 90 days / draft / after / at / have / you] under the credit No. 86523.

① you negotiated draft at 90 days after sight have
② you negotiated draft after 90 days at sight have
③ you have negotiated draft at 90 days after sight
④ you have negotiated draft after sight at 90 days

정답 ③

해석 지문의 괄호 속 단어를 정확한 의미가 되도록 올바른 순서로 배열하시오.

> 당사는 신용장 86523번 하에 일람 후 90일 지불 환어음 매입 통지에 대한 귀사의 이메일에 감사드립니다.

해설 지문은 'We(주어) + thank(동사) + you + for your email informing us that ~ (목적절)'의 구조로 that 이하는 informing의 목적절이므로, 완전한 문장이 와야 한다. that 다음 괄호 안은 'you(주어) + have negotiated(동사) + draft at 90 days after sight(목적어)'가 되어야 한다. 'after sight'는 '일람 후'의 뜻으로 환어음 또는 약속어음에 기재되는 문언으로서 그 어음을 지급인(Drawee)이 인수한 일자 후 60일 또는 90일로 정해진 일에 지급하는 것을 말한다. '일람 후 90일 지급 환어음'은 draft at 90 days after sight이다. 따라서 문맥(문법)상 옳은 순서는 ③ you have negotiated draft at 90 days after sight이다.

기한부(Usance) 어음의 기일
• 일람 후 정기출급(at ××days after sight)
  – 환어음이 수입업자(지급인)에게 제시된 이후(일람 후) 일정기간 후에 지급이 이행된다(지급인에게 환어음 제시 이후 만기 기산).
  – 환어음상에는 "AT OOO DAYS AFTER SIGHT"로 표시하며 통상 지급인(인수인)의 인수의사 표시 후 30·60·90일에 만기[30·60·90 Days After Sight(30·60·90 d/s)]가 된다.
• 일부 후 정기출급(at ××days after date)
  – 기한부 환어음 만기가 환어음 일람 후 기준이 아니라, 환어음 발행 시 이미 만기 기산시점이 정해지는 것으로 특정일자 후 일정기간 경과 시 지급이 이행된다.
  – 보통 "AT OOO DAYS AFTER THE DATE OF…"라고 만기일과 기준일을 표시[30·60 Days After Date(30·60 d/d)]하는데, Date는 어음발행 일자를 의미한다. 따라서 30일 기한부 어음일지라도 After Sight 기준이 After Date 기준보다 우편일 수만큼 늦어진다.
• 확정일 후 정기출급(at ××days after B/L date) : 기한부 환어음의 만기를 미래 특정일로 정하는 환어음이다. 즉, 만기를 월·일 등으로 정하는 것이다.

33 Which would be MOST suitable for the blank?

For shipments being made to specific areas on a long term basis where letter of credit is involved, the consignor may need to have an insurance document included in the set of shipping documents. Under an open policy, this is accomplished by the use of (   ), which is issued by the insurer at the instruction of the seller.

① insurance certificate
② insurance note
③ insurance policy
④ insurance cover

정답 ①

해석 빈 칸에 가장 적절한 것은 무엇인가?

신용장과 관련된 특정 지역으로 장기간 배송되는 경우, 하주는 선적서류 세트에 보험서류를 포함해야 할수도 있다. 포괄보험증권 하에서 이는 매도인의 지시에 따라 보험회사가 발급한 (보험증명서)의 사용에 의해이루어진다.

*shipment : 선적
*on a long term basis : 장기간에 걸쳐
*consignor : 하주, 송하인
*shipping documents : 선적서류
*open policy : 포괄보험증권
*accomplish : 성취하다, 해내다
*insurance certificate : 보험증명서
*insurer : 보험회사

① 보험증명서
② 보험부보각서
③ 보험증권
④ 보험 부보

해설 포괄보험증권(Open policy)
• 예정보험(Open cover) 중의 하나로, 화물을 선적할 때마다 매 건별로 개별적인 보험계약을 체결하지 않고 일정 화물에 대해서 포괄적으로 보험계약을 체결하는 데 발행되는 증권을 말하며, Open contract라고도 한다.
• 보험계약 체결 시 계약 내용의 일부가 확정되지 않으며, 피보험목적물과 그 수량, 보험금액, 적재선박, 기타 보험계약의 내용이 미확정상태이기 때문에 이들을 개괄적으로 결정하였다.
• 포괄보험증권에 의해 개개의 화물에 부보되어 있음을 증명하는 약식서류를 보험증명서(Insurance certificate)라고한다.

34 Select wrong one to be the same meaning of the first sentence.

> In order to cover this order, we have arranged with our bankers for an irrevocable letter of credit to be opened in your favor.
> → For ⓐ <u>settlement</u> of this order, we have ⓑ <u>instructed</u> our bankers to ⓒ <u>issue</u> an irrevocable L/C ⓓ <u>on behalf of</u> you.

① ⓐ   ② ⓑ

③ ⓒ   ④ ⓓ

[정답] ④

[해석] 첫 번째 문장과 동일한 의미가 되려면 밑줄 친 ⓐ~ⓓ 중에서 틀린 것은?

이 주문을 처리하기 위해, 당사는 귀사를 수익자로 하여 취소불능 신용장을 개설하도록 당사의 은행들에 주선해 놓았습니다.
→ 이 주문의 ⓐ 결제를 위해, 당사는 귀사를 ⓓ 대신하여 취소불능 신용장을 ⓒ 발행하라고 당사의 은행들에 ⓑ 지시했습니다.

*cover : (무엇을 하기에 충분한 돈을) 대다
*arrange with : 마련하다, 주선하다
*irrevocable letter of credit : 취소불능 신용장
*in your favor : 귀사를 수익자로
*settlement : 지불[계산]

[해설] 지문의 첫 번째 문장에서 in your favor는 '귀사를 수익자로 하여'의 뜻인데, 두 번째 문장의 ⓓ on behalf of you는 '귀사를 대신하여'의 의미이므로 서로 대체할 수 없는 표현이다.

[35~36] Read the following and answer the questions.

> With a documentary credit, the ((A)) arranges a letter of credit from their bank. The bank agrees to pay the exporter once all the shipping documents — such as transport documents showing the right goods have been despatched — are received. The exporter must provide the required paperwork within the (B) <u>agreed time limit</u> and with no discrepancies. Issuing banks usually mark documents when they issue letters of credit, with a phrase of 'subject to UCP 600.'

35 Which is MOST suitable for the blank (A)?

① importer   ② exporter

③ carrier   ④ agent

36 What does the (B) <u>agreed time limit</u> imply?

① expiry date
③ working 5 days

② last shipment date
④ working 7 days

정답 35 ① 36 ①

해석

(A) <u>수입자</u>는 그들의 은행에게 화환신용장을 준비하게 한다. 은행은 해당 상품이 발송되었다는 것을 보여주는 운송서류 같은 선적서류들을 모두 인수하면 수출자에게 지불하기로 동의한다. 수출자는 (B) <u>합의된 기한 내</u>에 불일치가 없는 필수 서류를 제공해야 한다. 개설은행은 통상적으로 신용장 개설 시 'UCP 600을 조건으로 함'이라는 문구를 서류에 표시한다.

*arrange : 마련하다, 처리[주선]하다
*despatch : 보내대[발송하다]
*required paperwork : 요구되는 서류업무
*discrepancy : 차이[불일치]
*mark : 표시하다
*subject to : ~을 조건으로

35 빈 칸 (A)에 들어갈 말로 가장 적절한 것은?
① 수입자
③ 운송인

② 수출자
④ 대리인

36 밑줄 친 (B) 합의된 기한 내에는 무엇을 나타내는가?
① 만기일
③ 5 영업일

② 마지막 선적일
④ 7 영업일

해설 35

① 지문은 화환신용장에 대한 내용으로, 은행에 신용장을 준비하게 하는 주체는 수입자(Importer)이다.
(화환)신용장(Documentary credit)
신용장은 개설은행의 수익자(수출상)에 대한 조건부 대금지급 확약서로, 신용장 발행은행이 수입자(개설의뢰인)를 대신하여 수출자에게 일정기간 내(신용장 유효기간)・일정조건(신용장 기재조건) 아래 선적서류 등을 담보로 '수입자・신용장 개설은행・개설은행 지정 환거래 취결은행'을 지급인으로 하는 화환어음을 발행할 권한을 부여(지급신용장 제외)한다. 이 선적서류와 어음이 제시될 경우 발행은행이나 발행은행의 지정은행이 일정금액의 어음을 매입(Negotiation), 인수(Acceptance) 또는 지급(Payment)할 것을 어음 발행인(수출상) 및 어음 수취인(어음매입은행)에게 보증한다. 무역거래에 사용되는 신용장은 일반적으로 화환신용장(Documentary credit)이다.

36

① 밑줄 친 (B) agreed time limit는 '만기일(expiry date, 유효기일)'을 뜻한다. UCP 600 제6조 e항의 내용으로, 수익자에 의해서 혹은 수익자 대리인에 의한 제시는 만기일 전 혹은 만기일에 이루어져야 한다.
UCP 600 제6조 이용가능성, 만기일 및 제시장소 e항
Except as provided in sub-article 29 (a), a presentation by or on behalf of the beneficiary must be made on or before the expiry date.
제29조 a항에 규정된 경우를 제외하고는, 수익자 본인 또는 그 대리인에 의한 제시는 만기일 또는 그 이전에 행해져야 한다.

37 Where does the following sentence BEST fit the letter?

> In this way you can preserve your excellent credit record with us.

Our records indicate that your account with us is now more than 60 days past due. (1) We are very concerned that we have not yet heard from you, even though we have already sent you a reminder about this matter. (2) We are requesting that you send your payment to us immediately. (3) You have always been one of our best clients, and we value your business very much. If some special circumstances are preventing you from making payment, please call us now so that we can discuss the situation with you. (4)

① (1)
② (2)
③ (3)
④ (4)

정답 ③

해석 서신에서 다음 문장이 들어가기에 가장 잘 어울리는 곳은?

기록에 따르면 귀사는 당사에 대한 지불기한이 60일 이상 지났습니다. 이미 귀사에 이 문제에 대한 독촉장을 보냈지만, 귀사로부터 아직 소식을 듣지 못해서 매우 유감입니다. 당사에 즉시 지불해 주시기를 요청합니다. (3) 이렇게 하면 귀사의 우수한 신용 기록을 보존할 수 있습니다. 귀사는 언제나 우수 고객 중 하나였고, 당사는 귀사와의 거래를 매우 소중하게 생각합니다. 만약 어떤 특별한 사정으로 인해 지불할 수 없다면, 이 상황에 대해 상의할 수 있도록 지금 당사에 연락주시기 바랍니다.

*indicate : 나타내다[보여 주다]
*past due : 기일 경과 후의
*reminder : 독촉장
*in this way : 이렇게 하여
*preserve : 보존[관리]하다
*prevent ~ from : ~할 수 없도록 만들다, ~을 막다

해설 본 서신은 지불기한이 지난 대금 결제를 독촉하는 내용이다. 지문의 (3) 앞 문장에서 We are requesting that you send your payment to us immediately(당사에 즉시 지불해 주시기를 요청합니다)라고 했으므로, 주어진 문장(이렇게 하면 귀하의 우수한 신용 기록을 보존할 수 있습니다.)은 (3)에 들어가는 것이 문맥상 적절하다.

38 What is the MOST appropriate order?

> (A) Since you have always paid so promptly, we are wondering if perhaps there is some error in your statement.
>
> (B) Or, place your check for USD50,000 in the enclosed envelope.
>
> (C) After three months, we still have not received your check in the amount of USD50,000 or any explanation as to why your payment has not been sent.
>
> (D) If either is the case, please contact us so that we can work together to retain your good credit standing.

① (A) − (B) − (C) − (D)
② (A) − (C) − (B) − (D)
③ (C) − (A) − (D) − (B)
④ (C) − (B) − (D) − (A)

정답 ③

해석 가장 적절한 순서대로 배열한 것은 무엇인가?

> (C) 3개월이 지난 후에도, 당사는 여전히 미화 50,000달러에 대한 귀사의 수표를 받지 못했으며, 지불이 이루어지지 않은 이유에 대한 어떠한 설명도 받지 못했습니다.
>
> (A) 항상 제날짜에 지불하셨기 때문에, 귀사 명세서에 착오가 있는 게 아닌지 궁금합니다.
>
> (D) 둘 중 한 가지에 해당된다면, 당사에 연락주시면 귀사의 양호한 신용상태를 유지할 수 있도록 협력하겠습니다.
>
> (B) 그렇지 않다면, 동봉한 봉투에 50,000달러 수표를 넣어 주십시오.

> *check : 수표
> *since : ~때문에, ~므로[여서]
> *promptly : 정확히 제시간에, 시간을 엄수하여
> *wondering if : ~여부를 궁금해 하다
> *statement : 입출금 내역서
> *place : 놓다[두다]
> *retain : 유지[보유]하다
> *credit standing : (채무 지불 능력의) 신용상태

해설 지문은 지불기한이 연체된 지불금액에 대한 지불을 독촉하는 내용이다. 먼저 미화 5만 달러에 대한 연체가 있음을 설명하고(C), 혹시 명세서의 착오가 아닌지 확인하고(A), 문제가 있으면 연락해 달라고 한 뒤(D), 그렇지 않다면, 5만 달러 수표를 동봉해 달라고 요청하고 있다(B).

39 What is NOT true about the shipping surcharges?

① Heavy Weight Charge is a surcharge for exceeding certain weight. For example, 20ft containers exceeding the weight of 14,000kg tare (container) are subject to a heavy weight surcharge(HWT).

② Bunker Adjustment Factor(BAF) is an adjustment to shipping companies' freight rates to take into account the effect of fluctuations in currency exchange rates.

③ THC(Terminal handling charge) is levied by CY and CFS operators for goods passing through their operations.

④ Port Congestion Surcharge is applied by shipping lines to cover losses caused by congestion and idle time for vessels serving that port.

정답 ②

해석 선적 할증료에 대한 설명으로 옳지 않은 것은?

① 중량할증료는 초과된 중량에 대한 추가요금이다. 예를 들어, 14,000kg 포대(포장용기의 중량)의 중량을 초과하는 20ft 컨테이너는 중량할증료(HWT)의 대상이다.

② 유류할증료는 환율 변동의 영향을 감안한 해운회사의 운임 조정이다.

③ 터미널처리비용은 컨테이너 야적장(CY)과 컨테이너 화물 집화소(CFS) 작업자에 의해 물품 통과 과정에 부과된다.

④ 체선할증료는 해당 항구를 운항하는 선박의 혼잡과 유휴 시간으로 인한 손실을 보상하기 위해 해운회사에 의해 적용된다.

해설 ② 유류할증료(Bunker Adjustment Factor, BAF)는 선박의 연료인 벙커유의 가격변동에 따른 손실을 보전하기 위해 부과하는 할증요금이다.

할증료(Surcharge, Additional Freight)
해운동맹의 어떤 항로에서는 기본운임을 개정하기 위해 일정의 예고기간을 설정하지 않으면 안 되는데, 운임인상에 시급을 요하는 사태가 발생할 때, 응급조치로 송하인에게 부과하는 할증료를 말한다. 또한 화물의 성질 및 항로의 특수사정에 따라 운송인이 하주에게 징수하는 할증운임도 이와 같이 부른다. Surcharge의 종류에는 전쟁상태의 발생에 대비하는 War Risk Surcharge, 체선에 대비하는 Port Congestion Surcharge, 연료가격의 변동에 대비하는 Bunker Surcharge, 외화로 표시된 운임의 환율변동에 대비하는 Currency Surcharge(Currency Adjustment Factor ; CAF), 화물의 길이나 중량 때문에 특별한 하역이 필요한 경우의 Long Length Surcharge(길이 할증), Heavy Lift Surcharge(중량 할증) 등이 있다.

*surcharge : 할증료
*Heavy Weight Charge : 중량할증료
*exceed : (허용 한도를) 넘어서다[초과하다]
*be subject to : ~의 대상이다
*take into account : ~을 고려하다
*fluctuations : 변동, 오르내림; 파동
*THC(Terminal handling charge) : 터미널처리비용
*levy : (세금 등을) 부과[징수]하다
*CY(Container Yard) : 컨테이너 야적장
*CFS(Container Freight Station) : 컨테이너화물 집화소
*Port Congestion Surcharge : 체선할증료
*shipping line : 해운회사
*congestion : 혼잡
*idle time : 유휴 시간

40 Which of the following BEST fits the blank in the box?

> ( ) vessels have storage space for the large steel boxes that they transport with/without special lifting gear.

① Bulk
② Tanker
③ Container
④ LASH

정답 ③

해석 다음 중 보기의 빈 칸에 들어갈 단어로 가장 적절한 것은?

> (컨테이너) 선박은 특수 인양장치를 포함하거나/포함하지 않고 운송하는 대형 강철상자를 위한 저장공간을 가지고 있다.
>
> *Container vessel : 컨테이너선, 컨테이너 적재용 선박
> *storage space : 저장공간
> *lifting gear : 인양장치

① 벌크선
② 탱 커
③ 컨테이너
④ 래시선

해설 ③ 컨테이너선(Container vessel) : 컨테이너 화물 운송에 적합하도록 설계된 구조를 갖춘 고속 대형화물선으로, 적재형태에 따라 혼재형(Mixed type containership), 분재형(Semi containership), 겸용형(Convertible containership), 전용형(Full containership)으로, 하역방식에 따라 Lift-on/Lift-off 방식, Roll-on/Roll-off 방식으로 분류된다.
① 벌크선(Bulk Carrier) : 포장하지 않은 화물을 그대로 적재할 수 있는 화물전용선으로, 석탄전용선, 광석전용선, 시멘트전용선, 곡물전용선 등이 있다.
② 탱커(Tanker) : 원유, 가스 등의 액체를 대량으로 저렴하게 운송하기 위한 전용선(Specialized ship)의 일종이다. 접안하역의 경우는 적고, 항구 가운데 있는 Sea Berth에서 하역한다.
④ 래시선(LASH) : Lighter Aboard Ship의 약칭으로, 화물을 적재한 부선을 본선에 설치된 기중기(Crane)로 선상에 올려놓을 수 있는 구조를 가진 선박을 말한다.

41 Which is normally used in term chartering by sea?

① Affreightment in a general ship

② Voyage charter party

③ Time charter party

④ Demise charter party

정답 ③

해석 다음 중 해상운송의 용선 조건에서 통상적으로 사용되는 것은?
① 개품운송계약
② 항해용선계약
③ 정기[기간]용선계약
④ 나용선계약

해설 ② 어느 항(하나의 항 또는 여러 개의 항)에서 어느 항(하나의 항 또는 여러 개의 항)까지 화물의 수송을 하주(Charterer, 용선자)와 선박회사(Operator) 사이에 맺는 운송계약을 항해용선계약이라고 한다. 같은 선복의 이용을 목적으로 하는 계약이라도, 항해용선계약은 그 내용이 일정한 항해(한 번의 항해 또는 여러 번의 항해)를 기초로 하고 있다는 점에서 정기용선계약이나 나용선계약과는 다르다. 후자는 어디까지나 기간으로 계약하는 용선이다. 항해용 선계약에서는 운송에 대한 보수가 원칙적으로 적하(積荷)의 톤당 얼마로 정해지는 것이 보통이다.

용선운송계약의 종류
• 용선계약은 송화인이 선박회사로부터 선복(Shipping space)의 전부 또는 일부를 임차하여 화물을 운송하는 경우에 체결하는 계약으로, 용선계약 체결 시에는 용선주(Charterer)와 용선자(Charteree) 사이에 용선계약서(Charter party)를 작성한다.
• 용선계약은 전체용선계약(Whole charter)과 일부용선계약(Partial charter)이 있으며, 전체용선계약은 다시 항해 용선(Voyage charter), 기간용선(Time charter), 나용선(Bare charter)으로 구분한다.

42 What is the right terminology of insurance containing the following meaning.

> The voluntary surrender of all rights, title, or claim to property without attempting to reclaim it in case of constructive total loss.

① Abandonment
② Subrogation
③ Average loss
④ Partial loss

정답 ①

해석 다음 지문의 의미를 포함하는 보험의 올바른 용어는 무엇인가?

> 추정전손이 발생할 경우 소유물(재산)에 대한 모든 권리, 소유권 또는 청구권과 그것을 되찾으려고 시도하지 않는 자발적인 권리 양도
>
> *terminology : 전문 용어
> *voluntary : 자발적인, 임의적인
> *surrender : 양도
> *title : 소유권
> *claim : (보상금 등에 대한) 청구[신청]
> *reclaim : 되찾다[돌려 달라고 하다]
> *in case of : 만일 ~한다면
> *constructive total loss : 추정전손

① 위 부
② 대 위
③ 해 손
④ 분 손

해설 ① 위부(Abandonment) : 해상보험 특유의 제도로, 해상보험의 피보험자가 보험목적물의 전손(Total loss) 여부가 분명하지 않은 경우에, 보험금 전액을 지급받기 위하여 그 목적물을 포기하고 보험자에게 이전하는 것이다.
② 대위(Subrogation) : 제3자가 사고를 낸 상황에서 보험자가 피보험자에게 보험금을 지급하면 피보험자가 보험목적물에 대해 갖고 있던 소유권과 구상권을 보험자에게 이양해야 한다.
③ 해손(Average loss) : 해상위험(Maritime perils)에 의하여 발생하는 손해를 말하며, Average는 전손(Total loss)에 대한 분손(Partial loss)을 의미한다.
④ 분손(Partial loss) : 피보험목적물의 일부가 멸실 또는 손상된 상태를 말하며, 전손이 아닌 손해는 전부 분손으로 간주한다. 분손은 다시 이해관계자의 분담 여부에 따라 단독해손과 공동해손으로 구분한다.

43 Select the one which rephrases the underlined part best.

> The shipping company rejected our claim by notifying us that they <u>are not responsible for</u> this matter.

① do not bear the responsibility for

② do not liable for

③ do not responsible for

④ are not responsive to

정답 ①

해석 지문의 밑줄 친 부분을 가장 잘 바꾸어 쓴 것은?

> 운송회사는 이 문제에 대해 <u>아무런 책임이 없음</u>을 통지함으로써 당사의 청구를 거절했다.

① ~에 대해 책임을 지지 않다

② ~에 법적 책임이 없다

③ ~을 책임지지 않는다

④ ~에 적극적으로 대응하지 않다

해설 ① do not bear the responsibility for는 '~에 대해 책임을 지지 않다'의 뜻이다.

② liable(법적 책임이 있는)은 형용사이므로, <u>do → are</u> not liable for가 되어야 한다.

③ responsible(책임지고 있는)은 형용사이므로, <u>do → are</u> not responsible for가 되어야 한다.

④ are not responsive to는 '적극적으로 대응하지 않는'의 뜻이므로, 지문의 문맥에 적절하지 않다.

*rephrase : (뜻을 더 분명히 하기 위해) 바꾸어 말하다

*shipping company : 운송회사

*reject : 거부[거절]하다

*claim : (보상금 등에 대한) 청구[신청]

*by notifying : 통지하여

*responsive : 즉각 반응[대응]하는

44 Select right one for the blank.

> Container Freight Station(CFS) means that (   ) at ports of shipment.

① delegated area for delivery of less than container loaded cargo
② delegated area for receiving, storing and delivering loaded containers
③ specific area for empty container pick up
④ an area to secure locations for container unloading and cargo delivery

---

정답 ①

해석 빈 칸에 옳은 것을 하나 고르시오.

> 컨테이너 화물 집화소(CFS)는 선적항에서 <u>LCL 화물(소량 컨테이너 화물)을 인도하기 위한 위임 구역</u>을 의미한다.

① LCL 화물(소량 컨테이너 화물)을 인도하기 위한 위임 구역
② 적재된 컨테이너를 인수, 저장 및 배송하기 위한 위임 구역
③ 빈 컨테이너 픽업을 위한 특정 구역
④ 컨테이너 하역 및 화물 운송을 위한 입지를 확보하기 위한 구역

해설 화물보관소(Container Freight Station, CFS)
• CFS는 컨테이너 1개를 채울 수 없는 소량화물의 인수·인도·보관 또는 LCL 화물을 컨테이너 안에 적입(Stuffing, Vanning)하거나 끄집어내는(Unstuffing, Devanning) 작업을 하는 장소이다.
• 컨테이너 운송에서 가장 바람직한 것은 화물의 출하지에서 최종목적지까지 소위 문전에서 문전까지 직접 운송되는 것이나 소량의 LCL 화물의 경우에는 이 CFS에 우선적으로 집하하여 목적지나 수하인별로 분류한 다음 컨테이너에 적재하거나 또는 LCL 화물을 컨테이너에서 끄집어내어 수하인에게 인도하게 된다.
• 모든 LCL 화물은 CFS를 거치지 않고 컨테이너선에 선적될 수 없다.
FCL(Full Container Load)과 LCL(Less than Container Load)의 선적절차
• FCL : S/R → Container Door → Stuffing → Sealing → C/Y → On Board → B/L 발급
• LCL : S/R → CFS → Consolidation → On Board → B/L 발급
*delegated area : 위임된 구역
*ports of shipment : 선적항

45 Make the sentences below in right order.

(A) They are quite useless for the purpose intended.

(B) Ten cases of TV Set for our order No. 22 per M/S "Arirang" has arrived here, but we regret to find that six units in C/N 10 have been considerably damaged.

(C) We hope you will immediately inform us.

(D) You will recognize that we are not in a position to accept these goods, and are returning the goods to you.

① (A) − (B) − (C) − (D)

② (A) − (B) − (D) − (C)

③ (B) − (A) − (D) − (C)

④ (B) − (A) − (C) − (D)

정답 ③

해석 아래 문장들을 옳은 순서대로 배열하시오.

(B) 당사의 주문 No. 22에 대한 TV 10세트가 M/S "아리랑"호로 이곳에 도착했는데, 유감스럽게도 C/N(대변표) 10에서 6개가 상당히 손상되었음을 발견했습니다.

(A) 그것들은 의도한 목적에 전혀 쓸모가 없습니다.

(D) 당사는 이 상품들을 받아들일 수 없으며, 반품하려고 합니다.

(C) 즉시 통보해 주시기를 바랍니다.

*C/N(credit note) : 대변표
*considerably : 많이, 상당히
*damaged : 손해[피해]를 입은, 하자가 생긴
*in a position to : ~할 수 있는 위치에

해설 지문은 주문품의 손상에 대한 클레임을 제기하며 반품하겠다는 내용이다. 먼저 주문품의 도착과 물품의 손상을 알리고(B), 물품의 손상 정도를 말하면서(A), 반품 의사를 밝히며(D), 즉시 통보해 달라는 말(C)로 마무리하고 있다.

46 Which of the following LEAST fits the blanks (A), (B)?

> Three weeks ago we reminded you of the ((A)) balance in our favour of $3,750. According to our records, you have not yet ((B)) the account.

① (A) outstanding - (B) settled
② (A) unsettled - (B) paid off
③ (A) unpaid - (B) cleared
④ (A) accrued - (B) carried forward

정답 ④

해석 다음 중 빈 칸 (A), (B)에 가장 적절하지 않은 것은?

> 3주 전에 당사 앞으로 3,750달러 (A) 미지불된 잔액이 있음을 귀사에 통지했습니다. 기록에 의하면 아직 (B) 결제하지 않았습니다.
>
> *balance : 잔고, 잔액
> *in one's favour of : ~앞으로, ~를 수익자로 하는

① (A) 미지불된 - (B) 해결된
② (A) 미해결된 - (B) 지불된, 계산된
③ (A) 미지불[급]된 - (B) 정산된
④ (A) (부담/취득했지만) 미수의, 미불의 - (B) 이월된

해설 빈 칸 (A)에는 outstanding, unsettled, unpaid(미지불된, 미해결된)가 들어가는 것이 적절하며, 빈 칸 (B)에는 '(대금을) 지불[계산]하다, 정산하다'는 뜻이 들어가야 하므로 settled, paid off, cleared가 적절한 표현이다. 그러나 ④의 (A) accrued는 '(부담했지만) 미불의'의 뜻이고, (B) carried forward는 '이월하다'의 뜻이므로 빈 칸에 들어갈 표현으로 적절하지 않다.

47 Select the right match of words in the blanks.

> We are sorry to say that the delay in shipment was ((A)) a late arrival of some important parts at our factory. It was impossible for us to recover the delay ((B)) our best effort.

① (A) because of − (B) for

② (A) thanks to − (B) although

③ (A) based on − (B) even though

④ (A) due to − (B) in spite of

정답 ④

해석 빈 칸에 들어갈 단어 짝으로 옳은 것을 고르시오.

> 유감스럽지만 선적지연은 당사의 공장에 일부 중요부품들이 늦게 도착했기 (A) 때문입니다. 최선을 다했음(B)에도 불구하고 지연된 것을 회복하는 것은 불가능했습니다.

> *delay in shipment : 선적 지연
> *due to : ～에 기인하는, ～ 때문에
> *part : 부품, 부분
> *recover : 회복되다

① (A) ～ 때문에 − (B) ～에 대한, ～을 위해서

② (A) ～ 덕분에 − (B) ～이긴 하지만; 그럼에도

③ (A) ～에 근거하여 − (B) 비록 ～일지라도

④ (A) ～ 때문에 − (B) ～에도 불구하고

해설 빈 칸 (A)에는 선적지연의 원인이 일부 부품들이 늦게 도착했기 때문이라고 설명하고 있으므로 '～때문에'를 뜻하는 due to, because of가 들어갈 수 있다. 빈 칸 (B)에는 최선을 다해도 지연 회복은 불가능하다는 반전의 의미가 들어가야 하므로 '～에도 불구하고'를 뜻하는 in spite of, even though, although가 적절하다.

48 Which is LEAST appropriate in the blank?

> We will ( ) the cause of the problem and will inform you of the results soon.

① inspect

② look into

③ examine

④ comply

해석 빈 칸에 가장 적절하지 않은 것은?

> 당사는 문제의 원인을 (파악하여) 곧 결과를 알려드리겠습니다.

① 점검하다
② ~을 조사하다
③ 조사[검사]하다
④ 따르다[준수하다]

해설 주어진 문장의 빈 칸에는 문맥상 문제의 원인을 알아보겠다는 내용이 나와야 하므로, '점검[검사]하다'의 뜻인 inspect, look into, examine가 적절하다. ④ comply는 '따르다[준수하다]'의 뜻이므로, 빈 칸에 들어갈 표현으로 옳지 않다.

49 Which of the following sentences is NOT correct?

① Would you furnish to negotiating bank to the necessary information.
② Please let us know whether you can deliver by next Monday.
③ We deal with our usual transaction on an L/C basis.
④ Your soonest answer will make us deeply grateful.

해석 다음 문장들 중 옳지 않은 것은?
① 매입은행에 필요한 정보를 제공해 주시겠습니까?
② 다음 주 월요일까지 배달이 가능한지 알려주시기 바랍니다.
③ 당사는 통상적인 거래를 신용장으로 처리합니다.
④ 조속히 회답해 주시면 대단히 감사하겠습니다.

해설 ① '누구에게 무엇을 제공하다'는 furnish (someone) with (something)이므로, Would you furnish to negotiating bank to → negotiating bank with the necessary information?(매입은행에 필요한 정보를 제공해 주시겠습니까?)이 되어야 한다.
　*furnish : 제공[공급]하다
　*negotiating bank : 매입은행
　*deliver : 배달하다
　*deal with : 처리하다
　*transaction : 거래, 매매
　*on an L/C basis : 신용장 기준으로

50 Select the right one in the blank.

> We are pleased to advise you that the bracelets and necklace you ordered with Order no. 23 and Order no. 24, (   ), were put on flight TG 531 leaving Thailand at 12:15 AM, 10 June and will be arriving at Seoul at 06:20 AM.

① same

② different

③ respectively

④ like

정답 ③

해석 빈 칸에 옳은 것을 하나 고르시오.

귀사의 주문번호 23번과 주문번호 24번에서 주문한 팔찌와 목걸이는 (각각) 6월 10일 오전 12시 15분에 태국을 출발하는 TG 531편에 선적되어 당일 오전 6시 20분에 서울에 도착할 예정임을 알려드립니다.

*advise : (정식으로) 알리다

① 같은, 동일한

② 다 른

③ 각 각

④ ~와 같은

해설 문맥상 팔찌에 대한 주문(주문번호 23)과 목걸이에 대한 주문(주문번호 24)이 차례로 나왔으므로, 지문의 빈 칸에는 '각각, 제각기'를 뜻하는 ③ respectively가 적합하다.

51 물품 등을 무환으로 수출하여 해당 물품이 판매된 범위 안에서 대금을 결제하는 수출로 옳은 것은?

① 외국인도수출
② 임대수출
③ 위탁판매수출
④ 수탁판매수출

정답 ③

해설 대외무역관리규정의 주요 용어
• 외국인도수출 : 수출대금은 국내에서 영수하지만 국내에서 통관되지 아니한 수출 물품 등을 외국으로 인도하거나 제공하는 수출이다.
• 임대수출 : 임대(사용대차를 포함) 계약에 의하여 물품 등을 수출하여 일정기간 후 다시 수입하거나 그 기간의 만료 전 또는 만료 후 해당 물품 등의 소유권을 이전하는 수출 형태이다.
• 위탁판매수출 : 물품 등을 무환으로 수출하여 해당 물품이 판매된 범위 안에서 대금을 결제하는 계약에 의한 수출을 말한다.
• 수탁판매수입 : 물품 등을 무환으로 수입하여 해당 물품이 판매된 범위 안에서 대금을 결제하는 계약에 의한 수입을 말한다.

52 무역계약 관련 내용 설명으로 옳지 않은 것은?

① 무역계약의 내용은 합의로 계약에 포함된 명시조항과 법이나 관습에 의해 당사자가 당연히 따를 것으로 간주되는 묵시조항이 있다.
② 명시조항은 계약의 필수적인 내용을 구성하는 조건과 부수적이고 종속적인 담보책임으로 구분된다.
③ 해제조건은 법률행위의 효력발생에 관한 조건이다.
④ 물품의 인도에는 현실적 인도와 추정적 인도가 있다.

정답 ③

해설 ③ 해제조건은 어떤 조건이 이루어짐에 따라 법률행위의 효력을 소멸시키는 조건이다.
CISG 제81조 계약 해제의 효과
계약이 해제되는 경우 양 당사자는 계약의 의무로부터는 면제되나 손해를 입은 당사자는 상대방에게 손해배상을 청구할 권리를 보유하는 것으로 규정한다. 이는 분쟁해결조항의 독립성 원칙으로서 계약의 해제와는 별도로 법적 분쟁해결의 실효를 얻고자 하는 것이다.
이행불능 조항(Frustration clause)
Frustration이 발생하면 해당 계약의 유효성을 즉시 소멸시키고 쌍방 당사자들의 의무를 면제하기 위한 목적으로 설정하는 조항이다(계약 해제).

53 구상무역에 대한 설명으로 옳지 않은 것은?

① 구상무역은 환거래가 발생한다.
② 대응수입의무가 제3국으로 이전가능하다.
③ Counter trade에 해당되고 완전구상무역, 부분구상무역, 삼각구상무역으로 구분된다.
④ 2개의 계약서가 이용된다.

정답 ④

해설 ④ 구상무역은 일반적으로 하나의 계약서에 의해 거래가 이루어진다.
구상무역(Compensation trade)
- 두 나라 사이에 협정을 맺어, 일정기간 서로 수출을 균등하게 하여 무역차액을 영(零)으로 만들고, 결제자금이 필요 없게 하는 무역이다.
- 수출자는 수출액에 대하여 일부 또는 전부를 수입국에서 구매함으로써 수출액과 수입액을 상계시키는 무역거래를 말한다. 하나의 계약서로 거래가 성립되며, Back to Back L/C, Escrow L/C 등이 사용된다.

54 대외무역법상 전략물자관리제도에 관한 설명으로 옳지 않은 것은?

① 전략물자란 대량살상무기 및 그 운반수단의 개발과 제조에 직·간접적으로 사용될 수 있는 일반산업용 물품 및 기술을 의미한다.
② 대외무역법에서는 전략물자를 이중용도 품목 및 군용 물자 품목으로 나눠 구분하고 있다.
③ 대외무역법에서는 전략물자에 대해서는 수출허가기관의 장에게 수출신청을 통한 허가를 받아 수출하여야 한다.
④ 대량살상무기의 제조, 개발 등에 전용될 우려가 있으나 대외무역법에서 전략물자로 정하고 있지 않은 물품에 대해서는 허가나 승인 없이 수출할 수 있다.

정답 ④

해설 ④ 대량파괴무기 등의 제조·개발·사용 또는 보관 등의 용도로 전용되거나 전용될 가능성이 있다고 인정되는 전략물자나 상황허가 대상인 물품 등(전략물자)을 경유하거나 환적하려는 자는 산업통상자원부장관이나 관계 행정기관의 장의 허가를 받아야 한다.
대외무역법 제23조(전략물자 등에 대한 이동중지명령 등)
③ 전략물자 등을 국내 항만이나 공항을 경유하거나 국내에서 환적(換積)하려는 자로서 대통령령으로 정하는 자는 대통령령으로 정하는 바에 따라 산업통상자원부장관이나 관계 행정기관의 장의 허가를 받아야 한다.
대외무역법 시행령 제40조의2(전략물자 등의 경유 또는 환적 허가 신청 등)
① 법 제23조 제3항에서 "대통령령으로 정하는 자"란 다음 각 호의 어느 하나에 해당하는 자를 말한다.
1. 대량파괴무기 등의 제조·개발·사용 또는 보관 등의 용도로 전용되거나 전용될 가능성이 있다고 인정되는 전략물자나 상황허가 대상인 물품 등(이하 "전략물자 등"이라 함)을 경유하거나 환적하려는 자
2. 산업통상자원부장관 또는 관계 행정기관의 장으로부터 법 제23조 제3항에 따른 경유 또는 환적 허가를 받아야 하는 것으로 통보받은 자

55 탄력관세제도(Flexible tariff system)의 설명으로 옳지 않은 것은?

① 탄력관세는 반드시 대외무역법에서 정해진 범위 내에서 탄력관세를 발동하고 세율을 변경시켜야 한다.
② 산업구조의 급격한 변동으로 품목 간의 세율을 조정할 필요가 있을 경우 발동한다.
③ 국내공급이 부족하여 국내가격이 폭등하는 경우 이를 안정시키기 위해 물품의 수입을 긴급히 증가시킬 필요가 있을 경우 발동한다.
④ 국내산업을 보호하기 위해서 또는 국제수지의 악화를 방지하기 위해서 특정 물품의 수입을 긴급히 억제할 필요가 있을 경우 발동한다.

> **정답** ①
>
> **해설** ① 탄력관세는 반드시 관세법에 정해진 범위 내에서 탄력관세를 발동하고 세율을 변경시켜야 한다.
> 탄력관세제도(Flexible tariff system)
> 관세법에 의해 일정한 범위 안에서 관세율의 변경권을 행정부에 위임하여 관세율을 탄력적으로 변경할 수 있도록 함으로써 급격하게 변동하는 국내외적 경제여건 변화에 신축성 있게 대응하여 관세 정책을 보다 효과적으로 수행하는 제도

56 다음 내용은 신용장의 종류 중 무엇에 대한 설명인가?

> 신용장 조건 중에 이 신용장 수령 후 며칠 이내에 Beneficiary가 Applicant 앞으로 동액의 신용장을 개설하는 경우에 한하여 이 신용장이 유효하다는 조건을 부가한 신용장으로 구상무역에서 주로 사용된다.

① Irrevocable L/C
② Restricted L/C
③ Packing L/C
④ Back to Back L/C

> **정답** ④
>
> **해석** ① 취소불능 신용장 ② 매입제한[특정] 신용장
> ③ 전대신용장 ④ 동시개설 신용장
>
> **해설** ④ 동시개설 신용장(Back to Back L/C) : 무역균형 유지를 위해 한 나라에서 수입신용장을 개설할 경우, 그 신용장은 수출국에서 동액의 수입신용장 개설 시에만 '유효하다는 조건'이 붙은 조건부 L/C로서 구상무역/견질/상호교환 신용장이라고도 한다.
> ① 취소불능 신용장(Irrevocable L/C) : 신용장 개설 이후 신용장이 수익자에게 통지된 후 유효기간 내에 관계 당사자 전원(개설은행/확인은행, 수익자, 통지은행)의 합의 없이는 취소·변경할 수 없는 신용장이다.
> ② 매입제한[특정] 신용장(Restricted L/C) : 수익자가 발행하는 환어음의 매입은행이 특정은행으로 지정되어있는 신용장으로, 개설은행이 지정한 은행에서만 매입을 할 수 있다.
> ③ 전대신용장(Packing L/C) : 수출물품의 생산·가공·집화·선적 등에 필요한 자금을 수출업자에게 융통해 주기 위하여 매입은행으로 하여금 일정한 조건에 따라 신용장 금액의 일부 또는 전부를 수출업자에게 선대(선불)해 줄 것을 허용하고 신용장 개설은행이 그 선대금액의 지급을 확약하는 신용장이다.

57 거래의 지급방법이 USANCE RESTRICTED NEGOTIATION CREDIT인 경우 ㉠~㉡의 표현이 옳은 것은?

> 수입업자 거래은행 : KOOKMIN BANK
> 수출업자 거래은행 : JAKARTA BANK
> 수입업자 : HAEYANG CO., LTD. KOREA
> 수출업자 : JAVA CO., LTD. INDONESIA
> "available with (㉠) by negotiation of your draft at (㉡) sight for 100 percent of invoice value."

① ㉠ KOOKMIN BANK, ㉡ blank
② ㉠ KOOKMIN BANK, ㉡ 180 DAYS AFTER
③ ㉠ JAKARTA BANK, ㉡ blank
④ ㉠ JAKARTA BANK, ㉡ 180 DAYS AFTER

정답 ④

해설 ④ 개설은행인 국민은행이 매입은행인 자카르타 은행에 개설일로부터 일정기간 경과한 후(180일)에 Invoice 금액과 일치하는 매입조건으로 발행한 기한부 매입신용장(USANCE RESTRICTED NEGOTIATION CREDIT)에 대한 설명이다. 따라서 ㉠에는 매입은행인 JAKARTA BANK, ㉡에는 구체적인 기간인 180 DAYS AFTER가 와야 한다.

58 지급인이 지급을 거절하는 경우, 매입은행이 환어음의 발행인 및 자신에게 어음을 배서한 자에게 다시 어음 금액을 돌려달라고 요청할 수 있는 권리를 무엇이라 하는가?

① Recourse
② Negotiation
③ Protest
④ Lien

정답 ①

해석 ① 상환청구권
② 매 입
③ 항의, 저항
④ 선취권, 유치권

해설 ① Recourse는 상환청구권을 말한다. 매입은행은 지급 거절 시 상환청구권을 행사할 수 있다.
매입은행(Negotiating bank)
• 매입은행은 제3자가 지급인인 어음·수표에 대해 권리를 취득한 은행으로 환어음 매입으로 선의의 소지자(Bona Fide Holder)가 되어 개설은행에 어음대금 청구권을 행사할 수 있다.
• 지급거절 시는 상환청구권(Recourse)을 행사할 수 있어서 수출상에 대한 최종지급이라 볼 수 없다.

59 수출상이 Usance 기간이 경과한 후 어음의 만기일에 대금지급을 받게 되는 경우를 무엇이라 하는가?

① Seller's usance
② Shipper's usance
③ Buyer's usance
④ Banker's usance

정답 ②

해석 ① 매도인 유전스[기한부]
② 무역 유전스[기한부]
③ 매수인 유전스[기한부]
④ 은행 유전스[기한부]

해설 무역 유전스[기한부](Shipper's Usance)
• 수출상과 수입상의 상호계약에 의하여 수입대금을 만기일에 지급하는 형태이다.
• 수출상이 수입상에게 Usance 기간(외상/어음기간) 동안의 신용을 공여하는 것으로 수입상이 선적서류를 인수 (Acceptance)한 후 만기일에 수입대금을 결제한다.

60 신용장거래에서 사용되는 환어음에 대한 설명으로 옳지 않은 것은?

① 환어음의 발행인은 수익자가 된다.
② 신용장상에 지급인은 'drawn on'이나 'valued on' 다음에 표시되며 개설의뢰인이 어음의 지급인 이다.
③ 지급인에게 어음을 제시하는 즉시 지급되는 경우에는 'At Sight'로 표시한다.
④ 환어음의 발행금액은 송장금액과 일치하게 발행해야 한다.

정답 ②

해설 ② 환어음상의 지급인(Drawee)은 drawn on 다음에 기재된 은행이 어음의 지급인으로서 보통 발행은행 또는 발행은 행의 예치환 거래은행인 제3국의 은행(상환·결제은행)이 된다.
지급인(Drawee)
• 환어음은 발행인(Drawer)이 지급인(Drawee)에게 자신이 지시하는 자(Payee, 수취인)에게 일정금액(환어음 금액) 을 일정기일(만기)에 무조건 지급할 것을 위탁한다.
• 추심방식에서는 수입상이 되며, 신용장방식에서는 원칙적으로 신용장 개설은행(수출상에 대한 주 채무자)이 된다.
• 수출상이 환어음을 발행할 때 수입상이 아닌 개설은행을 지급인(Drawee)으로 해야만 하며, 개설은행은 수입자가 있는 수입지에 소재하는 경우가 대부분이지만 제3국에 소재하는 경우도 있다.
• 어음지급기일 : After Sight인 경우 해당 환어음이 지급인(Drawee)에게 제시되는 시점부터 기산이 된다.

61 신용장상에 "available with any bank by negotiation of your draft at sight for 100 percent of invoice value"라는 표현이 있는 경우에는?

① 일람불 일반신용장이다.
② 기한부 일반신용장이다.
③ 일람불 특정신용장이다.
④ 기한부 특정신용장이다.

정답 ①

해설 수익자(Beneficiary, 수출상)가 지정한 은행에 Invoice 금액과 일치하는 일람불방식 매입조건으로 발행한 신용장이므로, ① 일람불(At sight) 일반신용장이다.
available with 지정은행(또는 ANY BANK) by NEGOTIATION – 매입신용장
• By Negotiation 앞에 개설은행이 지정될 수 없으며, 지정은행은 수출지 은행이다.
• By Negotiation 앞에 지정된 지정은행이 Beneficiary의 거래은행이 아니면 Re-Nego가 발생될 수 있으며, Any Bank로 된 경우에는 자유매입신용장으로서 Beneficiary가 자신의 거래은행으로 매입(추심) 신청 가능하다.

62 환어음의 종류가 다른 하나는?

① Usance draft
② Time draft
③ Term draft
④ Demand draft

정답 ④

해설 ④ Demand draft는 일람불어음이며, ①·②·③은 기한부어음이다.

일람불(일람출급/요구불)어음 (Sight/Demand Bill/Draft)	기한부어음 (Time/Usance Bill/Draft, After Sight Draft)
• 환어음 지급기일이 일람출급으로 되어 있는 경우 • 환어음이 지급인에게 제시(Presentation)되었을 때 즉시 지급해야 하는 어음 • "AT OOO SIGHT"로 표시 • 환어음상에 일람출급 또는 기한부 표시가 없는 경우 일람출급 환어음으로 봄	• 환어음 제시 후 일정기간 후 지불되는 어음(제시된 즉시 지급하는 것이 아님) • 당사자 간에 정한 만기에 환어음 금액을 지급하겠다는 의사 표시인 환어음의 인수(Acceptance, 서명 행위)를 환어음의 전면에 행하고 만기 도래 시 지급을 이행하는 조건의 환어음 • 일람 후 정기불/정기출급(After Sight), 확정일부 환어음, 일부 후 정기불(After Date)

63 항공화물운송장(AWB)에 대한 설명으로 옳지 않은 것은?

① Air Waybill은 유가증권이 아니고 유통성을 가지고 있지 않다.
② Air Waybill은 기명식으로 발행된다.
③ 송하인이 은행에 제시할 때 사용하는 AWB만 지시식으로 발행된다.
④ Air Waybill 원본 3부의 경우, 항공사용(Original 1), 수하인용(Original 2), 송하인용 (Original 3)으로 발행된다.

정답 ③

해설 항공화물운송장(Air Waybill, AWB)의 특성
- 요식성 증권(상법이 규정한 법적 필수사항 기재 필요)
- 요인증권(운송계약을 원인으로 발행)
- 비유통성/비유가/기명식 증권
- 발행방식 : 항상 기명식
- 발행시기 : 선적식(수취식도 있음)
- 제시원본 수량 : Full set

64 수입물품의 과세가격산정 시 과세물건의 확정시기에 관한 설명으로 옳은 것은?

① 수출신고 시 물품의 성질과 수량을 기준으로 부과
② 수입신고 수리 전 해당물품을 소비하거나 사용한 때
③ 수입신고 전 즉시반출신고를 하고 반출한 물품이 선적된 때
④ 우편으로 수입되는 물품이 수취인에게 도착한 때

정답 ②

해설 ① 수입신고 시 물품의 성질과 그 수량에 따라 부과
③ 수입신고 전 즉시반출신고를 하고 반출한 물품은 수입신고 전 즉시반출신고를 한 때
④ 우편으로 수입되는 물품은 통관우체국에 도착한 때
관세법 제16조(과세물건 확정의 시기)
관세는 수입신고(입항전수입신고 포함)를 하는 때의 물품의 성질과 그 수량에 따라 부과한다. 다만, 다음 각 호의 어느 하나에 해당하는 물품에 대하여는 각 해당 호에 규정된 때의 물품의 성질과 그 수량에 따라 부과한다.
1. 선박용품 및 항공기용품 등 : 하역을 허가받은 때
2. 보수작업을 하는 경우 해당 물품 : 보세구역 밖에서 하는 보수작업을 승인받은 때
3. 장치된 외국 물품의 폐기 또는 멸실 : 해당 물품이 멸실되거나 폐기된 때
4. 공장 외 작업장에 허가된 외국물품 : 보세공장 외 작업, 보세건설장 외 작업 또는 종합보세구역 외 작업을 허가받거나 신고한 때
5. 보세운송하는 외국물품이 지정된 기간 내에 목적지에 도착하지 아니한 경우 : 보세운송을 신고하거나 승인받은 때
6. 수입신고가 수리되기 전에 소비하거나 사용하는 물품 : 해당 물품을 소비하거나 사용한 때
7. 수입신고 전 즉시반출신고를 하고 반출한 물품 : 수입신고 전 즉시반출신고를 한 때
8. 우편으로 수입되는 물품 : 통관우체국에 도착한 때
9. 도난물품 또는 분실물품 : 해당 물품이 도난되거나 분실된 때
10. 관세법에 따라 매각되는 물품 : 해당 물품이 매각된 때
11. 수입신고를 하지 아니하고 수입된 물품(제1호부터 제10호까지에 규정된 것은 제외) : 수입된 때

65 일정한 기간에 화물이 연속적으로 운송되는 경우 이에 대한 보험증권이 발급된 이후 선적 때마다 보험목적물과 송장가액 등이 확정되면 이를 보험계약자가 보험자에게 통지함으로써 계약 내용이 구체적으로 확정되는 보험을 무엇이라 하는가?

① 개별보험계약
② 중복보험
③ 공동보험
④ 포괄예정보험

정답 ④

해설 ① 개별보험계약 : 피보험목적물을 개별적으로 정한 보험 계약
② 중복보험 : 동일 피보험이익에 대하여 복수의 보험계약이 존재하고, 각 계약의 보험금액을 합한 액수가 보험가액을 초과하는 경우
③ 공동보험 : 피보험이익에 대해 2인 이상의 보험자가 공동으로 계약을 체결하는 것

66 부지약관(Unknown clause)에 관한 설명으로 옳은 것은?

① 선하증권상 화물의 이상 유무를 기재한 것이다.
② 송하인이 적입한 FCL 화물의 수량이나 상태에 대해 운송인이 책임지지 않는다는 취지이다.
③ 컨테이너 화물의 갑판적에 대한 선사의 재량권을 규정한 것이다.
④ 수취식으로 발행된 선하증권상 선적일자를 기재한 것이다.

정답 ②

해설 부지약관/문언(Unknown clause)
• 화주가 포장한 컨테이너(Shipper's pack)의 경우, 운송인은 운송물의 수량, 중량 등의 명세를 확인할 수 없으므로 화주의 요구에 따라 선하증권에 운송물의 명세를 기재할 때 화주의 신고를 신뢰할 수밖에 없다. 이로 인해 화주가 포장한 컨테이너에 대해서는 운송물의 수량, 중량 등의 명세를 모른다는 취지의 약관을 선하증권 이면에 기재하게 되는 것을 말한다.
• 선하증권 표면에 "Shipper's Load and Count(SLC, 화주의 계산으로 포장한 것이므로 운송인은 모른다는 의미)" 또는 "Said to Contain(STC, 어떤 운송물이 포장되어 있지만 운송인은 모른다는 의미)" 등의 문언을 기재하는 경우가 많다.

67 국제물품매매계약상 보험조건에 대한 설명으로 옳지 않은 것은?

① 보험조건에서 보험계약의 당사자를 약정할 수 있다.

② 매도인은 운송 중인 물품에 대하여 항상 보험을 부보하여야 한다.

③ 보험조건에 대하여 별도의 약정이 없는 경우에는 계약 당사자가 합의한 정형거래조건에 따라 결정된다.

④ CIF 조건에서는 매도인이 매수인을 위하여 운송 중인 물품에 대하여 보험을 부보하여야 한다.

정답 ②

해설 ② 매도인은 물품의 운송에 관하여 부보(附保)할 의무는 없다. 그러나 매수인의 요구가 있으면 매수인이 부보하는 데 필요한 모든 가능한 정보를 매수인에게 제공하여야 한다.

국제물품매매계약에 관한 유엔협약(CISG, 비엔나협약) 제32조 선적수배의 의무 제3항

If the seller is not bound to effect insurance in respect of the carriage of the goods, he must, at the buyer's request, provide him with all available information necessary to enable him to effect such insurance. 매도인이 물품운송과 관련한 보험에 부보하여야 할 의무가 없는 경우에는, 매도인은 매수인의 요구에 따라 매수인이 그러한 보험에 부보하는 데 필요한 모든 정보를 매수인에게 제공하여야 한다.

68 피보험이익에 관한 설명으로 옳지 않은 것은?

① 수출입이 금지된 물품에 대한 경제적 이해관계도 유효한 피보험이익이 된다.

② 용기에 저장하여 판매하는 공기도 보험계약의 대상이 될 수 있다.

③ 피보험이익은 적어도 보험사고 발생 시까지는 확정될 수 있어야 한다.

④ 희망이익은 피보험이익이 될 수 있다.

정답 ①

해설 ① 수출입이 금지된 물품에 대한 경제적 이해관계는 피보험이익이 될 수 없다.

피보험이익(Insurable interest)

• 보험목적물과 피보험자 사이의 이해관계, 즉 보험목적물에 보험사고가 발생함으로써 피보험자가 경제상의 손해를 입을 가능성이 있는 경우, 이 보험목적물과 피보험자와의 경제적 이해관계를 피보험이익이라고 하며 이를 보험계약의 목적이라고도 한다.

• 해상보험에서 피보험목적물에 해상위험이 발생하지 않음으로써 이익을 얻고 또 해상위험이 발생함으로써 손해를 입는 이해관계자가 피보험목적물에 대해 피보험이익을 가진다고 말할 수 있다.

• 피보험이익이 없으면 보험계약을 체결할 수 없으며, 설령 보험계약이 체결되었다 해도 효력을 가질 수 없다.

69 Incoterms 2020에서 새로 추가된 조건과 대체되는 기존 조건이 옳게 나열된 것은?

① DPU - DAP

② DPU - DAT

③ DDU - DAP

④ DDU - DAT

정답 ②

해설 ② Incoterms 2010에서는 물품의 인도장소를 터미널로 제한하였지만, Incoterms 2020에서는 터미널뿐만 아니라 모든 장소에서 인도할 수 있도록 DAT에서 DPU로의 명칭이 변경되었다.

DAT에서 DPU로의 명칭 변경
• 두 Incoterms 2020 규칙의 등장순서가 서로 바뀌었고, 양하 전에 인도가 일어나는 DAP가 DAT 앞에 온다.
• DAT 규칙의 명칭이 DPU(Delivered at Place Unloaded)로 변경되었다.
 – "터미널"뿐만 아니라 어떤 장소든지 목적지가 될 수 있다는 것을 강조하기 위한 것이다.
 – 그러한 목적지가 터미널에 있지 않은 경우, 매도인은 자신이 물품을 인도하고자 하는 장소가 물품의 양하가 가능한 장소인지 꼭 확인하여야 한다.

70 비엔나협약상 매수인이 클레임을 제기할 수 있는 최장기간 설명으로 옳은 것은?

① 현실적 인도일로부터 2년

② 계약일자로부터 2년

③ 상당한 기간이 경과한 후 2년

④ 불일치를 발견하였어야 할 일자로부터 2년

정답 ①

해설 ① 비엔나협약(CISG)에 따라 손해배상 청구소송은 화물이 인도된 날 또는 인도되었어야 할 날로부터 2년 이내에 제기되어야 한다. 따라서 매수인이 클레임을 제기할 수 있는 최장기간은 현실적 인도일로부터 2년 이내이다.

국제물품매매계약에 관한 유엔협약(CISG, 비엔나협약) 제39조 불일치의 통지시기 제2항

In any event, the buyer loses the right to rely on a lack of conformity of the goods if he does not give the seller notice thereof at the latest within a period of two years from the date on which the goods were actually handed over to the buyer, unless this time–limit is inconsistent with a contractual period of guarantee.

어떠한 경우에도, 물품이 매수인에게 현실적으로 인도된 날로부터 늦어도 2년 이내에 매수인이 매도인에게 불일치의 통지를 하지 않은 경우, 매수인은 물품의 불일치에 의거하는 권리를 상실한다. 다만, 이러한 기간 제한이 계약상의 보증기간과 상충되는 경우에는 그러하지 아니하다.

71 무역클레임의 해결에 중재가 널리 채택되는 이유로 옳지 않은 것은?

① 단심제이므로 분쟁을 신속히 종결시킬 수 있다.
② 무역전문가의 판정이므로 보다 현실적이며 합리적인 해결이 기대된다.
③ 중재심리가 비공개로 진행되므로 당사자의 비밀이 보장된다.
④ 중재판정의 결과는 비엔나협약에 따라 국제적으로 집행이 보장된다.

정답 ④

해설 ④ 중재판정은 외국중재판정의 승인 및 집행에 관한 국제연합협약(뉴욕협약)에 의하여 그 승인 및 집행이 국제적으로 보장된다.

중재(Arbitration)
법원의 소송절차로 분쟁을 해결하지 않고 분쟁당사자 간 합의에 의거 제3의 중재기관에 의한 중재판정을 통해 분쟁을 해결하는 방법으로, 무조건 대법원 확정판결과 동일한 효력이 발생하고 New York 협약에 가입한 국가에 한해 중재판정은 국제적으로도 그 효력이 보장된다.

72 국제건설공사계약에서 수주자의 능력, 경험, 명성 등을 검토하여 적절한 수주자를 임의로 선정하는 계약의 형태로 옳은 것은?

① 수의계약(Negotiated contract)
② 경쟁입찰계약(Competitive bid contract)
③ 원도급계약(Prime contract)
④ 공동도급계약(Joint venture contract)

정답 ①

해설 ② 경쟁입찰계약(Competitive bid contract) : 계약자를 선정할 때 공개입찰을 통한 입찰결과 사업주에게 가장 유리한 조건을 제시한 입찰자와 계약하는 방법이다.
③ 원도급계약(Prime contract) : 주문자와 원도급 계약자인 건설회사와의 직접 계약을 말한다.
④ 공동도급계약(Joint venture contract) : 대규모 건설공사에서 건설업체들이 상호 부족한 부분을 보완하기 위해 2개 이상의 사업자가 공동으로 수급 및 완공하기 위한 계약 방법이다.

73 플랜트수출계약 관련 플랜트수출의 주요 특성 설명으로 옳지 않은 것은?

① 플랜트수출은 계약이행과 대금지급이 장기간에 걸쳐 이루어진다.
② 플랜트수출은 국가정책적으로도 중요성이 날로 부각되고 있다.
③ 플랜트수출에는 다수의 관계 당사자들이 관여하는 경우가 일반적이다.
④ 플랜트수출에서 계약 당사자들은 별도의 위험관리대책을 마련할 필요는 없다.

정답 ④

해설 ④ 플랜트수출계약은 공장의 전부 또는 일부를 건설하고 관련 기계를 시설, 가동할 수 있을 때까지 모든 것을 떠맡는 수출계약 방식으로 계약 당사자들은 별도의 위험관리대책을 마련할 필요가 있다.

74 인터넷상에서 무역거래를 활성화하기 위해서 구매자와 판매자를 연결시켜주는 무역거래 알선사이트로 바르게 묶인 것은?

① EC21, BuyKorea, Keidanren
② Kmall24, ECPlaza, Thomas Register
③ Buykorea, GoBIZkorea, Alibaba
④ Kmall24, EC21, Kompass

정답 ③

해설 무역거래 알선사이트
- Buykorea : 우리나라 기업들이 해외바이어를 대상으로 상품을 홍보하고 온라인으로 연결될 수 있도록 하는 수출지원 플랫폼
- GoBIZkorea : 해외 구매자가 비즈니스 매칭 프로그램을 통해 신뢰할 수 있는 한국의 공급업체, 제조업체, 제품, 회사를 만나는 온라인 공간
- Alibaba : 세계 최대의 온라인 B2B 상거래 플랫폼으로 전 세계 수백만 명의 구매자와 공급업체를 대상으로 서비스를 제공하는 온라인 공간

75 단독해손을 보상하지 않는 해상보험약관으로 옳은 것은?

① ICC(A)
② ICC(C)
③ ICC(B)
④ ICC(A/R)

정답 ②

해설 ICC(C)
- 구 협회약관 FPA 조건과 거의 동일한 조건으로 신 약관에서 가장 담보 범위가 작은 보험조건이다.
- FPA 조건과 다른 점은 FPA에서는 선적, 환적 또는 하역 작업 중 화물의 포장당 전손은 보상되나, ICC(C)에서는 보상되지 않는다는 점이다.
- ICC(B)와 같이 열거위험에 의해 발생한 손해를 분손, 전손의 구분 및 면책률(Franchise) 없이 보상한다. 그러나 ICC(B) 약관에서 보상되는 위험 가운데 '지진, 분화, 낙뢰, 해수, 호수 등의 침입, 갑판유실, 추락한 매 포장당 전손' 등을 ICC(C) 약관에서는 보상하지 않는다.

제1과목 **영문해석**

01 Which of the following has the most different intention from the others?

① We enclose a trial order for the equipment. We will send further orders in the near future in case of good quality.

② Referring to your offer of the October 20, we are pleased to give you an order for 1,000 M/T of Raw Rubber.

③ We place an order with you for 1,000 pieces of leather handbags.

④ We are pleased to acknowledge your order of October 20.

정답 ④

해석 다음 중 나머지와 그 의도가 가장 다른 것은?
① 당사는 장비에 대한 시험주문서를 동봉합니다. 만약 품질이 좋을 경우 가까운 장래에 주문을 더 보내겠습니다.
② 귀사의 10월 20일 청약과 관련하여, 당사는 귀사에 1,000M/T의 생고무를 주문하게 되어 기쁩니다.
③ 당사는 귀사에게 가죽 핸드백 1,000개를 주문합니다.
④ 당사는 귀사의 10월 20일 주문서를 받았음을 알려드리게 되어 기쁘게 생각합니다.

해설 ①·②·③은 수입자의 입장에서 상품에 대한 주문을 하고 있는 내용인데 반해, ④는 수입자로부터 주문을 받은 수출자의 입장에서 하는 표현이다.
*trial order : 시험주문
*refer to : ~을 나타내다[~와 관련 있다]
*Raw Rubber : 생고무
*place an order with : ~에 주문을 하다
*acknowledge : (편지·소포 등을) 받았음을 알리다

02 Choose the one which has different meaning from the others?

① If your price is competitive and the quality matches the sample, we will give you a big order.

② If your price has an edge over others and the quality is consistant with the sample, we will give you substantial orders.

③ If your price is attractive and the quality corresponds to the sample, we will order large quantities.

④ If your price is satisfactory and the quality meets with the sample, we will take large orders.

정답 ④

해석 나머지와 의미가 다른 것을 하나 고르시오.
① 가격이 경쟁력 있고 샘플과 품질이 일치한다면, 당사는 귀사에 대량주문을 할 것입니다.
② 귀사의 가격이 다른 것들보다 유리하고 품질이 견본과 일치한다면, 당사는 귀사에 상당한 주문을 할 것입니다.
③ 가격이 매력적이고 품질이 샘플과 일치한다면, 당사는 대량으로 주문할 것입니다.
④ 귀사의 가격이 만족스럽고 샘플과 품질이 일치한다면, 당사는 대량주문을 받을 것입니다.

해설 ①·②·③은 수입자의 입장에서 상품의 가격이 저렴하고 샘플과 품질이 일치할 경우 대량주문을 하겠다는 내용인데 반해, ④는 그러한 수입자로부터 주문을 받은 수출자의 입장에서 하는 표현이다.
*competitive : 경쟁력 있는, 뒤지지 않는
*have an edge over : ~보다 유리하다
*be consistant with : ~와 일치하다
*attractive : 마음을 끄는, 매력적인
*correspond to : ~에[와] 일치하다, 들어맞다
*meet : (필요요구 등을) 충족시키다; (기한 등을) 지키다
*take large orders : 대량주문을 받다

03 Which of the following is LEAST appropriate for the blank?

① We are convinced that there is an enormous potential market in Korea and you can be sure of increasing your ( ) considerably if you allow us to promote sales of your products. (turnover)

② You would not ( ) in opening a connection with the firm and would be satisfied with their mode of doing business. (run the least risk)

③ Though this information is given to the best of our belief, we must ask you to treat it ( ) and without any responsibility on our part. (in strict confidence)

④ Our own opinion is that any firm which undertakes business relations with them would require much patience and would eventually be ( ). (satisfied)

정답 ④

해석 다음 중 빈 칸에 들어갈 말로 가장 적절하지 않은 것은?
① 당사는 한국에 엄청난 잠재 시장이 있다고 확신하며 귀사 제품의 판매를 촉진할 수 있도록 당사에 허락한다면 귀사의 (총매출량)이 늘어날 것으로 확신합니다.
② 귀사는 그 회사와 거래를 개설하는 데 (최소한의 위험도 부담하지) 않을 것이며, 그들의 거래 방식에 만족할 것입니다.
③ 비록 이 정보가 당사가 믿는 한 최선일지라도, 당사는 귀사가 이 정보를 (극비로) 취급해 줄 것과 우리 측에 어떠한 책임도 없다는 점을 요청합니다.
④ 당사의 의견은 그들과 거래를 수행하는 회사는 어떤 회사든 인내심이 많이 필요할 것이며, 결국엔 (만족할 → 불만족할) 것입니다.

해설 ④ 빈 칸 앞에서 any firm which undertakes business relations with them would require much patience(그들과 거래를 수행하는 회사는 어떤 회사든 인내심이 많이 필요할 것이다)라고 했으므로, 신용조회를 한 회사에 대하여 부정적인 정보를 전달하고 있다. 따라서 문맥상 빈 칸에는 satisfied(만족스러운)가 적절하지 않으며, 반대의 의미인 dissatisfied(불만족스러운)가 들어가야 한다.
*be convinced that : ~라고 확신하다
*enormous : 막대한, 거대한
*turnover : 총매상고, 매출량
*run the least risk : 위험을 최소화하다
*in strict confidence : 극비로

04 Which parties need to agree to amend or cancel an irrevocable confirmed documentary credit?

① Beneficiary and applicant

② Beneficiary, applicant and issuing bank

③ Applicant, issuing bank and confirming bank

④ Beneficiary, issuing bank and confirming bank

정답 ④

해석 다음 중 취소불능 확인신용장의 수정 또는 취소에 동의할 필요가 있는 당사자는 누구인가?
① 수익자, 개설의뢰인
② 수익자, 개설의뢰인, 개설은행
③ 개설의뢰인, 개설은행, 확인은행
④ 수익자, 개설은행, 확인은행

해설 ④ UCP 600 제10조(조건변경) a항의 내용으로, 신용장은 개설은행, 확인은행이 있는 경우에는 확인은행, 그리고 수익자의 동의 없이는 변경되거나 취소될 수 없다.

UCP 600 제10조 조건변경 a항

Except as otherwise provided by article 38, a credit can neither be amended nor cancelled without the agreement of the issuing bank, the confirming bank, if any, and the beneficiary.

제38조에 별도 규정된 경우를 제외하고는, 신용장은 발행은행, 확인은행(있는 경우) 및 수익자의 동의 없이는 변경 또는 취소될 수 없다.

*beneficiary : 수익자
*applicant : 개설의뢰인
*issuing bank : 개설은행
*confirming bank : 확인은행

---

05 Which of the following parties can never add their confirmation to a letter of credit?

① Advising bank　　　　　② Negotiating bank

③ Issuing bank　　　　　④ Nominated bank

정답 ③

해석 다음 중 신용장에 그들의 확인을 추가할 수 없는 당사자는?
① 통지은행　　　　　② 매입은행
③ 개설은행　　　　　④ 지정은행

해설 확인(Confirming)
• 확인(Confirmation)이란 일치하는 제시에 대하여 결제(Honour) 또는 매입하겠다는 개설은행의 확약에 추가하여 확인은행이 하는 확약을 의미하며, 확인은행(Confirming bank)은 개설은행의 수권 또는 요청에 의하여 신용장에 확인을 한 은행을 의미한다.
• 확인은행은 신용장에 확인을 추가하는 시점으로부터 취소가 불가능한 결제 또는 매입의 의무를 부담하며, 개설은행이 지급불능상태에 빠지면 개설은행을 대신하여 지급하여야 하므로 수익자는 이중의 지급확약을 받게 된다.

06 Select the best word in the blank.

Documents which are presented under a letter of credit but do not conform to the terms are known as (　).

① discrepant

② invalid

③ unconfirmed

④ unacceptable

정답 ①

해석 빈 칸에 가장 적절한 단어를 고르시오.

신용장 하에 제시되는 서류는 (불일치)하다고 알려진 조건은 따르지 않는다.

*conform to : ~에 따르다[합치하다]
*discrepant : 모순된, 앞뒤가 안 맞는

① 불일치한
② 무효한
③ 미확인의
④ 받아들일 수 없는

해설 신용장조건 불일치(Discrepancy)

선적서류가 신용장조건과 불일치한 것을 말하며, 수출자(수익자)가 수출지의 은행(매입은행)에 화환어음의 매입을 의뢰한 경우 은행은 선적서류 또는 화환어음의 기재가 신용장과 일치하지 않는 것을 발견하면 Discrepancy로서 수출대금의 지급을 거부한다.

07 Who is mostly likely Alex Han?

> We have received your letter requesting for a claim of loss for two missing boxes amounting to USD30,000.
> We would be glad to be of assistance to you in providing the claim you have mentioned, however, until we investigate the incident further and come out with a clear report regarding the loss, we cannot release the amount to you.
>
> Alex Han

① Banker
② Insurer
③ Carrier
④ Seller

정답 ②

해석 **Alex Han은 누구인가?**

> 당사는 미화 30,000달러에 달하는 두 개의 분실된 상자에 대한 보상금을 요청하는 귀사의 서신을 받았습니다. 귀사가 언급한 클레임에 대해 기꺼이 도와드리겠지만, 당사가 이 사건을 더 조사하고 손실에 대한 명확한 보고서가 나오기 전에는, 귀사에 그 금액을 공개할 수 없습니다.
>
> Alex Han

*likely : ~할 것 같은[것으로 예상되는]
*claim : (보상금 등에 대한) 청구[신청]
*amount to : (합계가) ~에 이르다[달하다]
*investigate : 조사[연구]하다
*come out : 알려지다[드러나다]
*release : (대중들에게) 공개[발표]하다

① 은행가
② 보험자
③ 운송인
④ 매도인

해설 서신은 화물 분실의 보상금 청구에 대한 답신으로, 정확한 조사가 이루어지기 전까지는 보상금을 확정할 수 없다는 내용이므로, 서신 작성자(Alex Han)는 ② '보험자(Insurer)'로 여겨진다.
보험자(Insurer/Assurer/Underwriter)
보험계약자에게서 보험료를 대가로 보험계약을 인수한 자로서 보험기간 중 보험사고 발생 시 그 담보위험으로 인한 손해를 보상하기 위하여 보험금 지급 의무를 지는 자를 말한다. 실무 보험약관에서는 당(보험) 회사(This company)라는 단어를 사용한다.

08 Select the right term that explains following sentence well.

> To throw goods or tackle overboard to lighten a ship in distress.

① Washing overboard　　　　② Jettison

③ Contamination　　　　　　④ Pilferage

[정답] ②

[해석] 아래 문장을 잘 설명하는 조건으로 옳은 것을 고르시오.

> 조난 시 선박의 무게를 가볍게 하려고 적재된 화물을 바다로 던지는 것

*throw : 던지다
*tackle : (힘든 문제 상황과) 씨름하다
*overboard : 배 밖으로, (배 밖의) 물 속으로
*lighten : (무게를) 가볍게 하다[줄이다]
*in distress : 조난당한

① 갑판유실위험
② 투 하
③ 혼합위험
④ 절도행위/발하

[해설] ② 주어진 문장은 해상보험의 부가위험담보 'JWOB(투하·갑판유실위험)' 중 '투하'에 대한 설명이다.

부가위험담보(Additional Coverage)

부가위험담보는 기본적으로 ICC(A)에서는 담보되지만 다른 보험조건에서는 추가로 보험료를 지불하고 담보해야 하는 위험이다. 부가특약은 다음과 같은 위험을 담보한다.

TPND (Theft, Pilferage and Non-Delivery)	• 도난, 발하, 불도착으로 인한 손해 • Theft : 포장째로 훔치는 것 • Pilferage : 포장 내용물의 일부를 빼내는 것 • Non-Delivery : 포장단위의 화물이 송두리째 목적지에 도착하지 않은 것
RFWD (Rain/Fresh Water Damage)	• 우·담수손 : 부적당한 화물적재, 불안전한 선창 폐쇄로 생긴 우수·담수로 인한 손해 • ICC(B) 조건에서는 해수, 호수, 강물, 즉 해수와 담수의 침입으로 인한 손해만 담보되며 우천으로 인한 손해는 추가 가입하여야 함
COOC (Contact with Oil/Other Cargo)	• 유류·타화물접촉손 : 기름, 산화물질 등 주로 선내 오염물질과의 접촉으로 인해 발생하는 손해
Breakage (Bending/Denting)	• 곡손·요손 : 화물의 파손으로 인한 손해로, 일반적으로 택배물품을 보낼 때처럼 깨지는 화물의 경우 반드시 담보여부를 밝혀야 함 • 기계류의 경우 운송 중 충격으로 발생하는 곡손 및 요손(Bending/Denting)담보가 있다.
Leakage/Shortage	• 누손·중량부족 : 화물의 누손 및 수량 또는 중량부족으로 인한 손해 • 곡물 및 액체류의 경우 통상적 감량이 많이 발생하므로 실무적으로는 과부족 조항 적용

안심Touch

S & H (Sweat/Heating)	• 한습손 · 열손 : 선창의 천장, 내벽에 응결한 수분에 접촉함으로써 생기는 손해
JWOB (Jettison & Washing Over-Board)	• 투하 · 갑판유실위험 : 갑판상에 적재된 화물을 투하하거나 풍랑으로 갑판상의 화물이 휩쓸려 유실되는 손해 • ICC(A)와 ICC(B)에서 담보되는 손해
HH (Hook & Hole)	• 갈고리손 : 하역작업용 갈고리에 의한 손해
Mould and Mildew/Rust/Rats and Vermin	• 곰팡이손 · 녹손 · 쥐손 · 벌레손 : 곰팡이, 쥐, 벌레에 의해 발생하는 손해
W/SRCC (War, Strike, Riot, Civil Commotion)	• 전쟁 · 파업 · 폭동 · 소요 : 전쟁, 파업, 폭동, 소요로 발생하는 손해
Contamination	• 혼합위험 : 다른 물질과의 혼합이나 접촉에 의한 손해

09 Which is the right term for the following?

> A system for carrying loaded barges or lighters on ocean voyages.

① Lighter aboard ship
③ Oil-tanker

② Intermodality
④ Deadweight tonnage

정답 ①

해석 다음에 가장 적절한 조건을 무엇인가?

> 원양항해에서 화물이 적재된 바지선 또는 거룻배를 운반하는 시스템

*loaded : 화물이 적재된
*barge : 바지선
*lighter : 거룻배
*ocean voyage : 원양항해

① 래시선
③ 유조선

② (각종 수송 기관을 통합한) 복합성
④ 적재중량톤(DWT)

해설 래시선(LASH)

Lighter Aboard Ship의 약칭으로, 화물을 적재한 부선을 본선에 설치된 기중기(Crane)로 선상에 올려놓을 수 있는 구조를 가진 선박을 말한다. 부선을 선박에 탑재하여 수송할 수 있는 Lash 방식의 경우는 수심이 낮은 하천이나 운하를 경유하여 내륙 오지까지 운송할 수 있다. 또한 암벽 등의 항만시설 또는 컨테이너 전용부두가 없는 개발도상국의 항에도 운송할 수 있다.

10 Which of the followings is CORRECT about seller's obligation under the Incoterms 2020?

① FCA rule means that the seller delivers the goods to the buyer when the named place is the seller's premises, the goods are delivered when they are loaded on the means of transport arranged by the seller.

② CIP rule means that the seller delivers the goods to the buyer by handing them over to the carrier contracted by the buyer.

③ DAP rule means that the seller delivers the goods to the buyer when the goods are placed at the disposal of the buyer on the arriving means of transport ready for unloading at the named place of destination.

④ DPU rule means that the seller delivers the goods to the buyer when the goods are loaded on the arriving means of transport, at the disposal of the buyer at the named place of destination.

정답 ③

해석 다음 Incoterms 2020 하에서 매도인의 의무에 대한 설명 중 정확한 것은?
① FCA(운송인 인도) 규칙은 지정장소가 매도인의 영업구내인 경우, 물품이 매도인(→ 매수인)이 마련한 운송수단에 적재된 때, 매도인이 매수인에게 물품을 인도하는 것을 의미한다.
② CIP(운송 · 보험료 지급 인도) 규칙은 매수인(→ 매도인)과 계약을 체결한 운송인에게 물품을 인도함으로써, 매도인이 매수인에게 물품을 인도하는 것을 의미한다.
③ DAP(도착지 인도) 규칙은 물품이 지정목적지에서 도착운송수단으로부터 양하된 상태로 매수인의 처분 하에 놓인 때, 매도인이 매수인에게 물품을 인도하는 것을 의미한다.
④ DPU(도착지 양하 인도) 규칙은 물품이 지정목적지에서 도착운송수단으로부터 적재된(→ 양하된) 상태로 매수인의 처분 하에 놓인 때, 매도인이 매수인에게 물품을 인도하는 것을 의미한다.

해설 ① 인코텀즈 2020 하에서 FCA(운송인 인도) 규칙은 ①에 더하여, 지정장소가 그 밖의 장소인 경우에도 물품은 매도인의 운송수단에 적재되어서, 지정장소에 도착하고, 매도인의 운송수단에 실린 채 양하 준비된 상태로, 매수인이 지정한 운송인이나 제3자의 처분 하에 놓인 때 인도된다.
② 인코텀즈 2020 하에서 CIP(운송 · 보험료 지급 인도) 규칙은 매도인이 매도인과 계약을 체결한 운송인에게 물품을 인도함으로써 매수인에게 물품을 인도하는 것과 위험을 이전하는 것을 의미한다.
④ 인코텀즈 2020 하에서 DPU(도착지 양하 인도) 규칙은 물품이 지정목적지에서 도착운송수단으로부터 양하된 상태로 매수인의 처분 하에 놓인 때, 매도인이 매수인에게 물품을 인도하는 것을 의미한다.
*seller's premises : 매도인의 영업소
*load : 싣다[태우다/적재하다]
*hand over : 이양하다, 인도하다
*disposal : 처분
*arriving means of transport : 도착운송수단
*unload : (짐을) 내리다
*named : 지명된, 지정의
*place of destination : 도착지

11 Select the best translation for the following sentence.

> We were very disappointed to learn of the defective goods you shipped.

① 당사는 귀사가 불량품을 선적하였다는 것을 알고 상당히 실망을 하였습니다.
② 귀사가 선적한 제품은 당사의 기대를 못 미치므로 큰 실망을 안겨주었습니다.
③ 당사는 귀사가 큰 실망을 주지 않도록 양호한 제품의 선적을 바랍니다.
④ 귀사가 선적한 제품은 불량품이며 이는 당사를 다소 난처하게 하였습니다.

정답 ①

해석 다음 문장에 가장 적절한 번역을 고르시오.

> 당사는 귀사가 불량품을 선적하였다는 것을 알고 상당히 실망을 하였습니다.
>
> *be disappointed to : ～에 실망하다
> *defective : 결함이 있는
> *ship : 실어 나르다, 수송[운송]하다

해설 주어진 문장을 구분하여 번역하면 다음과 같다.
• We were very disappointed : 당사는 상당히 실망을 하였습니다
• to learn of the defective goods : 불량품이었다는 것을 알고 있다(나서)
• (which/that) you shipped : 선행사(goods)를 꾸며 주는 형용사절로 '귀사가 선적했던 ～'이라는 뜻을 나타낸다.
따라서 가장 알맞은 번역은 ① '당사는 귀사가 불량품을 선적하였다는 것을 알고 상당히 실망을 하였습니다.'이다.

12 Select the right risk that explains the passage.

Country A imposes economic sanctions against Country B when the latter carries out unauthorised nuclear testing. Your company, which is based in Country A, trades regularly with Country B.

① Environmental risk
② Social risk
③ Political risk
④ Technological risk

13 Which is similar word to the affirmation underlined?

There are instances where a reply is needed and valuable when an initial order is given to a seller. Giving seller's <u>affirmation</u> of receipt will allow the buyer to understand that their orders are already in process.

① acknowledgement
② offer
③ refusal
④ avoidance

정답 ①

해석 밑줄 친 affirmation과 비슷한 의미를 가진 단어는 무엇인가?

매도인에게 초도주문을 할 때 응답이 필요하고 가치 있는 경우가 있다. 매도인의 <u>수령확인</u>을 통해 매수인은 그들의 주문이 이미 처리되고 있음을 이해할 수 있을 것이다.

*affirmation : 확인; 확인된 것
*instance : 사례, 경우
*reply : 답신; 대응
*valuable : 소중한, 귀중한
*initial order : 초도주문
*receipt : 인수증, 수령[인수]
*process : 과정[절차]

① 답신, 접수 통지
② 청약
③ 거절
④ 회피, 방지

해설 ① 제시문에서 매수인이 첫 주문 시 매도인의 응답[회신]이 필요하며, 이를 통해 주문이 처리되고 있다는 것을 알 수 있다고 설명하고 있으므로, 밑줄 친 affirmation은 '확인'의 뜻이며, 의미가 유사한 단어는 acknowledgement (답신, 접수 통지)이다.

[14~15] Read the following and answer.

14 Which is MOST awkward?

> Thanks for your letter of 26 May.
> If you place an order more than 1,000 sets, we can offer you 10% of (A) <u>quality discount</u> (B) <u>off the net prices</u>. As to our terms of payment, we always deal (C) <u>on D/P base</u>. However, we would be prepared to review this condition next time <u>once</u> (D) <u>we have established a sound trade records with you</u>.

① (A) ② (B)
③ (C) ④ (D)

15 Which can replace the word <u>once</u>?

① when ② a while
③ unless ④ afterwards

정답 14 ① 15 ①

해석

귀사의 5월 26일 서신에 감사드립니다.
귀사가 1,000세트 이상 주문하시면 (B) 정가에서 10%의 (A) 품질할인(→ 수량할인)을 해 드릴 수 있습니다. 지불조건에 관해서는, 당사는 항상 (C) D/P(지급인도조건) 방식으로 거래합니다. 하지만, (D) 당사는 귀사와 확실한 거래가 확립되면 추후에 이 조건을 검토할 준비가 되어 있습니다.

*place an order : 주문하다
*quality discount : 품질할인
*net price : 정가
*as to : ~에 관해
*on D/P base : 지급인도조건 방식으로
*review : 재검토하다
*once : ~하자마자, ~할 때
*establish : (~로서의 지위·명성을) 확고히 하다

14 가장 어색한 것은?

15 단어 <u>once</u>를 대체할 수 있는 것은?
① ~할 때 ② 잠시, 잠깐
③ ~하지 않는 한 ④ 그 후에, 나중에

해설 14

① 위 서신의 (A) 앞에서 If you place an order more than 1,000 sets(귀사가 1,000세트 이상 주문하시면)라고 했으며, 문맥상 많은 양을 살수록 할인해준다는 의미의 표현이 들어가야 하므로, (A) quality discount(품질할인) → quantity discount(수량할인)이 되어야 한다.
*awkward : 어색한

[16~17] Read the following and answer.

Dear David.

We are pleased to place this order on the clear understanding that the goods are despatched in time to reach us by the 31st of May. Please note that we <u>reserve</u> the right to cancel it and to refuse the delivery after this date. Upon shipment, you may draw a draft on us at 30 days after sight.

Yours sincerely,

Paul Lee

16 Which can NOT be inferred from the above?

① David is supposed to ship the goods by 31 May.

② Paul is entitled to cancel the order if the goods are not arrived on time.

③ Payment will be made on a collection basis.

④ David will give a credit to Paul for the shipment.

17 Which is similar to the reserve underlined?

① retain

② repair

③ refresh

④ replace

해석

친애하는 David께,

당사는 물품이 5월 31일까지 제때에 당사에 도착할 수 있도록 발송된다는 것을 확실히 알고 이 주문을 하게 되어 기쁩니다. 당사는 이 날짜 이후로는 주문을 취소하고 인도를 거절할 수 있는 권리를 <u>보유하고</u> 있음을 유의해 주십시오. 선적 시, 일람 후 30일 출급어음을 발행해 주십시오.

충심으로,

Paul Lee

*despatch : 파견하다, 발송하다
*note : ~에 주목[주의]하다
*reserve : (어떤 권한 등을) 갖다[보유하다]
*cancel : 취소하다
*delivery : 배달[인도/전달]
*Upon shipment : 선적 시
*draw a draft on : ~앞으로 어음을 발행하다
*at 30 days after sight : 일람 후 30일 출급어음

16 위 글에서 추정할 수 없는 것은?
① David는 5월 31일까지 물품을 선적할 예정이다.
② Paul은 물품이 제시간에 도착하지 않으면 주문을 취소할 권리가 있다.
③ 지급은 추심방식으로 이루어질 것이다.
④ David는 Paul에게 그 선적물에 대한 신용장을 줄 것이다.

17 밑줄 친 reserve와 의미가 유사한 것은?
① 함유[간직]하다
② 수리[수선]하다
③ 생기를 되찾게 하다
④ 대신[대체]하다

해설 16
서신의 첫 문장인 '... that the goods are despatched in time to reach us by the 31st of May.'에서 서신의 수신인 David가 물품이 5월 31일까지 매수인에게 도착하도록 선적한다고 했으므로, 서신에서 추정할 수 없는 것은 ① David is supposed to ship the goods by 31 May(David는 5월 31일까지 물품을 선적할 예정이다).이다.
*be supposed to : ~하기로 되어 있다
*be entitled to : ~에 대한 권리가 주어지다
*on a collection basis : 추심방식으로

17
서신에서 서신 작성자(매수인)가 인도를 거절할 수 있는 권리를 갖고 있다고 했으므로, 밑줄 친 reserve와 의미가 비슷한 단어는 ① retain(함유[간직]하다)이다.
*repair : 수리[보수/수선]하다
*refresh : 생기를 되찾게[상쾌하게] 하다
*replace : 대신[대체]하다

18 Select the right one in the blank.

> The bank with which credit is available to seller called (   ).

① Approved bank
② Issuing bank
③ Delegated bank
④ Nominated bank

19 Select the right ones in the blank.

> (A) means the party in whose favour a credit is issued.
> Issuing Bank means the bank that issues a credit at the request of an (B) or on its own behalf.

① A : Beneficiary − B : applicant   ② A : Beneficiary − B : exporter
③ A : Applicant − B : importer   ④ A : Applicant − B : exporter

---

정답 ①

해석 빈 칸에 들어갈 말로 옳은 것을 하나 고르시오.

> (A) 수익자는 신용장 개설을 통하여 이익을 받는 당사자를 의미한다.
> 개설은행은 (B) 개설의뢰인의 신청 또는 개설의뢰인의 대리인의 요청으로 신용장을 개설한 은행을 의미한다.
>
> *Beneficiary : 수익자
> *applicant : 개설의뢰인
> *party : 당사자
> *favour : 이익
> *Issuing Bank : 개설은행
> *at the request of : 요청에 의하여
> *on its own behalf : 그것을 대신하여

① A : 수익자 − B : 개설의뢰인   ② A : 수익자 − B : 수출상
③ A : 개설의뢰인 − B : 수입상   ④ A : 개설의뢰인 − B : 수출상

해설 ① UCP 600 제2조 정의의 내용으로, 빈 칸 (A)에는 Beneficiary(수익자)가 적절하고, 빈 칸 (B)에는 applicant(개설의뢰인)이 적절하다.

UCP 600 제2조 정의
- Applicant means the party on whose request the credit is issued.
  개설의뢰인이란 신용장 개설을 요청하는 당사자이다.
- Beneficiary means the party in whose favour a credit is issued.
  수익자란 개설된 신용장으로부터 이익을 얻는 당사자를 의미한다.

신용장거래 당사자
- 개설의뢰인(Applicant)
  - 수출상(Beneficiary)과의 매매계약에 따라 자기거래은행(Opening bank)에 신용장을 개설해줄 것을 요청하는 수입상으로 향후 수출 환어음 대금의 결제의무자가 된다.
  - Importer(수입상), Accountee(대금결제인), Buyer(매수인), Opener(신용장 개설의뢰인), Drawee(환어음 지급인), Consignee(발송물품 수탁자)로도 불린다.
- 수익자(Beneficiary)
  - 신용장 수취인으로서 수혜자라고도 하며 수출상을 말한다.
  - Drawer(환어음 발행인), Consignor(물품 발송자), Exporter(수출상), Shipper(송하인), Payee(대금영수인), Accreditee(신용수령인), Addressee user(수신사용인)로도 불린다.
  - 신용장에서는 통상 in favor of (수익자)~로 수익자를 표시한다.

20 When a drawee accepts a bill of exchange, (   ).

① the drawee becomes liable to pay the bill at the date fixed for payment
② the drawee bears all risks of loss
③ the drawee shall pay the bill upon presentation
④ the drawee is paid at maturity

정답 ①

해석 **환어음지급인이 환어음을 인수하면, (환어음지급인은 정해진 지불일에 환어음을 결제할 법적 책임이 있게 된다).**
① 환어음지급인은 정해진 지불일에 환어음을 결제할 법적 책임이 있게 된다.
② 환어음지급인은 모든 멸실위험을 감당한다.
③ 환어음지급인은 제출 즉시 환어음을 지불해야 한다.
④ 환어음지급인은 만기일에 지불된다.

해설 ① 환어음지급인(Drawee)은 환어음 대금을 일정 기일(만기)에 무조건 지급할 것을 위탁받은 자를 말하며, 추심방식에서는 수입상이 된다. 신용장방식에서는 원칙적으로 신용장 개설은행(수출상에 대한 주 채무자)이 된다.
환어음의 개념
• 발행인(Drawer)이 지급인(Drawee)에게 자신이 지시하는 자(Payee, 수취인)에게 일정금액(환어음 금액)을 일정기일(만기)에 무조건 지급할 것을 위탁하는 요식성 유가증권이다.
• 환어음 당사자
 − 발행인(Drawer) : 환어음을 발행·서명하는 자로, 거래은행을 통해 물품대금의 추심(Collection)을 의뢰하는 채권자인 수출상이다. 추심방식에서는 추심의뢰인(Principal)이며, 신용장방식에서는 수익자(Beneficiary)이다.
 − 지급인(Drawee) : 환어음 대금을 일정기일(만기)에 무조건 지급할 것을 위탁받은 자로, 추심방식에서는 수입상이 되며, 신용장방식에서는 원칙적으로 신용장 개설은행(수출상에 대한 주 채무자)이 된다.
 − 수취인(Payee) : 환어음 대금을 지급받을 자로서 발행인 또는 발행인이 지정하는 제3자도 될 수 있으나, 통상 신용장에 근거를 두고 발행하여 자신의 거래은행에 매입을 의뢰하는 경우의 수취인은 동 서류를 매입하는 거래은행이 된다. 환어음의 발행인과 수취인은 같을 수도, 다를 수도 있다.
*drawee : 환어음지급인
*liable : 법적 책임이 있는
*bear : (책임 등을) 떠맡다[감당하다]
*risk of loss : 멸실위험
*upon presentation : 제시하는 대로
*at maturity : 만기일에

21 Which type of L/C generally gives the seller greatest protection?

① Transferable L/C

② Confirmed L/C

③ Standby L/C

④ Irrevocable L/C

정답 ②

해석 다음 중 일반적으로 매도인에게 가장 큰 보호를 제공하는 신용장 유형은?
① 양도가능 신용장
② 확인신용장
③ 보증신용장
④ 취소불능 신용장

해설 ② 확인신용장(Confirmed L/C) : 일반적으로 수익자가 발행한 어음의 인수, 지급 또는 매입에 대한 제3은행의 추가적 확약이 있는 신용장을 말한다. 발행[개설]은행이 지급불능상태에 빠지면 확인은행이 발행은행을 대신하여 지급하여야 하므로 수익자는 이중의 지급확약을 받게 된다. 발행은행이 통지은행에게 신용장 통지 시 확인을 추가하도록 요청하게 되며, 수익자 소재지 또는 제3국의 유력한 은행에게 확인을 요청하는 경우도 있다.
① 양도가능 신용장(Transferable L/C) : 신용장을 받은 최초의 수익자인 원(제1)수익자가 신용장 금액의 전부 또는 일부를 1회에 한하여 국내외 제3자(제2수익자)에게 양도할 수 있는 권한을 부여한 신용장을 말한다. 양도가능 신용장은 1회에 한해 양도가능하므로 제2수익자가 다시 제3자에게 본 신용장을 양도할 수 없다.
③ 보증신용장(Standby L/C) : 담보력이 부족한 국내 상사의 해외지사의 현지 운영자금 또는 국제입찰 참가에 수반되는 입찰보증(Bid bond)·계약이행보증(Performance bond) 등에 필요한 자금을 해외현지은행에서 대출받고자 할 때, 이들 채무보증을 목적으로 국내 외국환은행이 해외은행 앞으로 발행하는 무담보신용장(Clean L/C)이다.
④ 취소불능 신용장(Irrevocable L/C) : 취소불능 신용장의 경우 신용장 개설 이후 신용장이 수익자에게 통지된 후 유효기간 내에 관계 당사자 전원(개설은행/확인은행, 수익자, 통지은행)의 합의 없이는 신용장을 취소·변경할 수 없다. UCP 600에서는 신용장은 원칙적으로 취소불능을 상정하고 있다.

The insurer will be liable for loss due to perils and shall have to make good the losses to the insured. (A) <u>This also means that on the happening of a loss, the insured shall be put back into the same financial position as he used to occupy immediately before the loss.</u> If the peril is insured, the insurer will *insure* the assured, otherwise not. This means that a policy may cover certain perils mentioned specifically therein (known as insured perils), whilst some perils may be specifically excluded (known as excepted perils) and some may still be neither included nor excluded (known as uninsured perils).

22 What does the above (A) refer to?

① Duty of disclosure

② Principle of utmost good faith

③ Doctrine of peril in sea

④ Principle of indemnity

23 Which is NOT similar to *insure*?

① indemnify

② protect

③ abandon

④ secure

해석

보험자는 위험으로 인한 손실에 대해 책임을 져야 하며, 피보험자에게 손실을 보상해야 한다. (A) <u>이것은 또한 손실 발생 시 피보험자는 손실 직전 자신이 차지했던 것과 동일한 재무상태에 다시 위치해야 한다는 것을 의미한다.</u> 만약 위험이 보험에 가입되어 있다면, 보험자는 피보험자를 <u>부보</u>할 것이고, 그렇지 않다면 부보하지 않을 것이다. 이는 보험증권이 구체적으로 언급된 특정 위험(담보위험이라고 알려짐)을 부보할 수 있음을 의미하는 반면, 일부 위험은 특별히 제외될 수 있으며(예외적인 위험으로 알려짐), 일부는 여전히 포함되지 않고, 제외되지도 않을 수 있다(보험에 들지 않은 위험으로 알려짐).

*insurer : 보험자
*be liable for : 지불 의무가 있다
*peril : (심각한) 위험
*make good : 보상하다
*the insured : 피보험자(= the assured)
*insure : 보험에 들다[가입하다]
*therein : 그 안에
*insured perils : 담보위험
*excepted perils : 예외적인 위험
*uninsured perils : 보험에 들지 않은 위험

22 위에서 (A)가 나타내는 것은 무엇인가?
① 고지의무
② 최대선의의 원칙
③ 해상위험의 원칙
④ 실손보상의 원칙

23 '부보하다'와 의미가 유사하지 않은 것은?
① 배상[보상]하다
② (보험으로) 보장하다
③ 버리다[떠나다/유기하다]
④ 안전하게 지키다[보호하다]

해설 **22**

④ 실손(손해)보상의 원칙(The Principle of Indemnity) : 해상보험계약에서 피보험자에 대한 손해보상은 이득금지 원칙에 따라 손해 발생 시의 손해 금액을 한도로 지급되어야 한다는 원칙이다.
*refer to : 언급[지칭]하다

23

지문의 insure는 앞 문장에서 If the peril is insured(만약 위험이 부보된다면)라고 했으므로 내용상 '보험에 들다[가입하다]'의 뜻이다. 따라서 indemnify(배상[보상]하다), protect(보험으로 보장하다), secure(안전하게 지키다[보호하다])와 의미가 비슷하지만, ③ abandon은 '버리다[떠나다/유기하다]'의 뜻이므로 다르다.

24 Which of the following is LEAST correct about ocean bill of lading?

① It covers port-to-port shipment of goods by sea.

② It is a receipt by the carrier of goods.

③ If it is order bill of lading, it is a non-negotiable document.

④ It is transferred by endorsement.

정답 ③

해설 다음 중 해양선하증권에 대한 설명으로 가장 옳지 않은 것은?
① 그것은 해상운송으로 운반되는 선적물을 취급한다.
② 그것은 물품 운송업자에 의한 수령증이다.
③ 그것이 지시식 선하증권이라면, 유통불능의 서류이다.
④ 그것은 배서에 의해 양도된다.

해설 ③ 지시식 선하증권(Order of bill of lading)은 배서나 인도로 양도할 수 있다. 선하증권의 지시는 보통 배서를 의미하고, 배서의 방법은 백지배서가 보통이다.

지시식 선하증권(Order B/L)
• 선하증권의 Consignee(수하인)란에 특정인을 기재하지 않고 향후 수하인을 특정하게 될 지시인만을 기재한다.
• 배서에 의한 양도에 의해 운송 중인 화물의 자유로운 전매가 가능한 유통가능 선하증권(Negotiable B/L)이다.
• 실제 무역거래에서는 Order B/L에 송하인의 백지배서(Blank Endorsement)가 통례이다.
*ocean bill of lading : 해양선하증권
*order bill of lading : 지시식 선하증권
*non-negotiable : 유통불능의
*endorsement : 배서

---

25 According to UCP 600, a credit may be made available with a nominated bank in 4 different ways. Which of the following options is NOT correct?

① Negotiation   ② Usance
③ Sight payment   ④ Deferred payment

정답 ②

해설 UCP 600에 따르면, 신용장은 4가지 다른 방법으로 지정은행에서 이용가능하다. 다음 중 정확하지 않은 선택은 무엇인가?
① 매 입   ② 기한부
③ 일람지급   ④ 연지급

해설 ② 모든 신용장은 일람지급, 연지급, 인수 또는 매입 중 '어느 방식으로 사용될 것인지' 명기해야 하고, 자유매입신용장 이외에는 '어느 은행'에서 사용되어야 할지도 명시해야 한다. 이때 지급·인수·매입을 수권받은 은행이나 개설은 행 자신이 지급·인수·매입은행이 된다.

UCP 600 제6조 이용가능성, 만기일 및 제시장소 b항
A credit must state whether it is available by sight payment, deferred payment, acceptance or negotiation.
신용장에는 그것이 일람지급, 연지급, 인수 또는 매입 중 어느 것으로 사용될 수 있는지를 명시해야 한다.

[26~27] Read the following and answer.

Dear Mr. Wang,

Thank you for your order No. 1555 for our second hand buses, which are ready for shipment. However, we would like to call your attention that we have not received the letter of credit (　　) the order. The L/C should have reached us by yesterday.
Your prompt expedition of L/C in our favor valid until April 30 will be greatly appreciated. <u>Upon receipt of your L/C</u>, we will immediately complete shipping arrangement.

Sincerely yours,

Jennifer Lopez, Sales Rep.

---

26 Put the right word into the blank.

① promising
② covering
③ excluding
④ cancelling

27 Which is best rewording for <u>Upon receipt of your L/C</u>?

① As much as you receive the L/C
② As much as your L/C is received
③ In the moment that receives your L/C
④ As soon as we receive your L/C

정답 26 ② 27 ④

해석

친애하는 Mr. Wang께,

당사의 중고버스에 대한 귀사의 주문 No. 1555에 감사드리며, 선적 준비가 되었습니다. 하지만, 주문에 (대한) 신용장을 아직 받지 못했음을 주지해 주시기 바랍니다. 어제까지는 신용장이 당사에 도착했어야 했습니다. 당사를 수익자로 하는 4월 30일까지 유효한 신용장을 조속히 처리해 주시면 대단히 감사하겠습니다. 귀사의 신용장을 받자마자, 즉시 선적 준비를 마치겠습니다.

충심으로,

Jennifer Lopez, 판매대리인

*second hand : 중고의
*be ready for : ~할 준비가 되다
*call your attention : 주의를 환기하다
*prompt : 즉각적인
*expedite : 더 신속히 처리하다
*in your favor : 귀사를 수익자로 하여
*receipt : 수령, 인수
*shipping arrangement : 선적 준비

26 빈 칸에 옳은 단어를 넣으시오.
① 약속하는
② ~을 다루는
③ 제외하는
④ 취소하는

27 밑줄 친 Upon receipt of your L/C를 가장 잘 바꿔 쓴 것은?
① 귀사가 신용장을 받는 만큼
② 귀사의 신용장이 인수되는 만큼
③ 귀사의 신용장을 인수하는 순간
④ 귀사의 신용장을 받자마자

해설 26
위 서신에서는 서신의 수신인에게 주문에 감사하며 선적준비를 마쳤으나, 신용장이 아직 도착하지 않았다고 설명하고 있다. 따라서 빈 칸에는 '~에 관한[~을 다루는]'의 뜻인 ② covering이 적절하다.

27
Upon + (명사)은 '~하자마자'라는 뜻이므로, 밑줄 친 Upon receipt of your L/C는 '귀사의 신용장을 받자마자'를 나타내는 부사구이다. 따라서 같은 의미를 나타내는 부사절인 ④ As soon as we receive your L/C로 바꿔 쓸 수 있다.
*rewording : 어구를 바꾸다[바꿔 쓰다]
*as much as : ~만큼, ~정도, ~못지않게

28 What is the purpose of the letter below?

> We are pleased to report on the firm referred to in your letter of May 20 as follows :
> Abico, Ltd.(258 Dockside Drive, Suite 700, Toronto, Canada) was established in 2007 as a supplier of energy efficiency solution that could conserve energy without compromising comfort.
> They have maintained a current account with us for more than 13 years, always to our satisfaction and their latest financial statement shows a healthy condition.

① Business proposal
② Credit inquiry
③ Reply to a credit inquiry
④ Firm offer

정답 ③

해석 **아래 서신의 목적은 무엇인가?**

> 당사는 5월 20일자 귀사의 서신에서 조회 요청한 회사에 대하여 다음과 같이 알려드립니다. :
> Abico, Ltd.(258 Dockside Drive, Suite 700, Toronto, Canada)는 편안함을 양보하지 않고 에너지를 절약할 수 있는 에너지 효율 솔루션의 공급자로 2007년에 설립되었습니다.
> 그들은 13년 이상 당사와 함께 거래 계좌를 유지해 왔으며, 항상 만족스러웠고, 그들의 최근 재무제표는 건전한 상태입니다.

① 거래 제의
② 신용조회
③ 신용조회에 대한 회신
④ 확정청약

해설 첫 문장에서 We are pleased to report on the firm referred to in your letter of May 20 as follows(당사는 5월 20일자 귀사의 서신에서 조회 요청한 회사에 대하여 다음과 같이 알려드립니다.)라고 했으므로, 서신의 목적은 ③ '신용조회에 대한 회신'이다.

① 거래 제의(Business proposal) : 신용조사 결과 거래가능업체로 판정된 상대방에게 구체적인 사항을 제시하여 거래를 제의한다.
② 신용조회(Credit inquiry) : 계약연결 가능성이 있다고 판단되는 거래선 신용을 신용조사 전문기관에 의뢰하여 조사하는 것이다.
④ 확정청약(Firm offer) : 청약자가 청약할 때 피청약자의 승낙기한을 정하여 그 기간 내 피청약자가 승낙 시 즉각적인 계약 체결을 예정하는 청약을 말한다.

*as follows : 다음과 같이
*establish : 설립[설정]하다
*supplier : 공급자
*maintain : 유지하다[지키다]
*to one's satisfaction : 마음에 들도록
*financial statement : 재무제표
*healthy : 정상적인, 건전한

29 Select the best terminology in the blank.

> (   ) is a document, similar in nature to a commercial invoice on which certain specific facts regarding shipment of goods between foreign nations must be declared to diplomatic official of the country to which the merchandise is consigned.

① Consular invoice
② Customs invoice
③ Packing list
④ Certificate of origin

정답 ①

해석 빈 칸에 가장 알맞은 용어는?

> (영사송장)은 상업송장과 유사한 서류로, 외국 국가 간 물품 선적에 관한 특정 사실은 해당 물품을 보내는 국가의 외교 관리에게 신고해야 한다.

① 영사송장
② 세관송장
③ 포장명세서
④ 원산지증명서

해설 ① 영사송장(Consular invoice)은 수입상품가격을 높게 책정함에 따른 외화 도피나 낮게 책정함에 따른 관세포탈을 규제하기 위하여 수출국에 주재하고 있는 수입국 영사의 확인을 받아야 하는 송장이다.
② 세관송장(Customs invoice) : 영사송장과 함께 공용송장에 해당하는 서류로, 수출자가 수출물품의 과세가격기준의 확인 또는 무역거래 내역을 증명하기 위하여 수입국 세관에 제출하여야 하는 송장이다.
③ 포장명세서(Packing list) : 수입업자가 각 화물의 내용을 쉽게 파악하기 위해 요구되는 포장된 내장품의 명세서로 상업송장의 부속서류로 작성되는 서류이다.
④ 원산지증명서(Certificate of origin, C/O) : 수입통관 시 관세양허용으로 뿐만 아니라 특정국으로부터의 수입제한 또는 금지, 국별 통계를 위하여 수입국이 요구하는 경우 발행된다.
*terminology : 전문용어
*commercial invoice : 상업송장
*regarding : ∼에 관하여
*declare : 신고하다
*diplomatic official : 외교 관리
*merchandise : 물품
*consign : ∼에게 ∼을 보내다

30 Select the right party in the blank.

> Collections terms offer an important bank channel mechanism that can satisfy the needs of both the exporter and importer. Under this arrangement, the sales transaction is settled by the ( ) which deliver the shipping documents and the money.

① banks
② carriers
③ buyers
④ sellers

정답 ①

해석 빈 칸에 들어갈 가장 적절한 당사자를 고르시오.

추심조건은 수출자와 수입자 모두의 요구를 충족시킬 수 있는 중요한 은행 유통체계의 메커니즘을 제공한다. 이 약정에 따라, 매매거래는 선적서류와 돈을 전달하는 (은행들)에 의해 정산된다.

① 은행들
② 운송인들
③ 매수인들
④ 매도인들

해설 화환어음 추심방식
• 매도인이 선적 후 외국의 매수인 앞으로 발행한 환어음에 선하증권 등의 선적서류를 첨부해서 수출지 외국환은행에 추심을 의뢰한다.
• 추심을 의뢰받은 은행은 환어음과 선적서류를 수입지 자행 지점이나 거래은행에 송부한다.
• 수입지 은행은 환어음을 매수인에게 제시하여 어음대금을 지급받아서 그 대금을 수출지 은행에 송금한다.
• 수출지 은행은 이를 매도인에게 지급한다.
*collections : 추심
*terms : (합의·계약 등의) 조건
*arrangement : 합의, 협의
*settle : 지불하다, 정산하다
*deliver : 배달하다, 전달하다
*shipping documents : 선적서류

31 Select the best answer suitable for the blank.

> Freight is the reward payable to a (A) for the carriage and (B) of goods in a recognized condition.

① A : shipper − B : departure
② A : carrier − B : arrival
③ A : shipper − B : arrival
④ A : seller − B : departure

정답 ②

해석 빈 칸에 가장 적절한 답을 고르시오.

> 화물운임은 물품의 공인된 상태의 운송과 (B) 도착에 대하여 (A) 운송인에게 지불하는 보상이다.
>
> *Freight : 화물, 화물 운송
> *reward : 보상
> *payable to : ~에 지불해야 하는
> *carriage : 운반[수송]
> *recognized : 인정된, 알려진

① A : 송하인 − B : 출발
② A : 운송인 − B : 도착
③ A : 송하인 − B : 도착
④ A : 매도인 − B : 출발

해설 운임(Freight)
운임은 운송서비스의 대가로, 운송서비스가 완료될 때에 지불하는 것이 원칙이다. 그러나 특약에 의해 운송물품을 인수할 때에 운송인은 운임의 지불을 청구할 수도 있다. 정기선 운송의 경우에는 운임 선불이 일반적 관행이다. 정기선(Liner) 운송은 운임률(Tariff rate)이 공표되어 있지만 부정기선(Tramper)에 의한 운송은 수급조정에 의해서 운임률이 크게 좌우되므로 용선료(Hire, Chartered freight, Charterage)라고 한다. 운임은 용적, 중량, 화물의 가치 등에 의해 결정된다.

We are hoping that you can supply those goods. Would you please provide the rate of discount as well as the (   ) to qualify a trade discount.

We would be very grateful if you could provide the details <u>at the earliest possible time</u>.

32 Fill in the blank with suitable word.

① delivery

② quantity

③ acceptance

④ capacity

33 Rewrite the underlined part.

① in a most speed way

② in your earlier response

③ with latest response

④ as soon as possible

정답 32 ② 33 ④

해석

당사는 귀사가 그 물품들을 공급할 수 있기를 바랍니다. 할인율과 동업자 할인을 받을 수 있는 (수량)을 제공해 주십시오.

<u>가능한 한 빨리</u> 상세한 내용을 제공해 주시면 감사하겠습니다.

*supply : 공급[제공]하다
*provide : 제공[공급]하다
*rate : 비율, -율
*qualify : (~할) 자격[권리]이 있다
*trade discount : 동업자간 할인, 영업 할인

32 빈 칸에 적절한 단어를 채우시오.
① 인 도
② 수 량
③ 동의, 승인
④ 용 량

33 밑줄 친 부분을 재작성하시오.
① 빠른 속도로
② 귀사의 이전 답신에서
③ 최근의 답신으로
④ 되도록 빨리

해설 32

위 서신은 물품 공급을 요청하면서 동업자 할인을 받고 싶으니 관련 내용을 알려주기를 요청하는 내용이다. 빈 칸 앞에서 Would you please provide the rate of discount(할인율을 제공해 주십시오.)라고 했고, 빈 칸 뒤에서 to qualify a trade discount(동업자 할인을 받다)라고 했으므로, 빈 칸에는 ② quantity(수량)가 적절하다.

33

④ 밑줄 친 at the earliest possible time은 '가능한 한 빨리'의 뜻으로, as soon as possible(되도록 빨리)과 의미가 같다.

*as soon as possible : 가능한 한 빨리

34 Which is LEAST correct about consignee field in the bill of lading?

① The consignee is defined as a person entitled to take delivery of the goods under a contract of carriage.

② If a bill of lading is made out "to order", "to the order of a named party" or "to bearer", then it is negotiable.

③ Especially under L/C transactions, it is important to complete the consignee field in a negotiable form.

④ Bill of lading shall be made out "to order" in case of in-house transactions.

정답 ④

해석 다음 선하증권의 수하인란에 대한 설명 중 옳지 않은 것은?
① 수하인은 운송 계약에 따라 물품 인도 자격이 있는 사람으로 정의된다.
② 선하증권에 "to order", "to the order of a named party" 또는 "to bearer"라고 기재되었을 경우, 유통가능 선하증권이다.
③ 특히 신용장 거래의 경우, 수하인란에 유통가능 양식으로 완료하는 것이 중요하다.
④ 사내 거래의 경우, 선하증권은 "to order"으로 기재되어야 한다.

해설 ④ 일반적으로 전매가 필요 없는 화물, 즉 다국적 기업의 내부거래, 소량화물, 이사화물 등에는 기명식 선하증권 (Straight B/L)이 이용된다.
기명식선하증권(Straight B/L)
• 선하증권의 Consignee(수하인)란에 특정한 수하인 명이 명기된다.
• 특정 수하인 이외에는 수입항에서 화물의 인수를 선사에 요청할 수 없는 유통불능 선하증권(Non-negotiable B/L)이다.
• 기명식선하증권이 발행되는 경우
  – 일반 무역거래가 아닌 이삿짐이나 본 · 지사 간 거래의 경우
  – 개설의뢰인(신용장에서 수입상 지칭)이 개설은행의 신용공여가 아닌 자신의 자금으로 신용장을 개설, 도착물품을 위해 전매차익을 매도하는 것이 아니라 자신이 최종 소비자가 되는 경우를 예정하는 경우
*consignee : 수하인
*entitle : 자격[권리]을 주다
*take delivery of : [물건 따위]를 인수하다
*contract of carriage : 운송계약
*make out : 작성하다
*negotiable : 유통가능한
*in case of : ~의 경우
*in-house transactions : 사내 거래

35 Select the right agency for the blank.

> Should you insist on a discount of 30% for the damaged goods, we shall have to put the matter before (   ) for arbitration.

① Korean Commercial Agency Center
② Korean Commercial Agency Board
③ Korean Commercial Arbitration Board
④ Korean Commercial Arbitration Center

정답 ③

해석 빈 칸에 들어갈 에이전시로 옳은 것을 고르시오.

> 만약 귀사가 하자품에 대해 30%의 할인을 요구한다면, 당사는 중재를 위해 (대한상사중재원)에 그 문제를 상정해야 합니다.
>
> *insist on : ~을 주장하다
> *damaged goods : 하자품
> *put : (어떤 상태·조건에) 처하게 하다
> *arbitration : 중재

해설 ③ 대한상사중재원(Korean Commercial Arbitration Board)은 국내 유일의 상설 중재기관이다. 국제상사중재기관으로는 국제상공회의소, 미국중재협회, 런던 국제중재재판소, 대한상사중재원, 홍콩 국제중재센터, 싱가포르 국제중재센터, 국제투자분쟁해결센터 등이 있다.
표준 중재조항(대한상사중재원 권장)
All disputes, controversies or differences which may arise between the parties, out of or in relation to or in connection with this contract, or for the breach there of, shall be finally settled by arbitration in Seoul, Korea in accordance with the Commercial Arbitration Rules of the Korean Commercial Arbitration Board and under the Laws of Korea. The Award rendered by the arbitrator(s) shall be final and binding upon both parties concerned.
이 계약으로부터, 이 계약과 관련하여 또는 이 계약의 불이행으로 당사자 간 발생하는 모든 분쟁, 논쟁 또는 의견차이는 대한민국 법에 의거 대한상사중재원의 상사중재규칙에 따라 대한민국 서울에서 중재로 최종 해결한다. 중재인의 판정은 최종으로 계약 당사자 쌍방에 대해 구속력을 갖는다.

36 Select the right one for the blank.

> We would give you formal notice that we reserve the right to claim on you for (   ) should the missing case not be found.

① the shortage

② the breakage

③ the leakage

④ the defective goods

정답 ①

해석 빈 칸에 들어갈 단어로 옳은 것을 고르시오.

> 당사는 누락된 케이스가 발견되지 않는다면 귀사에 (부족분)에 대한 클레임을 제기할 권리가 있음을 공식적으로 통지할 것입니다.
>
> *formal notice : 정식통지
> *reserve : (어떤 권한 등을) 갖다[보유하다]
> *claim : (정부나 회사에 보상금 등을) 청구[신청]하다

① 부족분
② 파손분
③ 누출분
④ 불량품

해설 주어진 문장의 빈 칸 다음에 should the missing case not be found(당사는 누락된 케이스가 발견되지 않는다면)라고 했으므로, 빈 칸에는 '부족한 분량'을 뜻하는 ① the shortage가 적절하다.
*leakage : 누출, 새어나감
*defective : 결함이 있는

37 Which is suitable for the blank in case of insurance claims?

> We regret to inform you that we cannot pay you the compensation in this case as the damage was caused by factors (   ).

① within definition of policy

② affecting premium

③ influencing the voyage

④ outside the terms of the policy

정답 ④

해석 **보험금 청구에 대한 설명 중 빈 칸에 들어갈 말로 적절한 것은?**

> 유감스럽지만, 본 건은 (보험약관 외의) 사유로 인해 발생한 손실이기 때문에 귀사에 보상금을 지급해 드릴 수 없음을 알려드립니다.
>
> *compensation : 보상(금)
> *damage : 손상, 피해
> *factor : 요인, 인자

① 보험증권의 정의 내에서
② 보험료에 영향을 미치는
③ 항해에 영향을 미치는
④ 보험약관 외의

해설 ④ 빈 칸 앞에서 we cannot pay you the compensation in this case(본 건에 대해서는 보상금을 지급할 수 없다)라고 했으므로, 빈 칸에는 그 이유(보험약관 외의 사유로 인해 발생한 손실)를 뜻하는 어구가 와야 한다.
*insurance claims : 보험금 청구
*premium : 보험료
*voyage : 여행, 항해
*terms : (합의·계약 등의) 조건

38 Which of the following is LEAST correctly written in English?

① 회의는 3월 10일 임페리얼 호텔에서 열리게 됩니다.

The meeting will be held at the Imperial Hotel on 10 March.

② 3년 후에 연장이 가능할까요?

Could it be renewed after three years?

③ 그전까지 전화를 못 한다면 토요일에 내가 전화드리겠습니다.

I will call you on Saturday unless we don't talk before then.

④ 우리는 서울에 정시에 도착하나요?

Will we reach Seoul on time?

정답 ③

해설 ③ unless는 '~하지 않는 한'의 뜻으로 이미 부정을 포함하고 있으므로, '전화를 못 한다면'의 의미를 나타내려면
I will call you on Saturday <u>unless → if</u> we don't talk before then.이 되어야 한다.
*renew : 갱신하다
*unless : ~하지 않는 한, ~이 아닌 한
*reach : ~에 이르다

39 Which is most similar to the *commitments*?

> Open account terms allow the importer to make payments at some specific date in the future and without issuing any negotiable instrument evidencing his legal *commitments* to pay at the appointed time.

① liabilities   ② offers

③ acceptances   ④ drafts

정답 ①

해석 '책무'와 가장 의미가 비슷한 것은?

> 청산계정 조건은 수입자가 자신의 법적 책무에 대한 지정일 지불의 증거가 되는 유통증권을 발행하지 않고 미래의 특정 날짜에 지불할 수 있도록 한다.

① 책 임   ② 청 약

③ 승 낙   ④ 환어음

해설 ① 청산계정(Open account)은 외상거래 형식으로, 매매계약 당사자끼리 거래가 빈번하게 이루어질 때 주로 사용하는 방식이다. 무역계약 한 건마다 은행을 통한 대금 결제가 이루어지는 것이 아닌 청산계정에 기록만 했다가 일정 기간 후 서로가 미리 정한 날짜에 대금을 청산하는 방식이다. 따라서 지문의 legal commitments는 liabilities (책임)와 그 의미가 비슷하다.

*Open account : 청산계정
*make payments : 지불하다, 납부하다
*negotiable instrument : 유통증권
*evidence : 증언[입증]하다, 증거가 되다
*appointed time : 정해진 시간

40 Select the best ones in the blank.

> Agents are often an early step into international marketing. Agents are individuals or organizations that market on seller's behalf in a particular country. They rarely take (A) of products, and more commonly take a (B) on goods sold.

① A : ownership − B : margin

② A : ownership − B : commission

③ A : after service − B : profit

④ A : after service − B : margin

정답 ②

해석 빈 칸에 들어갈 단어로 가장 적절한 것을 고르시오.

대리인(중개상)은 종종 국제 마케팅의 초기 단계이다. 대리인들은 특정 국가에서 매도인을 대신하여 물품을 시장에 내놓는 개인 또는 단체이다. 그들은 제품의 (A) 소유권을 갖는 경우는 드물고, 보통 판매된 물품의 (B) 수수료를 취하는 경우가 더 흔하다.

① A : 소유권 – B : 수익
② A : 소유권 – B : 수수료
③ A : 애프터 서비스 – B : 이익
④ A : 애프터 서비스 – B : 수익

해설 ② 지문은 대리인(중개상)에 대한 설명으로, 빈 칸 (A) 앞에는 rarely가, 빈 칸 (B) 앞에는 more commonly가 있으므로, 문맥상 '상품의 소유권을 얻다'가 되려면 빈 칸 (A)에는 ownership(소유권)이 적절하다. 또 '판매된 물품의 수수료를 취하다'의 뜻이 되려면 빈 칸 (B)에는 commission(수수료)이 적절하다.
*Agent : 대리인, 중개상
*step : 단계
*market : (상품을) 내놓다[광고하다]
*on one's behalf : ~을 대신하여
*ownership : 소유(권)
*commission : (위탁 판매 대가로 받는) 수수료

41 Which is best replacement for the underlined?

We are writing to inform you that the quality of your sheepskins is not up to standards in the contract.

① does not meet
② is dependent of
③ is as far as
④ goes beyond well

정답 ①

해석 밑줄 친 부분을 가장 잘 대체할 수 있는 것은?

당사는 귀사의 양가죽 품질이 계약 기준에 미치지 못한다는 것을 알려드리기 위해 서신을 보냅니다.

*sheepskin : 양가죽
*standards : 기준

① 미치지 못하다
② ~에 의존하다
③ ~에까지
④ ~을 초과하다

해설 지문의 밑줄 친 is not up to는 '(기준 등에) 미치지 못하다'의 뜻으로 쓰였으므로, ① does not meet로 대체할 수 있다. 이때 meet는 '(필요·요구 등을) 충족시키다'의 뜻이다.

42 What does the following refer to?

The process of giving or getting official permission for the use of technology, brand and/or expertise.

① Loan
② Licensing
③ Loyalty
④ Leasing

정답 ②

해석 아래에서 설명하고 있는 것은 무엇인가?

기술, 브랜드와/또는 전문지식의 사용에 대한 공식적인 허가를 제공하거나 받는 과정

*process : 과정[절차]
*official permission : 관허(공식적인 허가)
*technology : 기술
*expertise : 전문 지식[기술]

① 대 출
② 라이센싱
③ 로열티
④ 리 싱

해설 라이센싱(Licensing)
라이센싱은 사용권에 대한 권리임대를 기초로 하는 사업으로, 재산권을 제품화, 서비스 또는 홍보의 매개체로써 사용할 수 있도록, 제3자에게 허가 또는 권리의 위임을 하는 행위를 말한다. 통상 제조업자, 소매업자와 사업자 또는 개인(Licensee)과 계약 형태에 기초하며, 사용목적, 사용 지역적 정의, 사용기간, 조건과 더불어 특정 조항에 따른 재산권에 대한 라이센싱 사용권 권한을 부여하게 된다. 이 사용 대가로 권리를 부여받은 사용권자는 재산권 소유주(Licensor)에게 재산권의 라이센스에 따른 사용비를 지급하는데, 최저 보증수수료 및 매출 또는 생산가에 따른 협의된 로열티 비율 형태를 따른다.
*lease : (특히 부동산 장비를) 임대[임차/대여]하다

43 Select the right L/C that explains the passage.

> It is normally accepted in the market that the seller trusts the bank which issues a letter of credit is trustworthy, and that the bank will pay as agreed. If there is any doubts on the issuing bank, the seller may request a letter of credit to which payment undertaking is added by another (presumably more trustworthy) bank.

① Confirmed L/C

② Negotiation L/C

③ Red clause L/C

④ Open L/C

[정답] ①

[해석] 제시문을 가장 잘 설명하는 신용장을 고르시오.

> 매도인이 신용장을 발행하는 은행을 신뢰하고 은행이 합의된 대로 지불하는 것은 통상적으로 시장에서 받아들여진다. 개설은행이 의심스러운 경우, 매도인은 다른 (아마도 더 신뢰할 수 있는) 은행에 의한 지불 약속이 추가되는 신용장을 요청할 수 있다.
>
> *trust : 신뢰하다[신임하다/믿다]
> *issue : 발행하다
> *trustworthy : 신뢰할[믿을] 수 있는
> *request : 요청하다
> *undertaking : 약속, 동의
> *presumably : 아마, 짐작건대

① 확인신용장

② 매입신용장

③ 선대신용장

④ 개방신용장

[해설] ① 확인신용장(Confirmed L/C) : 개설은행의 요청에 따라 개설은행 외의 제3의 은행이 수익자가 발행한 환어음의 지급·인수·매입을 확약한 신용장으로, 수익자 입장에서 개설은행의 신용이 의심스러운 경우에 요구한다. 통상 개설은행의 요청으로 통지은행이 확인은행을 겸한다.

② 매입신용장(Negotiation L/C) : 개설은행이 수익자 외에 수익자로부터 매입을 행한 은행에 대해서도 대금지급을 명시적으로 표시하고 있는 신용장이다. 자유매입신용장과 매입제한신용장이 있다.

③ 선대신용장(Red clause L/C) : 수출물품의 생산·가공·집화·선적 등에 필요한 자금을 수출자에게 융통해 주기 위하여 매입은행으로 하여금 일정한 조건에 따라 신용장 금액의 일부 또는 전부를 수출업자에게 선대(선불)해 줄 것을 허용하고 신용장 개설은행이 그 선대금액의 지급을 확약하는 신용장이다.

④ 개방신용장(Open L/C) : 보통신용장(General L/C)이라고도 하며, 어음매입을 특정은행으로 제한하지 않고 아무 은행에서나 매입할 수 있도록 되어 있는 신용장으로, 매입은행 지정표시가 없으면 자유매입 신용장(Freely negotiable credit)으로 본다.

A contract of marine insurance is a contract whereby the insurer undertakes to indemnify the <u>assured</u>, in manner and to the extent thereby agreed, against marine losses, that is to say, the *losses* incident to marine adventure.

44 Which can best replace the assured underlined?

① underwriter

② proxy

③ insured

④ buyer

45 Which does NOT belong to the *losses*?

① Default of buyer

② Cargo losses

③ Damages to a vessel

④ Cargo damages

해석
해상보험(계약)은 보험자가 피보험자에 대하여 그 계약에 의해 합의한 방법과 범위 내에서 해상손해 즉, 해상사업에 수반되는 손해를 보상할 것을 확약하는 계약이다.

*marine insurance : 해상보험
*whereby : (그것에 의하여) ~하는
*undertake : 약속[동의]하다
*indemnify : 배상[보상]을 약속하다
*manner : 방식
*to the extent : ~어느 정도로
*marine losses : 해상손해
*that is to say : 다시 말해서[즉]

44 밑줄 친 assured를 가장 잘 대체할 수 있는 것은?
① (특히 해상보험) 보험사
② 대리인
③ 피보험자
④ 매수인

45 손해에 속하지 않는 것은?
① 매수인의 채무불이행
② 화물손실
③ 선박손상
④ 화물손해

해설 **44**
지문은 MIA(영국해상보험법) 제1조의 내용으로, 밑줄 친 assured는 '피보험자'의 뜻으로, ③ insured로 대체할 수 있다.
영국해상보험법 (Marine Insurance Act 1906, MIA) 제1조
A contract of marine insurance is a contract whereby the insurer undertakes to indemnify the assured, in manner and to the extent thereby agreed, against marine losses, that is to say, the losses incident to marine adventure.
해상보험계약은 보험자가 피보험자에 대하여 그 계약에 의해 합의된 방법과 범위 내에서 해상손해, 즉 해상사업에 수반되는 손해를 보상할 것을 확약하는 계약이다.

45
해상손해(Marine loss)
• 항해사업(Marine adventure)과 관련된 화물·선박 및 기타 보험목적물이 해상위험으로 인해 피보험이익의 전부 또는 일부가 멸실·손상되어 피보험자가 입는 재산상·경제상의 불이익을 해상손해라 한다.
• 해상손해는 크게 물적손해와 비용손해로 분류된다. 물적손해는 다시 손해(보험목적의 멸실·손상)정도에 따라 전손(전부손해)과 분손(일부 손해)으로 나뉜다.
*default : 채무불이행

[46~47] Read the following and answer.

A bill of lading is a document issued by the shipping company or its agent acknowledging receipt of goods for carriage which are deliverable to the <u>consignee</u> in the same condition as they were received.

It contains full details of the goods and distinct markings on the packages, the terms and conditions under which the goods are accepted for shipment, the ports of shipment and arrival, freight and other charges, etc. (   )

46 Which is the party LEAST suitable as the consignee underlined?

① seller   ② buyer

③ holder   ④ bearer

47 Which is MOST appropriate for the blank?

① A bill of lading therefore shall express full description of the goods.

② Therefore, it has the features of a negotiable instrument.

③ A bill of lading, however, can be accepted by endorsement.

④ The carrier is, however, not responsible for the actual contents of the goods.

정답   46 ①   47 ④

해석

선하증권은 운송회사 또는 그 대리인에 의해 발행된 서류로서 운송화물을 수령해서 <u>수하인</u>에게 그들이 인수한 동일 상태로 인도할 것을 인정한다.

선하증권은 물품의 전체 세부사항과 포장의 독특한 표식, 용인된 선적 약관·조건, 선적항·도착항, 운임·기타 비용 등을 포함하고 있다. (그러나, 운송인은 물품의 실제 내용물에 대해서는 책임지지 않는다.)

*shipping company : 운송회사
*acknowledge : (편지·소포 등을) 받았음을 알리다
*receipt : 수령, 인수
*deliverable : 인도하는
*consignee : 수하인, 하물 인수자

46 밑줄 친 수하인에 가장 적합하지 않는 당사자는?

① 매도인   ② 매수인

③ 계약자   ④ 배서인

47 빈 칸에 들어갈 말로 가장 적절한 것은?
① 따라서 선하증권은 물품에 대한 전체적인 설명을 표시해야 한다.
② 따라서 그것은 유통증권의 특성이 있다.
③ 그러나 선하증권은 배서에 의해 승인될 수 있다.
④ 그러나, 운송인은 물품의 실제 내용물에 대해서는 책임지지 않는다.

해설 46

① 밑줄 친 Consignee(수하인)는 매수인 또는 선하증권 소지인이 될 수 있다. 무기명식[소지인식] 선하증권은 수하인란을 공란으로 하거나 Bearer(소지인) 또는 To Bearer로 기재되어 선하증권의 소지인은 누구라도 수하인 이 되어 물품을 인도받을 수 있도록 한다.

무역거래 관계에 따른 당사자의 명칭

구 분	수출자(Exporter)	수입자(Importer)
신용장관계	Beneficiary(수익자)	Applicant(개설의뢰인)
매매계약관계	Seller(매도인)	Buyer(매수인)
화물관계	Shipper/Consignor(송하인)	Consignee(수하인)
환어음관계	Drawer(환어음발행인)	Drawee(환어음지급인)
계정관계	Accounter(대금수령인)	Accountee(대금결제인)

47

④ 선하증권은 물품의 전체 세부사항과 포장의 독특한 표식, 용인된 선적 약관·조건, 선적항·도착항, 운임·기타 비용 등을 포함하고 있으나, 운송인은 포장된 물품의 실제 내용물에 대해서는 책임지지 않는다.

선하증권의 기능
• 권리증권(Document of Title) : 화물인도청구권, 물품처분권, 유통성
• 운송계약의 증빙(Evidence of Contract for Carriage) : 송하인에 대하여 추정적 증거, 선의의 소지인에 대해 결정적 증거, 선의의 소지인은 운송계약상 권리행사·의무부담
• 화물영수증(Receipt for the Goods) : 선하증권은 그것에 기재된 화물의 수량, 중량 및 상태와 동일한 물품을 운송인이 송하인으로부터 수령하였다는 추정적 증거(Prima Facie Evidence)이다.
*negotiable instrument : 유통증권
*endorsement : 배서
*be responsible for : ～에 책임이 있다
*contents : 내용물

안심Touch

We still haven't heard from you regarding the outstanding balance owed on your account.

To avoid having your account (A), please remit payment immediately.

Failure to respond could result in damage to your (B) and additional legal action. We urge you to send us a check before March 15.

If you wish to discuss special arrangements for payment, please contact us at credit@kasia.com.

48 Which is suitable for the blank A?

① closed

② open

③ renewed

④ established

49 Which are right words for the blank B?

① credit rating

② trust ranking

③ turnover

④ credit inquiry

정답 48 ① 49 ①

해석

당사는 아직 귀사 계정의 미지급 잔액에 대한 연락을 받지 못했습니다.
귀사의 계정이 (A) 폐쇄되는 것을 피하려면 즉시 대금을 송금해 주십시오.
이에 대응하지 않을 경우 귀사의 (B) 신용등급에 악영향이 있을 수 있으며, 추가적인 법적 조치가 있을 수 있습니다. 당사에 3월 15일까지 수표를 보내 주실 것을 귀사에 강력히 촉구합니다.
대금결제를 위한 특별한 방식을 협의하기 원하신다면, credit@kasia.com으로 연락주십시오.

*regarding : ~관하여[대하여]
*outstanding balance : 미결제 잔액
*owe on : ~에 대한 빚을 지다
*avoid : 방지하다
*remit : 송금하다
*result in : 그 결과 ~이 되다
*legal action : 법적인 조치
*urge : 강력히 권고[촉구]하다
*check : 수표

48 빈 칸 A에 들어갈 단어로 적절한 것은?
① 폐쇄된
② 개방된
③ 갱신된
④ 수립된

49 빈 칸 B에 들어갈 단어로 적절한 것은?
① 신용등급
② 신탁 순위
③ 총매상고
④ 신용조회

해설 48
주어진 서신에서 잔액이 미지급되어 계정이 폐쇄되지 않기 위해서는 즉시 대금을 송금할 것을 촉구하고 있다.
빈 칸 (A) 앞 문장에서 the outstanding balance owed on your account(귀사의 계좌에 미지급 잔액이 있다)고 했으므로, 문맥상 A에는 '계정 폐쇄'를 뜻하는 account closed가 적절하다.
*renew : 갱신[연장]하다

49
미지불된 잔액을 즉시 송금하지 않을 경우, 무역거래상 신용등급에 악영향이 미치며, 법적 조치가 있을 수 있다고 경고하고 있는 내용이다. 따라서 빈 칸 B 앞에서 Failure to respond could result in damage(대응이 없을 시 악영향이 있을 수 있다.)라고 했으므로, 문맥상 B에는 ① credit rating(신용등급)이 적절하다.

50 Select the right one in the blank.

> If the goods are received in good condition, the carrier will issue (　　) to the shipper.

① a clean bill of lading
② a claused bill of lading
③ a straight bill of lading
④ a foul bill of lading

정답 ①

해석 빈 칸에 들어갈 말로 옳은 것을 고르시오.

> 물품이 양호한 상태로 입고되면, 운송인은 선적처리업자(송하인)에게 (무사고 선하증권)을 발행할 것이다.

① 무사고 선하증권
② 사고선하증권
③ 기명식 선하증권
④ 사고선하증권

해설 ① 무사고 선하증권(Clean B/L) : 화물의 손상 및 과부족이 없이 발행되는 증권과 손상 및 과부족이 있을지라도 그 내용이 M/R(Mate's Receipt, 본선수취증)의 Remarks(비고)란에 기재되지 않은 선하증권을 말한다. 증권 면에 "Shipped on board in apparent good order and condition"이라고 표시되기도 한다.
② · ④ 사고선하증권(Claused[Foul] bill of lading) : Dirty B/L이라고도 하며, 선적 시의 화물이 포장이나 수량 등 외관상 결함이 있을 경우 선하증권 비고란에 사고 문언표시가 기재된다.
③ 기명식 선하증권(Straight bill of lading) : 선하증권의 Consignee(수하인)란에 특정한 수하인 명이 명기된 선하증권으로, 특정 수하인 이외에는 수입항에서 화물의 인수를 선사에 요청할 수 없는 유통불능 선하증권 (Non-negotiable B/L)이다.
*carrier : 운송인
*shipper : 선적처리업자

51 인코텀즈 2020 규칙의 특징 조건의 내용 일부이다. (   )에 들어갈 조건으로 옳은 것은?

> (   ) is the only Incoterms 2020 rule that requires the seller to unload goods at destination. The seller should therefore ensure that it is in a position to organise unloading at the named place. Should the parties intend the seller not to bear the risk and cost of unloading, the (   ) rule should be avoided and DAP should be used instead.

① DDU

② DPU

③ DDP

④ DAT

정답 ②

해석
> (DPU)는 매도인이 목적지에서 물품을 양하하도록 하는 유일한 인코텀즈 규칙이다. 따라서 매도인은 자신이 그러한 지정장소에서 양하를 할 수 있는 입장에 있는지를 확실히 하여야 한다. 당사자들은 매도인이 양하의 위험과 비용을 부담하기를 원하지 않는 경우에는 (DPU)를 피하고 그 대신 DAP를 사용하여야 한다.

해설 DPU(Delivery at Place Unloaded, 목적지 양하 인도조건)
- 지정목적항 또는 지정목적지에서 도착된 운송수단으로부터 일단 양하한 물품을 수입통관을 하지 않고 매수인의 임의처분 상태로 인도하는 조건
- DPU 뒤에 목적항 또는 목적지 표시
- 물품의 인도장소 : 목적지의 어느 장소이든지 물품 양하가 가능한 곳
- 물품에 대한 매매당사자의 위험부담의 분기점 : 지정목적항 또는 지정목적지에서의 특정지점
- 물품에 대한 매매당사자의 비용부담의 분기점 : 지정목적지

52 청약자에게 반품하는 것을 허용하고 있어 청약자에게 불리한 청약이라고 할 수 있는 것은?

① Offer subject to being unsold ② Offer on sale or return

③ Offer on approval ④ Offer without engagement

정답 ②

해석 ① 재고잔류 조건부청약 ② 반품허용 조건부청약
③ 점검매매 조건부청약 ④ 무확약청약

해설 ② 반품허용 조건부청약(Offer on sale or return) : 청약 시 물품을 대량으로 송부하여 피청약자가 이를 위탁판매하게
하고 미판매 잔여 물품은 다시 반납한다는 것을 조건으로 하는 청약으로, 피청약자가 위탁판매를 개시하는
경우 위탁판매계약이 성립하므로 확정청약의 일종이다.
① 재고잔류 조건부청약(Offer subject to being unsold) : 청약에 대한 승낙 의사가 피청약자로부터 청약자에게
도달했다 해도 바로 계약이 성립하는 것이 아니므로, 그 시점에 당해 물품 재고가 남아 있는 경우에 한해 계약이
성립하는 Offer로서 선착순매매 조건부청약(Offer subject to prior sale)이라고도 한다.
③ 점검매매 조건부청약(Offer on approval) : 명세서로서는 Offer 승낙이 어려운 경우, 청약 시 견본을 송부,
피청약자가 견본 점검 후 구매의사가 있으면 대금을 지급하고 승인하여 계약이 성립하는 조건의 청약이다.
④ 무확약청약(Offer without engagement) : 청약자가 계약조건을 사전 통보 없이 변경할 수 있는 조건부청약으로,
청약에 제시된 가격이 미확정이어서 시세변동(Market fluctuation)에 따라 변경될 수 있다는 조건을 붙인 청약이다.

---

53 품질조건에 대한 설명으로 옳지 않은 것은?

① 매도인이 보관하는 견본은 Duplicate sample이다.

② 점검매매는 BWT이나 COD 방식에 주로 사용된다.

③ 표준품매매에는 FAQ, GMQ, USQ 조건이 있다.

④ 양륙품질조건에는 TQ, GMQ 조건 등이 있다.

정답 ④

해설 ④ GMQ(Good Merchantable Quality)는 판매적격품질조건이며, TQ(Tale Quale)는 선적품질조건이다. 양륙품질조
건에는 RT(Rye Terms)가 있다.
양륙품질조건[Landed Quality Terms/Final = RT(Rye Terms)]
• 품질결정(검사)시기가 양륙시점이면 양륙품질조건(Landed Quality Terms/Final)이라 한다.
• 주로 운송 도중에 품질이 변질될 수 있는 곡물 · 피혁 · 어류 등과 같은 농산물 · 광물(1차 상품)의 경우 활용되는
조건이다.
• 양륙 시에 (공인검사기관의 품질확인을 받고) 약정된 품질과 일치하면 수출상이 면책되고, 변질 시에는 수출상이
책임을 부담하는 조건이다.
• 품질결정시기가 별도로 명시되지 않은 경우 정형거래조건이 D 그룹이면 양륙지가 품질기준 시점이 된다.

54 청약의 유효기간에 대한 설명으로 옳지 않은 것은?

① 유효기간이 정해져 있는 경우 그 기간 이내에 피청약자가 승낙하여야 한다.
② 유효기간이 정해져 있지 않은 경우 상당한 기간이 유효기간이다.
③ 상당한 기간은 주변의 상황이나 관행에 따라 결정되는 사실상의 문제이므로 모든 경우 동일하게 적용된다.
④ 유효기간은 물품의 성질, 거래관습, 시가의 변동을 고려하여 정해질 수 있다.

[정답] ③

[해설] ③ 상당한 기간은 청약이 상대방에게 도달하여 상대방이 그 내용을 받아들일지 여부를 결정하여 회신을 함에 필요한 기간을 가리키는 것으로, 이는 구체적인 경우에 청약과 승낙의 방법, 계약 내용의 중요도, 거래상의 관행 등의 여러 사정을 고려하여 객관적으로 정하여지는 것이다.

55 인코텀즈 2020 규칙 개정의 특징으로 옳지 않은 것은?

① DAT 조건을 DPU 조건으로 명칭 변경 및 배열순서 조정
② 각 규칙의 조항순서 조정
③ CIP 조건의 부보조건을 ICC(A)로 변경
④ FCA 조건과 "D" 조건에서 매수인과 매도인의 자가 운송 불허

[정답] ④

[해설] ④ FCA 조건과 D 조건에서 매도인·매수인의 자가 운송을 허용하였다.
FCA, DAP, DPU 및 DDP에서 매도인 또는 매수인 자신의 운송수단에 의한 운송 허용
• 물품이 매도인으로부터 매수인에게 운송될 때 상황에 따라서는 제3자 운송인의 개입이 전혀 없이 운송될 수도 있는 경우가 있다.
• D 조건에서 매도인이 운송을 제3자에게 아웃소싱하지 않고, 자신의 운송수단을 사용하여 운송하는 것을 못하도록 하는 그 어떤 것도 없다.
• FCA 조건에서 매수인이 물품을 수취하기 위하여, 나아가 자신의 영업구내까지 운송하기 위하여 자신의 차량을 사용하는 것을 금지하는 그 어떤 것도 없다.

56 신용장 매입 시 주의할 사항으로 옳지 않은 것은?

① 제한매입 신용장은 지정은행에서 매입하여야 한다.
② Open credit은 어느 은행에서도 매입가능하다.
③ Restricted credit의 경우 지정은행이 아닌 은행에서 매입하는 경우 재매입은 필요 없다.
④ 매입은 서류의 제시기간 이내에 그리고 신용장 유효기간 이내에 이루어져야 한다.

정답 ③

해설 ③ Restricted credit(매입제한 신용장)의 경우 수출업자로부터 1차 선적서류를 매입한 은행은 반드시 신용장에 지정되어 있는 특정 은행 앞으로 재매입을 의뢰하여야 한다.

자유매입 신용장과 매입제한 신용장

자유매입 신용장 (Freely negotiable L/C)	• 수익자가 매입은행을 자유롭게 선택, 수출지 어느 은행이라도 매입할 수 있는 신용장 • 가장 보편적인 형태의 신용장이라는 의미에서 이를 General L/C, 매입은행이 개방되어 있다는 의미에서 Open L/C라고도 하며, 재매입이 발생하지 않음
매입제한 신용장 (Restricted L/C)	• 개설은행이 지정한 은행에서만 매입을 할 수 있는 신용장 • 수익자가 발행하는 환어음의 매입은행이 특정은행으로 지정되어 있음

57 외국환거래에서 원화의 매매가 수반되지 않고 동종 외국통화로 대체되는 경우에 은행의 기대 외환매매이익 상실의 보전 명목으로 징구하는 신용장 수수료로 옳은 것은?

① Issuing commission
② Exchange commission
③ Commission in lieu of exchange
④ Delay charge

정답 ③

해석 ① 개설수수료   ② 환가료
③ 대체료   ④ 지연이자

해설 ③ 대체료(Commission in lieu of exchange) : 수출상이 외화계정을 보유하고 있어서 매입 시 은행은 환가료 및 전신환매입율, 매도율 등을 적용할 여지가 없어지므로, 이때 은행이 수고비 명목으로 받는 수수료
① 개설수수료(Issuing commission) : 신용장 개설에 따라 개설은행이 부담하는 위험에 대하여 보상명목으로 개설 신청 때 개설은행이 수입상에게 받는 기간수수료(Term charge)
② 환가료(Exchange commission) : 외국환은행이 수출환어음, 여행자수표 등의 외국환을 매입한 후 완전한 외화자산(Cash)으로 현금화할 때까지 또는 미리 지급한 자금을 추후 상환받을 때까지 은행 측에서 부담하는 자금에 대한 이자보전 명목으로 징수하는 기간수수료
④ 지연이자(Delay charge) : 수입상의 경우 개설은행에 서류가 도착한 후 5영업일이 지날 때까지 수입상이 그 대금을 지급하지 못하면, 6일째 되는 날 개설은행이 우선 대납처리하고 그 이후 대금 완납 시까지 기간에 대한 이자를 수입상에게 부과하는 수수료

58 UCP 600상 양도가능 신용장에 대한 설명으로 옳지 않은 것은?

① 양도가능 신용장에서는 신용장 개설의뢰인의 이름을 제1수익자의 이름으로 대체할 수 있다.

② 양도와 관련하여 발생한 모든 수수료(요금, 보수, 경비 또는 비용 등)는 제1수익자가 지급해야 한다.

③ 양도된 신용장은 제2수익자의 요청에 의하여 그 다음 수익자에게 양도될 수 없다.

④ 신용장의 금액, 단가, 유효기일, 제시기간 또는 부보비율은 감액되거나 단축될 수 있다.

정답 ④

해설 ④ 신용장 금액 및 단가는 감액, 신용장의 유효기일·선적기일과 서류제시 최종일은 단축되지만, 부보비율은 증가한다.

양도가능 신용장(Transferable L/C)
• 신용장을 받은 최초의 수익자인 원(제1)수익자가 신용장 금액의 전부 또는 일부를 1회에 한하여 국내외 제3자(제2수익자)에게 양도할 수 있는 권한을 부여한 신용장을 말한다.
• 양도가능 신용장은 1회에 한해 양도가능하므로 제2수익자가 다시 제3자에게 본 신용장을 양도할 수 없다.
• 신용장 개설 시 개설은행이 양도가능하다고 명시적으로 동의한 경우, 즉 신용장에 명시적으로 Transferable 표시가 있어야만 원(제1)수익자 외에 제3자(제2수익자)에게 양도가 가능하다.
• 양도 시 원칙적으로 원신용장 조건하에서만 양도가능하나 "원신용장의 금액 및 단가의 감액, 선적서류 제시기간 및 선적기일 단축, 신용장 유효기일 단축, 보험부보율 증액"의 조건변경은 가능하다.

59 성격이 다른 신용장 하나를 고르면?

① Clean Credit
② Standby Credit
③ Traveller's Credit
④ Commercial Credit

정답 ④

해석 ① 무화환신용장
② 보증신용장
③ 여행자신용장
④ 상업신용장

해설 신용장의 분류
• 상업신용장(Commercial Credit) : 무역거래에 따라 개설되는 신용장을 말하며, 화환신용장(Documentary credit)과 무화환신용장(Clean credit)이 여기에 해당한다.
• 무화환신용장(Clean Credit) : 무역과 직접 관련이 없이 개설되는 신용장으로 여행자신용장(Traveller's Credit)과 보증신용장(Standby Credit)이 여기에 해당한다.

60 국제표준은행관행(ISBP)과 UCP 600에 따른 송장에 대한 설명이 옳지 않은 것은?

① 신용장에서 송장(Invoice)을 요구한 경우 "provisional", "pro-forma"라고 기재된 송장은 거절된다.

② 송장은 문면상 수익자가 개설의뢰인 앞으로 발행한 것이어야 한다.

③ 송장의 물품 명세는 신용장과 일치해야 하지만 경상의 법칙이 적용되는 것은 아니고 상응하면 된다.

④ 송장에는 신용장에서 요구하지 않은 물품(예 견본품 등)이 나타나서는 안되지만, 무상이라고 기재된 경우에는 수리된다.

정답 ④

해설 ④ 송장에는 무료라고 기재되었더라도, 신용장에서 요구되지 않은 상품(견본, 광고용품 등을 포함)을 나타내서는 안 된다.

UCP 600 제18조 상업송장
- 상업송장은 수익자에 의하여 발행된 것으로 보여야 하며, 개설의뢰인 앞으로 작성되어야 하며, 신용장과 동일한 통화로 작성되어야 하며, 그리고 서명될 필요가 없다.
- 지정에 따라 행동하는 지정은행, 확인은행(있는 경우) 또는 발행은행은 신용장에 의하여 허용된 금액을 초과한 금액으로 발행된 상업송장을 수리할 수 있으며, 그러한 결정은 모든 당사자를 구속한다. 다만 문제의 은행은 신용장에 의하여 허용된 금액을 초과한 금액으로 지급이행 또는 매입하지 아니하여야 한다.
- 상업송장상의 물품, 용역 또는 이행의 명세는 신용장에 제시된 것과 일치해야 한다.

---

61 관세율 적용순서가 다른 하나는?

① 덤핑관세
② 보복관세
③ 긴급관세
④ 할당관세

정답 ④

해설 관세법에 따른 세율 적용의 우선순위(관세법 제50조)
- 기본세율과 잠정세율은 관세법에 따른 관세율표에 따르되, 잠정세율을 기본세율에 우선하여 적용한다.
- 다음의 순서에 따라 관세율표의 세율에 우선하여 적용한다.
  - 덤핑방지관세(제51조), 상계관세(제57조), 보복관세(제63조), 긴급관세(제65조), 특정국물품 긴급관세(제67조의 2), 농림축산물에 대한 특별긴급관세(제68조) 및 조정관세 중 제69조 제2호에 따른 세율
  - 국제협력관세(제73조) 및 편익관세(제74조)에 따른 세율
  - 조정관세 중 제69조 제1호·제3호·제4호, 할당관세(제71조) 및 계절관세(제72조)에 따른 세율
  - 일반특혜관세(제76조)에 따른 세율

62 다음 내용에 해당되는 신용장은?

㈜해양은 중국 ㈜Shanghai와 20만 달러 수입계약을 체결하고 국내 거래은행인 외환은행(KOEXKRSE)을 통하여 usance 6개월짜리 자유매입 신용장을 발행하였다. 통지은행은 ㈜Shanghai의 거래은행인 중국공상은행(ICBKCNBJ)이며, presentation period는 운송서류 발행일로부터 21일 이내, 발행은행의 매입은행에 대한 상환(reimbursing)은 서류제시 이후 5일 이내에 즉시 지급하는 조건이다.

① Shipper's usance
② Domestic banker's usance
③ Overseas banker's usance
④ Seller's usance

정답 ②

해석 ① 무역 유전스[기한부]　　　　　② 국내은행 유전스[기한부]
③ 국외(해외)은행 유전스[기한부]　　④ 매도인 유전스[기한부]

해설 ② 지급 주체가 국내은행이나 국내은행의 해외지점이라면 Domestic Banker's Usance에 해당하고, 수출업자에게 대금을 지급하는 주체가 해외은행이면 Overseas Banker's Usance에 해당한다.

은행 유전스[기한부] 신용장(Banker's Usance L/C)
• 은행이 신용공여를 해주는 신용장이다.
• 국내은행 유전스 신용장(Domestic Banker's Usance L/C) : 지급 주체가 국내은행이나 국내은행의 해외지점인 경우
• 해외은행 유전스 신용장(Overseas Banker's Usance L/C) : 수출업자에게 대금을 지급하는 주체가 해외은행인 경우

63 신용장 확인과 관련된 내용으로 옳은 것은?

① 신용장의 확인이 이루어진 경우 해당 신용장의 지급 또는 인수의 책임은 확인은행에게 이전된다.
② 발행은행의 확인 요청을 받은 은행은 해당 확인 요청에 응하여야 한다.
③ 확인신용장의 경우 확인은행의 동의가 없더라도, 신용장의 취소나 조건변경은 이루어질 수 있다.
④ 확인신용장의 경우 수익자는 확인은행과 개설은행으로부터 지급확약을 받으므로 안전하다.

정답 ④

해설 확인신용장(Confirmed L/C)
• 개설은행의 요청에 따라 개설은행 외의 제3의 은행이 수익자가 발행한 환어음의 지급·인수·매입을 확약한 신용장이다.
• 수익자 입장에서 개설은행의 신용이 의심스러운 경우에 요구한다.
• 통상 개설은행의 요청으로 통지은행이 확인은행을 겸한다.

64 항공화물운송장(AWB)의 설명으로 옳은 것을 모두 고르면?

> ㉠ AWB는 항공운송인이 운송을 위하여 송하인으로부터 AWB에 기재된 화물을 수령하였다는 증서 기능을 한다.
> ㉡ AWB는 화물과 함께 목적지에 보내져서 수하인이 화물의 명세, 운임, 요금 등을 대조하고 검증할 수 있는 역할을 한다.
> ㉢ AWB에 의한 수출입신고가 가능한 화물에 대하여는 AWB가 수출입신고서로서 사용될 수 있다.
> ㉣ 도착지에서 운송인이 수하인에게 화물을 인도하고 수하인으로부터 AWB상에 수하인의 서명(또는 날인)을 받아 인도의 증거서류로 한다.

① ㉠

② ㉠, ㉡

③ ㉠, ㉡, ㉢

④ ㉠, ㉡, ㉢, ㉣

정답 ④

해설 항공화물운송장(Air Way Bill, AWB)
- 항공화물운송장(AWB)은 항공사가 화물을 항공으로 운송하는 경우 송하인과의 운송계약 체결을 증명하기 위해 항공사가 발행하는 기본적인 운송/선적서류이다.
- 화물과 함께 목적지에 보내져서 수하인이 화물의 명세, 운임, 요금 등을 대조하고 검증할 수 있는 역할을 한다.
- 항공화물운송장은 IATA가 정한 규정에 의거하여 발행한다.
- 항공운송의 법률적 근거는 국제항공운송 통일규칙에 관한 조약인 항공운송 관련 Warsaw 조약에 있다.
- 도착지에서 운송인이 수하인에게 화물을 인도하고 수하인으로부터 AWB상에 수하인의 서명(또는 날인)을 받아 인도의 증거서류로 한다.

65 운송인과 운송주선인에 대한 설명으로 옳지 않은 것은?

① 운송주선인은 송하인의 요청을 받아 적합한 운송인을 찾아 운송계약을 체결하는 자이다.
② 운송주선인이 자신의 명의로 발행하는 선하증권을 통상 Master B/L이라고 부른다.
③ 운송주선인은 선하증권을 발행하게 되면 운송인으로서 책임을 지게 된다.
④ 운송주선인은 주로 LCL 화물을 취급하여 동일 목적지로 화물을 혼재한다.

정답 ②

해설 ② Master B/L은 운송인인 선사가 다수 화물을 집화하여 혼재(Consolidation) 작업을 한 운송주선인(Freight Forwarder)에게 발행한 한 장의 선하증권을 말한다.
집단선하증권(Master/Groupage B/L)
컨테이너에 적재할 화물분량이 FCL(Full Container Loading)에 미치지 못하여 운송주선업자를 통해 다수 화주의 적화를 하나의 컨테이너에 만재하는 경우, 운송인인 선사가 다수 화물을 집화하여 혼재(Consolidation) 작업을 한 운송주선인(Freight Forwarder)에게 발행한 한 장의 선하증권

66 선하증권약관의 유효 요건에 대한 설명으로 옳지 않은 것은?

① 선하증권약관의 유효성은 사법상 일반원칙의 위반과는 관계가 없다.

② 선하증권약관은 강행법규에 위반되지 않아야 한다.

③ 운송인은 화주에게 약관내용을 일반적으로 예상되는 방법으로 명시하고, 화주가 요구할 때는 당해 약관 사본을 교부하여야 한다.

④ 운송인의 책임을 경감하는 약관이거나 법으로 보장된 화주의 권한을 이유 없이 박탈 또는 제한하는 약관이 아니어야 한다.

정답 ①

해설 ① 약관의 규제에 관한 법률 제6조(일반원칙)에 따라 신의성실의 원칙을 위반하여 공정성을 잃은 약관 조항은 무효이다.
약관의 규제에 관한 법률 제6조(일반원칙)
• 신의성실의 원칙을 위반하여 공정성을 잃은 약관 조항은 무효이다.
• 약관의 내용 중 다음의 어느 하나에 해당하는 내용을 정하고 있는 조항은 공정성을 잃은 것으로 추정된다.
　－ 고객에게 부당하게 불리한 조항
　－ 고객이 계약의 거래형태 등 관련된 모든 사정에 비추어 예상하기 어려운 조항
　－ 계약의 목적을 달성할 수 없을 정도로 계약에 따르는 본질적 권리를 제한하는 조항

---

67 항공화물운송장(AWB)에 대한 설명으로 옳지 않은 것은?

① 항공사가 혼재화물주선업자에게 발행하는 운송장을 Mast Air Waybill이라고 한다.

② Air Waybill은 단순한 물품의 수취증이라는 점에서 선하증권과 다르다.

③ Air Waybill은 연계운송의 효율을 위해 통일되고 표준화된 양식을 사용한다.

④ 항공화물운송장은 원본 개념이 없다.

정답 ①, ④

해설 ① 항공사가 혼재화물주선업자에게 발행하는 운송장을 Master Air Waybill이라고 한다.
④ 항공화물운송장은 원본 3부와 여러 부의 부본으로 구성되어 있다.
항공화물운송장(Air Way Bill, AWB)의 기능 및 구성
• 화물운송계약의 체결, 송하인으로부터 화물의 인수와 운송을 보장하는 기본 증거서류이다.
• 항공화물운송장은 원본(Original AWB) 3통/부, 부본(Copy) 6부/통 이상이 1 Set로 구성이 되는 것이 원칙이다.
• 항공운송사는 Master AWB을 운송주선인에게 발행하고, 운송주선인은 이를 근거로 House AWB을 발행한다.

68 해상보험의 특징에 관한 설명으로 볼 수 없는 것은?

① 해상보험 준거법으로 주로 영국의 법과 관습이 적용된다.
② 해상보험계약은 담보위험과 손해와의 인과관계 여부에 관계없이 보상하는 것을 원칙으로 한다.
③ 해상보험은 기업보험의 성격을 지니고 있다.
④ 해상보험계약은 사행계약성을 가지고 있다.

정답 ②

해설 ② 해상보험계약에서 피보험자는 담보위험으로부터 손해가 발생하였다는 인과관계를 증명하면 보험자에게 보상을
받을 수 있고, 보험자는 손해가 면책위험에 의해 생겼다는 사실을 입증해야 책임을 면할 수 있다.
① 국제무역에 있어서의 해상보험관련 법규로서는 영국의 국내법인 1906년 영국 해상보험법(Marine Insurance
Act, MIA)이 있다. 근인주의를 채택하고 실손보상 · 비례보상의 원칙을 따른다.
③ 해상보험은 기업보험의 성격을 지니고 있어 보험계약 당사자 간 사적 자치의 원칙이 존중된다.
④ 보험자의 보험금지급의무는 미리 보험자가 보험료를 수령하였음에도 불구하고 우연한 사고가 발생한 경우에만
지급의무를 부담하므로 보험계약은 사행계약성을 갖고 있다.

69 신협회적하약관의 담보위험에 대한 설명으로 옳지 않은 것은?

① ICC(A)에서 불내항 및 부적합위험에 대해 보험자는 면책된다.
② ICC(B)에서는 지진, 화산의 분화, 낙뢰에 의한 손해에 대해 담보된다.
③ ICC(C)의 담보위험에는 물적 손해만 포함된다.
④ ICC(C)에서는 하역작업 중 갑판에 추락한 포장 1개당 전손이 담보된다.

정답 ④

해설 ④ ICC(B) 약관에서 보상되는 위험 가운데 '지진, 분화, 낙뢰, 해수 · 호수 등의 침입, 갑판 유실, 추락한 매 포장당
전손' 등을 ICC(C) 약관에서는 보상하지 않는다.
신협회적하약관상 보험조건
• ICC(B)
 - 구 협회약관 WA 조건과 거의 동일한 조건이나, 구 WA 약관에 대응하는 약관이다.
 - 화재, 폭발, 좌초, 지진, 분화, 낙뢰, 해수 · 호수 · 강물의 침입 등 열거된 주요위험에 의해 생긴 손해를 보상하는
   열거책임주의를 취한다.
 - 면책위험도 열거하여 명기하며, 클레임은 분손 · 전손 구분 없이 보상하며, 면책률(Franchise) 적용도 없다.
• ICC(C)
 - 구 협회약관 FPA 조건과 거의 동일한 조건이다(가장 담보 범위가 작은 보험조건).
 - ICC(B)와 같이 열거위험에 의해 발생한 손해를 분손 · 전손의 구분 및 면책률(Franchise) 없이 보상한다.
 - ICC(B) 약관에서 보상되는 위험 중 '지진, 분화, 낙뢰, 해수 · 호수 등의 침입, 갑판유실, 추락한 매 포장당
   전손' 등을 보상하지 않는다.

70 해상보험은 최대선의의 원칙이 적용되는데 그 이유로 적합하지 않은 것은?

① 보험계약의 도덕적 위험
② 보험계약의 사행계약성
③ 위험상태의 보험계약자 또는 피보험자 의존
④ 실손해보상

정답 ④

해설 최대선의의 원칙(The Principle of Utmost Good Faith)
• 해상보험계약 체결 시 보험자와 보험계약자는 반드시 계약의 내용을 사실 그대로 고지(Disclosure)·교시 (Representation)하여야 한다는 원칙이다.
• 보험계약 체결 시 보험계약자는 보험자에게 최대선의의 원칙에 의거하여 피보험목적물에 대한 위험의 수준이나 성질에 영향을 미치는 중요 사실(Material facts)에 대해 거짓 없이 고지해야 한다.
실손(손해)보상의 원칙(The Principle of Indemnity)
해상보험계약에서 피보험자에 대한 손해보상은 이득금지의 원칙에 따라 손해 발생 시의 손해 금액을 한도로 지급되어야 한다는 원칙이다.

71 피보험이익과 무관한 것을 고르면?

① 적법성
② 경제성
③ 확정성
④ 처분성

정답 ④

해설 피보험이익이 보험계약상 효력을 가지기 위해서는 적법성, 경제성, 확정성의 일정한 요건이 충족되어야 한다.
유효한 피보험이익(Insurable Interest)의 요건

적법성(합법성)	• 피보험이익이 보험계약상의 보호를 받기 위해서는 법률상 인정되는 적법성을 갖추어야 함 • 강행법 규정에 위배되거나 공서양속에 위배되어서는 안 됨 예) 밀수품, 마약, 도박, 탈세, 공서양속에 위배되는 서적, 불법 총기류 등
경제성	• 보험사고가 발생한 때 보험자가 보상하는 보험금은 경제적 가치를 지닌 급부이므로 피보험이익도 경제적인 가치가 있음(금전으로 환산할 수 있는 것) • 경제적 가치가 없어 손해 사정이 불가능한 감정적·도덕적 이익은 피보험이익이 될 수 없음
확정성	• 피보험이익은 보험계약 체결 시 반드시 현존·확정되어 있어야 하는 것은 아니나 늦어도 보험사고 발생 시까지는 보험계약의 요소로서 이익의 존재 및 귀속이 확정될 수 있어야 함 • 즉, 피보험이익이 계약 체결 시에는 확정되어 있지 않더라도 향후(손해 발생 시까지) 확정될 것이 확실한 것(예) 기대이익 또는 보수 수수료 등)은 피보험이익으로 인정되어 피보험목적물로 보험대상이 될 수 있음

72 UCP 600이 적용된 신용장 거래에서 보험에 대한 설명이 옳지 않은 것은?

① 신용장이 "전위험(All risks)"에 대한 부보를 요구하는 경우, "전위험(All risks)"이라고 기재되어 있는 한 어떠한 위험이 제외된다고 기재하는가에 관계없이 수리된다.

② 보험승낙서(Cover notes)는 수리되지 않는다.

③ 보험증권은 보험증명서나 포괄예정보험의 확정서를 대신하여 수리 가능하다.

④ 보험서류는 일정한도 본인부담이라는 조건(A franchise or excess)의 적용을 받고 있음을 표시하는 경우 수리되지 않는다.

정답 ④

해설 ④ 보험서류는 부보범위가 일정한도 본인부담이라는 조건 또는 일정한도 이상 보상 조건(A franchise or excess)(Deductible, 일정액 공제제도)의 적용을 받고 있음을 표시할 수 있는 경우도 수리 가능하다.

소손해 면책률 비교

구 분		Franchise Clause	Deductible Clause
보험증권상의 표시		ICC(WA) 5% = ICC(WA) 5% franchise	ICC(WA) in excess of 5% = ICC(WA) 5% deductible
신용장상의 표시		• Subject to average payable if amounting to 5% • To pay average if amounting to 5%	• Subject to average payable in excess of 5% • To pay average in excess of 5%
실 례	-3% 분손 시	보상되지 않음	보상되지 않음
	-5% 분손 시	5% 보상	5% - 5% = 0 (보상되지 않음)
	-7% 분손 시	7% 보상	7% - 5% = 2%만 보장

73 CISG가 적용된 무역계약에서 매수인이 계약한 물품과 일치하지 않는 물품을 받았을 경우 구제방법에 대한 설명으로 옳지 않은 것은?

① 부적합이 본질적 위반에 해당하는 경우 매수인은 대체물의 인도를 청구할 수 있다.
② 매도인에게 수리에 의한 부적합의 치유를 청구할 수 있다.
③ 대체물의 청구나 부적합에 대한 보완 청구는 부적합에 대한 통지가 매도인에게 합리적인 기간 내에 이뤄진 경우에만 할 수 있다.
④ 매수인은 대체물 청구나 부적합 보완 청구를 한 경우 손해배상 청구를 할 수 없다.

정답 ④

해설 ④ 매수인은 물품이 계약에 부적합한 경우 대체물의 인도를 청구할 수 있고, 모든 상황을 고려하여 불합리한 경우를 제외하고 매도인에게 수리를 통한 부적합의 보완을 청구할 수 있다.
매수인의 권리구제(Buyer's Remedies)
• 대금감액(Reduction of the Price) 청구권
• 추가기간 설정권
• 계약해제권
• 손해배상 청구권
• 특정이행 청구권(매수인은 매도인에게 그 의무이행 청구 가능)
• 대체품인도 청구권
• 하자보완 청구권/수리 요구권

74 다음 구제방법 중 성격이 다른 하나는?

① 계약이행 청구권
② 추가기간 지정권
③ 계약해제권
④ 물품명세 확정권

정답 ④

해설 ④ 물품명세 확정권 : 매수인이 계약 의무를 이행하지 못해 매도인에게 손해를 발생시킨 경우 매도인이 매수인에게 요청할 수 있는 권리를 말한다.
①·②·③ 매수인과 매도인 모두에게 해당되는 구제방법이다.
매도인의 권리구제(Seller's Remedies)
• 추가기간 설정권
• 물품명세 확정권
• 특정이행 청구권
• 손해배상 청구권
• 계약해제권

75 팩토링(Factoring)에 대한 설명으로 옳지 않은 것은?

① 팩토링은 무신용장 방식 결제방법이다.
② 팩토링은 수입팩터(Factor)의 지급확약(Aval)이 일종의 보증서로 사용된다.
③ 수입상이 자금부족, 파산 등으로 수입팩터링의 채무를 이행하지 못하는 경우 수입팩터가 그 대금을 대신 지급할 것을 약속한다.
④ 수출팩터가 O/A나 D/A 등 외상매출채권에 대한 대외 양도, 추심, 전도금융제공 등의 서비스를 제공한다.

정답 ②

해설 ② 지급확약(Aval)은 일종의 어음보증을 말하는 것으로 포페이팅(Forfaiting)에 담보로 활용된다.
① 국제팩터링 결제방식은 수출입업체 간에 서로의 신용을 바탕으로 신용장 발행 없이 팩토링 금융기관이 대금지급을 보증하는 일종의 외상무역 결제방식이다.
③ 수입업자에 대한 수입팩터의 신용승인은 수입업자의 파산, 지급불능 등 신용위험 발생 시 수입팩터가 수입대금을 대신 지급할 것을 확정하는 일종의 지급보증으로 간접적인 신용조사에 의거하여 이루어진다.
④ 수출팩터는 구매자에 관한 신용조사 및 지급보증, 매출채권의 관리, 회계업무(Accounting), 대금회수 및 전도금융 제공 등의 혜택을 부여한다.

팩토링(Factoring)
사후송금방식(O/A 또는 D/A 방식) 거래에서 발생된 외상수출채권을 수출기업으로부터 무소구 조건으로 수출입은행이 매입하는 수출금융을 말한다.

제1과목 **영문해석**

[01~02] Read the following and answer.

> The payment for your order No. 1178 was due on May 5. We are sure that this is an oversight on your part but must ask you to give the matter your prompt attention. (   ), kindly disregard this notice. If you have any questions about your account, please contact us.

01 What is the best purpose of the letter above?

① Complaining about payment terms

② Pressing payment

③ Late payment

④ Warning of due time of payment

02 Which of the following is most appropriate for the blank?

① Should you have something to pay

② If the payment has already been made

③ If you have drawn a draft

④ Regarding your earlier payment

귀사의 주문 번호 1178번에 대한 대금은 5월 5일에 지불되어야 했습니다. 당사는 이것이 귀사의 실수라고 확신하지만, 그 문제에 대해 즉각 주의를 기울여 줄 것을 요청해야만 합니다. (이미 결제가 되었다면), 이 통지는 무시하십시오. 귀사의 계정에 대해 궁금한 점이 있으면 당사에 문의해 주십시오.

*payment : 지불
*due : (돈을) 지불해야 하는
*oversight : 실수
*disregard : 무시[묵살]하다

01 위 서신의 목적으로 가장 적절한 것은?
① 지불조건에 대해 불평하기
② 대금결제를 압박하기
③ 체 납
④ 지불 기한에 대해 경고하기

02 다음 중 빈 칸에 들어갈 말로 가장 적절한 것은?
① 귀사가 지불할 것이 있다면
② 이미 결제가 되었다면
③ 귀사가 어음을 발행했다면
④ 귀사의 초기 지불에 관하여

01

서신의 첫 문장에서 The payment for your order No. 1178 was due on May 5(귀사의 주문 번호 1178번에 대한 대금은 5월 5일에 지불되어야 했습니다.)라고 하고, ask you to give the matter your prompt attention(그 문제에 대해 즉각 주의를 기울여 줄 것을 요청해야만 한다.)이라고 했으므로, 서신의 목적은 ② '대금결제를 압박하기'이다.
*payment terms : 지불조건
*press : (무엇을 하도록) 압력[압박]을 가하다

02
빈 칸 다음에 kindly disregard this notice(이 통지는 무시하십시오.)라고 했으므로, 문맥상 빈 칸에는 미지불인 현재 상태와 반대되는 상황 ② '이미 결제가 되었다면'이 들어가야 한다.
*draw a draft : (~앞으로) 어음을 발행하다

03 Which is NOT suitable as a reply for the following.

> Your name and address were given through the Greater New York Chamber of Commerce as one of the well-known importers handling various travel bags and we are writing you with a keen desire to open an account with you.

① We are particularly interested in this type of product, and would like to have more detailed information on the items you are dealing with.

② We would like to receive the samples of your goods and their prices quoted in US dollars CFR New York.

③ If your prices are competitive and your goods suit our market, we shall be able to give large orders.

④ If you are interested in importing our bags, please write us conditions upon which you are able to transact with us.

정답 ④

해석 아래의 답신으로 가장 적절하지 않은 것은?

> 귀사의 이름과 주소는 대뉴욕상공회의소를 통해서 다양한 여행 가방을 취급하는 유명한 수입자들 중 한 곳으로 알게 되었으며, 당사는 귀사와 거래를 개설하려는 간절한 마음으로 서신을 보냅니다.
>
> *the Greater New York Chamber of Commerce : 대뉴욕상공회의소
> *well-known : 유명한
> *keen : 간절히 ~하고 싶은
> *desire : 욕구, 갈망; 바람
> *open an account with : ~와 거래를 시작하다

① 당사는 특히 이런 종류의 제품에 관심이 있으며, 귀사가 취급하는 품목에 대해 좀 더 자세한 정보를 얻고자 합니다.
② 당사는 귀사 상품의 견본과 CFR 뉴욕 조건에 대한 견적을 US 달러로 받고 싶습니다.
③ 귀사의 가격이 경쟁력이 있고, 귀사의 제품이 우리 시장에 적합하다면, 당사는 대량주문을 할 수 있을 것입니다.
④ 귀사가 당사의 가방 수입에 관심이 있다면, 당사와 거래할 수 있는 조건을 서신으로 보내주십시오.

해설 서신의 첫 문장에서 'Your name and address were given ... as one of the well-known importers handling various travel bags(귀사의 이름과 주소는 ... 다양한 여행 가방을 취급하는 유명한 수입자들 중 한 곳으로 알게 되었으며,)'라고 했으므로, 서신은 수출자가 수입자에게 거래 개설을 제의하는 내용의 서신임을 유추할 수 있다. 따라서 이에 대한 답신은 수입자의 서신이 되어야 하므로, 이에 대한 답신으로 알맞지 않은 것은 수출자가 수입자에게 서신에 해당하는 ④이다.
*detailed information : 자세한 정보
*quote : 견적을 내다[잡다]
*CFR(Cost and Freight) : 운임 포함 인도조건
*competitive : 경쟁력 있는, 뒤지지 않는
*give large order : 대량 주문하다
*transact : 거래하다

04 Which is right pair of words?

> A(n) (A) policy is a policy which describes the insurance in (B) terms, and leaves the name of the ship or ships and other particulars to be defined by subsequent declaration.

① (A) floating − (B) general
② (A) floating − (B) specific
③ (A) valued − (B) general
④ (A) unvalued − (B) specific

정답 ①

해석 단어가 옳게 짝지어진 것은?

> (A) 예정보험증서는 보험을 (B) 일반적인 조건으로 설명하고, 선박명 또는 운송과 기타 세부 사항을 차후 신고에 의해 규정될 상태로 남겨두는 증서이다.
>
> *describe : 말하다[서술하다], 묘사하다
> *ship : 선박
> *particulars : 상세, 명세
> *define : 정의하다
> *subsequent : 그[이] 다음의, 차후의
> *declaration : 신고서

① (A) 예정(미확정)된 − (B) 일반적인, 개괄적인
② (A) 예정(미확정)된 − (B) 구체적인, 특정한
③ (A) 기평가된 − (B) 일반적인, 개괄적인
④ (A) 미평가된 − (B) 구체적인, 특정한

해설 ① 지문은 예정보험(Floating policy)의 내용으로, (A) floating policy는 '예정보험증서'의 뜻이고, (B) in general terms는 '일반적인 조건으로'의 뜻이다.
예정보험계약(Floating[Provisional] policy)
• 피보험목적물과 그 수량, 보험금액, 적재선박, 기타 보험계약의 내용이 미확정 상태이기 때문에 이들을 개괄적으로 정한 보험계약이다.
• 선박명이 확정되지 않아 예정보험을 체결하였을 때에는 선명미상보험증권(Floating policy)이, 보험금액이 확정되지 않은 경우에는 금액미상보험증권(Unvalued policy)이 발행된다.
• 개별예정보험계약(Facultative policy) : 1회의 선적 혹은 하나의 매매계약에 의한 수회의 선적에 대하여 화물의 수량, 보험금액을 개산액으로 정한 보험이다.
• 포괄예정보험계약(Open policy) : 계약자가 수출 또는 수입하는 화물 전부 또는 특정한 일부 화물에 대하여 무기한의 예정보험으로 계약을 체결하는 보험이다.
• MIA에서는 예정보험계약을 전부 Floating policy라고 부르고 있으나 실무적으로는 개별예정보험계약을 Provisional policy, 포괄예정보험계약을 Open cover/policy/contract라고 부른다.

05 Select the one that is not suitable in the blank.

① As you are aware, competition in this line is very keen, while the market become
(   ). (prosperous)

② Please (   ) our letter of April 5 and, instead, refer to our FAX of April 10. (disregard)

③ (   ) the courtesy of the U.S. Embassy in Korea, we have learned that you are makers
of stainless flatware in Korea. (Through)

④ The goods must comply with our (   ) in every respect. (descriptions)

정답 ①

해석 빈 칸에 적절하지 않은 것 하나를 고르시오.
① 여러분도 알다시피, 이 계열의 경쟁은 매우 치열하지만, 시장은 번창하고 있습니다. (번창하는)
② 당사의 4월 5일자 서신은 무시하고 대신 4월 10일자 팩스를 참고하시기 바랍니다. (무시하다)
③ 주한 미국대사관의 호의를 통해 귀사가 한국의 스테인리스 납작한 식기류 제조업체라는 사실을 알게 되었습니다.
(~을 통해)
④ 그 상품은 모든 면에서 당사의 서술을 따라야 한다. (서술)

해설 빈 칸 while은 '~인 데 반하여'라는 뜻으로 둘 사이의 대조를 나타내고 있으므로, 문맥상 빈 칸에는 prosperous(번창하
는)과 반대되는 declined(쇠퇴하는, 하락하는) 등이 와야 한다. 따라서 ① '여러분도 알다시피, 이 계열의 경쟁은
매우 치열하지만, 시장은 번창하고 → 쇠퇴하고 있습니다.'가 되어야 한다.
*aware : (~을) 알고[의식/자각하고] 있는
*competition : 경쟁, 경쟁상태
*prosperous : 번영한, 번창한
*disregard : 무시[묵살]하다
*refer to : (정보를 알아내기 위해) ~을 보다
*courtesy of : ~의 호의[허가]로
*flatware : 납작한 식기류
*comply with : 준수하다, 규정을 따르다
*descriptions : 서술[기술/묘사/표현]
*in every respect : 모든 점에서

06 Select the wrong one in the blank.

We are manufacturer of machine parts having been in this (　) of business since 1990.

① matter
② line
③ field
④ area

[07] Read the following and answer.

Documents are the key issue in a letter of credit transaction. (A) They decide on the basis of documents alone whether payment, negotiation, or acceptance is to be effected. (B) A single transaction can require many different kinds of documents. (C) Most letter of credit transactions involve a draft, an invoice, an insurance certificate, and a bill of lading. (D) Because letter of credit transactions can be so complicated and can involve so many parties, banks must ensure that their letters are accompanied by the proper documents.

07 Where does the following sentence best fit in the above?

> Banks deal with documents, not with goods.

① (A)
② (B)
③ (C)
④ (D)

해석

서류는 신용장 거래의 핵심 쟁점이다. (A) 은행은 물품이 아니라 서류로 거래한다. 그들은 지급, 매입, 승인의 유무를 서류만으로 결정한다. (B) 하나의 거래에는 여러 종류의 문서가 필요할 수 있다. (C) 대부분의 신용장 거래에는 어음, 송장, 보험증명서, 선하증권이 포함된다. (D) 신용장 거래는 매우 복잡하고 많은 당사자들이 포함될 수 있기 때문에, 은행은 그들의 신용장이 적절한 서류를 동반하는지 확인해야 한다.

*transaction : 거래, 매매
*decide : 결정하다
*on the basis of : ～을 기반으로
*draft : (은행이 발행한) 어음
*invoice : 송장
*insurance certificate : 보험증명서
*bill of lading : 선하증권
*complicated : 복잡한
*ensure : 반드시 ～하게[이게] 하다
*accompany : 동반되다[딸리다]

07 다음 문장이 위 제시문에 들어갈 위치로 적절한 곳은?

> 은행은 물품이 아니라 서류로 거래한다.

해설 UCP 600 제4조, 제5조의 내용으로, 첫 문장에서 '서류는 신용장 거래의 핵심 쟁점'이라고 했으므로, 주어진 문장(은행은 물품 아니라 서류로 거래한다)은 (A)에 들어가는 것이 가장 자연스럽다.
UCP 600 제4조 신용장과 계약 및 제5조 서류와 물품, 용역 또는 이행
- A credit by its nature is a separate transaction from the sale or other contract on which it may be based. Banks are in no way concerned with or bound by such contract, even if any reference whatsoever to it is included in the credit.
  신용장은 그 본질상 그 기초가 되는 매매 또는 다른 계약과는 별개의 거래이다. 그러한 계약과 관련된 어떤 사항이든 신용장에 포함되어 있다 할지라도, 은행은 그러한 계약과는 전혀 무관하며 이에 구속되지도 않는다.
- Banks deal with documents and not with goods, services or performance to which the documents may relate.
  은행은 서류로 거래하는 것이며, 그 서류가 관계된 물품, 용역 또는 이행은 취급하지 않는다.

08 Select the one that is not suitable in the blank.

① (　　) is also known as the correspondent bank which is requested by the issuing bank to notify the exporter of the opening of a documentary credit. (Advising bank)

② (　　) adds its obligation (paying, negotiating, accepting) to that of the issuing bank. (Confirming bank)

③ In freely negotiable Credit, (　　) is a Nominated Bank. (Negotiating bank)

④ Negotiation under this credit is restricted to (　　) Bank only. (Negotiating)

정답 ③

해석 ① (통지은행)은 또한 개설은행의 요청으로 수출자에게 신용장이 개설되었음을 통지하는 대리은행으로 알려져 있다.
② (확인은행)은 개설은행의 의무에 (지급, 매입, 수락)을 추가한다.
③ 자유매입 신용장에서, (매입은행)은 지정은행이다.
④ 이 신용장에 따른 (매입)은 매입은행으로만 제한된다.

해설 ③ 자유매입 신용장(Freely negotiable L/C)은 수익자가 매입은행을 자유롭게 선택, 수출지 어느 은행이라도 매입할 수 있는 신용장이다. 따라서 신용장상에서 매입은행을 지정하거나 제한하지 않는다.
자유매입신용장(Freely negotiable L/C)
• 수익자가 매입은행을 자유롭게 선택, 수출지 어느 은행이라도 매입할 수 있는 신용장이다.
• 가장 보편적인 형태의 신용장이라는 의미에서 이를 General L/C, 매입은행이 개방되어 있다는 의미에서 Open L/C라고도 한다.
*correspondent bank : 대리은행
*notify : (공식적으로) 알리다

09 Select the best one in the blank.

> A(n) ( ) letter of credit allows the beneficiary to receive partial payment before shipping the products or performing the services. Originally these terms were written in red ink, hence the name. In practical use, issuing banks will rarely offer these terms unless the beneficiary is very creditworthy or any advising bank agrees to refund the money if the shipment is not made.

① Escrow
② Red clause
③ Back to Back
④ Standby

[정답] ②

[해석]
선대신용장은 수익자가 물품 선적 또는 서비스를 수행하기 전에 일부 결제를 받을 수 있도록 한다. 원래, 이 조건들이 붉은 잉크로 쓰인 데서 붙여진 이름이다. 실제 사용에서, 개설은행은 수익자가 매우 신용할 만하거나, 선적이 이루어지지 않았다면 통지은행이 환불에 동의하지 않는 한, 이 조건을 거의 제공하지 않을 것이다.

*Red clause letter of credit : 전대신용장
*beneficiary : 수익자
*partial payment : 일부결제
*performing the services : 서비스 수행
*creditworthy : 신용할 수 있는
*advising bank : 통지은행
*refund : 환불(금)

① 기탁신용장
② 선대신용장
③ 견질신용장
④ 보증신용장

[해설] ② 전대신용장(Red Clause L/C, 선대신용장) : 수출품의 생산·가공·집화·선적 등에 필요한 자금을 수출자에게 융통해 주기 위하여 매입은행으로 하여금 일정한 조건에 따라 신용장 금액의 일부 또는 전부를 수출업자에게 선대(선불)해 줄 것을 허용하고 신용장 개설은행이 그 선대금액의 지급을 확약하는 신용장이다. 선대자금 수령 시 수출업자는 선적서류 없이 현금으로 선대받은 부분에 대한 어음만 발행한다. 네고(Nego) 시에는 선수금과 이자를 공제한 잔액에 대해서만 환어음을 발행해서 매입은행에 제시한다.
① 기탁신용장(Escrow L/C) : 수입신용장 개설 시 환어음 매입대금을 수익자에게 지급하지 않고 수익자 명의의 Escrow 계정에 기탁(입금)해 뒀다가 수익자가 원신용장 개설국에서 수입하는 상품의 대금결제에만 사용토록 규정한 신용장이다.
③ 견질신용장(Back to Back L/C) : 수입신용장이 개설된 경우 수출국에서도 같은 금액의 신용장(Counter L/C)이 개설되어 온 경우 유효하다는 조건이 있는 신용장으로서 동시개설/상호교환 신용장이라고도 한다.
④ 보증신용장(Standby L/C) : 보증신용장은 고객이 현지은행으로부터 금융서비스를 받거나 화환신용장을 개설받고자 할 때, 자신이 거래은행에 요청하여 그 거래은행이 현지은행(수익자) 앞으로 고객의 채무보증을 확약한다는 뜻으로 개설하는 신용장을 말한다.

10 Which terms of payment are the least risky to the importer?

① Open Account
② Advance Payment
③ Documentary Collection
④ Documentary Credit

정답 ①

해석 수입자에게 가장 위험하지 않은 결제조건은?
① 청산계정
② 선지급
③ 추심어음
④ 화환신용장

해설 ① O/A(Open Account, 청산계정)는 외상거래 형식으로, 매매계약 당사자끼리 거래가 빈번하게 이루어질 때 주로 사용하는 방식이다. 무역계약 한 건마다 대금결제가 이루어지는 것이 아닌 청산계정에 기록만 했다가 일정 기간 후 서로가 미리 정한 날짜에 대금을 청산하는 방식이다.
② 선지급(Advance Payment) : 매도인이 물품의 선적 전에 대금을 수령하는 방식으로 매수인의 신용이 불확실한 경우나 소액 또는 견본구매에서 사용한다[단순송금방식, 주문 시 지급방식, 일부 선지급, 선대(선지급)신용장 방식]. 수출자의 입장에서는 선지급이 가장 안전한 조건이다.
③ 추심어음(Documentary Collection) : 수출자가 선적 후 선적서류와 환어음을 발행하여 거래은행을 통해 수입지 은행에 수출대금의 추심을 의뢰하게 되는데, 이때 발행되는 환어음이다. 관계 선적서류의 인도조건에 따라 '지급도 환어음(D/P)'과 '인수도환어음(D/A)'으로 구별된다.
④ 화환신용장(Documentary Credit) : 신용장이 개설되고 신용장에 의거하여 신용장부 화환어음이 발행되면 신용장 개설은행이 대금을 지급하는 방식이다. 신용위험을 감소시킬 수 있는 편리성과 매매당사자에게 유용성이 있기 때문에 가장 많이 이용된다.

청산계정(Open Account, O/A)의 장단점

장 점	• 거래가 단순하며 매 거래마다의 대금결제가 아니므로 은행 수수료나 다른 기타 비용을 절감할 수 있음 • 수출자는 Nego를 통해 대금을 일찍 현금화할 수 있음
단 점	• O/A 방식은 오로지 수입자의 신용에 의지하며, 대금결제에 대한 위험은 매도인에게 있고, 모든 신용위험은 매도인에게 부담됨

11 What does this refer to?

> This is an indication on a bill of lading that the goods have in fact been shipped on a named vessel. This indication may be made by the carrier, his agent, the master of the ship or his agent.

① On deck indication
② On board notation
③ Unknown indication
④ Shipment notice

정답 ②

해석 다음이 설명하고 있는 것은 무엇인가?

> 이것은 선하증권에 기재되어 있는 것으로, 물품이 사실상 지정된 선박에 선적되었다는 것을 나타낸다. 이 표기는 운송인, 대리인, 선장 또는 그 대리인에 의해 작성될 수 있다.
>
> *indication : 표기, 명시
> *named vessel : 지정된 선박
> *carrier : 수송[운송]회사

① 갑판적재 표기
② 선적 부기
③ 부지 표기
④ 선적 통지

해설 ② 지문은 선적 부기(On board notation)의 내용이다. 수취선하증권(Received B/L)은 특정의 선박에 적재되었다는 문언이 기재되어 있지 않은 B/L이다. 따라서 선박회사가 수취선하증권을 발행한 후 그 화물을 실제로 선적하였을 때에는 B/L 뒷면에 '화물이 몇 월 며칠 본선에 적재되었음을 증명함(We certify shipment has been loaded on board, date)'이라는 문언을 기재하고 책임자가 이에 서명한다. 이와 같이 수취 후 선적하였다는 취지를 기재한 선적 부기(On board notation, On board endorsement)가 있는 것을 선적(배서)선하증권[On board notation(Endorsement) B/L]이라고 하여 실질적으로 선적선하증권과 동일한 효력을 가진다.

12 Select the wrong one in the blank.

① In the event of (   ), the assured may claim from any underwriters concerned, but he is not entitled to recover more than the statutory indemnity. (co-insurance)

② We request you to cover ICC(B) (   ) your account. (on)

③ Insurance policy or certificate in duplicate shall be endorsed in blank for 110% of (   ). (invoice value)

④ Marine perils are the perils relating to, incidental, or consequent to (   ) at sea. (navigation)

정답 ①

해석 ① (공동보험)의 경우, 피보험자는 관련된 어느 보험자에게 청구할 수 있지만, 법적 배상액 이상을 회수할 수 있는 자격이 없다.
② 당사는 귀사의 계정에 (대해) ICC(B) 약관으로 부보해 주시기 바랍니다.
③ 보험증서 또는 보험증명서 2통은 (송장가액)의 110%에 대해 백지 배서되어야 한다.
④ 해상위험은 해상에서의 (항해)와 관련된, 부수적인 또는 결과적인 위험이다.

해설 ① 공동보험 → 중복보험의 경우, 피보험자는 관련된 어느 보험자에게 청구할 수 있지만, 법적 배상액 이상을 회수할 수 있는 자격이 없다.

영국해상보험법(MIA) 제32조 중복보험

• Where two or more policies are effected by or on behalf of the assured on the same adventure and interest or any part thereof, and the sums insured exceed the indemnity allowed by this Act, the assured is said to be over-insured by double insurance.
동일한 해상사업과 이익 또는 그 일부에 관하여 둘 이상의 보험계약이 피보험자에 의해서 또는 피보험자를 대리하여 체결되고, 보험금액이 본 법에서 허용된 손해보상액을 초과하는 경우, 피보험자는 중복보험(Double insurance)에 의한 초과보험 되었다고 말한다.

• The assured, unless the policy otherwise provides, may claim payment from the insurers in such order as he may think fit, provided that he is not entitled to receive any sum in excess of the indemnity allowed by this Act.
피보험자는 보험증권에 별도 규정이 있는 경우를 제외하고 자기가 적절하다고 생각하는 순서에 따라 보험자들에게 보험금을 청구할 수 있다. 단, 피보험자는 본 법에 의해 허용되는 손해보상액을 초과하는 일체의 금액을 수취할 수 있는 권리는 없다.

*In the event of : 만약 ~하면
*claim : 청구[신청]하다
*underwriter : 보험사
*concerned : 걱정[염려]하는
*be entitled to : ~에 대한 권리가/자격이 주어지다
*recover : 회복되다
*statutory : 법에 명시된
*indemnity : 배상[보상]금
*co-insurance : 공동보험
*in duplicate : 2통으로
*invoice value : 송장가격
*relating to : ~에 관하여
*incidental : 부수적인
*navigation : 항해[운항/조종](술)

13 Which of the following is a document of title?

① Air waybill

② Bill of lading

③ Non-negotiable sea waybill

④ Rail consignment note

[정답] ②

[해석] **다음 중 권리증권인 것은?**

① 항공화물운송장

② 선하증권

③ 비유통성 해상화물운송장

④ 철도운송장

[해설] B/L vs AWB vs SWB 권리증권 여부 비교

구 분	선하증권(B/L)	항공화물운송장(AWB)	해상화물운송장(SWB)
권리증권 여부	• 유가증권 • (물권적) 권리증권	• 비 유가증권 • 단순 화물수취증	• 비 유가증권 • 단순 화물수취증

선하증권의 기능
- 권리증권 : 정당한 방법으로 선하증권을 소지한 자는 화물을 청구할 수 있는 청구권과 이를 처분할 수 있는 처분권을 갖는다(화물인도청구권, 물품처분권, 유통성).
- 운송계약의 증거 : 송하인에 대하여 추정적 증거이며, 선의의 소지인에 대해 결정적 증거이다. 선의의 소지인은 운송계약상 권리행사・의무부담을 갖는다.
- 화물수령증 : 선적된 화물의 수량・상태에 관한 증거이며, 추정적・결정적 증거이다. 선의의 소지인에 대하여는 선하증권의 기재내용에 대해 금반언한다.
- 선하증권이 선의의 소지자와 운송인과의 사이에서 결정적 증거로 인정되는 이유는 금반언의 원칙(Doctrine of estoppel)이 적용되기 때문이다. 금반언의 원칙은 어떤 사람이 일정한 내용의 진술을 하였는데, 다른 사람이 그 진술을 믿고 자신에게 손해가 되는 어떤 행위를 한 경우, 그 진술을 한 사람은 자신의 진술 내용이 사실과 다르다는 주장을 할 수 없다는 것이다.

*document of title : 권리증권

14 What is the main purpose of the letter?

> Will you please arrange to take out an all-risks insurance for us on the following consignment of cameras from our warehouse at the above address to Korea :
> 6 c/s Cameras, by s.s. Endeavour, due to leave Liverpool on 18th August.
> The invoice value of the consignment, including freight and insurance, is USD10,460.

① Request the carrier to ship
② Request brokers to arrange insurance
③ Request insurance company to increase the risks
④ Request for reduction in premium

정답 ②

해석 서신의 주요 목적은 무엇인가?

> 다음 카메라 화물을 당사 창고(상기 주소 소재)로부터 한국으로 발송 관련 전위험 담보조건으로 보험 가입해 주시겠습니까? :
> 카메라 6 c/s, s.s. Endeavour호로 8월 18일 리버풀에서 출발 예정
> 화물 및 보험을 포함한 위탁물의 송장금액은 USD 10,460입니다.
>
> *arrange : 마련하다, (일을) 처리[주선]하다
> *all-risks : 전위험 담보조건(A/R)
> *insurance : 보험
> *s.s. : 증기선(steamship)
> *due : ~하기로 되어 있는[예정된]

① 운송업자에게 선적을 요청하기
② 중개인에게 보험 가입을 의뢰하기
③ 보험회사에 위험 증가를 요청하기
④ 보험료 인하를 요청하기

해설 지문의 첫 문장에서 Will you please arrange to take out an all-risks insurance for us on the following consignment of cameras[다음 카메라 화물을 당사 창고(상기 주소 소재)로부터 한국으로 발송 관련 전위험 담보조건으로 보험 가입해 주시겠습니까?]라고 했으므로, 서신의 목적은 ② '중개인에게 보험 가입을 의뢰하기'이다.

15 Put suitable one in the blank as a summary of the following sentence.

> Bearing in mind the difficulties you are having with obtaining components, we were wondering whether we might expect delivery of the goods during the next two weeks or whether there is likely to be still further delay.

> We want you let us know ( ).

① what difficulties we are having

② what components we are obtaining

③ when the goods will be delivered

④ when the goods comes to make

정답 ③

해석 다음 지문을 주어진 문장으로 요약할 때 빈칸에 알맞은 것은?

> 귀사가 부품을 구하는 데 어려움이 있다는 점을 염두에 두고, 당사는 앞으로 2주 동안 제품을 인도할 수 있을지, 아니면 아직 더 지연될 가능성이 있는지 궁금합니다.

> (물품이 언제 인도되는지) 알려주시기 바랍니다.

① 당사가 어떤 어려움을 겪고 있는지

② 당사가 얻고 있는 구성요소는 무엇인지

③ 물품이 언제 인도되는지

④ 언제 그 물품이 만들어지는지

해설 지문에서 we were wondering whether ~(당사는 ~여부가 궁금합니다)라고 하며 앞으로 2주 동안 제품 인도가 가능할지, 아니면 지연될지 궁금하다고 언급하였으므로, 빈 칸에는 ③ '물품이 언제 인도되는지'가 적절하다.

*bear in mind : ~을 명심하다, 유념하다

*obtain : 얻다[구하다/입수하다]

*component : 요소, 부품

*delay : 지연, 지체

We have now received our assessor's report (A) <u>with reference to</u> your claim CF 37568 in which you asked for compensation for damage to two turbine engines which were (B) <u>shipped</u> ex-Liverpool on the S.S. Freemont on October 11.

The report states that the B/L No. 1555, was (C) <u>claused</u> by the captain of the vessel, with a comment on cracks in the casing of the machinery.
Our assessor believes that these cracks were (D) <u>insurable</u> for the damages.
Therefore, we cannot accept liability for the goods unless they are shipped (   ) according to the Policy.

16 Which part is LEAST correct?

① (A)

② (B)

③ (C)

④ (D)

17 Put right word into the blank.

① clean

② unpacked

③ packaged

④ claused

해석

당사는 10월 11일에 예전 리버풀에서 S.S. Freemont로 (B) 선적된 터빈 엔진 2개의 손상에 대한 보상을 요청한 귀사의 클레임 CF 37568과 (A) 관련하여 당사의 사정인 보고서를 받았습니다.

보고서에는 선하증권 No. 1555에는, 기계류 케이스의 균열과 관련된 선장의 (C) 조항(이면약관)이 붙어 있다고 명시되어 있습니다.
당사의 사정인은 이 균열들이 손상에 대한 (D) 보험에 들 수 있다고 믿습니다.
따라서, 당사는 보험증서에 따라 물품이 (깨끗한) 상태로 선적되지 않았다면, 물품에 대한 법적인 책임을 인정할 수 없습니다.

*assessor : 사정[감정]인
*with reference to : ~에 관(련)하여
*compensation : 보상(금)
*damage : 손상
*claused : 조항이 붙은
*comment : 논평, 언급
*crack : 금
*insurable : 보험에 넣을[들] 수 있는
*accept : (동의하여) 받아들이다[인정하다]
*liability : (~에 대한) 법적 책임

16 가장 옳지 않은 부분은?

17 빈 칸에 옳은 단어를 넣으시오.
  ① 깨끗한
  ② 포장되지 않은
  ③ 포장된
  ④ 조항이 붙은

해설 16

④ 밑줄 친 (D) 다음 문장에서 we cannot accept liability for the goods ~ according to the Policy(보험증서에 따라 물품에 대한 법적인 책임을 인정할 수 없다)고 했으므로, (D) insurable(보험에 들 수 있는) → uninsurable [(너무 위험 부담이 커서) 보험이 안 되는]이 되어야 한다.

17

빈 칸 앞부분인 we cannot accept liability for the goods unless they are shipped ~로 미루어 보면, 서신 작성자는 물품이 균열 또는 손상이 간 상태에서 선적되었다면 법적 책임을 인정할 수 없다고 설명하고 있으므로, 문맥상 빈 칸에는 '깨끗한 상태로 선적되지 않았다면'이 와야 한다. 따라서 '~하지 않는다면'이라는 뜻의 unless가 이미 쓰였으므로 깨끗한 상태를 의미하는 ① clean이 와야 한다.

18 What is the MOST appropriate Korean translation for the given sentence?

> As you have not executed the order within the validity of L/C, we will make cancellation of the L/C.

① 귀사가 신용장을 유효기간 내에 발행하지 않았으므로 우리는 신용장을 취소하게 만들 것입니다.
② 귀사가 신용장의 범위 내에서 주문을 하지 않았으므로, 우리는 신용장을 취소해야 할 것입니다.
③ 귀사가 주문을 신용장과 부합하여 하지 않았으므로, 우리는 이번 주문을 취소할 것입니다.
④ 귀사가 신용장의 유효기간 내에 주문을 이행하지 않았으므로 당사는 신용장을 취소하겠습니다.

정답 ④

해석 주어진 문장을 가장 적절하게 한국말로 번역한 것은?

> 귀사가 신용장의 유효기간 내에 주문을 이행하지 않았으므로 당사는 신용장을 취소하겠습니다.

해설 주어진 문장을 구분하여 해석하면 다음과 같다.
- As you have not executed the order : 귀사가 주문을 이행하지 않았기 때문에
- within the validity of L/C : 신용장의 유효기한 내에
- we will make cancellation of the L/C : 당사는 신용장의 취소를 이행할 것입니다
따라서 올바른 해석은 ④ '귀사가 신용장의 유효기간 내에 주문을 이행하지 않았으므로 당사는 신용장을 취소하겠습니다.'이다.
*execute : 실행[수행]하다
*within the validity of L/C : 신용장 유효기한 내에
*make cancellation : 취소시키다

---

19 Which one is excluded from ICC War Clause?

① Civil war
② Terrorism
③ Hostile act by or against a belligerent power
④ Capture, seizure, arrest, restraint or detainment

정답 ②

해석 다음 중 협회전쟁약관에서 제외되는 것은?
① 내 전
② 테러리즘
③ 교전국에 의한 또는 대항하는 적대 행위
④ 포획, 나포, 체포, 억지 또는 억류

해설 전쟁면책약관(War Exclusion Clause, ICC(A) 제6조)
어떠한 경우에도 이 보험은 다음의 사유로 인하여 발생한 멸실, 손상 또는 비용을 담보하지 아니한다.
• 전쟁, 내란, 혁명, 모반, 반란 또는 이로 인하여 발생한 국내 투쟁, 교전국에 의하여 또는 교전국에 대하여 행해진 적대 행위
• 포획, 나포, 강류, 억지 또는 억류(해적행위 제외) 및 그러한 행위의 결과 또는 그러한 행위의 기도
• 유기된 기뢰, 어뢰, 폭탄 또는 기타의 유기된 전쟁 무기
*belligerent : 교전국, 전쟁 중인

---

20 Which is suitable for the blank.

Delivery occurs when the goods are placed on board the vessel at the port of loading in
(　).

① CFR, CIF and FOB　　　　　　② CFR, CIP and FOB
③ CFR, CIF and FAS　　　　　　④ CFR, CIP and FAS

정답 ①

해석 빈 칸에 들어갈 말로 가장 적절한 것은?

(CFR, CIF, FOB) 규칙에서 물품이 선적항의 선박에 선적될 때 인도가 이루어진다.

해설 ① CFR(운임 포함 인도), CIF(운임·보험료 포함 인도), FOB(본선 인도)는 모두 Incoterms 2020의 해상운송과 내수로운송에 적용되는 규칙으로, 물품의 인도는 매도인이 지정선적항에서 매수인이 지정한 선박에 물품을 적재할 때 이루어진다. 물품의 멸실 또는 훼손의 위험은 물품이 선박에 적재된 때 이전하고, 매수인은 그 순간부터 향후의 모든 비용을 부담한다.

FOB vs CFR vs CIF 비교

규 칙	내 용
FOB (본선 인도)	• 위험이전 : 계약 물품이 본선에 적재된 때 • 비용부담 : 본선에 적재된 이후의 일체의 물류비용을 매수인이 부담
CFR (운임 포함 인도)	• 위험이전 : 계약 물품이 본선에 적재된 때 • 비용부담 : 매도인은 추가로 목적항까지의 운임을 부담
CIF (운임·보험료 포함 인도)	• 위험이전 : 계약 물품이 본선에 적재된 때 • 비용부담 : 매도인은 추가로 목적항까지의 운임 및 보험료를 부담

21 Select the term or terms which the following passage applies to.

> The named place indicates the destination to which the seller must organise and pay for the carriage of the goods, which is not, however, the place or port of delivery.

① E-term

② F-terms

③ C-terms

④ D-terms

정답 ③

해석 아래 제시문에 적용되는 조건 또는 조건들을 고르시오.

> 지정된 장소는 매도인이 물품 운송을 조직하고 운송비를 지불해야 하는 목적지를 나타내지만, 물품 인도장소나 인도항은 아니다.
>
> *named place : 지정된 장소
> *indicate : 나타내다[보여 주다]
> *destination : 목적지, (물품의) 도착지
> *organise : 준비[조직]하다
> *carriage : 운반[수송], 운반비[수송비]
> *port of delivery : 물품 인도항

해설 ③ 지문은 운송비 지급 인도조건의 내용으로, C 조건(terms)에 해당한다. C 조건에서는 위험분기점(본선에 적재되었을 때)과 비용분기점(목적항까지의 운임을 매도인이 부담)이 다르다.

인코텀즈 2020 하에서 조건별 거래조건

구 분	인도조건	위험이전	비용이전
E 조건	작업장(출발지)	작업장	작업장
F 조건	선적지	선적지	선적지
C 조건	선적지	선적지	도착지
D 조건	도착지	도착지(수입지)	도착지(수입지)

22 Select wrong one regarding the caution with variants of Incoterms rules.

> (A) Sometimes the parties want to alter an incoterms rule. (B) The Incoterms® 2020 rules do not prohibit such alteration, but there are dangers in so doing. (C) In order to avoid any unwelcome surprises, (D) the parties would need to make the intended effect of such alterations roughly clear in their contract.

① A
② B
③ C
④ D

정답 ④

해석 인코텀즈 규칙의 변용 시 주의사항과 관련하여 잘못된 것은?

> (A) 간혹 당사자들은 인코텀즈 규칙을 변경하여 사용하고자 한다. (B) 인코텀즈 2020은 그러한 변경 사용을 금지하지 않으나, 그렇게 하는 데에는 위험이 뒤따른다. (C) 원하지 않는 의외의 결과를 방지하기 위하여, (D) 당사자들은 계약 내에서 그러한 변경으로 의도한 효과를 <u>대략(→ 매우)</u> 명확하게 밝힐 필요가 있다.
>
> *party : 당사자
> *alter : 바꾸다, 고치다
> *prohibit : 금하다[금지하다]
> *avoid : 방지하다
> *unwelcome : 반갑지 않은
> *intended effect : 의도한 효과
> *alteration : 고침, 변경

해설 지문은 인코텀즈 규칙의 변용에 대한 내용으로, (D) 앞 문장에서 규칙 변경 시 위험이 뒤따르고, (C) 부사구에서 '~ 원치 않는 결과를 막기 위하여'라고 했으므로, 문맥상 (D) the parties would need to make the intended effect of such alterations <u>roughly → extremely</u> clear in their contract(당사자들은 계약 내에서 그러한 변경으로 의도하는 효과를 매우 명확하게 밝힐 필요가 있다)가 되어야 한다.
*caution : 경고[주의]
*variant : 변용

[23~25] Read the passage regarding UCP 600 and answer.

> a. When an issuing bank determines that a presentation is complying, it must (A).
>
> b. When a confirming bank determines that a presentation is complying, it must (B) the documents to the issuing bank.
>
> c. When a nominated bank determines that a presentation is complying and (C), it must forward the documents to the confirming bank or issuing bank.

23 Select best one in the blank (A).

① pay   ② accept

③ pay and accept   ④ honour

24 Select best one in the blank (B).

① pay and forward   ② accept and forward

③ pay or accept and forward ④ honour or negotiate and forward

25 Select best one in the blank (C).

① honours   ② negotiates

③ honours or negotiates   ④ pays or honours

정답 23 ④ 24 ④ 25 ③

해석
　　a. 개설은행은 제시가 일치한다고 판단하면 (A) 결제하여야 한다.
　　b. 확인은행은 제시가 일치한다고 판단하면 (B) 결제 또는 매입하고 개설은행에 서류를 전달해야 한다.
　　c. 지정은행은 제시가 일치한다고 판단하고 (C) 결제 또는 매입하면, 확인은행 혹은 개설은행에 서류를 전달해야 한다.

　　*determine : 결정하다
　　*presentation : 제시
　　*comply : 따르다[준수하다]
　　*confirming bank : 확인은행
　　*forward : 보내다[전달하다]
　　*nominated bank : 지정은행

23 빈 칸 (A)에 가장 적절한 것을 하나 고르시오.
① 지불하다
② 승인하다
③ 지불하고 승인하다
④ 결제하다

24 빈 칸 (B)에 가장 적절한 것을 하나 고르시오.
① 지불하고 전달하다
② 승인하고 전달하다
③ 지불 또는 승인하고 전달하다
④ 결제 또는 매입하고 전달하다

25 빈 칸 (C)에 가장 적절한 것을 하나 고르시오.
① 결제하다
② 매입하다
③ 결제 또는 매입하다
④ 지불 또는 결제하다

해설 23
UCP 600 제15조 일치하는 제시 a항에 해당하는 내용으로, 빈 칸 (A)에는 ④ honour(결제하다)가 적절하다.
UCP 600 제15조 일치하는 제시 a항
When an issuing bank determines that a presentation is complying, it must honour.
개설은행이 제시가 일치한다고 판단하는 경우에는, 결제하여야 한다.

24
UCP 600 제15조 일치하는 제시 b항에 해당하는 내용으로, 빈 칸 (B)에는 ④ honour or negotiate and forward(결제 또는 매입하고 전달하다)가 적절하다.
UCP 600 제15조 일치하는 제시 b항
When a confirming bank determines that a presentation is complying, it must honour or negotiate and forward the documents to the issuing bank.
확인은행이 제시가 일치한다고 판단하는 경우에는, 결제 또는 매입하고 개설은행에 서류를 전달하여야 한다.

25
UCP 600 제15조 일치하는 제시 c항에 해당하는 내용으로, 빈 칸 (C)에는 ③ honours or negotiates(결제 또는 매입하다)가 적절하다.
UCP 600 제15조 일치하는 제시 c항
When a nominated bank determines that a presentation is complying and honours or negotiates, it must forward the documents to the confirming bank or issuing bank.
지정은행이 제시가 일치한다고 판단하고 결제 또는 매입하는 경우에는, 확인은행 또는 개설은행에 서류를 전달하여야 한다.

[26~27] Read the following letter and answer.

In some cases, such as those involving payment under a letter of credit, the shipper may need to have an insurance document included in the set of shipping documents. Under an open policy, this is accomplished by the use of (   ), which are issued by the insurer at the instruction of the insured party. Traders should take care, because a letter of credit that explicitly requires submission of an insurance policy will not allow an insurance certificate <u>as a substitute</u>.

26 Which would be most suitable for the blank?

① insurance certificate
② cover note
③ insurance policy
④ insurance cover

27 Which could replace the underlined best?

① as a subject matter
② as a replacement
③ as a same thing
④ as an option

해석

신용장 하에서 지불과 관련된 경우에, 송화인은 선적서류에 포함된 보험서류를 가질 필요가 있을 수 있다. 포괄예정보험 하에서, 이는 피보험 당사자의 지시로 보험자에 의해 발행된 (보험증명서)의 사용에 의해 수행된다. 명시적으로 보험증권의 제출을 요구하는 신용장은 보험증명서를 보험증권의 <u>대용품으로</u> 허락하지 않기 때문에, 거래자들은 유의해야 한다.

*shipper : 송화인[수출자]
*shipping document : 선적서류
*open policy : 포괄예정보험
*issue : 발행하다
*at the instruction of : ~의 지시로
*insured party : 피보험자
*explicitly : 명쾌하게
*submission : (서류・제안서 등의) 제출
*substitute : 대용물[품], 대체물

26 빈 칸에 들어갈 단어로 가장 적절한 것은?
① 보험증명서
② 보험승낙서
③ 보험증권
④ 부 보

27 밑줄 친 부분을 가장 잘 대체할 수 있는 것은?
① 보험목적물로서
② 대체(물)로서
③ 동일한 것으로
④ 선택 사항으로

해설 26

보험증명서(Insurance certificate)
수출업체가 매 수출 시마다 보험계약을 체결해야 하는 번거로움을 피하고 보험비용도 절감하기 위하여 그 업체의 일정 기간 동안(6개월, 1년)의 보험가입 예상물동량을 추출하여 보험회사와 포괄계약을 체결한 후, 실제로 보험가입의 필요가 발생할 때마다 보험회사로부터 그에 합당하는 보험서류를 받는다. 보험증권과 같이 유효한 보험서류로 인정된다.

27
밑줄 친 as a substitute는 '대신으로, 대용품으로'라는 뜻이므로, 이와 유사한 의미인 '대체(물)로서'를 나타내는 ② as a replacement로 바꿔 쓰는 것이 가장 자연스럽다.
*subject matter : 보험목적물
*replacement : 대체(품)

(A) Please send us your Sales Contract so that we can sign them before we instruct our bankers to issue a letter of credit.

(B) We want this initial order to be the first step to a long and pleasant business relationship between us and we hope you will arrange for immediate shipment.

(C) Thank you for your e-mail dated March 24 and we are pleased to inform you that we accepted your request to extend the delivery date.

(D) As we contracted with our local distributors according to your previous delivery schedule, we had a hard time persuading them to accept your revised delivery date. Further delay in delivery, therefore, will cause a serious problem as they will refuse to accept the products.

28 Select the same meaning of underlined Sales Contract.

① Sales letter
② Sales note
③ Circular letter
④ Offer sheet

29 Please arrange the sentences in the good order.

① (A) − (B) − (C) − (D)
② (C) − (B) − (A) − (D)
③ (C) − (D) − (B) − (A)
④ (C) − (D) − (A) − (B)

해석

(C) 귀사의 3월 24일자 이메일에 감사드리며, 당사는 귀사의 배송일 연장 요청을 수락했음을 알려드립니다.

(D) 당사는 귀사의 이전 배송 일정에 따라 지역 유통업자들과 계약했기 때문에, 당사는 그들에게 변경된 배송일을 받아들이도록 설득하는 데 힘들었습니다. 따라서 더 이상의 배송 지연은, 그들이 물품 수령을 거절할 것이기 때문에, 심각한 문제를 일으킬 것입니다.

(A) 당사가 은행에 신용장 개설을 지시하기 전에 서명할 수 있도록 귀사의 <u>매매계약서</u>를 보내주십시오.

(B) 당사는 이번 첫 주문이 앞으로 귀사와의 기분 좋은 비즈니스 관계 지속에 대한 첫 단계가 되기를 바라며, 귀사가 즉시 선적할 수 있도록 해 주기를 바랍니다.

*extend : 연장하다
*delivery date : 납품일
*local distributor : 지역 유통업자
*persuade : 설득하다
*revised : 변경한
*cause : ~을 야기하다[초래하다]
*instruct : 지시하다
*initial order : 첫 주문
*shipment : 선적

28 밑줄 친 매매계약서와 동일한 뜻을 가진 것을 고르시오.
  ① 판매권유장
  ② 매약서
  ③ 거래권유장
  ④ 물품매도확약서

29 문장을 올바른 순서대로 배열하시오.

해설 28
밑줄 친 'Sales contract'는 '매매[판매]계약서'의 뜻으로, ② 'Sales note(매약서)'와 동일한 뜻이다.
① 판매권유장(Sales letter) : 거래제의의 성격을 띠는 서신으로 상대방의 구매행동을 유발시키는 것이 목적이다.
③ 거래권유장(Circular letter) : 선별했거나 소개받은 업체에 자신을 알리는 편지로, 일반적으로 가볍게 돌리는 거래 의향서이다.
④ 물품매도확약서(Offer sheet) : 무역거래에서 매매 당사자에게 상품의 명세 및 가격조건 등을 주 내용으로 하는 물품공급확약서이다.

29
④ 위 서신은 수출자의 배송일 연장 요청에 대한 수입자의 답신으로, 배송일 연장 요청을 수락하고(C), 더 이상의 배송 지연은 지역 유통업자들이 거절할 것임을 공지하고 있다(D). 매매계약서를 보내 달라고 요청하고(A), 이번 주문으로 좋은 비즈니스 관계를 맺기 바라면서 즉각적인 선적을 부탁하는 말(B)로 마무리하고 있다.

30 Which is NOT suitable for the blank?

> They are enjoying a good reputation in the business circles for their punctuality in meeting their ( ).

① obligations

② commitments

③ liabilities

④ discretions

31 Which is best for writing the below in English?

> 빠른 인도를 유지하고 보장하는 것이 최우선임을 명심해주시기 바랍니다.
> → Please make sure that maintaining and guaranteeing a prompt (A) is a top (B).

① (A) distribution — (B) presence

② (A) delivery — (B) presence

③ (A) distribution — (B) priority

④ (A) delivery — (B) priority

정답 ④

해석 아래 문장을 영작했을 때 가장 적절한 것은?

> 빠른 인도를 유지하고 보장하는 것이 최우선임을 명심해주시기 바랍니다.
> → Please make sure that maintaining and guaranteeing a prompt (A) delivery is a top (B) priority.
>
> *make sure : 확실하게 하다
> *maintain : 유지하다[지키다]

① (A) 배포 – (B) 참석
② (A) 인도 – (B) 참석
③ (A) 배포 – (B) 우선
④ (A) 인도 – (B) 우선

해설 ④ 주어진 해석에 따르면 빈 칸 (A)와 (B)에는 각각 '인도', '최우선'을 뜻하는 단어가 들어가야 한다. 따라서 빈 칸 (A)에는 '인도'를 뜻하는 delivery가, 빈 칸 (B)에는 앞에 top(최고의, 맨 꼭대기)이 수식해주고 있으므로 '우선'을 뜻하는 priority가 들어가야 한다.
*top priority : 최우선

32 Rephrase the sentence below.

> As requested, we have sent you our samples by airmail.
> = (A) your request, we have (B) our samples.

① (A) Complying – (B) shipped
② (A) From – (B) shipped
③ (A) According to – (B) airmailed
④ (A) For – (B) airmailed

정답 ③

해석 아래 문장을 바꿔 써 보시오.

> 요청하신 대로, 당사는 귀사에게 항공우편으로 샘플을 보내드렸습니다.
> = 귀사의 요청 (A) 에 따라, 당사는 샘플을 (B) 항공우편으로 보냈습니다.

① (A) 준수하는 – (B) 선적했다
② (A) ～로부터 – (B) 선적했다
③ (A) ～에 따르면 – (B) 항공우편으로 보냈다
④ (A) ～을 위해서 – (B) 항공우편으로 보냈다

해설 ③ 주어진 두 문장의 뜻이 같으려면 빈 칸 (A)와 (B)에는 각각 '～한 대로', '항공우편으로 보내다'를 뜻하는 단어가 들어가야 한다. 따라서 주어진 두 문장이 같은 뜻이 되기 위해서는 빈 칸 (A)에는 '～에 따라'라는 뜻의 According to가, 빈 칸 (B)에는 '항공우편으로 보냈다'라는 뜻의 airmailed가 들어가야 한다.

33 Select the wrong one in the blank.

> Open account transaction is a sale where the goods are shipped and delivered before payment is due, which is typically in 30, 60 or 90 days. Obviously, this option is (A) to the (B) in terms of cash flow and cost, but it is consequently a (C) option for an (D).

① (A) advantageous
② (B) importer
③ (C) risk
④ (D) exporter

정답 ③

해석 빈 칸에 들어갈 말로 옳지 않은 것을 하나 고르시오.

> 청산계정 거래는 지불일 전에 물품을 선적하고 인도하는 판매로, 일반적으로 지불은 30일, 60일 또는 90일 후에 이루어진다. 분명한 것은, 이것은 현금 흐름과 비용 면에서 (B) 수입자에게 (A) 유리하지만, 결과적으로 (D) 수출자에게는 (C) 위험한 선택이다.
>
> *Open account : 청산계정
> *ship : 수송[운송]하다
> *due : (돈을) 지불해야 하는
> *obviously : 확실히[분명히]
> *in terms of : ~면에서[~에 관하여]
> *cash flow : 현금 유동성

① (A) 이로운, 유리한
② (B) 수입자
③ (C) 위 험
④ (D) 수출자

해설 ③ 청산계정(Open account) 방식은 오직 수입자의 신용에만 의지하기 때문에 대금결제에 대한 위험은 매도인에게 있고 모든 신용위험은 매도인에게 부담된다. 따라서 빈 칸 (C) 다음에 명사 option(선택)을 수식하는 형용사가 와야하므로 〈명사〉 risk(위험) → 〈형용사〉 risky(위험한)가 되어야 한다.

34 Below explains installment shipments under Letter of Credit. Choose which is NOT correct.

> (A) The installment shipments mean shipping an order in different batches and on different periods stipulated in the letter of credit. (B) Installment shipments have to be made within the stipulated period mentioned in the letter of credit. (C) In such cases, failure to ship any installment within the period allowed will render the letter of credit operative for that installment and any subsequent installments. (D) This is different from partial shipments under L/C operation.

① (A)
② (B)
③ (C)
④ (D)

정답 ③

해석 아래 지문은 신용장 하에서 할부선적에 대한 설명이다. (A) ~ (D) 중에서 잘못된 것은?

(A) 할부선적은 신용장에 명시된 대로 다른 묶음과 다른 기간으로 주문을 선적하는 것을 의미한다. (B) 할부선적은 신용장에 명시된 기간 내에 이루어져야 한다. (C) 이 경우, 허용된 기간 내에 할부선적분을 선적하지 못할 경우, 해당 할부분과 후속 할부분에 대해 신용장이 이용될(→ 이용되지) 못할 것이다. (D) 이것은 신용장 하에서의 분할선적과는 다르다.

*installment shipment : 할부선적
*batch : 한 묶음, 한 회분
*stipulated : 약정한
*render : 만들다[하다]
*operative : 가동[이용] 준비가 된, 가동[이용]되는
*subsequent : 그[이] 다음의, 차후의
*partial shipment : 분할선적

해설 ③ 할부선적(Installment shipment)은 수출자가 정해진 분할선적 기간 내에 약정된 수량의 선적의무를 이행하지 못하면 수입자 및 개설은행이 당해 선적분을 포함하여 그 이후 분까지 모두 취소하는 선적조건이다. 따라서 (C)는 failure to ship any installment within the period allowed will → won't render the letter of credit operative가 되어야 한다.
UCP 600 제32조 할부청구 또는 할부선적(Installment Drawings or Shipment)
If a drawing or shipment by installments within given periods is stipulated in the credit and any installment is not drawn or shipped within the period allowed for that installment, the credit ceases to be available for that and any subsequent installment.
만일 주어진 기간 내의 할부청구 또는 할부선적이 신용장에 명시되어 있고 그 할부가 허용된 기간 내에 할부청구나 할부선적이 이루어지지 않으면, 신용장은 그 해당 할부분과 향후 할부분에 대하여 효력을 상실한다.

35 Select the best one for the blank.

> Constructive total loss : A marine insurance term for situations where (   ).

① the cost of repairing damaged insured goods exceeds their value
② the cost of repairing damaged insured goods is below their value
③ the cost of fixing damaged insured ship is below their value
④ the cost of fixing average goods exceeds their value

정답 ①

해석 빈 칸에 들어갈 말로 가장 적절한 것을 하나 고르시오.

> 추정전손 : (손상된 피보험물품을 수리하는 데 드는 비용이 그 물품 가치를 초과하는) 상황에 대한 해상보험 용어
>
> *constructive total loss : 추정전손
> *marine insurance : 해상보험

① 손상된 피보험물품을 수리하는 데 드는 비용이 그 가치를 초과하다
② 손상된 피보험물품을 수리하는 데 드는 비용이 그 가치보다 낮다
③ 손상된 피보험선박의 수리비가 그 가치보다 낮다
④ 평균적인 상품을 고치는 데 드는 비용이 그 가치를 초과하다

해설 추정전손(Constructive Total Loss, CTL)
해상손해 중 물적 손해에 해당되는 용어로, 보험목적물이 현실적으로 전손되지는 않았으나 그 손해 정도가 심하여 원래 그 목적물이 가진 용도에 사용할 수 없게 되었을 때와 그 수선 및 수리비가 수선 후에 그 목적물이 갖는 시가보다 클 때를 추정전손이라 한다. 한편, 추정전손으로 처리하기 위해서는 위부(Abandonment)의 통지가 있어야 한다.
*repair : 수리[보수/수선]하다
*exceed : 넘다[초과하다/초월하다]
*value : (경제적인) 가치

During the transit and voyage period, the bill of lading is recognised by the law merchant as the symbol of the goods described and <u>delivery</u> of the bill of lading constitutes the symbolic delivery of the goods. Property in the goods passes by such endorsement whenever and to the extent that this is the parties' intention, just as, in similar circumstances, the property would pass by actual delivery of the goods. *The holder* of the bill of lading is entitled against the carrier to have the goods delivered to it, to the exclusion of other persons.

36 Which is MOST similar to the delivery underlined?

① transfer

② procurement

③ payment

④ issuance

37 Who can NOT be *the holder*?

① Seller

② Buyer

③ Bank

④ Carrier

해석

운송 및 항해 기간 동안, 선하증권은 상관습법에 의해 기술된 물품의 상징으로 인식되며, 선하증권의 양도는 물품의 상징적인 양도로 여겨진다. 물품의 자산은, 유사한 상황에서 그랬던 것처럼 당사자의 의도대로, 배서에 의해 전달되는데, 그 자산은 물품의 실제 인도에 의해 전달될 것이다. 선하증권의 *소지인*은 운송업자에 대하여, 다른 사람을 배제하고, 물품 인도 권리가 주어진다.

*transit : 수송
*the law merchant : 상(商)관습법
*constitute : ~이 되는 것으로 여겨지다
*endorsement : 이서
*to the extent : 어느 정도로
*exclusion : 제외, 배제

36 밑줄 친 delivery와 뜻이 가장 유사한 것은?
① 이 동
② 조달[입수]
③ 지 불
④ 발행, 간행

37 위 지문의 소지인(the holder)이 될 수 없는 것은?
① 매도인
② 매수인
③ 은 행
④ 운송인

해설 36
① 밑줄 친 delivery는 '양도, 인도'의 뜻으로, '이동'이라는 의미를 나타내는 단어 transfer와 바꾸어 쓸 수 있다.

37
④ 선하증권 권리는 배서에 의해 인도되는데, 수출자(Seller, 매도인)에서 매입-개설-통지은행을 거쳐 수입자 (Buyer, 매수인)에게 전달된다.
선하증권의 배서(Endorsement)
• 물품을 선적하고 나면 선하증권을 발급받게 되는데 선하증권에 대한 권리는 일차적으로 수출자가 갖는다.
• 신용장 방식에서는 선하증권을 매입은행에 제시하여 수출대금을 회수하고, 선하증권은 매입은행과 개설은행, 통지은행을 경유하여 수입자에게 전달된다. 수입자는 선사에 선하증권을 제시하여 물품을 인도받는다.
• 이 각 단계에 개입하는 은행에 선하증권을 양도해야만 그 권리가 이전되고 이는 배서를 통해 이루어진다.
• 각 절차는 화물의 담보권을 갖고 있는 개설은행의 지시에 의해 이루어지므로 'To order ...' 문구를 사용한다.
• 최초의 배서인은 수출자(송하인)이며, 기명식 선하증권에서는 배서에 의해 권리가 양도되지 않는다.

38 Which of the following is most likely to come AFTER the passage below?

We are pleased to inform you that your order No. 1555 has been shipped today on SS Arirang which is due in Amsterdam from Busan Port in eight weeks.

The shipping documents, including bill of lading, invoice, and insurance policy have been passed to Citibank, Amsterdam who will advise you.

As agreed, we have drawn on you at 60 days after sight for USD120,000 please advise upon your acceptance.

---

① Shipment will be effected during July, of course. We have enclosed our Sales Note and also copies of cables exchanged between us.

② We are sure that you will be pleased with the goods, and look forward to hearing from you soon.

③ Would you please send us a few samples for our further consideration? Then we may put a purchase order in due course.

④ Immediately upon receipt of your letter of credit for the above, we will make every arrangement necessary to clear the goods.

정답 ②

해석 아래 지문 다음에 나올 가능성이 가장 높은 것은?

귀사의 주문번호 1555가 오늘 SS 아리랑 호에 선적되었으며, 부산을 출발해서 8주 후에 암스테르담에 도착예정임을 알려드리게 되어 기쁩니다.

선하증권, 송장, 보험증권을 포함한 선적서류가 암스테르담 씨티은행에 전달되었으며, 귀사에 통보될 것입니다.

합의된 바와 같이, 당사는 귀사 앞으로 미화 120,000달러에 대한 일람 후 60일 지급 환어음을 발행했으며, 귀사가 어음을 인수하는 대로 통지해 주시기 바랍니다.

*shipping documents : 선적서류
*advise : (정식으로) 알리다
*draw on : ~앞으로 어음을 발행하다
*60 days after sight : 일람 후 60일 지급 환어음
*acceptance : 승인

---

① 물론, 선적은 물론 7월 중에 이루어질 것입니다. 당사는 매약서와 우리 사이에 교환된 케이블 사본을 동봉했습니다.
② 당사는 귀사가 그 물품에 만족하실 것으로 확신하며, 조만간 귀사로부터 소식을 듣기 기대합니다.
③ 당사가 좀 더 검토할 수 있도록 샘플을 몇 개 보내주시겠습니까? 그러면 적절한 시기에 구매주문을 할 수 있습니다.
④ 상기 신용장을 수령하는 대로, 당사는 물품 통관을 위해 필요한 모든 준비를 할 것입니다.

위 지문은 주문 물품에 대한 선적완료와 도착예정 기간, 선적서류의 은행 전달, 수출대금에 대한 결제방식을 통지하고 있으므로, 지문의 다음에는 ② '마무리 인사'가 올 가능성이 높다.

무역 서신의 구성

Letter Head(레터 헤드) → Date(일자) → Inside Address(수신인 주소) → Salutation(서두인사) → Body of the Letter(본문) → Complementary Close(결구) → Signature(서명)

*put a purchase order : 구매주문을 하다

*in due course : 적절한 때에

*make every arrangement : 모든 준비를 하다

*clear : 통관절차를 밟다

39 Which one is best referred to?

> The person, usually the importer, to whom the shipping company or its agent gives notice of arrival of the goods in case of order bill of lading.

① Consignor

② Consignee

③ Shipper

④ Notify party

정답 ④

해석 다음에서 설명하고 있는 것으로 가장 적절한 것은?

> 지시식 선하증권의 경우, 선박회사 또는 그 대리인이 물품의 도착 통지를 하는 개인으로 보통 수입자
>
> *shipping company : 선박회사
> *notice : 알림, 통지
> *in case of : ~의 경우

① 하 주

② 수하인

③ 송하인

④ 착하통지처

해설 착하통지처(Notify party)

• 화물이 목적지에 도착했을 때 선박회사가 화물도착통지(Arrival notice)를 보낼 상대방을 착화통지처(Notify party)라고 하며, 수입업자(대금지급인)를 표시한다.

• Order B/L에서는 Notify party가 화물의 수하인(Consignee)과 일치하지 않는다.

40 Which is LEAST correct matching?

> We are sorry to (A) <u>advise</u> you that the shipment during September covering your order No. 412 seems impossible to be (B) <u>executed</u> within the date (C) <u>stipulated</u> (D) <u>because of</u> manufacturers' labor shortage.

① (A) — warn
② (B) — performed
③ (C) — stated
④ (D) — on account of

정답 ①

해석 다음 (A) ~ (D) 중 연결이 올바르지 않은 것은?

> 귀사의 주문번호 412에 해당하는 9월 중 선적분이, 제조사의 인력부족 (D) <u>으로 인해</u>, (C) <u>지정된</u> 날짜 내에 (B) <u>수행하기에</u> 불가능해 보인다는 점을 (A) <u>알려드리게</u> 되어 유감입니다.
>
> *advise : (정식으로) 알리다
> *execute : 실행[수행]하다
> *stipulated : 규정된
> *manufacturer : 제조자[사], 생산 회사
> *labor : 노동, 근로

① (A) : 경고하다
② (B) : 행하다[수행하다]
③ (C) : 규정된
④ (D) : ~때문에, ~으로

해설 ① 서신의 내용은 인력부족으로 주문한 물품의 선적분이 지정된 날짜에 선적할 수 없게 되었음을 알리는 것이다. 밑줄 친 (A) advise는 '(정식으로) 알리다'의 뜻이므로 warn(경고하다) → inform(알려주다)이 되어야 한다.

---

41 Select the different purpose from others.

① The stuffing inside the case was so loose that some cups and plates have been broken.
② As the polyethylene bags were not thick enough, the solution was wholly spilled out.
③ As soon as our present stock has run out, we shall have to revise our prices.
④ The adhesive tapes seem to have dried in some cases, so the lids become loose.

정답 ③

해석 나머지와 목적이 다른 것을 고르시오.
① 케이스 안 충전재가 너무 느슨해서 컵과 접시가 몇 개 깨졌습니다.
② 폴리에틸렌 가방이 두껍지 않아 용액이 고스란히 쏟아졌습니다.
③ 현재 재고가 바닥나는 대로 가격을 수정해야 할 것입니다.
④ 접착테이프가 말라붙는 경우가 있어서, 뚜껑이 헐거워졌습니다.

①, ②, ④는 모두 매수인이 주문물품에 대한 클레임 제기를 목적으로 작성한 것인데, ③은 매도인이 현재 재고 소진 시 가격 변경을 목적으로 작성한 것이다.

*stuffing : 속[충전재]
*polyethylene bag : 폴리에틸렌 가방
*solution : 용액
*spill out : 넘쳐흐르다
*stock : 재고품[재고]
*run out : (공급품이) 다 떨어지다[되다]
*revise : 변경[수정]하다
*adhesive tape : 접착테이프, 반창고
*lid : 뚜껑

42 Which is NOT suitable for the blank?

> We filed our claim for the broken cargoes with the (   ).

① shipping company　　　　　② insurance company
③ the exporter　　　　　　　④ nego bank

정답 ④

해석 **빈 칸에 들어갈 말로 적절하지 않은 것은?**

당사는 파손된 화물에 대한 클레임을 (운송회사/보험회사/수출자)에 제기했습니다.

*file : 제기[제출]하다

① 선적회사　　　　　　　　② 보험회사
③ 수출자　　　　　　　　　④ 매입[네고]은행

해설 ④ 파손화물에 대한 클레임은 무역거래 당사자인 운송회사(선적회사), 보험회사, 수출자에게 제기할 수 있다. 매입[네고]은행은 어음을 매입하도록 지정받은 은행으로 신용장 관련 당사자에 해당한다.

무역클레임
무역거래 당사자 중 일방(주로 수입상)이 상대방(주로 수출상)의 계약불이행 및 위반으로 인해 손해를 입었을 경우 그 손해를 야기한 상대방에게 손해배상을 청구하는 일련의 절차이다.

매입은행(Negotiating bank)
매입은행은 제3자가 지급인인 어음·수표에 대해 권리를 취득한 은행으로 환어음 매입으로 선의의 소지자(Bona Fide Holder)가 되어 개설은행에 어음대금 청구권을 행사할 수 있다.

43 Select the best one for the business letter in explaining the example.

> We suggest you to place an order with us soon.
> → We suggest that you should place an order with us soon.

① Conciseness　　　　　　　② Clearness
③ Correctness　　　　　　　④ Confidence

정답 ③

해석 다음 보기는 비즈니스 서신의 어떤 점을 설명한 것인가?

> 당사는 귀사가 곧 주문을 해야 한다고 제안합니다.
>
> *suggest : 제안[제의]하다
> *place an order with : ~에 주문을 하다

① 간단명료성　　　　　　　② 명확성
③ 정확성　　　　　　　　　④ 신 뢰

해설 ③ suggest가 '제안하다'의 뜻으로 쓰일 경우, '사람 + suggest + that절'로 표현하며, 종속절(that절)에는 'should + 동사원형'을 쓰고, 이때 should는 생략할 수 있다.

비즈니스 서신 작성의 5가지 요소

명확성(Clearness)	상대방에게 자신의 의도를 정확히 전달해야 한다.
완전성(Completeness)	상대방이 필요한 모든 정보가 포함되어야 한다.
간단명료성(Conciseness)	서신이 너무 장황하게 작성되지 않아야 한다.
예의(Courtesy)	상대방에게 공손하게 표현해야 한다.
정확성(Correctness)	서신에 문법, 철자법, 구두법 오류가 없도록 편집하고 교정해야 한다.

44 Select the wrong part in the passage of Incoterms® 2020.

> (A) Under CIF term, if the seller incurs costs under its contract of carriage (B) related to unloading at the specified point at the port of destination, (C) the seller is entitled to recover such costs separately from the buyer (D) unless otherwise agreed between the parties.

① (A)

② (B)

③ (C)

④ (D)

정답 ③

해석 인코텀즈 2020에 대한 지문 중 옳지 않은 부분을 고르시오.

> CIF 조건 하에서, 매도인은 자신의 운송계약상 목적항 내의 명시된 지점에서 양하에 관하여 비용이 발생한 경우에 당사자 간에 달리 합의되지 않은 한 그러한 비용을 매수인으로부터 별도로 상환받을 권리가 있다(→ 없다).
>
> *related to : ~와 관련 있는
> *unloading : 양하
> *specified point : 명시된 지점
> *port of destination : 목적항
> *be entitled to : ~에 대한 권리가/자격이 주어지다
> *recover : 되찾다[만회하다]
> *separately : 각기, 별도로

해설 ③ Incoterms® 2020 CIF 중 양하비용에 관한 내용으로, (C) 'the seller is entitled → is not entitled to recover such costs separately from the buyer(매도인은 그러한 비용을 매수인으로부터 별도로 상환받을 권리가 없다)' 가 되어야 한다.

CIF[Cost, Insurance and Freight, (지정목적항) 운임·보험료 포함 인도조건]
- CFR 조건에 보험조건이 포함된 조건(매도인 수출통관)
- 물품의 인도장소 : 선적항의 본선을 통과한 시점
- 물품에 대한 매매당사자의 위험부담의 분기점(위험이전) : 물품이 지정선적항 본선 갑판에 안착됐을 때
- 물품에 대한 매매당사자의 비용부담의 분기점(경비이전) : 목적항(매도인은 적재 시까지 모든 비용과 목적항까지 운임, 양하비 부담 + 보험료)

45 Select the wrong part in explaining EXW under Incoterms 2020.

> "Ex Works" means that (A) the seller delivers the goods to the buyer (B) when it places the goods at the disposal of the buyer (C) at a named place (like a factory or warehouse), and (D) that named place may or may not be the carrier's premises.

① (A) ② (B)
③ (C) ④ (D)

정답 ④

해석 인코텀즈 2020 하에서 EXW에 대한 설명이 틀린 것을 고르시오.

> "공장 인도"는, 매도인이 물품을 (C) (공장이나 창고와 같은) 지정장소에서 (B) 매수인의 처분 하에 두는 때, (A) 매도인이 매수인에게 물품을 인도하는 것을 의미하며, (D) 그 지정장소는 운송인(→ 매도인)의 영업구내일 수도 있고 아닐 수도 있다.
>
> *at the disposal of : ~의 처분 하에
> *warehouse : 창고
> *premises : 부지[지역], 구내

해설 ④ Incoterms 2020 EXW 중 인도와 위험의 내용으로, (D) 'that named place may or may not be the carrier's → seller's premises(그 지정장소는 매도인의 영업구내일 수도 있고 아닐 수도 있다)'가 되어야 한다.
EXW(EX Works, 공장/출하지 인도조건)
- 물품 인도장소가 매도인 작업장 내인 조건(매수인 수출통관)
- 물품의 인도장소 : 매도인(Seller)의 작업장
- 물품에 대한 매매당사자의 위험부담의 분기점(위험이전) : 매도인의 작업장(매도인이 영업장 구내에서 매수인이 임의처분할 수 있도록 인도)
- 물품에 대한 매매당사자의 비용부담의 분기점(경비이전) : 매도인의 작업장(매도인은 인도할 때까지 모든 비용부담)

46 Select the wrong explanation of changes in Incoterms® 2020.

① Change in the three-letter initials for DAT to DPU
② Inclusion of security-related requirements within carriage obligations and costs
③ Explanatory Notes for Users
④ Bills of lading with an on-board notation under the CPT Incoterms rule

정답 ④

해석 인코텀즈 2020에서의 변경에 대한 설명으로 잘못된 것을 고르시오.
① DAT에서 DPU로의 명칭 변경
② 운송의무 및 비용 조항에 보안관련 요건 삽입
③ 사용자를 위한 설명문
④ 본선적재표기가 있는 선하증권과 Incoterms CPT 규칙

47 Which is NOT correct about amendment under UCP 600?

① A confirming bank may choose to advise an amendment without extending its confirmation.

② A bank that advises an amendment should inform the bank from which it received the amendment of any notification of acceptance or rejection.

③ Partial acceptance of an amendment is allowed and will be deemed to be notification of partial acceptance of the amendment.

④ A provision in an amendment to the effect that the amendment shall enter into force unless rejected by the beneficiary within a certain time shall be disregarded.

정답 ③

해석 UCP 600 하에서 조건변경에 대한 내용으로 옳지 않은 것은?
① 확인은행은 조건변경에 대한 확인을 연장하지 않고 조건변경을 통지하기로 선택할 수 있다.
② 조건변경을 통지하는 은행은 조건변경을 송부한 은행에게 수락 또는 거절의 뜻을 통지하여야 한다.
③ 조건변경에 대하여 일부만을 수락하는 것은 허용되며, 조건변경에 대한 거절의 통지로 간주한다.
④ 수익자가 일정기한 내에 조건변경을 거절하지 않으면, 조건변경이 유효하게 성립된다는 조건변경 규정은 무시되어야 한다.

해설 UCP 600 제10조 조건변경 중 e항의 내용으로, ③ Partial acceptance of an amendment is allowed → is not allowed and will be deemed to be notification of rejection of the amendment가 되어야 한다.
UCP 600 제10조 조건변경 e항
Partial acceptance of an amendment is not allowed and will be deemed to be notification of rejection of the amendment.
조건변경에 대한 일부수락은 허용되지 않으며, 이는 조건변경에 대한 거절 통지로 간주된다.
*amendment : (법 등의) 개정[수정]
*extend : 연장하다
*confirmation : 확인
*inform : (특히 공식적으로) 알리다[통지하다]
*notification : 알림, 통고
*acceptance : 동의, 승인
*rejection : 거절; 배제
*Partial : 부분적인, 불완전한
*be deemed to : ~로 간주되다
*enter into force : 발효[시행]되다
*disregard : 무시[묵살]하다

48 Which of the following best fits the blank?

> (　　) transports liquid bulk consignments, usually crude oil.

① Bulk
② Tanker
③ Container
④ LASH

정답 ②

해석 다음 중 빈 칸에 들어갈 말로 가장 적절한 것은?

(탱커)는 액체 상태의 산화물, 보통 원유를 수송한다.

*transport : 수송하다
*liquid : 액체, 액체 형태의
*bulk consignment : 산화물
*crude oil : 원유

① 벌크선
② 탱 커
③ 컨테이너선
④ 래시선

해설 ② 탱커(Tanker) : 액체화물을 운송하는 구조의 선박으로 LNG선, LPG선 및 석유제품운반선 등이 있다.
　　① 벌크선(Bulk) : 포장하지 않은 화물을 그대로 적재할 수 있는 화물전용선으로 석탄전용선, 광석전용선, 시멘트전용선, 곡물전용선 등이 있다.
　　③ 컨테이너선[Container (ship)] : 컨테이너 화물의 운송에 적합하도록 설계된 구조를 갖춘 고속대형화물선을 말한다.
　　④ 래시선(LASH) : 화물을 적재한 부선을 본선에 설치된 기중기로 선상에 올려놓을 수 있는 구조의 선박이다.

49 Select the best answer suitable for the blanks under UCP 600.

> Consequently, the undertaking of a bank to honour, to negotiate or to fulfil any other obligation under the credit is not subject to (A) or (B) by the applicant resulting from its relationships with the (C) or the (D).

① (A) claims − (B) defences − (C) issuing bank − (D) beneficiary
② (A) claims − (B) remedies − (C) issuing bank − (D) nominated bank
③ (A) claim − (B) remedies − (C) confirming bank − (D) beneficiary
④ (A) claim − (B) defences − (C) confirming bank − (D) nominated bank

정답 ①

해석 UCP 600 하에서 빈 칸에 들어갈 가장 적절한 답을 고르시오.

> 결과적으로 신용장 하에 결제, 매입 또는 다른 의무를 이행하기 위해 은행이 확약하는 것은 (C) 개설은행 혹은 (D) 수익자와의 관계의 이유로 개설의뢰인이 하는 어떠한 (A) 요구나 (B) 항변에 속박당하지 않는다.
>
> *consequently : 그 결과, 따라서
> *undertaking : (중요한·힘든) 일[프로젝트], 약속, 확약
> *honour : 〈어음을〉 인수하여 (기일에) 지불하다, 받아들이다
> *negotiate : 매입하다
> *fulfill : 이행하다[충족시키다]
> *obligation : 의무
> *subject to : ~을 조건으로
> *applicant : 개설의뢰인
> *result from : ~이 원인이다

① (A) 주장, 요구 − (B) 항변 − (C) 개설은행 − (D) 수익자
② (A) 주장, 요구 − (B) 방안 − (C) 개설은행 − (D) 지정은행
③ (A) 주장(하다) − (B) 방안 − (C) 확인은행 − (D) 수익자
④ (A) 주장(하다) − (B) 항변 − (C) 확인은행 − (D) 지정은행

해설 ① UCP 600 제4조 신용장과 원인계약의 내용으로, 신용장은 그 자체의 특성상 그것의 근간이 되는 매매 혹은 다른 계약과는 별개의 거래이며, 은행은 그러한 계약과 결코 관련이 없고, 해당 계약에 구속되지 않는다.

UCP 600 제4조 신용장과 원인계약

Consequently, the undertaking of a bank to honour, to negotiate or to fulfil any other obligation under the credit is not subject to claims or defences by the applicant resulting from its relationships with the issuing bank or the beneficiary.

결과적으로 신용장에 근거하여 지급·매입 또는 기타 다른 의무를 이행하겠다는 은행의 확약은 개설은행 또는 수익자와 개설의뢰인 간의 관계에 기인한 개설의뢰인의 요구 또는 항변에 구속받지 않는다.

*claim : 주장, 요구
*defence : 방어, 옹호, 수비, 항변
*issuing bank : 개설은행
*beneficiary : 수익자
*confirming bank : 확인은행
*nominated bank : 지정은행
*remedy : 처리 방안, 해결책

50 Which of the following BEST completes the blanks in the box?

> Constructive total loss arises when the vessel or cargo is in such a situation that the cost of ( ) and repairing her would exceed her value when ( ).

① salvaging - repaired

② recovering - repaired

③ salvaging - repairing

④ recovering - repairing

정답 ①

해석 다음 중 보기 안에 있는 빈 칸에 들어갈 단어로 가장 적절한 것은?

> 추정전손은 선박이나 화물이 (수리되었을) 때 (구조)비용과 수리비용이 선박의 가치를 초과하는 상황에 발생한다.
>
> *constructive total loss : 추정전손
> *arise : 생기다, 발생하다
> *vessel : (대형) 선박[배]
> *cargo : (선박·비행기의) 화물
> *repair : 수리[보수/수선]하다
> *exceed : 넘대[초과하다/초월하다]

① 구조하는 - 수리된
② 회복하는 - 수리된
③ 구조하는 - 수리하는
④ 회복하는 - 수리하는

해설 ① 추정전손(Constructive Total Loss, CTL)에 대한 설명으로, 첫 번째 빈 칸은 the cost of ~(~하는 비용)에 걸리므로, 빈 칸에는 salvaging(구조하는) and repairing(수리하는)이 되어야 한다. 두 번째 빈 칸 앞에 her value when ~라는 문장은 'her(선박)가 수리되었을 때'라는 수동의 의미이므로, 빈 칸에는 분사형인 repaired(수리된)가 들어가는 것이 자연스럽다.

51 다음 중 무역계약의 성질에 대한 설명으로 적절하지 않은 것은?

① 유상계약은 매도인의 물품인도라는 급부에 대하여 매수인이 금전적 반대급부의 채무를 부담하는 계약을 말한다.

② 쌍무계약은 매도인이 물품인도 의무를, 매수인이 대금지급 의무를 각각 부담하며 편무계약과 구별된다.

③ 낙성계약은 당사자 간의 합의만 있으면 그 자체로 계약이 성립하기 때문에 일명 합의계약이라고 하며 요물계약과 유사하다.

④ 불요식계약은 계약의 성립이 구두, 전화, 서면 등 어떠한 형식의 내용으로도 가능하다.

정답 ③

해설 ③ 낙성계약은 당사자 간의 합의만 있으면 그 자체로 계약이 성립하는 계약으로 요물계약과 반대 개념이다. 요물계약은 당사자의 의사표시 이외에도 법이 정한 일정한 행위가 있을 때만 계약이 성립하는 것을 말한다.

무역계약의 법적 성질

낙성(합의)계약 (Consensual contract)	무역 매매계약은 매도인의 청약(Offer)에 대한 매수인의 승낙(Acceptance) 또는 매수인의 주문에 대한 매도인의 주문승낙에 의해 성립한다.
유상계약 (Remunerative contract)	무역 매매계약은 계약당사자가 상호 대가의 관계에 있고 화폐적 급부를 할 것을 목적으로 한다.
쌍무계약 (Bilateral contract)	무역 매매계약은 당사자 간 상호 채무를 부담하는 특성이 있다(매도인의 물품인도 의무에 대해 매수인은 대금지급의무를 지는 특성).
불요식계약 (Informal contract)	무역 매매계약은 문서와 구두에 의한 명시계약(Express Contract)뿐 아니라 묵시계약(Implied Contract)에 의해서도 성립될 수 있다.

52 다음 중 복합운송의 요건에 해당되지 않는 것은?

① 단일의 운송책임
② 단일의 운임책정
③ 복합운송서류의 발행
④ 운송주선업자에 의한 서로 다른 운송수단의 채용

정답 ④

해설 **복합운송인의 요건**
- 운송책임의 단일성(Through liability) : 복합운송인은 송하인(화주)과 복합운송계약을 체결한 계약 당사자로서 전체운송을 계획하고 여러 운송구간의 원활한 운송을 조정·감독할 지위에 있으므로 전 구간에 걸쳐 화주에 대해 단일책임을 져야 한다.
- 복합운송증권(Combined transport B/L) 발행 : 복합운송인이 화주에 대하여 전 운송구간에 대한 유가증권으로 복합운송증권을 발행해야 한다.
- 일관운임(Through rate) 설정 : 복합운송인은 그 서비스의 대가로서 각 운송구간마다 분할된 것이 아닌 전 구간에 대한 단일화된 운임을 설정, 화주에게 제시해야 한다.
- 운송수단의 다양성 : 복합운송은 서로 다른 여러 운송수단에 의해 이행되어야 한다. 여기에서는 운송인의 수가 문제가 아니라 운송수단의 종류가 문제가 되며, 이러한 운송수단은 각각 다른 법적인 규제를 받는 것이어야 한다.

53 다음 상업송장과 선하증권의 내용을 바탕으로 틀리게 설명된 것은?

> – Commercial Invoice 기재사항
>   SELLER : KCCI CO., LTD. SEOUL KOREA
>   BUYER : MEIYER CO., FRANKFURT GERMANY
>   COUNTRY OF ORIGIN OF GOODS : CHINA
>   COUNTRY OF FINAL DESTINATION : GERMANY
>
> – Bill of Lading 기재사항
>   SHIPPER : TANGSHAN CO., LTD. CHINA
>   CONSIGNEE : MEIYER CO., FRANKFURT GERMANY
>   VESSEL : CSC SAHNGHAI W802
>   PORT OF LOADING : SHANGHAI PORT, CHINA
>   PORT OF DISCHARGE : HAMBURG PORT, GERMANY

① 대금결제는 무신용장 방식을 이용하였다.
② 거래에서 사용된 선하증권은 Third Party B/L이다.
③ 신용장을 활용하여 대금결제가 이뤄질 것이다.
④ 수출거래물품은 제3국에서 선적될 것이다.

– 상업송장 기재사항

　매도인 : KCCI CO., LTD. 서울, 한국

　매수인 : MEIYER CO., 프랑크푸르트, 독일

　물품 원산지 : 중국

　최종 목적지 : 독일

– 선하증권 기재사항

　송하인 : TANGSHAN CO., LTD. 중국

　수하인 : MEIYER CO., 프랑크푸르트, 독일

　선박 : CSC SAHNGHAI W802

　선적항 : 상하이항, 증국

　양하항 : 함부르크항, 독일

③ 한국의 KCCI가 중국의 TANGSHAN에서 독일의 MEIYER으로 물품운송을 중계하는 중계무역(Intermediary trade)이다. 중계무역은 제3국 업자를 거쳐 거래가 성립되는 간접무역으로 수입금액과 수출금액의 차이를 매매차익으로 얻는다. 따라서 보기의 제3자 선하증권은 은행의 지급보증이 없는 무신용장 방식의 대금결제가 이루어질 것을 예상할 수 있다.

중계무역(Intermediary trade)

• 수출 목적으로 외국에서 물품을 수입하여 원형 그대로 다시 제3국에 수출하는 무역형태이다.

• 중계무역의 수출실적 인정금액은 수출금액(FOB 가격)에서 수입금액(CIF 가격)을 공제한 가득액이다.

• 선적인을 최종 수출국의 업체 명의로 바꾸어 다시 발행한 선하증권을 최종 수입업체에게 제시할 수 있는데, 이러한 선하증권을 Switched B/L이라 한다.

54 다음 중 무역계약의 기본조건에 대한 설명으로 올바르게 기술한 것은?

① 무역당사자가 제시한 견본과 동일한 품질의 물품을 인도하도록 약정하는 방법은 '표준품에 의한 매매(Sales by Standard)'이다.

② 곡물거래에 사용되는 거래조건 중 TQ(Tale Quale), RT(Rye Terms), SD(Sea Damaged)는 수량조건에 해당한다.

③ 신용장거래에서 Bulk화물의 수량조건은 통상 10%의 과부족을 허용한다.

④ 수출입에 따른 각종 비용 및 위험을 누가, 어느 정도 부담하는가를 결정하기 위해 정형거래조건을 활용한다.

① 무역당사자가 제시한 견본과 동일한 품질의 물품을 인도하도록 약정하는 방법은 견본매매(Sales by Samples)이다.

② 곡물거래에 사용되는 거래조건 중 TQ, RT, SD는 특수품질조건에 해당한다.

③ 신용장에서 특정화물의 수량이 과부족 되어서는 안 된다고 규정하지 아니한 한 5%의 과부족을 허용한다. 즉, Bulk화물의 수량조건은 통상 5%의 과부족을 허용한다.

55 다음 중 수입신용장 개설과 관련, 수입업자가 개설은행과 외국환거래약정 체결 시 주의해야 할 사항으로 옳지 않은 것은?

① 개설은행은 개설된 신용장을 임의로 취소 또는 변경할 수 없다.
② 수입업자는 신용장개설에 따른 수수료, 이자, 할인료, 지연배당금, 손해배상금 등을 부담한다.
③ 수입업자는 개설은행의 요청으로 개설은행에 지급해야 하는 모든 채무, 수수료 등을 위한 담보를 제공하여야 한다.
④ 개설은행은 채권보전을 위해 필요한 경우 신용장 조건과 불일치하는 어음에 대해서는 수입업자의 동의 하에 지급 또는 인수를 거절할 수 있다.

정답 ④

해설 ④ 개설은행은 채권보전을 위해 필요하다고 인정하는 경우 신용장 조건과 불일치하는 어음에 대해서는 수입업자의 동의 없이 지급 또는 인수를 거절할 수 있다.

지급거절 통지횟수 제한 추가명시 및 하자서류의 반송권한 조항

지정은행, 확인은행 또는 개설은행은 제시된 서류가 조건에 불일치(하자)한다고 판단되면 지급이나 매입을 거절할 수 있다. 이러한 거절통지와 관련하여 UCP 500에서는 거절통지의 대상을 "은행 또는 수익자"로 규정하였는데, UCP 600에서는 이를 "제시인"으로 변경하였다.

56 다음 중 관세법의 특성과 내용에 대한 설명으로 적절하지 않은 것은?

① 관세법령의 체계는 관세법, 관세법 시행령, 관세법 시행규칙 순으로 이어진다.
② 수입물품에는 관세를 부과하는 것이 원칙이나, 특정한 정책 목적을 수행하기 위하여 수입자나 수입물품이 일정한 요건을 갖춘 경우 관세의 일부 또는 전부를 면제해 준다.
③ 관세환급의 개별환급은 원자재의 수입 시 납부한 각각의 세액에 따라 별도로 산출한 금액을 환급하는 것이다.
④ 관세평가제도는 WCO의 정상도착가격주의를 도입하여 FOB 가격을 과세가격으로 하고 있다.

정답 ④

해설 ④ 우리나라의 관세평가는 관세법 제30조(과세가격 결정의 원칙) 내지 제35조(합리적 기준에 따른 과세가격 결정)에서 규정하고 있는데 이는 WTO 관세평가 협정을 수용한 것이며 국제적인 관세평가 원칙과 동일하다.

과세가격 결정 원리 및 방법
• 현재 우리나라의 과세가격은 실거래가격을 기초로 결정된다.
• 과세가격의 결정방법으로 6가지 평가방법을 규정하고 이를 순차적으로 적용한다.

제1방법	해당 물품의 거래가격을 기초로 한 과세가격 결정방법
제2방법	동종·동질물품의 거래가격을 기초로 한 과세가격 결정방법
제3방법	유사물품의 거래가격을 기초로 한 과세가격 결정방법
제4방법	수입 후 국내 판매가격을 기초로 한 과세가격 결정방법
제5방법	산정가격(생산비용을 산정한 가격)을 기초로 한 과세가격 결정방법
제6방법	합리적 기준에 의한 과세가격 결정방법

57 다음 중 국내·국제거래조건의 사용에 관한 ICC 규칙인 Incoterms® 2020의 개정내용에 대한 설명으로 옳지 않은 것은?

① 매매계약과 부수계약의 구분과 그 연결을 더 명확하게 설명하였다.

② 각 인코텀즈 규칙에 대한 기존의 설명문(EXPLANATORY NOTE)을 개선하여 현재의 사용지침(GUIDANCE NOTE)을 제시하였다.

③ 개별 인코텀즈 규칙 내에서 10개 조항의 순서를 변경하여 인도와 위험을 더욱 강조하였다.

④ 소개문(INTRODUCTION)에서 올바른 인코텀즈 규칙의 선택을 더욱 강조하였다.

정답 ②

해설 ② 각 Incoterms 규칙에 대한 기존의 사용지침(Guidance note)을 개선하여 훨씬 세밀한 설명문(Explanatory note)을 제시하였다.

사용자를 위한 설명문(Explanatory note)

• Incoterms 2010 버전에서 개별 Incoterms 규칙의 첫머리에 있던 사용지침(Guidance note)은 사용자를 위한 설명문(Explanatory notes for users)이 되었다.

• 설명문은 각 규칙이 어떤 경우에 사용되어야 하는지, 위험은 언제 이전하는지 그리고 매도인과 매수인 사이에 비용분담은 어떠한지와 같은 개별 Incoterms 2020 규칙의 기초를 설명한다.

• 설명문의 목적은 사용자들이 당해 거래에 적합한 Incoterms 규칙을 정확하고 효율적으로 찾도록 돕는 것과 Incoterms 2020이 적용되는 분쟁이나 계약에 관하여 결정을 내리거나 조언하는 사람들에게 해석이 필요한 사항에 관하여 지침을 제공하는 것이다.

---

58 다음 중 추심결제방식의 특징으로 옳지 않은 것은?

① 수출상은 선적서류를 은행을 통해 송부한다.

② 수입상은 수입대금을 은행을 통해 지급한다.

③ 추심에 관한 통일규칙(Uniform Rules for Collection, URC 522)이라는 국제규칙이 존재한다.

④ 환어음을 사용하지 않으므로 어음법의 적용을 받지 않는다.

정답 ④

해설 ④ 추심결제방식은 환어음을 사용하므로 어음법의 적용을 받는다.

①·② 추심결제는 은행을 통해 서류의 송부와 대금의 결제가 이루어지는 방식이다.

③ 추심에 관한 통일규칙(URC 522)이라는 국제규칙이 존재해서 추심은행의 업무나 면책 등을 포함한다.

추심결제방식(On Collection Basis)

수출상(Principal/Drawer/Accounter)이 계약 물품을 선적한 후 선적서류를 첨부한 '화환어음(환어음)'을 수출상 거래은행(Remitting Bank, 추심의뢰은행)을 통해 수입상 거래은행(Collecting Bank, 추심은행)에 제시하고 그 어음 대금의 추심을 의뢰하면, 추심은행은 수입상(Drawee, 지급인)에게 그 어음을 제시하여 어음금액을 지급받고 선적서류를 인도하여 결제하는 방식이다.

59 다음 중 SWIFT 신용장상의 내용으로 올바른 것은?

> 46A : Documents Required
> + Signed Commercial Invoice in quintuplicate
> + Insurance to be effected by Buyer
> + Full set of clean on board ocean Bills of Lading made out to order of ABC Bank marked "freight collect" and "notify applicant"

① 상업송장은 사본 5부를 제시하면 된다.
② 가격조건은 FOB 조건일 수 있다.
③ B/L상의 Consignee란과 Notify party란에는 ABC Bank가 기재된다.
④ 해상운임은 Seller가 부담하여야 한다.

정답 ②

해석
> 46A : 필요서류
> + 서명된 상업송장 5통
> + 매수인 보험 부보
> + ABC은행의 지시식으로 작성된 "후불(착불)운임"과 "개설의뢰인에게 착화통지"로 표시된 무고장 본선적재 선하증권 전통

해설 ② 매수인이 보험을 부보하고, 후불운임을 하는 조건은 인코텀즈 기준 FOB이다.
지급시기에 따른 해상운임 분류
• 선불운임(Freight prepaid/paid) : 인코텀즈 기준 CIF, CFR 조건에 의한 수출의 경우 수출업자가 선적지에서 운임을 지불하는 것
• 후불(착불)운임(Freight collect/Freight prepayable/Freight to be paid) : 인코텀즈 기준 FOB, FAS에 의한 수출의 경우 수입업자가 화물 도착 후 도착항에서 운임을 지불하는 것
FOB[Free On Board, (지정선적항) 본선 인도조건]상 매도인과 매수인의 책임

매도인(Seller)	매수인(Buyer)
• 수출통관 필 • 매수인이 지정한 본선상에 물품 인도	• 선박수배 • 수배된 선박명, 선적장소 및 선적시기 매도인에게 통지 • 선측에 인도된 때부터 선적비용과 그 물품에 관한 모든 비용 및 위험부담

60 다음 중 양도신용장과 관련된 설명으로 맞는 것은?

① 분할양도 신용장의 조건변경은 제2수익자 모두 조건변경에 합의하여야 가능하다.
② 신용장을 재양도하는 경우, 반드시 양도은행의 승인을 받아야 한다.
③ 신용장의 분할선적이 금지된 경우에는 분할양도가 가능하다.
④ 제2수익자가 제1수익자에게 재양도하는 것은 가능하다.

정답 ④

해설 ④ 양도된 신용장은 제2수익자의 요청에 의하여 그 다음 수익자에게 양도될 수 없다. 제1수익자는 그 다음 수익자로 간주되지 않는다(UCP 600 제38조 d항). 따라서 제1수익자에게 재양도하는 것은 양도 금지에 해당하지 않는다.

UCP 600 제38조 양도가능 신용장 d항
A transferred credit cannot be transferred at the request of a second beneficiary to any subsequent beneficiary. The first beneficiary is not considered to be a subsequent beneficiary.
양도된 신용장은 제2수익자의 요청에 의하여 그 이후의 어떠한 수익자에게도 양도될 수 없다. 제1수익자는 그 이후의 수익자로 보지 아니한다.

양도가능 신용장(Transferable L/C)
• 신용장을 받은 최초의 수익자인 원(제1)수익자가 신용장 금액의 전부 또는 일부를 1회에 한하여 국내외 제3자(제2수익자)에게 양도할 수 있는 권한을 부여한 신용장을 말한다. 양도가능 신용장은 1회에 한해 양도 가능하므로 제2수익자가 다시 제3자에게 본 신용장을 양도할 수 없다.
• 분할선적이 금지되지 않는 한 분할양도가 가능하다. 신용장의 양도조건은 원신용장의 조건과 동일해야 한다. 단, 신용장의 금액 및 단가의 감액, 신용장의 유효기일, 선적기일 및 서류 제시 기간의 단축, 부보비율을 원신용장 또는 신용장통일규칙이 규정하는 부보금액까지 요구하는 것이 가능하다.

61 다음은 UCP 600 Article 3. Interpretations의 내용 중 일부이다. ( ) 안에 들어갈 단어가 옳게 나열된 것은?

> The words "(㉠)" and "(㉡)" when used to determine a maturity date exclude the date mentioned.

① ㉠ from ㉡ after
② ㉠ to ㉡ before
③ ㉠ until ㉡ after
④ ㉠ till ㉡ before

만기(滿期)를 정하기 위하여 "(㉠ from)"과 "(㉡ after)"라는 단어가 사용된 경우에는 명시된 일자를 제외한다.

UCP 600 제3조 해석
The words "from" and "after" when used to determine a maturity date exclude the date mentioned.
"from" 및 "after"라는 단어가 만기일 결정을 위하여 사용되는 경우 언급된 당해 일자를 제외한다.
UCP 600 주요 개정내용 중 기간 계산 표현의 변경
• 선적기간과 관련해 to, until, till, from은 물론 between도 언급된 일자를 기간 계산에 포함시키도록 했다.
• after와 함께 before의 경우는 언급된 일자를 제외하도록 했다.
• from은 선적기간의 결정으로 사용될 경우는 해당 일을 포함시키고 환어음의 만기일 결정으로 사용될 경우는
  제외하게 했다.

62 다음 중 UCP 600을 적용한 신용장 거래에 대한 설명으로 적절하지 않은 것은?

① 통지은행은 신용장의 외관상 진정성을 확인할 수 없는 경우에는 반드시 통지하지 않아야 한다.
② 신용장은 취소불능이라는 표시가 없더라도 취소불능이다.
③ 통지은행은 수익자에게 신용장 및 그 조건변경을 통지하기 위하여 다른 은행(제2통지은행)을 이용할 수 있다.
④ 신용장을 통지하기 위하여 통지은행 또는 제2의 통지은행을 이용하는 은행은 그 신용장의 조건변경을 통지하기 위하여 동일한 은행을 이용하여야만 한다.

① 통지은행이 그러한 외관상 진정성을 검사할 수 없는 경우 지체 없이 그러한 지시를 한 은행에게 신용장의 진정성을
     검사할 수 없음을 통보하여야 한다.
② UCP 600 제3조, ③ UCP 600 제9조 c항, ④ UCP 600 제9조 d항
UCP 600 제9조 신용장과 조건변경의 통지 f항
If a bank is requested to advise a credit or amendment but cannot satisfy itself as to the apparent authenticity
of the credit, the amendment or the advice, it must so inform, without delay, the bank from which the
instructions appear to have been received. If the advising bank or second advising bank elects nonetheless
to advise the credit or amendment, it must inform the beneficiary or second advising bank that it has
not been able to satisfy itself as to the apparent authenticity of the credit, the amendment or the advice.
어떤 은행이 신용장 또는 조건변경을 통지하도록 요청받았지만 신용장, 조건변경 또는 통지의 외관상 진정성을
스스로 납득할 수 없는 경우, 그 은행은 요청한 은행에 이 사실을 지체 없이 통지해야 한다. 그럼에도 불구하고
통지은행 또는 제2통지은행이 그 신용장 또는 조건변경을 통지하기로 결정한 경우에는, 그 은행은 수익자나 제2통지
은행에 신용장, 조건변경 또는 통지의 외관상 진정성에 관하여 스스로 납득할 수 없다는 사실을 통지하여야 한다.

63 다음 중 불일치서류의 매입방식으로 틀린 것은?

① 신용장을 서류에 맞추어 조건변경한 후 매입하는 방법

② 수입업자 앞으로 하자내용을 통보하고 매입 여부를 전신으로 조회한 후 매입하는 방법

③ 화환어음을 추심한 후 대금이 입금되었을 때 지급하는 방법

④ 개설은행이 서류의 하자로 인해 대금지급 거절 시 수출업자가 책임진다는 각서를 징구한 후 매입하는 방법

정답 ②

해설 ② 수입업자 → 개설은행 앞으로 하자내용을 통보하여 매입 여부를 전신으로 조회한 후 매입하는 방법
불일치(하자있는)서류의 매입방식
• 전신 조회 후 매입(Cable negotiation) : 매입은행이 개설은행에 미리 전신으로 불일치 사항을 알려주고 매입 여부를 조회하여 매입을 승인받는 방법이다.
• 신용장 조건변경 후 매입(Negotiation after amendment) : 개설은행, 확인은행(있는 경우), 수익자의 동의 하에 신용장 조건변경을 통해 서류를 신용장 조건과 일치시킬 수 있다.
• 추심 후 매입(Collection basis) : 매입은행이 추심결제방식으로 기한부환어음에 대한 개설은행의 인수 또는 연지급 확약 후에 매입하는 방법이다.
• 보증장에 의한 매입(L/G negotiation) : 매입은행이 서류심사 시 신용장 조건과 불일치 사항에 대한 모든 책임을 수출업자가 부담한다는 일종의 보증장(Letter of Guarantee, L/G : 수입화물선취보증서)을 첨부하여 매입하는 방법이다.

64 다음 중 UCP 600이 적용된 신용장 거래에서 분할선적에 대한 설명으로 적절하지 않은 것은?

① 금지하지 않는 한, 분할선적은 허용된다.

② 동일 운송수단과 동일 운송구간에 선적되었음을 나타내는 운송서류를 제시한 경우 분할선적으로 보지 않는다.

③ 분할선적된 물품의 운송서류가 두 세트 이상 제시된 경우 그 중 가장 빠른 선적일을 선적일로 본다.

④ 동일 운송방법이더라도 둘 이상의 운송수단상에 선적된 것을 나타내는 운송서류의 제시는 동일 날짜에 동일 목적지로 향하더라도 분할선적으로 본다.

정답 ③

해설 ③ 제시가 두 세트 이상의 운송서류로 이루어지는 경우 어느 운송서류에 의하여 증명되는 가장 늦은 선적일을 선적일로 본다.
UCP 600 제31조 분할(어음)발행 또는 분할선적
• 분할(어음)발행 또는 분할선적은 허용된다.
• 동일 운송수단과 동일 운송방식을 위하여 출발하는 선적을 증명하는 두 세트 이상의 운송서류를 구성하는 제시는, 이들 서류가 동일한 목적지를 표시하고 있는 한, 이들 서류가 다른 선적일 또는 다른 선적항, 수탁(수취)장소 또는 발송장소를 표시하고 있더라도, 분할선적으로 보지 않는다.
• 그 제시가 두 세트 이상의 운송서류로 이루어진 경우에는, 운송서류의 어느 한 세트에 증명된 최종선적일을 선적일로 본다.
• 동일 운송방식에서 둘 이상의 운송수단상에 선적된 것을 나타내는 두 세트 이상의 운송서류의 제시는 비록 동일 날짜에 동일 목적지로 향하더라도 분할선적으로 본다.

65 다음 중 항공운송총대리점과 항공운송주선업자의 비교 설명으로 옳지 않은 것은?

구 분	항공운송총대리점	항공운송주선업자
(가) 업무영역	모든 화물취급(LCL 화물은 운송주선업자에게 혼재의뢰)	국내외 LCL 화물취급
(나) 운임률	항공사의 운임률표 사용	자체의 운임률표 사용
(다) 화주에 대한 책임	항공사 책임	운송주선업자 책임
(라) 운송약관	자체의 약관 사용	항공사의 약관 사용

① (가)   ② (나)
③ (다)   ④ (라)

정답 ④

해설 ④ 항공운송총대리점의 운송약관은 항공사의 약관을 사용하며, 항공운송주선업자의 운송약관은 자체의 약관을 사용한다.

항공운송대리점과 항공운송주선업자

구 분	항공운송대리점	항공운송주선업자
업무영역	모든 화물취급(LCL 화물은 운송주선업자에게 혼재의뢰)	국내외 LCL 화물취급
운임률	항공사의 운임률표 사용	자체의 운임률표 사용
화주에 대한 책임	항공사를 대리하여 운송계약 체결	당사자로서 화주와 운송계약 체결(직접 운송계약상의 책임 부담)
운송약관	항공사의 운송약관 사용	자체의 운송약관 사용
항공화물운송장	운송사 명의의 Master AWB 발행	자체 명의의 House AWB 발행

66 ( ) 안에 들어갈 용어로 옳은 것은?

통상 수출통관은 수출물품을 세관이 지정한 보세창고에 장치하여야 하나, 수출업자가 자가창고를 보세창고로 지정받은 경우, 세관의 담당공무원이 해당 창고에 출장하여 ( ) 업무를 진행한다.

① 임시개청   ② 출장검사
③ 출무검사   ④ 파출검사

④ 파출검사는 수입·수출품목에 대해 세관직원이 현장에 출무하여 검사하는 것
① 임시개청은 세관공무원이 공휴일 등에 근무하며 통관 및 세관 업무를 처리하게 하는 것
②·③ 출장검사, 출무검사는 입·출항절차의 수행 등에서 사용되며, 물품 장치의 과정에서는 사용하지 않는다.
파출검사
견본검사나 세관검사장검사를 실시하기 곤란한 물품의 경우 검사의 효율성을 높이기 위해 세관의 담당공무원이
현장에서 실시하는 검사

67 다음 중 보험계약 체결 당시의 위험사정은 완전히 소멸하고 새로운 위험사정으로 전개되는 위험의
변동 사례로 구성된 것은?

① 항해의 변경, 선박의 변경
② 항해의 변경, 이로
③ 선박의 변경, 지연
④ 이로, 지연

위험의 변동
• 위험변경
 – 보험계약의 체결시점에서 보험자가 측정한 위험률이 단순히 변동하는 것(양적 변동)
 – 위험변경의 예 : 항해의 지연, 이로, 환적
• 위험변혁
 – 보험계약 체결 당시의 위험사정은 완전히 소멸하고 전혀 다른 별개의 위험사정으로 전개되는 것(질적 변동)
 – 위험변혁의 예 : 항해의 변경, 발항항의 변경, 상이한 도착항을 향한 출항, 선박의 변경

68 다음 중 해상 고유의 위험으로 구성되어 있는 것은?

① 좌초, 침몰, 투하, 화재
② 화재, 선원의 악행, 군함, 외적
③ 충돌, 악천후, 좌초, 침몰
④ 좌초, 투하, 외적, 군함

해상위험의 범위
• 해상 고유의 위험(Perils of the Seas) : 항해에서 직접적으로 발생하는 위험으로, 주로 자연에서 발생한 원인에
 따라 생긴다. 침몰 및 전복, 좌초, 충돌, 악천후 등이 있다.
• 해상위험(Perils on the Seas) : 항해에서 부수하여 발생하는 위험으로, 주로 해상에서 발생하는 위험인 화재,
 투하, 해적, 강도, 절도, 선원의 악점, 전쟁위험, 군함, 외적, 나포 등 기타 모든 위험을 포함한다.

69 영국해상보험법(MIA 1960)상 공동해손(GENERAL AVERAGE)의 구성요건으로 옳지 않은 것은?

① 통상적인 희생이나 비용이 아닌 이례적인 희생이나 비용이어야 한다.
② 희생이나 비용이 자발적으로 발생된 것이어야 한다.
③ 고의로 발생시킨 비용이나 희생이 합리적인 수준 이내에서 발생되어야 한다.
④ 공동해손손해는 공동해손행위에 의한 간접적 손해이어야 한다.

[정답] ④

[해설] ④ 공동해손손해는 공동해손행위에 의한 직접적 손해이어야 한다.
공동해손의 구성요건
• 이례적인 희생이나 비용이 있어야 한다.
• 희생이나 비용이 자발적으로 발생한 것이어야 한다.
• 합리적인 수준 이내에서 발생한 것이어야 한다.
• 전체 공동이 위험에 직면한 경우에 이러한 위험으로부터 회피하거나 벗어나기 위한 비용이나 희생이어야 한다.
• 현실적인 손해로서 공동해손행위에 의한 직접적인 손해이어야 한다.
• 장래 발생할 가상의 손해는 안 된다.

70 다음 중 중재제도의 한계점으로 옳지 않은 것은?

① 당사자 간의 중재합의의 효력에 관한 분쟁은 법원에 의해 해결되어야 한다.
② 중재인의 선임이 원만하게 이루어지지 않을 때에는 법원이 이를 선정·보충·대체할 수 없다.
③ 당사자가 중재판정에 따르지 않는 경우에는 법원의 집행판결을 받아서 강제집행을 하여야 한다.
④ 내국중재판정에 하자가 있을 때에는 법원에 소를 제기하여 이를 취소할 수 있다.

[정답] ②

[해설] ② 중재인의 선임이 원만하게 이루어지지 않을 때에는 법원이 이를 선정·보충·대체할 수 있다.
중재제도의 단점
• 단 한 번의 판정으로 최종 확정되어 상소수단이 없는 것이 클레임 당사자에게 불만을 야기할 수 있다.
• 중재판정부는 제한된 권한으로 실체적 진실을 발견하는 데 부족하다.
• 국내중재판정의 승인과 집행을 위해서는 새로운 절차를 밟아야 하므로 판결에 비하여 집행의 가능성이 감소한다.
• 다수 당사자 간의 분쟁을 일거에 해결하는 데 소송절차보다 어렵다.
• 중재인 관련
  – 법률에 구속됨 없이 양식에 따라 판정하여 판정기준이 애매하고, 주관이 개입될 위험이 있다. 또한 자기를 선임한 당사자의 대리인의 이익을 보호하려는 경향이 있다.
  – 중재인은 강제처분권이 없고 판정기간이 짧기 때문에 흔히 양 당사자의 주장을 형식적으로 절충하여 판정을 내리는 경우가 있다.
  – 중재인은 중재법정에서 지휘권의 법적 보장이 없어 중재절차가 장기화 가능성이 있다.

71 다음 중 중재(ARBITRATION)에 대한 설명으로 옳지 않은 것은?

① 중재합의는 원칙적으로 서면으로 하여야 한다.

② 중재합의의 내용이 기록된 경우 서면에 의한 합의로 간주되고, 분쟁이 발생하기 전에 이뤄져야만 한다.

③ 중재합의는 '직소금지' 즉, 중재합의의 대상에 대한 소를 제기하는 경우 법원이 소를 각하하게 할 수 있는 효력을 갖는다.

④ 중재합의는 국제적으로는 '뉴욕협약'에 따라 외국에서의 승인과 집행이 보장되도록 하는 효력을 갖는다.

정답 ②

해설 ② 중재합의는 계약상의 분쟁인지 여부에 관계없이 일정한 법률관계에 관하여 당사자 간에 이미 발생하였거나 앞으로 발생할 수 있는 분쟁의 전부 또는 일부를 중재에 의하여 해결하도록 하는 당사자 간의 합의를 말한다.

중재합의(Arbitration agreement)
• 상사중재는 소송과 달라서 거래당사자나 분쟁당사자 간에 무역클레임을 중재로 해결한다는 의사의 서면합의, 즉 상사중재계약이 있어야만 가능하다.
• 편의상 분쟁 발생시점을 중심으로 사전에 미리 약정하는 '사전중재합의'와 사후에 약정하는 형식의 '중재의뢰합의'로 구분한다.

72 다음 중 국제물품매매계약에 관한 UN협약(UNCISG)의 적용에 대한 설명으로 옳지 않은 것은?

① 영업소가 서로 다른 국가에 있는 당사자 간의 물품매매계약에 적용된다.

② 해당 국가가 모두 체약국인 경우, 또는 국제사법 규칙에 의하여 체약국법이 적용되는 경우에 적용된다.

③ 개인용・가족용 또는 가정용으로 구입된 물품의 매매에도 적용된다.

④ 물품을 공급하는 당사자 의무의 주된 부분이 노무 그 밖의 서비스의 공급에 있는 계약에는 적용되지 아니한다.

정답 ③

해설 국제물품매매계약에 관한 UN협약(CISG)의 적용 제외
본 협약은 다음의 매매에는 적용되지 않는다.
• 개인용, 가족용 또는 가정용으로 구매된 물품의 매매. 다만, 매도인이 계약체결 전이나 계약체결 시 물품이 그러한 용도로 구매된 사실을 알지 못하였고 알았어야 했던 것도 아닌 경우에는 그러하지 않음
• 경매에 의한 매매
• 강제집행 또는 그 밖의 법률상 수권에 의한 매매
• 주식, 지분, 투자증권, 유통증권 또는 통화의 매매
• 선박, 부선, 수상익선 또는 항공기의 매매
• 전기의 매매

73 다음 중 복합운송인의 책임체계에 대한 설명으로 적절하지 않은 것은?

① 단일책임체계는 화물의 멸실, 훼손, 자연손해가 복합운송 도중 어느 구간에서 발생하였느냐를 구분하지 않고 복합운송인이 동일한 책임을 지도록 하는 책임체계이다.

② 이종책임체계는 손해발생구간이 확인된 경우와 그렇지 않은 경우로 나눠 각각 다른 책임을 적용하는 체계이다.

③ 이종책임체계는 해상운송구간이 포함된 복합운송에서 손해발생구간이 밝혀지지 않은 경우라면 해상구간에서 발생한 것으로 추정하여 헤이그 규칙 등을 적용한다.

④ 단일책임체계는 화주에 대하여는 운송인이 인수한 전 운송구간에 걸쳐서 동일책임을 지는 것을 원칙으로 하되, 책임한도액은 각 구간에 적용되는 강행법률 등이 정한 바에 따르도록 하는 체계이다.

정답 ④

해설 ④ 화주에 대하여는 운송인이 인수한 전 운송구간에 걸쳐서 동일책임을 지는 것을 원칙으로 하되, 책임한도액은 각 구간에 적용되는 강행법률 등이 정한 바에 따르도록 하는 체계는 변형[수정]단일책임체계(Modified uniform liability system)이다.

UN국제물품복합운송조약 하의 책임체계
- 이종책임체계(Network liability system) : 운송물품에 손상 등이 발생한 경우 손해발생구간이 확인된 경우와 아닌 경우로 구분하여 복합운송인에게 책임을 부담시키는 것을 말한다. 손해가 발생한 구간이 확인되지 않는 경우에는 해상구간에서 발생한 것으로 간주한다.
- 단일책임체계(Uniform liability system) : 복합운송인이 운송물의 멸실, 손상 등에 대하여 어느 구간에서 발생하였는지의 여부를 불문하고 동일한 책임원칙에 따라 복합운송인에게 책임을 부담시키는 것을 말한다.

---

74 다음 중 eUCP에 대한 설명으로 틀린 것은?

① eUCP에 따른 신용장 거래에서 전자기록의 제시는 동시에 이뤄질 필요는 없다.

② eUCP 신용장이 여러 개의 전자기록의 제시를 요구하는 경우 수익자는 제시가 완료된 경우 이를 은행에 통지하여야 할 책임이 있다.

③ eUCP 신용장에서 은행은 수익자의 완료통지가 없는 경우 제시가 이뤄지지 않았다고 간주한다.

④ eUCP에서 은행의 심사기간이 최장 3영업일이라고 규정하고 있다.

정답 ④

해설 ④ 개설은행, 확인은행(있을 경우)에 전자기록만으로 제시가 이루어진 경우 전자기록의 심사가 적용 가능하다면, 거절통지를 위한 합리적인 시간은 수익자의 제시완료 통지를 접수한 날 다음의 5영업일을 초과하지 않는다.

① 전자서류는 한꺼번에 제시될 필요는 없고 여러 번에 걸쳐 나누어 제시될 수 있도록 규정하고 있다.

② eUCP 신용장이 여러 개의 전자기록의 제시를 요구하는 경우 수익자는 은행에 서류제시 완료통지를 하여야 한다.

③ eUCP에서는 전자서류가 제시되었다 하더라도 제시된 전자서류를 확인할 수 없으면 비록 제시되었다고 하더라도 수령하지 않은 것으로 간주한다. 제시된 전자서류의 진위확인이 안 된 경우 전자서류가 제시되지 않은 것으로 간주한다.

75 다음 중 항공화물운송장(AIR WAYBILL)에 대한 설명으로 틀린 것은?

① AWB의 원본은 발행항공사용, 수화인용, 송화인용, 화물인도항공회사용, 도착지공항용의 5부가 발행된다.

② 송화인이 화주보험에 가입을 한 경우 보험가입증명서로서 기능을 수행한다.

③ 운임, 요금의 청구를 나타내는 요금계산서로서의 역할을 수행한다.

④ 송화인과 항공운송인 간의 항공운송계약에 대한 추정적 증거기능을 수행한다.

정답 ①

해설 ① 항공화물운송장은 원본 3부와 여러 부의 부본으로 구성되며, 원본은 발행항공사용, 수화인용, 송화인용으로 구분된다.

항공화물운송장(Air WayBill, AWB)의 기능
- 송하인으로부터 화물의 수취를 증명하는 화물수취증
- 송하인과 항공사 간의 항공운송계약 성립을 증명하는 증거서류
- 항공운임, 제반 수수료에 대한 계산서 및 청구서
- 송하인이 화주보험에 가입을 한 경우 보험가입증명서
- 수입통관 시 항공운임, 보험료의 증명자료로서 세관신고서
- 항공화물의 취급, 중계, 배달 등에 대한 송하인의 운송인에 대한 취급지침서
- 수하인에 대한 화물인도증서

PART 02

2019년 기출문제

무역영어 2급 기출이 답이다

제1과목 **영문해석**

01 What clause does the following represent?

> A party hereto must submit a written notice to any other party to whom such dispute pertains, and any dispute that cannot be resolved within thirty (30) calendar days of receipt of such notice (or such other period to which the parties may agree) will be submitted to a third party selected by mutual agreement of the parties.

① Severability clause

② Arbitration clause

③ Jurisdiction clause

④ Entire agreement clause

정답 ②

해석 다음의 내용에 해당하는 조항은 무엇인가?

> 당사자 일방은 분쟁과 관련된 다른 당사자에게 서면 통지를 하여야 하며, 그러한 통지를 받은 후 달력 기준 30일 이내에 (또는 당사자 간 합의된 기간에) 해결될 수 없는 분쟁은 양 당사자의 상호 합의 하에 선정된 제3자에게 제시될 것이다.

① 가분성조항

② 중재조항

③ 재판관할조항

④ 완전합의조항

해설 ② 중재조항(Arbitration clause) : 당사자의 분쟁을 중재로 해결한다는 내용을 규정한 조항이다.
① 가분성조항(Severability clause) : 특정 조항이 무효이더라도 다른 조항에는 영향이 없으며, 준거법에 따라 중요 조항이 무효인 경우 그 계약 전체가 무효가 되는 것을 방지하기 위한 조항이다.
③ 재판관할조항(Jurisdiction clause) : 소송을 제기하는 재판소를 계약 당사자 간에 미리 설정한 조항으로 여러 국가와 관련을 맺는 국제 거래의 경우, 당해 계약 하에서 발생되는 분쟁을 해결할 장소를 선택함으로써 불확실성을 감소시키는 것이 중요하다.
④ 완전합의조항(Entire agreement clause) : 계약서가 유일한 합의서이고 계약서 이외의 내용은 인정하지 않는다는 조항이다. 따라서 거래 협상 중의 문서나 구두는 인정되지 않으며, 계약서 체결 이전의 협의 사항은 주장할 수 없다.

02 What terms does the following represent?

> All Products sold by CHI to Distributor shall be shipped by CHI free on board(F.O.B.) the Shipping Point. CHI shall be responsible for ensuring that Products are packaged in accordance with industry standard practices and in a manner reasonably calculated to ensure that they arrive in undamaged condition.

① Shipment
② Price
③ Insurance
④ Payment

정답 ①

해석 다음 내용에 해당하는 조건은 무엇인가?

> CHI에 의해 판매되는 모든 제품은 CHI 본선 인도(F.O.B)에 의해 선적지점에서 선적될 것이다. CHI는 제품이 업계표준실행에 따라 포장되었는지 확인할 책임이 있으며, 제품이 손상되지 않은 상태로 도착한다는 것을 합리적인 산정방식으로 보장할 책무가 있다.
>
> *industry standard practices : 업계표준실행

① 선 적
② 가 격
③ 보 험
④ 지 불

해설 ② 가격(Price) : 매매가격은 매도인과 매수인이 부담해야 할 여러 가지 원가요소와 물품 인도장소 등을 고려하여 정한다. 관습상 형성된 정형거래조건(INCOTERMS)에 의해 산출되는 것이 일반적이다.

③ 보험(Insurance) : 일반적으로 해상보험 중 적하보험을 의미하는데, 선박의 침몰·좌초·충돌, 전쟁위험, 해적·강도 등과 같은 해상위험에 의해 발생하는 해상손해에 대한 보상을 약속하고 그 대가로 보험료를 징수하는 보험계약이다.

④ 지불(Payment) : 거래하는 물품의 결제수단을 신용장 조건으로 할지, 무신용장 조건으로 할지, 무신용장이라면 현금으로 할지, 전신환송금으로 할지 등을 결정하는 것이다.

선적조건(Shipment terms)

무역거래에서 물품인도의무의 원만한 이행을 위해서는 당사자 간에 인도시기(Time of delivery)와 인도장소(Place of delivery) 및 인도방법(Method of delivery)의 세 가지 요소에 대한 약정이 필요하다. 무역거래는 원거리의 당사자가 개입되고 운송을 매개로 하여 이루어지므로 실무상 인도조건 대신에 선적조건을 사용한다. 선적(Shipment)은 육·해·공 모두에서 공히 공통으로 사용할 수 있는 용어이다.

안심Touch

03 Which of the following set of words is APPROPRIATE for the blanks below?

> In (A) term, the obligation of delivery of goods by the seller is too limited to arrange goods at his factory premises only. However, in (B) term, the export cleared goods are delivered by the seller to the carrier at the named and defined location mentioned in the contract. In (B) term, the delivery of goods also can be made at the seller's premises, if mutually agreed between buyer and seller. If the buyer can not carry out the export formalities, either directly or indirectly, (B) term are opted in such business transactions also.

① (A) EXW, (B) FCA
② (A) FCA, (B) FOB
③ (A) CPT, (B) CIP
④ (A) EXW, (B) FOB

정답 ①

해석 다음 내용에서 아래 빈 칸에 들어갈 말로 알맞게 짝지어진 것은?

(A 공장 인도) 조건에서 매도인에 의한 물품 인도 의무는 오직 매도인의 공장의 구내에서 처리하는 것으로만 제한된다. 하지만 (B 운송인 인도) 조건에서는 수출업자가 매도인에 의해 계약서에 명시된 운송인과 지정된 목적지로 인도된 물품을 수출 통관한다. (B 운송인 인도) 조건에서 매도인과 매수인 상호 간에 합의되었다면 물품 인도는 매도인의 구내에서 이루어질 수 있다. 만약 매수인이 수출 수속을 직접 또는 간접적으로 수행할 수 없다면, (B 운송인 인도) 조건은 그러한 사업 거래에 참여하기로 한다.

*opt in : (~에) 참여[동의]하기로 하다

해설 ① EXW는 매도인의 최소의무를 표방한다. 매도인이 실제로 물품을 적재하는 데 더 유리한 입장에 있더라도, 매도인은 매수인에 대해 물품적재의무가 없다. 매도인이 물품을 적재할 경우, 이는 매수인의 위험과 비용으로 이행한다. 매도인이 물품을 적재하기에 더 유리한 입장에 있는 경우에는 매도인이 자신의 위험과 비용으로 물품적재의무를 부담하는 FCA가 일반적으로 더 적절하다.

04 What is the biggest risk for an exporter selling to a country that has a volatile inflation rate?

① Economic risk
② Environmental risk
③ Social risk
④ Political risk

[정답] ①

[해석] 불안한 물가상승률을 가진 국가에 판매할 때 수출자에게 가장 큰 위험 요소는 무엇인가?
① 경제적인 위험
② 환경적인 위험
③ 사회적인 위험
④ 정치적인 위험

[해설] 수출위험의 분류
- 경제적인 위험(Economic risk) : 수입국에서의 불확실한 상황이 경제, 재무 및 경영상 경제적·재무적 위기로 이어지는 수출대금 회수 불능 위험
- 신용위험(Commercial Risk) : 수입자의 신용 악화, 신용장 개설은행의 파산, 대금지급 지체·거절 등으로 인한 수출대금 회수 불능 위험
- 비상(국가)위험(Political Risk) : 수입국에서의 정치·경제·사회 환경의 변화(전쟁, 내란, 수입국 정부의 수입거래 제한, 환거래 제한 등)로 인한 수출 불능 또는 수출대금 회수 불능 위험
*volatile : 불안한, 변덕스러운
*inflation rate : 물가상승률

05 Which of the following types of letter of credit would be the most appropriate for a contract that involves numerous and regular shipments?

① Back-to-back credit
② Red clause credit
③ Revolving credit
④ Transferable credit

[정답] ③

[해석] 다음 신용장의 종류 중 다수의 정기적인 선적을 포함한 계약으로 가장 적절한 것은?
① 동시개설신용장
② 전대신용장
③ 회전신용장
④ 양도가능 신용장

[해설] ③ 회전신용장(Revolving credit) : 수출·입업자 사이에 동종의 상품거래가 상당기간 계속하여 이루어질 것으로 예상되는 경우 거래 시마다 신용장을 개설하는 불편을 덜기 위하여 일정기간 동안 일정금액의 범위 내에서 신용장 금액이 자동 갱신(Automatically reinstated/restored)되어 재사용할 수 있도록 하는 조건으로 개설된 신용장이다. 갱신 방법에 따라 누적신용장(Cumulative L/C)과 비누적신용장(Non-cumulative L/C)으로 구분된다.
① 동시개설신용장(Back-to-back credit) : 무역균형 유지를 위해 한 나라에서 수입신용장을 개설할 경우, 그 신용장은 수출국에서 동액의 수입신용장 개설 시에만 '유효하다는 조건'이 붙은 조건부 L/C로서 구상무역/견질/상호교환 신용장이라고도 한다.
② 전대신용장(Red clause credit) : 수출물품의 생산·가공·집화·선적 등에 필요한 자금을 수출업자에게 융통해 주기 위하여 매입은행으로 하여금 일정한 조건에 따라 신용장금액의 일부 또는 전부를 수출업자에게 선대(선불)해 줄 것을 허용하고 신용장 개설은행이 그 선대금액의 지급을 확약하는 신용장이다.
④ 양도가능 신용장(Transferable credit) : 신용장을 받은 최초의 수익자인 원(제1)수익자가 신용장 금액의 전부 또는 일부를 1회에 한하여 국내외 제3자(제2수익자)에게 양도할 수 있는 권한을 부여한 신용장을 말한다.

06 Unless otherwise stated in the letter of credit, within how many calendar days after shipment should beneficiaries normally present documents under a letter of credit?

① 10

② 14

③ 21

④ 30

정답 ③

해석 신용장에 대한 별도의 언급이 없는 한, 신용장 하에서 수익자는 선적 후 며칠 안에 일반적으로 서류를 제시해야 하는가?

해설 ③ 운송서류의 원본을 포함한 제시는 선적일 후 21일 내에 수익자 또는 대리인에 의하여 이루어져야 한다. 하지만 어떤 경우에도 신용장 유효기일보다 늦게 이루어져서는 안 된다.

제시기일(Time limit for presentation)
• 선하증권 및 기타 서류 발급일 이후 지급·인수·매입을 위한 선적서류의 제시기일이다.
• 신용장에 정하여 명시하게 되어 있으나 명시하지 않은 경우, 일률적으로 선적서류 발행일 이후 21일까지를 제시기일로 한다.
• 위에서 제시한 기일이 경과한 서류는 Stale B/L(기간경과 선하증권)이 된다.

[07~08] Read the following and answer the questions.

Dear Marvin,

I am pleased to invite you to tour our manufacturing facility next Thursday. We have arranged for a limousine to pick up you and your associates at 9:30. We've planned a special luncheon for your group at the Omaha Club. Then we'll return to our conference center for a wrap-up meeting. Once you see our robotic system in operation at LexRite, I think you'll be excited about the possibilities for your company.

---

07 What CANNOT be inferred?

① The writer is at marketing department of LexRite.

② LexRite wants to show a robotic system to Marvin.

③ The writer introduces a schedule of sightseeing tour as a guide.

④ This letter is an invitation to facility tour.

08 Which is LEAST proper to be included in the reply of this letter?

① Accompanying me will be Max, Angela and Don.

② We look forward to welcoming you and your team.

③ We are looking forward to seeing the Robotics assembly and tracking system in action.

④ It will be a very productive day.

정답 07 ③ 08 ②

해석

Marvin씨께,

다음 목요일에 당사의 제조 공장 순회에 귀하를 초대하게 되어 기쁩니다. 당사는 9시 30분에 귀하와 동료분들을 모시러 갈 리무진을 준비했습니다. 귀하의 일행을 위하여 오마하 클럽에 특별 오찬을 계획했습니다. 그러고 나서 우리는 회의를 마무리하기 위해 컨퍼런스 센터로 돌아갈 예정입니다.

LexRite에서 당사의 로봇 시스템이 작동되는 것을 보면, 제 생각에 귀사를 위한 가능성에 흥분될 것으로 여겨집니다.

*tour : 순회, 순방
*special luncheon : 특별 오찬
*wrap-up meeting : 회의를 마무리하다

07 다음 중 위 서신에서 추론할 수 없는 것은?
① 글쓴이는 LexRite의 마케팅 부서에서 일하고 있다.
② LexRite는 Marvin에게 로봇 시스템을 보여주고 싶어 한다.
③ 글쓴이는 가이드로서 관광 투어 일정을 소개하고 있다.
④ 이 서신은 공장 순회 초대장이다.

08 이 서신의 답신에 포함될 내용으로 가장 적절하지 않은 것은?
① 저와 동행할 사람은 Max, Angela 그리고 Don이 될 것입니다.
② 당사는 귀하와 귀하의 팀을 환영하기를 고대하고 있습니다.
③ 당사는 조립된 로봇과 추적 시스템이 작동되는 것을 보고 싶어 기대하고 있습니다.
④ 매우 생산적인 하루가 될 것 같습니다.

해설 07
위 서신은 LexRite사의 로봇 시스템을 Marvin에게 보여줄 목적으로 공장 순회에 초대하는 내용으로, 글쓴이는 LexRite사의 마케팅 부서에서 일하고 있음을 유추할 수 있다. 따라서 유추할 수 있는 내용으로 적절하지 않은 것은 ③이다.

08
서신에서 Marvin과 그의 팀원들을 공장 순회에 초대하였으므로, 답신에는 초대를 받은 소감이나, 투어에 대한 기대감과 참석인원 등을 나타내는 표현이 들어있어야 한다. 그러나 ②는 초대를 하는 입장에서 작성한 서신에 들어가야 할 내용이므로 적절하지 않다.

09 Which is BEST translation for that sentence?

> Please credit us with the amount charged for the products.

① 제품에 부과된 가격을 입금하여 주시기 바랍니다.
② 제품에 부과한 가격을 우리가 송금하도록 해주세요.
③ 제품의 가격을 우리가 신용으로 지불하도록 해주세요.
④ 우리는 제품의 가격만큼 신용장을 쓰도록 하겠습니다.

정답 ①

해석 다음 문장의 번역으로 가장 적절한 것은?

> 제품에 부과된 가격을 입금하여 주시기 바랍니다.
>
> *credit A with B : A에 B를 입금하다
> *charged for : ~에 대한 요금으로 ~를 청구하다(= ask in payment)

해설 제시된 문장을 구분하여 번역하면 다음과 같다.
- Please credit us with the amount : 당사에 가격을 입금하여 주십시오
- charged for the products : 제품에 부과된 요금
따라서 적절한 번역은 ① '제품에 부과된 가격을 입금하여 주시기 바랍니다.'이다.

10 What provision does the following represent?

> All shipments shall be covered per ICC(B) for a sum equal to the amount of the invoice plus ten (10) percent, unless any other conditions are specifically agreed upon. All policies shall be made out in US Dollars and claims payable in Seoul, Korea.

① Shipment
③ Payment
② Marine insurance
④ Firm order

해석 다음 내용에 해당하는 조항은 무엇인가?

구체적으로 동의된 다른 조건이 없다면 모든 선적물은 ICC(B)에 따라 송장 가격에 10퍼센트를 더한 동일한 액수를 보장받게 될 것이다. 모든 보험증서는 US 달러로 결정되고 대한민국 서울에서 지불가능한 청구이다.

*provision : (법률 관련 문서의) 조항[규정/단서]

① 선 적   ② 해상보험
③ 지 불   ④ 확정청약

해설 해상보험(Marine insurance)
• 무역에서 적용되는 보험은 일반적으로 해상보험 중 적하보험을 의미한다.
• 해상(적하)보험(계약)이란 선박의 침몰(Sinking)・좌초(Stranding)・충돌(Collision)・화재(Fire)・투하(Jettison)・갑판유실(Washing overboard), 전쟁위험(War perils), 해적, 강도 등과 같은 해상위험(Maritime perils)에 의해 발생하는 해상손해(Marine losses)에 대한 보상을 보험자(보험회사)가 피보험자(화주・선주 등)에게 약속하고 그 대가로 보험료(Insurance premium)를 징수하는 보험계약이다.
• 해상적하보험약관[Institute Cargo Clause(ICC), 협회적하약관] : 해상보험에 일률적으로 적용되는 국제규약으로 운송 중인 적하의 해상위험에 대한 보험조건과 담보범위 등을 규정한 것이다.

[11~14] Which is LEAST proper Korean translation for each English sentence?

11
① We offer you firm subject to your acceptance.
→ 귀사가 받아들인 회사의 주제를 제안합니다.
② The quantity of the goods was shipped in full.
→ 상품은 전량 선적되었다.
③ We make all sales in accordance with this agreement.
→ 모든 판매는 이 계약에 따라서 한다.
④ It is up to the buyer to obtain, at its own risk and expense, any import license.
→ 매수인은 자신의 위험과 비용으로 수입승인을 받는다.

12
① Expenses relating to cabling shall be borne by the respective senders.
→ 전송에 관련된 비용은 발송자 부담으로 한다.
② We can accept your offer if you can shorten the delivery date.
→ 만일 인도 기일을 단축시켜 주실 수 있다면 귀사의 오퍼를 수락하겠습니다.
③ We are pleased to enclose our latest price list for the goods you inquired for.
→ 귀사가 조회한 상품의 가격표를 늦게라도 보냅니다.
④ Our prices are subject to 5% discount for cash.
→ 가격은 현금 거래 시 5% 할인 조건입니다.

13 ① We accept your offer completely provided that you can expedite your shipment.
→ 선적을 빨리 한다는 것을 전제로 귀사의 청약을 승낙합니다.

② This agreement has been made out and entered into on the 1st of May.
→ 본 계약은 5월 1일자로 작성 및 체결되었다.

③ We are not in a position to accept your offer at present.
→ 지금으로서는 귀사의 청약을 승낙할 수 없습니다.

④ We have no choice but to claim for the damaged goods.
→ 당사는 파손된 물품에 대하여 클레임을 청구하지 않겠습니다.

14 ① Unless otherwise expressly agreed upon, the port of shipment shall be at the seller's option.
→ 별도의 명시적인 합의가 없는 한, 선적항은 매도인이 선택한다.

② The drafts shall be duly paid on presentation to the drawee.
→ 환어음이 지급인에게 제시되었을 때 정히 지급되어야 한다.

③ The following goods you shipped arrived here in good order yesterday.
→ 귀사가 선적한 물품이 주문한 상태로 어제 이곳에 도착하였습니다.

④ We have negotiated the draft through ○○Bank with shipping documents attached.
→ 선적서류를 첨부한 환어음을 ○○은행에서 매입하였습니다.

정답 11 ① 12 ③ 13 ④ 14 ③

해설 11
① We offer you firm subject to your acceptance에서 subject to는 '~을 조건으로', acceptance는 '승낙, 승인'이라는 뜻이므로, '귀사가 받아들인 회사의 주제를 → 귀사의 승인을 조건으로 확정청약을 제안합니다.'가 적절한 번역이다.
*subject to : [명사]을/를 조건으로
*in full : 전부[빠짐없이]
*in accordance with : ~에 부합되게, (규칙·지시 등에) 따라
*at its own risk and expense : 자신의 책임과 비용으로

12
③ We are pleased to enclose our latest price list for the goods you inquired for에서 our latest price list는 '상품의 가격표를 늦게라도'가 아니라 '당사의 최신 가격 리스트'라는 뜻이므로, '귀사가 조회한 상품의 가격표를 늦게라도 → 당사의 최신 가격 리스트를 보냅니다.'가 적절한 번역이다.
*relating to : ~에 관하여
*respective : 각자의, 각각의

13
④ We have no choice but to claim for the damaged goods에서 have no choice but to는 '~하지 않겠다'가 아니라 '~할 수밖에 없다'이므로, '당사는 파손된 물품에 대하여 클레임을 청구하지 않겠습니다 → 청구할 수밖에 없습니다.'가 적절한 번역이다.

14

③ The following goods you shipped arrived here in good order yesterday에서 in good order는 '순조롭게'라는 뜻이므로, '귀사가 선적한 물품이 <u>주문한 상태로</u> → 어제 이곳에 무사히 도착하였습니다.'가 적절한 번역이다.
*Unless otherwise expressly agreed upon : 별도의 명시적인 합의가 없는 한
*duly : 적절한, 때에 맞춰

15 Choose the WRONG description for Incoterms 2010.

① The Incoterms 2010 rules are presented in two distinct classes; which are rules for any mode or modes of transport and rules for sea and inland waterway transport.

② Incoterms 2010 rules are available for application to international sale contracts only.

③ EXW represents the minimum obligation for the seller.

④ Under DDP, the seller has an obligation to clear the goods not only for export but also for import.

정답 ②

해석 **인코텀즈 2010의 설명으로 틀린 것을 고르시오.**
① 인코텀즈 2010 규칙은 모든 운송수단 규칙과 해상 및 내수로운송수단 규칙이라는 두 가지 다른 종류를 제시해준다.
② 인코텀즈 2010 규칙은 국제 매매계약에서만 적용가능하다.
③ EXW는 매도인에게 최소 의무를 제시한다.
④ DDP 하에서, 매도인은 수출뿐만 아니라 수입에서도 통관의 의무가 있다.

해설 ② 인코텀즈 2010 규칙은 국제 매매계약에서만 적용 가능한 것이 아니라, 국제와 국내 매매계약 모두에 사용가능한 것으로 공식적으로 인정한다.
인코텀즈(INCOTERMS)
• 무역거래에 사용되는 가격조건(Price Terms) 또는 정형거래조건(Trade Terms)의 해석에 관해 통일성을 부여하기 위하여 ICC(International Chamber of Commerce, 국제상업회의소)가 제정한 국제규칙이다.
• 수출업자와 수입업자가 국제거래매매를 이행하기 위해서는 다양한 계약(매매계약뿐 아니라 운송·보험·금융계약)이 필요하다. INCOTERMS는 이러한 계약 중 매매계약에만 관련된다.
※ EXW, DDP 조건에서 매도인의 물품인도 의무 및 비용 부담은 인코텀즈 2010 및 2020에서 동일하다. 따라서 인코텀즈 2020에서도 동일한 내용이 적용 가능하다.

16 Which is NOT the rule to be used only for sea or inland waterway transport according to the Incoterms 2010?

① CFR

② CIF

③ FOB

④ CIP

정답 ④

해석 인코텀즈 2010에 따르면 해상 또는 내수로 운송에서만 사용되는 규칙이 아닌 것은?

해설 ④ CIP(Carriage and Insurance Paid to, 운송비ㆍ보험료 지급인도)는 모든 수단 및 운송수단을 위한 규칙이다. 매도인이 합의된 장소에서(당사자 간 이러한 합의가 있는 경우) 물품을 자신이 지정한 운송인이나 제3자에게 인도하고 지정목적지까지 물품을 운송하는 데 필요한 계약을 체결하고 그 비용을 부담해야 하는 것을 의미한다.

인코텀즈 2020 중 해상 및 내수로운송을 위한 규칙
• FAS(Free Alongside Ship, 선측 인도)
• FOB(Free on Board, 본선 인도)
• CFR(Cost and Freight, 운임 포함 인도)
• CIF(Insurance and Freight, 운임ㆍ보험료 포함 인도)
※ 해상 또는 내수로 운송에서만 사용되는 규칙은 인코텀즈 2010 및 2020에서 동일하다. 따라서 인코텀즈 2020에서도 동일한 내용이 적용 가능하다.

[17~18] Read the following and answer the questions.

Thank you for your recent order for 30 Hurst boilers which we received on January 14, 2019. (a) We appreciate the business as well as your loyalty to us for the past 9 years. (b) Unfortunately, we must put your order on hold. (c) The reason for this is that upon inspection of our records, we never received payment from you for the 68,000 condenser valves we sent to you on December 21, 2018.

(d) However, I must decline your order until payment has been made for the December 21 order. When we receive that payment, we will immediately ship the boilers to you.

17 What is the MAIN purpose of the letter?

① To apologize for the delay

② To give thanks for the business

③ To ask for prompt payment

④ To inform the shipping schedule

18 Where does the sentence BEST fit?

> I would like to believe that this was just an oversight.

① (a)　　　　　　　　② (b)

③ (c)　　　　　　　　④ (d)

해석

귀사의 최근 주문인 2019년 1월 14일자 허스트 보일러 30개 주문에 감사드립니다. (a) 당사는 귀사가 지난 9년 동안 우리에게 보여준 충성심뿐만 아니라 비즈니스에 깊이 감사드립니다. (b) 유감스럽게도, 당사는 귀사의 주문을 보류해야만 합니다. (c) 그 이유는 당사의 기록 조사 결과, 2018년 12월 21일자 귀사의 주문 컨덴서 밸브 68,000개에 대한 금액을 아직 받지 못했기 때문입니다.

(d) 당사는 이것이 단지 실수였다고 믿고 싶습니다. 하지만 12월 21일자 주문에 대한 지불이 이루어질 때까지 귀사의 주문을 정중히 거절해야만 합니다. 당사가 지불금을 수령하면 즉시 보일러를 귀사에 선적해 보낼 것입니다.

*put on hold : ~을 보류하다, 연기하다
*decline : (정중히) 거절하다, 사양하다

17 서신의 주요 목적은 무엇인가?
　　① 지연을 사과하기 위해서
　　② 거래에 대한 감사인사를 하기 위해서
　　③ 즉시 지불을 요청하기 위해서
　　④ 선적 일정을 알려주기 위해서

18 다음 문장이 가장 잘 어울리는 곳은?

> 당사는 이것이 단지 실수였다고 믿고 싶습니다.

해설 **17**

위 서신은 지난 주문에 대한 지불금을 아직 받지 못한 상태에서 주문을 받았으므로, 지난 주문에 대한 지불이 이행되기 전까지는 최근 주문품을 선적할 수 없다는 내용이다. 따라서 서신의 목적은 ③ To ask for prompt payment(즉시 지불을 요청하기 위해서)이다.
*prompt payment : 즉시 지불
*inform : (특히 공식적으로) 알리다[통지하다]

18

주어진 문장은 '이것이 단지 실수였다고 믿고 싶다'는 의미이므로, 여기서 this(이것)는 미지불된 대금을 가리킨다. 또한 위 서신 (d) 앞에서 The reason for this is that upon inspection of our records, we never received payment from you for the 68,000 condenser valves we sent to you on December 21, 2018(귀사의 주문을 보류해야만 하는 이유는 2018년 12월 21일자 주문에 대한 지불금을 아직 받지 못했기 때문이다.)이라고 했고, (d) 다음에는 I must decline your order until payment has been made for the December 21 order(12월 21일자 주문에 대한 지불이 이루어질 때까지 귀사의 주문을 거절해야 한다.)라고 했으므로, 내용상 제시된 문장은 (d)에 들어가는 것이 가장 적절하다.
*oversight : (잊어버리거나 못 보고 지나쳐서 생긴) 실수, 간과

19 Choose what the commercial invoice does not include.

① Number of Bill of Exchange

② Unit price

③ Consignee's name

④ Payment terms

정답 ①

해석 **상업송장에 포함되지 않는 것을 고르시오.**

① 환어음의 수

② 단 가

③ 수하인명

④ 지불조건

해설 **상업송장(Commercial invoice)**

• 개념 : 매매 또는 위탁계약으로 물품의 인도가 이루어질 때, 그 물품의 송하인이 수하인에게 화물 특성, 내용 명세, 계산 관계 등을 상세하게 알리기 위해 작성하는 서류이다.

• 기능 : 매매관계증명서, 물품대금청구서, 물품가격안내서, 선적안내서 및 세관신고의 증명자료 등

• 은행수리 요건

  - 은행은 상업송장의 당사자, 물품 명세, 금액 등이 신용장의 조건에 일치하는지를 엄격히 심사해야 한다.

  - 상업송장은 계약물품이 신용장 조건에 일치하게 인도되었는가를 입증할 수 있는 서류에 해당한다.

• 작성 시 주의사항

  - 송장에 기재한 상품 명세는 신용장상의 상품 명세와 동일해야 한다.

  - 단가, 가격조건, 금액 등이 정확하고 신용장 조건과 일치해야 한다.

  - 신용장 번호, 수익지, 수하인, 신명, 목적지, 작성자의 서명 등이 정확해야 한다.

  - 선하증권, 보험증권, 기타 선적서류와 그 기재 내용이 상치되지 않아야 한다.

  - 상업송장은 원칙적으로 신용장의 개설의뢰인에 의하여 발행되어야 한다.

  - 상업송장의 작성일은 어음 발행일 이후의 날짜가 되지 않도록 해야 한다.

  - 작성자는 어음의 발행인이 되며 그가 서명을 한다.

  - 발행통수는 신용장상에 특별한 지시가 없을 때는 2통, 필요에 따라 그 이상을 작성한다.

20 What does "these" mean?

> <u>These</u> are international rules that are accepted by governments, legal authorities, and practitioners worldwide for the interpretation of the most commonly used terms in international trade. <u>These</u> reduce or remove altogether uncertainties arising from differing interpretations of such terms in different countries. <u>These</u> describe mainly the tasks, costs, and risks involved in the delivery of goods from sellers to buyers.

① Uniform Rules for Collections
② The Uniform Customs and Practice for Documentary Credits
③ International Commercial Terms
④ United Nations Convention on Contracts for the International Sale of Goods

---

정답 ③

해석 "이것들(these)"이 의미하는 것은 무엇인가?

> 이것들은 국제 무역에서 가장 통상적으로 사용되는 용어의 해석으로 정부와 법적 권한, 전 세계적인 현업 종사자들에 의해서 승인된 국제적인 규칙이다. 이것들은 그러한 용어들에 대한 다른 국가들의 다른 해석으로 말미암은 불확실성을 줄이거나 제거한다. 이것들은 주로 매도인으로부터 매수인에게 물품을 인도하는 과정에 포함되는 임무와 가격, 위험에 대해 설명한다.
>
> *practitioner : (특히 기술을 요하는 일을) 정기적으로 하는 사람, 현역
> *arise from : ~에서 발생하다[일어나다]

① 추심통일규칙(URC)
② 신용장통일규칙(UCP)
③ 인코텀즈(INCOTERMS)
④ 국제물품매매계약에 관한 UN협약(CISG)

해설 인코텀즈(Incoterms) 2020 기본 개념

Incoterms 2020(11가지)은 당사자 의무를 10개 항목의 표제(Headings)로 분류해 서로 대칭하여 매도인 의무(A1~A10)는 왼쪽, 매수인 의무(B1~B10)는 오른쪽에 배열하여 매도인과 매수인 의무를 이해하기 쉽게 규정하였다. 그 4가지 그룹별 특징은 다음과 같이 분류·사용되고 있다.

• Group E : 매도인이 수출국 내의 자기 공장에서 물품을 인도하는 조건
• Group F : 매도인이 매수인에 의하여 지정된 운송인에게 물품을 인도하는 조건
• Group C : 매도인이 운송계약을 체결하고 운임을 지급하지만 선적 후 또는 운송인에게 인도 후의 위험과 추가 비용부담의 의무는 없는 조건
• Group D : 매도인이 목적지까지 물품의 운송에 따른 일체의 위험과 비용을 부담하는 조건

※ Incoterms 2010 규칙에서는 보안관련 요건이 개별 규칙의 A2/B2 내지 A10/B10에 다소 완화되어 들어가 있었으나, Incoterms 2020에서는 보안관련 의무의 명시적 할당이 개별 Incoterms 규칙의 A4와 A7에 추가되었다. 그러한 요건 때문에 발생하는 비용은 더 현저한 위치, 즉 비용 조항인 A9/B9에 규정된다.

21 What is the main purpose of the letter?

> Thank you for your e-mail dated October 21 and we are very sorry to have caused you much inconvenience.
> There must have been a misunderstanding between us and the issuing bank.
> According to your request, we amended the destination port and you will be advised of this amendment shortly through ○○Bank in Seoul.
> We will try to do our best not to make the mistake like this in the future and we hope that you execute this important order in strict accordance with the terms and conditions of the L/C.

① Acknowledging error
② Asking destination port change
③ Reply to L/C opening request
④ Reply to L/C amendment request

정답 ④

해석 서신의 주요 목적은 무엇인가?

> 10월 21일자 귀사의 이메일에 감사드리며, 불편을 초래해서 대단히 유감스럽습니다.
> 당사와 신용장 개설은행 사이에 오해가 있었던 것이 분명합니다.
> 귀사의 요청에 따라, 당사는 도착지 항구를 수정했고 금번 수정된 사항을 서울 ○○은행을 통해서 곧 통지받게 될 것입니다.
> 당사는 이번과 같은 실수가 다시 일어나지 않도록 최선을 다할 것이며, 이런 중요한 주문은 귀사가 신용장 조건과 사정에 따라 엄격하게 일치하도록 실행할 것을 희망합니다.
>
> *issuing bank : 신용장 개설은행
> *amend : 개정[수정]하다
> *execute : 실행[수행]하다
> *in strict accordance with : 완전히 ~와 일치하다

① 실수를 인정하기
② 도착지 항구 교체를 요청하기
③ 신용장 개설 요청에 대한 답신
④ 신용장 변경 요청에 대한 답신

해설 ③ According to your request, we amended the destination port and you will be advised of this amendment shortly through ○○Bank in Seoul(귀사의 요청에 따라, 당사는 도착지 항구를 수정했고 금번 수정된 사항을 서울 ○○은행을 통해서 곧 통지받게 될 것입니다.)에서 위 서신이 상대방의 요청에 따라 조건을 변경하였음을 알 수 있다. 따라서 위 서신은 신용장 변경을 요청하는 이전 서신에 대한 답신이다.

[22~23] Read the following and answer the questions.

We are pleased to confirm that all the books which you ordered on 3 April are packed and ready for despatch.

The consignment awaits collection at our warehouse and consists of two cases, each weighing about 100kg.

Arrangements for shipment, CIF Singapore, have already been made with W. Watson & Co. Ltd. As soon as we receive their statement of charges, we will arrange for shipping documents to be sent to you through ○○Bank against acceptance of our draft as agreed.

22 Who might be W. Watson & Co. Ltd?

① Buyer
② Forwarding agent
③ Seller
④ Insurance company

23 What is MOST suitable translation for the underlined part?

① 당사 환어음의 인수 시에 ○○은행을 통하여 선적서류가 귀사에게 송부되도록 하겠습니다.
② 선적서류를 준비하여 우리가 수용할 수 있는 환어음을 보내도록 준비하겠습니다.
③ 선적서류를 먼저 준비하고 은행 인수 환어음으로 받도록 하겠습니다.
④ 바로 인수할 수 있는 환어음을 보내고 후에 선적서류를 준비할 것입니다.

해석

귀하가 4월 3일에 주문한 모든 서적이 포장되어 배송 준비되었음을 통지합니다.

당사 창고에서 수거를 기다리고 있는 배송물은 2개의 상자로 구성되었는데, 한 개당 무게가 대략 100kg 정도됩니다.

선적물은 CIF 싱가포르 조건으로 W. Watson & Co.와 이미 결정되었습니다. 그 회사로부터 요금청구서를 받는 즉시 합의된 대로 당사 환어음의 인수 시에 ○○은행을 통하여 선적서류가 귀사에게 송부되도록 하겠습니다.

*ready for despatch : 발송 준비가 된
*consignment : (일정한 양의) 탁송물[배송물]
*await : (~을) 기다리다

22 W. Watson & Co. Ltd는 무엇인가?

① 매수인
② 운송업자(운송대리인)
③ 매도인
④ 보험회사

23 밑줄 친 부분에 대한 해석으로 가장 적절한 것은?

해설 22

Arrangements for shipment, CIF Singapore, have already been made with W. Watson & Co. Ltd.(선적물은 CIF 싱가포르 조건으로 W. Watson & Co.와 이미 결정되었다.)고 했으므로, 정답은 ② Forwarding agent이다.

운송대리인/운송업자(Forwarding agent)

화물을 수령·선적하고 수출업자 또는 수입업자, 송하인으로부터 화물을 인수하여 운송할 것을 위임받은 자

23

밑줄 친 부분을 구분하여 해석하면 다음과 같다.

• we will arrange for shipping documents : 당사는 선적서류를 ~하도록 하겠습니다
• to be sent to you through ○○Bank : ○○은행을 통하여 귀사에 송부되도록
• against acceptance of our draft : 당사의 환어음 인수 시에

따라서 ① '당사 환어음의 인수 시에 ○○은행을 통하여 선적서류가 귀사에게 송부되도록 하겠습니다.'가 가장 자연스럽다.

24 Here is part of a document issued by an exporter. Choose INCORRECT explanation about this document according to UCP 600?

Marks & Numbers of Pkgs	Description of Goods	Quantity/Unit	Unit Price	Amount
No.54321	Memory chip ABC−15	1,000sets	US$100 CIF New York	US$100,000

① This document must appear to have been issued by the beneficiary.

② This document may not be signed.

③ This document must be made out in the same currency as the credit.

④ This document must be made out in the name of the issuing bank.

정답 ④

해석 다음은 수출업자에 의해 발행된 서류의 일부분이다. UCP 600에 따르면 이 서류에 대한 설명으로 틀린 것을 고르시오.
① 이 서류는 수익자에 의해 발행된 것으로 보여야 한다.
② 이 서류는 서명하지 않아도 된다.
③ 이 서류는 신용장과 동일한 통화로 작성되어야 한다.
④ 이 서류는 신용장 개설은행의 이름으로 작성되어야 한다.

해설 해당 서류는 상업송장(Commercial invoice)이다. UCP 600에 따르면 상업송장은 수익자에 의하여 발행[개설]된 것으로 보여야 하므로 ④ '이 서류는 신용장 개설은행의 이름으로 작성 → 개설의뢰인 앞으로 작성되어야 한다.'가 되어야 한다.
UCP 600 제18조 상업송장 a항
A commercial invoice must appear to have been issued by the beneficiary ; must be made out in the name of the applicant ; must be made out in the same currency as the credit; and need not be signed.
상업송장은 수익자에 의하여 발행된 것으로 보여야 하며, 개설의뢰인 앞으로 작성되어야 하며, 신용장과 동일한 통화로 작성되어야 하며, 그리고 서명될 필요가 없다.
*beneficiary : 수익자
*issuing bank : 신용장 개설은행

25 What is not mandatory written information for Bill of Exchange?

① Amount

② Drawee

③ L/C number

④ Drawer

정답 ③

해석 환어음의 필수 기재사항이 아닌 것은?
① 금 액
② (환어음)지급인
③ 신용장 번호
④ (환어음)수취인

해설 환어음 기재사항
환어음 기재사항은 필수 기재사항과 임의 기재사항으로 나눌 수 있다.
• 필수 기재사항 : 한 가지만 누락되어도 환어음으로서의 법적 효력을 갖지 못한다.
  – 환어음 표시문구
  – 일정금액(대금)의 무조건 지급위탁문언
  – 지급인 표시
  – 지급만기일 표시
  – 지급지(Place of payment) 표시
  – 수취인 표시
  – 발행일 및 발행지 표시
  – 발행인의 기명날인 또는 서명
• 임의 기재사항 : 환어음 번호, 신용장 또는 계약서 번호, 환어음 발행 매수
*mandatory : 법에 정해진, 의무적인
*written information : 서면 정보

26 What is the word in the following underlines in common?

> " _A_ " means that the goods being shipped can be bought, sold, or traded while they're in transit.
> A " _B_ " bill of lading can be endorsed from one party to another.

① A - Negotiable
　 B - negotiable
② A - Non-negotiable
　 B - non-negotiable
③ A - Transferable
　 B - transferable
④ A - Surrendered
　 B - surrendered

정답 ①

해석 다음 밑줄 친 부분에 공통적으로 들어갈 단어는?

> "A 유통가능"은 선적된 물품이 운송 중에 구매, 판매, 또는 거래 가능함을 의미한다.
> "B 유통가능" 선하증권은 한 당사자가 다른 당사자에게 배서에 의한 양도가 가능하다.

① A - 유통가능
　 B - 유통가능
② A - 유통불능
　 B - 유통불능
③ A - 양도가능
　 B - 양도가능
④ A - 권리포기
　 B - 권리포기

해설 유통가능 선하증권(Negotiable B/L)
선박회사는 화주와의 계약화물에 대하여 3통이 한 세트(Full set)가 되는 선하증권 원본을 발행하는데, 이러한 원본만이 화물을 대표하는 유가증권이며, 또한 은행에서도 매입에 응하게 된다. 유통가능 선하증권이란, 이러한 3통의 원본 선하증권이 양도가능한 지시식으로 발행되는 선하증권을 말한다. 한편, Full set 외에 여러 통의 사본이 발행되는데, 이러한 사본 표면에는 "Non-negotiable"이라고 인쇄되어 발행되기 때문에 이는 은행에서 매입이 불가능하다.

Thank you for your fax of 21 April. (A) you will find details of our sailings from Hong Kong to Tilbury for the end of this month and the beginning of next.
You will see that the first (B) vessel we have will be the MV Orient, which will (C) cargo from 3 May to 7 May, when she sails. She is due in Tilbury on 3 June.

27 Which of the following BEST completes the blanks in the letter?

① A − Enclosed, B − available, C − take
② A − Enclosing, B − booking, C − accept
③ A − Enclosed, B − available, C − accept
④ A − Enclosing, B − booking, C − take

28 Which are right dates for both ETA and ETD?

① 3 June − 7 May
② 7 May − 3 June
③ 3 June − 3 May
④ 3 May − 3 June

정답 27 ③ 28 ①

해석
4월 21일자 귀사의 팩스에 감사드립니다. (A 동봉된) 당사의 상세 출항일정은 이번 달 말과 다음 달 초 홍콩에서 틸버리로 출항하는 것입니다.
귀사가 첫 번째 (B 이용가능한) 선박은 MV Orient호가 될 예정으로, 5월 3일부터 7일까지 화물을 (C 인수하고) 출항할 것입니다. 그 선박은 6월 3일 틸버리에 도착 예정입니다.

*cargo : (선박·비행기의) 화물

27 다음 중 서신의 빈 칸에 들어갈 말로 가장 적절한 것은?
① A − 동봉된, B − 이용가능한, C − 받다
② A − 동봉하는, B − 예약(하는), C − 인수하다
③ A − 동봉된, B − 이용가능한, C − 인수하다
④ A − 동봉하는, B − 예약(하는), C − 받다

28 ETA와 ETD는 모두 정확히 언제인가?
① 6월 3일 − 5월 7일
② 5월 7일 − 6월 3일
③ 6월 3일 − 5월 3일
④ 5월 3일 − 6월 3일

해설 27
상세 출항일정을 함께 동봉하였다고 언급하였으므로 빈 칸 A에는 '동봉된'을 뜻하는 표현인 −ed형태의 Enclosed가 들어가야 한다. 빈 칸 B에는 이번 달 말과 다음 달 초 일정 중 첫 번째에 해당하는 선박 일정을 이용할 수 있다는 내용이므로 available(이용가능한)이 적절하고, 빈 칸 C는 화물을 인수하여 출항한다고 하였으므로 accept(인수하다)가 들어가는 것이 자연스럽다.

① 위 서신에 따르면 which will accept cargo from 3 May to 7 May, when she sails. She is due in Tilbury on 3 June(5월 3일부터 7일까지 화물을 인수하고 출항 ~ 그 선박은 6월 3일 틸버리에 도착할 예정이다.)이라고 했으므로, 출항 예정 시간은 화물인수가 마무리되는 5월 7일이고, 도착 예정 시간은 6월 3일이다.
*ETA : 도착 예정 시간(estimated time of arrival)
*ETD : 출발[출항] 예정 시간(estimated time of departure)

29 Which of the following is the appropriate words for the blank below?

(   ) offers and provides protection to merchant vessels' corporations which stand a chance of losing money in the form of freight in case the cargo is lost due to the ship meeting with an accident.

① Voyage insurance
② Hull insurance
③ Liability insurance
④ Freight insurance

정답 ④

해석 다음 중 아래 빈 칸에 들어갈 단어로 적절한 것은?

(운임보험)은 선박이 항해 중 발생한 사고로 인해 화물을 소실했을 경우 운임을 잃게 될 상황에 처한 무역선 기업에 대한 보호를 제공한다.

*merchant vessels : 무역선
*stand : (특정한 조건·상황에) 있다

① 항해보험
② 선박[선체]보험
③ 책임보험
④ 운임보험

해설 ④ 운임보험(Freight insurance) : 운임후불(Freight collect) 화물 운송의 경우 항해 중의 사고에 의해 항해가 중단되면 선주는 계약운임을 취득할 수 없게 된다. 이러한 미수운임을 목적으로 한 보험을 운임보험이라 한다.
① 항해보험(Voyage insurance) : 어디서 어디까지(from~ to~)라고 1항해에 부보하는 해상보험이다. 보험자의 책임은 원칙적으로 배가 출발항에서 출항을 위해 닻을 올리고 또 빗줄을 푸는 작업에 착수한 때부터 시작해서 도착항에 입항한 후 24시간을 경과한 때 끝난다.
② 선박[선체]해상보험(Hull insurance) : 사고가 발생할 경우 선박의 멸실이나 손상 때문에 선주가 경제상의 손실을 피하기 위해 대부분 선박 소유주에 의해 가입하는 손실에 대한 보상을 목적으로 하는 해상보험이다.
③ 책임보험(Liability insurance) : 선박의 충돌 또는 그 밖의 다른 유발된 공격으로 인해 발생한 책임에 대해 보상을 요구하는 해상보험의 유형이다.

30 Which of the following is the right match for the blanks below?

(A) is the minimum cover cargo insurance policy available in the market.
Only difference between ICC(B) and ICC(C) is the additional risks covered under (B) cargo insurance policies. (C) covers loss of or damage to the subject-matter insured caused by entry of sea lake or river water into vessel craft hold conveyance container or place of storage but (D) does not.

① A – ICC(B), B – ICC(C), C – ICC(B), D – ICC(C)
② A – ICC(C), B – ICC(B), C – ICC(B), D – ICC(C)
③ A – ICC(B), B – ICC(C), C – ICC(C), D – ICC(B)
④ A – ICC(C), B – ICC(B), C – ICC(C), D – ICC(B)

정답 ②

해석 다음 중 아래 빈 칸에 들어갈 단어로 알맞게 짝지어진 것은?

[A ICC(C)] 약관은 시장에서 사용가능한 최소 보장 적하보험증권이다.
ICC(B) 약관과 ICC(C) 약관의 유일한 차이점은 [B ICC(B)] 약관 적하보험증권 하에서 보장되는 추가적인 위험이다. [C ICC(B)] 약관은 해수 또는 하수가 운송 중인 선박이나 저장된 장소에 들어와서 발생하는 가입된 대상화물에 대한 손실 또는 손상을 보장하지만, [D ICC(C)] 약관은 보장하지 않는다.

*cover : 보장, 보장하다
*cargo insurance policy : 적하보험증권
*insured : 보험을 든, 보험에 가입된[포함되는]

해설 신 협회적하약관상 보험조건
• ICC(B)
  – 구 협회약관 WA 조건과 거의 동일한 조건이나, 구 WA 약관에 대응하는 약관이다.
  – 화재, 폭발, 좌초, 지진, 분화, 낙뢰, 해수·호수·강물의 침입 등 열거된 주요위험에 의해 생긴 손해를 보상하는 열거책임주의를 취한다.
  – 면책위험도 열거하여 명기하며, 클레임은 분손·전손 구분 없이 보상하며, 면책률(Franchise) 적용도 없다.
• ICC(C)
  – 구 협회약관 FPA 조건과 거의 동일한 조건이다(가장 담보 범위가 작은 보험조건).
  – ICC(B)와 같이 열거위험에 의해 발생한 손해를 분손·전손의 구분 및 면책률(Franchise) 없이 보상한다.
  – ICC(B) 약관에서 보상되는 위험 중 '지진, 분화, 낙뢰, 해수·호수 등의 침입, 갑판유실, 추락한 매 포장당 전손' 등은 보상하지 않는다.

31 Which of the following is the RIGHT match of the words suitable for the blanks below?

> The main advantage is that (A) is much faster than (B). This finality can be unattractive to some who want to keep options open and have the ability to appeal a decision. However, unlike a typical (C), appeals are not allowed in (D) cases unless it is proven that the arbitrator was biased or that his or her opinion violated public policy.

① A − litigation
② B − arbitration
③ C − mediation
④ D − arbitration

정답 ④

해석 다음 중 아래 빈 칸에 들어갈 단어로 알맞게 짝지어진 것은?

> 주요한 이점은 (A 중재)가 (B 소송)보다 훨씬 빠르다는 점이다. 이러한 변경 불가능한 확정성은, 선택을 보류하며 결정에 대해 항소를 원하는 일부 사람들에게는 매력적으로 보이지 않을 수 있다. 하지만, 전형적인 (C 소송)과 달리, (D 중재) 사건에서는 중재자가 편향되었거나, 중재자의 선택이 공익질서를 위반했다고 증명되지 않는다면 대중의 항소가 허락되지 않는다.
>
> *finality : 변경 불가능한 최후, 최종적임
> *keep options open : 선택을 보류하다
> *appeal : 항소하다
> *biased : 편향된, 선입견이 있는
> *violate : (법·합의 등을) 위반하다[어기다]

① A − 소 송
② B − 중 재
③ C − 조 정
④ D − 중 재

해설 소송 vs 중재(판정) 비교

구 분	소 송	중재(판정)
소요기간 및 경제성	• 3심제 • 상대적으로 오래 걸리고 비용이 비쌈	• 단심제로 대개 3개월 이내(우리나라 30일 이내) 모든 절차 종료 • 소송에 비해 신속하고 비용이 저렴
법률적 집행력	• 법적 구속력이 강함	• 대법원 확정판결과 동일한 효력
판정의 국외 효력	• 법원 판결은 국내에서만 효력 발생 • 준거법 조항 명시	• New York Convention에 의거 외국에서도 집행력 보장 • 한국은 New York Convention 체약국
공개 여부	• 공개주의 원칙(심리 및 판결 공개) • 기업기밀 유지 불가능	• 비공개 진행 원칙 • 기업기밀 유지 가능

안심Touch

32 Choose one which CANNOT replace the underlined part.

> You have been with us for over 20 years. Such loyalty cannot be overlooked. We have looked into your credit account with us and have decided to help. As you are aware, <u>you have four overdue invoices</u>, the latest is about six months overdue.

① you have four outstanding invoices
② you have four invoices overpaid
③ you have four invoices unsettled
④ you have four invoices unpaid

정답 ②

해석 밑줄 친 부분과 바꾸어 쓸 수 없는 것을 고르시오.

> 귀사는 당사와 20년 넘게 거래를 해왔습니다. 그러한 충성도는 간과될 수 없습니다. 당사와 거래한 귀사의 신용계좌를 살펴본 결과 도와주기로 결정했습니다. 양지하시는 바와 같이, 귀사는 연체된 청구서가 4개 있는데, 가장 최근의 것이 대략 6개월 정도 지불기한이 지났습니다.
>
> *credit account : 신용계좌
> *As you are aware : 양지하시는 바와 같이
> *overdue : 지불기한이 지난, 연체된
> *invoice : 송장, 청구서

① 귀사는 미납청구서가 4개 있습니다
② 귀사는 초과 지급된 청구서가 4개 있습니다
③ 귀사는 미지불된 청구서가 4개 있습니다
④ 귀사는 지불되지 않은 청구서가 4개 있습니다

해설 밑줄 친 부분은 you have four overdue invoices(귀사는 연체된 청구서가 4개 있습니다.)이므로, overdue invoices (연체된 청구서)와 같은 의미를 가진 표현은 outstanding invoices(미납청구서), invoices unsettled(미지불된 청구서), invoices unpaid(지불되지 않은 청구서)가 있다. ② overpaid는 지급이 되지 않은 것이 아니라 '초과 지급된' 것을 뜻하므로 의미가 다르다.
*outstanding invoices : 미납청구서
*overpaid : 초과 지급된
*unsettled : 납부가 안 된, 미지불[미납]의

33 Put an appropriate word for the blank.

> We can (   ) you that the Alpha 2000 is one of the outstanding machines in the market, and our confidence in it is supported by our five-year guarantee.

① assure
② make
③ believe
④ accept

정답 ①

해석 빈 칸에 들어갈 단어로 적절한 것을 고르시오.

당사는 알파 2000이 시장에서 가장 뛰어난 성능의 기기임을 귀사에 (보증)할 수 있으며, 당사의 확신은 당사의 5년간 품질보증서에 의해 유지되고 있습니다.

*assure : 보장[보증]하다
*five-year guarantee : 5년간 품질보증서

① 보증하다
② 만들다
③ 신뢰하다
④ 승인하다

해설 ① 제시문은 제품이 시장에서 가장 뛰어난 성능을 자랑하며, 이는 5년 간의 품질보증서로 확신할 수 있다는 내용이므로, 빈 칸에는 '(성능이 가장 뛰어남을) 보증하다'라는 의미의 표현이 들어가야 한다. 따라서 assure ~ that이 '~을 보증하다'의 뜻이므로 적절한 표현이다.

[34~35] Read the following and answer.

> I am writing to you <u>concerning</u> your order, No. CU1555, which you placed four weeks ago. At that time we had expected to be able to complete the order well within the (   ) date which we gave you of 18 June, but since then we have heard that our main supplier of chrome has gone bankrupt.

34 Which is LEAST similar to underlined concerning?

① regarding
② with regard to
③ about
④ by

35 Which is best for the blank?

① delivery
② offer
③ acceptance
④ accept

정답 34 ④ 35 ①

해석

귀사가 4주 전에 주문한 No. CU1555 주문에 관해 쓰고 있습니다. 그 당시에는 당사가 지정한 (인도) 날짜인 6월 18일 안에 주문량을 마칠 수 있을 것으로 예상했습니다. 하지만 그 이후 당사의 주요 크롬 공급처가 파산했다는 소식을 들었습니다.

*concerning : ~에 관한[관련된]
*place : ~을 주문하다
*go bankrupt : 파산하다

34 밑줄 친 concerning과 가장 의미가 다른 것은?
① ~에 관하여[대하여]
② ~과 관련하여[~에 대하여]
③ ~에 관한, ~와 관련된
④ ~에 따르면, ~로 보아

35 빈 칸에 들어갈 말로 가장 적절한 것은?
① 인도, 배달
② 청약; 제공하다
③ 승 낙
④ 인수하다

해설 34

밑줄 친 concerning은 '~에 관한'이라는 뜻으로 쓰였으며, regarding, with regard to, about은 모두 '~에 관하여[대하여]'를 나타내는 표현들로 그 의미가 비슷하다. 그러나 ④ by는 '~에 따르면, ~로 보아'라는 뜻이므로 concerning을 대체할 수 없다.

35

we had expected to be able to complete the order well within the (   ) date which we gave you of 18 June(당사가 지정한 (   ) 기일인 6월 18일 안에 주문량을 마칠 수 있을 것으로 예상했다)에서 흐름상 서신의 상대방이 주문한 물품을 6월 18일 내에 모두 실어 전달할 수 있을 것이라는 내용이 와야 하므로, 빈 칸에는 ① delivery가 적절하다.

36 Which is best for the underlined?

> Documentary Credits are a preferred method of payment in comparison to Documentary Collections due to : _____

① opportunity for the buyers to examine the goods before payment.
② little credit risk to the buyer with full cash cover.
③ presentation of documents through the channel of banks.
④ comfort provided by the independent undertakings of banks.

정답 ④

해석 밑줄 친 부분에 들어갈 말로 가장 적절한 것은?

> 화환신용장이 추심어음과 비교할 때 선호되는 지불 방법인 것은 다음 사실에 기인한다. : <u>은행의 독립적인 동의에 의해 제공되는 안심</u>
>
> *Documentary Credit : 화환신용장
> *in comparison to : ～와 비교할 때
> *Documentary Collection : 추심어음
> *due to : ～에 기인하는, ～때문에

① 매수인이 대금 지불 전에 물품을 검사할 수 있는 기회
② 전액 현금 지불로 매수인에 대한 신용위험이 거의 없음
③ 은행의 경로를 통한 서류의 제시
④ 은행의 독립적인 동의에 의해 제공되는 안심

해설 추심어음(Collection bill)
은행이 대금추심의뢰를 받은 어음을 가리킨다. 신용장이 붙어있지 않은 화환어음은 그 지급에 불안이 있으므로 은행은 만일의 위험을 피하기 위하여 매입환(Bill bought)으로 하지 않고 추심어음으로서 처리하고 그 어음이 지급인에 의하여 지급되어 대금이 회수될 때까지 수출자에게 지급하지 않는다.
화환신용장(Documentary credit)
신용장의 제조건에 따라 수출업자가 발행하는 환어음에 상업송장(Commercial invoice), 선화증권(Bill of lading) 및 보험증권(Insurance policy) 등의 운송서류를 첨부할 것을 요구하는 신용장이다. 수출업자가 운송서류를 은행에 제시하고 은행은 동 서류와 상환하여 신용장대금을 지급하는 방식의 신용장으로 현재 통용되고 있는 대부분의 상업신용장이 이 범주에 속한다.

안심Touch

37 According to the letter, what would be proper for the blanks in common?

> Thank you for your check for USD(   ). The balance remaining on your account is now USD450,000.
> Since you have requested an extension, we offer you the following payment plan : USD(   ) by the 15th of the month for the next three months.
> If you have another plan in mind, please telephone my office so that we may discuss it. Otherwise, we will expect your next check for USD150,000 on September 15.

① 100,000

② 200,000

③ 250,000

④ 150,000

정답 ④

해석 서신에 따르면, 빈 칸에 공통으로 들어갈 말로 적절한 것은?

US달러 (150,000)에 대한 귀사의 수표를 감사히 받았습니다. 현재 귀사의 계좌에 남아있는 지불잔액은 US달러 450,000입니다.
귀사가 연장을 요청했기 때문에, 당사는 다음과 같은 지불 계획을 제공합니다. : US달러 (150,000)를 매달 15일까지 앞으로 3개월 동안 지불해 주십시오.
만약 귀사가 다른 계획을 염두에 두고 있다면, 제 사무실로 전화해서 의논해도 됩니다. 그런 계획이 없다면, 당사는 9월 15일에 US달러 (150,000)에 대한 귀사의 수표를 예상할 것입니다.

*balance : 지불 잔액, 잔금

해설 ④ 서신에 따르면, 현재 계좌에 남아있는 지불잔액은 450,000달러이며, 지불잔액을 앞으로 3개월 동안 나누어 지불해달라고 요청하였다. 따라서 450,000 ÷ 3 = 150,0000이므로 빈 칸에 공통으로 들어갈 금액은 150,000달러 이다.

38 Which is the best term that the following refers to?

> To throw goods or tackle overboard to lighten a ship in distress.

① Washing overboard ② Jettison
③ Contamination ④ Pilferage

정답 ②

해석 다음 설명이 가리키는 적절한 용어는 무엇인가?

> 조난당한 선박의 무게를 줄이기 위해 물품을 배 밖으로 던지기

*tackle : (힘든 문제 상황과) 씨름하다
*overboard : 배 밖으로, (배 밖의) 물 속으로
*in distress : 조난당한

① 갑판유실 ② 투 하
③ 혼합위험 ④ 절도행위/발하

해설 부가위험담보(Additional Coverage)

TPND(Theft, Pilferage and Non-Delivery)	• 도난(Theft) : 포장째로 훔치는 것 • 발하(Pilferage) : 포장 내용물의 일부를 빼내는 것 • 불도착(Non-Delivery) : 포장단위의 화물이 송두리째 목적지에 도착하지 않은 것
RFWD(Rain/Fresh Water Damage)	• 우·담수손 : 부적당한 화물적재, 불안전한 선창 폐쇄로 생긴 우수·담수로 인한 손해
COOC(Contact with Oil/Other Cargo)	• 유류·타화물 접촉손 : 기름, 산화물질 등 주로 선내 오염물질과의 접촉으로 인해 발생하는 손해
Breakage(Bending/Denting)	• 곡손·요손 : 화물의 파손으로 인한 손해로, 일반적으로 택배물품을 보낼 때처럼 깨지는 화물의 경우 반드시 담보여부를 밝혀야 함
Leakage/Shortage	• 누손·중량부족 : 화물의 누손 및 수량 또는 중량부족으로 인한 손해
S & H(Sweat/Heating)	• 한습손·열손 : 선창의 천장, 내벽에 응결한 수분에 접촉함으로써 생기는 손해
JWOB(Jettison & Washing Over-Board)	• 투하(Jettison) : 조난 중인 선박의 무게를 가볍게 해주기 위해 물건을 던지거나 배 밖으로 버리는 것 • 갑판유실(Washing Over-Board) : 파도/풍랑에 의한 갑판상 유실, 선박 내에 빗물 유입 및 지연에 의한 손실
HH(Hook & Hole)	• 갈고리손 : 하역작업용 갈고리에 의한 손해
Mould and Mildew/Rust/Rats and Vermin	• 곰팡이손·녹손·쥐손·벌레손 : 곰팡이, 쥐, 벌레에 의해 발생하는 손해
W/SRCC(War, Strike, Riot, Civil Commotion)	• 전쟁·파업·폭동·소요 : 전쟁, 파업, 폭동, 소요로 발생하는 손해
Contamination	• 혼합위험 : 다른 물질과의 혼합이나 접촉에 의한 손해

39 According to the letter, which is MOST suitable for the blank?

> We are truly at a loss. We cannot understand why you still have not cleared your balance. Although you have been a reliable customer for many years, we are afraid you are placing your credit standing in jeopardy. You, by paying us this week, can only secure the continued convenience of (   ).

① using cash
② remittance
③ buying on credit
④ legal action

정답 ③

해석 서신에 따르면, 빈 칸에 들어갈 말로 가장 적절한 것은?

> 당사는 진정 당황스럽습니다. 어째서 귀사가 아직도 잔고를 결제하지 않는지 이해할 수 없습니다. 귀사가 여러 해 동안 신뢰를 주는 고객이었지만, 당사는 귀사의 신용상태가 위기에 처할까 염려됩니다. 이번 주에 지불할 경우만 귀사는 (신용구매)의 편리함을 계속 확보할 수 있습니다.
>
> *clear : (수표가[를]) 결제를 받다[결제하다]
> *credit standing : (채무 지불 능력의) 신용상태
> *in jeopardy : 위기에 처한
> *secure : 확보하다, 획득하다

① 현금 사용
② 송 금
③ 신용구매
④ 법적 조처

해설 잔고를 결제하지 않는 상대방에 대해 신용상태를 우려하며 이번 주 내로 지불할 것을 촉구하는 내용이다. 또한 서신의 마지막에 You, by paying us this week, can only secure the continued convenience of(이번 주에 지불할 경우만 귀사는 ~의 편리함을 계속 확보할 수 있다.)라고 했으므로, ③ buying on credit(신용[외상]구매)이 적절하다.

40 What is MOST suitable for the blank?

> I have seen your ad in the Boston Globe of Sunday, February 23, and would like to order the following weather vane :
> Model EPC-18″ EAGLE WITH ARROW, COPPER, USD36.95
> I would like weather vane to be sent to the above address by parcel post and charged, with (   ), to my VISA account (number 002 0972 A108; expiration date, 3/22).

① catalogue and price lists
② returning expenses
③ L/C
④ any applicable sales tax and handling costs

정답 ④

해석 빈 칸에 들어갈 말로 가장 적절한 것은 무엇인가?

> 귀사의 광고를 2월 23일 일요일 자 보스턴 글로브에서 보았으며, 다음 풍향계를 주문하고 싶습니다. :
> 모델 EPC-18″ 화살을 물고 있는 독수리, 구리, US 달러 36.95
> 풍향계를 우편소포로 상기 주소로 보내주시고, (해당 판매세와 취급비)를 VISA 카드(번호 002 0972 A108; 만기일, 3/22)로 결제하고 싶습니다.
>
> *weather vane : 풍향계
> *parcel post : 우편소포
> *charge : (외상으로) 달아 놓다, 신용카드로 사다

① 카탈로그와 가격 리스트
② 환급액
③ 신용장
④ 해당 판매세와 취급비

해설 서신은 광고를 보고 물품을 주문하고자 하며, 주문물품을 우편소포로 발송하고 해당 물품의 가격(세금 포함)을 신용카드로 결제하고 싶다는 내용이다. 또한 서신에서 I would like weather vane to be sent to the above address by parcel post and charged, with ~, to my VISA account(풍향계를 우편소포로 상기 주소로 보내주시고, ~를 VISA 카드로 결제하고 싶다)라고 했으므로, ④ any applicable sales tax and handling costs(해당 판매세와 취급비)가 들어가는 것이 가장 자연스럽다.

41 What is MOST suitable for the blank?

> Your account is seriously delinquent! Please remit USD10,494.91 to the address above immediately.
>
> Your (   ) is a valuable business asset, which you are putting at risk.
>
> Given that our previous requests have not resulted in your paying this bill, we will have to take other measures if we do not promptly receive payment.

① banking

② credit record

③ account

④ collection

[정답] ②

[해석] 빈 칸에 들어갈 말로 가장 적절한 것은?

> 귀사의 계좌는 심각하게 연체되었습니다! US 달러 10,494.91를 상기 주소로 즉시 송금해 주십시오.
>
> 귀사의 (신용기록)은 소중한 비즈니스 자산인데, 귀사는 위험에 처해 있습니다.
>
> 당사의 이전 요청이 지불되지 않은 것을 고려하면, 즉시 지불받지 못할 경우, 당사는 다른 조치를 취해야만 할 것입니다.
>
> *delinquent : 연체[체납]된
> *remit : 송금하다
> *asset : 자산
> *put at risk : ～을 위험에 처하게 하다
> *given that : ～을 고려하면

① 은행업무; 금융
② 신용기록
③ 계 좌
④ 추 심

[해설] 위 서신은 계좌가 연체되어 즉시 보낼 것을 촉구하고 있다. 체납액으로 인하여 신용상태가 위험하며, 즉시 지불되지 않을 경우 다른 조치를 취할 것임을 경고하고 있다. 따라서 Your account is seriously delinquent!(귀사의 계좌는 심각하게 연체되었습니다!)라는 서신 내용으로 미루어, 빈 칸에는 ② credit record(신용기록)가 들어가야 한다.

42 Which of the following best fits the blank in the box?

(   ) are large flat-bottomed boats which are used to transport goods inland along rivers and canals.

① RO-RO

② LO-LO

③ Lighters

④ Barges

정답 ④

해석 다음 중 보기의 빈 칸에 들어갈 말로 가장 적절한 것은?

(부선)은 강과 운하를 따라 물품을 운송하는 데 사용되는 바닥이 평평한 대형 배이다.

*flat-bottomed : (배가) 바닥이 평평한

① 수평하역방식

② 수직하역방식

③ 라이터

④ 부 선

해설 ④ 부선(Barge) : 항만 내에서 짧은 거리의 해상운송에 사용되는 동력을 갖고 있는 배를 말하며, 본선에서부터 항구 내의 부두까지 또는 반대로 부두로부터 본선까지의 중계운송에 사용되는 경우가 많다. 예인선에 의해서 끌려가는 부선을 말한다.

① 수평하역방식(Roll-on Roll-off, RO-RO) : 갑판 및 선창의 구조가 육해상의 램프(화물이 통과하도록 본선과 육상을 연결하는 Shore ramp)로 연결되어 있어 컨테이너의 적·양하가 트레일러나 포크리프트에 의하여 수평방향으로 이루어질 수 있는 작업 방식을 말한다. RORO 선박은 트레일러류에 화물을 싣고 부두와 선체를 연결하는 가교를 통해 바로 선내로 들어가는 형식인 카페리 선박이 있다. 이 선박은 차량에 화물을 싣기 때문에 화물창 용적 낭비가 심하고, 화물적재량이 감소되지만 싣고 내리는 시간이 단축되어 수송거리가 짧을 때 유리하다.

② 수직하역방식(Lift-on Lift-off, LO-LO) : 본선 또는 육상에 설치된 Gantry crane에 의하여 컨테이너의 적·양하 작업이 수직 방향으로 이루어질 수 있는 작업 방식을 말한다. 보통 LOLO 선박은 컨테이너를 수직으로 포개어 쌓아 올리는 내부 구조를 가지고 있다. 즉, 컨테이너의 종횡 치수에 맞춘 4개의 가이드레일을 두어 컨테이너를 선창에 쉽게 수납할 수 있다.

③ 라이터(Lighters) : 바지선의 일종으로 기관을 설치하여 스스로 운항하는 부선을 말한다.

43 Fill in the blanks with the MOST suitable word(s).

> Our company has diversified recently and, in addition to the professional equipment we have purchased, we now require products for the hobby golfer. Could we (A) a meeting to see your sales rep.? Please (B) my assistant. I am looking forward to your reply.

① A – arrange, B – contact
② A – make, B – get in touch
③ A – keep, B – get in touch
④ A – get, B – keep

정답 ①

해석 **빈 칸을 가장 적절한 단어들로 채우시오.**

> 당사는 최근에 사업을 다양화했는데, 당사가 구매한 전문적인 기기뿐만 아니라 현재 취미로 골프를 치는 사람들을 위한 제품들이 필요합니다. 귀사의 판매 대리인을 만나기 위한 미팅을 (A 주선해도) 되겠습니까? 제 조수에게 (B 연락하십시오). 귀사의 답신을 기대하고 있습니다.
>
> *diversify : (특히 사업체나 회사가 사업을) 다각[다양]화하다
> *in addition to : ~에 더하여, ~일 뿐 아니라
> *arrange : 마련하다, (일을) 처리[주선]하다
> *sales rep. : (특정 회사 상품의 특정 지역) 판매 대리인[외판원]
> *contact : (전화·편지 등으로) 연락하다

① A – 주선하다, B – 연락하다
② A – ~(하게) 하다, 만들다, B – 연락을 취하다
③ A – 유지하다, 계속 ~하다, B – 연락을 취하다
④ A – 얻다, B – 유지하다, 계속 ~하다

해설 ① 서신 작성자는 사업을 다양화하면서 서신의 상대방에게 판매 대리인과의 만남을 주선해도 되는지를 요청하고 있으며, 이를 위해 조수에게 연락을 남겨달라고 부탁하고 있다. 따라서 '만남을 주선하다'는 arrange a meeting, '연락하다'는 contact로 나타낼 수 있다.

44 Select the one which has the similar meaning with the underlined below.

> As the prices are continuing to rise, we suggest you should act promptly <u>to cover your present requirements</u>.

① to cover required risks
② to purchase the goods you need
③ to notify us what you require
④ to cover your insurance

정답 ②

해석 아래 밑줄 친 부분과 의미가 유사한 것을 하나 고르시오.

> 가격이 계속 인상되고 있기 때문에, 귀사는 <u>현재 필요품을 구입할 돈을 대기 위해</u> 즉시 행동을 취해야 한다고 제안합니다.
>
> *cover : (무엇을 하기에 충분한 돈을[이]) 대다[되다]

① 요구되는 위험을 보장하기 위해
② 귀사가 필요한 물품을 구매하기 위해
③ 귀사가 요청하는 것을 당사에 통지하기 위해
④ 귀사의 보험을 보장하기 위해

해설 ② 밑줄 친 부분인 to cover your present requirements에서 cover는 '(충분한 돈을[이]) 대다[되다]'이고, requirement는 '필수품, 필요품'이라는 뜻이므로, 이와 유사한 표현으로는 purchase와 goods you need가 있다.
*cover : 부보하다, 보장하다
*notify : 통지하다

45 Select the one which has the same meaning with the underlined below.

> <u>Except in case where</u> firm offers are accepted, orders must be confirmed by telecommunication.

① Except of
② Unless
③ Whenever
④ If

해석 아래 밑줄 친 부분과 의미가 같은 것을 하나 고르시오.

> 확정청약이 승인된 <u>경우를 제외하고는</u>, 주문은 전자통신에 의해 확정되어야만 한다.

① ~을 제외하고
② ~하지 않는 한, ~외에는
③ ~할 때마다
④ 만약 ~한다면

해설 ② 밑줄 친 Except in case where는 '~한 경우를 제외하고는'이라는 뜻으로, where이라는 관계부사 다음에 주어 + 동사 형태의 절이 와야 하므로 같은 뜻과 형태를 가진 Unless가 적절하다. Except of는 전치사 of가 명사와 결합하여야 하고, Whenever와 If는 그 의미가 다르므로 답이 아니다.

46 What is explained in the following sentence?

> A written order that binds one party to pay a fixed sum of money to another party on demand or at a predetermined date. It can be drawn by individuals or banks and is generally transferable by endorsements.

① An offer
② A letter of credit
③ An acceptance
④ A bill of exchange

정답 ④

해석 다음 문장에서 설명하고 있는 것은 무엇인가?

> 서면 명령으로 한 당사자가 확정된 금액의 돈을 또 다른 당사자에게 요구된 또는 미리 결정된 날짜에 지불하도록 의무를 지운다. 개인이나 은행에 의해서 발행될 수 있으며 일반적으로 배서에 의해 양도가능하다.
>
> *written order : 서면 명령
> *bind : (약속 등으로) 의무를 지우다[구속하다]
> *transferable : 양도가능한

① 청약
② 신용장
③ 승낙
④ 환어음

해설 환어음(Bill of Exchange)
채권자인 수출자가 발행인(Drawer)이 되고 채무자인 수입자 또는 은행을 어음의 지급인(Drawee 또는 Payer)으로 해서 발행되는 무역결제에 사용되는 어음으로 Bill 또는 Draft라고도 부른다. 신용장결제의 경우에도 D/P 또는 D/A 어음결제의 경우와 마찬가지로 이 환어음에 선적서류(Shipping documents)를 첨부한 화환어음(Documentary bill)으로서 수출지의 은행에 제시하여 수출대금을 지급받는다. 이것을 화환어음의 매입(Negotiation)이라 한다.

47 Fill in the blank with right word.

> Upon receiving the shipping documents from our bank, we found the B/L No. 1555 was ( )
> by the captain of the vessel, with a comment of some cracks in the cases of the machinery.

① claused   ② cleared

③ corrected   ④ cleaned

정답 ①

해석 빈 칸을 적절한 단어로 채우시오.

당사의 은행으로부터 선적서류를 수령하는 즉시, 당사는 선하증권 No. 1555에 선박 선장에 의해 기계류 포장의 일부 균열에 대한 언급 (조항이 붙은) 것을 알았다.

*shipping documents : 선적서류
*claused : 조항이 붙은
*crack : 균열

① 조항이 붙은   ② 통관 수속을 필한, 허개[인가]된; 지불이 끝난
③ 수정한, 정정한   ④ 청소된

해설 ① by the captain of the vessel, with a comment of some cracks in the cases of the machinery(선박 선장에 의해 기계류 포장의 일부 균열에 대한 언급)이라는 표현으로 미루어, 빈 칸에는 '조항이 붙은'이라는 뜻의 claused 가 적절하다.

---

48 Choose the one which is the LEAST relavant with the rest of the sentences.

① We are sorry to inform that your last delivery is not up to your usual standard.
② Several items on your invoice have not been included.
③ There is a discrepancy between the packing list of case No.10 and your invoice.
④ We are sorry that we have not been able to deliver your order in time.

정답 ④

해석 나머지 문장들과 가장 관련이 적은 것을 하나 고르시오.
① 귀사의 지난 인도물품이 평상 시 귀사의 기준에 못 미쳤다는 것을 통지하게 되어 유감스럽습니다.
② 귀사의 청구서 상에 있는 몇 가지 물품이 포함되지 않았습니다.
③ 포장명세서의 케이스 10번과 귀사의 청구서 사이에 불일치가 있습니다.
④ 귀사의 주문품을 제 시간에 배달할 수 없어서 유감스럽습니다.

해설 ④ 매도인이 매수인에게 보내는 문구로, 물품을 제 때에 배달할 수 없다고 사과하는 내용이다.
①·②·③ 매수인이 매도인에게 물품을 인수한 후에 인수된 물품에 대한 클레임을 제기하는 내용이다.
*discrepancy : (같아야 할 것들 사이의) 차이[불일치]

49 Choose the one which is the LEAST relevant with the rest of the sentences.

① Shipment to be made within two weeks of receipt of a letter of credit.

② We can effect shipment within two weeks after your order has been confirmed.

③ As the time of advice is approaching, we have to ask you to cable a letter of credit.

④ Two equal monthly shipments to be made during July and August, 2018.

정답 ③

해석 나머지 문장들과 가장 관련이 적은 것을 하나 고르시오.
① 선적은 신용장 수령 후 2주 안에 이루어져야 한다.
② 당사는 귀사의 주문이 확정된 후 2주 안에 선적을 마칠 수 있다.
③ 통지 시기가 되었으므로, 당사는 귀사에 전신으로 신용장을 보내줄 것을 요청해야 합니다.
④ 2018년 7월과 8월 동안에 이루어진 두 개의 동일한 연월 선적

해설 ③ 통지 시기 및 신용장 발행을 요청하는 내용이다.
①·②·④ 선적 시기에 대한 내용이다.
*effect shipment : 선적을 끝내다

---

50 Put an appropriate word for the blank.

> When you have the opportunity to see the sample yourself, we feel sure you will agree that they are (　) the highest quality.

① of
② with
③ for
④ in

정답 ①

해석 빈 칸에 들어갈 말로 적절한 것을 고르시오.

> 샘플을 보실 기회가 있다면, 귀사가 그것들이 극상의 품질이라는 데 동의할 것으로 확신합니다.

*of the highest quality : 극상의

① ~의; ~에 대한
② ~와 함께; 같이
③ ~을 위하여
④ ~안에

해설 ① 내용상 they are ~ the highest quality(그것들은 극상의 품질이다.)에서 they와 high quality를 연결해주는 전치사가 필요하다. 이 때 of는 be동사 뒤에서 성질이나 상태에 관련된 사람·사물을 언급하기 전에 '~이 ~이다'라는 뜻으로 사용되므로 of가 들어가는 것이 문법적으로 적절하다.

51 무역계약의 법적 성격에 대한 설명으로 옳지 않은 것은?

① 낙성계약은 매매당사자의 합의만으로 성립되는 계약을 말한다.

② 유상계약은 매매당사자가 서로 대가적 채무를 부담하는 계약이다.

③ 쌍무계약은 매도인의 물품급부에 대하여 매수인은 금전적으로 반대급부를 제공해야 할 것을 약속하는 계약이다.

④ 불요식계약은 문서뿐만 아니라 구두나 행위에 의해서도 의사의 합치만 있으면 계약이 성립된다는 것을 의미한다.

정답 ③

해설 ③ 쌍무계약에서 매도인은 대금청구의 권리, 매수인은 물품인도청구의 권리가 있다.

무역계약의 법적 성질

낙성(합의)계약 (Consensual contract)	무역 매매계약은 매도인의 청약(Offer)에 대한 매수인의 승낙(Acceptance) 또는 매수인의 주문에 대한 매도인의 주문승낙에 의해 성립한다.
유상계약 (Remunerative contract)	무역 매매계약은 계약당사자가 상호 대가의 관계에 있고 화폐적 급부를 할 것을 목적으로 한다.
쌍무계약 (Bilateral contract)	무역 매매계약은 당사자 간 상호 채무를 부담하는 특성이 있다(매도인의 물품인도 의무에 대해 매수인은 대금지급의무를 지는 특성).
불요식계약 (Informal contract)	무역 매매계약은 문서와 구두에 의한 명시계약(Express Contract)뿐 아니라 묵시계약(Implied Contract)에 의해서도 성립될 수 있다.

52 아래 글상자 내용에서 해적에 대한 보상을 받을 수 있는 보험 조건으로 옳은 것은?

> 대한무역(주)의 김상공 대리는 수출하는 물품이 해적이 출몰하는 지역을 통과하여 운송해야 하는 지역의 거래처와 매매계약을 체결할 예정으로 보험계약을 <u>어느 보험조건으로 부보하여야 사고 시 보상을 받을 수 있는지</u>에 대해 보험 조건을 살펴보게 되었다.

① ICC(A)

② A/R

③ FPA

④ ICC(B)

정답 ①

해설 ICC(A)
- 구 협회약관 A/R조건과 거의 동일한 조건으로 전위험(ALL Risks of loss or damage)을 담보하는 조건이다. 다만, A/R 조건에서는 해적위험(Piracy)이 전쟁위험의 일종으로 면책위험이나, ICC(A)에서는 해적위험을 보상한다.
- 구 A/R 약관과 달리 면책위험을 열거하여 명기한다.
  – 피보험자의 고의적인 악행
  – 통상의 누손, 통상의 중량·용적의 부족, 자연소모
  – 포장의 불완전, 부적합
  – 보험목적물 고유의 하자 및 성질상의 손해
  – 지연으로 인한 손해
  – 원자력·방사성 물질로 인한 손해
  – 본선의 소유자, 관리자, 용선자, 운항자의 지불불능 또는 재정상의 채무불이행으로 인한 손해
  – 전쟁 및 동맹파업위험(추가로 특별약관을 첨부하여 보험료를 납입하면 보상 가능)

53 신용장통일규칙(UCP 600)에서 규정하고 있는 선하증권의 수리요건으로 옳지 않은 것은?

① 화물의 본선적재가 인쇄된 문언으로 명시되어 있는 것
② 신용장에서 지정된 선적항과 양륙항을 명시한 것
③ 운송에 관한 이면약관이 있거나 그 약관이 없는 약식의 것
④ 용선계약에 따른다는 명시가 있는 것

정답 ④

해설 선하증권의 수리요건
신용장통일규칙(UCP 600)은 신용장이 해상선하증권을 요구한 경우 은행은 그 명칭에 관계없이 다음과 같은 서류를 수리하도록 규정한다.
- 운송인의 명의와 함께 운송인, 선장 또는 그 대리인이 서명하거나 기타의 방법으로 인정한 서류
- 물품이 본선적재 또는 선적되었음을 명시한 서류
- 선적항과 수탁지 및/또는 양륙항과 최종목적지가 다르거나, 지정된 선적항과 양륙항을 명시하면서 예정된 선적항이나 양륙항을 명시한 경우에도, 신용장상에 지정된 선적항과 양륙항을 명시한 서류
- 단일의 원본이나 여러 통의 원본으로 발행된 전통으로 구성된 서류
- 운송에 관한 배면약관이 있거나 그 약관이 없는 약식의 서류
- 용선계약 또는 범선만에 의한 운송이라는 어떠한 명시도 없는 서류
- 기타 신용장에 있는 모든 규정을 충족한 서류

54 Incoterms 2010상의 FOB, CFR, CIF를 비교한 내용이다. 잘못 기재된 것은?

구 분	⊙ 위험의 분기점	ⓒ 해상운임 부담	ⓒ 해상보험 부보
FOB	지정된 선적항에서 본선의 난간	Buyer	Buyer
CFR	지정된 선적항에서 본선의 난간	Seller	Buyer
CIF	지정된 선적항에서 본선의 난간	Seller	Seller

① ⊙
② ⓒ
③ ⓒ
④ 모두 맞음

정답 ①

해설 FOB vs CFR vs CIF 비교

구 분	FOB	CFR	CIF
위험의 이전시점	선박의 본선	선박의 본선	선박의 본선
수출자의 비용부담	선적항에서 갑판에 적재될 때까지	FOB 비용에 합의된 도착항까지의 운임	FOB 비용에 합의된 도착항까지의 운임 및 보험료
물품인도방식	현물인도방식	서류인도방식	서류인도방식
운임지급방법	Freight Collect	Freight Prepaid	Freight Prepaid
보험관계	매수인 부보 (자신을 위한 보험가입)	매수인 부보 (자신을 위한 보험가입)	매도인 부보 (매도인이 매수인을 위해 보험부보)

※ FOB, CFR, CIF 조건에서 매도인의 물품인도 의무 및 비용 부담, 매도인과 매수인의 보험 부보와 관련해서는 인코텀즈 2010과 2020에서의 내용이 같으므로, 인코텀즈 2020에서도 동일하게 적용될 수 있다. 다만, CIP 조건의 경우 2010에서는 부보기준이 ICC(C) 또는 이와 유사한 조건이었으나, 2020에서는 ICC(A)로 변경된 점에 유의하여야 한다.

55 Sea Waybill을 B/L과 비교한 내용으로 옳은 것은?

① Sea Waybill은 유통성이 없으나 상환증권이다.
② Sea Waybill은 기명식으로 발행되므로 물품을 인수받을 자는 자신이 정당한 수화인임을 증명하면 된다.
③ B/L은 유가증권이나 상환증권은 아니다.
④ 운송 중 매매가 필요한 경우에도 Sea Waybill이 유용하다.

해설 B/L vs SWB 비교

구 분	선하증권(B/L)	해상화물운송장(SWB)
권리증권 여부	• 유가증권 • (물권적) 권리증권	• 비유가증권 • 단순 화물수취증
유통 여부	유통성(Negotiable)증권	비유통성(Non-Negotiable)증권
매매 양도 가능성	배서, 교부에 의해 양도 가능	매매 양도 불능
발행방식	• 기명식, 지시식, 무기명식 중 하나 • 대개 지시식	• 항상 기명식
발행시기	• 선적식(본선적재 이후 발행) • 수취식도 있음	• 선적식(수취식도 있음)
발행주체	운송사가 작성, 송하인에게 교부 원칙	–
제시원본 수량	Full set	Full set

56 양도가능 신용장에 대한 설명으로 옳지 않은 것은?

① 수익자가 제3자에게 신용장의 전부나 일부를 양도하는 것이 허용되는 신용장이다.

② Transferable이라는 용어가 기재된 신용장만 양도가능 신용장으로 취급된다.

③ 양도가능 신용장은 1회에 한해 양도될 수 있어 제2수익자는 제1수익자에게 양도할 수 없다.

④ 양도가능 신용장의 각 분할분은 신용장금액의 한도 내에서 독립적으로 양도될 수 있다.

정답 ③

해설 양도가능 신용장(Transferable L/C)
- 신용장을 받은 최초의 수익자인 원(제1)수익자가 신용장 금액의 전부 또는 일부를 1회에 한하여 국내외 제3자(제2수익자)에게 양도할 수 있는 권한을 부여한 신용장을 말한다.
- 원(제1)수익자는 그 다음 수익자(제3자)로 간주되지 않는다.
- 신용장 개설 시 개설은행이 양도가능하다고 명시적으로 동의한 경우, 즉 신용장에 명시적으로 Transferable 표시가 있어야만 원(제1)수익자 외에 제3자(제2수익자)에게 양도가 가능하다.
- 양도 시 원칙적으로 원신용장 조건 하에서만 양도가능하나 "원신용장의 금액 및 단가의 감액, 선적서류 제시기간 및 선적기일 단축, 신용장 유효기일 단축, 보험부보율 증액"의 조건변경은 가능하다.
- 신용장 양도의 예 : 신용장 수익자가 쿼터 품목에서 자신의 수출 쿼터가 없거나 이미 소진해서 쿼터 보유자에 이를 양도하는 경우와 수익자가 생산능력이 있어도 타사에 신용장을 양도하고 양도 차익을 남기는 것이 유리하다고 판단될 때 이루어진다.

57 신용장방식과 추심방식을 비교한 내용으로 옳지 않은 것은?

구 분	신용장방식	추심방식
㉮ 매수인과 은행의 관계	발행은행의 개설의뢰인에 대한 신용공여행위	매수인에 대한 신용공여행위가 없음
㉯ 환어음상 지급인	매수인	추심은행
㉰ 국제규칙	UCP	URC
㉱ 은행의 의무	발행은행은 신용장에 따라 수익자에 대한 1차적인 지급채무	추심은행이나 추심의뢰은행은 상당한 주의의무를 부담

① ㉮

② ㉯

③ ㉰

④ ㉱

정답 ②

해설 신용장방식 vs 추심방식

구 분	신용장방식	추심방식
개 념	수입상의 거래은행인 신용장 개설은행이 수출상에 대해 대금 지급을 확약함으로써 대금지급 의무를 지는 당사자로 행동한다.	대금결제 여부가 오직 수입상의 신용으로 결정되고 은행은 단순히 대금수수과정을 중개하기만 한다.
차이점	개설은행이 환어음 지급인이 된다.	수출상에 대응하는 채무자인 환어음 지급인이 수입상이 된다.
공통점	• 환어음을 이용하는 역환 방식이다. • 실질적인 결제방식으로 수출상이 발행한 환어음이 사용된다.	

58 Incoterms 2010에 대한 설명으로 옳지 않은 것은?

① 운송방식에 상관없이 사용 가능한 규칙은 EXW, FCA, CPT, CIP, DAT, DAP, DDP가 있다.

② FCA, FAS, FOB에서 매수인이 운송계약 의무를 진다.

③ DDP는 수출업자가 수출입통관 의무를 지지만 적하보험 의무는 없다.

④ DAT에서 매도인은 지정터미널에서 물품이 도착된 운송수단으로부터 양하 준비된 상태로 두어야 한다.

정답 ④

해설 Incoterms 2010 하에서 DAT 조건에서의 명확화

DAT(Delivered at Terminal)는 지정도착항 또는 지정목적지에 있는 지정터미널에서 도착된 운송수단으로부터 일단 양화한 물품을 매수인의 임의처분 상태로 인도하는 것을 의미한다.

※ Incoterms 2020은 DAT를 DPU(Delivered at Place Unloaded)로 명칭을 변경하였으며, 인도장소를 터미널에 국한하지 않고 어느 장소든지 목적지가 될 수 있도록 하였다.

59 컨테이너 운송형태에 대한 내용 설명으로 옳지 않은 것은?

① CY/CY는 송화인의 공장이나 창고에서 화물을 적입하여 수화인의 창고까지 컨테이너 만재화물을 그대로 운송하는 형태로서 화물은 LCL/LCL 상태이다.
② CY/CFS는 송화인의 공장이나 창고에서 화물을 적입하여 목적지의 여러 명의 수화인에게 전달하기 위해 CFS에서 해체하여 인도하는 운송방식이다.
③ CFS/CY는 다수의 송화인의 화물을 혼재해서 목적항에서 단일의 수화인의 창고, 즉 문전까지 운송하는 형태이다.
④ CFS/CFS는 다수 송화인의 화물을 혼재하여 목적항에서 다수의 수화인에게 인도하는 형태이다.

> 정답 ①
>
> 해설 CY/CY(FCL/FCL) = DOOR TO DOOR SERVICE
> • 수출업자(송화인)의 공장·창고에서부터 수입업자(수화인)의 공장·창고까지 컨테이너에 의해 일관 운송하는 방식이다.
> • 단일 송화인으로부터 단일 수화인에게 운송되는 형태의 DOOR TO DOOR SERVICE로 가장 이상적인 형태로, 컨테이너의 장점을 최대한 이용한 방법이다.

60 추정전손(Constructive total loss)에 대한 설명으로 옳지 않은 것은?

① 전손에 대한 보험금을 청구하기 위해서 대위의 통지가 있어야 한다.
② 선박 또는 화물을 회복할 수 있는 가능성이 없는 경우에 해당된다.
③ 선박이나 화물을 회복하는 비용이 회복 시의 그들 가액을 초과할 경우에 해당된다.
④ 화물의 손상의 경우에는 그 손상을 수리하는 비용과 그 화물을 목적지까지 계속 운송하는 비용이 도착 시 화물의 가액을 초과할 경우에 해당된다.

> 정답 ①
>
> 해설 ① 전손에 대한 보험금을 청구하기 위해서 위부의 통지가 있어야 한다.
> 추정전손(Constructive total loss)
> • 피보험목적물이 사실상 전손이 아니지만 그 수선 또는 회복의 비현실성 또는 비용 때문에 전손으로 처리하는 것이 바람직한 경우를 말한다.
> • 추정전손의 경우 피보험자가 전손 보험금을 청구하기 위해서는 보험자에게 보험목적물에 대한 일체 권리를 위부(Subrogation/Abandonment, 권리이전)해야 하며 위부하지 않을 경우 추정전손이 아니라 분손으로 처리한다.

61 화환신용장이 수입업자에게 주는 효용이 아닌 것은?

① 수출업자와 보다 유리한 조건으로 무역계약을 체결할 수 있다.
② 계약조건과 일치한 물품의 선적을 믿을 수 있다.
③ 수입국가의 외국환관리규정에 따른 외환 이전위험을 피할 수 있다.
④ 선적 시부터 대금지급 시까지의 무역금융의 혜택을 누릴 수 있다.

정답 ③

해설 화환신용장(Documentary credit)
• 일종의 담보 역할을 하는 선하증권, 송장, 보험증권 등의 운송서류가 첨부되어야만 어음대금을 결제받을 수 있는 신용장이다.
• 신용장 발행은행이 수출업자가 발행한 어음을 수송화물의 담보가 되는 선적서류 첨부를 조건으로 하여 인수 또는 지불할 것을 확약하는 신용장이다.
• 화환신용장 하에서는 선적서류 매입 시 운송서류를 제시하여야 하므로 선적 전 선적서류 매입이 불가능하고 선적을 이행하여야만 선적서류의 매입이 가능하다.

62 아래 글상자 내용은 컨테이너 터미널 시설 어디에 해당하는가?

> 컨테이너선이 안전하게 부상하고 입항하여 닻을 수 있는 시설을 말하며, 컨테이너선이 만재 시에도 충분히 안전하게 부상할 수 있는 수심의 유지가 필요하며 적정한 안벽의 길이도 확보되어야 한다.

① 선석(Berth)
② 에이프런(Apron)
③ 마샬링 야드(Marshalling yard)
④ 컨테이너 야드(Container yard)

정답 ①

해설 ① 선석(Berth) : 항만 내에 선박을 매어 두는 시설을 갖춘 접안장소를 이르는 것으로 보통 표준선박 1척을 직접 정박시키는 설비를 갖추고 있다.
② 에이프런(Apron) : 안벽에 인접한 부분으로, 컨테이너 수직하역 작업용 겐트리크레인(Gantry crane)을 레일에 설치하여 직접 하역작업이 이루어지는 공간이다.
③ 마샬링 야드(Marshalling yard) : CY 내에서 컨테이너화물을 컨테이너선에 적양하역을 하기 쉽도록 정렬시켜 두는 장소를 말한다.
④ 컨테이너 야드(Container yard, CY) : 선박회사나 그 대리점이 화주에 의해 화물이 적입된 컨테이너를 선적하기 위하여 화주로부터 인수하거나 양륙된 컨테이너를 화물이 적입된 채로 화주에게 인도해 주기 위한 컨테이너장치 및 수도장소를 말한다.

63 아래 글상자 내용은 어떤 종류의 해상운임 설명인가?

> 톤당 운임에 기초한 운임산정방법의 번거로움을 줄이기 위하여 화물의 종류나 중량에 관계없이 무조건 1컨테이너당 얼마로 정하는 운임이다.

① 특별운임(Special rate)
② 경쟁운임(Open rate)
③ 박스운임(Box rate)
④ 통운임(Through freight)

[정답] ③

[해설] ① 특별운임(Special rate) : 해운동맹이 비동맹선사와 화물유치경쟁을 할 때 일정한 화물에 대해 일정 조건을 갖춘 경우 정상요율을 인하하여 특별요율로 화물을 인수하는 수단으로 사용되는 운임이다.
② 경쟁운임(Open rate) : 정기선요율에 있어서 자동차, 시멘트, 비료, 광산물과 같은 선적단위가 큰 대량화물에 있어서는 해운동맹이 비동맹선사보다 경쟁력이 약한 경우 요율을 별도로 정하지 않고, 그 동맹가입선사(Member)가 임의로 적용하여 경쟁력을 높이는 데 적용되는 운임이다.
④ 통운임(Through freight) : 일관된 운송계약에 의하여 최초의 적출지에서부터 최후의 목적지에 이르기까지의 전 운송구간에 대하여 최초의 운송인이 징수하는 단일운임을 말한다. 여기에는 운송수단과는 관계없이 운송경로별로 정해지는 단일운임(Through rate)의 경우와 운송구간별 운임(Local freight)을 합산한 Joint rate의 경우가 있다.

64 무역거래에서 결제조건이 같은 지급 시기로 분류된 것으로 옳은 것은?

① CWO, COD, CAD
② CWO, CAD, D/P
③ COD, CAD, D/P
④ CAD, D/P, D/A

[정답] ③

[해설] 물품·서류 인도시점 기준 무역대금결제방식 유형

선지급
(Payment in Advance)
	• 주문불방식(Cash With Order, CWO)
	• 단순사전송금방식
	   – 우편송금환(Mail Transfer, M/T)
	   – 전신송금환(Telegraphic Transfer, T/T)
	   – 송금수표(Demand Draft, D/D)
	• 전대신용장(Red Clause L/C)
	• 연장신용장
	• 특혜신용장

동시지급 (Cash on Shipment)	• 현물상환지급(Cash On Delivery, COD) • 서류상환지급(Cash Against Documents, CAD) • 일람지급(At Sight) 신용장방식 • 지급인도방식(Documents against Payment, D/P)
후지급 (Deferred Payment)	• 기한부 신용장(Usance L/C) • 인수도조건(Documents against Acceptance, D/A) • 상호계산/청산계정(Open Account)

65 Incoterms 2010의 CIF 조건에 대한 설명으로 옳지 않은 것은?

① 매도인이 목적항까지의 운송 및 해상보험을 수배하고 그 비용을 부담하지만, 위험은 선적항에서 본선에 적재될 때까지만 부담하는 조건이다.

② 매도인은 해상보험계약과 관련된 해상보험증권을 매수인에게 제공해야 한다.

③ 매도인의 인도의무는 계약상품의 현실적 인도로 완료되지 아니하고 서류의 합법적 제공으로 완료되는 상징적 인도로 이행된다.

④ 해상보험을 부보할 때 양당사자 간에 합의가 없는 한, 협회화물약관의 ICC(A) 조건 또는 A/R 조건으로 부보하면 된다.

정답 ④

해설 CIF[Cost, Insurance and Freight, (지정목적항) 운임·보험료 포함 인도조건]
• CFR 조건에 보험조건이 포함된 조건(매도인 수출통관)
• 물품의 인도장소 : 선적항의 본선을 통과한 시점
• 물품에 대한 매매당사자의 위험부담의 분기점(위험이전) : 물품이 지정선적항 본선 갑판에 안착됐을 때
• 물품에 대한 매매당사자의 비용부담의 분기점(경비이전) : 목적항(매도인은 적재 시까지 모든 비용과 목적항까지 운임, 양하비 부담 + 보험료)
• 매도인과 매수인의 책임

매도인(Seller)	매수인(Buyer)
• 수출통관 필 • 해상운송계약 체결 • 운임부담 • 보험계약 체결 • 통상의 운송서류를 지체 없이 매수인에게 제공	• 물품이 운송인에게 인도된 이후의 모든 위험부담 • 지정목적지까지의 운송비 이외 모든 비용부담

※ CIF 조건에서 매도인의 물품인도 의무 및 비용 부담은 인코텀즈 2010 및 2020에서 동일하다. 따라서 인코텀즈 2020에서도 동일한 내용이 적용 가능하다.

66 매수인의 계약위반에 따른 매도인의 구제방법으로 옳지 않은 것은?

① 이행청구권
② 추가기간지정권
③ 대금감액청구권
④ 손해배상청구권

정답 ③

해설 ③ 대금감액청구권은 국제무역거래에서 물품이 계약상 물품과 일치하지 않는 경우에는 물품의 대금을 지급했는지 여부와 관계없이, 대금감액을 요청할 수 있는 권리로, 국제물품매매계약에 관한 UN협약(CISG) 제50조에서는 매수인에게 현실로 인도된 물품이 인도 당시에 가지고 있던 가액에 대하여 가지는 비율에 따라 대금을 감액할 수 있다고 규정하고 있다.

매도인의 권리구제(Seller's remedies)
- 추가기간지정권
- 물품명세확정권
- (특정)이행청구권
- 손해배상청구권
- 계약해제권

67 Beneficiary가 L/C를 사용하는 Nominated bank가 사전에 지정되어 있는 신용장을 모두 고르면?

> ㉠ Sight payment L/C
> ㉡ Deferred payment L/C
> ㉢ Acceptance payment L/C
> ㉣ Restricted L/C
> ㉤ Freely negotiable L/C

① ㉠, ㉡, ㉢, ㉣　　　　　　　　② ㉠, ㉡, ㉢, ㉤
③ ㉠, ㉡, ㉣, ㉤　　　　　　　　④ ㉡, ㉢, ㉣, ㉤

정답 ①

해석
> ㉠ 일람지급 신용장
> ㉡ 연지급 신용장
> ㉢ 인수지급 신용장
> ㉣ 매입제한 신용장
> ㉤ 자유매입 신용장

해설 ㉤ 매입은행 지정표시가 없으면 자유매입신용장(Freely negotiable L/C)으로 보며, 수익자가 매입은행을 자유롭게 선택하고, 수출지 어느 은행이라도 매입할 수 있는 신용장이다.
수익자가 신용장을 사용하는 지정은행이 사전에 지정되어 있는 신용장
- 일람지급 신용장(Sight payment L/C) : 환어음이 첨부되지 않은 서류와 상환으로 일람 후 즉시 대금의 지급이 이루어진다.
- 연지급 신용장(Deferred payment L/C) : Sight Payment와 거의 동일한데 신용장에서 정해진 미래의 일자에 지급을 이행하겠다고 확약한다.
- 인수지급 신용장(Acceptance payment L/C) : Deferred Payment와 거의 동일한데 반드시 환어음의 요구가 있어 이의인수를 하게 하여 그 어음의 만기일에 지급을 이행하게 한다.
- 매입제한 신용장(Restricted L/C) : 개설은행이 지정한 은행에서만 매입을 할 수 있는 신용장이다.

68 대외무역법상 전자적 형태의 무체물로 볼 수 없는 것은?

① 영화, 게임, 애니메이션, 만화, 캐릭터 등의 영상물
② 음향·음성물
③ 전자서적 및 데이터베이스
④ 설명서와 CD가 번들로 되어 서점에서 판매되는 소프트웨어

정답 ④

해설 대외무역법 시행령 제4조(전자적 형태의 무체물)
법 제2조 제1호 다목에서 "대통령령으로 정하는 전자적 형태의 무체물"이란 다음 각 호의 어느 하나에 해당하는 것을 말한다.
1. 「소프트웨어 진흥법」 제2조 제1호에 따른 소프트웨어
2. 부호·문자·음성·음향·이미지·영상 등을 디지털 방식으로 제작하거나 처리한 자료 또는 정보 등으로서 산업통상자원부장관이 정하여 고시하는 것(영상물, 음향·음성물, 전자서적, 데이터베이스)
3. 제1호와 제2호의 집합체와 그 밖에 이와 유사한 전자적 형태의 무체물로서 산업통상자원부장관이 정하여 고시하는 것

69 다음 중 대외무역법령상 외화획득의 범위에 해당하지 않는 것은?

① 수 출
② 해외파병 국군에 대한 물품 등의 매도
③ 관 광
④ 용역 및 건설의 해외 진출

정답 ②

해설 대외무역법 시행령 제26조(외화획득의 범위)
① 법 제16조(외화획득용 원료·기재의 수입 승인 등) 제4항에 따른 외화획득의 범위는 다음 각 호의 어느 하나에 해당하는 방법에 따라 외화를 획득하는 것으로 한다.
1. 수 출
2. 주한 국제연합군이나 그 밖의 외국군 기관에 대한 물품 등의 매도
3. 관 광
4. 용역 및 건설의 해외 진출
5. 국내에서 물품 등을 매도하는 것으로서 산업통상자원부장관이 정하여 고시하는 기준에 해당하는 것

70 아래 글상자에서 설명하는 선하증권의 종류로 옳은 것은?

> 하나의 운송물이 목적지까지 운송되는 동안 복수의 운송인이 개입하여 동종 또는 이종의 운송수단을 결합·이용하여 단계별 운송이 이루어질 경우 그러한 운송을 커버하는 선하증권을 말한다.

① Ocean B/L   ② Through B/L

③ Local B/L   ④ Red B/L

정답 ②

해석 ① 해양선하증권   ② 통선하증권
      ③ 내국선하증권   ④ 적색선하증권

해설 ② 통(과)선하증권(Through B/L) : 목적지까지 복수의 운송수단으로 운송할 경우, 즉 해상과 육상을 교대로 이용하여 운송하거나 둘 이상의 해상운송인과 육상운송인이 결합하여 운송할 경우 최초의 운송인이 전 구간의 운송을 인수하고 발행하는 운송증권으로, 통상 통과운송계약에 의해서만 발행된다.
    ① 해양선하증권(Ocean B/L) : 외국무역선에 의하여 외국의 항을 목적항으로 하는 국외 해상운송에 대하여 발행되며, 무역거래에서 가장 많이 사용되는 선하증권이다.
    ③ 내국선하증권(Local B/L) : 통운송의 경우 제2운송인이 자신의 운송구간에 대하여 발행하는 선하증권 또는 해외운송에 접속되는 국내운송에서 사용하는 선하증권을 말한다.
    ④ 적색선하증권(Red B/L) : 선하증권과 보험증권을 결합한 것으로 이 증권에 기재한 화물이 항해 중 사고가 발행하면 이 사고에 대하여 선박회사가 보상해주는 선하증권이다.

71 복합운송의 이점 설명으로 옳지 않은 것은?

① 비용절감
② 인력과 시간절약
③ 서류 및 절차의 간소화
④ 손해배상청구업무의 복잡화

정답 ④

해설 복합운송의 특징
• 여러 운송수단을 각각 이용하는 것보다 운송비용 및 시간을 절감할 수 있다.
• 서류 및 절차가 간소화된다.
• 물품의 멸실 또는 손상이 있을 경우 손해배상청구 등이 복잡하다.

72 아래 글상자 내용은 무엇에 대한 설명인가?

> 어떤 운송주선업자(Freight forwarder)가 자체적으로 집화한 소량화물(LCL)을 FCL로 단위화하기에 부족한 경우 동일 목적지의 LCL을 많이 확보하고 있는 다른 운송주선업자에게 공동혼재(Joint consolidation)를 의뢰하여 FCL로 만들어 선사에 제공하는 것을 말한다.

① Vanning

② Discharing

③ Co-Loading

④ Unstuffing

정답 ③

해석 ① 적 입
② 양 하
③ 공동선적/적재
④ 적 출

해설 ① (화물)적입(Vanning) : 화물을 컨테이너 안에 적입하는 것을 말하며, Stuffing이라고도 한다.
② 양하(Discharge) : 화물이 부선에서 내려지거나 육지 또는 부두에 계류되어 있는 선박으로부터 직접 화물을 육지에 내리는 것을 말하며, Discharging, Unloading이라고도 부른다.
④ 적출(Unstuffing) : 컨테이너에서 화물을 끄집어내는 것을 말한다. Devanning, Unpacking이라고도 부른다.

73 선내 하역비 중 선적 및 양륙 비용을 화주가 모두 부담하는 운임은?

① Berth Term

② FIO

③ FI

④ FO

정답 ②

해설 하역비(Stevedorage) 부담조건

선내하역 비용 부담조건	내 용
Liner Term(Berth term)	선적비 및 양륙비 선사부담조건으로 사실상 운임에 포함되어 FOB 조건은 수입자, CIF 조건은 수출자 부담
FIO(Free In and Out)	선적비 및 양륙비는 선사의 부담 아님(화주가 부담)
FI(Free In)	선사가 양륙비용만 운임에 부가
FO(Free Out)	선적비용만 운임에 부가

74 다음 중 성격이 다른 신용장을 고르시오.

① Back to back credit ② Revolving credit
③ Escrow credit ④ Tomas credit

정답 ②

해석 ① 견질신용장 ② 회전신용장
③ 기탁신용장 ④ 토마스신용장

해설 ② 회전신용장(Revolving L/C) : 수출·입업자 사이에 동종의 상품거래가 장기간 계속하여 이루어질 것으로 예상되는 경우 매 거래 시마다 신용장을 개설하는 불편을 덜기 위하여 일정기간 동안 일정금액의 범위 내에서 신용장 금액이 자동으로 갱신(Automatically Reinstated/Restored)되어 재사용할 수 있게 하는 조건으로 개설된 신용장이다.

국가 간 수출입 균형유지를 위해 사용되는 신용장
- 견질신용장(Back to Back L/C) : 무역균형 유지를 위해 한 나라에서 수입신용장을 개설할 경우, 그 신용장은 수출국에서 동액의 수입신용장 개설 시에만 '유효하다는 조건'이 붙은 조건부 L/C로서 동시개설/상호교환 신용장이라고도 한다.
- 기탁신용장(Escrow L/C) : 수입신용장 개설 시 환어음 매입대금을 수익자에게 지급하지 않고 수익자 명의의 Escrow 계정에 기탁(입금)해 뒀다가 수익자가 원신용장 개설국에서 수입하는 상품의 대금결제에만 사용토록 규정한 신용장이다.
- 토마스신용장(Thomas L/C) : 양측이 동액의 신용장을 개설하는데 일방이 먼저 개설하면 상대방이 일정기간 이내에 같은 액수의 신용장을 개설하겠다는 보증서로 발행하는 신용장이다. 수출국의 수출물품은 확정되었지만 수입할 물품이 확정되지 않은 경우 이용된다. 수출업자가 수입업자에게 언제까지 Counter L/C를 개설하겠다는 확약서를 제출하여야만 수출업자가 매입(Nego)할 수 있는 신용장을 말한다.

---

75 화물이 서류보다 먼저 도착한 경우 수입상이 화물을 용이하게 찾는데 사용할 수 있는 서류로 보기 어려운 것은?

① Sea Waybill ② Letter of Indemnity
③ Letter of Guarantee ④ Surrendered B/L

정답 ②

해설 ② 파손화물운송장(Letter of Indemnity, L/I) : 수출상이 실제로는 고장부 선하증권이지만 무고장부 선하증권으로 선하증권을 발행받을 때 선박회사에 제출하는 보상장이다. 무역 관행상 은행은 고장부 선하증권을 수리하지 않기 때문에 화주는 선적화물에 하자가 있으면 선박회사에 L/I를 제출하고 이로 인한 화물 손상은 화주가 부담한다.
① 해상화물운송장(Sea Waybill) : 단순한 운송화물에 대한 수령증에 해당한다. 기명식으로 발행되어 본인이 확인된다면 물품수령이 가능하므로 신속히 화물을 찾을 수 있다.
③ (화물선취)보증서(Letter of Guarantee, L/G) : 원본서류가 도착하기 전에 수입상이 물품을 사전 인수할 수 있도록 신용장 개설은행이 발행하는 것이다. 운송인이 원본서류 없이 물품을 사전 인도할 때 발생하는 손해에 대한 신용장 개설은행의 보증서이다.
④ 권리포기 선하증권(Surrendered B/L) : 화물이 선하증권(B/L)보다 먼저 도착할 경우에 화주의 요청에 따라 선하증권에 'Surrendered'라고 표시하여 발행한 선하증권을 말한다. B/L상에 Surrender란 문구의 도장을 찍어 유통 가능한 유가증권으로서의 기능을 포기한다는 의미가 있다.

제1과목　영문해석

[01~02] Read the following and answer.

Peter Han
HNC World

We have already communicated with the Arab Bank in Libya to open a credit in the amount of US $32,000.00 in your favor effective until 15 March 2019. The credit will be confirmed by HSBC, Seoul who will accept your draft at 30 d/s for the full amount of your invoice. The following documents are required to be attached to your draft :
− Bill of Lading (in duplicate)
− Invoice CIF Tripoli (in triplicate)

Regards,

Abdul Ismael
Kings Corp

---

01 Which is right?

① HNC World is the beneficiary.
② Kings Crop is the insurer.
③ HSBC is the issuing bank.
④ The issuance date of credit is 15 Mar., 2019.

02 Who is the proper drawee of the draft in view of beneficiary?

① HNC World
② Kings Corp
③ Arab Bank
④ HSBC Seoul

해석

> HNC월드
> 피터 한
>
> 당사는 이미 리비아에 있는 아랍 은행에 연락하여 2019년 3월 15일까지 귀사를 수익자로 하여 US $32,000.00에 대한 신용장을 개설하기로 했습니다. HSBC 은행 서울 지점이 신용장을 확인하여 귀사의 송장금액 전액에 대한 일람 후 30일 환어음을 인수할 것입니다. 다음 서류들이 귀사의 환어음에 첨부되어야 합니다.
> – 선하증권(2통)
> – CIF 트리폴리 송장(3통)
>
> 안부 전합니다.
> 압둘 이스마엘
> 킹스 코퍼레이션
>
> *at 30 d/s : 일람 후 30일 출금(d/s = days after sight의 약자)
> *in duplicate : 2통
> *in triplicate : 3통

01 다음 중 옳은 것은?
① HNC 월드는 수익자이다.
② 킹스 코퍼레이션은 보험회사이다.
③ HSBC는 개설은행이다.
④ 신용장의 개설일은 2019년 3월 15일이다.

02 수익자의 관점에서 환어음의 지급인으로 적절한 사람은 누구인가?
① HNC 월드
② 킹스 코퍼레이션
③ 아랍 은행
④ HSBC 은행 서울 지점

해설 01

② 킹스 코퍼레이션은 <u>보험회사 → 신용장 개설인(매수인)</u>이다.
③ HSBC는 <u>개설은행 → 확인은행</u>이다.
④ <u>신용장의 개설일은 2019년 3월 15일 → 신용장은 2019년 3월 15일까지 개설될 것</u>이다.

02

④ 개설의뢰인인 킹스 코퍼레이션이 HNC 월드를 수익자로 하여 HSBC 은행 서울 지점에 환어음 금액을 일정한 시기에 일정인(수취인)에게 지급하여 줄 것을 위탁하였으므로, 환어음의 지급인(Drawee)은 HSBC 은행 서울 지점이다.

03 The party, other than seller, which is entitled to receive the payment of bill of exchange is known as :

A. Drawer
B. Drawee
C. Payee
D. None of these

① A
② B + C
③ C
④ D

정답 ③

해석 매도인을 제외하고, 환어음의 지급을 받아야 하는 당사자로 알려진 것은 다음과 같다.

A. 발행인
B. 지급인
C. 수취인
D. 해당 없음

*be entitled to : ~ 할 자격이 있다
*known as : ~으로 알려진

해설 ③ 환어음의 채권자를 '수취인(대금영수인)'이라고 한다.
환어음 당사자

발행인(Drawer)	• 환어음을 발행·서명하는 자 • 거래은행을 통해 물품대금의 추심(Collection)을 의뢰하는 채권자인 수출상 • 추심방식에서는 추심의뢰인(Principal), 신용장방식에서는 수익자(Beneficiary)
지급인(Drawee)	• 환어음 대금을 일정 기일(만기)에 무조건 지급할 것을 위탁받은 자 • 추심방식에서는 수입상(Importer), 신용장방식에서는 원칙적으로 신용장 개설은행(수출상에 대한 주 채무자)
수취인(Payee)	• 환어음 대금을 지급받을 자(발행인 또는 발행인이 지정하는 제3자도 가능) • 통상 신용장에 근거를 두고 발행하여 자신의 거래은행에 매입을 의뢰하는 경우, 동 서류를 매입하는 거래은행 • 선적 후 수출상이 선적서류를 자신의 거래은행을 통해 현금화하는 과정(매입/네고)에서 자신의 거래은행을 환어음상에 수취인으로 표기 • 환어음의 발행인과 수취인은 같을 수도, 다를 수도 있음

04 Which is NOT correct full wording?

① COD − Cash On Delivery ② CAD − Cash Against Draft
③ CWO − Cash With Order ④ T/T − Telegraphic Transfer

정답 ②

해석 다음 중 약어를 풀어 쓴 것으로 옳지 않은 것은?
① 물품인도 결제방식
② 서류인도 상환방식[CAD : Cash Against Draft → Documents]
③ 주문불 방식
④ 전신환송금

해설 ② 서류인도 상환방식(Cash Against Document, CAD) : 수출자가 선적 후 선적서류(선하증권, 보험서류, 상업송장 등)들을 수출국 소재 수입자 대리인 또는 거래은행에 제시하고 서류와 상환으로 대금을 수령하는 결제방식이다.
① 물품인도 결제방식(Cash On Delivery, COD) : 수출자가 수입국에서 수입통관을 완료하고 수입자에게 물품을 인도할 때 대금(Cash)을 수령하는 결제방식이다.
③ 주문불 방식(Cash With Order, CWO) : 수입자가 주문과 동시에 대금을 M/T, T/T, 송금환수표 등으로 송금하는 방식으로 자회사 간 거래나 소액거래(견본품 등)에 주로 쓰인다.
④ 전신환송금방식(Telegraphic Transfer, T/T) : 수입자의 요청에 따라 송금은행이 지급은행 앞으로 수출자에게 일정 금액을 지급하여 줄 것을 위탁하는 지급지시서(Payment order)를 전신으로 보내는 방식을 말한다.

---

05 Which can NOT be inferred from the below?

> Dear Dawon,
>
> Our Order No. 14478
>
> I am writing to complain about the shipment of sweaters we received yesterday against the above order.
>
> The boxes in which the sweaters were packed were damaged, and looked as if they had been broken open in transit. From your invoice No. 1555, we estimate that thirty garments have been stolen, to the value of US $5,500.00 Because of the rummaging in the boxes, quite a few other garments were crushed or stained and cannot be sold as new articles in our shops.
>
> As the sale was on a CIF basis and the forwarding company were your agents, we suggest you contact them with regard to compensation.
>
> You will find a list of the damaged and missing articles enclosed, and the consignment will be put to one side until we receive your instructions.
>
> Yours sincerely

① The goods will be stored pending seller's instructions as to disposal.
② Buyer is liable for the damage as the risk has passed on the unloading port.
③ Seller has paid the insurance and freight.
④ The goods arrived are not consistent with the invoice.

해설 **다음 글에서 추론할 수 없는 것은?**

> 친애하는 대원,
>
> 당사의 주문 번호 14478
>
> 나는 어제 상기 주문의 스웨터 선적물을 인수하고 그에 대한 불만사항을 쓰고 있습니다.
> 스웨터 박스가 손상되었으며 운송 도중에 찢어져서 열린 것으로 보였습니다. 귀사의 송장 번호 1555에 따르면
> 당사는 US $5,500.00 금액에 달하는 30점의 의류가 도난당한 것으로 추정됩니다. 상자가 뒤적여졌기 때문에
> 다수의 의류가 망가지고 오염되어 새 상품으로 판매가 불가능합니다.
> 매매가 CIF 기준으로 진행되었고 운송 회사는 귀사의 대리인이었기 때문에, 귀사가 보상에 관하여 그들과
> 연락하기를 제안합니다.
> 손상된 물품과 분실물 리스트를 동봉합니다. 배송물은 귀사의 지시를 받기 전까지 보관하겠습니다.
>
> 충심으로
>
> *rummage : 뒤지다
> *crush : 으스러지다
> *stain : 얼룩지게 하다, 더럽히다; 얼룩지다, 더러워지다
> *consignment : 배송물

① 그 상품은 처분과 관련하여 매도인의 지시를 기다리는 동안 보관될 것이다.
② 하역항에서 위험이 발생했기 때문에 매수인이 손실에 대한 책임이 있다.
③ 매도인이 보험료와 운송비를 지불했다.
④ 도착한 물건이 송장과 일치하지 않는다.

해설 ② 매도인이 부담하는 물품의 멸실 또는 손상의 위험은 물품이 선박에 적재된 때 이전되므로, 하역항에서 발생한
위험은 매수인이 아닌 매도인에게 책임이 있다.
CIF[(지정목적항) 운임·보험료 포함 인도조건]상 매도인과 매수인의 책임

매도인(Seller)	매수인(Buyer)
• 수출통관 필 • 해상운송계약 체결 • 운임부담 • 보험계약 체결 • 통상의 운송서류를 지체 없이 매수인에게 제공	• 물품이 운송인에게 인도된 이후의 모든 위험부담 • 지정목적지까지의 운송비 이외 모든 비용부담

*pending : (어떤 일이) 있을 때까지; ~을 기다리는 동안
*as to : ~에 관해서는[~은]
*be consistent with : ~와 일관되다

06 What is NOT characteristic of advance payment method?

① The importer has not been long established.

② The importer's credit status is doubtful, unsatisfactory and/or the political and economic risks of the country are very high.

③ The product is in heavy demand and the seller does not have to accommodate an importer's financing request in order to sell the merchandise.

④ The seller faces a very high degree of payment risk while retaining little recourse against the buyer for poor quality goods.

정답 ④

해석 **선지급 방식의 특징이 아닌 것은 무엇인가?**
① 수입업자와 관계를 맺은 지 오래되지 않았다.
② 수입업자의 신용평가가 의심스럽고 만족스럽지 못하거나, 수입국의 정치적·경제적인 위험이 매우 높은 경우이다.
③ 상품 수요가 많고 매도인은 상품을 팔기 위해 수입업자의 자금조달 요청을 수용할 필요가 없다.
④ 매도인은 불량품에 대한 매수인 의존도를 거의 유지하지 않으면서 매우 높은 수준의 지불 위험에 직면해 있다.

해설 ④ 선지급 방식은 매도인(수출업자)에게 대금회수의 위험이 없으므로 가장 안전한 조건이다.
①·② 수입업자(매수인)와 (거래)관계를 수립한 지 오래되지 않아 신용평가가 의심스럽고 만족스럽지 못하거나, 수입국의 정치적 경제적인 위험이 매우 높은 경우 주로 사용된다.
③ 선지급 방식은 매도인(수출업자)의 자금이 부족하거나 소액 또는 견본 구매에서 주로 사용된다.
선지급 방식(Advanced Payment, 선적 전 지급)
• 매도인이 물품의 선적 전에 대금을 수령하는 방식으로, 수출계약과 동시에 송금을 받거나 수입자로부터 화물대금의 송금을 받고 선적하는 결제방법이다.
• 매수인의 신용이 불확실한 경우나 소액 또는 견본 구매에서 사용한다[단순송금방식, 주문 시 지급방식, 일부 선지급, 선대(선지급)신용장 방식].
• 매도인(수출업자)의 입장에서는 대금회수의 위험이 없으므로 선지급이 가장 안전한 조건이다.
• 매도인(수출업자)의의 자금이 부족하거나 본·지점 간 거래에 많이 이용한다.
*Advanced Payment : 선지급 방식
*accommodate : 수용하다
*financing request : 자금조달 요청
*merchandise : (매매한) 물품; (상점에서 파는) 상품
*retain : 유지하다
*recourse : 의지

[07~08] Read the following and answer.

Further to our telephone conversation on Friday, I am writing to you <u>concerning</u> your order, No. SX1940, which was placed with us on 10 January.

Once again, I must apologize for the delay in processing this order. This was due to a staffing shortage. However, since I spoke to you, we have taken on four new employees at our depot, and I am pleased to tell you that your order is now ready for despatch. It will reach you within five working days.

Special care has been taken to ensure that the consignment has been packed according to your requirements. Each item will be individually wrapped to prevent damage.

Truly yours,
William Hawks

---

07 Who is most likely to be William Hawks?

① Seller
② Buyer
③ Surveyor
④ Insurer

08 Which is MOST similar to underlined 'concerning'?

① against
② because
③ to
④ about

해석

금요일 전화 통화에 덧붙여, 저는 1월 10일자 귀사의 주문 No. SX1940에 관해서 씁니다.

다시 한번, 금번 주문의 처리 지연에 대해 사과드립니다. 이것은 직원 부족 때문이었습니다. 하지만, 귀사와 이야기한 이후, 당사는 창고에서 일할 4명의 신입사원을 고용했고 귀사의 주문이 이제 발송 준비되었음을 알려드리게 되어 기쁩니다. 그것은 근무일로 5일 이내에 도착할 것입니다.

귀사의 요청에 따라 배송품이 포장되었는지 확인하기 위해 세심한 주의를 기울였습니다. 각각의 품목은 손상을 막기 위해 개별 포장하였습니다.

진심으로
윌리엄 혹스

*depot : 창고

07 윌리엄 혹스는 누구인가?
① 매도인
② 매수인
③ 조사자
④ 보험자

08 밑줄 친 'concerning'과 가장 비슷한 것은?
① ~에 반하여
② ~때문에
③ ~(으)로
④ ~에 관하여

해설 07
① 위 서신의 내용은 이번 주문의 처리 지연에 대한 사과와 함께 발송 및 선적 일정을 안내하고 있다. 따라서 내용상 서신의 발신자 윌리엄 혹스는 매도인(Seller)이다.

08
④ 밑줄 친 concerning은 '~에 관해서'라는 뜻이므로, 보기 중 이와 유사한 의미를 나타내는 about(~에 관하여)과 바꾸어 쓸 수 있다.

09 What is NOT true about a bill of lading?

① Only lawful holder of the original bill of lading can demand delivery from the carrier against surrender of the original bill of lading at the port of discharge.

② Consignor or shipper can transfer the title of goods to a 3rd party by endorsement and delivery of the original bill of lading.

③ Non-negotiable bill of lading is a document of title.

④ The endorsement/delivery of bill of lading has the same effect that the holder sells the goods in transit.

정답 ③

해석 선하증권에 대한 사항 중 사실이 아닌 것은 무엇인가?
① 원본 선하증권의 합법적인 보유자만이 운송인으로부터 양하항에서 원본 선하증권의 권리이양에 대한 인도를 요구할 수 있다.
② 하주는 선하증권 원본에 대한 배서와 인도에 의해 제3자에게 물품 권리를 양도할 수 있다.
③ 유통불능 선하증권은 권리증권이다.
④ 선하증권의 배서/인도는 소지자가 운송하는 상품들을 판매하는 것과 같은 효과를 갖는다.

해설 ③ 유통불능 선하증권은 선박회사가 발급하는 원본 이외의 수통의 사본으로 발행되는 선하증권이다. 이 선하증권에는 발급될 때 이미 Non-Negotiable이라는 도장이 찍혀 발급되기 때문에 이들 사본으로는 은행에서 매입(Nego)이 되지 않으므로, 유통불능 선하증권은 비권리증권이다.
① 운송인이 화물을 수령·선적하여 해상운송을 통해 선하증권의 정당한 소지인(Bona-fide Holder)에게 (증권과 상환하여) 화물을 인도할 것을 약정하는 유가증권이다.
② 일반적으로 선하증권은 원본 3통/부(Original, Duplicate, Triplicate)를 1조로 발행하며, 배서에 의한 권리양도가 가능한 성질이 있다. 제3자에게 양도된 경우 운송인과 선하증권 소지인 간에는 결정적 증거 기능을 담당하게 된다.
④ 배서·인도(양도)에 의해 권리가 이전되는 유통성을 지니며, 증권상의 권리를 행사할 수 있는 자에게 증권을 인도한 경우에 그 인도가 물건을 인도한 것과 동일한 효력을 생기게 한다.
*discharge : 양하(화물이 부선에서 내려지거나 육지 또는 부두에 계류되어 있는 선박으로부터 직접 화물을 육지에 내리는 것)
*endorsement : 배서
*in transit : 수송 중에

10 What is the main purpose of the letter?

> We will shortly have a consignment of tape recorders, valued at US $50,000.00 CIF Quebec, to be shipped from Manchester by a vessel of Manchester Liners Ltd.
> We wish to cover the consignment against all risks from our warehouse at the above address to the port of Quebec. Will you please quote your rate?

① To enquire about the insurance premium
② To quote a freight to the shipping company
③ To give the information about the shipping to the buyer
④ To send the invoice

정답 ①

해석 서신의 주요 목적은 무엇인가?

> 당사는 곧 5만 달러의 테이프 리코더 위탁품을 받게 될 것인데, 그것은 맨체스터에서 맨체스터 해운회사 선박에 CIF 퀘벡 조건으로 선적된 것입니다.
> 당사는 위탁물을 상기 주소의 당사 창고로부터 퀘벡항까지의 모든 위험에 대하여 보장받고 싶습니다. 견적을 내주시겠습니까?
>
> *quote : 견적을 내다[잡다]
> *rate : 요금

① 보험료에 관하여 문의하기 위해서
② 선적회사에 화물을 견적받기 위해서
③ 매수인에게 선적에 관한 정보를 주기 위해서
④ 송장을 보내기 위해서

해설 ① 위 서신에서는 위탁물품의 결제/선적조건을 알리고 해당 위탁물품에 대한 모든 위험(All Risk)조건으로 보험을 보장받고 싶다고 언급하고 있으며, We wish to cover the consignment against all risks(위탁물을 ～ 모든 위험에 대하여 보장받고 싶다)라는 내용으로 미루어 볼 때, 위 서신의 목적은 전위험(All Risk)조건의 보험료에 대한 견적을 문의하는 것이다.
*enquire : 문의하다
*insurance premium : 보험료
*invoice : 송장

11 Which is CORRECT about the letter?

Thank you for your order; the details are listed below for your review.

Production is scheduled to begin on May 16, and we would anticipate shipping no later than May 21.

Please note that orders cancelled after the start of production are subject to a 25 percent penalty; orders cancelled after shipping are subject to a 30 percent penalty plus the cost of freight.

① The buyer expects to get the products before May 21.

② When the buyer cancels the order on May 18, the buyer is subject to pay a 25% penalty and the cost of freight.

③ If the buyer cancels the order after May 21, the buyer is subject to pay a 55% penalty.

④ When the buyer cancels the order before May 16, there is no specified penalty for the buyer's cancellation of order.

정답 ④

해석 서신에 대한 설명으로 옳은 것은?

귀사의 주문에 감사드리며, 귀사의 검토를 위해 세부사항이 아래에 열거되어 있습니다.

생산은 5월 16일에 시작될 예정이며, 늦어도 5월 21일까지는 선적할 것으로 예상됩니다.

다음 사항에 유의하세요. 생산 개시 후 취소된 주문은 25%의 위약금이 부과됩니다. 선적 후 취소된 주문은 운송비를 더한 30%의 위약금이 부과됩니다.

*list : 리스트[목록/명단/일람표]를 작성하다, (특정한 순서로) 열거하다
*be scheduled to : ~할 예정이다
*anticipate : 예상하다
*no later than : 늦어도 ~까지는
*be subject to : ~의 대상이다
*penalty : 위약금

① 매수인은 5월 21일 이전에 물품을 받을 것이라고 기대하고 있다.
② 매수인이 5월 18일에 주문을 취소할 때, 매수인은 25%의 위약금과 운송비를 지급해야할 대상이다.
③ 매수인이 5월 21일에 주문을 취소할 때, 매수인은 55%의 위약금을 지급해야할 대상이다.
④ 매수인이 5월 16일 이전에 주문을 취소할 때, 매수인의 주문 취소에 대한 특별한 위약금은 없다.

해설 ① 5월 21일까지 선적한다고 언급하였다.
② 5월 16일에 생산이 시작되고 5월 21일까지 선적한다고 했으므로, 5월 18일에 주문을 취소하면 매수인에게 25%의 위약금만 부과된다.
③ 선적 후 주문을 취소하면 30%의 위약금과 운송비를 내야 한다.

12 In international trade payment, a Bill of Exchange is drawn up by the _____. Fill in the blank.

A. Negotiating bank
B. Exporter
C. Drawee
D. Issuing bank

① A
② B
③ C
④ D

[정답] ②

[해석] 국제무역결제에서, 환어음은 _____ 에 의해 발행된다. 빈 칸을 채우시오.

A. 매입은행
B. 수출업자
C. 지급인
D. 개설은행

② B. 수출업자(Exporter) : 거래은행을 통해 물품대금의 추심(Collection)을 의뢰하는 채권자인 수출업자는 환어음을 발행·서명하는 발행인(Drawer)으로 추심방식에서는 추심의뢰인(Principal), 신용장방식에서는 수익자(Beneficiary)가 된다.
① A. 매입은행(Negotiating bank) : 환어음 대금을 지급받을 자로서 발행인 또는 발행인이 지정하는 제3자도 될 수 있으나, 통상 신용장에 근거를 두고 발행하여 자신의 거래은행에 매입을 의뢰하는 경우의 수취인(Payee)은 동 서류를 매입하는 거래은행이 된다.
③ C. 지급인(Drawee) : 환어음 대금을 일정 기일(만기)에 무조건 지급할 것을 위탁받은 자로 추심방식에서는 수입상이 되며, 신용장방식에서는 원칙적으로 신용장 개설은행(수출상에 대한 주 채무자)이 된다.
④ D. 개설은행(Issuing bank) : 신용장방식에서 수출상에 대한 주 채무자로서 환어음의 지급인이 된다.

[해설] 환어음(Bill of Exchange)
채권자인 수출업자가 발행인(Drawer)이 되고 채무자인 수입업자 또는 은행을 어음의 지급인(Drawee 또는 Payer)으로 발행되는 무역결제에 사용되는 어음이다. Bill 또는 Draft라고도 부른다. 신용장 결제의 경우에도 D/P 또는 D/A 어음결제의 경우와 마찬가지로 이 환어음에 선적서류(Shipping documents)를 첨부한 화환어음(Documentary Bill)으로서 수출지의 은행에 제시하여 수출대금을 지급받는다. 이것을 화환어음의 매입(Negotiation)이라 한다.

We are writing to you (A) <u>with reference to</u> the above order and our letter of 22 May in which we asked when we could expect delivery of the 5 passenger cars (GM7) you agreed to supply by 3 June here. We have tried to contact you by phone, fax, and e-mail but no-one in your organization seemed to know anything about this matter.

It is essential that we deliver these goods to our Korean customers on time as this was an initial order from them and would give us opening in the local market here.

Our deadline is 28 June. Unless we receive the cars within the next five days, our customers will cancel the order and place it elsewhere. We would like to make it clear that loss resulting from this late delivery will bring us legal action.

Yours sincerely

13 What is the main purpose of letter?

① Notice of losses resulting from non-performance

② Start of legal processing

③ Complaint about non-delivery

④ Cancellation of sales contract

14 Which is NOT similar to A?

① regarding

② referenced

③ with respect to

④ with regard to

해석

당사는 상기 주문과 5월 22일자 당사의 서신과 (A) 관련하여 귀사에게 서신을 쓰고 있습니다. 당사는 지난 5월 22일자 서신에서 귀사가 6월 3일까지 이곳에 공급하기로 합의한 승용차(GM7) 5대를 언제 인도할 수 있을지 문의했습니다. 전화와 팩스, 이메일로 연락을 시도했지만, 귀사에서는 아무도 이 문제에 대해 알고 있는 사람이 없는 듯합니다.

이 상품들을 우리 한국 고객들에게 제때에 배달하는 것은 필수적입니다. 이번이 그들과의 최초 주문이고, 당사에게 이 지역 시장을 개방해 줄 것이기 때문입니다.

당사의 마감일은 6월 28일입니다. 앞으로 5일 이내에 차를 받지 않으면, 당사의 고객들은 주문을 취소하고 다른 곳에 주문할 것입니다. 이번 배달 지연으로 발생하는 손실로 인해 당사가 법적 조치를 취할 것임을 분명히 하고 싶습니다.

진심으로

*with reference to : ~와 관련하여
*initial order : 첫 주문
*deadline : 기한, 마감 시간[일자]
*make it clear : 분명히 하다

13 서신의 주요 목적은 무엇인가?
　① 계약불이행으로 인한 손실 통지
　② 법적 조치의 시작
　③ 인도불이행에 대한 불만
　④ 매매계약의 취소

14 A와 비슷한 말이 아닌 것은?
　① ~에 관하여
　② 참조되는
　③ ~에 대하여
　④ ~에 관하여

해설 **13**

위 서신에서는 지난 주문물품에 대한 아무런 연락도 받지 못하고 인도가 이행되지 않은 상황에 대하여 불만을 나타내며, 계속된 불이행 시 법적 조치를 취할 것임을 경고하고 있다. 또한 서신의 마지막에 We would like to make it clear that loss resulting from this late delivery will bring us legal action.(이번 배달 지연으로 발생하는 손실로 인해 당사가 법적 조치를 취할 것임을 분명히 하고 싶다.)이라고 했으므로, 서신의 목적은 ③ Complaint about non-delivery이다.
*non-performance : 계약불이행
*non-delivery : 인도불이행

14

밑줄 친 (A) with reference to는 '~와 관련하여'의 뜻이므로, regarding, with respect to, with regard to와 그 의미가 비슷하다. 그러나 ② referenced는 '참조되는'이라는 뜻이므로 서로 대체할 수 없는 표현이다.

15 What does the following article in sales contract explain about?

> "This agreement shall be governed, construed and performed by the laws of the Republic of Korea."

① Jurisdiction
② Governing Law
③ Force Majeure
④ Arbitration

정답 ②

해석 다음에서 설명하고 있는 매매계약 조항은 무엇인가?

> "이 협정은 대한민국 법에 의해 지배되고 해석되고 수행된다."
>
> *govern : 지배[좌우/통제]하다
> *construe : ~을 (~으로) 이해[해석]하다

① 재판관할권
② 준거법
③ 불가항력
④ 중 재

해설 ② 준거법(Governing Law) : 무역거래는 법률제도를 달리하는 당사자 간의 매매이므로 계약내용의 해석에 대해 의견차이나 분쟁이 발생할 우려가 있다. 따라서 어느 나라의 법률에 의거하여 해석하는가, 즉 적용법률을 정해둘 필요가 있다. 거래당사자는 협의하여 준거법을 정하고 계약서 또는 거래협정서에 명시할 필요가 있다.
① 재판관할권(Jurisdiction) : 국제계약 관련 분쟁을 소송으로 해결하려 할 때 소송을 제기할 법원을 먼저 결정해야 한다. 즉, 어느 나라(Jurisdiction)의 어느 법원(Venue)이 관할권을 갖는가 하는 문제이다.
③ 불가항력(Force Majeure) : 당사자들이 통제할 수 없고, 예견 불가능하며, 회피할 수 없는 사안으로 천재지변(Act of God)이나 화재, 전쟁, 파업, 폭동, 전염병과 기타 자연 재앙과 같은 특정한 사정이나 사건을 의미한다.
④ 중재(Arbitration) : 법원의 소송절차로 분쟁을 해결하지 않고 분쟁당사자 간 합의(중재합의)에 의거 제3의 중재기관의 중재인(Arbitrator)에 의한 중재판정(Award)을 통해 분쟁을 해결하는 방법이다.

[16~17] Read the following and answer the questions.

Dear Mr. Arnaud :

As you informed us earlier today by phone, the invoice we sent is indeed incorrect. Your order should have been discounted 45% instead of 20%.

Perhaps we've done our promotional job on those brushes. Our billing staff was so used to allowing the 20% discount that in your case he forgot to add on the 25% trade discount. We're in the process of recalculating your order with the correct 45% discount, and the new invoice should be processed on its way to you by the end of this week.

We do regret this slip and are happy to have the chance to set the matter straight.

William T. Moore

---

16 What is the main subject of the letter?

① Acknowledgement of complaint for goods

② Apology for billing error

③ Asking for payment

④ Apology for service delay

17 Which of the following is LEAST inferred?

① William T. Moore finds that the buyer has a legitimate complaint.

② The store of William T. Moore has been running a promotional sale on a new line of brushes.

③ Mr. Arnaud had been expecting a 45% discount, whereas his bill reflects a discount of only 25%, the sale discount.

④ William T. Moore could be a customer service manager.

해석

친애하는 Mr. Arnaud :

오늘 아까 전화로 알려주셨듯이, 당사가 보낸 송장은 정말 틀렸습니다. 귀사의 주문은 20%가 아니라 45%가 할인되었어야 했습니다.

아마도 당사는 그 붓 제품들에 대한 판촉활동을 했던 것 같습니다. 당사 청구서 담당 직원은 20% 할인에 너무 익숙해서 귀사의 경우 25%의 무역 할인을 추가하는 것을 잊었습니다. 당사는 귀사의 주문을 정확한 45% 할인으로 다시 계산하는 중이고, 새로운 송장은 이번 주말까지 처리될 것입니다.

당사는 이번 실수에 대해 진심으로 유감스럽게 생각하며, 그 문제를 바로잡을 기회를 갖게 되어 기쁩니다.

윌리엄 T. 무어

*incorrect : 부정확한, 맞지 않는, 사실이 아닌
*billing : 계산서(account), 청구서
*recalculate : 다시 계산하다, 재검토하다
*process : 처리하다
*slip : 실수
*set ~ straight : ~의 생각[실수]을 바로잡아 주다

16 서신의 주요 주제는 무엇인가?
① 제품에 대한 불만의 인정
② 청구상의 오류에 대한 사과
③ 지불에 대한 청구[요청]
④ 서비스 지연에 대한 사과

17 서신 내용에서 추론할 수 없는 것은 무엇인가?
① 윌리엄 T. 무어는 매수인이 정당한 불만을 갖고 있음을 알았다.
② 윌리엄 T. 무어의 가게는 신제품 붓에 대한 판촉 세일을 진행했다.
③ Arnaud씨는 45% 할인을 기대했는데, 청구서에는 판매할인 25%만 반영되었다.
④ 윌리엄 T. 무어는 고객서비스 관리자일 것이다.

해설 **16**

② 위 서신은 the invoice we sent is indeed incorrect(당사가 보낸 송장은 정말 틀렸습니다.)를 통해 청구서의 금액 작성 시 오류가 있었음을 인정하고 있으며, We do regret this slip and are happy to have the chance to set the matter straight(당사는 이번 실수에 대해 진심으로 유감스럽게 생각하며, 그 문제를 바로잡을 기회를 갖게 되어 기쁩니다.)에서 오류에 대하여 사과하는 내용이다.

*Acknowledgement : 인정
*Apology : 사과

17

③ Your order should have been discounted 45% instead of 20%(귀사의 주문은 20%가 아니라 45%가 할인되었어야 했습니다.)라는 서신의 내용으로 미루어 정답은 'Arnaud씨는 45% 할인을 기대했는데, 청구서에는 판매할인 25% → 20%만 반영되었다.'이다.

*legitimate : 정당한, 타당한, 적당한
*complaint : 불평[항의] (거리); 고소
*promotional sale : 판촉 판매
*sale discount : 할인판매

18 Which of the following has a different purpose from the others?

① Much to regret, your order has been held up at the docks by the strike of stevedores.

② You have supplied products below the standard we expected from the samples.

③ We regret that we have to complain about the way in which the consignment just received has been packed.

④ On opening the container, we found that the goods were short by 2 units.

정답 ①

해석 다음 중 나머지 셋과 의도가 다른 것은 무엇인가?
① 유감스럽게도, 귀사의 주문은 항만 노동자들의 파업으로 부두에서 지연되었습니다.
② 귀사는 샘플에 당사가 기대했던 수준 이하의 제품을 공급하셨습니다.
③ 당사는 방금 인수받은 탁송물의 포장 방식에 대해 불만이 있어서 유감입니다.
④ 컨테이너를 열자마자, 당사는 상품이 2개 부족하다는 것을 알았습니다.

해설 ① 매도인이 매수인에게 선적 지연에 대한 이유를 설명하고 있으므로, 나머지 셋과 의도가 다르다.
②·③·④ 매수인이 주문한 물품에 대한 클레임을 제기하는 내용이다.
*Much to regret : (매우) 유감스럽지만[섭섭하지만]
*docks : 부두, 선창
*strike : 파업
*stevedore : 부두 일꾼, 항만 노동자
*On ~ing : ~하자마자 곧

---

19 Which of the following is the LEAST appropriate Korean translation?

① We would be obliged if you could introduce us some importers of fabric goods.
→ 면직물품 수입상 몇 곳을 소개해 주시면 감사하겠습니다.

② Prices are to be quoted in U.S. Dollars on CPT New York.
→ 가격은 뉴욕항까지 운임 및 보험료 포함 조건에 의하여 미화로 견적한다.

③ Your account for US $10,000.00 is now overdue for two months.
→ 미화 만불에 대한 귀사의 계정이 2개월째 결제되지 않고 있습니다.

④ This offer can be subject to change without prior notice.
→ 이 청약은 사전 통지 없이 언제라도 변경될 수 있습니다.

해석 우리말로 해석한 것 중 가장 적절하지 않은 것은?

해설 ② 가격은 뉴욕항까지 <u>운임 및 보험료 포함 → 운임 지급</u> 조건에 의하여 미화로 견적한다.
CPT[Carriage Paid To, (지정목적지) 운임 지급 인도조건]
CPT는 복합운송에 사용되는 조건으로 매도인이 지정장소에서 물품을 자신이 지정한 운송인 또는 제3자에게 인도하고 운송비를 부담하는 것을 말한다.
CIP[Carriage and Insurance Paid to, (지정목적지) 운임·보험료 지급 인도조건]
• CIP는 매도인이 합의된 장소에서 자신이 지정한 운송인이나 제3자에게 인도하고, 매도인은 지정된 목적지까지 물품을 운송하는 데 필요한 운임을 지급해야 하며 또한 보험계약을 체결해야 하는 것을 의미한다.
• CIP 조건은 매도인이 CPT 조건의 매도인의 이행 의무에 추가하여 적하보험(Cargo insurance)을 체결하고 보험료를 지급하여야 한다.
*would be obliged if ～ : ～해주시면 감사하겠습니다
*overdue : (지불·반납 등의) 기한이 지난
*be subject to : ～의 대상이다
*without prior notice : 사전 통지 없이

20 Which of the following is the LEAST appropriate Korean translation?

① We are pleased to accept your offer as your goods suit our market.
→ 귀사의 상품이 당 시장에 적합하기 때문에 귀사의 청약을 기꺼이 승낙합니다.

② Delivery will be made within two months after receipt of your order.
→ 물품의 인도는 귀사의 주문을 받고 2개월 이내에 하게 될 것입니다.

③ The quantity discounts vary subject to the size of order.
→ 주문수량은 대량주문 할인에 달려있습니다.

④ The goods you inquired for are sold out, but we can offer you a substitute.
→ 귀사가 문의한 물품은 재고가 없으나 대체품을 보내드릴 수는 있습니다.

정답 ③

해석 우리말로 해석한 것 중 가장 적절하지 않은 것은?

해설 ③ quantity discounts는 '수량할인'을 뜻하며, subject to는 '～을 조건으로'라는 뜻이므로 올바른 해석은 '<u>주문수량은 대량주문 할인에 달려있습니다 → 수량할인은 주문 크기에 따라 다릅니다.</u>'이다.
*after receipt of : ～을 받은 후
*quantity discounts : 수량할인
*sold out : 다 팔린[매진된/품절의]
*substitute : 대용물[품], 대체물

21 Choose one which has a different intention among the followings.

① The clean B/L fully proves that the goods in question were loaded in good order.

② Upon investigation, we have found that there wasn't any mistake on our part.

③ We have confirmed with our shipping company that the goods were put on board the ship in perfect condition.

④ We shall make every effort to alleviate your financial loss.

정답 ④

해석 다음 중 의도가 다른 하나를 고르시오.
① 무사고 선하증권은 문제가 된 상품이 잘 적재되었음을 충분히 입증한다.
② 조사 결과, 당사는 당사 쪽에서 실수가 없다는 것을 알게 되었다.
③ 당사는 화물이 완벽한 상태로 배에 실렸다는 것을 당사의 운송회사에 확인했다.
④ 당사는 귀사의 재정적 손실을 완화하기 위해 모든 노력을 다할 것이다.

해설 ④ 클레임을 제기 받은 쪽이 자신들의 잘못을 인정하고 책임지겠다는 내용이다.
①·②·③ 선적 및 운송 상태에 대한 클레임을 제기 받은 쪽이 자신들의 잘못이 아님을 입증할 의도로 한 말이다.
무사고선하증권(Clean B/L)
• 화물의 손상 및 과부족이 없이 발행되는 증권과 손상 및 과부족이 있을지라도 그 내용이 M/R(Mate's Receipt, 본선수취증)의 Remarks(비고)란에 기재되지 않은 선하증권이다.
• 증권 면에 "Shipped on board in apparent good order and condition"이라고 표시된다.
*in perfect condition : 완벽한 조건에서
*make every effort : 최선의 노력을 하다
*alleviate : 완화하다

---

22 Choose incorrect information for packing or labeling precaution.

① Pack goods in a strong, sealed, and filled package.

② Pack and put goods on pallets to ensure ease of handling.

③ Make sure that packages and packing filler are made of moisture-resistant materials.

④ List the contents or brand name on the packages.

정답 ④

해석 포장 혹은 라벨링 작업에 대한 잘못된 정보를 고르시오.
① 상품을 밀봉 상태로 단단히 싸시오.
② 취급하기 쉽도록 팔레트에 상품을 싸서 담으시오.
③ 포장물과 충전재는 내습성 재료로 제작되었는지 확인하시오.
④ 포장물 위에 내용물이나 브랜드 이름 리스트를 작성하시오.

포장조건(Packing Terms)

- 산화물(Bulk cargo)의 경우를 제외하고 수출물품의 하역·수송·보관 및 매매에서 그 상품의 질적·양적 보호를 위하여 상품의 포장방법을 약정해야 한다.
- 화인(Shipping marks)
  - 수출품 매 포장의 외장에 특정기호, 포장번호, 목적항 등을 표시하여 화물의 분류(구분)·식별을 용이하게 하고 화물의 운송 및 보관 시 필요한 화물 취급상의 지시·주의사항 등을 포장에 표시하는 것이다.
  - 반드시 표시해야 하는 화인 : 주화인(네모·다이아몬드형 도형 등 표시), 도착항(양륙항)표시, 화물번호(상자번호)의 필수화인 3요소와 원산지(Country of origin)표시 등은 필수적으로 표시해야 한다.
  - 화인의 내용이나 형태는 통상 매도/매입확약서(Sales/Purchase note)에 표시된다.

*pack : (짐을) 싸다[꾸리다/챙기다]
*package : 포장물
*pallet : (목재·철제의 대형) 화물 운반대
*packing filler : 충전재
*moisture-resistant materials : 내습성 재료
*list : 리스트[목록/명단/일람표]를 작성하다

23 Which are the appropriate replacement of (a) and (b)?

> We should inform you that owing to the flood at our country it will be difficult for us to (a) dispatch your goods by the date (b) stipulated.

① (a) effect — (b) notified
② (a) send — (b) specified
③ (a) establish — (b) notified
④ (a) receive — (b) provided

정답 ②

해설 (a), (b)를 대신할 수 있는 말로 적절한 것은?

> 당사는 자국의 홍수로 인해 귀사의 상품을 (b) 지정된 날짜까지 (a) 발송하기 어려울 것이라는 사실을 통지해야 합니다.
>
> *dispatch : 보내다[발송하다]
> *by the date stipulated : 규정된 날짜까지

① (a) (효과·결과를) 가져오다 — (b) 고지된, 통지된
② (a) 보내다[발송하다] — (b) 명시된
③ (a) 설립하다 ; 설정하다 — (b) 고지된, 통지된
④ (a) 인수하다 — (b) 제공된

해설 (a) dispatch는 '발송하다', (b) stipulated는 '규정된, 지정된'이라는 뜻이므로, 이와 바꾸어 쓸 수 있는 표현은 ② (a) send(보내다[발송하다]) — (b) specified(명시된)이다.

24 Which CANNOT substitute the underlined 'establish'?

> Please <u>establish</u> a letter of credit promptly.

① open   ② withdraw
③ arrange   ④ issue

정답 ②

해석 밑줄 친 'establish'를 대체할 수 없는 것은?

> 즉시 신용장을 <u>개설하십시오</u>.
>
> *withdraw : 취소하다
> *arrange : 마련하다

① 열다, 개방하다   ② 취소하다, 철회하다
③ 마련하다   ④ 개설[발행]하다

해설 밑줄 친 establish는 '개설하다'라는 의미로, 이와 바꾸어 쓸 수 있는 표현으로는 issue, open, arrange 등이 있다.
② withdraw는 '취소하다, 철회하다'라는 뜻이므로 주어진 단어와 반대의 의미이다.
*substitute : 대신하다, 대치[교체]되다; 대용[교체/대치]하다

---

25 What is an APPROPRIATE Incoterms rule for the FREIGHT PREPAID transaction?

① EXW   ② FOB
③ FAS   ④ CFR

정답 ④

해석 운임선지급 거래를 위한 적합한 인코텀즈 조건은 무엇인가?

① 공장 인도   ② 본선 인도
③ 선측 인도   ④ 운임 포함 인도

해설 CFR[Cost and FReight, (지정목적항) 운임 포함 인도조건]
• 선적 시까지의 상품의 원가(Cost)에 지정목적항까지 물품을 운송하기 위한 해상운임(Freight)이 가산된 조건
• CFR 뒤에 지정목적항 표시(매도인 수출통관)
• 물품의 인도장소 : 선적항의 본선을 통과한 시점
• 물품에 대한 매매당사자의 위험부담 분기점(위험이전) : 물품이 지정선적항 본선 갑판에 안착됐을 때
• 물품에 대한 매매당사자의 비용부담의 분기점(경비이전) : 목적항(매도인은 적재 시까지 모든 비용과 목적항까지 운임, 양하비 부담)

26 Fill in the blank with the MOST suitable word.

> Pilferage refers to disappearance of a part or all of the contents of a shipping package without external evidence that package has been _____.

① abandoned

② insured

③ lost

④ violated

정답 ④

해석 빈 칸에 가장 적절한 단어를 채워 넣으시오.

발하(Pilferage)는 포장물이 훼손된 외부 증거 없이 선적 포장물의 일부 또는 전부를 분실하는 것을 말한다.

*package : 포장물

① 버려진
② 보험을 든
③ 손실된
④ 훼손된

해설 ④ 발하(Pilferage)는 포장물의 외부는 멀쩡하지만 내부 중 일부 또는 전부가 좀도둑 등에 의하여 소실되는 것을 말한다. 따라서 '~없이'라는 부정의 의미를 가진 without과 결합하여야 하므로 '훼손하다'의 뜻을 가진 violate가 빈 칸에 들어가야 한다.
절도행위/발하(Pilferage)
해상보험에서 사용되는 용어로서, 선적 또는 양륙 과정에서 화물 전체가 아니고 그 내용물의 일부분을 빼내어 훔치는 등의 절도행위를 말한다.
*violate : 훼손하다

27 Which one is the MOST appropriate ENGLISH writing for the following sentence?

> 동봉해 드린 책자를 참조하여 정식으로 서명된 원본을 보내주시기 바랍니다.

① We ask that you send the duly signed original documents to us in reference to how to complete the enclosing booklet.

② We suggest that you should send to us the genuine documents with signature with reference to how to complete the enclosed booklet.

③ We suggest that you send us the duly signed original documents with reference to the booklet enclosed.

④ We ask that you send to us the duly signed genuine documents in reference to how to complete the enclosing booklet.

정답 ③

해석 다음 문장을 영작한 것으로 가장 적절한 것은?
① 동봉한 소책자 작성법을 참조하여 정식으로 서명된 원본을 보내주시기 바랍니다.
② 동봉한 소책자 작성법을 참조하여 서명이 있는 진품서류를 보내주시기 바랍니다.
③ 동봉해 드린 책자를 참조하여 정식으로 서명된 원본을 보내주시기 바랍니다.
④ 동봉한 소책자 작성법을 참조하여 정식으로 서명된 진품서류를 보내주시기 바랍니다.

해설 주어진 문장을 구분하여 영작하면 다음과 같다.
• 동봉해 드린 책자를 참조하여 : in/with reference to the booklet enclosed
• (당사는 귀사가 당사에) 보내주기를 바랍니다 : We suggest that you send us
• 정식으로 서명된 원본을 : the duly signed original documents
따라서 올바르게 영작된 표현은 ③ We suggest that you send us the duly signed original documents with reference to the booklet enclosed.이다.
*in/with reference to : ~와 관련하여

---

28 Which is the MOST proper English writing?

> 동 선적물품을 결제받기 위하여 귀사를 지급인으로 하는 일람불 환어음을 발행하였습니다.

① With a view to pay this cargo, we have a term draft drawn on you at sight.

② In order to cover this shipment, we have drawn a draft at sight on you.

③ In order that this cargo can be settled, we have a draft drawn on you at usance.

④ For the settlement of this cargo, we have a time draft on you.

해석 **가장 적절하게 영작한 것은?**
① 동 화물을 결제하기 위하여 당사는 귀사를 지급인으로 하는 일람불 기한 환어음을 발행하였습니다.
② 동 선적물품을 결제받기 위하여 귀사를 지급인으로 하는 일람불 환어음을 발행하였습니다.
③ 동 화물을 결제받기 위하여 당사는 귀사를 지급인으로 하는 기한부 환어음을 발행하였습니다.
④ 동 화물의 결제를 위하여 당사는 귀사를 지급인으로 기한부 어음을 소유하고 있습니다.

해설 주어진 문장을 구분하여 영작하면 다음과 같다.
• 동 선적물품을 결제받기 위하여 : In order to cover this shipment
• 당사는 귀사를 지급인으로 하여 발행하였습니다 : we have drawn ~ on you.
• 일람불 환어음 : a draft at sight
따라서 올바르게 영작된 표현은 ② In order to cover this shipment, we have drawn a draft at sight on you.이다.
*cover : (무엇을 하기에 충분한 돈을[이]) 대다[되다]
*draw[value] a draft : 환어음을 발행하다
*a draft at sight : 일람불 환어음
*time[usance] draft : 기한부(附) 어음

29 Which is the MOST proper English sentence?

> 귀 계정은 현재 3개월이나 기간이 경과되었습니다. 미화 300달러의 수표를 보내시기 바랍니다.

① Your account is now three months delay. Please send us with your check for US $300.00.

② Your account is now three months delayed. Please notify us of your check for US $300.00.

③ Your account is now three months overdue. Please favor us with your check for US $300.00.

④ Your account is now three months due. Please give us with your check for US $300.00.

해석 **가장 적절하게 영작한 것은?**
① 귀 계정은 현재 3개월이 지연되었습니다. 미화 300달러의 수표를 보내시기 바랍니다.
② 귀 계정은 현재 3개월이나 기간이 지연되었습니다. 미화 300달러의 수표를 통지해주시기 바랍니다.
③ 귀 계정은 현재 3개월이나 기간이 경과되었습니다. 미화 300달러의 수표를 보내시기 바랍니다.
④ 귀 계정은 현재 3개월의 기간이 예정되어 있습니다. 미화 300달러의 수표를 보내시기 바랍니다.

해설 주어진 문장을 구분하여 영작하면 다음과 같다.
• 귀 계정은 기간이 경과되었습니다 : Your account is overdue
• 현재 3개월이나 : now three months
• 보내시기 바랍니다 : Please favor/send/give us
• 미화 300달러의 수표를 : with your check for US $300.00
따라서 올바르게 영작된 표현은 ③ Your account is now three months overdue. Please favor us with your check for US $300.00이다.
*overdue : (지불·반납 등의) 기한이 지난
*favor : 베풀다, 주다 (with)

30 Choose the MOST suitable shipping document on which the following information is to be filled out.

> • The net weight of shipment
> • The gross weight of shipment
> • The measurement (length, width and height) of shipment

① Consular invoice
② Bill of lading
③ Bill of exchange
④ Packing list

정답 ④

해석 다음과 같은 정보가 포함되어 있는 가장 알맞은 선적서류는 무엇인가?

> • 선적 순중량
> • 선적 총중량
> • 선적물의 측정(길이, 너비, 높이)

① 영사송장
② 선하증권
③ 환어음
④ 포장명세서

해설 포장명세서(Packing list)
• 수입업자가 각 화물의 내용을 쉽게 파악하기 위해 요구되는 포장된 내장품의 명세서로 상업송장의 부속서류로 작성되는 서류이다.
• 계약서나 신용장상에 요구가 없으면 화환어음 취결 시 선적서류로서 은행에 제출할 필요가 없다. 그러나 포장명세서는 상업송장의 보충서류로 관례적으로 선적서류에 포함한다.
• 포장명세서에는 상품의 외장(Outer packing), 내장(Inner packing)의 명세, 주문번호, 화인, 상자번호, 내용명세, 순중량, 용적 등이 기입된다.

31 Which is LEAST proper English writing?

① 귀사가 문의한 회사에 대하여 좋지 못한 보고를 하게 되어 유감입니다. → We regret to give you an unfavorable report on the firm you inquired about.
② 당사 제품은 한국과 해외에서 높이 평가받고 있습니다. → Our products are highly evaluated both in Korea and overseas.
③ 빠른 시간 내에 송금해 주시면 고맙겠습니다. → Early remittance would highly appreciate.
④ 당사는 귀 지역의 무역업자와 거래 관계를 개설하고 싶습니다. → We hope to open an account with traders in your area.

다음 문장을 영작한 것으로 가장 적절하지 않은 것은?

③ Early remittance would highly appreciate는 appreciate가 '고마움을 느끼다'의 뜻이 되려면 주어가 사람이거나 수동 형태로 사용되어야 하므로, 해당 영작문은 '빠른 송금은 가치가 높게 오를 것이다'라는 뜻이다. 따라서 '빠른 시간 내에 송금해 주시면 고맙겠습니다.'를 바르게 영작하면 I'd appreciate it if you could remit the money as soon as possible.이다.

32 Fill in the blanks with the BEST words.

We are pleased to inform you that we have airfreighted your order No. 213 dated July 19 for 72 cartons of health care items (a) _____ KE901 at 13:30 PM today, and the cargo will arrive at Beirut international airport at 18:00 today.

The relevant documents are as follows :

1. Commercial invoice in two copies
2. Packing list in two copies
3. A non-negotiable air waybill

We thank you for this business and trust that this cargo will reach you (b) _____ good condition and we look forward to receiving your further orders soon.

① (a) with – (b) behind   ② (a) by – (b) in
③ (a) on – (b) in   ④ (a) in – (b) out of

빈 칸에 가장 적절한 단어를 채우시오.

당사는 귀사의 7월 19일자 주문번호 213에 해당하는 건강관리 제품 72상자를 오늘 오후 1시 30분 KE901편 (a) 으로 항공화물을 발송하였음을 알려드리며, 화물은 오늘 저녁 6시 베이루트 국제공항에 도착할 예정입니다.
관련 문서는 다음과 같습니다. :
1. 상업송장 사본 2부
2. 포장명세서 사본 2부
3. 비유통 항공화물운송장
이번 거래에 대해 감사드리며, 금번 화물이 귀사에 좋은 상태 (b) 로 도착할 것이라고 믿고, 귀사의 추가 주문을 받기를 기대합니다.

① (a) ∼와 함께 – (b) ∼뒤에   ② (a) ∼(으)로 – (b) ∼안에
③ (a) ∼위에 – (b) ∼안에   ④ (a) ∼안에 – (b) ∼의 밖으로

(a)에는 '비행기편으로 발송하였다'는 의미여야 하므로, '∼(방법·수단 등)으로'를 뜻하는 by, (b)에는 '화물이 좋은 상태로 도착하다'라는 의미이므로, '∼한 상태'를 나타내는 in을 사용하여야 한다. 따라서 ② (a) by KE901(KE901편으로) – (b) in good condition(좋은 상태로)이다.
*in good condition : 좋은 상태로

33 Which pair is LEAST appropriate?

① 양도가능 신용장 – Transferable Letter of Credit
② 본선수취증 – Mate's Receipt
③ 기명식 선화증권 – Straight Bill of Lading
④ 도착(입항) 예정일 – Estimated Time of Departure

정답 ④

해석 우리말과 영문표현의 짝으로 가장 적절하지 않은 것은?

해설 ④ 도착(입항) 예정일 : Estimated Time of <u>Departure → Arrival</u>
ETD(Estimated Time of Departure)는 '출항예정일'을 의미하며, ETA(Estimated Time of Arrival)는 '입항[도착]
예정일'이다.
*Estimated Time of Departure : 출발(출항)예정일

34 What is wrong with translation into English?

① 피보험이익 – Damage interest
② 투하 또는 갑판유실 – Jettison or washing over board
③ 피보험목적물의 마모 – Wear and tear of the subject-matter insured
④ 공동해손희생 – General average sacrifice

정답 ①

해석 우리말을 영어로 잘못 번역한 것은 무엇인가?

해설 ① 피보험이익 : <u>Damage → Insurable</u> interest
피보험이익(Insurable interest)
피보험목적물에 대해 특정인이 갖는 이해관계로 보험목적물이 손실 또는 손상됨으로써 경제적 손실을 입게 되는
특정인이 보험계약에 의거하여 보험자로부터 보호받는 이익이다. 보험금은 이러한 피보험이익을 금액으로 환산한
것이다.

35 Which of the following is grammatically WRONG?

Miss Brown : Mr. Martin's office. Miss Brown speaking.
Miss Lee : (1) <u>This is Miss Lee, Mr. Kim's secretary calling.</u>
Miss Brown : Good morning, Miss Lee. What can I do for you?
Miss Lee : I'm afraid that Mr. Kim will not be able to see Mr. Martin at 2 o'clock today.
(2) <u>Urgent something came up</u>, and he has to leave for Pusan right now.
Miss Brown : I see. (3) <u>But you should have let us know earlier.</u>
Miss Lee : Yes, (4) <u>I'm terribly sorry.</u>

① (1)
② (2)
③ (3)
④ (4)

정답 ②

해석 다음 중 문법적으로 틀린 것은?

Miss Brown : Martin 씨 사무실 Miss Brown입니다.
Miss Lee : (1) <u>Mr. Kim의 비서 Miss Lee입니다.</u>
Miss Brown : 좋은 아침이에요, Miss Lee. 무엇을 도와드릴까요?
Miss Lee : Mr. Kim이 오늘 오후 2시에 Martin 씨를 만날 수 없을 것 같습니다. (2) <u>급한 일이 생겨서</u> 지금 당장 부산으로 출발해야 합니다.
Miss Brown : 알겠습니다. (3) <u>하지만 좀 더 일찍 우리에게 알려주셨어야 해요.</u>
Miss Lee : 네, (4) <u>대단히 죄송합니다.</u>

해설 ② '어떤 일, 무엇'을 지칭하는 something과 같은 명사의 경우, 일반적인 '수식어 + 명사' 형태처럼 수식어가 앞에서 꾸며주는 것이 아니라 명사의 뒤에서 꾸며준다. 따라서 '급한 일'은 (2) Urgent something → Something urgent came up(급한 일이 생겨서)이 되어야 문법적으로 옳은 표현이다.

36 Which contains the most inappropriate expression?

Min-ji : We would like to make the MoviePhone as simple as possible.

Stein : I understand. Jay, could you review the cosmetic design (1) <u>from a mechanical point of view</u>?

Jay : Yes, I like the cosmetic design, but I'm worried about the size. (2) <u>Since the chipsets take up too much room</u>, a ventilation problem might occur.

Min-ji : Are you suggesting (3) <u>that we will increase the size of the chipsets</u>?

Jay : No, I'm not. I think I can solve the ventilation issue by (4) <u>adjusting the location of the parts</u>.

Stein : Min-ji, could you explain in detail how the device works?

Min-ji : All right. You can download Hollywood movies onto the MoviePhone's hard drive and you can watch them anytime you want.

① (1)
② (2)
③ (3)
④ (4)

정답 ③

해석 가장 적절하지 않은 표현이 포함된 것은?

민지 : 우리는 무비폰(MoviePhone)을 가능한 한 간단하게 만들고 싶어요.
스테인 : 이해합니다. 제이, (1) <u>기계적인 관점에서</u> 외장 디자인을 검토해 주시겠습니까?
제이 : 네, 나는 외장 디자인은 좋지만, 크기가 걱정이 됩니다. (2) <u>칩셋이 너무 많은 공간을 차지하기 때문에</u> 환기 문제가 발생할 수 있어요.
민지 : 당신은 (3) <u>우리에게 칩셋의 크기를 늘려야 한다고</u> 제안하는 겁니까?
제이 : 아니요, 그렇지 않아요. 내 생각에는 (4) <u>부품 위치를 조정하면</u> 환기문제를 해결할 수 있을 것 같아요.
스테인 : 민지, 그 장치가 어떻게 작동하는지 자세히 설명해 주겠어요?
민지 : 알겠어요. 할리우드 영화를 무비폰의 하드 드라이브에 다운로드해서 원하는 시간에 언제든지 볼 수 있어요.

*ventilation : 통풍, 공기의 유통, 환기
*adjust : (약간) 조정[조절]하다

해설 ③ 주절에 '제안, 요청, 주장, 의무'를 나타내는 동사·형용사·명사가 나오면 종속절에는 동사원형이 와야 한다. 즉, 원래는 that we should increase ~인데 여기서 조동사 should가 생략된 것이므로, (3) that we <u>will increase</u> → increase the size of the chipsets?이 되어야 한다.

37 Which is LEAST appropriate?

Thank you very much for the order you placed with us last week. We appreciate your patronage, and we hope we can continue to serve you in the future.

(1) We have carefully considered your application for 120-day credit terms. We are sorry to say that, on the basis of the financial information we have seen so far, we are not able to approve your request.

However, (2) if there is any additional financial information that would (3) allow us to reconsider this decision, we would be happy to do so.

In the meantime, (4) we will be happy to place this order on a credit basis, with our customary 3% cash discount.

① (1)
② (2)
③ (3)
④ (4)

정답 ④

해석 가장 적절하지 않은 것은?

지난주에 당사에 주문해주셔서 대단히 감사합니다. 당사는 귀사의 성원에 감사드리며, 당사는 앞으로도 계속 귀사와 거래할 수 있기를 바랍니다.
(1) 당사는 귀사의 120일 신용조건 신청서를 신중히 고려했습니다. 유감스럽게도, 당사가 지금까지 보아온 재정적인 정보를 바탕으로 당사는 귀사의 요구를 승인할 수 없습니다.
하지만, (3) 이 결정을 재고할 수 있도록 허락하는 (2) 추가 금융 정보가 있다면 당사는 기꺼이 그렇게 할 것입니다.
그 동안 (4) 당사는 관례적인 3% 현금 할인과 함께 이 주문을 신용에 근거하여 기꺼이 받을 것입니다.

*patronage : 후원
*approve : 승인하다
*In the meantime : 그 동안[사이]에
*place[take] an order : 주문하다[받다]

해설 ④ 위 서신은 지난 주문에 대한 답신으로, 서신의 작성자는 상대방의 재정정보를 바탕으로 요구한 신용조건을 승인할 수 없다고 밝히고 있다. 재고할 추가 정보를 기다리는 동안에는 지난 주문을 신용에 근거하여 받겠다는 내용이다. 따라서 내용상 서신의 작성자는 '주문을 하는 것'이 아닌 '주문을 받는' 입장이므로 (4) we will be happy to place → take this order on a credit basis가 되어야 한다.

38 Fill in the blanks with the best sentence.

In the April 4, 2019 Boston Daily News, I read about your new camera, the XL-Lite. I am interested in importing the goods.
Would you please send me information on the camera? I would like to know _____.
Thank you for your attention. I look forward to your reply.

① when the camera will be available and how much it will cost
② when the camera will be launch and how much it will be payed
③ when the camera will be arrived and how much it will pay
④ when the camera will available and how much it will send

정답 ①

해석 빈 칸에 들어갈 가장 적절한 문장을 채우시오.

2019년 4월 4일자 보스턴 데일리 뉴스에서, 저는 귀사의 신제품 카메라 XL-Lite에 대해 읽었습니다. 저는 그 상품을 수입하는 것에 관심이 있습니다.
그 카메라에 대한 정보를 보내주시겠습니까? 저는 언제 그 카메라를 이용 가능한지와 얼마인지 알고 싶습니다.
관심을 가져주셔서 감사합니다. 귀사의 답신을 기대합니다.

① 카메라가 언제 사용 가능한지와 얼마인지
② 카메라가 언제 출시될 것이며 얼마를 지불받을 것인지
③ 카메라가 언제 도착하고 얼마를 지불할지
④ 언제 카메라를 사용할 수 있고 얼마를 보낼 것인지

해설 ① 빈 칸 앞 문장에서 카메라에 대한 정보를 보내달라고 했으므로, 빈 칸에는 '언제 그 카메라를 이용 가능한지와 얼마인지'와 같은 카메라에 대한 구체적인 정보가 들어가야 한다.
*available : 구할[이용할] 수 있는
*launch : 시작[개시/착수]하다

> Please accept our sincerest apologies for the recent mix-up with the shipment of tongue depressors. I can assure you that action has been taken to remedy the problem in our warehouse. As a token of good faith, we have deducted 15 percent from our <u>bill</u>. We hope this will help compensate for any inconvenience this problem caused. We are confident that our new shipping clerk will keep things running smoothly for you.

39 Which CANNOT substitute the underlined bill?

① invoice

② statement

③ promissory note

④ payment request

40 Below is the comment of the letter. Fill in the blanks with the best words.

> Begin by __(a)__ the problem specifically. Report what will be or is being done to correct the problem.
> Then, assure the customer or client that his business is appreciated and you are still interested in __(b)__ .

① (a) giving thanks for − (b) complaint

② (a) appreciating − (b) new head

③ (a) acknowledging − (b) continuing the relationship

④ (a) saying sorry for − (b) getting discount

해석

최근 압설자(혀를 누르는 기구) 선적을 혼동한 것에 대한 당사의 진심 어린 사과를 받아주십시오. 저는 귀사에 당사의 창고 문제를 해결하기 위해 조치를 취했다고 장담할 수 있습니다. 신의의 표시로 당사는 <u>청구서</u>에서 15%를 공제했습니다. 당사는 이것이 이 문제가 야기한 불편함을 보상하는 데 도움이 되기를 바랍니다. 당사는 당사의 새로운 선적 담당자가 귀사를 위해 순조롭게 일을 처리할 것이라고 확신합니다.

*mix-up : (특히 실수로 인한) 혼동
*tongue depressors : 혀를 누르는 기구, 압설자
*As a token of : ~의 징표로서
*compensate for : 보상하다, 보충하다
*confident : (전적으로) 확신하는

39 밑줄 친 청구서를 대체할 수 없는 것은?
　① 송 장
　② 명세서
　③ 약속어음
　④ 지불요청서

40 아래 글은 서신에 대한 논평이다. 빈 칸에 들어갈 적절한 말을 채우시오.

> 문제를 분명하게 (a) <u>인정함</u>으로써 시작하십시오. 문제를 해결하기 위해 무엇을 할 것인지 혹은 하고 있는지 보고하십시오.
> 그런 다음, 고객에게 그의 사업이 인정받고 있으며 귀사가 여전히 (b) <u>관계를 지속하는</u> 데 관심이 있다는 것을 확신시키십시오.

　① (a) 감사해함 − (b) 불만
　② (a) 감사함 − (b) 새로운 대표
　③ (a) 인정함 − (b) 관계를 지속하는
　④ (a) 미안해함 − (b) 할인을 받는

해설 39

③ 매수인이 매도인에게 지불을 약속하는 것이다.
①·②·④ 매도인이 매수인에게 지불을 요구하는 것이다.
약속어음(Promissory note)
수취인 또는 그가 지정하는 자에게 일정한 기일에 일정한 금액을 지급하는 것을 약속하는 증권이다. Note라고 약칭한다.

40
본 서신의 내용상 흐름과 주어진 논평에서 설명하고 있는 사과에 대한 태도를 비교하여 보면, 빈 칸 (a)에는 '문제를 분명하게 인식하다', (b)에는 새로운 선적 담당자가 일 처리를 이어나갈 것이라고 하였으므로, '관계를 지속하다'의 뜻이 들어가야 한다. 따라서 ③ (a) by acknowledging(인정함으로써) − (b) in continuing the relationship(관계를 계속하는 데)가 적절하다.
*acknowledge : (사실로) 인정하다
*specifically : 분명히, 명확하게
*assure : 장담하다, 확언[확약]하다

41 Which is the most appropriate English composition?

① 이번 주문이 향후에 더 큰 거래로 이어지기를 소망합니다.
   → We hope that this order will continue to farther business in the future.

② 현재 당사는 대체선박을 찾으려고 시도 중입니다.
   → We are now attempting finding a substitute vessel.

③ 어제 보내드린 주문 건에 착오가 있었습니다.
   → We made a mistake in our order sent to you yesterday.

④ 당사의 주문이 즉시 취소가 가능한지 알려주십시오.
   → Please advise if it is possible to postpone our order immediately.

정답 ③

해석 우리말을 가장 적절하게 영작한 것은?

해설 ① '향후, 앞으로'를 나타내는 표현은 further이며, farther는 '더 멀리'의 뜻이다. 따라서 We hope that this order will continue to farther → further business in the future이다.

② '찾으려고 시도 중이다'를 나타내는 표현은 'attempt/try to 동사원형'의 형태이다. 따라서 We are now attempting finding → trying to find a substitute vessel이다.

④ '취소하다'를 나타내는 표현은 cancel이며, postpone은 '연기하다, 지연시키다'의 뜻이다. 따라서 Please advise if it is possible to postpone → cancel our order immediately이다.

42 Choose one that is NOT written correctly in English.

① Your prices are not competition, so we are not able to place an order.

② We are in a position to compete with other manufacturers.

③ The competition in this line is very strong.

④ Your competitors are offering lower prices than you.

정답 ①

해석 영어로 정확하게 쓰지 않은 것을 고르시오.

① 귀사의 가격은 경쟁력이 아니므로, 당사는 주문을 할 수 없습니다.
② 당사는 다른 제조업체와 경쟁하는 입장에 있습니다.
③ 이 분야에서 경쟁은 매우 치열합니다.
④ 귀사의 경쟁자는 귀사보다 더 낮은 가격을 제공하고 있습니다.

해설 ① '귀사의 가격은 경쟁력이 없다'라는 의미를 나타내려면 '(가격이) 경쟁력 있는'이라는 뜻의 형용사 competitive를 사용해야 한다. 따라서 Your prices are not competition → competitive이다.

*compete with : ∼와 겨루다
*manufacturer : (상품을 대량으로 만들어 내는) 제조재[사], 생산 회사
*competitor : (특히 사업에서) 경쟁재[경쟁 상대]

43 Which of the following has a different purpose from the others?

① Please prepay 30% of the shipping cost.

② Thirty percent of the shipping cost should be paid in advance.

③ There is a surcharge of US $40.00 to the shipping.

④ Please make an advance payment of US $100.00 for the shipping.

정답 ③

해석 다음 중 나머지와 의도가 다른 것은?
① 배송비의 30%를 선불로 지불하십시오.
② 운송비의 30%는 선불로 지불해야 합니다.
③ 배송비 미화 40달러의 추가요금이 있습니다.
④ 배송비 미화 100달러를 선불로 지불하십시오.

해설 ③ 배송비에 추가요금이 있다는 것을 알리는 내용이다.
①・②・④ 배송/운송비를 선불로 지급해 줄 것을 요청하는 내용이다.
*in advance : 선금[선지급]으로
*surcharge : 추가요금
*advance payment : 선불

---

44 What is right position for trade party concerned under the following case?

A contract called for Seller (located in Seattle) to ship No. 1 quality white wheat flour to Buyer, "F.O.B. Seattle." Seller shipped flour that conformed with the contract including package requirements but during the transit the flour was damaged by water so that when it reached Buyer (located in Korea) the quality was "No. 4" rather than "No. 1." Buyer claimed that the goods did not conform to the quality required by the contract.

① The buyer is responsible for the damage.

② The seller shall take care of the goods until it arrives at the destination.

③ The carrier shall indemnify fully the decreased quality.

④ The insurer shall meet claims by the seller.

정답 ①

해석 다음과 같은 경우 무역 관련 당사자들의 역할로 옳은 것은?

(시애틀에 위치한) 매도인이 1등급 품질의 백밀가루를 'F.O.B. 시애틀'로 선적하는 계약서. 매도인은 패키지 요구사항을 포함하여 계약서에 부합하는 밀가루를 선적했지만, 운송 중 밀가루가 물에 의해 손상되어 (한국에 위치한) 매수인에게 도달했을 때는 1등급 품질이 아니라 4등급이 되었다. 매수인은 상품이 계약에서 요구하는 품질에 부합하지 않는다고 주장했다.

*conform to : ~에 따르다[합치하다]

① 매수인이 손상에 대한 책임이 있다.
② 매도인은 물건이 목적지에 도착할 때까지 관리한다.
③ 운송인은 감소된 품질을 완전히 보상해야 한다.
④ 보험자는 매도인의 청구를 충족하여야 한다.

해설 ① 'F.O.B. 시애틀' 조건이므로, 매도인이 물품을 목적항 본선에 선적했을 때 물품에 대한 책임이 매수인에게 넘어간다.

FOB[Free On Board, (지정선적항) 본선 인도조건]
• 계약물품을 지정선적항의 본선상에 인도하는 조건
• FOB 다음에 지정선적항을 표시(매도인 수출통관)
• 물품의 인도장소 : 선적항에 수배된 선박의 본선을 통과한 시점
• 물품에 대한 매매당사자의 위험부담의 분기점(위험이전) : 물품이 지정선적항 본선 갑판에 안착됐을 때
• 물품에 대한 매매당사자의 비용부담의 분기점(경비이전) : 물품이 지정선적항 본선 갑판에 안착됐을 때(매도인은 인도할 때까지 모든 비용부담, 매도인은 매수인이 지명한 본선에 수출통관된 물품을 적재해야 함)
*indemnify : 배상[보상]을 약속하다
*insurer : 보험업자[회사]

45 Which is the LEAST proper English translation?

① Payments for principal plus interest at 1% p.a. over LIBOR will be made at maturity.
→ 런던은행 간 대출금리에 연 1%를 더한 이자가 만기일에 본인에게 지급될 것이다.

② We would be grateful if you would arrange for prompt shipment.
→ 즉시 선적을 준비해주시면 고맙겠습니다.

③ This letter of credit is in force until June 30.
→ 이 신용장은 6월 30일까지 유효합니다.

④ You are requested to issue an L/C in a few days in order for us to ship the products by the end of October.
→ 10월 말까지 제품을 선적하기 위해서는 늦어도 귀사가 며칠 이내에 신용장을 발행하셔야 합니다.

정답 ①

해석 영문을 해석한 것으로 가장 적절하지 않은 것은?

해설 ① principal은 '원금', interest at 1% p.a.는 '1년에 1% 이자', LIBOR는 '거래금리(London InterBank Offered Rate)'를 의미하므로, 바르게 해석하면 '런던은행 간 대출금리에 연 1%를 더한 이자가 → 런던은행 간 거래금리(LIBOR)를 통한 원금과 이자 1%가 만기일에 지불될 것이다.'가 된다.
*principal : (꾸어 주거나 투자한) 원금
*p.a.(per annum) : 1년에
*at maturity : 만기일에
*be in force : 시행되고 있다
*issue[open/establish] an L/C : 신용장을 개설하다

46 Which is the LEAST proper English sentence?

① 인수수수료 및 할인이자는 수익자의 부담이다.

→ Acceptance commission and discount charges are for account of beneficiary.

② 신용장의 유효기간을 3월 20일까지 연장하여 주십시오.

→ Please extend the expiry date of the L/C until March 20.

③ 당사는 매매계약에 따라 귀사 앞으로 일람불어음을 발행하였습니다.

→ We have drawn a sight draft on you according to the sales contract.

④ "할부선적과 후불운임이 허용되는" 신용장 조항 정정을 요청합니다.

→ We request you to amend the clause of L/C, "partial shipment and freight collect are allowed".

정답 ④

해석 다음 문장을 영작한 것 중 가장 적절하지 않은 것은?

해설 ④ '할부선적'은 partial shipment, '후불운임'은 freight collect, '허용되다'는 allow로 표현한다. 이 때 "할부선적과 후불운임이 허용되는"이 뒤에서 L/C를 꾸며주는 수식언이므로, 현재분사형인 allowing으로 나타내는 것이 문법상 적절하다. 따라서 We request you to amend the clause of L/C, "partial shipment and freight collect are allowed" → "allowing partial shipment and freight collect"가 되어야 한다.

*amend : (법 등을) 개정[수정]하다

*partial shipment : 분할선적

*freight collect : 운임후지급, 운임도착지급

---

47 Which is the improper English composition?

① 당사는 Bank of America를 지급인으로 하여 당사의 어음을 발행하였다.

→ We drawn our draft on Bank of America.

② 동사는 일람출급환어음을 당사 앞으로 발행하였다.

→ They drawn a sight draft on us.

③ 이 어음은 5월 30일이 만기이다.

→ This draft is due on May 30.

④ 당사의 지급조건은 선불이다.

→ Our terms are deferred payment.

해석 영어로 작문한 문장 중 적절하지 않은 것은?

해설
① · ② '지급인으로 하여'는 drawn on ~으로 나타내며, '(어음을) 발행하다'라는 뜻의 문장의 동사는 have drawn이
되어야 한다. 따라서 각각 We have drawn our draft on Bank of America., They have drawn a sight draft
on us.가 되어야 한다.
④ '지급조건'은 payment terms, '선불로 지급하다'는 prepaid로 나타낼 수 있다. deferred payment는 '연지급'이라
는 뜻이므로 적절한 표현이 아니다. 따라서 '당사의 지급조건은 선불이다.'를 바르게 영작하면 Our terms are
deferred payment → Our payment terms are prepaid.가 된다.
*a sight draft : 일람출급환어음
*be due on : ~까지 마감이다
*deferred payment : 연지급

48 Match suitable words for each blank.

> • (a) are ships that ply fixed routes on published schedules. The freight is according to
>   published tariffs.
> • (b) is a big box into which the freight is loaded, improves the efficiency of modal shifts.

① (a) Trampers, (b) NVOCC
② (a) Flags of convenience, (b) NVOCC
③ (a) Tramper, (b) Container
④ (a) Liner, (b) Container

해석 각 빈 칸에 들어갈 말로 적절한 것을 연결하시오.

> • (a 정기선)은 공개된 일정에 따라 고정된 항로를 정기적으로 왕복하는 선박이다. 운임은 공개된 요금표를
>   따른다.
> • (b 컨테이너)는 화물을 적재하는 큰 상자로, 모달 시프트[(운송)수단 전환]의 효율을 향상시킨다.

① (a) 부정기선, (b) 무선박운송인
② (a) 편의치적선, (b) 무선박운송인
③ (a) 부정기선, (b) 컨테이너
④ (a) 정기선, (b) 컨테이너

해설
*ply : 배 · 버스 등이 (정기적으로) 다니다[왕복하다]
*tariff : 운임표
*Flags of convenience : 편의치적선, 선박 등록국의 국기(세제 혜택 등을 위해 다른 나라에서 선박을 등록하고
매단 국기)

We are a specialist in importing and distributing all kinds of garments across Korea from 1979, and are looking for a manufacturer who can supply us with wide range of hand-crafted knitwear. We were favorably impressed by the designs displayed at your site in Alibaba.

In this type of business we make deals on a 60 day D/A basis. We are also expecting a 20% quantity discount (A) net list prices because we usually place large orders.

If you can agree to the payment terms and (B) we are asking for, please send us your current catalog and price list.

We would also appreciate it if you could send some samples of your knitwear so that we can examine the texture and quality.

49 Which is best for blanks (A) and (B)?

① (A) off - (B) concessions
② (A) against - (B) design
③ (A) against - (B) intentions
④ (A) off - (B) Incoterms

50 Which could NOT be part of a reply to this letter?

① We would have no problem in supplying you with our wide selection of garments.
② By DHL we will send our winter catalog and price list quoting CIF Busan.
③ For orders of US $20,000.00 or more, we will make 5% discount.
④ We always deal on open account basis. However, we will be willing to reconsider this term once we establish a firm relationship with you.

정답 49 ① 50 ④

해석

당사는 1979년부터 한국에 모든 종류의 의류를 수입하여 유통시키는 전문가로, 수공예 니트를 다양하게 공급해 줄 수 있는 제조업자를 찾고 있습니다. 우리는 알리바바에 있는 귀사의 사이트에 전시된 디자인에 감명을 받았습니다.

이런 종류의 거래에서 당사는 60일 D/A 기준으로 거래합니다. 당사는 또한 보통 대량 주문을 하기 때문에 정가에서 20% (A 할인)을 기대하고 있습니다.

만약 귀사가 당사가 요구하는 지불조건과 (B 할인)에 동의할 수 있다면, 귀사의 현재 카탈로그와 가격표를 보내주십시오.

또한 우리가 질감과 품질을 검사할 수 있도록 니트 샘플을 보내주면 감사하겠습니다.

*be favorably impressed by : ~에게서 좋은 인상을 받다
*on a 60 day D/A basis : 60일 D/A 기준으로

49 빈 칸 (A)와 (B)에 가장 적절한 것은?
① (A) 할인되어 – (B) 할인
② (A) ~에 반하여 – (B) 디자인
③ (A) ~에 반하여 – (B) 의도, 목적
④ (A) 할인되어 – (B) 인코텀즈

50 이 서신에 대한 답신의 부분이 될 수 없는 것은 무엇인가?
① 당사는 귀사에 당사의 다양한 의복을 공급하는 데 아무런 문제가 없을 것입니다.
② 당사는 DHL로 겨울 카탈로그와 CIF 부산 조건으로 견적한 가격표를 보낼 것입니다.
③ 당사는 2만 달러 이상의 주문에 대해서 5% 할인을 할 것입니다.
④ 당사는 항상 청산계정을 기본으로 거래합니다. 그러나 일단 귀사와 확고한 관계를 맺으면 이 조건을 재고할 용의가 있습니다.

해설 49

① 빈 칸 (A)에는 a 20% quantity discount ~ net list prices(정가에서 20% 할인)라고 했으므로, discount와 어울려 '할인하다'는 의미를 나타내는 전치사로 off가 적절하다. 빈 칸 (B)에는 앞서 a 60 day D/A basis(60일 D/A 기준으로 거래)과 a 20% quantity discount(20% 할인)로 지불조건과 할인율에 대하여 언급하였으므로 '할인'을 뜻하는 concessions가 들어가야 한다.
*a 20% quantity discount off net list prices : 정가에서 20% 할인
*concessions : 할인; 할인표

50

④ 청산계정은 매도인에게 유리한 조건이므로, 매수인의 답신에는 맞지 않다.
①·②·③ please send us your current catalog and price list(귀사의 현재 카탈로그와 가격표를 보내 달라)와 send some samples of your knitwear(니트 샘플을 보내 달라)와 같은 서신 내용으로 미루어 답신에는 카탈로그와 가격표, 샘플 관련 내용이 나와야 한다.

청산계정(Open account)
수출업자가 물품을 선적한 후 운송관련 서류를 직접 수입자에게 발송하고 수출채권을 은행에 매각하여 현금화하는 방식으로, '외상수출 채권방식', '선적통지 결제방식', '무서류 매입방식'이라고 불린다.

51 무역 클레임의 해결방법 설명 중 적절하지 않은 것은?

① 청구권포기는 피청구자가 다른 방법으로 청구자를 만족시켜 주거나 피청구자의 반응이 없어 스스로 포기하는 것이다.

② 화해는 제3자의 개입 없이 당사자 간의 자율적인 교섭으로 해결하는 방법이다.

③ 알선은 공정한 제3자가 당사자의 요청에 따라 해결을 위하여 조언하는 방법이다.

④ 조정은 공정한 제3자를 선임하여 그의 판정에 의하여 분쟁을 최종 해결하는 방법이다.

정답 ④

해설 ④ 조정은 분쟁을 최종 해결하는 방법이 아니라, 중재규칙에 의한 중재인을 선정하여, 중재절차를 진행하는 것이다.
조정(Conciliation/Mediation)
- 계약일방 또는 쌍방의 요청에 따라 제3자를 조정인으로 선임한다.
- 조정인이 제시하는 해결안(조정안)에 양 당사자의 합의로 분쟁을 해결한다.
- 조정안에 대해 양 당사자가 합의할 경우 조정결정은 중재판정(중재 다음 단계)과 동일한 효력이 발생한다.
- 일방이 거부할 경우 강제력이 없어(강제력 있는 중재판정과 구별) 30일 내에 조정절차는 폐기된다.
- 중재규칙에 의한 중재인을 선정하여, 중재절차를 진행한다.
- 위의 30일 기간은 당사자의 약정에 의해 기간을 연장할 수 있다.

52 다음 중 보험계약이 체결될 수 있는 금액으로 선박, 적하 등 보험목적물의 실제 가치에 해당하는 것은?

① Insurance premium

② Claim amount

③ Insured amount

④ Insurable value

정답 ④

해설 ④ 보험가액(Insurable value) : 피보험이익의 평가액으로 특정 피보험자에게 발생할수 있는 경제적 손해의 최고 한도액, 보험목적물의 가치이다.
① 보험료(Insurance premium) : 보험자의 위험부담에 대해 보험계약자가 지급하는 대가이다.
② 보험금(Claim amount) : 담보위험으로 피보험자가 입은 재산상의 손해에 대해 보험자가 피보험자에게 실제 지급하는 보상금액이다.
③ 보험금액(Insured amount) : 보험자가 보험계약상 부담하는 손해보상 책임의 최고 한도액을 의미한다.

53 매입은행이 특정은행으로 제한되어, 경우에 따라 Renego가 발생하는 신용장은?

① Sight payment L/C
② Deferred payment L/C
③ Freely negotiable L/C
④ Special L/C

정답 ④

해설 ④ 특정신용장(Special or Restricted L/C) : 수익자가 발행하는 환어음의 매입은행이 특정은행으로 지정되어 있는 신용장이다.
① 일람지급 신용장(Sight payment L/C) : 신용장에 의한 환어음의 매입여부는 언급하지 않고 개설은행, 또는 그의 지정은행에 선적서류와 환어음을 제시하면 일람 즉시 대금지급(Honour)을 확약하는 신용장이다.
② 연지급 신용장(Deferred payment L/C) : 수익자가 신용장 조건에 일치하는 선적서류를 신용장에 지정되어 있는 연지급 은행에 제시하면 신용장에 정해져 있는 만기일에 대금을 지급하도록 약정되어 있는 신용장을 말한다.
③ 자유매입 신용장(Freely negotiable L/C) : 수출지의 매입(Nego)은행을 수익자가 자기 마음대로 선택할 수 있도록 허용하고 있는 신용장을 말한다.

재매입(Renego)
신용장에서 요구하는 매입은행으로 수출상이 매입신청을 하지 못하게 되는 경우에 사용되는데, 외국환거래의 관리를 위하여 우리나라는 수출상의 외국환거래은행을 통하여만 매입/추심이 가능하기에 거래은행을 통하여 매입지정은행으로 재매입이 들어가는 형식을 취하게 된다.

---

54 신용장의 조건변경과 관련된 내용 중 옳은 것은?

① 신용장 조건변경의 효력 발생은 수익자에게 조건변경을 통지한 시점부터 발생하게 된다.
② 신용장 조건변경 사항이 여러 가지인 경우, 수익자는 그 일부만 수락할 수 있다.
③ 선적기일까지 선적이 힘든 경우 개설의뢰인에게 양해를 구하고 선적기일과 관련된 계약조건을 변경하는 것으로 충분하다.
④ 수익자는 조건변경에 대한 수락 없이 변경된 조건에 맞는 서류를 제시할 수 없다.

정답 모두 정답(※ 정답은 ②였으나, 출제 오류로 모두 정답 처리)

해설 신용장의 조건변경(UCP 600 제10조)
• 개설은행은 수익자의 동의가 없이는 신용장의 조건변경을 할 수 없다.
• 조건변경에 동의한 개설은행 또는 확인은행은 조건변경에 동의한 시점으로부터 그 내용에 구속됨은 당연하다.
• 조건변경을 통지받은 수익자는 해당 내용을 수락할 것인지 거절할 것인지 통지은행에 알려야 한다. 만일 수락의 의사 표시 없이 변경된 조건으로 서류를 제시한 경우는 조건변경을 수락한 것으로 간주하고 이 시점부터 신용장의 조건이 변경된 것으로 본다.
• 수익자는 조건변경에 대해 일부 해당 내용의 일부만을 수락/거절하는 의사표시는 할 수 없으며, 이러한 경우 이는 거절의 의사표시로 간주한다.
• 만일 수익자가 조건변경에 대해 일정 시간 내에 이를 거절하지 않으면 자동으로 수락한 것으로 간주한다는 내용이 있는 경우 이는 무시된다.
• 양도신용장과 조건변경 : 원신용장을 다수의 제2수익자에게 양도한 경우의 조건변경은 개별 제2수익자의 수락/거절에 따라 개별적으로 조건변경이 이루어진다.

안심Touch

55 다음 B/L에 대한 설명으로 틀린 것은?

> CONSIGNEE : TO THE ORDER OF ASIA BANK, VIETNAM
> NOTIFY PARTY : VINAICHEM CO., LTD. VIETNAM

① 선하증권은 유통가능하다.
② 선사가 수화인에게 물품을 인도하기 위해서는 은행의 지시에 따라야 한다.
③ 선사는 물품의 도착통지를 아시아 은행에게 한다.
④ 수익자는 원본 3통을 은행에게 제시하여야 한다.

정답 ③

해석

> 수화인 : 베트남 아시아 은행을 화주로 함
> 착화통지처 : VINAICHEM CO., LTD., 베트남

해설 ③ 화물이 목적지에 도착했을 때 선박회사가 화물도착통지(Arrival Notice)를 보낼 상대방을 Notify Party(착화통지처)라고 하는데 수입업자(대금지급인)를 표시한다. 그러므로 베트남 VINAICHEM CO., LTD.에게 도착통지를 해야 한다. Order B/L은 Notify Party가 화물의 수하인(Consignee)과 일치하지 않는다.

56 해상운송장(SWB)의 편리성에 대한 설명으로 옳지 않은 것은?

① 물품의 수취증, 운송계약의 추정적 증거 기능이 있다.
② 화물인도 시 해상운송장 원본과 상환이 필요하다.
③ 해상운송장의 우송지연과 화물의 인도는 무관하다.
④ 해상운송장의 분실에 따른 위험은 대개 수반되지 않는다.

정답 ②

해설 **해상화물운송장(Sea Waybill, SWB)**
• 선하증권과 달리 운송 중인 화물에 대한 전매 필요성이 없는 경우 발행되는 선적서류로 유통성 있는 권리증권이 아니라는 점을 제외하면 선하증권과 성질 및 기능이 동일하다.
• SWB 또한 운송계약의 증거서류이자 운송화물에 대한 수령증(화물수취증)이며, 유가증권이 아니다.
• 해상화물운송장은 화물의 수취증일 뿐이므로 양륙지에서 화물과 상환으로 제출되는 것을 조건으로 하지 않는다.
• 권리증권이 아닌 기명식이며, 분실 시 위험성이 적다.

57 항공화물운송의 설명으로 옳지 않은 것은?

① 기후에 많은 영향을 받는다.
② 운임이 상대적으로 고가이다.
③ 중량과 용적에 제한이 심하다.
④ 화물의 중후장대화로 이용이 증가하고 있다.

> 정답 ④

> 해설 ④ 항공화물운송은 중량과 용적(부피)에 대한 탑재 제한이 있다.

58 다음 중 신용장의 종류에 대한 설명으로 옳지 않은 것은?

① 지급신용장은 다시 기한에 따라 일람지급신용장과 연지급신용장으로 나뉜다.
② 인수신용장은 인수를 누가하느냐에 따라 무역인수신용장과 은행인수신용장으로 나뉜다.
③ 연지급신용장은 은행이 연지급확약서를 발행한 후 만기 지급을 한다는 점에서 인수신용장과 다르다.
④ 매입신용장은 기한에 따라 일람출급매입신용장과 기한부매입신용장으로 나뉜다.

> 정답 ②

> 해설 ② 인수신용장(Acceptance L/C) 하에서는 인수은행(통상 통지은행)만이 인수업무를 담당할 수 있다.
> **신용장 대금의 지급방식 기준(신용장 사용방법 기준)**
> • 지급신용장(Payment L/C)
> – 환어음의 배서인이나 선의의 소지인에 대한 약정이 없이, 수익자가 개설은행이나 지정은행에 직접 선적서류를 제시하면 지급하겠다는 약정만 있는 신용장이다.
> – 제시된 선적서류와 환어음을 일람한 즉시 대금을 지급(Honour)하겠다는 일람지급신용장[Sight/Straight (Payment) L/C]과 연지급약정서의 발행 후 만기일에 대금을 지급하겠다는 연지급신용장(Deferred Payment L/C)이 있다.
> • 매입신용장(Negotiation L/C)
> – 신용장거래 시 일반적으로 수익자가 환어음을 발행하고 자신의 거래은행(매입은행)을 통하여 환어음 및 선적서류를 현금화하는 매입(네고)방식으로 수출입대금을 지급받는 방식을 취한다.
> – 매입은행 제한 여부를 기준으로 자유매입신용장(Freely Negotiable L/C), 매입제한신용장(Restricted L/C)이 있다.
> • 인수신용장(Acceptance L/C)
> – 수익자가 신용장 조건에 일치하는 선적서류와 함께 기한부환어음을 신용장에 지정되어 있는 인수은행에 제시하면 인수은행은 개설은행 대신 신용장 금액을 지급하고 신용장에 정해져 있는 만기일에 대금을 개설은행에게서 받는 신용장을 말한다.
> – 신용공여의 주체를 기준으로 무역 유전스 신용장(Shipper's Usance L/C)과 은행 유전스 신용장(Banker's Usance L/C)으로 나뉜다.

59 해상운송 설명 중 틀린 것을 고르면?

① BBC는 선박만을 임대하므로 임차인이 선원을 고용하고 비품 등을 구비하여야 한다.
② 일반컨테이너선은 LOLO선으로, 크레인으로 하역작업이 이루어진다.
③ 화물선은 컨테이너유무에 따라 컨테이너선과 전용선, 겸용선으로 구분된다.
④ LASH선은 화물이나 컨테이너를 적재한 바지나 부선을 바로 선적하고 양륙하도록 설계된 선박이다.

정답 ③

해설 ③ 화물선은 크게 유조선(액체화물선)과 건화물선으로 분류되며, 건화물선은 다시 일반화물선, 전용선, 겸용선, 특수선 등으로 나눌 수 있다.

선박의 종류와 용도

구 분	종 류				
여객선	객 선	화객선	유람선		
화물선	건화물선	일반화물선	정기선	컨테이너선	
				일반정기선	
			부정기선	일반부정기선	
				포장적재화물선	
		전용선	–		
		겸용선			
		특수선			
	유조선	유송선			
		특수액체운반선			

60 포페이팅에 대한 내용으로 틀린 것은?

① 약속어음은 제외한 환어음만을 대상으로 하는 할인이다.
② 상환청구불능조건으로 고정이자율로 할인하는 금융상의 결제 기법이다.
③ 매도인은 신용위험, 비상위험, 환위험을 포페이터에게 전가할 수 있다.
④ 포페이터는 포페이팅의 2차 시장을 이용하여 어음을 매각할 수도 있다.

정답 ①

해설 ① 포페이팅 거래에서는 환어음과 약속어음 등 유통가능한 채권을 상환청구불능 조건으로 고정이자율로 할인하여 매입하는 것이다.

포페이팅(Forfaiting)
• 포페이팅은 현금을 미리 받고 그 대가로 매출채권을 포기하거나 양도하는 것을 의미한다.
• 포페이팅 거래에서 포페이터는 수출자의 유통가능한 매출채권을 무소구 조건(Without recourse)으로 매입한다.
• 포페이팅 거래의 장점은 수출자의 신용위험, 비상위험, 환위험 등을 제거할 수 있다는 것이다.

61 포장명세서(Packing list)의 용도에 대한 설명으로 틀린 것은?

① 개별 화물의 사고발생분에 대한 확인자료로서 사용된다.
② 선박회사와 운송계약을 체결할 때 운임산정 등의 기준이 된다.
③ 검수 또는 검량업자가 실제 화물과 대조하는 참조자료로서 이용된다.
④ 수출입통관 절차에서 과세가격 산정 시 이용된다.

정답 ④

해설 ④ 수입통관 절차에서 상업송장, 선하증권 등과 함께 제출되어야 하는 서류이다.
포장명세서(Packing list)
• 수입업자가 각 화물의 내용을 쉽게 파악하기 위해 요구되는 포장된 내장품의 명세서로 상업송장의 부속서류로 작성되는 서류이다.
• 계약서나 신용장상에 요구가 없으면 화환어음 취결 시 선적서류로서 은행에 제출할 필요가 없다. 그러나 포장명세서는 상업송장의 보충서류로 관례적으로 선적서류에 포함한다.
• 포장명세서에는 상품의 외장(Outer packing), 내장(Inner packing)의 명세, 주문번호, 화인, 상자번호, 내용명세, 순중량, 용적 등이 기입된다.

62 대외무역법상 무역의 대상에 해당하지 않는 것은?

① 물 품
② 증 권
③ 용 역
④ 전자적 형태의 무체물

정답 ②

해설 ② 대외무역법상 무역의 대상은 물품, 용역, 전자적 형태의 무체물의 수출과 수입이다.
대외무역법 제2조(정의) 제1항
"무역"이란 다음 각 목의 어느 하나에 해당하는 것의 수출과 수입을 말한다.
가. 물 품
나. 대통령령으로 정하는 용역
다. 대통령령으로 정하는 전자적 형태의 무체물(無體物)

63 다음 신용장상 개설은행의 지급확약문언은 어느 신용장에 해당되는가?

> We hereby agree with the drawers, endorsers, and bona-fide holders of drafts drawn under and in compliance with the terms of this credit that the same shall be duly honored on due presentation.

① Payment credit
② Deferred payment credit
③ Acceptance credit
④ Negotiation credit

정답 ④

해석
> 당사(개설은행)는 이 신용장에 따라 발행된 환어음의 발행인, 배서인, 또는 선의의 소지인에게 신용장 조건에 일치하는 증빙서류를 제시한다면 정히 대금 결제할 것을 동의합니다.

① 지급신용장
② 연지급신용장
③ 인수신용장
④ 매입신용장

해설 ④ 매입신용장(Negotiation credit) : 수익자가 환어음을 발행하고 신용장 조건에 일치하는 서류를 은행에 제시하는 경우 (매입)은행이 환어음 등을 매수(구매)하여 수익자에게 대금을 지급하는 방식의 신용장이다.
① 지급신용장(Payment credit) : 수출자 은행은 수출자가 (환어음 없이) 제시/네고한 수출서류를 개설은행에 전달하고 이상이 없으면 개설은행이 바로 대금을 지불하는 L/C이다.
② 연지급신용장(Deferred payment credit) : 수익자가 신용장 조건에 일치하는 선적서류를 신용장에 지정되어 있는 연지급은행에 제시하면 연지급은행은 신용장에 정해져 있는 만기일에 대금을 지급하도록 약정되어 있는 신용장을 말한다.
③ 인수신용장(Acceptance credit) : 수익자가 신용장 조건에 일치하는 선적서류와 함께 기한부환어음을 신용장에 지정되어 있는 인수은행에 제시하면 인수은행은 개설은행 대신 신용장 금액을 지급하고 신용장에 정해져 있는 만기일에 대금을 개설은행에게서 받는 신용장을 말한다.

64 포장조건에 대한 설명으로 옳지 않은 것은?

① 포장의 내장은 수개의 개장된 상품을 운송하도록 적절한 재료로 싸거나 용기에 수용하여 다시 한 번 포장하는 것을 말한다.

② 일반적으로 외장에는 case, drum, bale, bag 등이 사용되고 있다.

③ 주화인(Main mark)은 화물의 식별을 용이하게 하기 위해 특정한 기호를 표시하고 그 안에 수입업자의 상호를 기재한다.

④ 화물의 일련번호는 포장물의 개수 및 순서를 표시하기 위하여 총 포장물 개수를 함께 표시한다.

> 정답 ③

> 해설 ③ 주화인(Main mark)은 삼각형, 원형, 다이아몬드형, 정방형, 마름모형, 타원형 등의 특정한 기호(Symbol)를 표시하고 그 안에 수입업자 상호 등의 약자를 써 넣는다. 주화인은 외장면에 가장 알아보기 쉬운 곳에 표시한다.

65 거래 상대방의 신용도를 측정하는 것에 대한 설명으로 옳지 않은 것은?

① Character는 상대방의 계약이행의 도의성을 측정하기 위한 항목으로 계약이행성, 성실성 등의 내용이 해당된다.

② Capital은 상대방의 대금지급능력을 가늠하기 위한 항목으로 당해 업체의 연간매출액 등이 해당된다.

③ Capacity는 상대방의 거래능력을 파악하기 위한 항목으로 업종, 연혁 내지 경력 및 영업권 등이 해당된다.

④ 조회방법에는 동업자 신용조회와 은행 신용조회가 있다.

> 정답 ②

> 해설 신용조회의 필수적 3C's

Character (성격 또는 상도덕)	회사의 연혁, 사업목적, 경영자의 태도, 영업태도(Attitude toward Business), 계약이행에 대한 열의(Willingness to Meet Obligations), 계약이행 상태, 업계 평판(Reputation), 품질 등
Capital (재정상태)	자본금의 규모, 채권, 채무, 수권자본(Authorized Capital)과 납입자본(Paid-up Capital), 자기자본과 타인자본의 비율 등
Capacity (기업운용 능력)	영업방법 및 형태, 거래방법, 거래량, 거래실적, 경력·경험, 경영진의 생산주문 이행능력, 연간매출액 및 생산능력, 연혁 등

66 수량조건 관련 개수 단위에 대한 설명으로 옳지 않은 것은?

① 1 dozen = 12 pcs(pieces)

② 1 great gross = 10 gross

③ 1 gross = 12 dozen

④ 1 small gross = 10 dozen

[정답] ②

[해설] **수량조건 관련 개수 단위**
낱개 또는 포장(package) 단위로 piece(1개), dozen(12개), gross(12개 × 12개 = 144개)를 사용하며, 잡화제품에 많이 사용한다.
- 1 dozen = 12 pcs(pieces)
- 1 gross = 12 dozen = 144 pcs(12 × 12)
- 1 great gross = 12 gross = 1,728 pcs(12 × 12 × 12)
- 1 small gross = 10 dozen = 120 pcs(12 × 10)

67 다음 공란에 들어갈 내용을 옳게 연결한 것은?

> 무역계약서를 작성하는 가장 일반적인 방법은 기본적 공통적인 거래조건을 미리 합의해 두고, 가변적이고 구체적인 개개의 거래조건은 매 거래 시마다 청약과 승낙에 의하여 확정하게 되는 바, 전자의 경우를 (ⓐ) 또는 (ⓑ)(이)라 하고, 후자의 경우를 (ⓒ)이라 한다.

① ⓐ 매매계약, ⓑ 개별계약, ⓒ 포괄계약

② ⓐ 일반거래협정서, ⓑ 포괄계약, ⓒ 개별계약

③ ⓐ 매매계약, ⓑ 포괄계약, ⓒ 개별계약

④ ⓐ 일반거래협정서, ⓑ 개별계약, ⓒ 포괄계약

[정답] ②

[해설] **계약의 종류**
- 독점계약(Exclusive contract)
  - 연간 또는 수출입 전문상사 간에 매매를 국한시키는 계약
  - Exclusive sales contract(독점판매계약서)
- 개별계약(Case by case contract)
  - 거래가 성립될 때마다 체결하는 계약
  - Sales confirmation note(매매계약서), Purchase order note(주문서)
- 포괄계약 · 장기계약(Master contract)
  - 연간 또는 장기간 기준으로 계약을 체결하고 필요 시마다 수정을 가하는 계약
  - Agreement on general terms and conditions of business(일반거래조건협정서) + 물품매도확약서 · 매입확약서

68 신용장의 양도와 관련된 옳은 내용을 고르면?

① 신용장 양도는 국외양도만 가능하다.

② 제1수익자가 자신이 권리 일부만 제3자에게 양도하는 것도 가능하다.

③ 신용장의 분할양도는 제1수익자에게 분할선적을 허용하는 것을 말한다.

④ 제2수익자가 제3수익자에게 신용장을 재양도할 경우에는 반드시 양도은행의 승인을 받아야 한다.

정답 ②

해설 ② 신용장의 양도란 양도가능 신용장상의 권리를 수익자가 지시하는 제3자에게 양도하는 것을 말한다. 이때 양도인을 제1수익자라 하고, 양수인은 제2수익자라고 한다.

② 양도는 양도금액에 따라 전액양도와 분할양도가 있고, 양수지역에 따라 국내양도, 국외양도가 있다.

③ 분할청구 또는 분할선적이 허용된다는 사실이 신용장에 기재되어 있어야 복수의 제2수익자에게 분할양도가 가능하다.

④ 양도가능 신용장은 한 번만 양도할 수 있고, 제2수익자는 다른 자에게 재양도를 할 수 없다.

69 하역비용조건 중 Container cargo와 관련된 조건은 무엇인가?

① FI Term

② FO Term

③ FIO Term

④ Berth Term

정답 ④

해설 하역비 부담에 의한 구분에 의한 정기선 운임

• Berth Term : 선사(선주)가 선적항 선측에서 양하항 선측 간에서 발생하는 제반비용과 위험부담을 지는 것을 의미하며 Liner term이라고도 한다. 화주 입장에서 볼 때 운임이 가장 비싼 하역비 조건이다.

• FI(Free In) : 화물을 선측에서 선내까지 싣는 과정의 비용 및 부담은 화주의 책임이며, 양하항에 도착 후 본선에서 부두로 양하할 때의 비용과 위험은 선사(선주)가 부담하는 것을 말한다.

• FO(Free Out) : 화물을 본선으로부터 양하하는 비용과 위험부담은 화주의 책임이며, 반대로 선사(선주)는 적하비용을 부담한다.

• FIO(Free In &Out) : 화물의 본선 적하 및 양하와 관련한 모든 비용과 부담은 화주가 지며, 선사(선주)는 아무런 책임을 지지 않는다.

70 화환어음을 발행하지 않고 대금지급을 은행이 확약하여 일정기간 후 지급하는 방식은?

① O/A

② D/A

③ Usance L/C

④ Deferred payment credit

정답 ④

해석 ① 청산계정   ② 인수인도조건

③ 기한부 신용장   ④ 연지급 신용장

해설 ④ 연지급 신용장(Deferred payment credit) : 환어음이 첨부되지 않기 때문에 수익자가 서류를 제시할 때 만기일에 지급한다는 확약내용이 기재된 연지급 확약서(Deferred Payment Undertaking)를 연지급 은행이 발행한다.

① 청산계정(Open Account, O/A) : 수출상이 물품을 선적한 후 운송관련 서류를 직접 수입상에게 발송하고 수출채권을 은행에 매각하여 현금화하는 방식으로, '외상수출 채권방식', '선적통지 결제방식', '무서류 매입방식'이라고 불린다.

② 인수인도조건(Document against Acceptance, D/A) : 수출상(의뢰인)이 물품을 선적한 후 구비 서류에 '기한부환어음'을 발행·첨부하여 자기거래은행(추심의뢰은행)을 통해 수입상 거래은행(추심은행)에 그 어음대금의 추심을 의뢰하면, 추심은행은 이를 수입상(Drawee, 지급인)에게 제시하여 그 제시된 환어음을 일람지급 받지 않고 인수만 받음으로써(Against Acceptance, 환어음 인수와 상환) 선적서류를 수입상에게 인도한 후 약정된 만기일에 지급받는 방식이다.

③ 기한부 신용장(Usance L/C) : 신용장에 의거 발행되는 환어음의 기간(Tenor)이 기한부인 어음의 발행을 요구하는 신용장으로, 기한부 신용장에는 '기한부 매입신용장, 인수신용장, 연지급 신용장'이 있다.

71 무역거래에 있어서 선적방법에 대한 설명으로 옳지 않은 것은?

① 분할선적은 1건의 거래량을 수회에 걸쳐 나누어 선적하는 것이다.

② 할부선적은 수출업자가 임의로 수회로 나누어 선적할 수 있다.

③ 목적항까지 직항선이 없는 경우는 환적을 해야 한다.

④ 특별히 분할선적을 금지하는 조항이 없으면 수출업자는 임의로 선적기간 내에 분할선적할 수 있다.

정답 ②

해설 분할선적(Partial shipment)

- 분할선적이란 상황(거액거래이거나 수입상의 판매계획 및 시황 등)에 따라 매매 목적물(주문 수량)을 전량 선적하지 않고 수회로 나누어 선적하는 것을 의미한다.

- 분할선적 여부와 횟수 등은 반드시 신용장이나 계약서상에 명시되어야 한다. UCP에서는 계약이나 신용장상에 명시적 분할 금지약관/조항만 없으면 분할선적을 허용하는 것으로 해석하고 있다.

- 분할선적을 할부선적(Shipment by instalments/ Instalment shipment)이라고도 하는데 엄밀한 의미에서 할부선적은 분할 횟수, 수량, 각 분할분의 선적시기 등을 구체적으로 정한 경우를 의미한다(즉, 할부선적은 분할선적의 일종으로 분할의 기간과 수량이 정해진 것).

72 신용장상에 "Full set of shipped on board Bills of Lading made out to the order of issuing bank showing freight prepaid and marked notify applicant"로 기재된 경우에 대한 설명으로 맞는 것은?

① Container B/L의 경우 On board notation이 표시되어야 한다.
② B/L의 Consignee란에 Applicant를 기재하여야 한다.
③ Incoterms 거래조건이 FOB임을 알 수 있다.
④ Notify party란에 발행은행을 기입하면 된다.

 정답 ①

해설 ① 컨테이너(Container) 운송은 보통 물품이 컨테이너 터미널에서 인도되므로 수취 선하증권(Received B/L)이 발행된다. 본선적재 일자(선적일)의 증명을 위해서는 본선적재 부기(On board notation)가 필요하다.
② 선하증권(B/L)의 수하인(Consignee)은 발행은행(Issuing bank) 지시식으로 기재하여야 하므로 Applicant(개설의뢰인)는 옳지 않다.
③ 신용장상에 "freight prepaid(운임선불)"라고 기재되어 있으므로, 거래조건은 FOB가 아닌 Incoterms 2020의 운송비 지급조건인 C조건(CFR 또는 CIF)임을 알 수 있다.
④ "marked notify applicant(개설의뢰인에게 착화통지)"라고 기재되었으므로 발행은행이 아니라 수입자(개설의뢰인)가 되어야 한다.

73 Incoterms 2010에서 EXW(Ex Work) 조건에 관한 설명으로 옳지 않은 것은?

① 매도인은 그의 영업장 구내 또는 기타 지정장소(예컨대, 작업장, 공장, 창고 등)에서 물품을 매수인의 임의처분 하에 두어야 한다.
② 매도인은 매수인에 대하여 원칙적으로 물품적재 의무가 없으므로 물품을 매수인의 집화용 차량에 적재하지 않아도 된다.
③ 매도인이 매수인을 위하여 물품을 적재하더라도 그 위험과 비용은 매도인이 부담하는 것이 원칙이다.
④ 지정인도장소 내에 이용가능한 복수의 지점이 있는 경우에, 다른 합의가 없다면, 그 지정인도장소 내에서 인도지점은 매도인이 선택할 수 있다.

 정답 ③

해설 ③ EXW는 매도인의 최소의무를 표방한다. 매도인이 실제로 물품을 적재하는 데 유리한 입장에 있더라도 매도인은 매수인에 대해 물품적재 의무가 없다. 매도인이 물품을 적재할 경우 이는 매수인의 비용과 위험으로 이행한다.
EXW[Ex Work, 공장/출하지 인도조건]상 매도인과 매수인의 책임

매도인(Seller)	매수인(Buyer)
• 수출통관을 하지 않은 계약물품을 매수인이 임의처분 상태로 두면 됨 • 별도의 합의가 없는 한 매도인에게는 매수인이 제공한 차량에 물품을 적재할 책임은 없음	• 직접적으로 혹은 간접적으로 수출통관

※ EXW 조건에서 매도인의 물품인도 의무 및 비용 부담은 인코텀즈 2010 및 2020에서 동일하다. 따라서 인코텀즈 2020에서도 동일한 내용이 적용 가능하다.

74 다음 승낙에 설명으로 들어갈 적절한 단어로 짝지어진 것은?

> 승낙이란 청약자의 청약에 대하여 피청약자가 청약의 내용을 모두 수락하고 계약을 성사시키겠다는
> (㉠) 의사표시이다. 승낙은 무조건적으로 청약의 내용과 완전히 일치해야 하는데 이를 (㉡)의
> 원칙이라고 한다.

① ㉠ 불확정적, ㉡ 완전일치　　　　　② ㉠ 확정적, ㉡ 완전일치

③ ㉠ 불확정적, ㉡ 경상　　　　　　　④ ㉠ 확정적, ㉡ 경상

정답 ④

해설 승낙은 경상의 원칙에 따라 그 내용이 청약과 정확히 일치해야 함이 원칙이다. 피청약자가 있어야 하며 승낙의
의사표시가 있어야 한다. 침묵 또는 부작위는 승낙으로 인정될 수 없다. 그러나 관행과 관례에 따라서 침묵 또는
부작위가 승낙으로 인정될 수도 있다.
　※ 경상의 원칙과 완전일치의 원칙은 그 실질적인 의미가 동일하다고 볼 수 있지만, 본 문제에서는 경상의 원칙(Mirror
　　Image Rule)은 계약의 성립(승낙과 청약의 경우) 시 적용되는 원칙이며, 완전일치의 원칙(The Principle of
　　Strict Compliance)은 신용장을 통한 결제 시 적용된다는 점에서 차이가 있다.

75 해상위험으로 항해에 부수하여 발생하는 위험으로 보기가 가장 어려운 것은?

① 화재, 침몰　　　　　　　　　　　② 좌초, 충돌

③ 투하, 악천후　　　　　　　　　　④ 선원의 악행, 전쟁위험

정답 ②

해설 **해상위험의 개념**
- 해상보험의 대상이 되는 위험은 해상위험이다. 우리 상법에는 "해상보험계약의 보험자는 항해사업에 관한 사고로
인하여 생길 손해를 보상할 책임이 있다"라고 규정하고 있다(상법 제693조).
- MIA에서도 "해상위험(Maritime perils)은 항해에 기인 또는 부수하는 위험(Perils consequent on, or incidental
to the navigation of the sea)이다"라고 정의하고 있다(MIA 제3조).
- 따라서 해상위험을 MIA에서 정의한 대로 항해사업에 기인 또는 부수하는 위험이라고 본다. 여기서 기인하는
위험이란 항해에서 직접적으로 발생하는 위험인 해상고유의 위험을 의미하고, 부수하는 위험이란 해상에서 발생하
는 위험인 화재, 투하 등의 해상위험, 전쟁위험 및 기타의 모든 위험을 말한다.

해상위험의 종류

해상 고유의 위험 (Perils of the seas)	악천후, 좌초, 충돌, 침몰
해상위험 (Perils on the seas)	화재, 투하, 선원의 악행, 해적, 강도 등
전쟁위험 (War perils)	군함, 외적, 습격, 포획, 해상탈취 및 나포, 군주 및 국민의 강류 등
기타 모든 위험 (All other perils)	동종제한의 원칙에 따라 위에 열거한 위험과 동종의 모든 것

제1과목 **영문해석**

01 What is best for the blank?

> Encashing the bill before the date of its maturity is called as ( ).

① Endorsement of Bill

② Retirement of Bill

③ Discounting of Bill

④ Dishonour of Bill

정답 ③

해석 빈 칸에 들어갈 말로 가장 적절한 것은?

> 만기일 전에 어음을 현금으로 바꾸는 것을 (어음할인)이라고 한다.
>
> *Encash : (英, 격식) (수표 등을) 현금으로 바꾸다

① 어음배서

② 어음상환

③ 어음할인

④ 어음미지급

해설 ③ '어음할인(Discounting of Bill)'이란 내가 보유하고 있는 받을 어음을 금융기관에 양도(배서)하고, 그 대가로 현금을 받는 것이다. 어음의 할인료는 '어음의 액면금액 × 할인율(백분율) × 할인기간'으로 정한다. 할인율은 어음을 발행한 기업에 따라 다르다.

02 Who is the underlined "We"?

> We are acting on behalf of the Eastland Bank, London, and would like to inform you that the above documentary credit for USD5,300,000 has been opened in your favor by your customers GGU Ltd.

① Advising bank
② Issuing bank
③ Exporter
④ Collecting bank

정답 ①

해석 밑줄 친 "당사"는 누구인가?

> 당사는 런던의 이스트랜드 은행을 대표하여 활동하고 있으며, 귀사를 수익자로 하여 귀사의 고객인 GGU Ltd에 의해 US 530만 달러에 대한 상기 화환신용장이 개설되었음을 알려드립니다.
>
> *on behalf of : ~을 대신[대표]하여
> *in your favor : (수표 따위가) ~의 앞으로 발행된

① 통지은행
② 개설은행
③ 수출자
④ 추심은행

해설 ① inform you that the above documentary credit for USD5,300,000 has been opened in your favor by your customers GGU Ltd.(귀사를 수익자로 하여 귀사의 고객인 GGU Ltd에 의해 US 530만 달러에 대한 상기 화환신용장이 개설되었음을 알려드립니다.)라고 하였으므로, We는 서신의 상대방(수익자)에게 신용장 개설을 통지하는 주체라는 것을 알 수 있다. 따라서 We는 ① Advising bank(통지은행)를 말한다.
통지은행(Advising bank)
신용장 개설은행이 신용장을 개설하면서 수익자에게 신용장이 개설된 사실과 그 신용장의 내용을 통지하도록 지시받은 수출지의 은행을 말한다.

03 Which is NOT correct according to the below?

> We are writing to complain about a shipment of tubular steel garden furniture we received yesterday against Invoice No. KM1555. The crates were damaged on the outside, and looked as if they had been roughly handled. When we unpacked them, we found that some of the chair legs were bent and rusty. As we will be unable to retail the goods in our stores, we are returning the shipment to you carriage forward, and we shall expect a full refund.

① The cost of shipping goods will be paid by the buyer.
② The box of garden furniture was injured.
③ The garden furniture became unmarketable.
④ The buyer paid for the goods beforehand.

정답 ①

해석 아래 글에 따르면 옳지 않은 것은?

> 당사는 어제 당사가 인수한 송장번호 KM1555의 튜브형 철제 정원 가구의 선적에 대해 항의하려고 이 서신을 쓰고 있습니다. 물품 운송용 나무상자의 겉면이 파손되었으며 거칠게 다루어진 것처럼 보였습니다. 당사가 물품의 포장을 풀었을 때, 의자 다리 일부가 구부러지고 녹슨 걸 발견했습니다. 당사 점포에서 그 물품을 판매할 수 없으므로 물품을 귀사에 운임 수취인 지불로 반품할 것이며, 전액 환불해 주시기 바랍니다.

① 선적비용은 매수인이 지불할 것이다.
② 정원용 가구의 포장 상자는 손상되었다.
③ 정원용 가구는 시장성이 없다.
④ 매수인은 사전에 물품 대금을 결제했다.

해설 서신의 마지막 문장에서 As we will be unable to retail the goods in our stores, we are returning the shipment to you carriage forward, and we shall expect a full refund(당사 점포에서 그 물품을 판매할 수 없으므로 물품을 귀사에 운임 수취인 지불로 반품할 것이며, 전액 환불해 주시기 바랍니다.)라고 했으므로, 정답은 ①이다.
*carriage forward : 운임 수취인 지불(로)
*full refund : 전액 환불
*unmarketable : 판로가 없는, 시장성이 없는
*beforehand : 사전에; ~ 전에 미리

04 What is the best for the blank?

> When a drawee accepts a bill of exchange, the drawer (   ).

① becomes liable to pay the bill at the date for payment
② bears all risks of loss
③ is only responsible for acceptance of the portion of the bill which he accepts
④ is not responsible for further payment or liability associated with the bill

---

정답 ①

해석 빈 칸에 들어갈 말로 가장 적절한 것은?

> 환어음 지급인이 환어음을 인수할 때, 환어음 발행인은 (지불 기일에 어음을 결제할 법적 책임이 있다).

① 지불 기일에 어음을 결제할 법적 책임이 있다.
② 손실의 위험을 감수한다.
③ 오직 그가 수락하는 환어음의 일부에 대해서만 책임이 있다.
④ 추가 지불 또는 어음과 관련된 부채에 대한 책임이 없다.

해설 환어음의 당사자
- 발행인(Drawer) : 환어음을 발행하고 서명하는 자로 수출상이나 채권자가 된다. 환어음은 발행인의 기명날인이 있어야 유효하다.
- 지급인(Drawee) : 개설의뢰인으로부터 환어음 금액을 일정한 시기에 일정인(수취인)에게 지급하여 줄 것을 위탁받은 채무자로서 신용장 거래에서는 보통 신용장 개설은행이나 개설은행이 지정한 은행이 되며, 추심방식에서는 수입상이 된다.
- 수취인(Payee) : 환어음 금액을 지급받을 자로서 발행인 또는 발행인이 지정하는 제3자가 된다. 지급신용장에서는 발행인이 수취인이 되며 매입신용장의 경우 매입은행이 수취인이 된다.
- 선의의 소지인(Bona Fide Holder) : 환어음을 소지하고 있는 자를 소지인이라 하며 문면상 완전하고 합법적으로 환어음을 소지하는 경우를 선의의 소지인이라 한다(≠ mala fide holder).
*drawee : 지급인
*drawer : 발행인
*liable : (무엇의 비용을 지불할) 법적 책임이 있는

[05~06] Read the following and answer.

.......Having waited for two weeks since we sent you our third letter on April 25, there has been no account settlement.

We want you to ask lastly to (ⓐ) your full account by the end of May. If we don't receive your (ⓑ) by that time, there is no choice but to take legal action against you to (ⓒ) ourselves even though we are (ⓓ) to do so.......

05 What is not an appropriate word for the blanks?

① ⓐ settle
② ⓑ remittance
③ ⓒ protest
④ ⓓ reluctant

06 What is the purpose of the letter?

① To ask for the payment
② To apologize for a complaint
③ To cancel the order
④ To inform the delay of shipment

정답 05 ③ 06 ①

해석

........당사가 4월 25일 3번째 서신을 귀사에 보낸 이후 2주를 기다렸지만, 계좌 정산이 이루어지지 않았습니다. 당사는 5월 말까지 귀사의 전체 계좌를 (ⓐ 결제해) 줄 것을 마지막으로 요청합니다. 만약 당사가 그 때까지 귀사로부터 (ⓑ 송금액)을 받지 못한다면, 그렇게 하는 게 (ⓓ 내키지) 않아도 당사는 우리 자신을 (ⓒ 보호하기 위해서) 귀사에 대한 법적 조치를 취할 수밖에 없습니다....

*account settlement : 결산계정(계좌)
*settle : (빚ㆍ셈을) 치르다, 지불하다, 청산하다, 결제하다
*remittance : (격식) 송금액
*reluctant : 꺼리는, 마지못한, 주저하는

05 빈 칸에 들어갈 말로 적절하지 않은 것은?
　① ⓐ 결제하다
　② ⓑ 송금액
　③ ⓒ 주장하다, 이의를 제기하다
　④ ⓓ 내키지 않다

06 서신의 목적은 무엇인가?
　① 결제를 요청하기 위해서
　② 항의에 대해 사과하기 위해서
　③ 주문을 취소하기 위해서
　④ 선적 지연을 통보하기 위해서

해설 05

서신의 작성자는 계좌 정산이 이루어지지 않아 서신의 상대방에게 결제를 독촉하고 있다. 송금액을 받지 못할 경우, 법적 조치를 취한다고 한 것으로 미루어 보아 대금을 지급받지 못하는 작성자 측에서 스스로에 항변하는 것이 아닌, 스스로를 보호하기 위해서 조치를 취하는 것이라고 보아야 한다. 따라서 ③ ⓒ protest(주장하다, 이의를 제기하다) → protect(보호하다)가 되어야 한다.

06

서신의 두 번째 문장인 We want you to ask lastly to settle your full account by the end of May(당사는 5월 말까지 귀사의 전체 계좌를 결제해 줄 것을 마지막으로 요청합니다.)로 미루어 서신의 목적은 ① '결제를 요청하기 위해서'이다.
*delay of shipment : 선적지연

07   What is NOT true about the interpretation of terms under the UCP 600?

① A credit is irrevocable even if there is no indication to that effect.

② The word "about" used in connection with the amount of the credit stated in the credit are to be construed as allowing a tolerance not to exceed 5% more or 5% less.

③ The words "from" and "after" when used to determine a maturity date exclude the date mentioned.

④ The words "to", "until", "till", "from" and "between" when used to determine a period of shipment include the date or dates mentioned.

정답 ②

해석 UCP 600 하에서 용어의 해석에 대해 사실이 아닌 것은 무엇인가?

① 신용장은 취소불가능하다는 별도의 표시가 되어 있지 않아도 취소불가능하다.

② "약(about)"이라는 단어가 신용장에 명시된 신용장 총액과 관련되어 사용되면, 5%를 초과하지 않는 과부족은 허용하는 것으로 해석된다.

③ 만기일을 결정하기 위해 "from"과 "after"가 사용되면 언급된 일자는 제외한다.

④ 선적기간을 결정하기 위해 "to", "until", "till", "from" 그리고 "between"이라는 단어가 쓰일 경우 해당 일자 또는 언급된 일자를 포함한다.

해설 ②는 UCP 600 제30조 신용장 금액, 수량, 그리고 단가의 과부족 관련 조항으로 허용되는 과부족은 <u>5% → 10%</u>를 초과하지 않아야 한다.

①·③·④는 UCP 600 제3조 해석과 관련한 내용이다.

UCP 600 제30조 신용장 금액, 수량, 그리고 단가의 과부족 a항

The words "about" or "approximately" used in connection with the amount of the credit or the quantity or the unit price stated in the credit are to be construed as allowing a tolerance not to exceed 10% more or 10% less than the amount, the quantity or the unit price to which they refer.

'약(about)'이라는 단어가 신용장에 명시된 신용장 총액, 수량, 단가와 관련되어 사용되면, 그들이 언급하는 금액, 수량, 혹은 단가의 10%를 초과하지 않는 과부족은 허용하는 것으로 해석된다.

08 Fill in the blank with the suitable word.

> A : To prove the shortage, we are enclosing a (ⓐ) of a Lloyd's surveyor. Please (ⓑ)
> the matter and send us the (ⓒ) to compensate for the shortage as soon as possible.
> B : We are confident that we could send you the (ⓓ) by the end of this week.

① ⓐ goods − ⓑ examine − ⓒ documents − ⓓ substitute
② ⓐ certificate − ⓑ examine − ⓒ goods − ⓓ replacement
③ ⓐ certificate − ⓑ check − ⓒ documents − ⓓ balance
④ ⓐ goods − ⓑ examine − ⓒ certificate − ⓓ replacement

정답 ②

해석 빈 칸에 적절한 단어를 채워 넣으시오.

> A : 부족함을 증명하기 위해, 당사는 로이드의 감정인의 (ⓐ 증명서)를 동봉합니다. 그 문제를 (ⓑ 조사)하고
> 당사에 부족분을 보상하기 위해 되도록 빨리 (ⓒ 물품)을 보내주세요.
> B : 당사는 이번 주말까지 귀사에 (ⓓ 대체품)을 보낼 수 있을 것이라고 확신합니다.

① ⓐ 물품 − ⓑ 조사하다 − ⓒ 서류 − ⓓ 대체(대용)품
② ⓐ 증명서 − ⓑ 조사하다 − ⓒ 물품 − ⓓ 대체품
③ ⓐ 증명서 − ⓑ 점검하다 − ⓒ 서류 − ⓓ 잔액
④ ⓐ 물품 − ⓑ 조사하다 − ⓒ 증명서 − ⓓ 대체품

해설 무역거래 중 부족분이 발생하여 이를 뒷받침하는 증명서를 보내고, 부족분이 발생한 이유를 조사하여 모자란 만큼의
물품을 보내달라고 촉구하는 서신의 내용으로 미루어 ② ⓐ certificate(증명서) − ⓑ examine(조사하다) − ⓒ
goods(물품) − ⓓ replacement(대체품)이 가장 적절하다.
*replacement : 교체[대체]물

09 Fill in the blank with the suitable word.

> Broker : According to feasibility studies with your products, they could accept your offer. However, your price is a little stiff by their standards.
> Lee : The prices of automobile parts are rising rapidly and the price (a) _____ is the best we can do for you.
> Broker : Well, in order to get a lot of orders from our customers, you need to accept our (b) _____ this time.
> Lee : We will try to persuade the manufacturer to meet your price and please make it sure that your letter of credit is issued soon.
> Broker : Don't worry about it. You will get a letter of credit in a few days through (c) _____ in your country.

① quoted – requirement – advising bank
② quoted – conditional offer – advising bank
③ offered – counter offer – negotiating bank
④ offered – offer – negotiating bank

[정답] ①

[해석] 빈 칸에 적절한 단어를 채워 넣으시오.

> Broker : 귀사 제품에 대한 타당성 조사에 따르면, 그들은 귀사의 제안을 받아들일 수 있습니다. 하지만, 귀사의 가격은 그들 기준으로 볼 때 조금 비쌉니다.
> Lee : 자동차 부품 가격이 빠르게 오르고 있고, (a) 견적가가 당사가 해줄 수 있는 최선의 것입니다.
> Broker : 음, 고객들로부터 많은 주문을 받으려면, 이번에 인용한 (b) 필요조건을 받아들일 필요가 있습니다.
> Lee : 당사는 제조사를 설득하여 귀사의 가격에 맞추도록 노력할 것이니, 부디 귀사의 신용장이 곧 발행되도록 확실히 해 주세요.
> Broker : 그것은 걱정하지 마세요. 귀사는 며칠 내로 귀국의 (c) 통지은행을 통해 신용장을 받게 될 것입니다.
>
> *feasibility studies : 예비 조사, 타당성 조사
> *stiff : 터무니없이 비싼
> *make it sure that : 확실히 하다

① 견적된 – 필요조건 – 통지은행
② 견적된 – 조건부청약 – 통지은행
③ 청약된 – 반대청약 – 매입은행
④ 청약된 – 청약 – 매입은행

[해설] 위 대화에서는 현재 견적된 가격이 최선이지만 보다 많은 주문을 받기 위하여 제시된 필요조건을 받아들여 조정할 것을 약속하고 있다. 또한 신용장 발행을 확답해달라는 말에 수출국의 은행을 통해 신용장을 발행한다고 하였으므로, (c)는 통지은행을 가리킨다. 따라서 위 대화 내용으로 미루어 보아 ① quoted(견적된) – requirement(필요조건) – advising bank(통지은행)이 적절하다.

10 Which of the following is most UNLIKELY to appear right before the correspondence below?

> Thank you for your e-mail dated October 21 and we are very sorry to have caused you much inconvenience. We instructed the issuing bank to include all terms and conditions in the credit and there must be a misunderstanding between us and the issuing bank. According to your request, we amended the destination port and you will be advised of this amendment shortly through the KEB in Seoul. We will try to do our best not to make the mistake like this in the future and we hope that you execute this important order in strict accordance with the articles in the L/C.

① The discrepancy on the destination port stipulated in the L/C is putting us to trouble in executing your order.

② We can't ship the products within the designated time if we don't receive L/C amendment.

③ We request you to amend the L/C as per commercial invoice to FOB Busan in the L/C.

④ Please amend CFR New York to CPT Seattle as mutually agreed in our contract.

정답 ③

해석 다음 서신의 작성자가 앞서 받은 이메일에 나오지 않았을 내용은 무엇인가?

> 10월 21일자 귀사의 이메일에 감사드리며, 불편을 끼쳐 드려 대단히 죄송합니다. 당사는 모든 조건을 신용장에 포함시키라고 개설은행에 지시했으며, 당사와 개설은행 사이에 오해가 있었음에 분명합니다. 귀사의 요청에 따라, 당사는 목적지 항구를 수정했고 귀사는 곧 서울의 외환은행을 통해 이 개정안에 대해 통지받을 것입니다. 앞으로 이런 실수를 하지 않도록 최선을 다할 것이며, 귀사가 신용장 조항을 엄중히 준수하여 이 중요한 주문을 처리해 주기 바랍니다.
>
> *in strict accordance with : 엄중히 준수하여
> *execute an order : 주문을 처리하다

① 신용장에 명시된 목적지 항구의 불일치로 인해 당사는 귀사의 주문 이행에 어려움을 겪고 있습니다.
② 신용장 수정을 받지 않으면, 당사는 정해진 시간 내에 상품을 발송할 수 없습니다.
③ 당사는 신용장의 FOB 부산 조건에 대한 상업송장에 따라 신용장을 수정할 것을 요청합니다.
④ 계약에서 상호 합의한 대로 CFR 뉴욕 조건을 CPT 시애틀 조건으로 수정하십시오.

해설 위 서신은 매수인이 매도인에게 보내는 답신으로, 목적지 항구의 불일치로 인하여 매도인이 불편을 겪고 있다는 내용이 이전 서신에서 나와야 한다. 즉, 주문 이행에 어려움을 겪고 있으니 신용장 조건을 계약대로 수정할 것을 매수인에게 요청하는 내용이 오는 것이 자연스럽다. ③은 개설의뢰인(매수인)이 신용장 조건의 변경을 개설은행에 요청하는 내용이므로 나머지와 다르다.
신용장 조건변경
매매계약에서 개설의뢰인과 수익자가 내용과 불일치한 신용장 조건이 있다고 합의할 경우, 신용장 조건변경이 가능하다. 금액 증감, 기한 연장, 선적·도착항 변경, 품목 및 상품명세 변경 등의 사항을 변경할 수 있다.
*stipulated : 규정[명기]하다
*as per : (이미 결정된) ~에 따라
*as mutually agreed : 상호 합의된 바와 같이

11 Below is part of letter of credit. Which is NOT appropriate for the blank?

This credit is available with any bank by negotiation of draft drawn on (　　) for full invoice value.

① the applicant
② the issuing bank
③ the confirming bank
④ the reimbursing bank

정답 ①

해석 다음은 신용장의 일부이다. 빈 칸에 들어가기에 적절하지 않은 것은?

이 신용장은 송장금액 전액으로 (개설은행/확인은행/상환은행) 앞으로 발행한 어음을 매입하여 어느 은행에서나 이용할 수 있다.

*negotiation : 매입
*for full invoice value : 전액 송장금액으로

① 개설의뢰인
② 개설은행
③ 확인은행
④ 상환은행

해설 ① 개설의뢰인은 원칙적으로 매수인에 해당하지만 때로는 매수인의 전매선인 제3자가 되는 경우도 있다. 또한 개설의뢰인은 화물의 수하인인 동시에 환어음 결제자가 된다. 따라서 개설의뢰인은 보는 각도와 기능에 따라 Importer(수입업자), Opener(신용장 개설인), Buyer(매수인), Accountee(대금결제인), Drawee(환어음지급인), Consignee(수하인), Accredited buyer(수신매수인) 등이 된다.
② 개설은행(Issuing bank) : 개설의뢰인의 요청에 따라 수출업자 앞으로 신용장을 발행하는 은행
③ 확인은행(Confirming bank) : 개설은행의 취소불능 신용장에 대하여 개설은행의 수권이나 요청에 따라 추가로 수익자에게 지급, 인수 또는 매입을 확약하는 은행
④ 상환은행(Reimbursing bank) : 신용장에서 지급·인수 또는 매입은행에 대한 상환을 개설은행의 본·지점 또는 제3의 은행으로 청구하게 하는 경우, 개설은행을 대신하여 상환업무를 수행하는 은행

[12~13] Read the following and answer.

Dear Simon,

We appreciate the documents for our last order No.1555. We have <u>honored</u> the sight bill, and the bank should send you an advice shortly.

More than a year has passed since we made the first transaction on a D/P basis. We would like you to change it to payment by 60-day bill of exchange, D/A.

When we first contacted you last September, you told us that you would be willing to reconsider the terms of payment once we had established a trading association. We believe that sufficient time has elapsed for the terms we have asked for. If you need references, we will be glad to supply them.

With best regards,

---

12 What is the best replacement to the underlined <u>honored</u>?

① endorsed　　　　　　　　② delayed
③ accepted　　　　　　　　④ paid

13 What is the main purpose of the letter?

① To defer the payment period
② To change shipping schedule
③ To strengthen seller's credit
④ To modify shipping terms

해석

친애하는 사이몬,

당사는 당사의 마지막 주문번호 1555에 대한 서류에 감사드립니다. 당사는 이미 그 일람불 환어음을 지급했으며, 은행이 곧 귀사에 통지할 것입니다.

D/P 기준으로 첫 거래를 한 지 1년이 넘었습니다. 당사는 귀사가 결제조건을 60일 기한부환어음 D/A로 바꾸었으면 합니다.

당사가 작년 9월에 처음 연락했을 때, 귀사는 당사와 거래관계가 성립되면 지불조건을 재고할 용의가 있다고 말했습니다. 당사가 요구한 조건을 위한 시간이 충분히 지났다고 생각합니다. 만약 귀사가 증빙서류가 필요하다면, 당사는 기꺼이 그것들을 제공할 것입니다.

충심으로,

*sight bill : 일람불[일람출급]환어음. 요구불환어음(demand bill)과 같으며, 미국에서는 sight draft라고도 한다.
*elapse : (시간이) 흐르다[지나다]

12 밑줄 친 honored와 바꾸어 쓸 수 있는 것으로 가장 적절한 것은?
① 배서하다
② 지연되다
③ 승인하다
④ 지불[결제]하다

13 서신의 주요 목적은 무엇인가?
① 결제 기간을 연기하기 위해서
② 선적 일정을 바꾸기 위해서
③ 매도인의 신용을 강화하기 위해서
④ 선적조건을 수정하기 위해서

해설 12

④ 밑줄 친 honor는 무역영어에서는 어음, 수표, 환어음을 규정된 조건에 따라 '(어음을) 인수·지급하다'를 의미한다. 예를 들어 Brown Corporation failed to honor the draft we drew on them(브라운회사는 당사가 그 회사 앞으로 발행한 어음을 지급하지 않았다.)와 같이 사용한다. 따라서 '지불[결제]하다'라는 뜻의 ④ paid와 바꾸어 쓸 수 있다.

13

① D/P(Document against Payment) 조건과 D/A(Document against Acceptance) 조건의 지급 기간이 다르므로 서신의 작성자는 기존 결제 기간을 연기(We would like you to change it to payment)하고 싶어 한다.
D/P 조건과 D/A 조건
• D/P(Document against Payment, 지급인도조건) : 수출상(의뢰인)이 계약물품 선적 후 구비 서류에 '일람출급환어음'을 발행·첨부하여 자기거래은행(추심의뢰은행)을 통해 수입상의 거래은행(추심은행) 앞으로 그 어음대금의 추심을 의뢰하면, 추심은행은 수입상(Drawee, 지급인)에게 그 어음을 제시하여 어음 금액을 지급받고(Against Payment, 대금결제와 상환) 서류를 인도하는 거래 방식
• D/A(Document against Acceptance, 인수인도조건) : 수출상(의뢰인)이 물품을 선적한 후 구비 서류에 '기한부환어음'을 발행·첨부하여 자기거래은행(추심의뢰은행)을 통해 수입상 거래은행(추심은행)에 그 어음대금의 추심을 의뢰하면, 추심은행은 이를 수입상(Drawee, 지급인)에게 제시하여 그 제시된 환어음을 일람지급 받지 않고 인수만 받음으로써(Against Acceptance, 환어음 인수와 상환) 선적서류를 수입상에게 인도한 후 약정된 만기일에 지급받는 방식
*defer : 연기하다, 미루다

14 Which is most similar to 'statement'?

> Please find here our <u>statement</u> for the month of February 2019. This is in reference to your outstanding balance in the amount of USD 600,000.

① Invoice
② Bill of lading
③ Announcement
④ Warning

 ①

해석 '명세서(statement)'와 가장 비슷한 것은 무엇인가?

> 당사의 2019년 2월 명세서가 여기 있습니다. 이것은 귀사의 미불 잔액 USD 600,000에 관한 것입니다.
>
> *statement : (입출금 내역을 인쇄한) 명세서[보고서]
> *in reference to : ~에 관하여

① 송 장
② 선하증권
③ 발표문, 성명서
④ 경고문

해설 위 서신에서 This is in reference to your outstanding balance(이것은 귀사의 미불 잔액에 관한 것이다)라고 하였으므로 statement는 '(입출금 내역을 인쇄한) 명세서[보고서]'를 뜻하므로, 정답은 ① invoice(송장)이다.

15 What is NOT true about the advantage of arbitration?

① The finality of arbitration award can be attractive to someone who wants to keep options open and has the ability to appeal a decision.
② When the subject matter of the dispute is highly technical, arbitrators with an appropriate degree of expertise can be appointed.
③ Because of the provisions of the New York Convention 1958, arbitration awards are generally easier to enforce in other nations than court judgments.
④ Arbitral proceedings and an arbitral award are generally non-public and confidential.

해석 중재의 이익에 대한 사실이 아닌 것은 무엇인가?

① 중재판정의 최종성은 선택의 여지를 열어두기 원하고 판결에 항소할 수 있는 능력이 있는 사람에게는 매력적일 수 있다.

② 논쟁의 주제가 고도의 기술적인 것일 때, 적절한 수준의 전문지식을 가진 중재자들이 임명될 수 있다.

③ 1958년 뉴욕 협약의 조항 때문에 중재판정은 일반적으로 법원의 판결이 아닌 다른 나라들에서 시행하기가 더 쉽다.

④ 중재절차와 중재판정은 일반적으로 공개되지 않고 기밀이다.

해설 ① 중재판정(Arbitral award)은 중재인(Arbitrator)이 중재(Arbitration)절차에 따라 최종적으로 내린 판정이다. 중재판정은 법원이 내리는 확정판결과 동일한 효력을 가진다. 일방 당사자가 중재판정에 따르지 않으면 다른 당사자는 법원에 강제집행을 요구할 수 있다. 뉴욕 협약(United Nations Convention on the Recognition and Enforcement of Foreign Arbitral Award)에 가입한 국가 간에서는 중재판정은 상호간에 집행할 수 있다.

16 Read the following letter. Put the sentences in the most appropriate order.

(a) As we are one of the leading bicycle dealers and have many branches in U.S.A., we are in a position to handle large quantities.

(b) We have seen your advertisement in the April issue of "World Cycling" and are interested in your bicycles.

(c) Please quote us your lowest possible C.I.F. New York, and your terms of payment.

(d) We are able to place regular orders with you if the quality of your goods is satisfactory and the prices are right.

① (a) – (b) – (d) – (c) 　　② (b) – (a) – (c) – (d)

③ (a) – (c) – (b) – (d) 　　④ (b) – (c) – (a) – (d)

해석 다음 서신을 읽고, 가장 적절한 순서대로 문장을 배열하시오.

(b) 당사는 '월드 사이클링' 4월호에 실린 귀사의 광고를 보았으며 귀사의 사이클에 관심이 있습니다.

(a) 당사는 선도하는 사이클 딜러이며 미국에 지점이 많으므로, 당사는 많은 양을 처리할 수 있는 위치에 있습니다.

(c) CIF 뉴욕 조건으로 한 귀사의 가장 저렴한 가격과 지불조건을 견적해 주십시오.

(d) 당사는 물품의 품질이 만족스럽고 가격이 정당하다면 귀사와 정기적인 주문을 할 수 있습니다.

해설 위 서신을 내용에 따라 논리적인 순서로 배열하면 다음과 같다. '월드 사이클링'에 실린 광고를 보고 상대 회사의 제품에 관심을 갖게 되었음을 알리고(b), 자신의 회사가 선도하는 사이클 딜러로서 많은 주문을 처리할 수 있음을 어필하고 있다(a). 또한 구체적인 견적가와 결제조건을 알려달라고 요청하면서(c), 만약 품질과 가격조건이 맞으면 정기적으로 주문하겠다는 의사를 밝히고 있다(d).

17 Read the following letter. Put the sentences in the most appropriate order.

> (a) Your name has been given by the Chamber of Commerce of your city as one of the reputable importers of bags in your city.
> (b) Our products are highly accepted by the importers of U.K., Germany and France. In order to diversify our existing market, we are interested in supplying you with our quality products on favorable terms.
> (c) We look forward to your early reply.
> (d) Upon receipt of your interest, we could submit our samples with competitive prices to you.

① (a) − (b) − (c) − (d)
② (a) − (b) − (d) − (c)
③ (b) − (a) − (d) − (c)
④ (b) − (d) − (a) − (c)

정답 ②

해석 다음 서신을 읽고, 가장 적절한 순서대로 문장을 배열하시오.

(a) 귀사 소재 도시의 상공회의소로부터 그 도시에서 귀사가 가장 유명한 가방 수입업자 중 하나로 소개받았습니다.
(b) 당사의 제품은 영국과 독일, 프랑스의 수입업체로부터 대단히 인정받고 있습니다. 기존 시장을 다각화하기 위해 당사는 귀사에 양질의 제품을 좋은 조건으로 납품하고 싶습니다.
(d) 귀사의 관심을 받는 즉시 당사는 당사의 경쟁력 있는 가격으로 샘플을 제출할 수 있습니다.
(c) 당사는 귀사의 조속한 답신을 기대합니다.

*Chamber of Commerce : 상공회의소
*submit : (서류·제안서 등을) 제출하다

해설 위 서신을 내용에 따라 논리적인 순서로 배열하면 다음과 같다. 지역 상공회의소로부터 유명한 가방수입업자로 소개받았음을 알리고(a), 당사의 제품이 영국, 독일, 프랑스로부터 인정받고 있음을 어필한 다음에(b), 관심이 있다면 경쟁력 있는 가격으로 샘플을 제출하겠다고 알린다(d). 마지막으로 빠른 답신을 바란다고 당부하며 서신을 마무리한다(c).

18 Which is LEAST proper Korean translation?

① I realize that errors do happen, but overbilling me by USD 200 seems a bit unreasonable. → 실수가 있을 수 있지만 가격을 최종 200달러로 청구하신 것은 다소 부당한 것 같습니다.

② When we opened the box, three of the CD players were found to be damaged. → 박스를 개봉했을 때 CD 플레이어 중 3개가 손상되어 있음을 발견했습니다.

③ Our records show that the balance of USD 10,000 is now past due. → 당사의 기록에는 현재 1만 달러가 미납된 걸로 나와 있습니다.

④ To avoid any additional charges, we would like to hear from you before February 20. → 추가요금을 내지 않으시려면 귀하께서는 2월 20일 이전에 연락을 해주셔야 합니다.

[정답] ①

[해석] 다음 중 우리말로 번역한 것으로 가장 적절하지 않은 것은?

[해설] ① overbilling me by USD 200은 '내게 200달러나 과다청구하다'는 뜻이므로 '가격을 <u>최종 200달러로 → 200달러나 과다</u> 청구하신 것은'으로 바뀌어야 한다.
*balance : 지불 잔액, 잔금
*past due : 기일 경과 후의

---

19 Which is LEAST proper Korean translation?

① We are obliged for your inquiry dated September 18. → 당사는 귀사의 9월 18일자 조회에 대해 응답할 의무를 가지고 있습니다.

② The firms above mentioned enjoy a good reputation here. → 상기 회사들은 이 곳에서 평판이 좋습니다.

③ We have enclosed our Invoice and B/L copies for this shipment. → 이 선적에 대한 당사의 송장과 선화증권 사본을 동봉합니다.

④ Please give this matter your urgent attention. → 이 문제에 대하여 신속한 조치를 취해 주십시오.

[정답] ①

[해석] 다음 중 우리말로 번역한 것으로 가장 적절하지 않은 것은?

[해설] be obliged for는 '~을 고맙게 여기다'의 뜻이므로 ①은 '당사는 귀사의 9월 18일자 조회에 대해 <u>응답할 의무를 가지고 있습니다 → 문의에 감사드립니다.</u>'로 바뀌어야 한다.
*enjoy a good reputation : 평판이 좋다

---

20 Which is the CORRECT explanation?

BILL OF EXCHANGE

NO.123456   ① <u>JULY 12, 2018,</u> SEOUL, KOREA

FOR US$125,000

② <u>AT 60 DAYS AFTER SIGHT OF THIS FIRST BILL OF EXCHANGE (SECOND OF THE SAME TENOR AND DATE BEING UNPAID)</u> PAY TO THE KOREA EXCHANGE BANK OR ORDER THE SUM OF US DOLLARS SAY ONE HUNDRED TWENTY−FIVE THOUSAND ONLY VALUE RECEIVED AND CHARGE THE SAME TO ACCOUNT OF AMS TRADING DRAWN UNDER HSBC BANK, NEW YORK

L/C NO. AN21111 DATED MAY 20, 2018

TO : ③ <u>HSBC BANK, NEW YORK</u>   ④ <u>SJ COMPANY</u>

---

① 이 환어음에 대해 대금을 수취하는 날이다.

② 이 어음 제시 후 60일 되는 시점이라는 뜻이다.

③ 환어음의 발행인을 기입한 것이다.

④ 환어음의 drawee를 기입한 것으로 즉, 수출자가 된다.

정답 ②

해석 다음 설명 중 옳은 것은?

환어음

번호 : 123456   ① <u>2018년 7월 12일</u>, 서울, 한국

US 125,000달러에 관한

② <u>이 어음 제시 후 60일 되는 시점에 (동일한 지급기일과 미지급된 일자 중 두 번째)</u> 한국 외환은행에 지불 또는 미화 125,000 달러의 가치 그리고 HSBC 은행 뉴욕지점에 따라 인출된 AMS TRADING의 계좌에 동일한 금액의 합을 청구한다.

신용장 번호 : AN21111 일자 : 2018년 5월 20일

환어음 지급인 : ③ <u>HSBC 은행 뉴욕지점</u>   ④ <u>SJ COMPANY</u>

해설 ② '이 어음 제시 후 60일 되는 시점'이라는 뜻, 즉 환어음의 만기일을 의미한다. 환어음은 반드시 '환어음(BILL OF EXCHANGE)'이라고 명시적으로 기재되어 있어야 한다. 원칙적으로 원본은 2부가 발행되며 첫 번째 원본은 first, 두 번째 원본은 second 표기가 되어 있어야 한다.

① 환어음 대금의 수취일이 아닌 환어음을 은행에 제출하는 날짜를 기재하여야 한다.

③ TO 다음에는 환어음의 지급인이 기재된다. 추심방식에서는 매수인이 기재되며 신용장방식에서는 은행이 기재된다.

④ 발행인의 서명날인이 기재된다. 추심방식에서는 매도인, 신용장방식에서는 수익자가 환어음을 발행하는 것이 원칙이다.

[21~22] Read the following and answer.

Thank you for your email today pointing out the discrepancy between our contract and the L/C. Upon checking it we found that when our clerk typed the application form for the L/C, she made a mistake.

We immediately ordered our <u>bank</u> to amend the L/C.

We are sorry for this mistake and thank you again for your email regarding this.

With our best regards,

---

21 What can be inferred from the above?

① Buyer's clerk made a mistake in making the application for the L/C.
② Bank misunderstood the L/C application.
③ Seller would accept the terms of original L/C.
④ Bank would like to cancel the original L/C.

22 Which is the underlined <u>bank</u>?

① Issuing bank   ② Confirming bank
③ Negotiating bank   ④ Advising bank

정답 21 ①   22 ①

해석

오늘 귀사의 이메일에서 계약서와 신용장과의 차이점을 지적해줘서 감사드립니다. 조사 결과, 당사 직원이 신용장 신청서를 타자로 입력하는 과정에서 실수한 것임을 알아냈습니다.

당사는 즉시 당사의 <u>거래은행</u>에 신용장 개정을 명령했습니다.

이번 실수는 유감이며, 그 문제에 관한 귀사의 이메일에 다시 한 번 감사드립니다.

안부 전합니다.

*discrepancy : 차이[불일치]
*application form for the L/C : 신용장 신청서

21 상기 서신에서 추론할 수 있는 것은 무엇인가?
　① 매수인의 직원이 신용장 개설 신청서를 만드는 과정에서 실수했다.
　② 은행이 신용장 개설을 잘못 이해했다.
　③ 매도인은 원래 신용장의 조건을 수락할 것이다.
　④ 은행은 원래의 신용장을 취소하고 싶어 한다.

22 밑줄 친 은행은 무엇인가?
　① 개설은행　　　　　　　　　　② 확인은행
　③ 매입은행　　　　　　　　　　④ 통지은행

해설 21
위 서신은 신용장 개설 신청 과정에서의 입력 실수에 대해 사과하고 있으므로, 정답은 ①이다. 신용장 개설 신청은 매수인(Buyer)이 한다.
개설의뢰인(Applicant)
• 수익자(Beneficiary)와의 매매계약에 따라 자기거래은행(Opening bank)에 신용장을 개설해줄 것을 요청하는 수입상으로 향후 수출 환어음 대금의 결제의무자가 된다.
• Importer(수입상), Accountee(대금결제인), Buyer(매수인), Opener(신용장 개설의뢰인), Drawee(환어음 지급인), Consignee(발송물품 수탁자)로도 불린다.

22
① 밑줄 친 은행은 매수인(수입상)의 거래은행이므로, 개설의뢰인(수입상)의 요청과 지시에 의하여 신용장을 발행하는 은행인 신용장 개설은행(Issuing bank)을 나타낸다.

[23~24] Read the following and answer.

In your letter dated 10 March 2019, you have accepted our offer to draw on <u>you</u> at 30 d/s in the amount of USD 20,000. We are enclosing here the draft for your (　　).

23　Who is most likely be <u>you</u>?
　① Agent　　　　　　　　　② Buyer
　③ Seller　　　　　　　　　④ Bank

24　What is best for the blank?
　① payment　　　　　　　　② acceptance
　③ negotiation　　　　　　　④ deferred payment

해석

> 2019년 3월 10일자 귀사의 서신에서 귀사는 USD 20,000에 대한 30 d/s를 <u>귀사</u>에게 발행하는 당사의 청약을 승낙했습니다. 당사는 (승낙)을 위한 환어음을 동봉합니다.
>
> *30 d/s : 일람 후 30일 출급 환어음
> *be enclosing here : 여기에 동봉하고 있다
> *acceptance : 승낙

23 밑줄 친 <u>귀사</u>는 누구인가?
    ① 대리인　　　　　　　　　　② 매수인
    ③ 매도인　　　　　　　　　　④ 은 행

24 빈 칸에 가장 적절한 것은?
    ① 지 급　　　　　　　　　　② 승 낙
    ③ 매 입　　　　　　　　　　④ 연지급

해설 **23**
물품매매계약은 매도인의 청약(Offer)에 대한 매수인의 승낙(Acceptance)에 의하여 성립하므로, 정답은 ②이다.
계약(성립)의 의의
물품매매계약은 매도인과 매수인의 의사표시인 청약(Offer)과 승낙(Acceptance)에 의하여 성립한다. 즉, 계약은 아무리 복잡한 교섭 과정을 거치더라도 최종적으로 단 하나의 청약과 단 하나의 승낙에 의해서만 성립된다.

24
② 승낙(Acceptance)은 청약에 대응해 계약을 성립시킬 목적으로 특정의 청약수령자가 청약자에게 행하는 의사표시로, 피청약자가 지정한 방법에 따라 청약조건에 대하여 구두나 행위로 청약에 대하여 그 청약의 내용 또는 조건들을 수락하고 계약을 성립시키겠다는 동의를 표시하는 것을 말한다.
승낙(Acceptance)
• 청약에 대해 동의를 표시하는 피청약자의 진술 또는 기타의 행위를 의미한다.
• 청약 내용과 원칙적으로 일치해야 한다. 즉, 승낙이란 피청약자가 청약자의 청약에 대해 그 청약 내용 또는 조건을 모두 수락하고 계약을 성립시키겠다는 의사표시이다.
• 계약을 유효하게 성립시키기 위한 조건
　– 승낙은 청약의 유효기간 내에 행해져야 한다.
　– 청약의 모든 내용에 대해 무조건 승낙(Unconditional acceptance)하는 완전한 승낙이어야 한다[경상의 법칙 (Mirror image rule)].
• 승낙은 청약조건과 일치(Correspond)하여야 한다.

25 Which does NOT have a similar meaning to 'secured'?

> Attached is an order from our principal, GG International, Shanghai China.
> Our principal has agreed to pay by letter of credit and wants the delivery of the buses before the end of this month.
> We have already <u>secured</u> a shipping space with our forwarding agent in Incheon, and you will soon get a notice from the agent regarding the shipment.

① acquired

② got

③ guaranteed

④ obtained

정답 ③

해석 'secured'의 의미와 가장 유사한 것이 아닌 것은?

> 첨부된 주문은 당사자인 중국 상하이 GG 인터내셔널로부터 온 것입니다.
> 당사의 계약 당사자는 신용장 방식으로 지불하는 데 동의했으며, 이달 말까지 버스를 인도해줄 것을 원하고 있습니다.
> 당사는 이미 인천에 있는 당사의 운송업자를 통해 선적 공간을 <u>확보했으며</u>, 귀사는 곧 운송업자로부터 선적 통지를 받게 될 것입니다.

① 획득하다

② 얻 다

③ 보장하다

④ 얻다, 구하다

해설 밑줄 친 secured는 '얻어 내다, 획득[확보]하다'의 뜻이므로, ① · ② · ④ 모두 비슷한 의미인데, ③ guaranteed는 '(어떤 일을 하거나 있도록 할 것임을) 보장[약속]하다'의 뜻이므로 나머지와 의미가 다르다.

*principal : 본인. 물품계약을 체결할 당시 매매당사자를 확정짓는 용어로 사용되는데, 자기의 계정(account)과 위험(risk)을 갖고 거래하는 당사자를 지칭한다. 이와 반대되는 용어는 대리인(agent)이라고 한다.

*secure : (특히 힘들게) 얻어 내다, 획득[확보]하다

26 Which is correct about Irrevocable letter of credit?

> A. All letters of credit governed by UCP 600 are irrevocable letter of Credit.
> B. Cancellation of the unconfirmed letter of credit can be made by the issuing bank with consent of the beneficiary.
> C. Both of the above
> D. None of the above

① A only

② B only

③ C

④ D

정답 ③

해석 취소불능 신용장에 대해 바르게 설명한 것은?

> A. UCP 600에 의해 관리되는 모든 신용장은 취소불능 신용장이다.
> B. 미확인 신용장 취소는 수익자의 동의와 함께 개설은행에 의해 이루어질 수 있다.
> C. 상기 두 조항 모두
> D. 해당 없음

해설 취소불능 신용장(Irrevocable L/C)
- 취소불능 신용장의 경우 신용장 개설 이후 신용장이 수익자에게 통지된 후 유효기간 내에 관계 당사자 전원(개설은행/확인은행, 수익자, 통지은행)의 합의 없이는 신용장을 취소·변경할 수 없다.
- UCP 600 개정에서는 신용장은 원칙적으로 취소불능을 상정하고 있다.
*govern : 지배[좌우/통제]하다
*unconfirmed letter of credit(미확인 신용장) : 확인은행의 추가 지급확약이 없어 신용장 개설은행만이 신용장 대금의 결제를 지급확약하는 확인신용장(Confirmed L/C)을 제외한 모든 신용장을 말한다. 대부분의 신용장이 미확인 신용장이다.

안심Touch

We are pleased to (　) you that the Bank of America of LA has issued a letter of credit in your favour for the amount of USD 180,000. The credit is valid until May 25, 2018. Your draft for the above amount will be paid if accompanied by the <u>documents</u> listed below.

---

27 Put right word in the blank.

① open
② advise
③ confirm
④ negotiate

28 What can NOT be part of the underlined <u>documents</u>?

① Insurance Policy
② Bill of Exchange
③ Invoice
④ Bill of Lading

정답 27 ② 28 ②

해석

당사는 귀사에게 다음 사실을 (통지하게) 되어 기쁩니다. LA의 아메리카 은행에서 귀사를 수익자로 하여 USD 180,000에 대한 신용장을 개설하였습니다. 신용장 만기일은 2018년 5월 25일까지입니다. 상기 금액에 대한 귀사의 환어음은 아래 나열된 <u>서류</u>가 동반되면 지불될 것입니다.

*issue a letter of credit in your favour : 귀사를 수익자로 하여 신용장을 개설하다
*valid : (법적ㆍ공식적으로) 유효한[정당한]
*accompany : 동반되다[딸리다]

27 빈 칸에 알맞은 단어를 넣으시오.
① 열다, 개설하다
② 통지하다
③ 확인하다
④ 매입하다

28 밑줄 친 <u>서류</u>의 일부로 적절하지 않은 것은?
① 보험증권
② 환어음
③ 송 장
④ 선하증권

해설 27
위 서신의 내용은 신용장 개설과 관련된 사항을 알리고 있는 것이므로, 빈 칸에 들어갈 적절한 단어는 '(정식으로) 알리다, 통지하다'를 뜻하는 ② advise이다.

28
화환신용장 하에서는 일종의 담보 역할을 하는 선하증권, 송장, 보험증권 등의 운송서류가 첨부되어야만 어음대금을 결제받을 수 있다. 신용장 개설은행이 수출업자가 발행한 어음을 수송화물의 담보가 되는 선적서류 첨부를 조건으로 하여 인수 또는 지불할 것을 확약한다. 화환신용장 하에서는 선적서류 매입 시 운송서류를 제시하여야 하므로 선적 전 선적서류 매입이 불가능하고 선적을 이행하여야만 선적서류의 매입이 가능하다.

29 What are suitable for (A) and (B)?

> As this is our first time to do business with you, may we request if you could send either (A) or (B) to which we may refer? If these details are satisfactory, we shall be glad to send you a selection of the items on a credit basis.

① trade reference − bank name
② trade reference − carrier name
③ buyer reference − customer name
④ supplier reference − buyer reference

정답 ①

해석 (A)와 (B)에 들어갈 말로 적절한 것은?

> 이번이 당사가 귀사와의 첫 번째 거래이므로, 당사가 조회할 수 있는 (A 동업자 신용조회처) 또는 (B 은행명) 중 하나를 보내줄 것을 귀사에 요청해도 될까요? 세부 사항이 만족스러우면 당사는 기꺼이 신용거래로 품목을 보낼 것입니다.
>
> *trade reference : 동업자 신용조회처
> *refer : (~에게) 알아보도록 하다, 조회하다
> *on a credit basis : 신용거래로

① 동업자 신용조회처 − 은행명
② 동업자 신용조회처 − 운송인명
③ 매수인 참조 − 고객명
④ 공급자 참조 − 매수인 참조

해설 신용조회 의뢰
• 신용조회처에 상대방 회사의 신용상태(Credit standing)를 조사하여 그 결과를 알려 달라고 요청하는 것을 말한다.
• 주로 사용되는 신용조회처는 상대방 거래은행에 요청하는 은행 신용조회처(Bank reference), 같은 업종에 종사하는 사람에게 요청하는 동업자 신용조회처(Trade reference) 등으로 그 외에 상업흥신소(Commercial credit agencies), 외환은행(Exchange bank), 수출업자의 해외지사, 출장소, 판매 대리점 등을 활용할 수 있다.

30 Which would be best for (A)?

> We regret to inform you that payment of USD 75,000 has not been made for order No. 3038.
>
> We sent your company a reminder notice three weeks ago, and so far we have received no reply from you.
> We hope that ___(A)___.

① you can go to your lawyer for resolution.

② the goods have arrived in safe.

③ you can help us to clear this amount immediately.

④ you may defer the payment at your convenience.

정답 ③

해석 (A)에 들어갈 말로 가장 적절한 것은?

> 당사는 주문 번호 3038에 대한 USD 75,000 금액이 결제되지 않았음을 귀사에 통보하게 되어 유감입니다.
>
> 당사는 3주 전에 귀사에 독촉장을 보냈으며 지금까지 귀사로부터 어떠한 답신도 받지 못했습니다.
> 당사는 (A) <u>귀사는 당사가 이 금액을 즉시 청산하도록 도와줄 수 있기</u>를 바랍니다.
>
> *reminder notice : 독촉장

① 귀사는 해결을 위해 귀사의 변호사에게 갈 수 있습니다.

② 물품은 안전하게 도착했습니다.

③ 귀사는 당사가 이 금액을 즉시 청산하도록 도와줄 수 있습니다.

④ 귀사는 귀사가 편할 때 지불을 연기할 수 있습니다.

해설 ③ 빈 칸 앞에 We sent your company a reminder notice three weeks ago, and so far we have received no reply from you(당사는 3주 전에 귀사에 독촉장을 보냈으며 지금까지 귀사로부터 어떠한 답신도 받지 못했습니다.)로 미루어 빈 칸에는 미지불된 금액을 결제하기를 촉구하는 표현이 와야 한다.

*resolution : 해결
*clear : 결제를 받다[결제하다]
*defer : 연기하다

31 Put right words into the blank.

There are some instances where wholesalers and retailers want to see how goods will sell before placing an order with the supplier. This can be done by requesting goods (   ).

① on an approval basis
② payment in advance
③ by Letter of Credit
④ by cash

정답 ①

해석 빈 칸에 적절한 단어를 넣으시오.

도매상들과 소매상들이 공급업체에 물품을 정식으로 주문하기 전에 물품 판매 상황을 사전에 보고 싶어 하는 경우가 있다. 이것은 (점검매매 조건)으로 물품을 요청함으로써 행해질 수 있다.

*wholesaler : 도매업자
*retailer : 소매업자
*place an order with : ~에게 ~을 주문하다

① 점검매매 조건으로
② 선 불
③ 신용장방식으로
④ 현금으로

해설 Offer on Approval(점검매매 조건부청약/견본승인청약)
• 명세서로서는 Offer 승낙이 어려운 경우, 청약 시 견본을 송부하여 피청약자가 견본 점검 후 구매의사가 있으면 대금을 지급하고 그렇지 않으면 반품해도 좋다는 조건의 청약이다.
• 주로 새로운 개발품이나 기계류와 같은 복잡한 상품에 사용된다.

안심Touch

32 Please put the following sentences in order.

(a) We are sorry to hear that the products we shipped were damaged.

(b) Since the fault is with us, we would like to offer you to accept the products at a reduction of 25%.

(c) We found that the damage in the products has been caused by a rough handling.

(d) We assure you that we will execute your orders from now on with our maximum care.

---

① (a) − (b) − (c) − (d)

② (a) − (c) − (b) − (d)

③ (c) − (a) − (d) − (b)

④ (c) − (a) − (b) − (d)

정답 ②

해석 다음 문장들을 순서대로 배열하시오.

(a) 당사 선적 물품들이 손상되었다니 유감입니다.
(c) 물품의 손상은 거친 취급이 원인임을 알았습니다.
(b) 당사의 잘못이기 때문에, 25% 인하된 가격을 귀사에 제안하고 싶습니다.
(d) 당사는 앞으로 최대한 주의하여 귀사의 주문을 실행할 것을 보장합니다.

*rough handling : 거친[난폭한] 취급
*assure : 보장하다
*execute an order : 주문을 실행하다
*with maximum care : 최대한 주의하여

해설 위 서신은 논리적으로 볼 때 먼저 선적 물품들이 손상된 것에 대해 사과하고(a), 물품 손상 원인을 파악한 다음(c), 해결책으로 잘못을 인정하면서 가격 인하를 제안하고 있다(b). 앞으로는 최대한 주의하여 주문을 실행할 것을 약속하는 내용으로 마무리하고 있다(d).

We received your letter placing order No. 1555 which consists of 1,200 mtrs of Chrushall Superior leather. Since this is first time for you to ( ) an order to us, we are offering 5% discount.

Our dispatch department is currently preparing for your order and it should reach you within two weeks.

Please note that (A) <u>we will be taking off 5% from the invoice</u> in addition on the order reached us by end of October 2018.

---

33 What is best for the blank?

① offer

② send

③ take

④ accept

34 What is best rephrasing for the underlined (A)?

① We will put 5% of invoice price

② We will discount 5% of invoice price

③ We are compensating 5% of invoice price

④ We will cash back 5% of invoice

해석

당사는 우수한 추르살 가죽 1,200 mtrs로 이루어진 귀사의 주문번호 1555를 인수했습니다. 이번이 귀사가 당사에 (발주한) 첫 주문이므로 당사는 5% 가격 할인을 제안합니다.

당사의 발송부서는 현재 귀사의 주문을 준비하고 있으며, 2주 내에 귀사에 도착할 것입니다.

2018년 10월말까지 당사 도착 주문에 대하여 (A) 당사는 송장가격에서 5%를 추가로 인하할 것이라는 점 유의해 주십시오.

*consists of : ～으로 이루어지다[구성되다]
*send an order to : ～에게 발주하다
*dispatch department : 발송부서

33 빈 칸에 들어갈 단어로 가장 적절한 것은?
① 제공하다
② (주문 등을) 발주하다
③ (주문을) 받다
④ 승낙하다

34 밑줄 친 (A)를 바꿔 말한 것으로 가장 알맞은 것은?
① 당사는 송장가격의 5%를 더할 것이다.
② 당사는 송장가격의 5%를 할인할 것이다.
③ 당사는 송장가격의 5%를 보상하고 있다.
④ 당사는 송장의 5%를 현금으로 돌려줄 것이다.

해설 33

서신의 작성자는 첫 번째 문장에서 주문서를 인수했다고 밝히고 두 번째 문장에서 첫 주문이므로 5% 가격 인하를 제안하고 있다. 따라서 빈 칸에는 '주문을 발주하다'라는 뜻의 send가 적절하다.

34

밑줄 친 (A)는 '당사는 송장가격에서 5%를 인하할 것이다'라는 의미이며, discount가 '(가격을) 할인하다'라는 뜻이므로 ② We will discount 5% of invoice price와 바꾸어 쓸 수 있다.
*rephrase : 바꾸어 말하다
*compensate : 보상하다(= make up for)

35 We are writing to inform you that quality of your sheepskins <u>is not up to</u> standards in the contract.

① does not meet

② is above

③ is better

④ satisfy

36 We would like to <u>lodge</u> an objection with your delivery of our orders.

① claim

② duplex

③ committee

④ protect

정답) 35 ① 36 ①

해석) 35 당사는 귀사의 양가죽 품질이 계약상의 기준<u>에 미치지 못했다</u>는 것을 알리기 위해 서신을 쓰고 있습니다.

① 충족하지 못하다

② 위에 있다

③ 더 좋다

④ 충족시키다[채우다]

36 당사는 당사 제품에 대한 귀사의 배달에 이의를 <u>제기하고</u> 싶습니다.

① 요구하다

② 두 세대용 건물

③ 위원회

④ 보호하다, 지키다

해설) 35

① is not up to는 '~에 미치지 못하다'라는 뜻이므로, 이와 비슷한 표현으로는 '(필요・욕구 등을) 충족시키다'라는 뜻의 meet의 부정형이 있다.

36

① lodge an objection with는 '~에게 이의를 제기하다'의 뜻으로 claim an objection with와 같은 뜻이다.

*lodge an objection with : ~에 이의를 제기하다

Under (A) Incoterms rule the seller must make arrangements for the carriage of the goods to the agreed destination. While the freight is paid by the seller, it is actually paid for by the buyer as freight costs are normally included by the seller in the total selling price. The carriage costs will sometimes include (B) the costs of handling and moving the goods within port or container terminal facilities and the carrier or terminal operator may well charge these costs to the buyer who receives the goods.

37 What is not appropriate for (A)?

① EXW   ② CFR
③ DAT   ④ DAP

38 What does (B) refer to?

① Documentation fee   ② Terminal handling charge
③ Detention charge   ④ Demurrage

정답 37 ① 38 ②

해석
(A) 인코텀즈 조건 하에서 매도인은 합의된 목적지까지 물품을 운송해야 한다. 화물 운송비용은 매도인에 의해 지불되지만, 운송비용은 통상적으로 매도인에 의해 전체 물품 가격에 포함되기 때문에 실제로는 매수인에 의해 지불된다. 운송비용은 때로는 (B) 항구 또는 컨테이너 터미널 시설 내 화물의 취급 및 이동 비용을 포함하며, 운송인 혹은 터미널 운영자는 이러한 비용을 물품을 인수하는 매수인에게 청구할 것이다.

37 (A)에 해당하는 조건으로 적절하지 않은 것은?

38 밑줄 친 (B)가 가리키는 것은 무엇인가?
① 서류 발급비   ② 터미널 화물 처리비
③ 지체료   ④ 체선료

해설 37
터미널화물처리비(THC)의 명확한 할당
• INCOTERMS 2010은 CPT · CIP · CFR · CIF · DAT · DAP · DDP 규칙에서 매도인은 약정된 목적지까지의 물품 운송계약을 체결하여야 한다고 규정하고 있다. 즉, 운임은 매도인이 부담하지만 그 운송비용은 통상 매도인의 총 매매가격에 산입되어 있기 때문에 실제로는 매수인이 부담하게 된다.
• 운송비용은 간혹 항구나 컨테이너 터미널 내에서 물품을 취급하고 운반하는 데 드는 비용(예 THC)을 포함하며, 운송인과 터미널운영자는 이 비용을 물품을 수령하는 매수인에게 청구한다. 이러한 상황에서 매수인은 동일한 서비스에 대한 이중지급, 즉 총 매매가격의 일부로서 매도인에게 한번 지급하고 그와 별도로 운송인이나 터미널 운영자에게 또다시 지급하는 상황을 피하도록 유도하고 있다.

※ Incoterms 2020은 DAT를 DPU(Delivered at Place Unloaded)로 명칭을 변경하였으며, 인도장소를 터미널에 국한하지 않고 어느 장소든지 목적지가 될 수 있도록 하였다. 또한 Incoterms 2010은 A6/B6의 관련 규칙에서 그 비용을 할당함으로써 이중지급의 발생을 예방할 수 있도록 하였으나, Incoterms 2020에서 당사자 의무 조항의 순서가 변경되면서 A6/B6(Allocation of costs)에 해당하는 내용이 A9/B9로 이동하였다.

38
밑줄 친 (B)는 터미널 화물 처리비인데, THC(Terminal Handling Charge) 화물이 CY(Container Yard, 컨테이너 장치장)에 입고된 순간부터 본선의 선측까지, 반대로 본선 선측에서 CY의 게이트를 통과하기까지 화물의 이동에 따르는 비용을 말한다.

39 What is the most suitable for the blank?

Under the CIF term, the seller contracts for insurance cover against the (   )'s risk of or damage to the goods during the carriage.

① seller
② carrier
③ forwarder
④ buyer

정답 ④

해석 빈 칸에 들어갈 말로 가장 적절한 것은 무엇인가?

CIF 조건 하에서, 매도인은 물품의 운송 중에 일어나는 물품에 대한 멸실 또는 손상에 대한 (매수인)의 위험에 대하여 보험계약을 체결해야 한다.

① 매도인
② 운송인
③ 운송주선인
④ 매수인

해설 CIF[Cost, Insurance and Freight, (지정목적항) 운임·보험료 포함 인도조건]
• CFR 조건에 보험조건이 포함된 조건(매도인 수출통관)
• 물품의 인도장소 : 선적항의 본선을 통과한 시점
• 물품에 대한 매매당사자의 위험부담의 분기점(위험이전) : 물품이 지정선적항 본선 갑판에 안착되었을 때
• 물품에 대한 매매당사자의 비용부담의 분기점(경비이전) : 목적항(매도인은 적재 시까지 모든 비용과 목적항까지 운임, 양하비 부담 + 보험료)
• 매도인(Seller)과 매수인(Buyer)의 책임

매도인(Seller)	매수인(Buyer)
• 수출통관 필 • 해상운송계약 체결 • 운임 부담 • 보험계약 체결 • 통상의 운송서류를 지체 없이 매수인에게 제공	• 물품이 운송인에게 인도된 이후의 모든 위험부담 • 지정목적지까지의 운송비 이외 모든 비용부담

※ CIF 조건에서 매도인의 물품인도 의무 및 비용 부담은 인코텀즈 2010 및 2020에서 동일하다. 따라서 인코텀즈 2020에서도 동일한 내용이 적용 가능하다.

40 Which is NOT correct expression?

① This L/C shall remain effective until the end of this year.

② This L/C shall expire until the last day of this year.

③ This L/C shall be available until the end of this year.

④ This L/C shall be valid until the last day of this year.

정답 ②

해석 **다음 표현 중 옳지 않은 것은?**

① 이 신용장은 올해 말까지 유효하다.

② 이 신용장은 올해 말까지 유효기간이 만료된다.

③ 이 신용장은 올해 말까지 이용가능할 것이다.

④ 이 신용장은 올해 마지막 날까지 유효하다.

해설 expire는 '만료가 되다, 만기가 되다'의 뜻으로 '어떠한 (특정) 시점에 유효기간이 만료가 된다'라는 의미가 되어야 하므로, '~까지'를 뜻하는 시간 표현인 until을 빼야 옳은 표현이 된다. 따라서 ② This L/C shall expire until the last day → the end of this year(이 신용장은 올해 말까지 → 말에 유효기간이 만료된다.)로 바뀌어야 한다.

41 What is the most suitable for the blank?

(ⓐ) is also known as the correspondent bank which is requested by the (ⓑ) to inform the beneficiary of a documentary credit.

① ⓐ Confirming bank - ⓑ issuing bank

② ⓐ Negotiating bank - ⓑ reimbursing bank

③ ⓐ Advising bank - ⓑ issuing bank

④ ⓐ Advising bank - ⓑ confirming bank

정답 ③

해석 **빈 칸에 들어갈 말로 가장 적절한 것은 무엇인가?**

(ⓐ 통지은행)은 (ⓑ 개설은행)에 의해 화환신용장의 수익자에게 통보하도록 요청된 대리은행으로 알려져 있다.

*correspondent bank : 대리은행
*be known as : ~로 알려져 있다
*documentary credit : 화환신용장

① ⓐ 확인은행 - ⓑ 개설은행

② ⓐ 매입은행 - ⓑ 상환은행

③ ⓐ 통지은행 - ⓑ 개설은행

④ ⓐ 통지은행 - ⓑ 확인은행

해설 ③ 제시문은 UCP 600 제2조 정의에서 통지은행에 대한 내용으로, 통지은행(Advising bank)은 개설은행(issuing bank)의 요청에 따라 신용장을 통지하는 은행을 의미한다.

통지은행(Advising/Notifying Bank)
어떠한 책임이나 약정 없이(Without engagement) 개설은행으로부터 내도된 신용장을 수익자에게 통지(송부나 교부)해 주는 수출지의 은행으로서 통지은행이 통지요청을 받았다고 해서 반드시 통지해야 하는 것도 아니고, 통지를 했다고 해서 반드시 수권은행의 역할을 할 필요도 없다.
*Confirming bank : 확인은행
*Negotiating bank : 매입은행
*reimbursing bank : 상환은행

42 What is not a covered risk from the cargo insurance according to Institute Cargo Clauses?

① Fire
② Explosion
③ Jettison
④ Ordinary leakage of the subject—matter insured

정답 ④

해석 협회화물보험약관에 따르면, 해상적하보험으로부터 위험을 부보하지 않는 것은 무엇인가?
① 화 재
② 폭 발
③ 투 하
④ 보험목적물의 통상의 누손

해설 ④ 보험목적물의 통상의 누손(Leakage)은 해상적하보험의 면책위험에 해당하므로 부보하지 않는다.

해상적하보험의 면책위험
아래 위험으로 인한 손해는 전위험 담보조건인 ICC(A/R)이나 ICC(A) 조건으로 보험에 가입했다 하더라도 보험에서는 보상받을 수 없는 위험이다.
• 피보험자의 고의적 비행 또는 불법행위로 인한 일체의 손해(절대적 면책사유 해당)
• 보험목적물의 통상의 누손(Leakage), 중량·용적상의 통상의 손실, 자연소모(Ordinary tear & wear)
• 불완전 또는 부적합한 포장으로 인한 손해
• 보험목적물 고유의 하자(Inherent defect) 또는 성질에 기인한 멸실·손상
• 운송인의 운송 지연을 근인으로 하여 발생한 손해
• 본선 소유자 등의 지불불능 또는 재정상의 채무불이행
• 어떤 사람의 불법행위에 의한 고의적 손해[ICC(A) 조건의 면책위험에서는 제외됨]
• 원자력, 핵 또는 방사능무기 사용으로 인한 손해
• 선박 등의 불내항 또는 부적합
• 전쟁위험(별도 약관으로 부보가능)
• 동맹파업위험(별도 약관으로 부보가능)
※ 전쟁, 파업 등은 ICC(A/R)이나 ICC(A) 조건으로도 부보되지 않으므로, 구 약관에서는 별도로 W/SRCC 약관을 두며, 신 약관에서는 협회전쟁약관(Institute War Clause, IWC)과 협회동맹파업약관(Institute Strike Clause, ISC)을 별도로 둔다.
*cargo insurance : 해상적하보험
*Institute Cargo Clauses : 협회화물보험약관

43 Which of the following statements has a different purpose?

① The firm has caused us considerable trouble with respect to payment.
② No mention of our name should be made with regard to this matter.
③ Please use this confidential information with every discretion.
④ This information is private and confidential for your use only.

[정답] ①

[해석] **다른 목적을 갖고 있는 문장은 무엇인가?**
① 그 회사는 당사에게 지불에 대해 상당히 곤란한 문제를 초래했습니다.
② 이 문제에 관하여 당사의 이름을 언급해서는 안 됩니다.
③ 이 기밀 정보를 매우 신중하게 사용해 주십시오.
④ 이 정보는 오직 귀사만을 위한 사적인 기밀정보입니다.

[해설] ① 신용조회 회신 내용 중 해당 회사에 대한 부정적인 신용정보 및 참조사항에 대하여 전달하고 있다.
② · ③ · ④ 모두 신용조회 회신의 내용으로, 해당 정보를 극비로 취급해달라고 요청하는 것이 주 목적이다.
신용조회 회신
신용조회를 의뢰받는 입장일 때는 해당 회사의 재정상태, 기업운영능력, 평판 등에 관해 객관적으로 보고해야 한다.
신용조사 회신 서한 작성 순서는 다음과 같다.
• 신용보고를 하게 된 경위
• 상대방이 요구한 신용정보 및 기타 참조사항
• 제공하는 정보에 대한 책임 여부
• 극비로 취급해 달라는 요청 등
*with respect to : ~에 관하여
*with regard to : ~에 관해서는
*discretion : 신중함

---

44 Which is a LEAST proper English writing?

어음이 제시되면 결제해 주십시오.

① Please honor the bill when it is presented.
② Please pay the bill when it is presented.
③ Please negotiate the bill on presentation.
④ Please pay the bill upon presentation.

정답 ③

해석 다음을 영작한 것으로 가장 적절하지 않은 것은?

① 어음이 제시되면 결제해 주세요.

② 어음이 제시되면 결제해 주세요.

③ 제출 시 어음을 매입해 주세요.

④ 제출 시 어음을 지불해 주세요.

해설 ① · ② · ④의 honor와 pay는 '지불하다'의 뜻으로 주어진 문장에서의 '결제하다'와 의미가 같지만, ③의 negotiate는 '매입하다'의 뜻이므로 같은 의미를 나타내는 문장이 아니다.

45 Fill in the blank with the BEST phrase.

After careful review of your application for a Visa Card from Sovereign Bank, we are sorry to inform you that your application _____. After careful review of your credit report, we determined that there were too many negative marks on your credit history which deemed your application to be a high risk, thereby rejecting your request.

We checked your credit history through Equifax Corporation. Please contact them to review and discuss your credit history. Thank you for applying for the Sovereign Bank Visa Card.

① has been accepted

② has been declined

③ is cancelled

④ has postponed

정답 ②

해석 빈 칸에 가장 적절한 구를 채워 넣으시오.

소버린 은행 비자카드를 신청하는 귀사의 지원서를 꼼꼼히 검토한 후에 당사는 귀사의 지원서가 유감스럽게도 거절되었다는 것을 통보합니다. 귀사의 신용보고서를 신중히 검토한 후에 당사는 귀사의 신용기록에서 비자카드를 신청하기에 위험하다고 여겨지는 부정적인 표시가 너무 많다고 판단했으므로, 귀사의 요청을 거절했습니다. 당사는 Equifax Corporation을 통해 귀사의 신용 기록을 조사했습니다. 그들에게 연락하여 귀사의 신용 상태를 검토하고 논의하십시오. 소버린 은행 비자카드를 신청해 주셔서 감사합니다.

① 승인되었다

② 거절되었다

③ 취소되었다

④ 연기되었다

해설 빈 칸 다음 문장에서 which deemed your application to be a high risk, thereby rejecting your request(귀사의 지원서가 위험하다고 여겨지므로, 귀사의 요청을 거절합니다.)라고 했으므로, 빈 칸에는 '거절하다'라는 의미의 ② has been declined가 적절하다.

*be deemed to : ~라고 여겨지다, 간주하다

46 Which is most AWKWARD English writing?

① 당사는 다음 장치들이 손상된 상태로 1월 15일에 받았습니다.

→ We received the goods on January 15, with the following devices damaged.

② 어떤 보상을 당사가 받을 수 있을지 알려주시기 바랍니다.

→ Please let us know what compensation is available to us.

③ 당사는 100점을 주문했지만 상자에는 90점뿐이었습니다.

→ We found only 90 pieces in the carton despite we ordered 100 pieces.

④ 수신자 부담으로 샘플과 안내 책자를 보내주시기 바랍니다.

→ Please send us your samples and a brochure at receiver's expense.

정답 ③

해석 다음 우리말을 영작한 문장 중 가장 어색한 것은?

해설 despite는 전치사이므로 다음에는 명사 상당어구가 와야 한다. 따라서 자연스럽게 영작하려면 접속사 + 주어 + 동사 형태가 되도록 같은 의미를 나타내는 접속사 though(~이긴 하지만)를 사용하여 ③ We found only 90 pieces in the carton despite → though we ordered 100 pieces.로 바꾸어야 한다.

47 Put right words for the blank.

> Jettison is throwing overboard of part of the vessel's cargo and regarded as a peril insured under the Marine Open Cargo Policy. If the jettison is made for the common safety in time of peril, the loss is treated as (   ).

① total loss
③ constructive loss

② partial loss
④ general average

정답 ④

해석 빈 칸에 적절한 단어를 넣으시오.

> 화물의 투하란 화물 일부를 선박 밖으로 던지는 것으로, 해상화물보험증권 하에서 보험에 가입한 위험으로 간주된다. 투하가 선박의 위험 시 일반적인 안전을 위해 이루어진다면, 손실은 (공동해손)으로 처리된다.
>
> *Jettison : 투하
> *peril : 위험
> *Marine Open Cargo Policy : 해상화물보험증권

① 전 손
③ 추정전손

② 분 손
④ 공동해손

해설 **공동해손(General average loss)**

- 선박·화물 및 기타 해상사업과 관련한 단체에 공동의 위험이 발생했을 경우 그러한 위험을 제거하거나 경감시키기 위해 선체·장비·화물 등의 일부를 희생시키거나 혹은 필요한 경비를 지출했을 때 이러한 손해와 경비를 공동해손이라고 한다.
- 공동해손은 선체·장비·화물 등의 일부가 희생되는 공동해손희생손해(General average sacrifice)와 경비가 발생하는 공동해손비용손해(General average expenditure)로 구분한다.
- 공동해손행위의 결과가 아니라 선박·화물 등에 우연히 발생하는 손해는 선주나 화주가 단독으로 부담하기 때문에 이러한 손해를 공동해손과 구분하여 단독해손(Particular average)이라 한다.
- 공동해손의 적격범위

공동해손희생손해 (General Average Sacrifice)	공동해손비용손해 (General Average)
• 적하의 투하 • 투하로 인한 손상 • 선박의 소화 작업 • 기계 및 기관 손해 • 임의 좌초 • 하역작업 중 발생하는 손해 • 운임의 희생손해	• 구조비 • 피난항비용 • 임시 수리비 • 자금조달비용

48 Put right word for the blank.

> After considering your request for a/an (　) of credit for order No. 1555, we are unfortunately unable to grant it as your past record of payments have been slow with some outstanding amounts.

① close
② extension
③ openness
④ offer

정답 ②

해석 빈 칸에 적절한 단어를 넣으시오.

> 주문 번호 1555의 신용장 기간 (연장)에 대한 귀사의 요청을 고려한 후에 귀사가 결제가 늦고 미지불 금액 기록으로 인해 당사는 유감스럽게도 그것을 승인할 수 없습니다.

① 가까운
② 연 장
③ 솔직함
④ 청 약

해설 제시문은 과거 결제지연 및 미지불 금액으로 인하여 요청한 신용장 기간 연장을 거절하는 내용이며, 빈 칸 다음에 나오는 your past record of payments have been slow with some outstanding amounts(결제가 늦고 미지불 금액 기록)으로 미루어 빈 칸에 적절한 표현은 ② extension(연장)이다.

49 Put right words for the blanks.

> Your account is now seriously (ⓐ) due and it is clear that our efforts to work with you to collect the invoice amicably are not working. I regret to inform you that (ⓑ) we receive payment in full by 15 August, 2018, we will have to turn over your invoice to our attorney.

① ⓐ past – ⓑ unless
② ⓐ bad – ⓑ if
③ ⓐ off – ⓑ if
④ ⓐ met – ⓑ unless

정답 ①

해석 빈 칸에 적절한 단어를 넣으시오.

귀사의 계좌는 현재 심각하게 (ⓐ 만기일이 지난) 상태로 귀사의 송장금액을 원만하게 추심하려는 당사의 노력이 효과가 없습니다. 유감스럽게도 (ⓑ 만약) 당사가 2018년 8월 15일까지 전액 지불받지 (못한다면), 당사가 귀사의 송장을 당사의 변호사에게 넘겨야 할 것이라는 사실을 통보합니다.

*past due : 기일을 넘긴, 만기가 지난
*collect : (빚·세금 등을) 수금하다[징수하다]
*payment in full : 전액 지불
*turn over : 넘기다
*attorney : 변호사

① ⓐ 지난 – ⓑ ~하지 않는 한
② ⓐ 나쁜, 옳지 않은 – ⓑ 만약 ~라면
③ ⓐ ~(시·공간상)에서 멀리 – ⓑ 만약 ~라면
④ ⓐ 충족된 – ⓑ ~하지 않는 한

해설 ① 위 서신은 송장금액이 원만하게 추심되지 않고 있어, 지정한 날짜까지 전액 지불되지 않으면 법적 조치를 취할 것임을 경고하고 있는 내용이므로, 빈 칸에는 각각 '만기일(지불기한)이 지난'과 '~하지 않을 경우'라는 뜻의 표현이 들어가야 한다.

50 Fill in the blank with suitable words.

> Thank you for sending the (ⓐ) invoice.
> We shall arrange the payment and our account department will contact you shortly regarding this matter.
> We hope to receive an accurate and (ⓑ) invoice every time we send an order.

① ⓐ wrong – ⓑ correct
② ⓐ rectified – ⓑ correct
③ ⓐ wrong – ⓑ rectified
④ ⓐ rectified – ⓑ incomplete

정답 ②

해석 빈 칸에 적절한 단어를 채워 넣으시오.

> (ⓐ 수정된) 송장을 보내주셔서 감사합니다.
> 당사는 지불을 주선할 것이며, 당사의 회계부서가 이 문제에 관련해서 귀사에 곧 연락할 것입니다.
> 당사는 매 주문 시마다 정확하고 (ⓑ 올바른) 금액의 송장을 받기를 바랍니다.
>
> *rectified invoice : 바로 정산된 송장
> *arrange the payment : 지불을 주선하다
> *account department : 회계부서

① ⓐ 틀린, 잘못된 – ⓑ 옳은
② ⓐ 수정된 – ⓑ 옳은
③ ⓐ 틀린, 잘못된 – ⓑ 수정된
④ ⓐ 수정된 – ⓑ 불완전한

해설 ② ⓐ에는 '~한 송장을 보내주셔서 감사하다'고 언급하였으므로 '틀린, 잘못된'이라는 뜻의 wrong은 적절하지 않다. 또한 ⓑ 앞에는 '정확한'을 나타내는 accurate가 있으므로 유사한 뜻을 가진 correct가 들어가야 한다.

51 다음 내용은 어떤 종류의 신용장에 대한 설명인가?

> 국가 간의 무역불균형을 해소할 목적으로 수출상이 물품을 선적한 후 수출대금을 직접 지급받는 것이 아니라 이를 특별계정에 두었다가 수입상으로부터 다른 물품을 수입할 때의 결제대금으로만 사용할 수 있도록 지정한 신용장이다.

① 회전신용장
② 선대신용장
③ 동시개설신용장
④ 기탁신용장

[정답] ④

[해설] ① 회전신용장 : 수출입업자 사이에 동종의 상품거래가 상당기간 계속하여 이루어질 것으로 예상되는 경우 거래 시마다 신용장을 개설하는 불편을 덜기 위하여 일정기간 동안 일정금액의 범위 내에서 신용장 금액이 자동 갱신되어 재사용할 수 있도록 하는 조건으로 개설된 신용장
② 선대신용장 : 수출물품의 생산·가공·집화·선적 등에 필요한 자금을 수출업자에게 융통해 주기 위하여 매입은 행으로 하여금 일정한 조건에 따라 신용장금액의 일부 또는 전부를 수출업자에게 선대(선불)해줄 것을 허용하고 신용장 개설은행이 그 선대금액의 지급을 확약하는 신용장
③ 동시개설신용장 : 무역균형 유지를 위해 한 나라에서 수입신용장을 개설할 경우, 그 신용장은 수출국에서 동액의 신용장 개설 시에만 유효하다는 조건이 붙은 조건부 신용장

52 무역거래에서 사용되는 수량에 대한 개념 중 용적에 대한 단위로 옳게 짝지은 것은?

① cubic meter, barrel, yard
② cubic feet, liter, super feet
③ cubic meter, meter, case
④ TEU, square foot, liter

[정답] ②

[해설] 용적/부피(Measurement)
• 주로 액체나 목재 등의 측정기준으로 사용되는 단위
• 목재 : 입방미터(Cubic Meter, CBM, ㎥), 입방피트(Cubic Feet, CFT), 용적톤(Measurement Ton, M/T), Super Feet(SF) 등
• 액체류 : Drum, Gallon, Barrel, Liter 등
• 곡류 : Bushel
*TEU : 20피트 컨테이너(Twenty-foot Equivalent Units)

53 청약의 유형에 대한 설명으로 옳지 않은 것은?

① 확정청약은 확정적이라는 표현과 함께 청약의 유효기간을 명시하는 취소불능 청약이다.

② 확인조건부 청약은 피청약자가 청약내용을 승낙하여도 청약자가 최종적으로 청약내용을 재확인하여야 계약이 성립하는 청약이다.

③ 견본승인조건부 청약은 시험용 견본을 함께 송부하여 피청약자가 견본을 점검해 본 후 승낙 여부를 결정하는 것이다.

④ 잔고조건부 청약은 일정기간 동안 판매하고 남은 상품은 매도인에게 반품하는 것을 조건으로 하는 청약이다.

정답 ④

해설 ④ 반품허용조건부 청약에 관한 설명이다. 잔고조건부 청약은 그 시점에 당해 물품 잔고가 남아있는 경우에 한해 계약이 성립하는 청약이다.

반품허용조건부 청약(Offer on Sale or Return)
• 청약 시 물품을 대량으로 송부하여 피청약자가 이를 위탁판매하게 하고 미판매 잔여 물품은 다시 반납한다는 것을 조건으로 하는 청약이다.
• 피청약자가 위탁판매를 개시하는 경우 위탁판매계약이 성립하므로 확정청약의 일종이다.

54 부정기선 운송의 특성으로 옳지 않은 것은?

① 화주와 운송인이 계약 방식에 의해 개별적으로 운항방식을 결정한다.

② 소수 화주(주로 1인)의 동종·동질의 대량 원자재 및 산화물(석탄, 철광석, 원목 등)을 대상으로 한다.

③ 사전에 공표된 화물별 운임(Tariff rate)을 적용한다.

④ 개별 화주(용선자)와 운송인이 항해단위로, 운송 시마다 계약조건이 다른 용선계약서(Charter party)를 사용한다.

정답 ③

해설 ③ 항로 및 운항 일정이 미리 정해진 정기선과 달리, 부정기선은 항로와 운항 일정 등을 화주와 선주 간 계약에 의해 정한다.

부정기선(Tramper) 운송의 특징
• 불특정 화주의 화물을 선적하고 별도의 운송계약서를 작성하지 않는 정기선과 달리, 부정기선은 특정 화주(용선주)와 선주 간 용선계약을 체결하고 운송계약서인 용선계약서(Charter party contract)를 작성하는 방식을 취한다.
• 항로 및 운항 일정이 미리 정해진 정기선과 달리, 부정기선은 항로와 운항 일정 등을 화주와 선주 간 계약에 의해 정한다.
• 화물운송비가 미리 정해져 있는 개품운송계약과 달리, 화주와 선주 간 자유계약에 의해 용선료가 결정되는 방식으로 개품운송계약에 비해 운임요율이 낮고 수시 변동폭이 심하다.
• 전용 운반선을 이용하는 방식으로 철광석, 원유, 곡물 등의 대량 무포장 화물(Bulk Cargo : 산물/산화물)운송에 주로 이용한다.

55 화환신용장에서의 보험증권에 대한 설명으로 옳지 않은 것은?

① B/L에 기재된 상품의 위험을 담보할 것

② 보험금 청구권이 은행으로 양도되어 있을 것

③ 최저부보금액으로 신용장금액의 110%를 부보할 것

④ 부보일자가 B/L상의 선적일자 이후일 것

정답 ④

해설 화환신용장에서의 보험증권(Insurance policy)
- B/L에 기재된 상품의 위험을 담보하여야 한다.
- 보험금 청구권이 은행으로 양도되어 있어야 한다.
- 최저부보금액으로 신용장금액의 110%를 부보하여야 한다.
- 부보일자가 B/L상의 선적일자 이전이어야 한다.

---

56 신용장거래 시 상업송장에 대한 설명으로 옳지 않은 것은?

① L/C 개설의뢰인 앞으로 발행되어야 한다.

② L/C상의 물품명세와 동일하여야 한다.

③ 꼭 서명될 필요는 없다.

④ 반드시 매수인이 매도인 앞으로 발행하여야 한다.

정답 ④

해설 상업송장(Commercial invoice)의 요건
- L/C 개설의뢰인 앞으로 발행되어야 한다.
- L/C상의 물품명세와 동일하여야 한다.
- 서명될 필요는 없으나 신용장에서 요구하는 경우에는 서명되어야 한다.
- 반드시 매도인이 매수인 앞으로 발행하여야 한다.
- 주소표시에 전화번호나 팩스번호 등을 표시한다면 신용장의 주소와 동일하지 않아도 무방하다.

57 청약에 대한 설명 중 옳지 않은 것은?

① 청약이 취소불능인 경우 거절의 통지가 피청약자에게 도달하는 경우에는 효력을 상실한다.

② 청약은 피청약자에게 도달하였을 때 효력이 발생하고 취소불능이라도 청약과 동시에 철회가 도달하는 경우에는 철회될 수 있다.

③ 구두청약도 가능하지만 오해의 소지를 방지하기 위해 청약서를 작성하여 서면으로 하는 것이 바람직하다.

④ 반대청약은 피청약자가 청약의 조건을 변경, 추가 또는 제한하여 제안하는 청약으로 기존청약에 대한 거절에 해당된다.

정답 ①

해설 ① 청약은 비록 그것이 취소불능이더라도, 거절의 의사표시가 청약자에게 도달한 때에는 그 효력을 상실한다.
청약(Offer)
• 청약자(Offeror)가 피청약자(Offeree)와 일정한 조건으로 계약을 체결하고 싶다는 의사표시로서 피청약자의 무조건적·절대적 승낙(Unconditional and absolute acceptance)이 있을 경우 계약 체결을 목적으로 하는 청약자의 피청약자에 대한 일방적·확정적 의사표시이다.
• 서면뿐만 아니라 구두청약(Oral offer)도 유효한 청약이 되는데, 서면청약의 경우 보통 Offer sheet(청약서, 물품매도확약서)를 사용한다.

58 수출업자 입장에서 본 국제팩터링의 효용으로 옳지 않은 것은?

① 신용장이나 D/A, D/P 방식에 비해 실무상의 절차가 간단하다.

② 수출팩터를 통해서 수입업자의 신용상태를 사전에 파악할 수 있다.

③ 수출팩터의 지급보증과 수입업자에 대한 신용파악으로 과감하게 신규거래를 시도할 수 있다.

④ 수출대금의 회수를 수입팩터가 보증하므로 수출하더라도 대금회수불능의 위험이 거의 없다.

정답 ④

해설 ④ 수출대금의 회수를 수출팩터가 보증하기 때문에 신용거래에 따른 위험부담이 없다.
국제팩터링결제의 효용성
• 해외시장 개척과 시장의 확대
• 부실채권의 방지
• 운영자금 조달의 용이
• 부대비용 절감
• 외상매출채권 관리능력 강화

59 대외무역법상 수출입 품목관리를 위한 제도에 대한 설명으로 옳지 않은 것은?

① 대외무역법은 수출입 품목관리 체계에서 자유무역을 원칙으로 한다.
② 수출입공고에는 산업통상자원부장관이 정한 수출입물품에 대한 승인, 허가, 금지 등에 관한 사항을 공고하고 있다.
③ 수출입공고는 자유무역을 증진하기 위해 Positive system을 채택하고 있다.
④ 대외무역법 외의 법령에 의한 품목별 수출입절차는 통합공고를 통해 공고하고 있다.

정답 ③

해설 ③ 수출입공고는 Negative list system에 따라 수출입 제한 및 금지 품목을 수시로 공고한다.
수출입 규제대상 물품 공고 · 관리체계(Negative list system)
• 품목공고 시 대외무역법상의 수출입공고, 별도공고, 통합공고상에서 수출입 제한 품목이나 요건을 갖추어야만 수출입이 가능한 품목만 공고하는 방식이다.
• 공고되지 않은 물품은 자유롭게 수출입이 가능하다.

60 운송 중 컨테이너를 개폐할 필요가 없어서 안전성, 신속성을 최대한 달성할 수 있는 가장 효율적인 운송 형태는?

① CY/CY 운송
② CFS/CFS 운송
③ CY/CFS 운송
④ CFS/CY 운송

정답 ①

해설 ② CFS/CFS운송 : 다수 송하인의 화물을 집화하여 다수 수하인에게 운송하는 방식
③ CY/CFS운송 : 수출지의 단일 송하인이 수입지의 다수 수하인에게 적화운송 시 이용하는 방식
④ CFS/CY운송 : 수입자가 다수 송하인(수출자)의 LCL 화물을 집화하여 자신의 창고로 운송 시 이용하는 방식
CY/CY(FCL/FCL) = DOOR TO DOOR SERVICE
• 수출업자(송하인)의 공장 · 창고에서부터 수입업자(수하인)의 공장 · 창고까지 컨테이너에 의해 일관 운송하는 방식이다.
• 단일 송하인으로부터 단일 수하인에게 운송되는 형태의 DOOR TO DOOR SERVICE로 가장 이상적인 형태로, 컨테이너의 장점을 최대한 이용한 방법이다.

61 무역계약 체결 시 계약 대상물품이 선박, 항공기인 경우 품질을 결정하는데 가장 바람직한 방법은?

① 규격매매
② 상표매매
③ 명세서매매
④ 표준품매매

정답 ③

해설 ③ 명세서매매 : 견본제시가 불가능한 선박·기계·의료기기·공작기계·철도·차량 등의 거래 시 설계도·청사진 등 규격서 또는 설명서로 물품의 품질을 약정하는 방법이다.
① 규격매매 : KS(Korea Standard)와 같이 국제적으로 물품의 규격이 정해져 있거나 수출국의 법적 규정에 의하여 물품의 규격이 정해져 있을 경우 이를 품질의 기준으로 삼는 방법이다.
② 상표매매 : 국제적으로 널리 알려져 있는 유명상표의 경우 견본제공 없이 상표만으로 품질의 기준을 삼고 가격을 정하여 계약하는 방법이다.
④ 표준품매매 : 물품 거래에서 일정한 표준품을 추상적으로 제시하여 대체로 이와 유사한 수준의 품질을 결정하는 방법이다.

62 매수인이 운송인을 지정할 의무가 있는 인코텀즈(Incoterms) 2010 조건은?

① CIP
② CIF
③ FCA
④ DDP

정답 ③

해설 ① CIP : 운임·보험료 지급 인도조건 CFR의 복합운송화(CFR + 운송보험료)
② CIF : 운임·보험료 포함 인도조건(CFR + 해상보험료)
④ DDP : 관세 지급 인도조건(수입국 내 지정장소에서 관세 납부 후 인도)
FCA[Free CArrier, (지정장소) 운송인 인도조건]
• 매도인이 매도인의 구내(Seller's premises) 또는 그 밖의 지정장소에서 약정기간 내에 매수인이 지정한 운송인 또는 그 밖의 당사자에게 수출통관을 필한 계약물품을 인도해야 하는 조건(매도인 수출통관)
• 물품의 인도장소
  – 매도인의 작업장(매도인은 운송수단에 물품을 적재할 의무가 있음)
  – 매수인이 지정한 운송인(물품 양하는 매수인의 책임)
• 물품에 대한 매매당사자의 위험부담의 분기점(위험이전) : 운송인에게 인도한 시점(매도인은 지정된 장소에서 매수인이 지정한 운송인에게 수출통관 된 물품을 인도하며 이 조건은 모든 운송형태에 적합)
• 물품에 대한 매매당사자의 비용부담의 분기점(경비이전) : 운송인에게 인도한 시점(매도인은 인도할 때까지 모든 비용부담)
※ CIP, CIF, FCA, DDP 조건에서 매도인의 물품인도 의무 및 비용 부담은 인코텀즈 2010 및 2020에서 동일하다. 따라서 인코텀즈 2020에서도 동일한 내용이 적용 가능하다.

63 다음 중 환어음의 인지세를 부담하지 않기 위해 사용하는 동시지급방식으로 옳은 것은?

① CWO ② COD
③ CAD ④ D/P

정답 ③

해석 ① 주문불 방식 ② 물품인도 결제방식
③ 서류인도 상환방식 ④ 지급인도조건

해설 ③ 서류인도 상환방식(Cash Against Document, CAD) : 상품 선적 후 수출국에서 '서류와 상환'으로 현금 결제하는 방식으로, 환어음을 작성할 필요가 없다.
① 주문불 방식(Cash With Order, CWO) : 수입자가 '주문과 동시'에 대금을 M/T, T/T, 송금환수표 등으로 송금하는 방식이다.
② 물품인도 결제방식(Cash On Delivery, COD) : 상품이 목적지에 도착하면 '상품과 상환'으로 현금 결제하는 방식이다.
④ 지급인도조건(Document against Payment, D/P) : 수출상(의뢰인)이 계약물품 선적 후 구비 서류에 '일람출급환어음'을 발행·첨부하여 자기거래은행(추심의뢰은행)을 통해 수입상의 거래은행(추심은행) 앞으로 그 어음대금의 추심을 의뢰하면, 추심은행은 수입상(Drawee, 지급인)에게 그 어음을 제시하여 어음 금액을 지급받고(Against Payment, 대금결제와 상환) 서류를 인도하는 거래 방식이다.

---

64 청약과 승낙에 대한 설명으로 옳지 않은 것은?

① 승낙은 Mirror image rule이 적용된다.
② 확정청약은 승낙기간이 명시되며, 그 기간 내에 취소될 수 있다.
③ Counter offer는 청약에 대한 Rejection일 뿐만 아니라, Offeree에 의한 새로운 청약으로 간주된다.
④ 상대방의 거절이나 반대청약에 의하여 청약은 그 효력을 상실한다.

정답 ②

해설 ② 확정청약(Firm offer)이란 청약자가 청약할 때 피청약자의 승낙을 정하여 그 기간 내 피청약자가 승낙 시 즉각적인 계약 체결을 예정하는 청약을 말한다. 기간에는 청약자 자신도 청약의 내용을 변경·취소하지 못한다.
계약을 유효하게 성립시키기 위한 조건
• 승낙은 청약의 유효기간 내에 행해져야 한다.
• 청약의 모든 내용에 대해 무조건 승낙(Unconditional acceptance)하는 완전한 승낙이어야 한다[경상의 법칙(Mirror image rule)].
• 청약 내용의 변경을 요구하거나 일정한 단서를 붙이는 경우는 승낙으로 보지 않고 반대청약(Counter offer)이라고 한다.
• 반대청약이 있을 경우에는 계약이 성립되지 않는다.
• 부분적 승낙(Partial acceptance), 조건부 승낙(Conditional acceptance) 등이 반대청약에 해당한다.
• 승낙은 청약조건과 일치(Correspond)하여야 한다.

65 해상운송장과 선하증권을 비교 설명한 것으로 옳지 않은 것은?

구 분		해상운송장(SWB)	선하증권(B/L)
㉠	인 도	수하인이라는 증명만으로 물품인도	정당하게 배서된 B/L의 소지인에게 B/L 원본과 상환을 조건으로 물품인도
㉡	유통성	유통불능	유통가능
㉢	유가증권성	유가증권	단순한 화물수취증이므로 유가증권이 아님
㉣	서류양식	이면약관을 생략한 약식 또는 이면백지식	이면약관이 기재된 통일된 양식사용 (약식 또는 이면백지식도 가능)

① ㉠
③ ㉢

② ㉡
④ ㉣

정답 ③

해설 ③ 선하증권(B/L)은 유가증권이며, 해상운송장은 단순 화물수취증으로 비유가증권이다.
SWB vs B/L 비교

구 분	해상화물운송장(SWB)	선하증권(B/L)
권리증권 여부	• 비 유가증권 • 단순 화물수취증	• 유가증권 • (물권적) 권리증권
유통 여부	유통불능(Non-negotiable)	유통가능(Negotiable)
매매 · 양도 가능성	매매, 양도 불능	배서, 교부에 의해 양도 가능
발행방식	항상 기명식	기명식, 지시식, 무기명식 중 하나 (대개 지시식)
발행시기	선적식(수취식도 있음)	선적식(본선적재 이후 발행), 수취식도 있음
발행주체	–	운송사가 작성, 송하인에게 교부 원칙
제시원본 수량	Full set	Full set

66 Factoring 거래와 Forfaiting 거래를 비교한 설명으로 옳지 않은 것은?

구 분	항 목	Factoring	Forfaiting
㉠	금 액	주로 거액(100만불 이상)	주로 소액(30만불 미만)
㉡	외상기간	단 기	장 기
㉢	소구권	With recourse/Without recourse 둘 다 가능하나 기본적으로 Without recourse	Without recourse만 인정
㉣	금 리	제한 없음	고정금리로만 할인

① ㉠   ② ㉡
③ ㉢   ④ ㉣

정답 ①

해설 ① 팩터링은 거래대금이 일반적으로 30만불 이하의 소액이면서 외상기간이 단기(1년 이내)인 경우, 포페이팅은 거래대금이 주로 거액(100만불 이상)이면서 외상기간이 장기(1년 이상 10년 이내)인 경우에 주로 사용된다.

Factoring vs Forfaiting 비교

구 분	Factoring	Forfaiting
결제방식	사후송금방식	신용장
대상채권	외상매출채권	환어음

67 국제상사중재에 대한 설명 중 옳지 않은 것은?

① 분쟁 당사자 간에 합의가 있어야 중재로 분쟁을 해결할 수 있다.
② 중재인은 판사와 같은 위치를 가짐으로써 증인 및 감정인의 출석을 명령할 수 있다.
③ 중재는 단심제로서, 내려진 중재판정 결과에 대하여 항소할 수 없다.
④ 뉴욕협약의 체약국 간에는 중재판정의 승인 및 집행이 가능하다.

정답 ②

해설 ② 중재판정부는 중재지 외의 적절한 장소에서 중재인들 간의 협의, 증인·감정인 및 당사자 본인에 대한 신문(訊問), 물건·장소의 검증 또는 문서의 열람을 할 수 있다.
① 분쟁 당사자 간에 무역클레임을 중재로 해결한다는 의사에 대한 합의가 있으면 중재절차가 가능하다.
③ 중재는 단심제로 중재판정이 내려지면 소송과 같이 불복절차인 항소나 상고제도가 허용되지 않는다.
④ 뉴욕협약에 따라 각 체약국의 중재판정은 해외 체약국에서 그 승인 및 집행을 보장받게 되어 있다.

68 협회적하보험 ICC(A), ICC(B), ICC(C)의 약관상 공통으로 규정되어 있는 일반면책위험으로만 묶은 것은?

① 지연, 통상의 파손
② 자연소모, 쥐 혹은 벌레
③ 포장의 불완전, 통상의 누손
④ 상품 고유의 하자, 기관손해

정답 ③

해설 **협회적하약관의 일반면책위험**
- 피보험자의 고의적 불법행위
- 통상의 누손, 중량 또는 용적의 통상적인 손해, 자연소모
- 포장 또는 준비의 불완전 혹은 부적합
- 보험목적물 고유의 하자 또는 성질
- 항해의 지연으로 인한 손해
- 선주, 관리자, 용선자, 운항자의 파산 혹은 재정상의 채무불이행
- 제3자의 불법행위에 대한 면책사항[ICC(B), ICC(C)에만 해당]
- 원자력, 핵분열, 핵융합 또는 이와 비슷한 전쟁무기의 사용

69 선하증권(B/L)과 항공운송장(AWB)이 모두 가지는 기능으로 옳은 것은?

① 운송계약증거 기능
② 화물권리증서 기능
③ 지시·유통 증권성
④ 물권적 효력

정답 ①

해설 ① 기능적 측면에서 선하증권(B/L)은 크게 권리증권, 운송계약의 증빙, 그리고 화물영수증의 기능으로 구별될 수 있다. 항공화물운송장(AWB)은 운송위탁된 화물을 접수했다는 영수증, 운송계약 체결의 증명, 요금계산서, 보험가입 증명서(송하인이 화주보험에 가입한 경우), 세관신고서, 취급·중계·배달 등의 화물운송의 지침서 기능을 가진다.

70 해상보험에서 보험계약상 보험자의 최고보상한도가 되는 용어로 옳은 것은?

① 보험가액

② 보험금

③ 보험금액

④ 보험료

정답 ③

해설 ③ 보험금액 : 보험자가 보험계약상 부담하는 손해보상 책임의 최고 한도액으로, 보험가액의 범위 내에서 보험자가
지급하게 되는 손해보상액인 지급보험금의 최고 한도액(당사자 간 사전 책정 금액)을 의미한다.
① 보험가액 : 피보험이익의 평가액으로 특정 피보험자에게 발생할 수 있는 경제적 손해의 최고 한도액이다.
② 보험금 : 담보위험으로 피보험자가 입은 재산상의 손해에 대해 보험자가 피보험자에게 실제 지급하는 보상금액이다.
④ 보험료 : 보험자가 위험인수 대가로 보험계약자로부터 수취하는 것을 말한다.

71 CIF 조건에서 양 당사자 간에 아무런 보험 관련 약정이 없었다면 어떤 조건으로 보험을 부보하면
되는가?

① ICC(A) 또는 FPA

② ICC(B) 또는 WA

③ ICC(C) 또는 FPA

④ ICC(C) 또는 WA

정답 ③

해설 ③ CIF 조건에서 당사자 간에 보험조건에 관한 아무런 약정이 없다면 ICC(C) 조건 또는 ICC(FPA) 조건으로 매도인이
부보하는 것이 원칙이다.
ICC(C)
• 구 협회약관 FPA 조건과 거의 동일한 조건으로 신 약관에서 가장 담보범위가 작은 보험조건이다.
• FPA 조건과 다른 점은 FPA에서는 선적, 환적 또는 하역 작업 중 화물의 포장당 전손은 보상되나, ICC(C)에서는
보상되지 않는다는 점이다.
• ICC(B)와 같이 열거위험에 의해 발생한 손해를 분손, 전손의 구분 및 면책률(Franchise) 없이 보상한다.
ICC(FPA)(Free from Particular Average, 단독해손부담보조건)
• ICC 약관에서 담보범위가 가장 좁은 조건이다.
• 원칙적으로 단독해손은 보상하지 않지만 화물을 적재한 선박이나 부선이 침몰·좌초·대화재·충돌했을 경우의
단독해손에 대해서는 인과 관계를 묻지 않고 보상한다.

72 다음 중 보증신용장에 대한 설명으로 부적절한 것은?

① 순수한 금융서비스나 용역계약 등에 대한 입찰, 이행 등의 지급을 보증하는 형태로 사용한다.

② 상품의 수출입에 관한 대금지급을 보증하기 위해 사용한다.

③ 선적서류의 제공을 요구하지 않는다.

④ 신용장통일규칙을 적용할 수 있다.

정답 ②

해설 ② 보증신용장은 상품의 수출입에 관한 대금지급을 보증으로 사용하기보다는 순수한 금융서비스나 용역계약 등
대한 입찰, 이행 등의 지급을 보증으로 사용한다.

보증신용장(Stand-by L/C)
담보력이 부족한 국내 상사의 해외지사의 현지 운영자금 또는 국제입찰참가에 수반되는 입찰보증(Bid bond)·계약이
행보증(Performance bond) 등에 필요한 자금을 해외현지은행에서 대출받고자 할 때, 이들 채무보증을 목적으로
국내 외국환은행이 해외은행 앞으로 발행하는 무담보신용장(Clean L/C)이다.

73 다음 해운동맹의 운영수단 중 성격이 다른 하나를 고르시오.

① 운임협정

② 공동운항

③ 투쟁선

④ 충성환불제

정답 ④

해설 ①·②·③은 모두 대내적 운영수단이지만 ④ 충성환불제는 대외적 운영수단에 해당한다.

해운동맹의 운영방식
• 대내적 운영수단 : 운임협정, 운항협정, 중립감시기구, 공동운항, 풀링협정, 투쟁선
• 대외적 운영수단 : 거치환불제, 충성환불제, 이중운임제(계약운임제)

74 부가위험담보조건에 대한 설명으로 부적절한 것은?

① TPND(Theft, Pilferage and Non-Delivery) - 도난, 발화, 불착 위험
② RFWD(Rain and/or Fresh Water Damage) - 우담수손
③ COOC(Contact with Oil and/or Other Cargo) - 유류 및/또는 타화물과의 접촉위험
④ Denting and/or Bending - 혼합위험

정답 ④

해설 ④ Denting & Bending : 혼합위험 → 곡손위험. 운송 중 심한 접촉이나 충격으로 화물표면이나 내부가 구부러지는 손해
① 도난, 발화, 불착 위험(Theft, Pilferage and Non-Delivery, TPND) : 도난, 발화 및 타항에서의 양하 또는 분실로 인한 불착위험
② 우담수손(Rain and/or Fresh Water Damage, RFWD) : 해수침손(Sea Water Damage)의 대응 개념으로 비·눈·하천 등 기타 해수 이외 물에 젖는 손해(담수, 빗물에 의한 손해)
③ 유류 및/또는 타화물과의 접촉위험(Contact with Oil and/or Other Cargo, COOC) : 기름, 사토, 산 등 주로 선내의 청소 불량으로 인한 오손 및 오염물질과의 접촉으로 인한 손해

75 다음 결제조건의 분류가 부적절한 것은?

① 선지급 - CWO, Red clause L/C
② 동시지급 - COD, CAD
③ 후지급 - D/A, D/P
④ 지급방식 - Remittance, Collection, L/C

정답 ③

해설 물품·서류 인도시점 기준 무역대금결제방식 유형

선지급(Payment in Advance)	• CWO(Cash With Order) • 단순사전송금방식 • 전대신용장(Red Clause L/C) • 연장신용장 • 특혜신용장
동시지급(Cash on Shipment)	• COD(Cash On Delivery, 현물상환지급) • CAD(Cash Against Documents, 서류상환지급) • 일람지급(At Sight) 신용장방식 • 지급인도방식(Documents against Payment, D/P)
후지급(Deferred Payment)	• 기한부 신용장(Usance L/C) • 인수도조건(Documents against Acceptance, D/A) • 상호계산/청산계정(Open Account)

PART 03

2018년 기출문제

무역영어 2급 기출이 답이다

제1과목 **영문해석**

[01~02] Read the following and answer the questions.

> Dear Mr. Park,
> We are pleased to inform you that your order has now been completed and is being sent to you today. As agreed, we have forwarded our bill No. 1234 for USD3,800,000 with the shipping documents to your bank, Seoul Bank. The draft has been drawn on you for payment 30 days after sight, and the documents will be duly handed to you on acceptance.
>
> Yours sincerely,

01 What type of draft has been drawn on?

① Clean draft

② Documentary draft

③ Sight draft

④ Claused draft

02 What role will Seoul Bank assume under this transaction?

① Accepting bank

② Nego bank

③ Collecting bank

④ Remitting bank

해석

친애하는 박 선생님께,
당사는 귀사의 주문물량이 완성되었으며 오늘 배송 예정임을 통지하게 되어 기쁩니다. 협의한 대로 당사는 USD3,800,000에 대한 청구서 No. 1234와 선적서류를 귀사의 거래은행인 서울은행에 전달했습니다. 일람 후 30일 지급 환어음과 서류들은, 승인하시면 적절한 시기에 귀사에 도착할 것입니다.

그럼 안녕히 계십시오.

01 어떤 종류의 환어음이 발행되었는가?
① 무담보환어음
② 화환어음
③ 일람불환어음
④ 조항이 붙은 어음

02 이 거래에서 서울은행의 역할은 무엇인가?
① 인수은행
② 매입은행
③ 추심은행
④ 추심의뢰은행

해설 01

② Documentary draft(화환어음)는 어음에 상품을 대표하는 선적서류(선하증권 등), 보험서류, 상업송장 및 기타 필요한 서류를 첨부하여 상품의 대금을 회수하는 경우의 환어음을 말한다.

화환어음(Documentary Bill/Draft)
• 환어음에 선적서류(선하증권/보험증권/상업송장/기타 필요서류)를 첨부하여 상품대금을 회수하는 경우의 환어음이다.
• 매도인이 발행인, 매수인이 지급인, 외국환은행이 수취인이며, 수송 도중 화물을 증권화한 운송서류가 환어음의 담보물이 된다.

02

③ 위 거래는 지급인도조건(D/P)에 따른 것으로, 수출상(Principal/Drawer/Accounter, 의뢰인)이 계약물품을 선적한 후 선적서류(B/L, Insurance policy, Commercial invoice)를 첨부한 화환어음(환어음)을 수출상 거래은행(Remitting bank, 추심의뢰은행)을 통해 수입상 거래은행(Collecting bank, 추심은행)에 제시하고 그 어음대금의 추심(Collection)을 의뢰하면, 추심은행은 수입상(Drawee, 지급인)에게 그 어음을 제시하여 어음금액을 지급받고 선적서류를 인도하여 결제한다.

[03~04] Read the following and answer.

Dear Mr. Malta,

(A) We are interested in the offer you made to us in your letter of 8 October to act as sole agents for your leather goods in this country.

(B) There is a steady demand for high-quality leather cases and bags here but heavy competition nowadays. In view of this, the 10% commission you offer is low, and we would expect a minimum of 5%.

(C) With regard to payments, we feel it would be preferable for customers to settle with you direct, and you remit quarterly our commission.

(D) If these conditions are acceptable, then we would be pleased to take on an initial one-year contract to act as your sole agents.

---

03 Who is most likely to be Mr. Malta?

① Exporter   ② Importer

③ Distributor   ④ Agent

04 Which is most awkward in respect of agent operations?

① (A)   ② (B)

③ (C)   ④ (D)

정답 03 ① 04 ②

해석

친애하는 Malta 씨께,

(A) 당사는 귀사의 10월 8일자 서신에서 자국 내 귀사 가죽제품에 대한 독점대리점 제안 청약에 관심이 있습니다.
(B) 고품질 가죽 케이스와 가방에 대한 자국 내 꾸준한 수요가 있었으나 현재는 경쟁이 매우 치열한 상황입니다. 이런 관점에서, 귀사가 제안한 10% 수수료는 낮은 편이라 당사는 최소 5%를 기대하고 있습니다.
(C) 지불에 대해서는 당사는 고객들이 귀사와 직접 거래하고 귀사가 분기별로 수수료를 송금해 주는 방식을 선호합니다.
(D) 이 조건이 승인되면, 당사는 귀사 제품의 독점대리점에 대한 최초 1년 계약 의사가 있습니다.

*remit : 송금하다

03 Mr. Malta는 누구인가?
　① 수출상 　　　　　② 수입상
　③ 배급업자 　　　　④ 대리점

04 서신 내용에서 어색한 부분은 어디인가?

① 서신의 내용으로 보아 이전 서신에서 Malta씨는 독점대리점을 의뢰하였음을 알 수 있다. 따라서 Malta씨는 매도인으로서 위 서신의 작성자에게 매도인 대 대리인의 관계를 제안한 것이므로 매도인, 즉 수출상(Exporter)에 해당한다.

대리점 계약(Agency Agreement)
• 계약 당사자인 본인(매도인) 대 대리인이라는 관계에서 본인(매도인)이 대리점에 본인(매도인)의 대리인으로서 행위를 할 권한을 부여하고 그 수권행위에 의해 매도인과 매수인 간의 권리와 의무관계를 규정한다.
• 대리점에게 법률상의 대리권을 부여하는 것이므로 본인(매도인)과 대리점 간에 상품의 매매가 직접 이루어지는 것이 아니라 매수인이 별도로 존재한다.

04
② 경쟁이 치열해서 수출상이 제시한 10% 수수료가 낮다고 했으므로, 최소한 10% 이상을 원한다는 내용이 와야 한다.

[05~06] Read the following and answer the questions.

> Dear Mr. Han
>
> Could you please pick up goods of Breeze 1555 Audio sets at our factory and make necessary arrangements for them to be shipped to M/S Arirang?
>
> Please handle all the shipping formalities and insurance, and send us three copies of the multimodal transport document and the insurance policy. And then we will advise our <u>customer</u> of the shipment.

05 Who is most likely to be the 'customer' underlined?

① Mr. Han
② Carrier
③ Buyer
④ Customs broker

06 What type of Incoterms might be arranged?

① CIP
② CIF
③ FAS
④ FOB

해석

친애하는 Mr. Han

당사의 공장에서 Breeze 1555 Audio 세트를 싣고 M/S Arirang호에 선적하는 데 필요한 절차를 진행해 주십시오.

선적에 필요한 모든 선적 절차와 보험을 처리하고, 복합운송서류와 보험증권 사본을 3부씩 당사에 보내주시면, 고객에게 선적을 통지하겠습니다.

*multimodal transport document : 복합운송서류
*insurance policy : 보험증권

05 밑줄 친 'customer'는 누구인가?
① Mr. Han   ② 운송인
③ 매수인   ④ 통관업자

06 어떤 인코텀즈 조건이 배치될 수 있는가?

해설 05

③ 복합운송서류와 보험증서를 보내면 제품의 선적을 알려준다는 서신의 내용으로 보아 제품을 구매(수입)한 매수인 (Buyer)임을 알 수 있다.

06

CIP[Carriage and Insurance Paid to, (지정목적지) 운임 · 보험료 지급 인도조건]
매도인이 합의된 장소(당사자 간 이러한 장소의 합의가 있는 경우)에서 물품을 인도하고 지정목적지까지 물품을 운송하는 데 필요한 계약을 체결하고 그 비용을 부담해야 하는 것을 의미한다. 또한 매도인은 운송 중 매수인의 물품 멸실 혹은 손상위험에 대비하여 보험계약을 체결한다. CIP 하에 매도인은 최소한의 조건으로 부보하도록 요구된다는 것을 매수인은 인지해야 한다. 매수인이 더 넓은 보험 보호를 받고 싶다면 매도인과 명시적으로 합의하거나 스스로 추가 보험을 들어야 한다.

[07~08] Read the following and answer the questions.

Dear Mr. Mohamed,

We received your letter of July 7, in which you complained of the damaged digital cameras. (a) We are sorry that the damaged goods are not functioning properly. (b) We believe the responsibility lies with the bad handling. (c) Therefore, we suggest that you contact the manufacturer's service center because the model you purchased is under warranty for 2 years. (d) I hope this explanation is satisfactory to you. If you have any questions, I will be happy to answer them.

07 Where would the following sentence BEST fit?

> But our record shows that the shipment arrived at your warehouse in good condition.

① (a)   ② (b)

③ (c)   ④ (d)

08 Which of the following is MOST correct about the letter?

① Mr. Mohamed insists that the user be responsible for the damage.

② Mr. Mohamed can get the cameras fixed for free at the service center.

③ The cameras were damaged during the shipment.

④ Mr. Mohamed must have sold the cameras to the writer.

정답 07 ② 08 ②

해석
친애하는 Mr. Mohamed,

당사는 디지털 카메라의 손상에 대해 불만을 제기하는 7월 7일자 귀사의 서신을 받았습니다. (a) 손상된 제품이 제대로 작동되지 않는 점에 대해 유감스럽게 생각합니다. (b) (하지만 당사의 기록에는 물품이 손상되지 않은 양호한 상태로 귀사의 창고에 도착했다고 나와 있습니다.) 당사는 잘못된 취급방법에 책임이 있다고 생각합니다. (c) 따라서 구입하신 모델은 품질보증기간이 2년이므로, 제조사의 서비스센터에 문의해 보시기를 제안합니다. (d) 이 답변이 만족스러웠기를 바랍니다. 만약 다른 문의사항이 있으시다면, 기꺼이 답변해 드리겠습니다.

07 아래 문장이 들어갈 가장 적절한 곳은 어디인가?

> 하지만 당사의 기록에는 물품이 손상되지 않은 양호한 상태로 귀사의 창고에 도착했다고 나와 있습니다.

08 위 서신의 내용에 맞는 것은 무엇인가?
① Mr. Mohamed는 사용자가 제품 손상에 책임이 있다고 주장한다.
② Mr. Mohamed는 서비스센터에서 무상으로 카메라를 수리받을 수 있다.
③ 카메라는 선적하는 과정에서 손상되었다.
④ Mr. Mohamed는 카메라를 글쓴이에게 팔았음에 틀림없다.

해설 07
② 서신은 제품 손상에 대한 클레임에 대한 답신으로, 제품 손상의 책임이 잘못된 제품 취급방식에 있으므로 제조사의 서비스센터에 문의하기를 제안하고 있다. 주어진 문장은 제품 운송 시 손상되지 않은 상태로 도착하였다는 내용이므로, 제품 손상에 대해 사과하는 내용과 잘못된 취급으로 인해 일어난 일이라고 말하는 내용 사이에 들어가는 것이 적절하다.

08
서신에서 Mr. Mohamed가 구입한 카메라의 손상에 대해 항의 서신을 보냈으며, 제조사 서비스센터에서 무상으로 수리받을 수 있다고 했으므로, 정답은 ②이다.

[09~10] Which is MOST accurate Korean translation of the underlined part?

09

> If the price and quality of your goods are satisfactory, <u>we will place regular orders for fairly large numbers</u>.

① 단골 거래처에서 대량으로 주문할 것입니다.
② 국내 고객들로부터 대량 주문이 있을 것입니다.
③ 상당량을 정기적으로 주문할 것입니다.
④ 많은 수량을 재주문할 것입니다.

10

> All shipment should be covered on <u>ICC(B) with War Risks</u>.

① 전쟁위험 포함 협회적하약관(B)
② 전쟁위험 불포함 협회적하약관(B)
③ 전쟁위험 불포함 협회동맹약관(B)
④ 전쟁위험 포함 협회동맹약관(B)

정답 09 ③ 10 ①

해석 **[09~10]** 밑줄 친 부분을 한국말로 가장 정확하게 번역한 것은?

09

> 귀사 제품의 가격과 품질이 만족스럽다면, <u>상당량을 정기적으로 주문할 것입니다</u>.

10

> 모든 선적물은 <u>전쟁위험 포함 협회적하약관(B)</u>으로 부보되어야 한다.

해설 09
밑줄 친 부분을 구분하여 해석하면 다음과 같다.
• we will place regular orders : 당사는 정기적으로 주문할 것이다
• for fairly large numbers : 꽤 많은 수에 해당하는
따라서 자연스러운 해석은 ③ '상당량을 정기적으로 주문할 것입니다.'이다.
*place an order : 주문하다
*fairly large numbers : 상당히 많은 수의

10
밑줄 친 부분에서 with War Risks는 '전쟁위험과 함께'라는 뜻이므로 가장 적절한 해석은 ① '전쟁위험 포함 협회적하약관(B)'이다.
*cover : (분실상해 등에 대비해 보험으로) 부보[보장]하다

I wish to say at once how pleased we were to receive your request of 12th March for waterproof garments on approval.

As we have not previously done business together, perhaps you will kindly supply either the usual (ⓐ), or the name of a (ⓑ) to which we may refer. Then as soon as these inquiries are satisfactorily settled, we shall be happy to send you a good selection of the items you mentioned in your letter.

We sincerely hope this will be the beginning of along and pleasant business association. We shall certainly do our best to make it so.

Yours faithfully

David Choi

11 Fill in the blanks with the best word(s).

① ⓐ L/C － ⓑ marketing manager
② ⓐ quotation － ⓑ company
③ ⓐ trade reference － ⓑ bank
④ ⓐ receipt － ⓑ stock company

12 Who is David Choi?

① Supplier ② Buyer
③ Bank manager ④ Importer

정답 11 ③ 12 ①

해석

당사는 점검매매 조건으로 방수복 구매를 요청하는 3월 12일자 귀사의 서신을 받고 매우 기뻤습니다. 이전에 거래한 적이 없기 때문에, 귀사는 당사에 (ⓐ 동업자 신용 조회처) 또는 당사가 참조할 (ⓑ 은행)명 중 한 가지를 제공할 것입니다. 신용조회가 충분히 끝나는 대로, 당사는 기꺼이 귀사의 서신에서 언급한 품목 중 적절한 품목을 선택해서 보낼 것입니다.

당사는 이번을 시작으로 기분 좋은 비즈니스 유대관계가 형성되기를 진심으로 희망합니다. 당사는 이를 위해서 최선을 다할 것입니다.

그럼 안녕히 계십시오.

David Choi

*on approval : 점검매매의 조건으로

11 **빈 칸에 알맞은 것을 고르시오.**
① ⓐ 신용장 － ⓑ 마케팅 책임자
② ⓐ 견적서 － ⓑ 회사
③ ⓐ 동업자 신용조회처 － ⓑ 은행
④ ⓐ 영수증 － ⓑ 주식회사

12 David Choi는 누구인가?
 ① 공급자
 ② 매수인
 ③ 은행 지점장
 ④ 수입자

해설 11

위 서신은 점검매매 조건으로 거래를 하기 전에 처음 거래하는 회사의 신용도를 알아보기 위해서 동업자 신용조회처 또는 거래은행에 신용조회를 통해 신용조회 후 거래를 하겠다는 내용이다. 따라서 빈 칸에는 ⓐ trade reference(동업자 신용조회처) - ⓑ bank(은행)이 적절하다.

신용조회처

주로 이용되는 신용조회처는 상대방 거래은행에 요청하는 은행 신용조회처(Bank reference) 및 같은 업종에 종사하는 사람에게 하는 동업자 신용조회처(Trade reference) 등이며, 그 외에 상업흥신소(Commercial credit agencies), 외환은행(Exchange bank), 수출업자의 해외지사, 출장소, 판매대리점 등을 활용할 수도 있다.

12

① 위 서신은 방수복 구매 요청에 대한 답신이며, we shall be happy to send you a good selection of the items you mentioned in your letter(당사는 기꺼이 귀사의 서신에서 언급한 품목 중 적절한 품목을 선택해서 보낼 것입니다.)라고 하였으므로, 서신을 쓴 David Choi는 공급자(Supplier)이다.

[13~14] Read the following and answer the questions.

Dear Mr. Dave,

Thank you for your response to our quotation made in our letter of November 17.
(a) Thus, it will not be possible to accommodate your request.
(b) In these respects we are ready to proceed at any time.
(c) Your requirements regarding specifications, supply volume and delivery pose no problems on our side.
(d) Please understand, however, that the prices we quoted are firm and consistent with our pricing for all markets.
We look forward to receiving your firm order soon and to doing business with you.

13 List the sentences in the MOST right order.

 ① (b) − (d) − (c) − (a)
 ② (c) − (b) − (d) − (a)
 ③ (d) − (b) − (c) − (a)
 ④ (a) − (d) − (b) − (c)

14 What was Mr. Dave's previous letter about?

① To take the order

② To make an acceptance

③ To accept the volume discount about the products

④ To ask for the price reduction

해석

친애하는 Mr. Dave,

당사의 11월 17일자 서신의 견적에 대한 귀사의 답신에 감사드립니다.

(c) 설명서와 공급 수량, 물품 인도에 대한 귀사의 요구사항들은 당사 입장에서는 문제가 되지 않습니다.

(b) 이런 점에서 당사는 언제든지 진행할 준비가 되어 있습니다.

(d) 하지만, 저희 견적에서 제시한 가격은 확정적이며 모든 시장의 당사 제품 가격과 일치하는 가격임을 이해해 주시기 바랍니다.

(a) 따라서, 귀사의 요구사항을 수용할 수 없습니다.

당사는 빠른 시일에 귀사의 확정 주문을 받아서 거래하기를 기대합니다.

*firm order : 확정[기한 지정] 주문, 정식 발주

13 제시된 문장들을 가장 적절한 순서대로 배열하시오.

14 Mr. Dave의 이전 서신은 무엇에 관한 것이었는가?

① 주문을 받고자 함

② 합의를 도출하고자 함

③ 상품의 수량할인을 받아들임

④ 가격할인을 요청함

해설 13

② 앞선 서신에 나온 요구사항(제품 설명서, 공급수량, 배달에 대한 요구사항)이 문제되지 않는다고 했고(c), 언제든지 거래를 진행할 준비가 되어 있다면서(b) 가격에 대해서는 양보할 수 없다고 밝히고 있다(d). 결론적으로 상대 측 회사의 요구사항을 수용할 수 없다(a)는 내용으로 전개되어야 한다.

14

④ (d)에서 상품 가격은 확정적이고 모든 시장에서 일치하는 가격이라고 말한 다음 (a)에서 귀사의 요구사항을 수용하기 어렵다고 했으므로, 이전 서신에서는 가격할인을 요청하는 내용이었을 것이다.

15 Find the appropriate type of credit which can include the passage below.

We hereby engage with drawers, endorsers and bona-fide holders that drafts drawn and negotiated in compliance with the terms and conditions of this credit will be duly honored.

① Payment Credit
② Acceptance Credit
③ Negotiation Credit
④ Usance Credit

정답 ③

해석 아래 지문을 포함하고 있는 신용장의 종류를 찾으시오.

당행은 신용장 조건에 따라 발행되고 매입한 어음이 만기일에 정히 지급될 것임을 어음 발행인 및 배서인, 선의의 소지인에게 약정합니다.

*endorser : 배서인
*bona-fide holders : 선의의 소지인
*in compliance with : ~에 따라, ~에 응하여
*duly : 적절한 절차에 따라, 예상대로
*honor : 〈어음을〉 인수하여 (기일에) 지불하다, 받아들이다

① 지급신용장
② 인수신용장
③ 매입신용장
④ 기한부신용장

해설 ③ 지문은 매입신용장(Negotiation Credit)의 지급확약 문언이다.
① 지급신용장(Payment Credit) : 수출자 은행은 수출자가 (환어음 없이) 제시/네고한 수출서류를 개설은행에 전달하고 이상이 없으면 개설은행이 바로 대금을 지불하는 L/C이다.
② 인수신용장(Acceptance Credit) : 수익자가 신용장 조건에 일치하는 선적서류와 함께 기한부 환어음을 신용장에 지정되어 있는 인수은행에 제시하면 인수은행은 개설은행 대신 신용장 금액을 지급하고 신용장에 정해져 있는 만기일에 대금을 개설은행에서 받는 신용장을 말한다.
④ 기한부신용장(Usance Credit) : 신용장에 의거 발행되는 환어음의 기간(Tenor)이 기한부인 어음의 발행을 요구하는 신용장으로, 기한부 신용장에는 '기한부 매입신용장, 인수신용장, 연지급 신용장'이 있다.
지급확약 문언(Engagement Clause)
신용장 조건에 일치하는 환어음이나 서류에 대해 개설은행은 지급, 인수, 매입에 대한 확약을 명시한다.

---

16 What is the following called?

A company of Korea has excess products that it does not want to sell into the Korean market because it will bring down the domestic price and instead the company decides to sell them in another country below the cost of production or home market price.

① Countervailing
② Quota
③ Dumping
④ None of the above

정답 ③

해석 다음에서 설명하고 있는 것은 무엇인가?

> 한국의 한 회사는 국내 가격의 인하를 가져올 수 있기 때문에 초과 생산량의 한국 내 판매를 원하지 않는다. 대신에 그 회사는 그것을 생산가격 혹은 국내 시장가격보다 낮은 가격으로 다른 나라에서 판매하기로 결정한다.

① 상계관세　　　　　　　　② 쿼 터
③ 덤 핑　　　　　　　　　　④ 정답 없음

해설 ③ 덤핑(Dumping) : 국내시장가격 이하의 가격 또는 생산비 이하의 가격체계를 교란시키고, 그 시장에서 독점적 지위를 확보하려는 것을 말한다. 자국의 산업을 보호하기 위하여 덤핑방지관세(Anti-dumping duty)를 부과한다.

17 What can NOT be inferred from the following statements?

> Export-import risk management is based on documentary systems and customs that translate the rights, costs and responsibilities during the export process into documentary equivalents. Thus, the export process is actually two fold, involving : real shipment of physical goods and delivery of complementary documents.

① Documentation is necessary for right payment.
② Shipping conformed goods and perfect documents are both important.
③ Documents tell who is responsible for certain risk.
④ Exporters can get payment as long as right shipment is once made far from documentation.

정답 ④

해석 다음 제시문에서 추론할 수 없는 것은?

> 수출입 위험 관리는 수출 과정 중 권리와 비용, 책임을 번역한 서류 체계와 관세를 바탕으로 한다. 따라서 수출 과정은 물리적 상품의 실제 선적과 관련 보충 서류 전달을 포함하는 두 개의 구역이다.

① 정확한 결제를 위해 문서기록이 필요하다.
② 일치하는 상품 선적과 완벽한 서류 두 가지 모두 중요하다.
③ 서류는 특정 위험에 대한 책임이 누구에게 있는지 말해준다.
④ 수출상들은 올바른 선적이 이루어지기만 하면 서류와 상관없이 결제받을 수 있다.

해설 ④ 제시문에서 the export process is actually two fold, involving : real shipment of physical goods and delivery of complementary documents(수출 과정은 물리적 상품의 실제 선적과 관련 보충 서류의 전달을 포함하는 두 개의 구역)라고 했으므로, 수출상들은 올바른 선적 및 결제를 위해서 상품의 선적과 관련 서류의 전달을 모두 만족시켜야 한다.

18 Which of the following is NOT true according to the letter?

> Dear Mr. Jeong,
>
> Thank you for your inquiry regarding our discount schedule. Our policy is as follows :
>
> Orders under US$50,000 − shipping extra
>
> Orders from $50,000 to $100,000 − free shipping
>
> Orders over $100,000 to $500,000 − free shipping plus 5% discount
>
> Orders over $500,000 − free shipping plus 10% discount
>
> Please feel free to give me a call if you need additional information.

① Mr. Jeong asked rate for insurance policy.

② When your order comes to $48,000, you should pay for the shipping cost.

③ This letter might be a response to request for a discount.

④ When your order comes to $341,000, you can get 5% discount and free shipping charges.

정답 ①

해석 **서신에 따르면 다음 중 옳지 않은 것은?**

> 친애하는 Mr. Jeong,
>
> 당사의 할인 일정에 관한 귀사의 문의에 감사드립니다. 당사의 정책은 다음과 같습니다.
>
> US$50,000 이하 주문 − 선적비 추가
>
> $50,000 ~ $100,000 주문 − 선적비 무료
>
> $100,000 이상 ~ $500,000 주문 − 선적비 무료, 5% 할인 추가
>
> $500,000 이상 주문 − 선적비 무료, 10% 할인 추가
>
> 추가 설명이 필요할 시 전화 문의바랍니다.

① 정씨는 보험료를 문의했다.

② 당신이 48,000달러를 주문한다면, 선적비를 지불하여야 한다.

③ 이 서신은 할인 요청에 대한 답신일 것이다.

④ 당신이 341,000달러를 주문한다면, 5% 할인이 제공되며 선적비는 무료이다.

해설 위 서신은 주문금액에 따른 선적비용(shipping cost/charges)과 할인(discount) 정책에 대하여 설명해주고 있으므로, ① 정씨는 보험료에 대하여 문의하였다(inquiry regarding our discount schedule).

19 Which is NOT correct according to following trade terms?

> Goods are taken in charge at Busan, Korea for transport to Long Beach, California, under the rule "CIP Long Beach, California, Incoterms 2010".

① The seller will arrange transportation.
② The seller will pay for freight to Long Beach.
③ Risk will pass to the buyer upon delivery of the goods to the carrier at Busan.
④ The Buyer will take risk after the goods arrive at Long Beach.

정답 ④

해석 다음 무역조건에 따르면 옳지 않은 것은?

> 제품을 한국의 부산에서 인수하여 "인코텀즈 2010 CIP 캘리포니아 롱비치" 규칙 하에 캘리포니아 롱비치로 운송

① 매도인은 운송을 준비할 것이다.
② 매도인은 롱비치까지의 운임을 지불할 것이다.
③ 물품이 부산에서 운송인에게 인도되는 때에 위험이 매수인에게 이전된다.
④ 매수인은 롱비치에 물품이 도착하는 이후부터 위험을 부담할 것이다.

해설 ④ CIP(Carriage and Insurance Paid to, 운임·보험료 지급 인도조건)는 모든(복합)운송에 적용되는 규칙으로, 수출국에서 매도인이 지정한 운송인에게 물품을 인도한 때 위험이 이전되나 비용(목적지까지 운송비 + 보험료 매도인 부담)은 수입국의 지정목적지에서 이전된다.

CIP(Carriage and Insurance Paid to, 운임·보험료 지급 인도조건)상 매도인과 매수인의 의무

구 분	매도인의 의무	매수인의 의무
물품의 인도/인수	운송계약을 체결한 운송인에게 전달하여 인도	물품이 인도되고 그에 따른 통지가 있을 때 물품을 인수해야 하며, 목적항에서 운송인으로부터 물품을 인수해야 함
위험의 이전	물품이 인도된 때까지 물품의 멸실 또는 훼손의 모든 위험 부담	물품이 인도된 때부터 물품의 멸실 또는 훼손의 모든 위험 부담
운 송	인도장소에서 지정 목적지까지 운송계약 체결	매도인에 대하여 운송계약을 체결할 의무 없음
보 험	• 자신의 비용으로 협회적하약관(ICC) (A)약관이나 그와 유사한 약관의 담보조건에 따른 적하보험을 취득하여야 함 • 보험금액은 최소한 매매계약 금액에 10%를 더한 금액(즉, 110%)이어야 함	매도인에 대하여 보험계약을 체결할 의무 없음
통 관	수출 통관	수입 통관
비용 분담	물품이 인도된 때까지 모든 비용 부담	인도된 때부터 모든 비용 부담

※ 매도인과 매수인의 보험 부보와 관련해서는 인코텀즈 2010과 2020에서의 내용이 같으므로, 인코텀즈 2020에서도 동일하게 적용될 수 있다. 다만, CIP 조건의 경우 2010에서는 부보기준이 ICC(C) 또는 이와 유사한 조건이었으나, 2020에서는 ICC(A)로 변경된 점에 유의하여야 한다.

20 What transport document will come out from the following correspondence?

> You should have already received our fax in which we said that we had an option on a vessel, the MS Arirang, which is docked in Busan Port.
>
> She has a cargo capacity of 5,000 tons and although she is larger than you wanted, her owners are willing to offer a part charter of her.
>
> Please will you fax your decision as soon as possible?
>
> Yours sincerely,

① Charter Party B/L
② Multimodal B/L
③ Combined B/L
④ Freight Forwarder B/L

정답 ①

해석 다음 통신문으로부터 나올 수 있는 운송서류는 무엇인가?

귀사는 당사가 부산항에 정박되어 있는 MS Arirang호에 대한 선택권이 있다는 팩스를 이미 받았을 것입니다.

선박은 5,000톤의 화물을 수용할 수 있으며 귀사가 원했던 것보다는 좀 더 크지만 선주가 기꺼이 일부 용선을 제공할 것입니다.

가능한 한 빨리 귀사의 결정을 팩스로 보내주십시오.

그럼 안녕히 계십시오.

① 용선계약 선하증권
② 복합운송 선하증권
③ 복합운송 선하증권
④ 운송주선인 발행 선하증권

해설 용선계약 선하증권(Charter Party B/L)
- 부정기선 용선계약 시에 발행되며, 그 계약조건을 따르게 되어 있는 선하증권을 말한다.
- 화주가 대량화물을 수송하기 위하여 한 항해 또는 일정 기간 동안 부정기선(Tramper)을 사용하는 경우 화주와 선사 사이에 선복의 일부를 다른 화주에게 대여할 수 있는데 이때 최초의 화주가 발행하는 B/L이다.
- 용선자가 용선료를 지불하지 못하는 경우 선주는 적재된 물품을 압류할 수 있는 권한이 있기 때문에 용선계약 선하증권을 소지하고 있더라도 물품에 대한 담보를 확보하였다고 확신할 수 없다.

21 What payment method is related to the following financial instrument?

> Like checks used in domestic commerce, drafts carry the risk that they may be dishonored. However, in international commerce, title does not transfer to the buyer until he pays the draft, or at least engages a legal undertaking that the draft will be paid on due date.

① Collection
② Letter of Credit
③ Open Account
④ Bank Payment Obligation

정답 ①

해석 다음 금융증서와 관련된 지불방식은 무엇인가?

> 국내통상에서 사용되는 수표처럼, 환어음은 부도의 위험을 수반한다.
> 하지만, 국제통상에서 매수인이 환어음을 지불하거나, 적어도 그의 환어음이 지불만기일에 지불될 것이라는 법적인 책임을 지기 전까지는 소유권이 매수인에게 이전되지 않는다.
>
> *dishonor : (은행이) 〈어음·수표를〉 부도내다
> *title : 소유권[소유권 증서]

① 추 심
② 신용장
③ 청산결제
④ 은행지급확약(BPO)

해설 화환어음 추심방식(Collection)
매도인이 선적 후 외국의 매수인 앞으로 발행한 환어음에 선하증권 등의 선적서류를 첨부해서 수출지 외국환은행에 추심을 의뢰하면, 추심을 의뢰받은 은행은 환어음과 선적서류를 수입지 자행 지점이나 거래은행에 송부하고, 수입지 은행은 환어음을 매수인에게 제시하여 어음대금을 지급받아서 그 대금을 수출지 은행에 송금하고 수출지 은행은 이를 매도인에게 지급하는 방식이다.

22 Choose the one which is the nearest with the given offer.

> This offer is one made subject to the goods being available when the acceptance is received by the offeror.

① Offer subject to being unsold
② Offer subject to final confirmation
③ Offer on approval
④ Offer on sale or return

23 Below explains FCA under Incoterms 2010. Choose wrong one.

> Free carrier means that (a) the seller delivers the goods, (b) to the carrier or (c) another person nominated by the seller (d) at seller's premises or another named place.

① (a)
② (b)
③ (c)
④ (d)

해석 다음은 Incoterms 2010 중 FCA에 대한 설명이다. 잘못된 것을 고르시오.

> 운송인 인도조건은 (d) 매도인의 영업구내(Seller's Premises) 또는 그 밖의 지정장소에서 (b) 운송인 또는 (c) 매도인(→ 매수인)이 지정한 그 밖의 당사자에게 (a) 매도인이 물품을 인도하는 것을 의미한다.

해설 ③ (c) another person nominated by the seller → the buyer로 고쳐야 한다.
FCA[Free CArrier, (지정장소) 운송인 인도조건]
"Free Carrier (named place)" means that the seller delivers the goods at the disposal of the carrier or of another person nominated by the buyer when the named place is the sellers premises or another named place.
"(지정장소) 운송인 인도"는 지정장소가 매도인의 영업구내 또는 그 밖의 장소인 경우, 매도인이 물품을 운송인 또는 매수인이 지정한 그 밖의 당사자에게 인도하는 것을 의미한다.
※ 인코텀즈 2020의 FCA 조건에도 동일하게 적용된다.

24 Choose the one which has a different meaning for the underlined part.

> We trust you will do your best to <u>cover</u> insurance at a moderate premium for our account.

① effect
② open
③ withdraw
④ provide

정답 ③

해석 밑줄 친 부분의 의미와 다른 것을 하나 고르시오.

> 당사는 귀사가 저희 고객을 위한 적정한 보험료를 <u>부보하려고</u> 최선을 다할 것이라는 것을 믿습니다.
>
> *cover insurance : 보험을 부보하다
> *moderate premium : 적정한 보험료

① (보험을) 계약하다, 들다
② (보험을) 개설하다
③ 철회하다, 취소하다
④ (보험을) 제공하다

해설 밑줄 친 cover는 '보험을 부보[보장]하다'라는 의미이며, effect, open, provide 모두 '보험을 들다'라는 뜻으로 그 의미가 같다. 그러나 ③ withdraw는 '철회하다, 취소하다'라는 뜻이므로 나머지와 의미가 다르다.

25 What is <u>THIS</u>?

<u>THIS</u> is a document certified by an official of importing country in the exporting country showing information such as the consignor, consignee and the value of shipment.

① Commercial invoice
② Consular invoice
③ Pro-forma invoice
④ Customs invoice

정답 ②

해석 <u>이것은</u> 무엇인가?

<u>이것은</u> 수출국 내의 수입국 관리에 의해 교부되는 서류로서 화주와 화물인수자, 선적물의 가치와 같은 정보를 보여준다.

*consignor : 위탁자; 송하인, 화주(shipper)
*consignee : 수하인; 화물 인수자
*value of shipment : 선적물의 가치

① 상업송장
② 영사송장
③ 견적송장
④ 세관송장

해설 ② 영사송장(Consular invoice) : 수입상품가격을 높게 책정함에 따른 외화도피나 낮게 책정함에 따른 관세포탈을 규제하기 위하여 수출국에 주재하고 있는 수입국 영사의 확인을 받아야 하는 송장이다.
① 상업송장(Commercial invoice) : 매매 또는 위탁계약으로 물품의 인도가 이루어질 때, 그 물품의 송하인이 수하인에게 화물 특성, 내용 명세, 계산 관계 등을 상세하게 알리기 위해 작성하는 서류이다.
③ 견적송장(Pro-forma invoice) : 수출자가 거래를 유발하기 위한 수단으로 또는 수입허가나 외환배정 등을 받기 위한 수입자의 요청에 의해, 수입자에게 장차 그가 매입할 물품에 대해서 시산적으로 작성하여 발송하는 송장이다.
④ 세관송장(Customs invoice) : 영사송장과 함께 공용송장에 해당하는 서류로, 수출자가 수출물품의 과세가격기준의 확인 또는 무역거래 내역을 증명하기 위하여 수입국 세관에 제출하여야 하는 송장이다.

26 Choose one that is NOT grammatically correct.

> From the enclosed price list you will notice that our prices are (A) <u>exceptionally low</u> and this sacrifice is entirely due to our recognition of the necessity of price cutting in order to develop our sales in your market.
>
> Since the market remains (B) <u>slow and prices are generally low</u>, this is a good opportunity for you to buy. European buyers, however, are getting (C) <u>on the rise</u>. Therefore, we advise you to buy the goods before the (D) <u>recover reaches a bottom</u>.

① (A)

② (B)

③ (C)

④ (D)

정답 ④

해석 **문법적으로 옳지 않은 것을 하나 고르시오.**

> 동봉한 가격 목록으로부터 당사의 가격이 (A) 예외적으로 낮으며, 이런 희생은 전적으로 귀사의 시장에서 당사 제품의 판매를 성장시키기 위한 가격 인하 필요성을 인식했기 때문입니다.
>
> 시장이 (B) 침체되었고 가격이 일반적으로 낮기 때문에, 이번이 구매에 적기입니다. 하지만, 유럽의 바이어들은 (C) 늘어나고 있습니다. 그러므로 당사는 (D) 회복세가 바닥을 치기 전에 제품을 구매하기를 귀사에 알려드립니다.
>
> *due to : ~에 기인하는, ~때문에

해설 ④ Therefore, we advise you to buy the goods before the recover reaches a bottom.는 '그러므로 당사는 회복세가 바닥을 치기 전에 제품을 구매하기를 귀사에 알려드립니다.'라는 뜻이다. 이 때 before절의 동사는 reaches(도달하다)이고 그 앞에 있는 the recover가 주어가 되어야 하는데, recover는 동사형이므로 문법적으로 옳지 않다. 따라서 (D) recover → recovery reaches a bottom이 되어야 한다.

27 Which of the following is inappropriate translation from Korean into English?

① 귀사를 수익자로 한 신용장이 발행됐음이 당사에 통지됐습니다.

→ They have advised us of issuing an L/C in your favor.

② 언급된 신용장의 유효기간을 14일 연장해 주시기를 바랍니다.

→ We would like to hereby request you to extend the said credit for 14 days.

③ 이에 대한 귀사의 협조를 부탁드립니다.

→ We solicit your cooperation in this matter.

④ 신용장에는 가격이 미화가 아닌 원화로 기재되어 있습니다.

→ Prices are quoted in US Dollar instead of Korean Won.

> [정답] ④
>
> [해설] ④ A instead of B는 'B 대신 A(B가 아닌 A)'라는 뜻이므로 '미화가 아닌 원화'를 바르게 영작하면 Prices are quoted in US Dollar → Korean Won instead of Korean Won → US Dollar.가 되어야 한다.

[28~29] Below is a part of the international sales contract. Read the following and answer the questions.

Payment : BY A DOCUMENTARY LETTER OF CREDIT AVAILABLE BY SIGHT PAYMENT

Shipment : NOT LATER THAN OCT. 31, 2018

Destination : PORT OF HAMBURG

Insurance : TO BE COVERED BY SELLER

(A) Shipping Documents :

---

28 Which of the following rule of Incoterms 2010 is MOST appropriate for the price terms?

① CFR

② CIF

③ FOB

④ FAS

29 Which of the following document is NOT appropriate for '(A) Shipping Documents'?

① Bill of Lading

② Packing List

③ Commercial Invoice

④ Bill of Exchange

해석 [28~29] 아래는 국제매매계약의 일부이다. 다음을 읽고 물음에 답하시오.

> 지불 : 화환신용장에 의한 일람지급
> 선적 : 2018년 10월 31일까지
> 목적지 : HAMBURG 항
> 보험 : 매도인에 의한 부보
> (A) 선적서류 :

28 다음 인코텀즈 2010 조건들 중 가격조건으로 가장 적절한 것은?

29 다음 서류들 중 '(A) 선적서류'로 가장 적절하지 않은 것은?
① 선하증권   ② 포장명세서
③ 상업송장   ④ 환어음

해설 **28**

② CIF[Cost, Insurance and Freight, (지정목적항) 운임·보험료 포함 인도조건]는 해상 또는 내수로 운송에 적용되는 규칙으로, 선적항에서 매도인이 지정한 선박의 본선에 물품을 적재(On Board)한 때 위험은 이전되나 비용(해상운송 운임 + 해상보험료 매도인 부담)은 목적항에서 이전된다.

CIF[Cost, Insurance and Freight, (지정목적항) 운임·보험료 포함 인도조건]상 매도인과 매수인의 의무

구 분	매도인의 의무	매수인의 의무
물품의 인도/인수	물품을 선박에 적재하여 인도함	물품이 인도되고 그에 따른 통지가 있을 때 물품을 인수해야 하며, 목적항에서 운송인으로부터 물품을 인수해야 함
위험의 이전	물품이 인도된 때까지 물품의 멸실 또는 훼손의 모든 위험 부담	물품이 인도된 때부터 물품의 멸실 또는 훼손의 모든 위험 부담
운 송	인도장소에서 지정 목적항까지 운송계약 체결	매도인에 대하여 운송계약을 체결할 의무 없음
보 험	• 자신의 비용으로 협회적하약관(ICC) (C)약관이나 그와 유사한 약관의 담보조건에 따른 적하보험을 취득하여야 함 • 보험금액은 최소한 매매계약 금액에 10%를 더한 금액(즉, 110%)이어야 함	매도인에 대하여 보험계약을 체결할 의무 없음
통 관	수출 통관	수입 통관
비용 분담	물품이 인도된 때까지 모든 비용 부담	인도된 때부터 모든 비용 부담

※ CIF 조건에서 매도인의 물품인도 의무 및 비용 부담은 인코텀즈 2010 및 2020에서 동일하다. 따라서 인코텀즈 2020에서도 동일한 내용이 적용 가능하다.

29

선적서류는 무역거래에서 매도인이 물품을 선적한 다음 매수인으로부터 대금의 지급을 받기 위하여 제공되는 서류를 총칭한다. 매도인이 화물을 선적한 후 매수인에게 제공하는 모든 서류 즉, 선하증권, 보험증권, 상업송장 등부터 포장명세서 등과 같은 각종 보충서류 등을 총칭하는 것이다.

선적서류에 관한 사항[요구서류(Documents Required)]
• 선적서류의 종류와 통수 및 요구하는 선적서류의 조건을 명시한다.
• 기본서류 : 상업송장(Commercial Invoice), 선하증권(Bill of Lading), 보험증권(Insurance Policy)
• 기타(부속)서류 : 포장명세서(Packing List), 수량용적증명서(Certificate of Measurement/Weight), 검사증명서(Inspection Certificate), 원산지증명서(Certificate of Origin), 영사송장(Consular Invoice)

30 Choose right pair of word(s) for the blanks.

> Carriers usually impose certain (ⓐ) on the basic freight :
> BAF allows the carrier to adjust freight according to fuel price fluctuations, and CAF for fluctuations in the (ⓑ) rate of the currency in which the freight is quoted.

① ⓐ surcharges − ⓑ exchange
② ⓐ subcharges − ⓑ prime
③ ⓐ surcharges − ⓑ foreign
④ ⓐ subcharges − ⓑ flexible

정답 ①

해석 빈 칸에 들어갈 단어가 바르게 짝지어진 것을 고르시오.

> 운송회사는 보통 기본 운임에 약간의 (ⓐ 할증료)를 부과한다. :
> BAF는 운송회사에게 연료비 파동에 따라 운임을 조절하도록 했으며, CAF는 운임비 견적 시 (ⓑ 환율) 변동에 따라 운임을 조절하도록 했다.
>
> *carrier : 운송회사

① ⓐ 할증료 − ⓑ 환율
② ⓐ subcharges(해당 단어 없음) − ⓑ 최상의
③ ⓐ 할증료 − ⓑ 외국의
④ ⓐ subcharges(해당 단어 없음) − ⓑ 유연한

해설 ① '운송회사가 기본 운임에 부과하는 요금'을 가리키므로 빈 칸 ⓐ에는 '할증료'라는 뜻의 surcharges가 들어가야 하며, CAF는 환율 변동에 따른 손실 보전을 위해 부과하는 할증료이므로 빈 칸 ⓑ에는 '환율'이라는 뜻의 exchange가 들어가야 한다.

할증요금
• 유가할증료(Bunker Adjustment Factor, BAF) : 유류 가격의 인상에 따른 손실을 보전하기 위해 화주에게 청구하는 할증료
• 통화할증료(Currency Adjustment Factor, CAF) : 환율의 변동에 따른 환차손을 화주에게 부담시키는 할증료
*surcharges : 할증료

31 Choose the WRONG explanation about the words given.

① LASH − A system for carrying loaded barges or lighters on ocean voyages.
② Specific duty − A customs duty based on weight, quantity, or other physical characteristics of imported items.
③ Shipper − The person who hands over the goods for carriage or the person who makes the contract with the carrier.
④ Notify party − The person, usually the exporter, to whom the shipping company or its agent gives notice of shipment of the goods.

해석 다음 용어에 대한 설명이 잘못된 것은 무엇인가?
① 래시선(Lighter Aboard Ship, LASH) : 원양 항해에서 화물이 적재된 바지선이나 래시선을 운반하는 방식
② 종량세(Specific duty) : 수입품의 중량과 용적, 다른 물리적인 특성을 과세표준으로 하는 관세
③ 화주(Shipper) : 운송을 위해 물품을 인도하는 사람 또는 운송회사와 계약한 사람
④ 착하통지처(Notify party) : 운송회사 또는 그 대리인이 물품 선적을 통지하는 사람(보통 수출자)

해설 ④ 착하통지처(Notify party) : 운송회사나 그 대행업체는 물품 선적에 대해 대개 <u>수출업자 → 구매자 혹은 수입업자</u>에 게 고지해야 한다.
착하통지처(Notify party)
지시식 선하증권(Order B/L)에 있어서 운송회사가 착하통지서(Arrival notice)를 보내는 상대방을 말한다. 선하증권 의 수하인(Consignee) 기재란에 이를 위한 란이 설정되어 있고 통상 화물의 수입자명이 기재된다.

32 Choose one which is NOT suitable for the blank.

> Under the ( ) Incoterms 2010 rules, all mention of the ship's rail as the point of delivery has been omitted in preference for the goods being delivered when they are "on board" the vessel.

① FOB
② CFR
③ CIF
④ FCA

정답 ④

해석 빈 칸에 적절하지 않은 것을 하나 고르시오.

> Incoterms 2010 규칙(FOB, CFR, CIF) 하에서 인도지점으로서의 "본선의 난간"이라는 의미는 삭제되었고, 대신에 물품은 "본선에 적재된 때" 인도되는 것으로 변경되었다.

해설 본선 난간(Ship's rail) 개념의 포기
인코텀즈 2010 주요 개정 내용에는 '본선 난간(Ship's rail) 개념의 포기'가 있다. 끊임없이 논란이 됐던 본선 인도조건 FOB, CFR, CIF 등에서의 위험 분기점이 본선 난간(Ship's rail)에서 갑판(On board)으로 변경됐다. 즉 FOB, CFR, CIF 규칙은 인도지점으로서의 '본선 난간(Ship's rail)'이란 문구가 삭제되고 '물품은 본선에 적재(the goods being delivered they are 'on board' the vessel)'된 시점에 인도된다는 내용으로 바뀌었다.

33 Who is the party NOT eligible for issuance of charter party B/L?

① Master   ② Charterer

③ Owner   ④ Freight forwarder

정답 ④

해석 용선계약부 선하증권 발행당사자가 아닌 것은?

① 선 장   ② 용선주

③ 소유주   ④ 화물운송업자

해설 용선계약 방법
- 선주와 용선자 중 일방이 용역계약 체결을 위한 확정청약(Firm offer)을 하고 이에 대한 승낙의 의미로 선복확약서(Fixture note)를 작성한다. 이를 근거로 용선계약서(Charter party contract)를 작성하고 계약 당사자인 선주와 용선주가 각각 한 부씩 보관한다.
- 용선계약의 증거로 용선자는 용선계약부 선하증권을 발행한다. 용선계약부 선하증권(Charter Party B/L, C/P)이란 용선계약 시 용선계약서 작성 후 선적 시 발행하는 B/L 면에 Charter Party와 관계를 나타내는 문서가 첨가된다.
- 용선자(화주)는 용선주(선박회사 등)에게 운임을 지급하고, 용선주는 선박운항에 따른 비용을 부담한다. 즉, 용선자는 용선료만 부담한다.

34 Which is a wrong match?

① Demurrage – The money paid to the charterer if the charterer saves time of loading.

② Tramper – A ship which will call at any port to carry whatever cargoes are available, normally on the basis of a charter or part charter.

③ Liners – These are vessels that ply on a regular scheduled service between groups of ports.

④ Liner conference – An association of foreign-going ships of various nationalities running on schedule in the same trade at uniform rates of freight and giving advantages to regular clients.

정답 ①

해설 잘못 짝지어진 것을 고르시오.
① 체선료(Demurrage) : 용선자가 선적 기간을 ~~절약한~~ → 초과한 경우 용선자에게 지급되는 요금
② 부정기선(Tramper) : 일반적으로 용선 또는 일부용선에 기반하여, 화물이 있을 때마다 운송하기 위해 어느 항구에나 기항하는 선박
③ 정기선(Liners) : 항구들 사이를 정해진 일정에 따라 정기적으로 왕복하는 선박
④ 정기선동맹(Liner conference) : 균일운임으로 동일한 무역에서 일정대로 운항하고 정기 고객들에게 이점을 주는 다양한 국적을 가진 외국 선박들의 연합체

해설 ① 체선료는 계약한 정박기간을 초과하였을 경우 부과하는 위약금이므로 the charterer <u>saves</u> → <u>delays</u> time of loading으로 바꾸어야 한다.

체선료(Demurrage)
• 초과 정박일(계약 정박기간 초과일)에 대해 화주(용선자)가 선주에게 지급하는 위약금(Penalty) 또는 지체상금으로 보통 조출료의 2배이다.
• 1일 24시간을 기준하여 계산하지만, WWD(Weather Working Day)는 주간하역, 즉 1일 24시간으로 계산하기도 한다.
• 체선료는 선적 및 양륙을 분리하여 따로 계산(Laydays not Reversible)하는 것을 원칙으로 하나, 용선자의 선택 하에 선적 및 양륙기간을 합산하여 계산(Laydays Reversible)하는 경우도 적지 않다.

35 Fill in the blank (ⓐ) and (ⓑ) with suitable words.

> If a book is not in stock at the time you place your order, we will (ⓐ) and ship it as soon as it becomes available. (ⓑ) are billed at the rate in effect at the time of shipping.

① ⓐ counter offer, ⓑ Back orders
② ⓐ back order, ⓑ Back orders
③ ⓐ quote, ⓑ Counter offers
④ ⓐ take, ⓑ Counter supplies

정답 ②

해석 빈 칸 ⓐ와 ⓑ에 들어갈 적절한 단어를 채워 넣으시오.

> 만약 귀하가 주문할 시점에 도서의 재고가 없을 시, 당사는 이용가능한 시점에 (ⓐ 이월주문)할 것입니다. (ⓑ 이월주문들)은 선적 시의 가격으로 비용이 청구됩니다.

① ⓐ 반대청약하다, ⓑ 이월주문들
② ⓐ 이월주문하다, ⓑ 이월주문들
③ ⓐ 견적하다, ⓑ 반대청약들
④ ⓐ (주문을) 받다, ⓑ 역[반대]공급들

해설 ② 주문 시점에 재고가 없으면 이용가능한 시점에 주문할 수 있다는 내용이므로 이월주문(back order)이 적절하다.
*back order : 이월주문, (재고가 없어) 처리 못한 [뒤로 미룬] 주문

A : Can you export on (ⓐ) terms with us?
B : For how long do you want in mind?
A : What about 120 days after (ⓑ) date?
B : One hundred twenty days is too long. Could you settle at 90 days after (ⓒ) date?
A : Okay. I agree with you on that.

36 What is MOST appropriate for (ⓐ)?

① D/P
② D/A
③ CWO
④ CAD

37 What would be MOST appropriate for (ⓑ) and (ⓒ) in common?

① B/L
② T/T
③ D/D
④ M/T

정답 36 ② 37 ①

해석

A : (ⓐ D/A) 조건으로 당사에 수출 가능한가요?
B : 기간은 얼마나 생각하고 계시죠?
A : (ⓑ 선하증권)상 선적일 이후 120일은 어떠신가요?
B : 120일은 너무 긴데요. (ⓒ 선하증권)상 선적일 이후 90일로 조정 가능하신가요?
A : 알겠습니다. 그렇게 하겠습니다.

*on D/A terms : D/A 조건으로

36 빈 칸 (ⓐ)에 적합한 것은 무엇인가?
① 지급인도조건
② 인수인도조건
③ 주문불 방식
④ 서류상환 인도방식

37 빈 칸 (ⓑ)와 (ⓒ)에 공통으로 들어갈 것은 무엇인가?
① 선하증권
② 전신환송금
③ 수표송금
④ 우편송금

해설 36

② What about 120 days after ~?, settle at 90 days after라고 했으므로 일정기간 후 지불되는 어음인 기한부환어음
대금을 지급하는 조건이므로 D/A가 적절하다.

동시지급 (Concurrent Payment)	• 물품 또는 선적서류 인도와 함께 대금을 지급하는 방식 • 현물상환 인도(COD, Cash on Delivery), 서류상환 인도(CAD, Cash against Document), 지급인도(D/P, Document against Payment), 일람불 신용장(At sight L/C, Letter of Credit)을 이용한 지급이 있다.
후지급 (Deferred Payment)	• 물품 선적 또는 인도 후 일정 기간 경과 후 대금을 지급하는 방식 • 인수인도(D/A, Document against Acceptance), 청산계정(O/A, Open Account), 기한부 신용장(Usance L/C)을 이용한 지급이 있다.

37
① 환어음 작성일이나 B/L 발행일처럼 확정된 기준일로부터 기산하는 '일부 후 정기출급'은 'at ○○ Days after B/L Date'와 같이 기재한다.

기한(Tenor)
• 금융상에서는 채무발생일로부터 만기일까지의 기한을 Tenor라고 부른다. 예컨대 약속어음의 발행일로부터 만기일까지의 기간, 즉 어음기한(Usance)과 동일한 의미로 사용된다. 따라서 환어음의 경우에는 그 인수일로부터 만기일까지의 기한을 말한다.
• 기한부(Usance) 어음의 기일
 – 일람 후 정기출급(at ××days after sight)
 – 일부 후 정기출급(at ××days after date)
 – 확정일 후 정기출급(at ××days after B/L date) 등

38 What does the following refer to?

> The transportation of highway trailers or removable trailer bodies on rail cars, specifically equipped for the service and a joint carrier movement, in which the motor carrier forms a pick-up and delivery operation to a rail terminal.

① Fishy back
② Birdy back
③ Piggy back
④ Multimodal transport

정답 ③

해석 다음에서 가리키는 것은 무엇인가?

> 고속도로 트레일러나 탈부착식 트레일러의 운송은 특히 서비스와 공동 수송을 위해 설계되었으며, 이때 자동차 운송업자는 물품 픽업 및 철도 터미널까지의 배송을 담당한다.

① 피시백식 수송
② 버디백식 수송
③ 피기백식 수송
④ 복합운송

해설 ③ 피기백식 수송(Piggy back) : 화물자동차로 화물을 철도역까지 운송한 후 트레일러와 컨테이너를 함께 또는 트레일러에서 분리된 컨테이너를 철도에 그대로 실어 운송하는 복합운송방식이다.
① 피시백식 수송(Fishy back) : 화물 트레일러·철도화차·컨테이너 차 등의 선박을 수송하는 방식을 말한다.
② 버디백식 수송(Birdy back) : 화물을 만재한 트레일러를 비행기에 적재하여 운송하는 방법이다.
④ 복합운송(Multimodal transport) : 복합운송인(Combined transport operator)이 육·해·공 중 두 가지 이상의 다른 운송수단[(more than) Two different kinds of transportation means]으로 출발지에서 최종 목적지까지 운송 중 화물을 옮겨 싣지 않고 전 구간에 대해 단일 운임을 대가로 화물을 일관운송(Through transport)하는 것을 말한다.

39 What is right pair of the blanks under charter party?

> Hire or lease contract between the owner of a vessel (aircraft or ship), and the hirer or lessee (ⓐ). Under charter party a vessel is rented for one or more routes (ⓑ) or for a fixed period (ⓒ). Normally, the vessel owner retains rights of possession and control while the charterer has the right to choose the ports of call.

① ⓐ charterer – ⓑ voyage charter – ⓒ time charter
② ⓐ ship owner – ⓑ voyage charter – ⓒ time charter
③ ⓐ shipper – ⓑ time charter – ⓒ voyage charter
④ ⓐ seller – ⓑ time charter – ⓒ voyage charter

정답 ①

해석 용선계약에 대한 설명 중 빈 칸에 들어갈 단어가 옳게 짝지어 진 것은?

> 선박(항공기 또는 선박) 소유자와 임차인 또는 임차(ⓐ 용선자) 간의 임대 또는 임대 계약. 용선계약 하에서 선박은 하나 이상의 항해(ⓑ 항해용선계약) 또는 일정 기간(ⓒ 정기용선계약) 동안 임대된다. 일반적으로, 선박 소유주는 소유권 및 통제권을 보유하고 있는 반면, 용선자는 기항지를 선택할 권리가 있다.
>
> *charterer : 용선자
> *voyage charter : 항해용선계약
> *time charter : 정기용선계약
> *ports of call : 기항지

① ⓐ 용선계약자 – ⓑ 항해용선계약 – ⓒ 정기/기간용선계약
② ⓐ 선주 – ⓑ 항해용선계약 – ⓒ 정기/기간용선계약
③ ⓐ 화주 – ⓑ 정기/기간용선계약 – ⓒ 항해용선계약
④ ⓐ 매도인 – ⓑ 정기/기간용선계약 – ⓒ 항해용선계약

해설 용선계약의 종류
용선계약은 크게 선박 전체를 빌리는 전부용선계약(Whole charter)과 선박의 일부를 빌리는 일부용선계약(Partial charter)으로 구분되고, 전부용선계약은 다시 정기/기간용선계약(Time charter), 항해용선계약(Voyage/Trip charter), 나용선계약(Bareboat charter)으로 나누어진다. 특히 나용선계약은 일반 전부용선계약과 구별되어지는 것으로 의장을 제외하고 오직 배만 빌리는 것을 의미한다.

40 Which is wrong according to UCP 600?

① A bank has no obligation to accept a presentation outside of its banking hours.

② The words "to", "until", "till", "from" and "between" when used to determine a period of shipment include the date or dates mentioned.

③ The words "from" and "after" when used to determined a maturity date include the date mentioned.

④ Unless required, words such as 'prompt' or 'as soon as possible' will be disregarded.

[정답] ③

[해석] UCP 600에 따르면 잘못된 것은 무엇인가?
① 은행은 은행의 영업시간 이외의 제시를 수리할 의무가 없다.
② "to", "until", "till", "from" 및 "between" 등의 단어는 선적기간 결정을 위해 사용되는 경우 해당 일자 또는 언급된 일자를 포함한다.
③ 만기일을 결정하기 위해 'from'과 'after'가 사용되면 언급된 일자를 포함한다.
④ 요구되지 않는 한, '신속한' 또는 '가능한 빨리'와 같은 단어는 무시된다.

[해설] ③ 'from'과 'after'는 선적기간 결정을 위해 사용되는 경우에는 언급된 일자를 포함하지만, 만기일을 결정하기 위해 사용되면 언급된 일자를 제외하여야 한다. 따라서 a maturity date <u>include → exclude</u> the date mentioned가 되어야 한다.

41 Which of the following BEST fits the blanks in the letter?

> We would like to draw your attention to the enclosed statement, which shows a (ⓐ) of USD300,000 as of December 31, 2018. May we remind you that our terms are 30 days net. Kindly send us your (ⓑ) by the end of this month. Should you however have settled the account, please disregard this reminder.

① ⓐ term – ⓑ receipt
② ⓐ balance – ⓑ remittance
③ ⓐ payment – ⓑ account
④ ⓐ debt – ⓑ contract

다음 중 서신에서 빈 칸에 들어갈 단어로 가장 적절한 것은?

> 당사는 2018년 12월 31일자 (ⓐ 지불 잔액)이 USD300,000임을 보여주는 입출금내역서를 동봉합니다. 당사의 조건은 30일 이내 전액 지불이라는 점을 알려드립니다. 이번 달 말까지 귀사의 (ⓑ 송금액을) 보내주시기를 부탁드립니다. 만약 이미 정산했다면, 이 독촉장은 개의치 마십시오.
>
> *statement : 입출금내역서
> *reminder : 독촉장

① ⓐ 조건 - ⓑ 영수증
② ⓐ 지불 잔액 - ⓑ 송금액
③ ⓐ 지급 - ⓑ 계좌
④ ⓐ 빚 - ⓑ 계약

서신에서 빈 칸 ⓐ 다음에 USD300,000가 있고, '당사의 조건은 30일 이내 전액 지불'이라고 했으므로, 빈 칸 ⓐ에는 상대방이 '지불 잔액'을 뜻하는 balance가 들어가야 한다. 빈 칸 ⓑ 다음에서 이번 달 말까지 보내달라고 했으므로, 빈 칸 ⓑ에는 '송금액'을 뜻하는 remittance가 들어가야 한다.
*balance : 지불 잔액, 잔금
*remittance : 송금액

42 Which is best for the blank?

> Offer on approval : an offer which needs the offeror's (   ) on the acceptance for the conclusion of a contract even though the offeree accepted the offer.

① acknowledgement   ② signature
③ invitation   ④ objection

빈 칸에 들어갈 말로 적절한 것은?

> 승인 조건부 청약 : 피청약인이 청약을 승인했을지라도 계약의 결론을 받아들인다는 청약자의 (승낙)이 필요한 청약
>
> *offer on approval : 점검매매 조건부 청약

① 승 낙   ② 서 명
③ 초 청   ④ 반 대

승인[점검매매] 조건부 청약/견본승인 청약(Offer on approval)
명세서로서는 Offer 승낙이 어려운 경우, 청약 시 견본을 송부하고 피청약자가 견본 점검 후 구매의사가 있으면 그 대금을 지급하고 그렇지 않으면 반품해도 좋다는 조건의 청약이다. 주로 새로운 개발품이나 기계류와 같은 복잡한 상품에 사용된다.

43 ① 즉시 지불해주실 것을 요청합니다.

→ We ask that you make the payment immediately.

② 귀하가 주문하신 물품은 5일 안에 도착할 것입니다.

→ Your order should arrive within 5 days.

③ 오늘 우편으로 안내책자를 보냈습니다.

→ We mailed the brochure today.

④ 귀사의 신용 상태가 위험해지는 것을 피하려면 대금을 지급해주시기 바랍니다.

→ Please send us the payment to avoid to put your credit standed in jeopardy.

44 ① 제가 받은 상품에 결함이 있습니다.

→ The product I received is defective.

② 제품에 만족하지 못하셨다니 유감입니다.

→ We are sorry that you were not satisfied with the product.

③ 실수를 정정했으며, 수정된 송장을 첨부했습니다.

→ The error has corrected, and the revising invoice is attached.

④ 그 제품들은 포장을 풀 때 손상된 것 같습니다.

→ We believe the products were damaged during the unpacking.

45 ① 오늘 주문서 no.4587의 배송을 받고 상자를 개봉하자, 보내주신 상품의 일부가 없어졌음을 발견했습니다.

→ Today we received delivery of order no.4587, and on opening the box we discovered some of the items were missing.

② 받은 상품을 점검한 결과 우리는 본차이나 5세트가 산산조각 났음을 발견했습니다.

→ Checked the goods received, we find that 5 sets of bone china have been broken to pieces.

③ 수신자 부담으로 샘플과 안내 책자를 보내주시기 바랍니다.

→ Please send us your samples and a brochure at receiver's cost.

④ 상품을 발송하는 수속을 하겠습니다.

→ We will make an arrangement to dispatch the goods.

46 ① 이번 주문이 향후에 더 큰 거래로 이어지기를 소망합니다.

→ We hope that this order will lead to further business in the future.

② 12월까지는 어떤 주문도 받을 수 없게 된 것에 대해 사과드립니다.

→ We apologize for not being able to accept any orders until December.

③ 귀하가 주문하신 모델 no. 289E 재봉틀이 단종되었음을 알려드리게 되어 유감입니다.

→ We are sorry to inform that the sewing machines (Model no. 289E) ordered have discontinued.

④ 좋은 품질의 제품이 필요하실 때마다 주저하지 말고 연락해주시기 바랍니다.

→ Please do not hesitate to contact us whenever you need high-quality products.

[정답] 43 ④ 44 ③ 45 ② 46 ③

[해설] 43

④ avoid(회피하다)는 동명사와 결합하고 목적어(your credit)가 '~에 있다'는 능동을 나타내므로, Please send us the payment to avoid to put → putting your credit standed → standing in jeopardy.가 되어야 한다.
*stand : (특정한 조건·상황에) 있다

44

③ 사물(The error)이 주어로 수동의 의미이고, revise가 명사(invoice) 앞에서 형용사처럼 수식하고 있으므로, The error has corrected → has been corrected, and the revising → revised invoice is attached.가 되어야 한다.

45

② we checked the goods received의 분사구문으로 주어(we)와 동사(check)가 능동 관계이며, 주어진 우리말 문장이 과거 시제(~ 산산조각 났음을 발견했습니다)이므로, Checked → Checking the goods received, we find → found that 5 sets of bone china have been broken → had been broken to pieces.가 되어야 한다.

46

③ '귀하가 주문한'은 you ordered로 나타내며 that절의 주어는 the sewing machines(재봉틀)로 동사와 수동 관계이므로, We are sorry to inform that the sewing machines (Model no. 289E) ordered → you ordered have → have been discontinued.가 되어야 한다.

47 Below explains liner terms. Which is NOT true?

(A) Liner terms refer to conditions under which a shipping company will transport goods. (B) It includes the freight, the cost both for loading and discharge of the cargo from the vessel. (C) Under liner terms, the carrier is responsible for the loading and unloading of the cargo. (D) This is often called free in and out for the carrier.

① (A)

② (B)

③ (C)

④ (D)

[정답] ④

[해석] 아래는 정기선 조건(liner terms)에 대한 설명이다. 옳지 않은 것은?

(A) 정기선 조건(Liner terms)은 선박회사가 물품을 운송하는 조건을 말한다. (B) 그것은 화물의 선적과 양하에 대한 비용인 운임을 포함한다. (C) 정기선 조건 하에서 운송인은 화물의 선적 및 양하에 대한 책임이 있다. (D) 이것은 종종 운송인을 위한 FIO(free in and out)라고 불린다.

[해설] ④ 정기선조건(Liner terms)은 정기선의 하역비 부담조건으로, 일단 화주가 선박회사에 운임을 지불하면 선박회사가 적재화물을 목적지까지 해상운송하는 운임조건이다. (D) free in and out(FIO)은 부정기선 운송의 하역비 부담조건이다.

용선계약의 하역비(Stevedorage) 부담조건

구 분	하역비 부담조건	선적(비용)	양륙(비용)
정기선	Berth Terms	선주 부담	선주 부담
부정기선	FI(Free In)	화주 부담	선주 부담
	FO(Free Out)	선주 부담	화주 부담
	FIO(Free In & Out)	화주 부담	화주 부담

48 Below is an explanation about warranty. Fill in the blank (A).

> Warranty : CISG provides that the seller must deliver goods that are of (A) required by the contract.

① the quantity, quality and description
② inspected goods
③ insured goods
④ duplicate samples

정답 ①

해석 아래는 보증서에 대한 설명이다. 빈 칸 (A)에 들어갈 말을 채워 넣으시오.

> 품질보증서 : CISG는 매도인이 계약서에서 정한 (A 수량, 품질 및 상품명세)와 일치하는 물품을 인도하여야 한다고 규정한다.
>
> *provide : 규정하다

① 수량, 품질 및 상품명세
② 검수된 물품
③ 보험가입된 물품
④ 비치용 견본

해설 CISG 제35조 제1항 물품의 일치성

The seller must deliver goods which are of the quantity, quality and description required by the contract and which are contained or packaged in the manner required by the contract.
매도인은 계약서에 의해 요구된 수량, 품질 및 상품명세와 일치하고 계약서에 의해 요구되는 방법으로 용기에 담겨지거나 포장된 물품을 인도하여야 한다.

---

49 What is the most suitable word for the blank?

> (   ) means either the delivery of documents under a credit to the issuing bank or nominated bank or the documents so delivered.

① Presentation
② Negotiation
③ Compliance
④ Collection

해석 빈 칸에 들어갈 말로 가장 적절한 것은?

> (제시)는 신용장에 의해 이루어지는 개설은행 또는 지정은행에 대한 신용장상의 서류의 인도 또는 그렇게 인도된 서류를 의미한다.

① 제 시
② 매 입
③ 준 수
④ 추 심

해설 UCP 600 제2조 정의

Presentation means either the delivery of documents under a credit to the issuing bank or nominated bank or the documents so delivered.
제시는 신용장에 의해 이루어지는 개설은행 또는 지정은행에 대한 신용장상의 서류의 인도 또는 그렇게 인도된 서류를 의미한다.

50 Fill in the blanks with the most appropriate word in order.

> While the ( ) rule represents the minimum obligation for the seller, ( ) represents the maximum obligation.

① FCA, DAT
② FCA, DAP
③ EXW, DAP
④ EXW, DDP

해석 빈 칸에 들어갈 적절한 단어를 순서대로 채워 넣으시오.

> (EXW) 조건은 매도인의 최소 의무를 나타내는 반면, (DDP) 조건은 매도인의 최대 의무를 나타낸다.

해설 INCOTERMS 2010 정형거래 조건 중 매수인과 매도인의 의무부담 내용
• DDP(Delivered Duty Paid, 관세 지급 인도조건) : 매도인(수출업자)이 수입통관을 마친 물품을 하역하지 않은 상태로 매수인(수입업자)에게 인도하는 조건으로, 매도인(수출업자)이 지정목적지에 도착한 후 수입통관 비용, 관세 및 물품을 인도할 때까지의 모든 위험과 비용을 부담한다.
• EXW(EX Works, 공장 인도조건) : 매도인(수출업자)이 수출품이 현존하는 장소에서 매수인(수입업자)에게 현물을 인도하는 조건으로, 수출품의 이동 없이 인도가 이루어지고, 매수인(수입업자)이 수출입통관, 운송 등의 모든 책임을 부담하므로 매도인(수출업자)의 부담이 가장 적은 조건이다.
매도인의 위험 및 비용부담의 정도
매도인의 위험 및 비용부담은 DDP 조건에서 가장 크고 EXW 조건에서 가장 적다(Group D > Group C > Group F > Group E).
※ EXW, DDP 조건에서 매도인의 물품인도 의무 및 비용 부담은 인코텀즈 2010 및 2020에서 동일하다. 따라서 인코텀즈 2020에서도 동일한 내용이 적용 가능하다.

51 다음 내용이 설명하는 곳은?

> 이곳은 컨테이너 터미널의 일부이며 컨테이너를 인수, 인도, 보관하는 장소로서 보관용 배전시설 등의 준비와 만재화물(FCL)의 인수도 작업이 수행되는 곳이다.

① Apron
② Container Berth
③ Container Yard
④ Container Freight Station

정답 ③

해석 ① 에이프런
② 컨테이너 부두(안벽)
③ 컨테이너 장치[야적]장
④ 컨테이너 화물 집화소[조작장]

해설 ③ 컨테이너 장치장(Container Yard, CY) : 컨테이너의 반입·보관·하역 등을 하기 위해 설치된 시설로, 컨테이너 단위로 된 FCL 화물을 취급한다.
① 에이프런(Apron) : 부두 안벽에 접한 야드의 일부분으로 부두에서 가장 가까이 접한 곳이며, 폭은 30~50m 정도이다. 이곳에는 갠트리 크레인(Gantry crane)이 설치되어 있어 이곳에서 컨테이너의 하역이 이루어진다.
② 컨테이너 부두(Container Berth) : 컨테이너선이 접안하여 화물 작업을 할 수 있는 부두를 말한다. 컨테이너의 통관, 적양화, 보관 및 곧바로 육상운송으로 전환될 수 있는 기반 시설이 갖추어져 있다. 컨테이너 이동 장비에는 Gantry crane, Transtainer, Straddle carrier, Transfer crane, Chassis tractor, Trailer 등이 있다.
④ 컨테이너 화물 조작장(Container Freight Station) : 수출하는 LCL 화물을 목적지별로 분류한 후 컨테이너에 적입하는 장소이다. 수입하는 경우에는 혼적 화물을 컨테이너로부터 인출하여, 수화주별로 선별한 후 인도하는 장소이다.

52 운송 기간이 단축되어 운송서류보다 화물이 먼저 도착하더라도 수입상이 적기에 그리고 용이하게 화물을 인수하는데 사용할 수 있는 서류가 아닌 것은?

① Surrendered B/L
② Sea Waybill
③ Letter of Guarantee
④ Letter of Indemnity

해석 ① 권리포기 선하증권
② 해상화물운송장
③ 수입화물선취보증서
④ 파손화물보상장

해설 ④ 파손화물보상장(Letter of Indemnity, L/I) : 수출상이 실제로는 고장부 선하증권이지만 무고장부 선하증권으로 선하증권을 발행받을 때 선박회사에 제출하는 보상장을 말한다. 무역의 관행상 은행은 고장부 선하증권을 수리하지 않기 때문에 화주는 선적화물에 하자가 있으면 선박회사에 L/I를 제출하고 이로 인한 화물의 손상은 화주가 부담하기로 한다.
① 권리포기 선하증권(Surrendered B/L) : 화물이 선하증권(B/L)보다 먼저 도착할 경우에 화주의 요청에 따라 선하증권에 'Surrendered'라고 표시하여 발행한 선하증권을 말한다. 수하인은 Surrendered B/L을 FAX로 받아 선사에 제출하면 화물을 수령할 수 있다.
② 해상화물운송장(Sea Waybill, SWB) : 해상운송수단의 발달로 운송기간이 단축됨에 따라 발행과 제도가 번거로운 해상선하증권 대신에 이용되는 비유통성 화물운송장을 말한다. 이는 주로 기명식으로 특정인을 수화인으로 발행하는 화물수령증의 일종이며, 해상선하증권과 같은 권리증권(Document of title)은 아니다. 따라서 본·지사 간의 거래, 신용이 두터운 거래선 또는 이사화물 등에 주로 이용된다.
③ 수입화물선취보증서(Letter of Guarantee, L/G) : 물품이 도착하였으나 선하증권이 도착하지 않은 경우 선하증권 없이 화물을 인도받기 위해 수입상이 은행에 신청하여 발급받는 보증서이다.

53 신용장통일규칙(UCP 600)을 따르는 신용장에서 요구하는 서류에 대한 설명으로 옳지 않은 것은?

① 상업송장은 신용장과 동일한 통화로 작성되어야 한다.
② 송화인의 적재 및 수량확인(Shipper's load and count) 또는 송화인의 신고내용에 따름(Said by shipper to contain)과 같은 조항을 기재한 운송서류는 수리 거절된다.
③ 보험서류는 보험증권(Insurance policy), 보험증명서(Insurance certificate), 확정통지서(Declaration)형태로 수리된다.
④ 은행은 무고장 운송서류만을 수리하지만 '무고장(Clean)'이라는 단어는 운송서류상에 나타낼 필요가 없다.

해설 ② 송화인의 적재 및 수량확인(Shipper's load and count) 또는 송화인의 신고내용에 따름(Said by shipper to contain)과 같은 조항을 기재한 운송서류는 수리될 수 있다.
UCP 600 제26조 갑판적재, 송화인의 적재 및 수량 확인 및 운임의 추가비용
• 운송서류는 물품이 갑판에 적재되었거나 또는 될 것이라고 표시해서는 아니된다. 물품이 갑판에 적재될 수 있다고 명기하고 있는 운송서류상의 조항은 수리될 수 있다.
• 송화인의 적재 및 수량 확인(Shipper's load and count) 및 송화인의 신고내용에 따름(Said by shipper to contain)과 같은 조항을 기재하고 있는 운송서류는 수리될 수 있다.
• 운송서류는 스탬프 또는 기타의 방법으로 운임에 추가된 비용에 대한 참조를 기재할 수 있다.

54 적하보험에 부보된 물품이 양륙항에서 통상적인 보험 기간을 경과하여 보세창고에 장치되게 될 우려가 있는 경우 가장 적절한 부보조건은?

① ICC(A)
② All Risks
③ Inland Transit Extension
④ Inland Storage Extension

정답 ④

해석 ① ICC(A)
② 전위험담보조건
③ 내륙운송 확장담보
④ 내륙장치 확장담보

해설 ④ 내륙장치 확장담보(Inland Storage Extension, ISE) : 적하보험에 부보된 물품이 세관에서의 수입통관 지연으로 인하여 보세창고에 보관하는 기간을 확장(연장)하여야 할 때, 해당 확장기간에 발생할 가능성이 있는 손해위험을 보상한다는 약관이다.
① ICC(A) : 신 협회적하약관 포괄책임주의 약관으로, 일정한 면책위험을 제외하고는 모든 위험, 즉 피보험목적물에 발생하는 멸실·손상 또는 비용일체를 모두 담보한다.
② 전위험담보조건(All Risks, A/R) : W/A보다 보험자가 담보하는 범위가 더 넓으며, 항해의 지연이나 부보화물의 고유한 성질 및 하자에 기인하여 발생한 손실 및 비용은 담보하지 않는다.
③ 내륙운송 확장담보(Inland Transit Extension, ITE) : 육상운송 중의 위험을 적하보험증권에서 추가로 담보하는 조건을 말한다.

---

55 "Sum Insured in USD : 29,000"에 대한 설명으로 옳은 것은?

① 미화 29,000불이 보험료이다.
② 실제로 보험에 부보된 금액이 미화 29,000불이다.
③ 보험에 부보할 수 있는 최고 금액이 미화 29,000불이다.
④ 손해가 발생한 경우 보험사로부터 지급받는 금액이 미화 29,000불이다.

정답 ②

해설 ② 보험금액(Insurance amount, Sum insured)은 손해가 발생할 때에 보험계약상 보험자가 부담하는 손해보상책임의 최고 한도액으로, 보험가액의 범위 내에서 보험자가 지급하는 손해보상액인 지급보험금의 최고 한도액(계약당사자 간 사전 책정 금액)을 의미한다.

56 국제물품매매계약에 관한 UN협약(CISG)에 따라 매수인인 수입상이 물품을 인도하지 않은 수출상(매도인)에게 원래 부가기간을 정해 물품 인도를 이행할 것을 청구하려고 한다. 다음 중 옳지 않은 것은?

① 매수인이 부가기간을 정해 의무이행을 청구한 경우 동시에 계약해지를 청구할 수 없다.

② 부가기간이 경과하여도 매도인이 의무를 이행하지 않았다면 그때 매수인은 계약해지를 주장할 수 있다.

③ 매수인이 부가기간을 정해 의무이행을 청구한 경우 동시에 대금감액을 주장할 수 있다.

④ 매수인이 설정한 부가기간 동안 매도인이 의무를 이행한 경우라도 그 지체 중에 생긴 손해에 대해서는 배상을 청구할 수 있다.

정답 ③

해설 ③ 이행청구는 계약해제권/대금감액권을 행사하는 경우에는 병행할 수 없다.
국제물품매매계약에 관한 UN협약(CISG) 제49조 (매수인의) 계약해제권
매수인은 계약 또는 협약에 따른 매도인의 의무 불이행이 계약의 본질적인 위반에 상당하는 경우 또는 매도인이 매수인이 지정한 추가기간 내에 대금 지급 또는 물품 인도 수용의 의무를 이행하지 아니하거나 매도인이 지정된 기간 내에 이행하지 않겠다는 뜻을 선언한 경우에 계약을 해제할 수 있다.
국제물품매매계약에 관한 UN협약(CISG) 제50조 (매수인의) 대금감액권
물품이 계약과 일치하지 않는 경우 대금 지급 여부에 관계 없이, 매수인은 인도 시 실제로 인도된 물품의 가액과 계약에 일치하는 물품이 그 당시 보유하고 있었을 가액에 대한 동일 비율로 대금을 감액할 수 있다. 그러나 매도인이 자신의 의무 불이행을 보완하거나 매수인이 그러한 조항에 따른 매도인의 이행 승낙을 거절할 경우, 매수인은 대금을 감액할 수 없다.

2018 제1회 기출문제

57 분손에 해당하는 해상손해를 올바르게 연결한 것은?

① 단독해손 – 공동해손
② 단독해손 – 손해방지비용
③ 공동해손 – 구조비
④ 공동해손 – 특별비용

정답 ①

해설 ① 분손에는 단독해손과 공동해손이 있다.

해상손해의 분류

해상손해 (Marine Loss)	물적손해 (Physical Loss)	전손(Total Loss)	현실전손(Actual Total Loss)
			추정전손(Constructive Total Loss)
		분손(Partial Loss)	단독해손(Particular Average Loss)
			공동해손(General Average Loss)
	비용손해 (Expenses)	구조비(Salvage Charge)	
		특별비용(Particular Charges)	
		손해방지비용(Sue and Labour Charges)	
		손해조사비용(Survey Fee)	_
		공동해손비용(General Average Expenditure)	
	책임손해 (Liability Loss)	선박충돌 손해배상 책임	
		공동해손분담금(General Average Contribution)	

58 Incoterms 2010의 특징으로 옳은 것은?

① 전통적인 분류방식인 E-term, F-terms, C-terms, D-terms로 구분
② 국제거래 및 국내거래에서도 사용함을 공식화
③ 전통적인 해상 및 내수로 운송조건에서의 위험이전의 분기점으로 선측 난간(Ship's rail)의 개념 유지
④ 많이 사용되던 D-terms의 확대

정답 ②

해설 ① E-term, F-terms, C-terms, D-terms 등으로 구분하지 않고 어떤 단일 또는 복수의 운송수단에서도 사용할 수 있는 7가지 규칙과 해상운송과 내수로운송에서만 사용할 수 있는 FAS, FOB, CFR, CIF 규칙들로 구분하고 있다.
③ 위험이전 분기점으로서 선측 난간(Ship's rail)의 개념을 폐기하였다.
④ D그룹의 조건들이 자주 사용하지 않았다는 점에서 기존의 5개 조건에서 3개의 조건으로 축소 및 간편화되었다.
※ 인코텀즈 2020에서도 이전 버전(인코텀즈 2010)과 같이 모든 (복합)운송수단과 해상 및 내수로 운송수단 2그룹으로 나뉘었다. 따라서 인코텀즈 2020에서도 동일한 내용이 적용 가능하다.

59 신용장 거래에서 매도인이 제시하여야 하는 기본서류로서 매도인이 인도하는 물품의 명세가 신용장 상의 물품명세와 반드시 일치해야 하는 서류는 무엇인가?

① 상업송장(Commercial Invoice, C/I)

② 선하증권(Bill of Lading, B/L)

③ 해상보험증권(Marine insurance policy)

④ 포장명세서(Packing list)

정답 ①

해설 ① 상업송장(Commercial invoice, C/I) : 수출입계약조건을 이행했다는 것을 수출자가 수입자에게 증명하는 서류로 상업송장에 기재하는 상품명은 꼭 신용장 내용과 일치해야 한다.
② 선하증권(Bill of lading, B/L) : 화주(송하인)의 요청으로 화주(송하인)와 운송계약을 체결한 운송인(선사)이 발행한다.
③ 해상보험증권(Marine insurance policy) : 체결된 해상보험계약의 내용을 기재한 확정보험증권이다.
④ 포장명세서(Packing list) : 수입자가 각 화물의 내용을 쉽게 파악하기 위해 요구되는 포장된 내장품의 명세서로 상업송장의 부속서류로 작성되는 서류이다.

60 유효한 승낙을 구성하기 위한 요건으로 옳지 않은 것은?

① 청약에 대한 동의가 철회되어서는 안 된다.

② 청약에 대한 동의는 최종적·절대적·무조건적이어야 한다.

③ 청약의 효력이 존재하는 기간(청약의 유효기간) 동안 동의의 의사표시를 하여야 한다.

④ 1인 또는 그 이상의 특정인에게 물품의 판매 또는 구매의 확정적 의사표시가 있어야 한다.

정답 ④

해설 ④ 청약의 요건에 해당한다.
승낙의 요건
• 승낙은 청약의 내용과 절대적·무조건적으로 일치해야 한다. 즉 경상의 원칙(Mirror image rule)이 적용된다.
• 승낙은 약정된 기간 내 또는 합리적인 기간 내에 해야 한다.
• 승낙의 내용을 전달하여야 한다.
• 피청약자만이 승낙을 할 수 있다.
• 승낙의 침묵과 모호한 승낙으로는 계약을 성립시킬 수 없다.
• 청약에 대한 동의의 의사표시 효력이 발생하여야 한다.
• 청약에 대한 동의의 의사표시가 있어야 한다.

61 청약에 대한 승낙의 효력발생시점은 입법례에 따라 다르나 국제물품매매계약에 관한 유엔협약 (CISG)상 그 효력 발생시점은?

① 표백(表白)시점
② 발신(發信)시점
③ 도달(到達)시점
④ 요지(了知)시점

정답 ③

해설 ③ CISG(비엔나 협약)에 따르면 승낙의 효력 발생시점은 동의의 의사표시가 청약자에게 도달하는 시점이다.
국제물품매매계약에 관한 UN협약(CISG) 제18조 승낙의 시기 및 방법
• 청약에 대한 동의를 표시하는 상대방의 진술 그 밖의 행위는 승낙이 된다. 침묵 또는 부작위는 그 자체만으로 승낙이 되지 아니한다.
• 청약에 대한 승낙은 동의의 의사표시가 청약자에게 도달하는 시점에 효력이 발생한다. 동의의 의사표시가 청약자가 지정한 기간 내에, 기간의 지정이 없는 경우에는 청약자가 사용한 통신수단의 신속성 등 거래의 상황을 적절히 고려하여 합리적인 기간 내에 도달하지 아니하는 때에는, 승낙은 효력이 발생하지 아니한다. 구두의 청약은 특별한 사정이 없는 한 즉시 승낙되어야 한다.

62 양도가능 신용장에 대한 설명으로 옳지 않은 것은?

① L/C상에 "Transferable"이라는 표현이 있어야 한다.
② 전액양도, 분할양도, 감액양도 모두 허용된다.
③ 2nd beneficiary가 3rd beneficiary에게 양도하는 경우 양도은행의 사전 양해를 얻는다면 가능하다.
④ 국내는 물론 국외에 소재하고 있는 2nd beneficiary에게도 양도가 가능하다.

정답 ③

해설 ③ 신용장의 양도란 양도가능 신용장상의 권리를 수익자가 지시하는 제3자에게 양도하는 것을 말한다. 이때 양도인을 제1수익자라 하고, 양수인은 제2수익자라고 한다. 제2수익자가 제3수익자에게 재양도할 수 없다.
양도가능 신용장(Transferable L/C)
• 신용장을 받은 최초의 수익자인 원(제1)수익자가 신용장 금액의 전부 또는 일부를 1회에 한하여 국내외 제3자(제2수익자)에게 양도할 수 있는 권한을 부여한 신용장을 말한다.
• 양도가능 신용장은 1회에 한해 양도가능하므로 제2수익자가 다시 제3자에게 본 신용장을 양도할 수 없다.
• 신용장 개설 시 개설은행이 양도가능하다고 명시적으로 동의한 경우, 즉 신용장에 명시적으로 Transferable 표시가 있어야만 원(제1)수익자 외에 제3자(제2수익자)에게 양도가 가능하다.

63 "available with ABC Bank by negotiation"에 대한 설명으로 옳지 않은 것은?

① General credit이라고 한다.
② 매입은행이 통상 Issuing bank의 Depositary corres bank이다.
③ ABC Bank가 매입하지 않는 경우에는 재매입(리네고)이 발생하게 된다.
④ 매입은행을 수익자가 지정할 수 없다.

정답 ①

해설 ① 매입제한 신용장에 대한 문언이다. 매입제한 신용장(Restricted L/C)은 개설은행이 지정한 은행에서만 매입을 할 수 있는 신용장이다. General credit는 자유매입 신용장을 말한다. 자유매입 신용장(Freely negotiable L/C)은 수익자가 매입은행을 자유롭게 선택하고, 수출지 어느 은행이라도 매입할 수 있는 신용장이다.

64 적하보험 ICC(C) 조건에서 보상되지 않는 손해는?

① 화재 또는 폭발
② 본선 또는 부선의 좌초
③ 투 하
④ 하역작업 중 바다에 떨어진 포장단위당 전손

정답 ④

해설 ICC(C)
• 구 협회약관 FPA 조건과 거의 동일한 조건으로 신 약관에서 가장 담보범위가 작은 보험조건이다.
• FPA 조건과 다른 점은 FPA에서는 선적, 환적 또는 하역 작업 중 화물의 포장당 전손은 보상되나, ICC(C)에서는 보상되지 않는다는 점이다.
• ICC(B)와 같이 열거위험에 의해 발생한 손해를 분손, 전손의 구분 및 면책률(Franchise) 없이 보상한다. 그러나 ICC(B) 약관에서 보상되는 위험 가운데 '지진, 분화, 낙뢰, 해수, 호수 등의 침입, 갑판유실, 추락한 매 포장당 전손' 등을 ICC(C) 약관에서는 보상하지 않는다. 면책위험을 열거하는 점은 ICC(A), (B) 약관과 같다.

65 현실적으로 위부를 행사할 수 있는 손해는?

① 추정전손
② 현실전손
③ 공동해손
④ 단독해손

정답 ①

해설 ① 위부는 해상보험 특유의 제도로, 추정전손이 발생한 경우 피보험자가 화물과 모든 권리를 보험회사에 이전하고 보험금 전액을 지급받는 것이다.
② 현실전손 : 해상고유 위험으로 인한 손해
③ 공동해손 : 항해단체(선박, 화물 및 운임 중 둘 이상)에 공동위험이 발생한 손해
④ 단독해손 : 담보위험으로 인해 피보험이익의 일부가 멸실되거나 훼손되어 발생한 손해

66 품질의 결정방법에 대한 연결이 옳지 않은 것은?

① 섬유 - USQ
② 냉동어류 - TQ
③ 곡물 - FAQ
④ 목재 - GMQ

정답 ②

해설 ② 냉동어류 : TQ → GMQ
판매적격품질조건(Good Merchantable Quality, GMQ)
- 도착지기준 품질조건으로서 정확한 견본을 이용할 수 없는 경우 매도인에 의해 상품이 시장에서 통용되는 품질임을 보증하는 품질조건이다.
- 주로 원목, 냉동어류, 광석류 거래 시 이용한다.
- 당초의 숨은 하자(Hidden defects, 잠재하자)가 인도 후에 나타난 경우에도 수입자는 수출자에게 클레임을 제기할 수 있다.

67 Incoterms 2010상 상품에 대한 위험과 비용 부담의 분기점이 동일한 조건은?

① CFR
② CIF
③ FOB
④ CPT

정답 ③

해설 FOB[Free On Board, (지정선적항) 본선 인도조건]
- 계약물품을 지정선적항의 본선상에 인도하는 조건
- FOB 다음에 지정선적항을 표시(매도인 수출통관)
- 물품의 인도장소 : 선적항에 수배된 선박의 본선을 통과한 시점
- 물품에 대한 매매당사자의 위험부담의 분기점(위험이전) : 물품이 지정선적항 본선 갑판에 안착되었을 때
- 물품에 대한 매매당사자의 비용부담의 분기점(경비이전) : 물품이 지정선적항 본선 갑판에 안착되었을 때(매도인은 인도할 때까지 모든 비용부담, 매도인은 매수인이 지명한 본선에 수출통관된 물품을 적재해야 함)
- ※ FOB 조건에서 매도인의 물품인도 의무 및 비용 부담은 인코텀즈 2010 및 2020에서 동일하다. 따라서 인코텀즈 2020에서도 동일한 내용이 적용 가능하다.

68 신용장 거래에서 환어음의 요건에 관한 설명으로 옳지 않은 것은?

① 환어음은 반드시 신용장 수익자가 발행하고 발행인 서명은 은행에 제출된 서명감과 같아야 한다.
② 환어음의 발행지는 환어음이 발행된 장소로 환어음에 적용하는 어음법의 적용근거가 된다.
③ 환어음상의 기재사항을 정정하지 말아야 한다.
④ 환어음은 개설의뢰인 앞으로 발행하여야 한다.

해설 ④ 환어음은 반드시 개설은행이나 기타 환어음의 지급인 앞으로 발행하여야 하며, 어떠한 경우에도 개설의뢰인 앞으로 발행한 환어음은 인정되지 않는다. 개설의뢰인은 수출 환어음 대금의 결제의무자가 된다.

환어음(Draft ; Bill of Exchange)
어음발행인(Drawer)이 지급인(Drawee)인 제3자로 하여금 일정 금액을 수취인(Payee) 또는 그 지시인(Orderer) 또는 소지인(Bearer)에게 지급일에 일정한 장소에서 무조건 지급할 것을 위탁하는 요식 유가증권이자 유통증권(Negotiable instrument)을 말한다.

69 하역비용 조건 중 벌크화물과 관련 없는 조건은 무엇인가?

① FI Term

② FO Term

③ FIO Term

④ Berth Term

정답 ④

해설 하역비용 조건
• 부정기선 하역비 부담조건 : 전용 운반선을 이용하는 방식으로 주로 대량의 벌크화물(원유, 곡물, 석탄, 광석, 원목 등) 운송에 주로 이용된다. 부정기선 운송의 하역조건은 FIO, FI, FO이다.
• 정기선 하역비 부담조건 : Berth Term(Liner Term)은 정기선(Liner) 운송의 경우 본선의 적재비용 및 본선으로부터의 양하비용이 운임에 포함되어 이 비용을 선주측이 부담하는 조건을 말한다.

70 신용장의 조건변경에 대한 내용으로 옳은 것은?

① 신용장 금액의 증액은 가능하나, 감액은 불가능하다.

② 신용장 조건변경의 횟수 제한은 없다.

③ 신용장 조건변경의 부분적 수락도 가능하다.

④ 복수의 당사자에게 분할 양도된 신용장의 조건변경의 경우 각 양수인이 모두 승낙하여야 조건이 변경되게 된다.

정답 ②

해설 ① 신용장 금액의 증액과 감액 모두 가능하다.
③ 하나의 조건변경통지에 두 가지 이상의 변경내용이 있을 때 이들 중 수익자가 자기에게 유리한 일부의 조건만 수락하는 것은 신용장거래 기본 당사자 전원의 동의가 없으면 허용되지 않는다.
④ 복수의 당사자에게 분할 양도된 신용장의 조건변경은 각 양수인이 각각 승낙 또는 거절할 수 있다.

71 무역계약에서 수량조건에 관한 설명으로 옳지 않은 것은?

① 무역거래에서 수량이란 중량, 용적, 길이, 포장 등을 포함하는 개념이다.
② 중량의 단위로는 Ton, Lb, kg 등으로 철강제품, 양곡 등의 상품에 사용된다.
③ 순순중량은 순중량에서 일체의 포장물의 무게를 제외한 순수한 상품구성물만의 무게이다.
④ dozen은 주로 유리, 합판, 타일 등의 거래에 주로 사용된다.

정답 ④

해설 ④ 면적의 단위에는 SFT(Square Foot)가 기준이 되며, 주로 유리·합판·타일 등의 거래에 이용된다. dozen은 개수를 세는 단위이다.
① 수량표시 단위에는 중량(Weight), 용적(Measurement), 개수(Piece), 길이(Length), 포장(Package) 등이 있다.
② 중량의 경우 Ton을 가장 많이 사용하며, Ton과 관련해서는 Long ton, Short ton, Metric ton(킬로톤)의 구별을 분명히 해야 한다.
③ 순중량(Net Weight)은 포장재료의 중량을 제외한(총중량에서 외장중량을 제외한) 무게이며, 순순중량(Net Net Weight)이란 순수한 내용물의 중량만을 의미한다.

72 해상운임 중 운송인에게 유리하게 부과하는 운임은?

① Ad Valorem Freight
② Discrimination Rate
③ Freight All Kinds Rate
④ Revenue Ton

정답 ④

해석 ① 종가운임
② 차별운임
③ 무차별운임
④ 운임톤

해설 ④ 운임톤(Revenue Ton, R/T) : 선박의 화물적재능력은 중량과 용적의 양면으로 제한되므로 중량화물(Weight cargo)은 중량기준으로 운임이 부과되고, 경량화물(Light cargo)은 용적기준으로 운임이 부과된다. 이 경우 운임산정기준에서 중량화물과 용적화물의 구별이 모호하거나 경합될 때에는 용적과 중량에서 계산된 운임 중 더 많은 쪽에서 선사가 부과하는 것을 말하며, 운송인에 유리한 것을 운임계산에 적용한다.
① 종가운임(Ad Valorem Freight) : 화폐, 증권, 귀중품 등 고가품의 운임에 대하여 그 화물의 가격에 대한 백분율로 계산되는 운임이다.
② 차별운임(Discrimination Rate) : 운임부담 능력 또는 수요의 탄력성에 기초하여 독점 상태에서 정해지는 운임을 말한다.
③ 무차별운임(Freight All Kinds Rate, FAK) : 화물의 종류나 내용에는 관계없이 화차 1대당, 트럭 1대당 또는 컨테이너 1대당 얼마로 정하는 운임이다.

73 다음 내용에 해당하는 결제방식으로 옳은 것은?

> 수출입자 간에 물품매매계약을 체결한 후, 매 건별로 구매계약서나 구매주문서 등에 의하여 수출업자가 물품을 선적한 후에 선적서류 원본을 수입업자에게 직접 송부하고 은행이 요구하는 사본으로 수출대금결제를 받는 방식

① Open Account
② D/P
③ Advance Payment
④ CAD

정답 ①

해석 ① 청산계정
② 지급인도조건
③ 선지급
④ 서류상환 인도방식

해설 ② 지급인도조건(D/P) : 수출상이 계약물품 선적 후 구비 서류에 '일람출급환어음'을 발행·첨부하여 자기거래은행을 통해 수입상의 거래은행 앞으로 그 어음대금의 추심을 의뢰하면, 추심은행은 수입상에게 그 어음을 제시하여 어음 금액을 지급받고 서류를 인도하는 거래 방식이다.
③ 선지급(Advance Payment) : 수출입대금을 선적 또는 인도 이전에 미리(In Advance) 결제하는 방식으로 매수인의 신용이 불확실한 경우나 소액 또는 견본 구매에서 사용한다[단순송금방식, 주문 시 지급방식, 일부 선지급, 선대(선지급)신용장 방식]. 수출상의 입장에서는 선지급이 가장 안전한 조건이다.
④ 서류상환 인도방식(CAD) : 통상적으로 수출상이 선적 후 선적서류를 수출지 수입상의 대리인에게 제시하여 '서류와 상환'으로 대금이 결제되는 방식이다.

74 일정한 기간에 화물이 연속적으로 운송되는 경우 이에 대한 보험증권이 발급된 이후 선적 때마다 보험목적물과 송장가액 등이 확정되면 이를 보험계약자가 보험자에게 통지함으로써 계약 내용이 구체적으로 확정되는 보험을 무엇이라 하는가?

① 개별보험계약
② 중복보험
③ 공동보험
④ 포괄예정보험

정답 ④

해설 ① 개별보험계약 : 피보험목적물을 개별적으로 정한 보험계약을 말한다.
② 중복보험 : 동일한 피보험이익에 대하여 보험계약 또는 보험자가 복수로 존재하며 그 보험금액 합계액이 보험가액을 초과하는 경우를 말한다.
③ 공동보험 : 단일의 위험을 복수의 보험자가 위험을 분담하여 공동으로 인수한 보험계약을 말한다.

75 기상조건이 하역가능한 상태의 날만을 정박기간에 산입하는 조건은?

① Running laydays
② Customary quick despatch
③ Weather working days
④ Consecutive days

정답 ③

해석 ① 연속 작업일
② 관습적 조속 하역
③ 청천 작업일
④ 연속적인 일자

해설 정박기간(Laydays) 산정 방법
• 관습적 조속 하역(CQD) 조건 : 당해 항구의 관습적 하역방법 및 하역능력에 따라 가능한 한 빨리 적양 하역을 하는 조건
• 연속 작업일(Running Laydays) 조건 : 실제 하역 수행여부와 상관 없이 즉 우천, 파업 및 기타 불가항력에 의한 하역 불능과 관계 없이 하역개시 이후 종료 시까지의 일수는 모두 정박기간에 포함시키는 방법
• 청천(호천) 작업일(WWD) 조건 : 기상 조건이 실제 하역 가능한 날만 정박기일에 포함시키는 방법으로 현재 가장 많이 활용하는 조건

제1과목　**영문해석**

01 Which of the following must apply for the beneficiary to be assured of payment under a letter of credit?

① All documents submitted must comply with the credit.

② The beneficiary must have an account with the issuing bank.

③ The goods must be of merchantable quality.

④ The terms of the underlying contract must be met.

정답 ①

해석 **신용장 하에서 수익자의 지불보장을 위해 적용해야 하는 것은 무엇인가?**
① 제출된 모든 서류는 신용장을 준수해야 한다.
② 수익자는 신용장 개설은행과 거래가 있어야만 한다.
③ 물품은 팔 수 있는 품질이어야만 한다.
④ 기본 계약 조건이 충족되어야만 한다.

해설 ① 수익자가 제시한 선적서류의 내용이 이른바 Mirror Image Rule과 같이 일치해야 하는 것은 아니며, 제시된 선적서류 상호 간에 서로 모순되지만 않으면 신용장에 일치한 서류를 제시한 것으로 간주한다(일치성 기준 명확화).
*have an account with : ~와 거래가 있다, ~에 계좌가 있다
*merchantable : (물건 상태가) 팔 수 있는

02 According to a sales contract, a full set of clean on board bills of lading will be required, from the exporter. Which of the Incoterms 2010 is right?

① EXW ② FAS

③ FCA a named inland place ④ CIF

---

03 In an open account transaction, when should payment be made?

① Within 30 days of the invoice date, unless otherwise specified.

② In accordance with the contract.

③ On receipt of the goods.

④ When the goods are shipped.

해석 **청산계정 거래에서 지불은 언제 이루어져야 하는가?**
① 다른 명시가 없을 경우, 송장날짜로부터 30일 이내
② 계약에 따라서
③ 물품을 수령하자마자
④ 물품이 선적될 때

해설 ② 청산계정(Open Account)은 매매 양 당사자가 상호간에 수출입거래를 빈번하게 하는 경우에 각 거래마다 대금을 지급하지 않고 일정기간의 거래에서 발생하는 채권·채무의 총액에 대하여 상계하고 그 잔액을 현금결제하는 방법을 말한다(후지급 방식).
*transaction : 거래, 매매
*on receipt of : ~을 받는 즉시

04 THIS covers a type of movement for either a set number of movements or over a set period of time. What is THIS?

① ICC(A)
② Specific policy
③ Voyage policy
④ Open cover

해석 이것은 정해진 수의 운송이나 정해진 기간 동안의 운송을 부보한다. 이것은 무엇인가?
① ICC(A)
② 개별보험
③ 항해보험
④ 포괄예정보험

해설 ④ 포괄예정보험계약(Open cover) : 계약자가 다량의 화물을 장기간에 걸쳐서 해외로 수출하는 경우에 개별적인 각 화물이 보험에 부보되지 않는 경우를 대비하여 사전에 일정 화물에 대하여 보험자와 부보가 가능한 총액 등을 포괄적으로 미리 정하는 것을 포괄예정보험이라 한다.

05 What does <u>THIS</u> represent?

> When <u>THIS</u> is issued, the cargo may be released only to the named consignee. In the case of <u>THIS</u>, no surrender is required and the release may also be termed as an Express Release and is mentioned as such on the body of <u>THIS</u> and manifest.

① Straight B/L
② Order B/L
③ Sea Waybill
④ Through B/L

정답 ③

해석 이것은 무엇을 가리키는가?

> <u>이것</u>이 개설되면, 화물은 지정된 화물인수자에게만 인도된다. <u>이것</u>의 경우에는, 양도가 필요하지 않으며, 인도는 'Express Release'라고 칭할 수 있고, <u>이것</u>의 본문과 적하목록에 언급되어 있다.
>
> *consignee : 수탁인; 하물 인수자
> *surrender : 양도
> *manifest : 적하목록. 화물의 선적이 완료되면 선사 또는 선적지 대리점에서 적재된 화물의 화물명세를 작성하는 것

① 기명식 선하증권
② 지시식 선하증권
③ 해상화물운송장
④ 통과 선하증권

해설 ③ 해상화물운송장(Sea Waybill, SWB) : 선하증권과는 달리 운송중인 화물에 대한 전매 필요성이 없는 경우 발행되는 선적서류로 유통성 있는 권리증권이 아니라는 점을 제외하고는 선하증권과 성질 및 기능이 동일하다. 운송계약의 증거서류이자 운송화물에 대한 수령증(화물 수취증)이며 기명식으로만 발행된다.
① 기명식 선하증권(Straight B/L) : 선하증권의 수하인(Consignee)란에 특정한 수하인명이 명기된 B/L로, 특정 수하인 이외에는 수입항에서 화물의 인수를 선사에 요청할 수 없는 유통불능 선하증권(Non-negotiable B/L)이다.
② 지시식 선하증권(Order B/L) : 선하증권의 수하인(Consignee)란에 특정인을 기재하지 않고 향후 수하인을 특정하게 될 지시인만을 기재하는 것으로, 배서에 의한 양도에 의해 운송중인 화물의 자유로운 전매가 가능한 유통가능 선하증권(Negotiable B/L)이다.
④ 통과 선하증권(Through B/L) : 최초의 운송인이 전 구간에 대하여 책임을 지고 화주에게 발행해 주는 선하증권이다.
*Express Release : 일반적으로 화물의 지불을 확보하기 위해 선하증권을 원본 선하증권상에 놓을 필요가 없는 경우에 요청된다.

06 THIS is a formal demand with goods details for payment issued by the exporter to the importer for goods sold. What is THIS?

① Commercial invoice

② Bill of exchange

③ Promissory note

④ Debit note

07 Choose one that shows a wrong match for ⓐ ~ ⓓ below?

> When a straight bill of lading is issued, the cargo may be released only to (ⓐ) and only upon (ⓑ).
> This B/L satisfies roles of evidencing (ⓒ) and receipt of goods fully. However, it does not satisfy the role of the document of title as the document is not (ⓓ).

① ⓐ the named consignee

② ⓑ surrender of at least 1 of the original bills issued

③ ⓒ the contract of carriage

④ ⓓ revocable

해석 ⓐ ~ ⓓ에 들어갈 말이 잘못 연결된 것을 고르시오.

> 기명식 선하증권이 발행되면, 화물은 (ⓐ 지정된 수하인)에게 (ⓑ 개설된 선하증권 중 최소한 한 개의 원본을 양도)했을 때만 인도될 것이다. 이 선하증권은 (ⓒ 운송계약)을 증명하고 물품의 완전한 수령을 증명하는 역할을 한다. 그러나 이것은 (ⓓ 취소가능 → 유통가능증권)이 아니기 때문에, 권리증권의 역할을 충족시키지는 않는다.
>
> *straight bill of lading : 기명식 선하증권
> *evidence : 증언[입증]하다; 증거가 되다

① ⓐ 지정된 수하인
② ⓑ 개설된 선하증권 중 최소한 한 개의 원본을 양도
③ ⓒ 운송계약
④ ⓓ 취소가능

해설 ④ ⓓ revocable(취소가능) → negotiable(유통가능)
기명식 선하증권(Straight bill of lading)
선하증권의 Consignee(수하인)란에 특정한 수하인명이 명기된 B/L로 특정 수하인 이외에는 수입항에서 화물의 인수를 선사에 요청할 수 없는 유통불능 선하증권(Non-negotiable B/L)이다.

08 Which of the following set of words are CORRECT for the ⓐ, ⓑ below?

> (ⓐ) is in force for many decades whereas (ⓑ) has been introduced in Incoterms 2010. Under (ⓐ) rule, the risk of seller passes to buyer when goods are shipped on board the vessel. But under (ⓑ) rule, seller's liability on risk fulfills immediately upon delivery of goods to the named place of destination.

① ⓐ CIF, ⓑ DAT
② ⓐ CIF, ⓑ DAP
③ ⓐ CIP, ⓑ DAT
④ ⓐ CIP, ⓑ DAP

정답 ②

해석 ⓐ, ⓑ에 들어갈 말로 올바르게 짝지어진 것은?

> (ⓐ CIF)는 수십 년 동안 시행되고 있는 반면, (ⓑ DAP)는 인코텀즈 2010에서 소개되었다. (ⓐ CIF) 규칙 하에서, 매도인의 위험은 물품이 본선에 적재되는 순간 매수인에게 옮겨간다. 하지만 (ⓑ DAP) 규칙 하에서는 매도인의 위험에 대한 부담은 지정된 목적지에 물품을 인도하는 순간 즉시 완료된다.
>
> *in force : 시행 중인
> *liability on risk : 위험에 대한 부담
> *fulfill : 끝내다, 완료하다

해설 인코텀즈 2020상 CIF vs DAP 비교
- CIF[Cost, Insurance and Freight, (지정목적항) 운임·보험료 포함 인도조건] : CFR 조건에 보험조건이 포함된 조건(매도인 수출통관)이다. 물품에 대한 매매당사자 위험부담 분기점(위험이전)은 물품이 지정선적항 본선 갑판에 안착됐을 때이다.
- DAP[Delivered At Place, 목적지 인도조건/지정장소 국경인도조건/지정목적항 착선 인도조건] : 지정목적지에서 수입통관을 필하지 않은 계약물품을 도착된 운송수단으로부터 양하하지 않은 상태로 매수인의 임의처분 상태로 인도한다. 물품에 대한 매매당사자의 위험부담의 분기점(위험이전)은 지정목적지(물품이 국경선 지정장소에서 수입통관하지 않고 운송수단에 적재한 채 매수인의 임의처분 하에 인도되었을 때)이다.
- ※ CIF, DAP 조건에서 매도인의 물품인도 의무 및 비용 부담은 인코텀즈 2010 및 2020에서 동일하다. 따라서 인코텀즈 2020에서도 동일한 내용이 적용 가능하다. 다만, DAP 조건은 인코텀즈 2020에서 매도인 또는 매수인 자신의 운송수단에 의한 운송을 허용하고 있다.

09 Which INCOTERMS require the seller to insure goods?

① CIF, DAP
② CIP, DAT
③ DAT, DAP
④ CIP, CIF

정답 ④

해석 다음 INCOTERMS 규칙 중 매도인에게 화물보험을 요구하는 것은 무엇인가?

해설 인코텀즈 2020상 CIP vs CIF 비교
- CIP[Carriage and Insurance Paid to, (지정목적지) 운임·보험료 지급 인도조건] : CPT 조건에 운송 도중의 위험에 대비한 적하보험계약을 체결하고 보험료를 지급하는 것을 매도인의 의무에 추가한 조건(매도인 수출통관)
  - 물품의 인도장소 : 지정된 운송인
  - 물품에 대한 매매당사자의 위험부담의 분기점(위험이전) : 지정된 운송인(물품을 지정목적지까지 운송할 운송인의 보관 하에 최초 운송인에게 물품 인도 시)
  - 물품에 대한 매매당사자의 비용부담의 분기점(경비이전) : 합의된 목적지(매도인은 물품 인도 시까지 모든 비용과 지정목적지 운임·보험료 부담)
- CIF[Cost, Insurance and Freight, (지정목적항) 운임·보험료 포함 인도조건] : CFR 조건에 보험조건이 포함된 조건(매도인 수출통관)이다. 물품에 대한 매매당사자 위험부담 분기점(위험이전)은 물품이 지정선적항 본선 갑판에 안착됐을 때이다.
- ※ 매도인과 매수인의 보험 부보와 관련해서는 인코텀즈 2010과 2020에서의 내용이 같으므로, 인코텀즈 2020에서도 동일하게 적용될 수 있다. 다만, CIP 조건의 경우 2010에서는 부보기준이 ICC(C) 또는 이와 유사한 조건이었으나, 2020에서는 ICC(A)로 변경된 점에 유의하여야 한다.

[10~11] Read the following and answer the questions.

Dear Mr. Rose,

We received your <u>letter</u> requesting us to reduce the price and we regret that our price is not low enough to meet your requirements.

We are keen to meet your wishes and to supply you with products which will enable you to compete in the market. But, we find it difficult to allow any further discount as the price has already been cut to an absolute minimum.

The price we offered is the best one we can give you at present and the high quality of our product can't be maintained at lower prices.

We look forward to receiving your reply soon.

Yours faithfully,

---

10 What kind of letter underlined is?

① Offer
② Firm offer
③ Counter offer
④ Free offer

11 The letter is a reply to the previous letter. Which is MOST likely to be the part of the previous letter?

① We can guarantee our perfect combination of durability and softness for the product.
② Please note that the price is the most attractive and competitive.
③ The price will inevitably rise in the future because the costs of raw materials and the wages are on a steady rise.
④ The price is rather stiff in view of the quotation ruling in the market.

해석

친애하는 Mr. Rose,

당사는 가격 인하를 요청하는 귀하의 <u>서신</u>을 받고 당사의 가격이 귀하의 요구조건에 부합하지 못해 유감스럽습니다.

당사는 귀사의 요청에 맞추고 귀사에 시장에서 경쟁력 있는 제품을 공급하기를 간절히 원합니다. 하지만, 가격은 이미 최소금액으로 낮춘 상황이기 때문에 추가 할인은 힘들다는 것을 발견했습니다.

당사의 제안 가격은 현재 저희가 할 수 있는 최선의 가격이며 최상의 품질인 당사의 제품은 더 낮은 가격으로는 품질을 유지할 수 없습니다.

당사는 빠른 시일에 귀사의 답신을 받기를 기대합니다.

그럼 안녕히 계십시오.

*keen : 간절히 ~하고 싶은, ~을 열망하는
*absolute minimum : 절대최소치

10 밑줄 친 말은 어떤 종류의 서신인가?
① 청 약
② 확정청약
③ 반대청약
④ 불확정/자유청약

11 이 서신은 이전 서신의 답신이다. 이전 서신의 내용으로 알맞은 것은 무엇인가?
① 당사는 제품의 내구성과 부드러움의 완벽한 결합을 보장할 수 있습니다.
② 가장 매력적이며 경쟁력 있는 가격이라는 점을 주목해 주시기 바랍니다.
③ 원자재 가격과 임금이 꾸준히 상승하고 있기 때문에 장래에 가격 인상은 불가피할 것입니다.
④ 시장에서 지배적인 견적이라는 면에서 가격이 상당히 비싼 편입니다.

해설 10

Counter Offer(반대청약)
• 청약을 받은 피청약자가 원청약의 가격·수량·선적시기 등과 관련된 조건을 변경하거나 새로운 조항을 추가한 청약을 원청약자에게 보내는 것을 말한다.
• 반대청약은 원청약 거절임과 동시에 피청약자가 청약자에게 하는 새로운 청약으로서 승낙이 아니기 때문에 계약은 성립되지 않으며, 피청약자의 반대청약에 대하여 원청약자가 승낙을 해야만 계약이 성립된다.
• 반대청약은 상대방의 최종 승낙이 있기 전까지 계속 진행될 수 있으며 대응청약이라고도 한다.

11

④ We received your letter requesting us to reduce the price and we regret that our price is not low enough to meet your requirements(당사는 가격 인하를 요청하는 귀하의 서신을 받고 당사의 가격이 귀하의 요구조건에 부합하지 못해 유감스럽습니다.)라고 했으므로 이전 서신에는 가격 할인을 요청하는 구체적인 이유가 있을 것이다.
*durability : 내구성
*rather : 상당히, 꽤
*stiff : 터무니없이 비싼

12

① We would like FOB Busan terms.

→ 당사는 부산을 목적지로 하는 FOB 조건을 좋아합니다.

② Please send us a pro-forma invoice for customs purposes.

→ 세관에 제출할 견적송장을 보내 주시기 바랍니다.

③ Delivery will be made within two months on receipt of your order.

→ 물품의 인도는 귀사의 주문을 받고 두 달 이내에 하게 될 것입니다.

④ This offer is subject to change without prior notice.

→ 이 청약은 사전 통지 없이 언제라도 변경됩니다.

13

① Please note that the end users of this order are very particular.

→ 이 주문의 실수요자들은 매우 까다로운 것을 유의하여 주시기 바랍니다.

② This L/C is effective until December 31.

→ 이 신용장의 만기는 12월 31일까지입니다.

③ Thank you for your acceptance of order dated March 10.

→ 3월 10일자의 주문 승낙에 대하여 감사를 드립니다.

④ Full set of clean on board ocean bill of lading made out "to order".

→ 기명식으로 작성된 본선적재 무고장 선화증권 전통.

정답 12 ① 13 ④

해설 12

① FOB[Free On Board, (지정선적항)] 본선 인도조건]는 계약물품을 지정선적항의 본선상에 인도하는 조건으로, FOB 다음에 지정선적항을 표시(매도인 수출통관)하므로 '당사는 부산을 목적지 → 출발항으로 하는 FOB 조건을 선호합니다.'라고 바꾸어야 한다.

13

④ 지시식 선하증권(Order B/L)은 Consignee(수하인)란에 단순히 "To Order"/"To Order of Shipper" 또는 "To Order of OOO Bank", "OO or Order"라고 기재되어 있는 것으로, '기명식 → 지시식으로 작성된 본선적재 무고장 선하증권 전통.'이라고 바꾸어야 한다.

[14~15] Read the following and answer the questions.

We are very happy that we concluded the first contract. We would like to ask you to ship them as early as possible and <u>pay your close attention to the packing of the goods</u>.
We have instructed our Bankers, New York Commercial Bank, New York, to open an Irrevocable Letter of Credit, and hope that it will reach you without delay through Korea Exchange Bank, Seoul.
When you have completed the shipment, please let me know by fax or email.

14 Which is MOST accurate Korean translation of the underlined sentence?

① 상품포장 확인서를 작성하십시오.
② 상품포장에 대한 대금을 곧 지불해 주십시오.
③ 상품포장에 세심한 주의를 하십시오.
④ 상품포장에 대한 대금결제를 마쳐 주십시오.

15 What is the MOST appropriate purpose of this letter?

① Order Accent and Shipping Note
② Order Confirmation and L/C Open
③ Offer Suggestion and L/C Accept
④ Contract and Shipping Notice

정답 14 ③ 15 ②

해석
당사는 첫 번째 계약을 마무리 지어서 대단히 기쁩니다. 당사는 그것들을 가능한 한 빠른 시일에 운송해 주시고 <u>상품 포장에 세심한 주의를 하실 것</u>을 요청합니다.
당사는 거래 은행인 뉴욕 상업은행에 취소불능 신용장 개설을 지시했으며, 서울의 외환은행을 통하여 지체 없이 귀사에 당도하기를 희망합니다. 귀사가 선적을 끝마치면, 팩스나 이메일로 당사에 알려주십시오.

*irrevocable Letter of Credit : 취소불능 신용장

14 밑줄 친 문장을 우리말로 바르게 번역한 것은?

15 이 서신의 목적으로 가장 적절한 것은 무엇인가?
① 주문 강조와 쉬핑 노트(선적 안내서)
② 주문 확인과 신용장 개설
③ 청약 제시와 신용장 승인
④ 계약과 운송 공지

해설 14
밑줄 친 pay your close attention to the packing of the goods에서 pay attention to는 '~에 세심한 주의를 하다, 신중을 기하다'라는 뜻이므로, ③ '상품포장에 세심한 주의를 하십시오.'가 옳은 해석이다.

15
② 위 서신은 다시 한 번 주문을 확인하고 빠른 운송과 상품 포장에 대한 주의, 취소불능 신용장 개설에 대한 공지를 하고 있다.

[16~17] Read the following and answer the questions.

> We have received your letter of August 20, 2018, informing us that you have not yet received the letter of credit covering our order dated August 10, 2018, and requesting us to open it at once. The credit in question was already airmailed to you on August 20, 2018 by our bankers and it is expected that the L/C covering this order will reach you in time.
> We are sorry for not informing you upon (a) an L/C, and please accept our apologies for the inconveniences we have caused you.

16 What is the main purpose of the letter?

① Request for opening L/C   ② Confirmation of L/C issuance

③ Advising of L/C   ④ Amendment of L/C

17 What is NOT suitable for blank (a)?

① notifying   ② establishing

③ opening   ④ issuing

정답 16 ② 17 ①

해석
> 당사는 2018년 8월 10일자 주문에 관한 신용장을 아직 수령하지 못했으며, 즉시 개설해 줄 것을 요청하는 8월 20일자 귀사의 서신을 받았습니다. 문의하신 신용장은 당사의 거래은행에서 8월 20일 항공우편으로 보냈으며, 기간 내에 이 주문에 대한 신용장이 귀사에 도착할 것으로 예상됩니다.
> 당사는 귀사에 신용장 (a : 개설)에 대해 고지하지 못해 유감스럽게 생각하며 불편을 끼쳐 죄송합니다.

16 위 서신의 주요 목적은 무엇인가?
① 신용장 개설 요청   ② 신용장 개설 확인
③ 신용장 통지   ④ 신용장 개정

17 빈 칸 (a)에 들어갈 말로 적절하지 않은 것은?
① 통지하다   ② 설립[수립]하다
③ 개설하다   ④ 개설하다

해설 16
위 서신은 신용장을 즉시 개설해 줄 것을 요청하는 서신에 대한 답신이다. 문의받은 신용장에 대하여 확인하고 정보를 알려주고 있으므로 서신의 목적은 ② Confirmation of L/C issuance(신용장 개설 확인)이다.
*advise : (정식으로) 알리다
*amendment : 개정, 수정

17
서신의 작성자는 We are sorry for not informing you(당사는 귀사에 고지하지 못해 유감스럽게 생각한다)라고 하면서 신용장 개설을 고지하지 못한 점을 사과하고 있다. ②·③·④는 모두 '개설하다'이므로, 빈 칸에 알맞지 않은 것은 ① notifying(통지하다)이다.

18 What is most suitable for the blank?

> The Seller shall not be responsible for the delay of shipment in all cases of (   ) including mobilization, war, civil commotion, fires, floods, earthquakes, and any other contingencies, which prevent shipment within the stipulated period. In the event of any of the aforesaid causes, documents proving its occurrence or existence shall be sent by the Seller to the Buyer without delay.

① infringement　　　　　　　　② force majeure
③ damage　　　　　　　　　　　④ contingent charges

[정답] ②

[해석] 빈 칸에 들어갈 단어로 가장 적절한 것은?

> 매도인은 (불가항력)으로 인한 선적 지연에 대하여 책임을 지지 않는다. 불가항력에는 동원, 전쟁, 폭동, 화재, 홍수, 지진 및 그밖에 지정기일까지 선적을 불가능하게 하는 우발적인 사고를 포함한다. 이상과 같은 사유가 발생한 경우에는 매도인은 그와 같은 사유의 발생이나 존재를 증명하는 서류를 지체 없이 매수인에게 송부한다.
>
> *civil commotion : 폭동
> *contingencies : 만일의 사태
> *stipulated period : 약정 기일
> *aforesaid : 상기의

① 권리침해　　　　　　　　　② 불가항력
③ 손 상　　　　　　　　　　④ 우발비용

[해설] 제시문은 불가항력 조항에 대한 설명이므로, 빈 칸에는 ②가 적절하다.

Force Majeure(불가항력)
당사자들이 통제할 수 없고, 예견 불가능하며, 회피할 수 없는 사안으로 천재지변(Act of God)이나 화재, 전쟁, 파업, 폭동, 전염병과 기타 자연재앙과 같은 특정한 사정이나 사건을 의미한다. 불가항력에 의해 선적 지연 및 계약불이행이 발생될 경우에 대비하여 무역거래 당사자는 무역계약 체결 시 불가항력으로 인정할 수 있는 구체적인 사항들과 선적지연 시에는 언제까지 지연을 인정할지 여부를 명시하는 것이 좋다. 불가항력으로 인하여 선적이 지연될 경우 통상 3주 또는 1개월 정도 선적기간을 자동으로 연장하도록 하고 있으나, 이 경우 매도인은 불가항력의 존재를 입증하여야 한다.

19 Which payment is BEST applied for export credit insurance if the same sales contract, except payment, is being used?

① Open account　　　　　　　　② Documentary collections
③ Letter of credit　　　　　　　④ Cash in advance

---

20 Under a 90-day bill of exchange under L/C, the issuing bank will have to :

① accept the bill for complying presentation
② finance the bill through secondary market
③ pass the bill to the applicant for endorsement
④ pay the amount direct to the presenter on a sight basis

---

21 Which would normally be found on a Bill of Lading?

① Charges for insurance and packing details

② The terms of sale and buyer's name

③ Description and price of goods

④ Carrier and shipping date

정답 ④

해석 선하증권에서 일반적으로 볼 수 있는 것은 무엇인가?
① 보험금액과 포장 내역
② 판매조건과 수입자의 성명
③ 상품의 설명과 가격
④ 운송인과 선적일

해설 선하증권의 기재사항
• 법정기재사항
 – 선박의 명칭·국적 및 톤수
 – 송하인이 서면으로 통지한 운송물의 종류, 중량 또는 용적, 포장의 종별, 개수와 기호
 – 운송물의 외관상태
 – 용선자 또는 송하인의 성명·상호
 – 수하인 또는 통지수령인의 성명·상호
 – 선적항 및 양륙항
 – 운 임
 – 발행지와 그 발행연월일
 – 수통의 선하증권을 발행한 때에는 그 수
 – 운송인의 성명 또는 상호
 – 운송인의 주된 영업소 소재지
• 임의 기재사항
 – 선하증권 번호
 – 항해번호(Voyage No) : 선사가 임의 결정한 항해번호
 – 착화통지처(Notify Party)
 – 운임 지불지 및 환율
 – 비고(Remark) : 화물의 선적지 손상 및 과부족 상황을 기재
 – 면책약관 : 운송인의 면책조항을 말하며, 후일 화주로부터 손해배상 청구를 면하기 위한 사항으로 B/L의 이면약관
  으로 대신함

22 Following is a part of a letter. What is the purpose of this letter?

Having waited for two weeks since we sent you our third letter on April 25, we want you to settle your full account by the end of May. If we don't receive your remittance by that time, there is no choice but to take legal proceedings against you to protect ourselves even though we are reluctant to do so.

① To inform the delay of shipment

② To cancel the order

③ To ask for payment

④ To apologize for making a complaint

정답 ③

해석 다음은 서신의 일부이다. 이 서신의 목적은 무엇인가?

당사는 4월 25일 세 번째 서신을 귀사에 보내고 2주일을 기다렸습니다. 당사는 5월 말까지 귀사가 계정 전액을 정산해주셨으면 합니다. 만약 그때까지 송금액을 받지 못할 시에는, 그렇게 하고 싶지는 않지만 당사의 보호를 위해 귀사에 대한 법적인 절차에 들어갈 수밖에 없습니다.

*settle : (주어야 할 돈을) 지불[계산]하다, 정산하다
*remittance : 송금액
*be reluctant to : ~을 주저하다, 망설이다

① 선적지연을 알리기 위하여
② 주문을 취소하기 위하여
③ 지불을 요청하기 위하여
④ 불만 건에 대해 사과하기 위하여

해설 ③ we want you to settle your full account by the end of May(당사는 5월 말까지 귀사가 계정 전액을 정산해주셨으면 합니다.)라고 하였으므로, 위 서신은 지불을 촉구하며, 만약 이행되지 않을 시 법적 조치를 취하겠다는 내용이다.

23 Choose one that shows a right match for the underlined(ⓐ~ⓓ) in the letter below.

> ⓐ We have just been informed from ⓑ Seoul Bank, New York, that they received from ⓒ their head office in Seoul an irrevocable letter of credit opened by ⓓ you to cover your order No. ASR-23.

구 분	ⓐ	ⓑ	ⓒ	ⓓ
①	Importer	Negotiating bank	Issuing bank	Exporter
②	Exporter	Advising bank	Issuing bank	Importer
③	Importer	Advising bank	Confirming bank	Exporter
④	Exporter	Confirming bank	Advising bank	Importer

[정답] ②

[해석] 아래 서신에서 밑줄 친 부분(ⓐ~ⓓ)을 가리키는 것으로 옳게 짝지어진 것은?

> ⓐ 당사는 뉴욕의 ⓑ 서울은행으로부터 귀사의 주문 No. ASR-23를 위해 ⓒ 서울 본점에서 ⓓ 귀사가 개설한 취소불능 신용장을 받았다는 통지를 받았습니다.
>
> *irrevocable letter of credit : 취소불능 신용장

구 분	ⓐ	ⓑ	ⓒ	ⓓ
①	수입업자	매입은행	개설은행	수출업자
②	수출업자	통지은행	개설은행	수입업자
③	수입업자	통지은행	확인은행	수출업자
④	수출업자	확인은행	통지은행	수입업자

[해설] 서신에서 작성자는 상대방이 개설한 취소불능 신용장을 받았다는 통지를 받았다고 하였으므로, ⓐ는 신용장을 받는 수출업자, ⓑ는 신용장을 수익자(수출업자)에게 통지해주는 통지은행, ⓒ는 수입업자에 의하여 신용장을 발행하는 개설은행, ⓓ는 신용장 개설 요청의 주체이므로 수입업자를 의미한다.

신용장거래 당사자
• 개설의뢰인(Applicant) : 수익자(Beneficiary)와의 매매계약에 따라 자기거래은행(Opening bank)에 신용장을 개설해줄 것을 요청하는 수입업자로 향후 수출 환어음 대금의 결제의무자가 된다.
• 개설은행(Issuing bank) : 보통 수입업자의 거래은행으로서 개설의뢰인(수입업자)의 요청과 지시에 의하여 신용장을 발행하는 은행이다.
• 통지은행(Advising/Notifying bank) : 어떠한 책임이나 약정 없이(Without engagement) 개설은행으로부터 내도된 신용장을 수익자에게 통지(송부나 교부)해 주는 수출지의 은행이다.
• 수익자(Beneficiary) : 신용장 수취인으로서 수혜자라고도 하며 수출자를 말한다.

24 Which of the following indicates a different thing?

I'm happy to give you an advanced look at our new product, the Smith Tech G32. ⓐ <u>This item</u> will be reaching stores here in Korea by the end of the year. The attached images will make ⓑ <u>it</u> clear that we've put a lot of efforts into an innovative design, and the performance below shows how efficiently ⓒ <u>it</u> runs. Let me know if you'd like to discuss with us for distributing ⓓ <u>it</u> in your country.

① ⓐ   ② ⓑ
③ ⓒ   ④ ⓓ

정답 ②

해석 다음 중 밑줄 친 것이 가리키는 것이 다른 것은 무엇인가?

귀사에 당사의 신제품인 the Smith Tech G32를 미리 선보이게 되어 기쁩니다. ⓐ <u>이 제품</u>은 올해 말까지는 한국 내 상점에 들어갈 것입니다. 첨부한 이미지는 ⓑ <u>당사</u>가 혁신적인 디자인에 많은 노력을 기울였으며, ⓒ <u>그것</u>이 얼마나 효율적으로 작동하는지를 확실하게 보여줄 것입니다. 귀하의 국가 내에서의 ⓓ <u>이 제품</u>의 배급에 대해 논의하고자 하시면 연락 주십시오.

*make it clear that~ : ~을 확실히 하다
*put a lot of efforts into : ~에 많은 노력을 들이다
*distribute : 배급

해설 ⓐ, ⓒ, ⓓ는 모두 our new product, the Smith Tech G32(당사의 신제품인 the Smith Tech G32)를 가리키는데, ⓑ it은 that 이하의 '당사가 혁신적인 디자인에 많은 노력을 기울였으며, 그것(제품)이 얼마나 효율적으로 작동하는지'를 나타내는 가목적어이므로 나머지와 가리키는 것이 다르므로 정답은 ②이다.

25 What does below represent?

> The weight of packing and containers without the goods to be shipped. This is used to simplify the process of weighing something that needs to be in a container.

① Tare Weight
② Net Weight
③ Gross Weight
④ Middle Weight

정답 ①

해석 **다음이 가리키는 것은 무엇인가?**

> 선적될 물품을 제외한 포장과 컨테이너의 무게를 말한다. 이것은 컨테이너에 실릴 제품의 무게 측정과정을 간소화하기 위해 사용된다.

① 자체중량
② 순중량
③ 총중량
④ 미들급

해설 ① 자체중량(Tare Weight) : 포장재료 자체 혹은 내용물이 없는 컨테이너 자체의 중량을 의미한다.
② 순중량(Net Weight) : 자체중량을 빼고 내용물만을 잰 것이다.
③ 총중량(Gross Weight) : 자체중량과 순중량을 합한 것이다.
④ 미들급(Middle Weight) : 스포츠 용어로 많이 쓰이는 용어이다.

26 Fill in the blank with right word.

> We have contacted our suppliers and were informed the goods were deposited at your depot in perfect condition. Therefore we assume that damage occurred while the consignment was in your care.
> The boxes were (   ) "FRAGILE and KEEP AWAY FROM HEAT."

① marked

② shown

③ known

④ expressed

정답 ①

해석 빈 칸에 알맞은 단어를 채워 넣으시오.

> 당사는 공급업체에 연락해서 그 제품이 귀사의 창고에 있었을 때는 온전했다고 고지받았습니다. 따라서 당사는 화물이 귀사의 책임 하에 있는 동안 손상이 발생한 것으로 추정합니다. 상자에는 "깨지기 쉬움. 열 가까이 두지 마시오"라고 (표시되어 있었습니다).
>
> *deposit : (특정한 곳에) 두다[놓다]
> *depot : 창고

① 표시되다
② 보여지다
③ 알려지다
④ (감정·의견 등이) 표현되다

해설 상자에 "FRAGILE and KEEP AWAY FROM HEAT(깨지기 쉬움. 열 가까이 두지 마시오.)"라는 문구가 쓰인 것으로 보아 빈 칸에 알맞은 것은 '표시하다'라는 뜻의 ① marked이다.

27 Below is an explanation about warranty. Fill in the blank (A).

> Warranty : CISG provides that the seller must deliver goods that are of (A) required by the contract.

① the quantity, quality and description
② inspected goods
③ insured goods
④ duplicate samples

정답 ①

해석 다음은 보증서에 대한 설명이다. 빈 칸 (A)에 알맞은 것을 채우시오.

> 품질보증서 : CISG는 매도인은 계약서에서 정한 (A 수량, 품질 및 상품명세)와 일치하는 물품을 인도하여야 한다고 규정한다.
>
> *warranty : 품질보증서
> *provide : 규정하다

① 수량, 품질 및 상품명세
② 검수된 물품
③ 보험 가입된 물품
④ 비치용 견본

해설 ① 위 제시문은 CISG 제35조 물품의 일치성에 대한 내용의 일부이다.
CISG 제35조 물품의 일치성
The seller must deliver goods which are of the quantity, quality and description required by the contract and which are contained or packaged in the manner required by the contract.
매도인은 계약서에 의해 요구된 수량, 품질 및 상품명세와 일치하고 계약서에 의해 요구된 방법으로 용기에 담겨지거나 포장된 물품을 인도하여야 한다.

28 Which is most similar to the underlined sentence?

> We can say that <u>our product is the cheapest in the market</u>.

① Some other product in the market is as cheap as ours.

② Any other product in the market is as cheap as ours.

③ No other product in the market is as cheap as ours.

④ Other product in the market is as cheap as ours.

정답 ③

해석 밑줄 친 문장과 가장 비슷한 것은 무엇인가?

> 당사는 <u>당사의 제품이 시장에서 가장 저렴하다</u>고 말할 수 있다.

① 시장의 다른 몇몇 제품들은 당사의 제품만큼 저렴하다.
② 시장의 다른 어떤 제품들은 당사의 제품만큼 저렴하다.
③ 시장에서 당사의 제품만큼 저렴한 다른 제품은 없다.
④ 시장의 다른 제품들은 당사의 제품만큼 저렴하다.

해설 밑줄 친 문장은 '당사의 제품이 시장에서 가장 저렴하다'의 뜻으로 the cheapest라는 최상급 비교표현을 통해 강조하고 있다. 이와 가장 유사한 것은 'B만큼 ~한 A는 없다'라는 뜻을 나타내는 No other A as ~ as B가 쓰인 ③이다.

[29~30] Read the following and answer.

> Some cases of import or export deals are arranged through an exporter's agent or distributor overseas.
> In this case importer buys from a company in his own country. Alternatively, the deal may be arranged through an importer's buying agent, or through a/an (   ) based in the exporter's country.

29 Who might be the party acting for importer?

① Buying agent
② Exporter's agent
③ Distributor
④ Exporter

30 Choose one which best fits the blank.

① export house

② import agent

③ buying agent

④ distributor

해석

수입 또는 수출의 일부 거래는 해외의 수출업자 대리점 또는 배급자를 통해서 성립한다.
이 경우 수입업자는 자국 내 회사로부터 구매한다. 그렇지 않으면, 거래는 수입업자의 대리점 또는 수출국에
본사를 둔 (수출관)을 통해서 이루어진다.

*Alternatively : 그렇지 않으면, 그 대신에
*based in : ~에 본사를 둔

29 수입업자를 위해서 행동하는 당사자는 누구인가?
① 구매대리점
② 수출대리점
③ 배급업자
④ 수출업자

30 빈 칸에 가장 알맞은 것을 고르시오.
① 수출관
② 수입대리점
③ 구매대리점
④ 배급업자

해설 29

In this case importer buys from a company in his own country. Alternatively, the deal may be arranged
through an importer's buying agent,(이 경우 수입업자는 자국 내 회사로부터 구매한다. 그렇지 않으면, 거래는
수입업자의 대리점)라고 했으므로, 수입업자를 위해 행동하는 것은 ① Buying agent(구매대리점)이다.

30

빈 칸 뒤에 based in the exporter's country(수출국에 본사를 둔)라고 했으므로 빈 칸에 들어갈 말로 알맞은
것은 ① export house(수출관)이다.
*buying agent : 구매대리점
*distributor : 배급[판매/유통] 업자[회사]

31 Put an appropriate word for the blank.

> You don't understand the terms of discount. We told you to deduct discount from net prices, not CIF prices.
> → There seems to be ( ) misunderstanding regarding terms of discount. Discount is deducted from net prices, not CIF prices.

① some
② little
③ all
④ few

[32~33] Read the following and answer.

> Under collections, the sellers draw it up on a specially printed form or on their headed notepaper and forward it to their bank, together with the documents relating to the transaction. These may include a transport document providing that the ( ) have been dispatched.

32 What does the underlined 'it' mean?

① Bill of exchange
② Commercial invoice
③ Packing list
④ Promissory note

33 Fill in the blank with right word(s).

① goods

② shipping documents

③ sales contract

④ offer sheet

정답 32 ① 33 ①

해석

추심 하에서는, 매도인은 <u>그것</u>을 특별히 인쇄된 양식이나 이름과 주소가 인쇄된 용지에 발행하고, 그것을 그들의 은행으로 매매 관련 서류와 함께 전달한다. 이것들은 (물품)이 발송된 것을 규정하는 운송서류를 포함할 수도 있다.

*draw : (어음을) 발행하다
*headed notepaper : 이름과 주소가 인쇄되어 있는 메모지
*dispatch : 발송하다

32 밑줄 친 '그것'이 의미하는 것은 무엇인가?
① 환어음
② 상업송장
③ 포장명세서
④ 약속어음

33 빈 칸에 알맞은 단어는 무엇인가?
① 물 품
② 선적서류
③ 수출판매계약서
④ 물품매도확약서

해설 32

① 추심방식에서는 매도인이 환어음을 발행해 선적서류와 함께 추심을 의뢰한다.

환어음 추심방식

매도인이 선적 후 외국의 매수인 앞으로 발행한 환어음에 선하증권 등의 선적서류를 첨부해서 수출지 외국환은행에 추심을 의뢰하면, 추심을 의뢰받은 은행은 환어음과 선적서류를 수입지 자행(자기은행) 지점이나 거래은행에 송부하고, 수입지 은행은 환어음을 매수인에게 제시하여 어음대금을 지급받아서 그 대금을 수출지 은행에 송금하고 수출지 은행은 이를 매도인에게 지급하는 방식이다.

33

'발송된 것을 규정하는 운송서류(a transport document providing that ~ have been dispatched.)'라고 했으므로 빈 칸에는 ① goods(물품)가 적절하다.

34 Which of the following is NOT related to CAD(Cash Against Documents) for buyer?

① No use of bank credit line

② Payment upon checking of shipping documents

③ Deferred payment

④ Low cost compared to L/C

정답 ③

해석 매수인에 대한 CAD(Cash Against Documents)와 관련 없는 것은 무엇인가?
① 은행 신용장 개설 한도 사용 안함   ② 운송서류를 점검하고 지불
③ 후지급   ④ 신용장 방식에 비해 저렴한 비용

해설 서류인도 상환방식(Cash Against Documents, CAD)
• 상품 선적 후 수출국에서 '서류와 상환'으로 현금 결제하는 방식이다.
• 수출자가 선적 후 선적서류(선하증권, 보험서류, 상업송장 등)들을 수출국소재 수입자 대리인 또는 거래은행에 제시하고 서류와 상환으로 대금을 수령하는 결제방식이다.
• 통상 수입자의 지사나 대리인이 수출국에 있는 경우 활용한다.
• CAD 방식을 유럽식 D/P 방식이라고도 한다.

---

35 What is BEST for the blank?

( ) is a trading arrangement in which a seller sends goods to a buyer or reseller who pays the seller only as and when the goods are sold. The seller remains the owner (title holder) of the goods until they are paid for in full and, after a certain period, takes back the unsold goods.

① Offer subject to being unsold   ② Offer subject to final confirmation

③ Offer on approval   ④ Offer on sales or return

정답 ④

해석 빈 칸에 들어갈 말로 가장 적절한 것은?

(반품허용 조건부 청약)은 매도인이 매수인 또는 재판매업자에게 물품을 보내는 무역 거래이다. 이 경우 재판매 업자는 물품이 판매되었을 때만 매도인에게 지불한다. 매도인은 물품 대금이 전액 지불될 때까지 물품 소유주(법적 소유권자)이며, 일정 기간 후에 미판매품은 회수한다.

*take back : 회수하다
*unsold goods : 미판매품

① 재고잔류 조건부 청약   ② 최종확인 조건부 청약
③ 점검매매 조건부 청약   ④ 반품허용 조건부 청약

해설 ④ 반품허용 조건부 청약(Offer on sale or return) : 청약 시 물품을 대량으로 송부하여 피청약자가 이를 위탁판매하게 하고 미판매 잔여물품은 다시 반납한다는 것을 조건으로 하는 청약이다. 피청약자가 위탁판매를 개시하는 경우 위탁판매계약이 성립하므로 이는 확정청약의 일종이다.
① 재고잔류 조건부 청약(Offer subject to being unsold) : 청약에 대한 승낙 의사가 피청약자로부터 청약자에게 도달했다 해도 바로 계약이 성립되는 것이 아니라 그 시점에 당해 물품 재고가 남아 있는 경우에 한해 계약이 성립되는 Offer로서 선착순매매 조건부 청약(Offer subject to prior sale)이라고도 한다.
② 최종확인 조건부 청약(Offer subject to final confirmation) : 청약자가 청약 시 단서로서 계약 성립에는 청약자의 최종 확인이 필요하다는 내용을 명시한 조건부 청약이다.
③ 점검매매 조건부 청약(Offer on approval) : 청약과 함께 물품을 송부하여 피청약자가 물품을 점검해 보고 구매의사가 있으면 그 대금을 지급하고 그렇지 않으면 반품해도 좋다는 조건의 청약이다.

36 Put the right word for the blank.

The most common reason for using Escalation Clause in a sales contract is increasing supply costs to the vendor. The clause is quite common in construction contracts to cover ( ) costs due to fluctuations in the prices for raw materials, fuel, and labor during the course of the construction period.

① low
② decreased
③ unexpected
④ same

정답 ③

해설 빈 칸에 들어갈 말로 가장 적절한 것은?

판매계약에서 가격증감약관을 사용하는 가장 보편적인 이유는 공급가격의 인상을 매도인에게 넘기는 것이다. 이 조항은 건설계약에서 보편적으로 사용되며, 건설공사 기간 과정에서 원자재 가격과 연료비, 임금의 변동에 따른 (예상치 못한) 비용을 보장하기 위함이다.

*vendor : 매도인
*fluctuation : 변동

① 낮 은
② 감소한
③ 예상치 못한
④ 동일한

해설 제시문은 가격증감약관(Escalation Clause)에 대한 설명으로, 청약자가 제시한 가격이 물가나 환율의 변동에 따라 사전 통보 없이 변경될 수 있다는 조항이므로 빈 칸에 들어갈 단어는 '예상치 못한'이라는 뜻의 ③ unexpected이다.

37 Which of the following does the underlined 'costs' refer to?

> Under Incoterms rules CPT, CIP, CFR, CIF, DAT, DAP, and DDP, the seller must make arrangements for the carriage of the goods to the agreed destination. While the freight is paid by the seller, it is actually paid for by the buyer as freight costs are normally included by the seller in the total selling price. The carriage costs will sometimes include the costs of handling and moving the goods within port or container terminal facilities and the carrier or terminal operator may well charge these <u>costs</u> to the buyer who receives the goods.

① Documentation fee
② THC
③ Detention
④ Demurrage

정답 ②

해석 다음 글에서 밑줄 친 'costs'가 가리키는 것은 무엇인가?

> 인코텀즈 CPT, CIP, CFR, CIF, DAT, DAP, DDP 하에 매도인은 합의된 목적지로의 물품 운송을 위한 계약을 체결해야 한다. 매도인이 운임을 부담하지만 그 운송비는 통상 매도인의 총 매매가격에 포함되어 있기 때문에 실제로는 매수인이 부담하게 된다. 운송비는 간혹 항구나 컨테이너 터미널 시설 내 물품을 취급하고 운반하는 비용을 포함하며, 운송인이나 터미널운영자가 물품을 수령하는 매수인에게 이런 <u>비용</u>을 부과할 수 있다.

① 서류발급비
② 터미널 화물 처리비용
③ 구 금
④ 체선료

해설 ② Incoterms 2010 중 터미널 화물 처리비용(THC) 관련 내용의 일부이다.
터미널 화물 처리비용(Terminal Handling Charge, THC)
화물이 CY에 입고된 순간부터 본선의 선측까지, 반대로 본선 선측에서 CY의 게이트를 통과하기까지 화물의 이동에 따르는 비용
※ Incoterms 2010은 A6/B6의 관련 규칙에서 터미널 화물 처리비용(THC)을 할당함으로써 이중지급의 발생을 예방할 수 있도록 하였으나, Incoterms 2020에서 당사자 의무 조항의 순서가 변경되면서 A6/B6(Allocation of costs)에 해당하는 내용이 A9/B9로 이동하였다.

38 Put an appropriate word for the blank.

> You made an error on the statement.
> → There (　　) to be an error on the statement.

① appears   ② is
③ are   ④ have been

[정답] ①

[해석] 빈 칸에 들어갈 말로 가장 적절한 것은?

귀사는 설명서에 오류가 있습니다.
→ 설명서에 오류가 있어 (보입니다).

[해설] ① '~가 있어 보이다'는 there appears to be로 표현할 수 있다. are는 복수형이므로 an error에 적절하지 않고, is는 there is an error~로 표현하는 것이 더 자연스럽다.
*make an error : 과오를 저지르다

[39~40] Which is the LEAST proper English writing?

39 ① 다음 달 말까지 어음 결제가 이루어지지 않을 경우 당사를 보호하기 위하여 법적 절차를 취하지 않을 수 없습니다.
→ In case you don't honor the drafts by the end of next month, we can not but take legal proceedings to protect ourselves.
② 귀사 주문품은 9월 30일 부산항을 떠나는 "Trade V-12"에 선적될 것임을 알려 드립니다.
→ We are glad to inform you that the consignment you ordered will be shipped by "Trade V-12" leaving Busan on September 30.
③ 파업은 이번 주 이내에 끝날 것으로 예상하고 있으며 파업이 끝나는 대로 귀사 주문 선적을 특별히 우선 처리하겠습니다.
→ It is estimated that the labor strike will be over within this week and we will give a special priority on the shipment you ordered as soon as the strike is settled.
④ 그 물품을 결제하기 위하여 당사를 수익자로 하는 USD5,000에 대한 신용장을 개설하여 주시기 바랍니다.
→ You are supposed to issue an L/C for USD5,000 on our behalf to cover the goods.

40 ① 당사는 6월 선적분부터 당사 제품가격의 10% 인상을 받아들이도록 귀사에 요구할 수밖에 없습니다.

→ We have no choice but to ask you to accept a 10% increase in our prices starting from June shipment.

② 만일 귀사가 선적일을 준수할 수 있다면 이번 주말까지 발행은행을 통하여 일람불 취소불능 신용장을 발행하겠습니다.

→ If you can meet the delivery date, we can issue an irrevocable L/C at sight by the end of this week through the issuing bank.

③ 당사는 귀사가 열악한 품질의 물품을 양호한 품질의 것으로 대체하기를 요청합니다.

→ We request you to substitute the inferior quality goods for the superior goods.

④ 이 청약을 신속하게 승낙해 주시면 감사하겠습니다.

→ Your prompt acceptance of this offer would be much appreciated.

정답 39 ④ 40 ③

해설 39

④ '당사를 수익자로 하여'는 in favor of로 나타내므로, You are supposed to issue an L/C for USD 5,000 <u>on our behalf → in favor of us</u> to cover the goods.가 되어야 한다.

*on our behalf : 우리를 대신하여

수익자(Beneficiary)
• 신용장 수취인으로서 수혜자라고도 하며 수출자를 말한다.
• Drawer(환어음 발행인), Consignor(물품 발송자), Exporter(수출업자), Shipper(송하인), Payee(대금영수인), Accreditee(신용수령인), Addressee user(수신사용인)로도 불린다.
• 신용장에서는 통상 "in favor of (수익자)~"로 수익자를 표시한다.

40

③ 'A를 B로 치환하다'는 substitute B for A로 나타내므로, We request you to substitute <u>the inferior quality goods for the superior goods → the superior goods for the inferior quality goods</u>.가 되어야 한다.

*substitute B for A : A를 B로 치환하다

41

_____ this account, we enclose a check for US$8,500,000.

① To check ② To advise

③ To pay   ④ To receive

42

We have sent you a _____ of US$8,000,000 on January 3, but it is still overdue.

① credit note ② debit note

③ remittance   ④ invoice

43

We haven't heard any _____ from our bank of your remittance.

① advice   ② delivery

③ request ④ packing

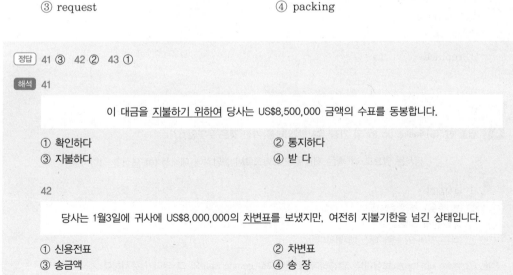

정답 41 ③ 42 ② 43 ①

해석 41

이 대금을 <u>지불하기 위하여</u> 당사는 US$8,500,000 금액의 수표를 동봉합니다.

① 확인하다   ② 통지하다
③ 지불하다   ④ 받 다

42

당사는 1월3일에 귀사에 US$8,000,000의 <u>차변표</u>를 보냈지만, 여전히 지불기한을 넘긴 상태입니다.

① 신용전표   ② 차변표
③ 송금액   ④ 송 장

43

당사는 귀사의 송금에 대해서 당사 거래은행으로부터 <u>통지</u>를 듣지 못했습니다.

① 통 지　　　　　　② 인 도
③ 요 청　　　　　　④ 포 장

해설 41

'(청구된 대로) 요금[대금]을 지불하다[계산을 마치다]'는 to pay[settle] a(n) bill[account/invoice]로 나타낼 수 있으므로 빈 칸에는 ③ To pay가 들어가야 한다.

42

② 차변표(Debit note) : 수출과 관련된 유료견품비 등 비정산대금이나 누락금액의 청구 시에 이용되는 서식을 말한다. 이는 상대방에 대한 채권이 발생하였을 경우에, 이 전표를 이용하여 그 금액만큼 상대방의 차변계정에 기재한다 하여 차변표라 부른다.

*overdue : (지불·반납 등의) 기한이 지난

43

① haven't heard ~ from our bank of your remittance(귀사의 송금에 대해서 당사 거래은행으로부터 ~ 듣지 못했습니다.)라고 했으므로, 거래은행으로부터 송금에 대한 소식을 통지받아야 한다는 내용이 들어가야 한다.

44 Which has the MOST similar meaning to the underlined '(a) make up for'?

We will (a) <u>make up for</u> the disappointment by delivering better goods in the future.

① compensate
② amend
③ create
④ replace

정답 ①

해석 밑줄 친 '(a) make up for'와 가장 유사한 의미를 가진 것은 무엇인가?

당사는 앞으로 더 좋은 제품을 인도함으로써 실망감에 대해서 (a) <u>보상할</u> 것입니다.

① 보상하다
② (법 등을) 개정[수정]하다
③ 창조[창작/창출]하다
④ (다른 것의 기능을) 대신[대체]하다

해설 ① make up for는 '보상하다, 벌충하다'의 뜻이므로 compensate와 그 의미가 유사하다.

45 ① 인건비의 상승으로 부득이하게 가격을 인상할 수 밖에 없습니다.

→ We have been compelled to rise our prices due to increased labor costs.

② 선적은 대금수령일로부터 30일 이내에 일괄 선적으로 이루어질 것입니다.

→ Shipping will be made in a partial shipment within 30 days of request of the payment.

③ 당사는 귀사의 청약에서 제시한 가격으로는 귀사의 주문을 이행할 수 없습니다.

→ We are in a position to expedite your order at the prices specified in your offer.

④ 귀사의 제품에 관한 더 상세한 정보를 보내주시면 감사하겠습니다.

→ We would appreciate it if you could send us more details of your product.

46 ① 손상된 제품을 새 제품으로 교체해 주시기 바랍니다.

→ Please replace the damaged goods with the new goods.

② 뉴욕 상업회의소가 당사에게 믿을 만한 LED TV 수입업체인 귀사를 소개했습니다.

→ The New York Chamber of Commerce has been given us your name as a reliable importer of LED TVs.

③ 이 정보는 극비로 다루어져야 합니다.

→ This information should treat as absolutely confidence.

④ 동 상사의 성실한 영업방식 덕택으로 동 상사는 좋은 평판을 누리고 있습니다.

→ They owe their sincere way of conducting business to their reputable position.

[정답] 45 ④ 46 ①

[해설] 45

① We have been compelled to rise → raise our prices due to increased labor costs.

② Shipping will be made in a partial → whole shipment within 30 days of request → receipt of the payment.

③ We are not in a position to expedite your order → execute order at the prices specified in your offer.

*be compelled to : 할 수 없이 ~하다

*expedite : 더 신속히 처리하다

분할선적(Partial Shipment)

• 동일선박이고 동일항해인 경우 운송일과 운송지가 달라도 분할선적이 아니다.

• 우편선적인 경우 동일지역에서 동일일자에 이루어졌으면 여러 개로 나누어 실려도 분할 운송으로 간주되지 않는다.

• 할부방식(Shipment by installment)에 의한 선적을 특별히 요구하는 경우 이전의 할부선적이 약정기간 내 이행되지 않았으면 그 이후의 선적분도 모두 무효가 된다.

46

② The New York Chamber of Commerce has been given → gave us your name as a reliable importer of LED TVs.

③ This information should treat → be treated as absolutely confidence.

④ They owe their reputable position to their sincere way of conducting business.

47 Which of the following(ⓐ ~ ⓓ) CANNOT replace the given expression?

> 당사는 당사의 힘으로는 도저히 어찌할 수 없는 사유로 인해서 선적일자인 3월 15일을 지킬 수 없게 되었음을 대단히 죄송하게 생각합니다. 이러한 상황으로 유감스럽지만 귀사의 취소를 받아들일 수밖에 없습니다.
>
> → We regret very much that for the reasons totally ⓐ <u>beyond our control</u>, it has become impossible for us to ⓑ <u>meet the delivery date</u>, March 15. ⓒ <u>This circumstance</u> ⓓ <u>gives us no alternative</u> but to accept your cancellation with regret.

① ⓐ beyond our control → out of our control
② ⓑ meet the delivery date → give the delivery date
③ ⓒ This circumstance → This situation
④ ⓓ gives us no alternative → leaves us no choice

정답 ②

해석 다음 (ⓐ ~ ⓓ) 중 주어진 표현과 대체할 수 없는 것은 무엇인가?
① ⓐ 어찌할 수 없는, 통제력을 넘어선 → 통제력을 벗어난
② ⓑ 선적일자를 지키다 → 선적일자를 주다
③ ⓒ 이러한 상황 → 이러한 상황
④ ⓓ 대안[대체]이 없다 → 선택의 여지가 없다

해설 ② ⓑ meet the delivery date에서 meet는 '(필요·요구 등을) 충족시키다; (기한 등을) 지키다'의 뜻으로 쓰였으므로, give가 아니라 fulfill[satisfy]로 바꿔 쓸 수 있다.

---

48 Which of the following(ⓐ ~ ⓓ) CANNOT replace the given expression?

> ⓐ <u>Since</u> we do not yet have any ⓑ <u>particular</u> business connections in your country, it would be deeply appreciated if you could kindly help us obtain a list of several ⓒ <u>reliable</u> importers who may be ⓓ <u>interested in</u> this line of business.

① ⓐ Since → As
② ⓑ particular → specific
③ ⓒ reliable → undependable
④ ⓓ interested in → keen on

정답 ③

해석 다음 (ⓐ~ⓓ) 중 주어진 표현과 대체할 수 없는 것은 무엇인가?

> 당사는 귀사의 국가에서 ⓑ 특별한 비즈니스 거래가 없기 ⓐ 때문에, 만약 귀사가 이 분야 비즈니스에 ⓓ 관심이 있는 ⓒ 믿을 만한 몇몇 수입업자 리스트를 얻는 데 당사에 도움을 줄 수 있다면 대단히 감사하겠습니다.

① ⓐ ~때문에 → ~ 때문에, ~아서
② ⓑ 특별한 → 특정한
③ ⓒ 믿을만한 → 의지[신뢰]할 수 없는
④ ⓓ ~에 관심이 있는 → ~에 관심이 많은

해설 ③ ⓒ reliable은 '믿을 만한'의 뜻이므로, dependable이 되어야 한다.
*keen on : ~을 아주 좋아하는, ~에 관심이 많은

49 What does the following explain?

> An arrangement whereby the seller sends the goods and shipping documents direct to the buyer, thus enabling him to take delivery and dispose of the goods and payment is made some time later, usually not more than 180 days.

① CWO
② D/A
③ CAD
④ O/A

정답 ④

해석 다음에서 설명하고 있는 것은?

> 매도인이 물품과 선적서류를 매수인에게 직접 보내서 매수인이 물품 인도와 배포 후 일정기간 후에 지불이 이루어지는 약정. 지불은 통상적으로 180일 이내에 이루어진다.

*whereby : 그것에 의하여 ~하는
*dispose : (특정한 방식·위치에 물건이나 사람을) 배치하다

① 주문불 지급방식
② 인수인도조건
③ 서류인도 상환방식
④ 청산결제

해설 청산결제(Open or Current Account, O/A)
매도인, 매수인이 일정기간을 정하고 대금을 몰아서 지급하는 방식으로 본지사 간 혹은 고정거래처 간에 지속적으로 수출입거래를 하는 경우 선적 시마다 대금결제를 하는 불편을 해소하기 위해 수출자는 계속 상품을 선적하고 일정기간에 한 번씩 누적된 대금을 결제하는 외상거래이자 신용거래를 의미한다.

50 Below is an extract from negotiation L/C. Fill in the blanks with the most appropriate word in order.

> "We hereby engage with drawer, endorsers and (   ) that drafts drawn under and negotiated in (   ) with the terms of this credit will be duly (   ) on presentation."

① drawee, accordance, paid

② bona fide holders, conformity, honoured

③ payee, conformity, accepted

④ bona fide holders, accordance, accepted

[정답] ②

[해석] 다음은 매입신용장으로부터 발췌한 것이다. 빈 칸에 들어갈 순서대로 바르게 나열된 것을 고르시오.

> 당행은 신용장 조건에 (따라) 발행되고 매입한 어음은 제출 시에 정히 (지급될) 것임을 어음발행인과 배서인 및 (선의의 소지인)에게 약정합니다.

① 지급인, 일치, 지불한
② 선의의 소지인, 따름, 약정한
③ 수취인, 따름, 승낙한
④ 선의의 소지인, 일치, 승낙한

[해설] 매입신용장(Negotiation Credit)
- 수익자가 발행한 환어음이 매입될 것을 예상하여 발행은행이 수익자(Drawer)뿐만 아니라 배서인(Endorser) 및 선의의 소지인(Bona fide holder)에게도 지급확약을 확대하고 있는 신용장으로 매입신용장이 발행될 때 신용장에 발행은행의 지급확약문언을 다음과 같이 명시한다.
- "We hereby agree with the drawers, endorsers and bona fide holders of drafts drawn under and in compliance with the terms of this credit that such drafts will be duly honored on due presentation and on delivery of documents as specified to the drawee bank."(본인은 본 신용장 조건에 따라 발행된 어음의 발행인, 배서인 및 선의의 소지인에 동의하며, 이러한 어음은 어음 발행은행에 지정된 서류를 제출하면 적법하게 이행될 것입니다.)
- *extract : 발췌, 초록
- *negotiation L/C : 매입신용장
- *drawee : 어음 지급인
- *bona fide holders : 선의의 소지인
- *in conformity : 준거하여

51 환어음의 필수기재사항으로 옳지 않은 것은?

① 지급인
② 만기일
③ 어음발행매수의 표시
④ 무조건의 지급위탁문언

정답 ③

해설 ③ 어음발행매수의 표시는 환어음의 임의기재사항이다.
환어음의 필수기재사항
- 환어음 표시문구
- 일정금액(대금)의 무조건 지급위탁문언
- 지급인 표시
- 지급만기일 표시
- 지급지 표시
- 수취인 표시
- 발행일 및 발행지 표시
- 발행인의 기명날인 또는 서명

52 선박회사들이 유류가의 인상으로 운임에 부가하는 할증료를 무엇이라 하는가?

① THC
② Handling Surcharge
③ Surcharge
④ BAF

정답 ④

해석 ① 터미널화물처리비
② 처리할증료
③ 할증료
④ 유류할증료

해설 ④ 유류할증료(Bunker Adjustment Factor, BAF) : 선박의 연료인 벙커유의 가격변동에 따른 손실을 보전하기 위해 부과하는 할증요금
① 터미널화물처리비(THC) : 화물이 CY(Container Yard, 컨테이너 장치장)에 입고된 순간부터 본선의 선측까지, 반대로 본선 선측에서 CY의 게이트를 통과하기까지 화물의 이동에 따르는 비용을 말한다.
② 취급[처리]할증료(Handling Surcharge) : 특정 할증료에 대한 설명이 없어 정답으로 판단할 수 없다.
③ 할증료(Surcharge) : 선사의 손실·손해에 대한 보존 비용(수수료)으로 체화할증료(Congestion Surcharge), 체선할증료(Port Congestion Surcharge), 유류할증료(Bunker Adjustment Factor, BAF), 성수기할증료(Peak Season Surcharge) 등이 있다.

53 피보험이익 요건 설명으로 옳지 않은 것은?

① 피보험이익은 적법한 것이어야 한다.

② 피보험이익은 금전으로 산정할 수 있으면 충분하고, 경제적 이익일 필요는 없다.

③ 피보험이익은 확정되거나 확정될 수 있는 것이어야 한다.

④ 피보험이익은 적어도 보험사고발생 시까지는 이익의 존재 및 그 귀속이 확정될 수 있는 것이어야 한다.

정답 ②

해설 ② 피보험이익은 보험목적물과 피보험자와의 경제적 이해관계를 가리킨다.

피보험이익(Insurable interest)

• 보험목적물과 피보험자 사이의 이해관계, 즉 보험목적물에 보험사고가 발생함으로써 피보험자가 경제상의 손해를 입을 가능성이 있는 경우 이 보험목적물과 피보험자와의 경제적 이해관계를 피보험이익이라고 하며 이를 보험계약의 목적이라고도 한다.

• 해상보험에서 피보험목적물에 해상위험이 발생하지 않음으로써 이익을 얻고 또 해상위험이 발생함으로써 손해를 입는 이해관계자가 피보험목적물에 대해 피보험이익을 가진다고 말할 수 있다.

• 피보험이익이 없으면 보험계약을 체결할 수 없으며 설령 보험계약이 체결되었다 해도 효력을 가질 수 없다.

---

54 항공화물운송장의 기능에 대한 설명으로 가장 옳지 않은 것은?

① 비유통성 운송서류이다.

② 유가증권이다.

③ 운송인이 화물을 운송하기 위해 수령했다는 증거서류이다.

④ 송화인과 운송인간에 운송계약이 체결되었다는 사실을 나타내는 서류이다.

정답 ②

해설 항공화물운송장(Air WayBill, AWB)의 특성

• 요식성 증권(상법이 규정한 법적 필수사항 기재 필요)

• 요인증권(운송계약을 원인으로 발행)

• 비유통성/비유가/기명식 증권

55 다음 설명에 해당하는 선하증권으로 옳은 것은?

> 발행수속을 간소화하기 위해 운송약관이 인쇄되어 있지 않은 선하증권을 말하며, 별도의 금지가 없는 한 은행은 이러한 서류를 수리한다.

① Long form B/L
② Stale B/L
③ Short form B/L
④ Switch B/L

정답 ③

해석 ① 정식선하증권
② 기간경과 선하증권
③ 약식선하증권
④ 스위치 선하증권

해설 ③ 약식선하증권(Short form B/L) : 정식선하증권(Long form B/L)의 주요 사항만을 기재한 B/L로, 선하증권의 필요기재사항이 있기는 하지만 보통 정식선하증권의 이면 약관을 생략한다.
① 정식선하증권(Long form B/L) : B/L 앞뒤 양면에 약관이 기입되어 있는 정식선하증권이다.
② 기간경과 선하증권(Stale B/L) : 선적이 완료되면 선적일자에 발행되는데, 선하증권 발행 후 21일 내에 제시하지 않은(21일을 경과한) 선하증권을 말한다.
④ 스위치 선하증권(Switch B/L) : 중계무역 시 발급되는 것으로 Shipper란에 중계업자의 상호를 기입하여 발급한다.

---

56 UCP 600에 따른 신용장의 조건변경에 대한 설명으로 옳지 않은 것은?

① 신용장에 대한 조건변경은 통지은행을 통해 수익자에게 통지될 수 있다.
② 통지은행은 조건변경에 대한 통지를 함으로써 그 통지가 외견상 진정성을 충족하고 조건변경을 정확히 반영하고 있다는 점을 표명하는 것이다.
③ 신용장을 통지하기 위해 통지은행을 이용한 은행은 조건변경의 통지를 위해서도 동일한 은행을 이용해야 한다.
④ 신용장은 개설은행, 확인은행(있는 경우), 수익자의 동의 없이 조건을 변경하거나 취소할 수 있다.

정답 ④

해설 ④ 신용장은 개설은행, 확인은행(있는 경우), 수익자의 동의 없이 조건을 변경하거나 취소할 수 없다. 따라서 신용장 조건변경은 수익자의 동의를 얻지 못하면 효력이 없다.
UCP 600 제10조 조건변경 a항
Except as otherwise provided by article 38, a credit can neither be amended nor cancelled without the agreement of the issuing bank, the confirming bank, if any, and the beneficiary.
제38조에 별도 규정된 경우를 제외하고, 신용장은 개설은행, 확인은행(있는 경우) 및 수익자의 동의 없이는 변경 또는 취소될 수 없다.

57 Incoterms 2010 규칙 중 복합운송 조건에 대한 설명으로 옳지 않은 것은?

① 해상운송이 전혀 포함되지 않은 경우에도 사용 가능하다.
② 운송의 일부에 선박이 이용되는 경우에는 사용 불가능하다.
③ 선택된 운송방식이 어떤 것인지, 운송방식이 단일운송인지 복합운송인지 불문하고 사용 가능하다.
④ 복합운송 중 최초의 운송방식이 해상운송인 경우에도 사용 가능하다.

정답 ②

해설 RULES FOR ANY MODE OR MODES OF TRANSPORT(복합운송 방식 – 모든 운송용 규칙)
EXW, FCA, CPT, CIP, DPU, DAP, DDP로 선택한 운송모드에 구애받지 않는 규칙으로 단일운송과 복합운송 여부를
가리지 않고 사용할 수 있다. 이 7가지 규칙은 해상운송이 전혀 포함되지 않은 경우에도 사용이 가능하며, 운송의
일부에 선박이 이용되는 경우에도 사용할 수 있다.
※ 인코텀즈 2020에서도 동일한 내용이 적용 가능하다.

---

58 다음 설명에 해당하는 항해용선 정박기간 방법으로 옳은 것은?

> 일정 기간을 약정하지 않고 본선이 정박 중인 항구의 관습적 하역 방법이나 하역능력 등에 따라 가
> 능한 한 빨리 하역하도록 약정하는 것이다.

① CQD
② WWD
③ Running Laydays
④ WWD Sundays and Holidays Excepted Unless Used

정답 ①

해석 ① 관습적 조속 하역
　　 ② 청천(호천) 작업일
　　 ③ 연속 작업일
　　 ④ SHEXUU

해설 ② 청천(호천) 작업일(Weather Working Days, WWD) : 기상 조건이 실제 하역 가능한 날만 정박 기일에 포함시키는
　　 방법을 말한다.
　　 ③ 연속 작업일(Running Laydays) : 실제 하역 수행여부와 상관 없이, 즉 우천, 파업 및 기타 불가항력에 의한
　　 하역 불능과 관계없이 하역개시 이후 종료 시까지의 일수는 모두 정박기간에 포함시키는 방법이다.
　　 ④ SHEXUU(WWD Sundays and Holidays Excepted Unless Used) : 일요일과 공휴일에 실제 하역작업을 하지
　　 않은 경우는 정박기간 일수에서 제외하여, 실제 하역작업 수행 시 정박기간 일수에 포함시키는 방식이다.

59 개설은행이 수익자에게 일람불(At sight)로 대금지급을 확약하지만 개설의뢰인으로부터는 일정기간 후에 대금지급을 받는 신용장 방식은 무엇인가?

① Shipper's Usance

② Banker's Usance

③ Banker's Acceptance

④ Deferred Payment

정답 ②

해석 ① 무역 유전스
② 은행 유전스
③ 은행 인수
④ 연지급

해설 ② 은행 유전스(Banker's Usance) : 개설은행 또는 지정은행이 외상기간(어음기간) 동안 수입자에게 신용을 공여하는 신용장으로, 은행이 환어음 만기일까지의 이자를 부담한다. 해외은행유전스(Overseas Banker's Usance)와 국내은행유전스(Domestic Banker's Usance)로 나눌 수 있다.
① 무역 유전스(Shipper's Usance) : 수출자가 외상기간(어음기간) 동안 수입자에게 신용을 공여하는 신용장으로, 수출자가 환어음 만기일까지의 이자를 지급한다.
③ 은행 인수(Banker's Acceptance) : 기한부 환어음과 신용장 조건에 일치하는 선적서류가 개설은행 또는 지정은행에 제시되면, 은행이 환어음 등을 인수하고 대금을 만기일에 지급하는 신용장으로, 기한부(Usance) 신용장의 대부분이 인수신용장에 해당한다.
④ 연지급(Deferred Payment) : 수익자가 신용장 조건에 일치하는 선적서류를 신용장에 지정되어 있는 연지급 은행에 제시하면 연지급 은행은신용장에 정해져 있는 만기일에 대금을 지급하도록 약정되어 있는 신용장이다.

60 신용장에서 선적기간이 "on or about May 6"인 경우, 선적기간은 언제인가?

① 5월 6일

② 5월 2일부터 5월 10일

③ 5월 1일부터 5월 11일

④ 5월 6일부터 5월 11일

정답 ③

해설 "on or about"은 시작일과 끝나는 일자를 포함하여 특정일자 전 5일부터 특정일자 후 5일까지의 기간 중에 발생하는 것으로 해석한다. 따라서 제시된 선적기간은 5월 6일의 5일 전부터 5일 후를 나타내는 ③ '5월 1일부터 5월 11일'이 적절하다.

61 정기선(Liner)의 운임에 대한 설명으로 옳지 않은 것은?

① 운임은 기본운임, 할증료와 추가요금으로 구성된다.

② 운임은 중량, 용적, 가격 등을 기준으로 부과되기도 하고, Box rate라고 하여 화물의 종류나 중량에 상관없이 컨테이너당 운임을 책정하기도 한다.

③ 운임톤(Revenue ton)은 기본운임을 중량 및 용적으로 정해 계산한 운임 중 높은 운임을 적용하는 것을 말한다.

④ 할증료에는 BAF, CAF, THC, Documentation Fee 등이 있다.

[정답] ④

[해설] ④ 할증료에는 유류할증료(BAF), 통화할증료(CAF) 등이 있다. THC는 터미널 화물 취급비용이며, Documentation Fee는 서류 발급비용을 말한다.

다양한 기준에 따른 정기선 운임 분류
- 지급시기 : 선불운임, 후불운임
- 선내 하역비 부담 : FIO, FIOST
- 부과방법(산정기준) : 종가운임(Ad Valorem Freight), 최저운임(Minimum Rate), 차별운임(Discrimination Rate) 및 무차별운임(Freight All Kinds Rate, FAK), 중량(Weight)운임, 용적(Measurement)운임, 운임톤(Revenue Ton, R/T), Box Rate

62 다음 설명에 해당하는 무역금융방식으로 옳은 것은?

> 수출상은 대금회수의 안전문제 때문에 신용장 거래를 원하지만 수입상은 상품의 품질보장 등을 이유로 신용장 거래를 기피하고, 수출상은 일람지급거래를 원하나 수입상은 외상거래를 희망할 때, 양자의 요구사항을 수용하기 위해 적용할 수 있는 금융기법으로서 외상매출채권을 대상으로 한다.

① 포페이팅(Forfaiting)　　　　　② 팩터링(Factoring)
③ 추심(Collection)　　　　　　　④ 청산결제(Open Account)

[정답] ②

[해설] 팩터링(Factoring)
- 제조업자가 구매자에게 상품 등을 외상으로 판매한 후 발생되는 외상매출채권을 팩터링회사(Factor)에게 일괄 양도함으로써 팩터링회사로부터 구매자에 관한 신용조사 및 지급보증, 매출채권의 관리, 회계업무(Accounting), 대금회수 및 전도금융 제공 등의 혜택을 부여받는 서비스를 말한다.
- 세계의 팩터링회사가 그룹을 결성하여 수출자 및 수입자에 대하여 제공하는 새로운 금융서비스로서 수출국 팩터링회사(Export Factor, 수출팩터)가 수출자와 거래계약을 체결한 후 금융제공을 하며, 수입국 팩터링회사(Import Factor, 수입팩터)는 수입자에 대한 신용조사 및 신용승인(Credit Approval) 등 팩터링 서비스를 제공하는 거래를 말한다.

63 해상보험용어에 대한 설명으로 옳지 않은 것은?

① 위험이란 손해발생 가능성을 말하는 것으로 반드시 손해로 연결되는 것은 아니다.
② 손인이란 손해의 원인으로 구체적인 사고형태 즉, 좌초, 충돌, 화재 등을 들 수 있다.
③ 위태란 손해발생의 가능성을 증가시키는 상태 또는 조건을 말한다.
④ 보험금액은 피보험목적물의 실제 경제적 평가가치를 말하는 것이다.

정답 ④

해설 ④ 피보험목적물의 실제 경제적 평가가치를 말하는 것은 보험가액(Insurable Value)이며, 보험금액(Insured Amount)은 보험자가 보험계약상 부담하는 손해보상 책임의 최고 한도액으로, 보험가액의 범위 내에서 보험자가 지급하게 되는 손해보상액인 지급보험금의 최고 한도액을 의미한다.
① 위험은 손해의 원인으로 우연한 것이어야 한다. 즉, 그 발생은 가능하지만 불확실한 것이어야 한다.
② 손인이란 손해를 발생시키는 우연한 사고를 말하며, 구체적인 사고형태로는 좌초, 충돌, 화재, 낙뢰, 침몰 등을 들 수 있다.
③ 위태란 손해발생의 가능성을 일으키는 구체적인 상태 또는 조건(위험 발생의 요인)을 말한다.

64 Lloyd's S. G. Policy에서 규정한 해상 고유의 위험(Perils of the Sea)으로 옳지 않은 것은?

① 침몰(Sinking)
② 좌초(Stranding)
③ 충돌(Collision)
④ 화재(Fire)

정답 ④

해설 ④ 대표적인 해상 고유의 위험은 침몰(sinking), 좌초(stranding), 충돌(collision)이 있다. 화재(Fire)는 항해에 부수하여 발생하는 위험인 해상위험(Perils on the Sea)에 해당한다.
해상 고유의 위험(Perils of the Sea)
항해에서 기인하는 위험으로, 항행구역 또는 항행계절을 감안할 때 '상당한 주의'로써도 예견할 수 없거나 예견할 수 있다고 하더라도 방지할 수 없는 위험 또는 사고를 말한다. 폭풍, 농무, 해일, 심한 파도, 선박의 충돌, 난파, 좌초, 침몰 등이 이에 해당한다.

65 CISG에 따른 매도인의 구제수단에 해당하지 않는 것은?

① 이행청구

② 손해배상청구

③ 계약해제

④ 부적합보완청구

정답 ④

해설 비엔나협약(CISG)상에서 매수인의 계약위반에 대해 매도인이 행사할 수 있는 권리 구제 방법으로는 이행청구권, 추가기간설정권, 계약해제권, 물품명세확정권, 손해배상청구권 등이 있다.

무역계약 위반에 대한 구제

매수인의 권리구제(Buyer's Remedies)	매도인의 권리구제(Seller's Remedies)
• 대금감액청구권 • 추가기간설정권 • 계약해제권 • 손해배상청구권 • 특정이행청구권 • 대체품인도청구권 • 하자보완청구권/수리요구권	• 추가기간설정권 • 물품명세확정권 • 특정이행청구권 • 손해배상청구권 • 계약해제권

66 국제물품 운송수단별 장단점에 대한 설명으로 옳지 않은 것은?

① 선박에 의한 해상운송은 기후의 영향을 많이 받는다.

② 항공운송은 해상운송에 비해 물품의 파손율이 낮다.

③ 철도운송은 해상운송에 비해 사고율이 낮다.

④ 원거리 운송의 경우, 도로운송은 해상운송보다 운임이 저렴하다.

정답 ④

해설 국제물품 운송수단별 장단점

구 분	장 점	단 점
해상운송	• 대량화물 운송 가능 • 운송비용 저렴	• 운송속도 비교적 느린 편 • 운항횟수 적음
항공운송	• 운송속도 신속 • 운송화물 파손율 낮음	• 운송비용 고가
철도운송	• 대량화물 운송 가능 • 사고율 낮음	• 근거리운송 운임 비교적 비싼 편
도로운송	• 배차시간 제한 없음 • 근거리운송에 적합	• 대량화물 운송 부적합 • 원거리운송 운임 비싼 편

67 매수인이 현품을 실제로 점검하고 그 현품을 인수도(引受渡)하는 매매를 무엇이라 하는가?

① Sale by specification

② Sale by trade mark or brand

③ Sale by type or grade

④ Sale by inspection

정답 ④

해석 ① 명세서매매

② 상표매매

③ 규격매매

④ 점검매매

해설 ④ 점검매매(Sale by inspection) : 매수인이 현품을 직접 확인한 후 확인한 현품을 인수하는 매매방식이다. 승인조건부 청약이나 보세창고도거래(Bonded Warehouse Transaction, BWT) 등에서 품질을 결정하는데 가장 바람직한 방법이다.

① 명세서매매(Sale by specification) : 견본제시가 불가능한 물품(선박, 기계, 의료기기, 공작기계, 철도, 차량 등)의 거래 시 설계도 · 청사진 등 규격서 또는 설명서로 물품의 품질을 약정하는 방법이다.

② 상표매매(Sale by trade mark or brand) : 국제적으로 널리 알려져 있는 유명상표의 경우 견본제공 없이 상표만으로 품질의 기준을 삼고 가격을 정하여 계약한다.

③ 규격매매(Sale by type or grade) : 규격매매는 상품의 품질이 ISO, KS(한국) 등과 같은 국제적인 규격에 의해 결정되는 매매이다.

68 물품이 컨테이너에 적재되는 경우에는 매도인이 물품을 선측이 아니라 터미널에서 운송인에게 인계하는 것이 전형적이다. 이러한 경우 FAS 조건은 부적절하며, 어떤 조건이 사용되어야 하는가?

① FOB

② FCA

③ CFR

④ CIF

정답 ②

해설 FCA[Free CArrier, (지정장소) 운송인 인도조건]

• 매도인이 매도인의 구내(Seller's Premises) 또는 그 밖의 지정장소에서 약정기간 내에 매수인이 지정한 운송인 또는 그 밖의 당사자에게 수출통관을 필한 계약물품을 인도해야 하는 조건(매도인 수출통관)

• 물품의 인도장소
– 매도인의 작업장(매도인은 운송수단에 물품을 적재할 의무가 있음)
– 매수인이 지정한 운송인(물품 양하는 매수인의 책임)

• 물품에 대한 매매당사자의 위험부담의 분기점(위험이전) : 운송인에게 인도한 시점(매도인은 지정된 장소에서 매수인이 지정한 운송인에게 수출통관 된 물품을 인도하며 이 조건은 모든 운송형태에 적합)

• 물품에 대한 매매당사자의 비용부담의 분기점(경비이전) : 운송인에게 인도한 시점(매도인은 인도할 때까지 모든 비용부담)

69 **무역계약의 품질조건에 대한 설명으로 옳지 않은 것은?**

① 매수인이 송부한 견본에 대하여 매도인이 제조하여 보내는 견본을 선적견본이라고 한다.
② 표준품매매는 정확한 견본을 제시하기 곤란한 1차 상품의 거래에 이용된다.
③ 명세서매매는 주로 선박, 항공기, 의료기기 등의 고가 상품의 거래에 많이 이용된다.
④ 점검매매는 승인조건부청약방식이나 보세창고도거래 등에서 이용된다.

정답 ①

해설 ① 매수인의 견본에 대하여 매도인이 제조하여 보내는 것은 반대견본(Counter sample)이라고 한다. 선적견본 (Shipping sample)은 매수인의 요청에 의하여 생산 완료된 물품이 같은 품질인 것을 알리기 위해 실제로 선적될 물품 중에서 그 일부를 미리 보내는 것을 말한다.
② 표준품매매는 농수산물 · 임산물 · 광물 등의 1차 상품과 같이 자연 조건에 따라 품질의 변화가 많은 상품에 주로 사용되는 방법이다.
③ 명세서매매는 견본제시가 불가능한 선박, 기계, 의료기기, 공작기계, 철도, 차량 등의 거래 시 이용된다.
④ 점검매매는 수입국 내 물건을 미리 가져다 두고 판매하는 보세창고인도(BWT) 거래나 현품인도지급(COD) 거래 등에서 사용된다.

---

70 **피청약자가 청약의 내용을 모두 수락하고 계약하겠다는 승낙에 대한 설명으로 옳지 않은 것은?**

① 승낙은 절대적 무조건적으로 청약의 내용과 일치해야 하는 경상의 원칙을 적용한다.
② 승낙의 의사표시는 청약과 마찬가지로 구두, 서면, 행위에 의하여 행할 수 있다.
③ 청약자가 승낙 방법을 지정하였을 경우에 반드시 지정한 방법으로 행하여야 한다.
④ 승낙의 의사표시에 대해 우리나라 민법과 비엔나협약에서는 발신주의를 채택하고 있다.

정답 ④

해설 ④ 독일과 비엔나협약[국제물품 매매계약에 관한 UN협약(CISG)]에서는 격지자 간인 경우 도달주의를 채택하고 있다.
① 승낙은 청약의 모든 내용에 대해 무조건 승낙(Unconditional Acceptance)하는 완전한 승낙이어야 한다[경상의 법칙(Mirror Image Rule)].
② 승낙의 의사표시는 언어, 서면, 구두 또는 행위 등 합리적 방법으로 승낙하면 된다. 단, 청약자가 청약 시 이용한 방식을 따르는 것이 관행이다.
③ 승낙 방법이 지정되어 있는 경우 반드시 지정된 통신수단을 이용하여 승낙하여야 한다.

71 다음 설명에 해당하는 무역 용어는 무엇인가?

> 환율이 하락하였을 때 생기는 손실을 보전하기 위해 운송인이 화주에게 청구하는 할증료

① BAF
② Surcharge
③ CAF
④ Currency Charge

정답 ③

해석 ① 유류할증료
② 할증료
③ 통화할증료
④ 통화요금

해설 할증요금
• 통화할증료(Currency Adjustment Factor, CAF) : 환율변동으로 인한 손실을 보전하기 위해 화주에게 부담시키는 운임 외의 추가 할증요금
• 유류할증료(Bunker Adjustment Factor, BAF) : 선박의 연료인 벙커유의 가격변동에 따른 손실을 보전하기 위해 부과하는 할증요금

72 위험부담의 분기점과 비용부담의 분기점이 상이한 Incoterms 2010상 정형거래조건은?

① EXW
② CPT
③ FOB
④ DAP

정답 ②

해설 CPT[Carriage Paid To, (지정목적지) 운임 지급 인도조건]
• FCA 조건에 지정목적지까지의 운송비(Carriage)를 추가한 조건
• CPT 뒤에 지정목적지를 표시(매도인 수출통관)
• 물품의 인도장소 : 매도인은 합의된 장소에서 자기가 지명한 운송인 또는 기타 당사자에게 수출통관을 필한 물품 인도
• 물품에 대한 매매당사자의 위험부담의 분기점(위험이전) : 지정된 운송인에게 인도 시(물품을 지정목적지까지 운송할 운송인의 보관 하에 최초 운송인에게 물품 인도 시)
• 물품에 대한 매매당사자의 비용부담의 분기점(경비이전) : 합의된 목적지
※ CPT 조건에서 매도인의 물품인도 및 위험의 이전은 인코텀즈 2010과 2020에서 동일하므로, 인코텀즈 2020에서도 동일하게 적용된다.

73 국제경제상황에 능동적으로 대처하기 위해 일정 범위 내에서 행정부가 세율을 조정할 수 있는 국정 세율로 옳은 것은?

① 기본관세율

② 잠정세율

③ 탄력세율

④ 환특세율

정답 ③

해설 세율의 종류
- 기본관세율 : 관세법 별표 관세율표상의 기본세율로 국회에서 제정되며 통상적으로 수입물품에 적용되는 세율
- 잠정세율 : 관세법 별표 관세율표에 기본세율과 함께 표기되어 있는 것으로 일시적으로 기본세율을 적용할 수 없을 때 잠정적으로 적용하기 위한 세율
- 탄력관세율 : 법률이 정하는 범위 안에서 관세율의 변경권을 행정부에 위임하여 급변하는 국내외 경제 및 무역환경에 대한 탄력적 대응이 가능하도록 하는 세율

74 Incoterms 2010에서 원유 등과 같은 일차산품 매매(Sale of commodity)의 경우, 운송 중에 있는 화물이 수차례에 걸쳐 매매되기도 하는데, 이러한 매매를 무엇이라 하는가?

① 운송매매(Transit sale)

② 복합매매(Complex sale)

③ 조달매매(Procured sale)

④ 연속매매(String sale)

정답 ④

해설 연속매매(String sale)
제조물과는 달리 일차산품매매(Sale of commodity)는 운송 중에 연속적으로 수차례 전매되기도 하며, 이를 연속매매(String sale)라고 한다. 이러한 연속매매 중간에 있는 매도인은 선적하지 않는데, 이는 첫 번째 매도인에 의해 이미 선적되었기 때문이다. 따라서 중간 매도인은 선적된 물품을 조달(Procure)함으로써 매수인에 대한 의무를 이행한다.
※ 인코텀즈 2020에서도 동일하게 적용된다.

75 외국으로부터 상품을 수입하여 그것을 일부 가공하거나 또는 원형 그대로 제3국으로 재수출함으로써 소유권을 이전시키는 방식의 수출을 무엇이라 하는가?

① 가공무역
② 임가공무역
③ 중계무역
④ 중개무역

정답 ③

해설 중계무역(Intermediary trade)
• 수출 목적으로 외국에서 물품을 수입하여 원형 그대로 다시 제3국에 수출하는 무역형태로 상품 소유권이 이전되는 것
• 보세구역 및 보세구역 외 장치의 허가를 받은 장소 또는 자유무역지역 이외의 국내에 반입하지 아니하고 수출하는 수출입
• 중계무역 물품의 경우 수출입승인 대상물품으로 지정된 경우에도 해당 물품의 수출입승인에서 제외
• 중계무역의 수출실적 인정금액은 수출금액(FOB 가격)에서 수입금액(CIF 가격)을 공제한 가득액

안심Touch

제1과목 **영문해석**

01 In a documentary collection transaction, who carries the highest risk compared to letter of credit?

① Exporter

② Importer

③ Bank

④ Carrier

정답 ①

해석 신용장 거래와 비교할 때, 추심어음 거래에서 누가 가장 높은 위험을 수반하는가?
① 수출업자
② 수입업자
③ 은 행
④ 운송회사

해설 추심어음(Documentary collection)
추심어음은 은행이 대금 추심의뢰를 받은 어음을 말하며, 신용장이 없는 화환어음은 그 지급에 위험이 있으므로 은행은 만일의 위험을 피하기 위하여 매입환(Bill bought)으로 하지 않고 추심어음으로서 처리하고, 그 어음이 지급인에 의하여 지급되어 대금이 회수될 때까지 수출업자에게 지급하지 않는다.
*documentary collection : 추심어음
*transaction : 거래, 매매
*carry the highest risk : 가장 높은 위험을 수반하다

02 Which of the following describes the collection of a bill of exchange without any other commercial or transport documents?

① Clean collection

② Documentary collection

③ Exchange collection

④ Promissory collection

03 Which transport document will the exporter receive?

An exporter is going to dispatch the goods by road from its premises to the port in Korea agreed by the buyer and then will arrange for the goods to be dispatched by sea to Toronto Port.

① Bill of lading

② Multimodal transport document

③ Non-negotiable sea waybill

④ Road transport document

해석 다음 지문에서 수출업자가 받게 되는 운송서류는 무엇인가?

> 수출업자는 자동차로 자신의 사업장 구내에서 매수인이 합의한 한국 내 항구로 물품을 운송한 다음 해상으로 토론토 항으로 운송하도록 주선할 것이다.
>
> *dispatch : 보내다[파견하다]
> *premises : 부지[지역], 구내

① 선하증권
② 복합운송증권
③ 유통불가 해상운송장
④ 도로운송증권

해설 복합운송증권(Combined transport document)
복합운송은 복합운송인(Combined transport operator)이 육·해·공 중 두 가지 이상의 다른 운송수단으로 출발지에서 최종 목적지까지 운송 중 화물을 옮겨 싣지 않고 전 구간에 대해 단일운임으로 화물을 일관운송하는 것을 말한다. 복합운송증권(Combined transport document)은 일관운송의 전 구간에 대해 책임을 지는 주체인 복합운송인이 발행하는 복합운송계약의 증거서류이다.

---

04 What is the granting of intellectual property rights to an overseas manufacturer in exchange for a fee?

① Franchising   ② Indirect selling
③ Licensing   ④ Networking

해석 해외 제조업체에 수수료 대신 지적재산권을 승인하는 것은 무엇인가?
① 프랜차이즈   ② 간접 판매
③ 라이센스   ④ 네트워킹

해설 ③ 라이센스 계약은 특정기업(Licensor)이 가지고 있는 특허, 노하우, 상표 같은 무형의 산업재산권을 일정기간 다른 기업에 그 사용권을 부여하고 그 대가로 로열티나 다른 형태의 보상을 받도록 체결하는 계약이다.
라이센스
• 특정기업(Licensor)이 가지고 있는 특허, 노하우, 상표 같은 무형의 산업재산권을 일정 기간 다른 기업(Licensee)에게 그 사용권을 부여하고 대가(로열티, 다른 형태의 보상)를 받도록 체결하는 계약이다.
• 무형자산(재산권)이 적절히 사용될 수 있도록 기술적 지원이 수반되긴 하지만 프랜차이징에 비해 그 후속적인 지원의 범위가 좁은 편이다.
  – 라이센서(Licensor) : 상표 등록된 재산권을 가지고 있는 자
  – 라이센시(Licensee) : 상표 등록된 재산권을 사용할 수 있도록 상업적 권리를 부여받은 자
*intellectual property rights : 지적재산권

05 Fill in the blank with right word.

> Under an L/C transaction, exporters commonly get payments against (　　).

① draft
② consents
③ documents
④ acceptance

정답 ③

해석 빈 칸에 들어갈 단어로 알맞은 것은?

> 신용장 거래 하에서는, 수출업자들은 일반적으로 (서류)에 대해서 지불받는다.

① 환어음
② 동 의
③ 서 류
④ 승 인

해설 신용장(Letter of Credit)이란, 신용장에서 요구하고 있는 서류가 제시되면 신용장 개설은행이 신용장에서 정한 금액을 수익자 앞으로 지급하기로 하는 지급확약이다. 신용장은 개설의뢰인의 신청과 지시에 의해 개설은행이 발행하고 개설은행은 신용장 조건에 일치하는 서류가 제시되면 신용장 대금을 지급하며, 신용장은 어떤 명칭을 사용하든지 관계없이 이러한 내용을 충족시키면 신용장으로 인정된다.

UCP 600 제2조 정의
Credit means any arrangement, however named of described, that is irrevocable and thereby constitutes a definite undertaking of the issuing bank to honour a complying presentation.
신용장(Credit)은 그 명칭과 상관없이 개설은행이 일치하는 제시에 대하여 결제(honour)하겠다는 확약으로서 취소불가능한 모든 약정을 의미한다.

06 When agreeing to payment by open account terms, who will carry the greatest level of risk in the transaction?

① Agent
② Importer
③ Exporter
④ Insurer

정답 ③

해석 청산계정 조건에 의한 지불에 동의할 경우, 거래에서 가장 큰 위험을 감수하는 것은 누구인가?
① 대리점
② 수입업자
③ 수출업자
④ 보험업자

해설 청산계정(O/A)
O/A(Open Account)는 외상거래 형식으로, 매매계약 당사자끼리 거래가 빈번하게 이루어질 때 주로 사용하는 방식이다. 무역계약 한 건마다 대금결제가 이루어지는 것이 아닌 청산계정에 기록만 했다가 일정 기간 후 서로가 미리 정한 날짜에 대금을 청산하는 방식이다. O/A 방식은 은행을 통하지 않는 단순송금방식이므로 수입업자의 신용에만 의존한다. 대금결제에 대한 위험은 매도인에게 있고, 모든 신용위험은 매도인에게 부담된다.

07 Which incoterm is suitable in the following circumstances?

An exporter would like to discharge its delivery obligations by delivery of the goods to the named port and loading on a vessel.

① DAT
② FAS
③ FCA
④ FOB

정답 ④

해석 다음 상황에서 가장 적합한 incoterm 조건은 무엇인가?

수출업자는 지정항에 물품을 인도해서 선박에 적재하는 인도의무를 이행하려고 한다.

*discharge : (임무 등을) 이행하다
*delivery obligations : 인도의무
*named port : 지정항
*vessel : 선박[배]

해설 ④ FOB(Free On Board, 본선 인도)는 매도인이 지정된 선적항에 매수인에 의해 지정된 본선에 물품을 적재하여 인도하거나 이미 그렇게 인도된 물품을 조달하는 것을 의미한다.

FOB[Free On Board, (지정선적항) 본선 인도조건]상 매도인과 매수인의 의무

구 분	매도인의 의무	매수인의 의무
물품의 인도/인수	선적항에서 매수인이 지정한 선박에 적재하여 인도	물품이 인도되고 그에 따른 통지가 있을 때 물품을 인수해야 함
위험의 이전	물품이 인도된 때까지 물품의 멸실 또는 훼손의 모든 위험 부담	물품이 인도된 때부터 물품의 멸실 또는 훼손의 모든 위험 부담
운 송	인도장소에서 지정 목적항까지 운송계약 체결	매도인에 대하여 운송계약을 체결할 의무 없음
보 험	• 매수인에 대하여 운송계약을 체결할 의무 없음 • 합의가 있는 경우 매수인의 위험과 비용으로 통상적인 조건으로 운송계약을 체결	자신의 비용으로 물품을 선적항으로부터 운송하는 계약 체결
통 관	수출 통관	수입 통관
비용 분담	물품이 인도된 때까지 모든 비용 부담	인도된 때부터 모든 비용 부담

※ FOB 조건에서 매도인의 물품인도 및 위험의 이전은 인코텀즈 2010과 2020에서 동일하므로, 인코텀즈 2020에서도 동일하게 적용된다.

08 Which documentary credit requires payment at a future date without draft?

① Sight payment credit ② Deferred payment credit
③ Acceptance credit ④ Banker's usance credit

정답 ②

해석 다음 중 환어음 없이 미래의 날짜에 지불을 요구하는 화환신용장은 무엇인가?
① 일람출급 신용장 ② 연지급 신용장
③ 인수신용장 ④ 은행 유전스 신용장

해설 연지급신용장(Deferred Payment Credit)
• 신용장에서 요구하는 선적서류 등이 개설은행 또는 지정은행에 제시되면 정해진 일자에 대금을 지급할 것을 확약하는 신용장
• 기한부(Usance)라는 점에서 인수신용장과 같으나, 환어음이 발행되지 않음(연지급 확약서가 발행되고 만기에 대금이 지급됨)

---

09 Which of the following statements about the bill of exchange is NOT correct?

① It is used only in international trade.
② It is used as instrument to get finance.
③ The drawer is the seller.
④ It is transferable.

정답 ①

해석 다음 환어음에 대한 서술 중 올바르지 않은 것은 무엇인가?
① 국제무역에서만 사용된다.
② 자금을 얻기 위한 수단으로 사용된다.
③ 발행인은 매도인이다.
④ 양도가능하다.

해설 환어음(Bill of Exchange, Draft)
• 환어음은 발행인(Drawer)이 지급인(Drawee)에게 자신이 지정하는 자(Payee, 수취인)의 요구가 있을 때 또는 지정 기일(만기, 확정된 미래 시점)에 일정 금액을 무조건 지급할 것(Unconditional Order)을 위탁하는 유가증권을 말한다.
• 환어음은 16세기 영국에서 생겨나 대외무역의 결제수단으로 사용되었으며, 그 뒤 세계 각국에서 국내거래에까지 이용하게 되었다. 한국에서는 약속어음이 국내거래를 도맡고 있으며, 환어음은 주로 국제거래에서 널리 사용되고 있다.
*get finance : 자금을 얻다
*drawer : 어음 발행인
*transferable : 양도가능한

10 What is most suitable term for the blank according to the Incoterms 2010?

> This term ( ) means that the seller delivers the goods on board the vessel or procures the goods already so delivered. The seller must contract for and pay the costs and freight necessary to bring the goods to the named port of destination.

① CPT
② FOB
③ CFR
④ DAT

정답 ③

해석 Incoterms 2010에 따르면, 빈 칸에 가장 알맞은 조건은 무엇인가?

> (운임 포함 인도)조건은 매도인이 물품을 본선에 적재하여 인도하거나 이미 그렇게 인도된 물품을 조달하는 것을 의미한다. 매도인은 물품을 지정목적항까지 운송하는 데 필요한 계약을 체결하고 이에 따른 비용과 운임을 부담한다.
>
> *procure : 조달하다
> *named port of destination : 지정목적항

① 운송비 지급 인도
② 본선 인도
③ 운임 포함 인도
④ 도착터미널 인도

해설 CFR[Cost and FReight, (지정목적항) 운임 포함 인도조건]상 매도인과 매수인의 책임

매도인(Seller)	매수인(Buyer)
• 수출통관 필 • 해상운송계약 체결 • 운임 부담 • 통상의 운송서류 지체 없이 매수인에게 제공	• 물품의 본선 인도 이후의 모든 위험과 물품의 본선 인도 이후의 해상운임을 제외한 모든 추가비용 부담 • 수배된 선박명, 선적장소 및 선적시기 매도인에게 통지 • 선측에 인도된 때부터 선적비용과 그 물품에 관한 모든 비용과 위험부담

※ CFR 조건에서 매도인의 물품인도 및 위험의 이전은 인코텀즈 2010과 2020에서 동일하므로, 인코텀즈 2020에서도 동일하게 적용된다. DAT 조건은 인코텀즈 2020에서 DPU(도착지 양하 인도)로 명칭이 변경되었다.

11 Which of the following is NOT appropriate as shipping documents under CIF contract?

① On board bill of lading

② Commercial invoice

③ Insurance policy

④ Forwarder's cargo receipt

정답 ④

해석 다음 중 CIF 조건 계약 하에서 선적서류로 적합하지 않은 것은 무엇인가?

① 선적선하증권

② 상업송장

③ 보험증권

④ 운송주선인 화물수령증

해설 ④ 운송주선인 화물수령증(Forwarder's cargo receipt, FCR)은 B/L이 아니므로 수취선하증권(Received B/L)과는 성격이 다르며, 단지 운송주선인의 화물에 대한 Receipt에 불과하다. 통상 수입업자가 미리 운송주선인을 지정하여 놓고 운송 건마다 발행하는 화물수령증이다. 수출업자와 수입업자가 편의상 신용장상에 FCR을 인정할 때 양 당사자 사이에서만 유통 가능한 운송서류로서 그 효력이 발생한다.

① 선적선하증권(Shipped/On Board B/L) : 화물을 실제로 본선에 적재한 이후에 발행하는 선하증권으로, 본선 적재 일자가 발행일자로 간주된다.

② 상업송장(Commercial invoice) : 수출자가 작성한 대금청구서로 결제를 위한 필수서류이다.

③ 보험증권(Insurance policy) : 보험계약이 체결되었다는 증거서류로, 계약 내용을 기재하고 보험자가 기명날인한 후 보험계약자에게 교부하는 증서이다.

선적서류에 관한 사항[요구서류(Documents Required)]
- 선적서류의 종류와 통수 및 요구하는 선적서류의 조건을 명시한다.
- 주요서류 : 상업송장(Commercial invoice), 선하증권(Bill of lading), 보험증권(Insurance policy)
- 기타(부속)서류 : 포장명세서(Packing list), 수량용적증명서(Certificate of measurement/weight), 검사증명서 (Inspection certificate), 원산지증명서(Certificate of origin), 영사송장(Consular invoice)
- ※ CIF 조건에서 매도인의 물품인도 및 위험의 이전은 인코텀즈 2010과 2020에서 동일하므로, 인코텀즈 2020에서도 동일하게 적용된다.

[12~13] Read the following letter. Put the sentences in the most appropriate order.

12

> (a) The minimum period necessary for the products to be prepared for shipment is two months and we are anxious to meet your delivery date.
> (b) We ran out of stock for the model you requested now and can't guarantee delivery for that item within the time suggested.
> (c) Your confirmation on this matter would be appreciated.
> (d) Therefore, if you are kind enough to extend the delivery date by one month, we can accept your order.

① (a) − (c) − (d) − (b)
② (b) − (a) − (d) − (c)
③ (b) − (d) − (a) − (c)
④ (a) − (c) − (b) − (d)

13

> Dear Mr. Lee
> (a) We should be much obliged if you could inform us of your authentic opinion of their financial standing, credibility, reputation by e-mail.
> (b) Your bank was given to us as a bank reference by Inspiration Co., Ltd. in New York who proposed to open an account with us.
> (c) Thank you for your kind cooperation, and your sincere response to our request would be highly appreciated.
> (d) Any information you may relay us will be treated as strictly confidential.

① (b) − (c) − (d) − (a)
② (b) − (a) − (d) − (c)
③ (a) − (b) − (d) − (c)
④ (a) − (d) − (b) − (c)

해석 [12~13] 서신을 읽고, 문장을 적절한 순서로 배열하시오.

12

> (b) 당사는 현재 귀사가 요청한 모델의 재고가 소진되었으며, 제시된 시간 내 그 제품에 대한 인도를 보증할 수 없습니다.
> (a) 선적에 필요한 최소한의 기간은 2개월이며, 당사는 귀사의 납품일을 맞출지 걱정스럽습니다.
> (d) 따라서 만약 귀사가 납품일을 1개월 연장시켜주신다면, 당사는 귀사의 주문을 승인할 수 있습니다.
> (c) 이 문제에 대하여 확인 부탁드립니다.
>
> *delivery date : 납품일
> *run out of stock : 품절이 되다

13

> Mr. Lee께,
> (b) 당사와 거래 개설을 제안한 뉴욕 Inspiration Co., Ltd.가 귀사의 은행을 신용조회처 은행으로 당사에 제공했습니다.
> (a) 그들의 재무 상태와 신뢰성, 평판에 대한 귀사의 솔직한 의견을 이메일로 당사에 알려주신다면, 대단히 감사하겠습니다.
> (d) 귀사가 제공한 어떤 정보도 극비로 다루어질 것입니다.
> (c) 귀사의 친절한 협조에 감사드리며, 당사의 요청에 성실히 답변해 주시면 대단히 감사하겠습니다.
>
> *authentic : 진짜의, 정확한
> *financial standing : 재무상태
> *treated as strictly confidential : 극비로 다루어지다

해설 12
② 내용상 적절한 순서는 (b) 현재 상황 설명 → (a) 구체적인 기간 안내 → (d) 선적일 연장 요청 → (c) 요청에 대한 확인 부탁이다.

13
② 내용상 적절한 순서는 (b) 신용조회처로 제공받은 것 설명 → (a) 신용조회 요청 → (d) 극비임을 설명 → (c) 협조에 대한 감사이다.

안심Touch

Dear Mr. Al Jalahma :

Thank you for your letter dated March 3.

I am, today, sending you some of our brochures in a separate package. With these, I have included details of our new pocket portable telephone, the Portifon X3, which you may be interested in.

I can confirm that the prices in our catalog are effective until the end of December.

I am planning to visit the Middle East soon and will write again shortly to arrange a demonstration of our products.

Meanwhile please let me know if you have any further questions.

Sincerely yours,

Robert J. Winston

14 Which of the following is LEAST appropriate about the letter?

① The prices of the products in a catalog might be changed next year.

② Robert works in an export division.

③ Robert is going to write a short letter to Mr. Jalahma after a long time.

④ This is a reply to the inquiry of Mr. Jalahma.

15 This is a reply to a letter. Which is LEAST likely to be included in the previous letter?

① Could you confirm the prices in your catalogue are still effective?

② We would like to receive some more information.

③ We are interested in importing your telephone.

④ We ask you to adjust the price and the size of the products.

해석

Mr. Al Jalahma께 :

3월 3일자 귀사의 서신에 감사드립니다.

저는 오늘 귀사에 당사의 소책자를 별도 소포로 보냅니다. 여기에 귀사가 관심을 가졌던 당사의 신제품 휴대전화 Portifon X3에 대한 상세설명을 포함했습니다.

카탈로그에 제시된 가격은 12월 말까지 유효합니다.

곧 중동을 방문할 것이며 당사의 제품에 대한 시연회 준비를 위해 서신을 곧 다시 쓸 것입니다.

그 동안 다른 궁금한 점이 있으시면, 연락주십시오.

그럼 안녕히 계십시오.

Robert J. Winston

*in a separate package : 별도 소포로

*effective : 시행[발효]되는

*demonstration : 시연회

14 다음 중 서신에 대해서 가장 적절하지 못한 것은 무엇인가?

① 카탈로그에 나와 있는 제품 가격은 내년에 바뀔 것이다.

② Robert는 수출부서에서 일한다.

③ Robert는 오랜 시간 후에 Mr. Jalahma에게 짧은 편지를 쓸 것이다.

④ 이것은 Mr. Jalahma의 문의에 대한 답신이다.

15 이것은 서신에 대한 답신이다. 이전 서신에 포함되지 않았을 내용은 무엇인가?

① 귀사의 카탈로그에 있는 가격이 아직도 유효한지 확인해주시겠습니까?

② 당사는 정보를 좀 더 얻고 싶습니다.

③ 당사는 귀사의 전화기를 수입하는 데 관심이 있습니다.

④ 당사는 귀사에 제품들의 가격과 크기를 조정할 것을 요청합니다.

해설 **14**

본 서신에서 Robert는 곧 중동을 방문할 것이며, 시연회에 대해 알릴 서신을 곧 다시 쓸 것(I am planning to visit the Middle East soon and will write again shortly to arrange a demonstration of our products.)이라고 했으므로, 오랜 시간이 지난 후에 편지를 쓸 것이라는 ③이 적절하지 않은 내용이다.

15

④ 위 서신에서 With these, I have included details of our new pocket portable telephone, the Portifon X3, which you may be interested in(여기에 귀사가 관심을 가졌던 당사의 신제품 휴대전화 Portifon X3에 대한 상세설명을 포함했습니다.), I can confirm that the prices in our catalog are effective until the end of December(카탈로그에 제시된 가격은 12월 말까지 유효합니다.)라고 한 것으로 보아, 이전 서신에는 새로 나온 전화기를 수입하기 위해 가격과 관련 정보에 대한 문의가 있을 것으로 짐작할 수 있다.

16 What is Helen MOST likely to attach in this letter?

> Thank you for your letter of April 5, 2018 expressing interest in Click Camera's new camera, the XL-Lite.
> The camera will be available this December, and the cost will be approximately three hundred and fifty dollars.
> If you have any questions, please do not hesitate to contact us or your local Click Camera dealer.
> Again, thank you for your inquiry.
> Sincerely yours,
> Helen Dodge

① Packing list
② Brochure
③ Proposal letter
④ Invoice

정답 ②

해석 이 서신에 Helen이 첨부한 것은 무엇인가?

> 2018년 4월 5일자 귀사의 서신에서 Click Camera의 신제품인 XL-Lite에 관심을 가져주셔서 감사드립니다.
> 그 제품은 올 12월에 사용 가능할 것이며, 가격은 대략 350달러가 될 것입니다.
> 만약 궁금한 점이 있으시면, 주저하지 말고 당사 혹은 귀사의 Click Camera 중개인에게 연락하십시오.
> 귀사의 문의에 대해서 다시 한 번 감사드립니다.
> 그럼 안녕히 계십시오.
> Helen Dodge

① 포장명세서
② 소책자
③ 제안서
④ 송 장

해설 ② 위 서신에서 작성자는 신제품에 대한 관심에 감사하다고 하면서 제품에 대한 가격과 정보를 전달해주고 있다. 따라서 Helen은 신제품 카메라 XL-Lite에 대한 정보를 주기 위해 소책자를 첨부할 것으로 여겨진다.

17 Which of the following is the MOST inaccurate translation?

Re : L/C No. 3506

We advise shipping notice as under

1. Vessel Name : Arirangho V-20

2. ETA New York : November 30

3. Bill Amount : US$50,000

4. Shipped Quantity : 500 dozen

---

① 1. 선명 : 아리랑호 20항차

② 2. 뉴욕 출발예정일 : 11월 30일

③ 3. 청구(어음)금액 : 5만 미국달러

④ 4. 선적수량 : 500다스

정답 ②

해석 다음 번역 중 가장 적절하지 않은 것은?

답신 : 신용장 번호 3506

당사는 아래와 같이 선적통지서를 알립니다.

1. 선명 : 아리랑호 20항차

2. 뉴욕 도착예정일 : 11월 30일

3. 어음금액 : 5만 미국달러

4. 선적수량 : 500 다스

*advise : (정식으로) 알리다

*shipping notice : 선적통지서

해설 ② ETA는 (Estimated Time of Arrival)는 '도착예정일'을 가리키며, '출발예정일'은 ETD(Estimated Time of Departure)이므로 '2. 뉴욕 출발예정일 → 도착예정일 : 11월 30일'로 바꾸어야 한다.

Dear Ms. French,

Today we took delivery of our order no. 234, and on unpacking we found some items were badly damaged.

(a) It appears that the problem was improper packaging. We would like to return the damaged ones.

(b) On receipt of the replacements, we will make an arrangement to return the damaged items.

(c) 17 LCD monitors out of 300 have cracks on the surface, and 30 keyboards out of 500 do not work.

(d) Please ship us replacements immediately at your expense.

We look forward to your reply.

18 List the sentences in the MOST right order.

① (b) − (d) − (a) − (c)

② (a) − (b) − (d) − (c)

③ (c) − (a) − (d) − (b)

④ (d) − (a) − (b) − (c)

19 How many monitors and keyboards have no problem according to the writer?

① 17 monitors and 30 keyboards

② 317 monitors and 530 keyboards

③ 283 monitors and 470 keyboards

④ 300 monitors and 500 keyboards

Ms. French께,

오늘 당사의 주문번호 234를 인수하여 포장을 풀어본 결과 몇몇 품목들이 심하게 손상되었음을 발견했습니다.

(a) 문제는 부적절한 포장으로 드러났습니다. 당사는 손상된 것들을 반품하고 싶습니다.

(b) 대체품을 수령하고 나서, 당사는 손상품을 반품 처리하겠습니다.

(c) LCD 모니터 300개 중 17개 표면에 흠집이 있으며 키보드 500개 중 30개가 작동하지 않습니다.

(d) 대체품을 귀사 부담 비용으로 즉시 당사에 보내주십시오.

귀사의 답신을 기다리겠습니다.

*take delivery of : [물건 따위를] 인수하다
*replacements : 교체[대체]물
*cracks : (무엇이 갈라져 생긴) 금

18 가장 올바른 순서대로 문장을 배열하시오.

19 글쓴이에 따르면 손상되지 않은 모니터와 키보드는 몇 대인가?
  ① 모니터 17개와 키보드 30개
  ② 모니터 317개와 키보드 530개
  ③ 모니터 283개와 키보드 470개
  ④ 모니터 300개와 키보드 500개

18

③ 내용상 적절한 순서는 (c) 손상된 물품 상태 설명 → (a) 손상의 원인 → (d) 대체품 선적 요구 → (b) 손상품 반품 처리이다.

19
• 손상되지 않은 모니터 : 총 모니터 수(300) − 손상된 모니터 수(17) = 283개
• 손상되지 않은 키보드 : 총 키보드 수(500) − 손상된 키보드 수(30) = 470개

20 What is acceptable shipment date under the following L/C conditions?

> Port of loading : Busan
> Port of discharge : Singapore
> Partial Shipments : Allowed
> Documents are to be presented within 10 days after shipment. Two sets of bills of lading are to be presented in the same presentation.

One B/L is dated 2 February and the other 4 February.

① 2 February
② 4 February
③ 12 February
④ None of the above

정답 ②

해석 다음 신용장 조건 하에서 수용가능한 선적일은 언제인가?

> 적하항 : 부산
> 양륙항 : 싱가포르
> 분할선적 : 허용
> 선적 후 10일 이내에 서류가 제시되어야 한다. 선하증권 두 세트가 동시에 제시되어야 한다.
>
> *shipment date : 선적일
> *Port of loading : 적하항
> *Partial Shipments : 분할선적

선하증권 한 개는 2월 2일이고 다른 하나는 2월 4일이다.
① 2월 2일
② 2월 4일
③ 2월 12일
④ 정답 없음

해설 ② '선하증권 두 세트가 동시에 제시되어야 한다(Two sets of bills of lading are to be presented in the same presentation.)'고 하였으므로, 두 개의 선하증권 중 후자(2월 4일자)에 맞추어 선적일을 지정하여야 한다. 선하증권 한 개는 2월 2일이고 다른 한 개는 2월 4일자로 되어 있으므로 두 서류 사이에 2일 간의 기간이 있으므로 '선적 후 10일 이내 서류 제시'라는 조건에도 부합한다.

21 Choose a correct answer for the underlined.

> 47A : Additional Conditions
>
> SHIPMENT IS TO BE EFFECTED ON OR ABOUT MAY 10 2018

According to the L/C condition, shipment can be effected during the period of _____.

① May 5 – May 15

② May 6 – May 14

③ May 1 – May 20

④ None of the above

정답 ①

해석 밑줄 친 부분에 맞는 답을 고르시오.

> 47A : 추가조건
>
> 선적은 2018년 5월 10일 또는 그 즈음에 실시된다.

신용장 조건에 따르면, 선적은 5월 5일과 15일 사이의 기간에 이루어질 수 있다.
① 5월 5일 – 5월 15일
② 5월 6일 – 5월 14일
③ 5월 1일 – 5월 20일
④ 정답 없음

해설 ① UCP 600 제3조 해석에 따르면, "그 즈음(on or about)" 또는 이와 유사한 표현들은 시작일과 종료일을 포함하여 정해진 일자 전 5일부터, 후 5일까지의 기간 안에 일어나야 할 어떤 일에 대한 규정으로 해석된다.
UCP 600 제3조 해석
The expression "on or about" or similar will be interpreted as a stipulation that an event is to occur during a period of five calendar days before until five calendar days after the specified date, both start and end dates included.
"그 즈음(on or about)" 또는 그 유사한 표현은 어떤 일이 특정일 이전 5일부터 특정일 이후 5일까지의 기간 동안에 발생했다는 규정으로 해석되며, 시작일 및 종료일 모두를 포함한다.

22 Which is NOT appropriate for the following description?

> Under Incoterms 2010, the named place is the place where delivery takes place and where risk passes from the seller to the buyer.

① FCA   ② CPT
③ DDP   ④ DAT

정답 ②

해석 다음 설명에 적합하지 않은 조건은?

> Incoterms 2010 하에서, 지정된 장소는 인도가 이루어지고 위험부담이 매도인으로부터 매수인에게로 이전되는 장소이다.
>
> *named place : 지정된 장소
> *delivery : 배달[인도/전달]
> *take place : 개최되다[일어나다]

① 운송인 인도   ② 운송비 지급 인도
③ 관세 지급 인도   ④ 도착터미널 인도

해설 ② CPT(Carriage Paid To, 운송비 지급 인도조건)는 수출국에서 매도인이 지정한 운송인에게 물품을 인도한 때 위험이 이전되나 비용(목적지까지 운송비 매도인 부담)은 수입국의 지정 목적지에서 이전된다.
CPT(Carriage Paid To, 운송비 지급 인도조건)상 매도인과 매수인의 의무

구 분	매도인의 의무	매수인의 의무
물품의 인도/인수	운송계약을 체결한 운송인에게 전달하여 인도	물품이 인도되고 그에 따른 통지가 있을 때 물품을 인수해야 하며, 목적항에서 운송인으로부터 물품을 인수해야 함
위험의 이전	물품이 인도된 때까지 물품의 멸실 또는 훼손의 모든 위험 부담	물품이 인도된 때부터 물품의 멸실 또는 훼손의 모든 위험 부담
운 송	인도장소에서 지정 목적지까지 운송계약 체결	매도인에 대하여 운송계약을 체결할 의무 없음
보 험	매수인에 대하여 보험계약을 체결할 의무 없음	매도인에 대하여 보험계약을 체결할 의무 없음
통 관	수출 통관	수입 통관
비용 분담	물품이 인도된 때까지 모든 비용 부담	인도된 때부터 모든 비용 부담

※ CPT 조건에서 매도인의 물품인도 및 위험의 이전은 인코텀즈 2010과 2020에서 동일하므로, 인코텀즈 2020에서도 동일하게 적용된다. DAT 조건은 인코텀즈 2020에서 DPU(도착지 양하 인도)로 명칭이 변경되었다.

23 The following is part of Letter of Guarantee. Which is NOT correct?

> Whereas you have issued a Bill of Lading covering the above shipment and the above cargo has been (a) <u>shipped at</u> the above (b) <u>port of discharge</u>, we hereby request you to make delivery of the said cargo under our guarantee to (c) <u>importer</u> without the (d) <u>original Bill of Lading.</u>

① (a)　　　　　　　　　② (b)

③ (c)　　　　　　　　　④ (d)

정답 ①

해석 다음은 화물선취보증서의 일부이다. 올바르지 않은 것은 무엇인가?

> 귀사가 상기 선적과 상기 (b) 양륙항에서 (a) 선적된 상기 화물을 취급하는 선하증권을 발행한 사실이 있으므로, 당사는 (d) 원본 선하증권 없이 당사의 (화물선취)보증서 하에 (c) 수입업자에게 기술한 화물을 인도할 것을 귀사에 요청합니다.
>
> *Letter of Guarantee : (화물선취)보증서
> *Whereas : ~한 사실이 있으므로
> *port of discharge : 양륙항

해설 ① the above cargo has been ~ the above port of discharge(상기 화물이 상기 양륙항에서 ~된다)로 미루어 (a)는 '선적하다'가 아닌 '양하하다'의 의미가 들어가야 하므로 shipped → unloaded가 되어야 한다.
수입화물선취보증서(Letter of Guarantee, L/G)
• 물품이 도착하였으나 선하증권이 도착하지 않은 경우 선하증권 없이 화물을 인도받기 위해 수입상이 은행에 신청하여 발급받는 보증서를 말한다.
• 선하증권 원본이 도착하면 즉시 선사에 제출하겠다는 것과 L/G 발급과 관련한 모든 손해와 비용은 수입자와 은행이 부담하며, 운송인에 책임을 묻지 않겠다는 내용이다.

[24~25] Read the following and answer the questions.

(a) However, we hereby request that the contract be extended to May 31, 2018.

(b) If this is acceptable, please indicate your acceptance by signing below and returning the original document to us no later than (　　).

(c) As you aware, the market research service contract is due to expire on December 30, 2017.

(d) The reason for this request is time constraints on further research.

---

24 Put the following sentences in order.

① (c) − (d) − (a) − (b)

② (c) − (d) − (b) − (a)

③ (c) − (a) − (d) − (b)

④ (c) − (b) − (d) − (a)

25 According to the context, what date would be inferred to fit the blank?

① February 1, 2018.　　　　　　② November 30, 2017.

③ December 31, 2017.　　　　　④ May 31, 2018.

정답 24 ③ 25 ②

해석

(c) 귀사가 인지하는 바와 같이, 시장조사 서비스 계약은 2017년 12월 30일에 만기 예정입니다.

(a) 그러나, 당사는 2018년 5월 31일까지 계약을 연장할 것을 요청합니다.

(d) 이 요청의 이유는 추가 조사에 대한 시간적 제약 때문입니다.

(b) 만약 이것이 수용된다면, 아래에 서명해서 (2017년 11월 30일)까지는 원본 서류를 반송해서 귀사의 승인 의사를 표시해 주시기 바랍니다.

24 다음 문장들을 순서대로 배열하시오.

25 문맥상, 빈 칸에 들어갈 날짜로 추정되는 것은?

① 2018년 2월 1일　　　　　　② 2017년 11월 30일

③ 2017년 12월 31일　　　　　④ 2018년 5월 31일

해설 24

계약 만료일 전에 계약 연장을 요청하는 내용이므로, 올바른 순서는 ③ (c) 계약 만료 예정일 확인 → (a) 계약 연장 요청 → (d) 계약 연장 요청 이유 → (b) 승인을 위한 서류 요청이다.

25

② 계약 만료일이 2017년 12월 30일(is due to expire on December 30, 2017)이므로, 계약 연장 승인 서류는 그 전에 보내야 한다.

26 Put an appropriate word for the blank.

> Thanks for your acknowledgement of receipt of goods you ordered. Once you have seen the Delta 800 in (　), we know you will be impressed by its trouble-free performance.

① operation
② problem
③ question
④ quotation

정답 ①

해석 **빈 칸에 들어갈 말로 적절한 것은?**

> 귀사가 주문한 물품에 대한 수령 통보에 감사드립니다. Delta 800을 (작동)해 보셨다면, 기능적으로 문제없이 작동되는 것에 감명받을 것입니다.
>
> *receipt : 받기, 수령, 인수
> *acknowledgement : 답신, 접수 통지
> *be impressed by : ～에 깊은 인상을 받다

① 작 동
② 문 제
③ 의 문
④ 견 적

해설 you will be impressed by its trouble-free performance(기능적으로 문제없이 작동되는 것에 매우 만족하셨을 것입니다.)로 미루어 빈 칸에는 '작용, 작동'을 뜻하는 ① operation이 적절하다.

27 Put a suitable word for the blank.

> The model has now improved. Its steel casing has been replaced by strong plastic, which makes the machine much (   ) and easier to handle.

① lighter   ② heavier
③ inexpensive   ④ economic

28 Fill in the blank with the MOST suitable word.

> If the freight of cargo is paid in a (   ) currency, the currency may be subject to exchange fluctuations. For that reason shipping companies may apply CAF to transfer exchange rate risks to shipper.

① domestic   ② foreign
③ contract   ④ Letter of credit

해석 빈 칸에 들어갈 말로 가장 적절한 것을 채워 넣으시오.

> 만약 화물의 운임이 (외국의) 통화로 지불된다면, 통화는 환율변동에 따른다. 그러한 이유로 선적회사들은 환율 위험을 선적업자에게 이전시키기 위해서 CAF 조건을 적용할 수도 있다.
>
> *subject to : ∼에 따라
> *exchange fluctuations : 환율변동
> *shipper : 선적업자
> *transfer : 이전시키다

① 국내의   ② 외국의
③ 계 약   ④ 신용장

해설 the currency may be subject to exchange fluctuations(통화는 환율변동에 따른다.)라고 하였으므로, 빈 칸에는 '환율변동'과 '환율 시세'와 관련이 있는 ② foreign(외국의)이 들어가야 한다.

[29∼30] Read the following and answer.

> It was due to a fault in one of our machines which has now been corrected.
> There appears to have been some confusion in our addressing system.
> It is unusual for this type of error to arise, but (　　).

29 Why was the letter above written?

① To explain a mistake

② To replace the machines

③ To ship back the machines

④ To refund the price

30 Which is best for the blank?

① the problem has now been dealt with

② we are refunding the money

③ we are ordering again

④ the order is now canceled

해석

그것은 당사의 기계들 중 하나의 결함 때문이었는데, 현재는 고쳐졌습니다.
당사의 번지 지정 방식에 약간의 혼란이 있었던 것 같습니다.
이런 종류의 오류가 일어난 것은 드문 일이긴 하지만, (그 문제는 현재 처리된 상태입니다).

*due to : ~에 기인하는, ~때문에
*addressing system : 번지 지정 방식
*unusual : 흔치 않은

29 위 서신을 쓴 이유는 무엇인가?
① 실수를 설명하기 위해서
② 기계를 교체하기 위해서
③ 기계를 재선적하기 위해서
④ 가격을 환불하기 위해서

30 빈 칸에 가장 알맞은 것은 무엇인가?
① 그 문제는 현재 처리되었습니다.
② 당사는 그 돈을 환불합니다.
③ 당사는 다시 주문합니다.
④ 현재 주문은 취소되었습니다.

해설 29

① 위 서신에서 작성자는 기계들 중 하나에 결함이 있었는데 현재는 고쳐졌으며, 오류가 발생한 원인에 대해 간략히 설명하고 있으므로 서신의 의도는 '실수를 설명하기 위해서'이다.
*ship back : 재선적하다
*refund : 환불하다

30

① 첫 문장에서 It was due to a fault in one of our machines which has now been corrected(그것은 당사의 기계들 중 하나의 결함 때문이었는데, 현재는 고쳐졌습니다.)하고 하였으므로, '오류가 생긴 것은 드문 경우이지만' 다음에는 '그 문제는 현재 처리되었다'는 내용이 와야 적절하다.

[31~32] Rewrite the sentence completing the blanks.

31

> Turnover has increased slightly since March.
> → There has been _____.

① a slight increase in turnover since March
② a slight increase of turnover by March
③ slight up in turnover for March
④ slightly trend for turnover since March

32

> You shall correct your mistake as soon as possible.
> → The mistake ＿＿ be corrected as soon as possible.

① must　　　　　　　　　② may

③ now　　　　　　　　　④ seems

정답 31 ①　32 ①

해석 31

> 3월 이후 총 매출량은 약간 증가하였다.
> → 3월 이후 총 매출량에서 약간의 증가가 있었다.
>
> *Turnover : 총 매출량
> *slightly : 약간, 조금

① 3월 이후 총 매출량에서 약간의 증가
② 3월까지 총 매출량의 약간의 증가
③ 3월에 총 매출량의 약간 증가
④ 3월 이후 소폭의 총 매출량 추이

32

> 귀사는 가능한 한 빨리 실수를 정정해야 할 것입니다.
> → 실수는 가능한 한 빨리 정정되어야만 합니다.

① ~해야만 하다　　　　　② ~일지도 모른다
③ 지 금　　　　　　　　　④ ~처럼 보이다

해설 31
주어진 문장과 같은 의미가 되기 위해서는 'There has been(~가 있었다) + 명사'가 되어야 하므로, 빈 칸에는
① a slight increase in turnover since March(3월 이후 총 매출량에서 약간의 증가)가 적절하다.

32
주어진 문장과 같은 의미가 되려면 빈 칸에는 '~해야만 하다'라는 뜻의 ① must가 적절하다.

33 Fill in the blanks with the most appropriate word(s).

> The (a) __ of USD35,000 for invoice number 458992 was due on November 1. This payment
> is now four weeks (b) ___. Our terms are full payment in 30 days.
> This is our second reminder. Please make full payment this week.
> We look forward to your prompt response.

① (a) cash (b) ago   ② (a) account (b) left
③ (a) bank (b) due   ④ (a) balance (b) overdue

정답 ④

해석 빈 칸에 들어갈 단어로 가장 적절한 것을 채워 넣으시오.

> 송장번호 458992에 대한 미화 35,000 달러의 (a) 지불잔액이 11월 1일까지 마감입니다. 이 지불은 현재
> 4주 (b) 기한이 지났습니다. 당사의 조건은 30일 내 전액 지불입니다.
> 이번이 당사의 두 번째 독촉장입니다. 이번 주에 전액 지불해 주실 것을 부탁드립니다.
> 당사는 귀사의 신속한 답신을 기대하고 있습니다.
>
> *due on : ~까지 마감인
> *overdue : (지불·반납 등의) 기한이 지난
> *reminder : 독촉장
> *make full payment : 전액 지불하다
> *prompt response : 신속한 답신

① (a) 현금 (b) ~이전에   ② (a) 계좌 (b) 남긴
③ (a) 은행 (b) 적설한 때에   ④ (a) 지불잔액 (b) 기한이 지난

해설 ④ 위 서신은 지불잔금의 지불을 독촉하는 내용이므로, (a)에는 '지불잔액'을 의미하는 balance가, (b)에는 '기한이
지난'을 뜻하는 overdue가 들어가야 한다.

[34~35] Read the following and answer.

[Complaint]
I could not believe it when I read that your prices have now been increased by USD30.00. To have to pay USD55.00 for an article that was USD25.00 only a few months ago is outrageous!

[Answer]
Thank you for your letter. I checked the item you (　) to, the smart pen, catalogue No. 155 on our price-list. The price of the pen has been increased from USD25.00 to USD30.00, not by USD30.00.

34 What is current price of smart pen in question?

① USD30　　　　　　　　　② USD25
③ USD50　　　　　　　　　④ USD55

35 Put the right word in the blank.

① referred　　　　　　　　② mentioned
③ asked　　　　　　　　　④ read

 정답 34 ① 35 ①

해석

[항의]
귀사의 가격을 미화 30달러나 인상했다는 것을 읽고 믿을 수 없었습니다. 불과 몇 달 전만해도 25달러이던 물품을 55달러씩이나 지불해야 하다니 너무나 충격적입니다!

[답변]
귀하의 서신에 감사드립니다. (조회하신) 물품, 즉 스마트 펜은 당사 가격 리스트 카탈로그 번호 155에 있는 것을 확인했습니다. 펜의 가격은 미화 25달러에서 인상되어 현재 30달러입니다. 30달러가 인상된 것이 아닙니다.

*Complaint : 항의
*outrageous : 너무나 충격적인, 언어도단인

34 질문에서 스마트 펜의 현재 가격은 얼마인가?

35 빈 칸에 알맞은 말을 넣으시오.
① 조회하신　　　　　　　　② 언급하신
③ 요청하신　　　　　　　　④ 읽 은

① The price of the pen has been increased from USD25.00 to USD30.00, not by USD30.00(펜의 가격은 미화 25달러에서 인상되어 현재 30달러입니다. 30달러가 인상된 것이 아닙니다.)라고 하였으므로 현재 스마트 펜의 가격은 25달러에서 5달러가 인상된 30달러이다.

35
① 위 서신은 스마트 펜의 가격에 대한 오해에 답변하는 내용으로 빈 칸에는 '조회하다'의 뜻인 referred가 적절하다.

36 What is MOST appropriate English sentence for Korean meaning?

가격표의 가격은 사전통지 없이 시황에 따라 변동될 수 있습니다.

① These prices in the price list are subject to market fluctuation without notice.
② These prices in price list are from condition of market fluctuation without notice.
③ These prices in price list are fixed with market fluctuation without notice.
④ These prices in price list are subject to market claim without notice.

정답 ①

해석 한글 문장을 가장 적절하게 영작한 것은?
① 가격표의 가격은 사전 통지 없이 시가 변동에 따릅니다.
② 가격표의 가격은 사전 통지 없이 시가 변동 조건으로부터 나옵니다.
③ 가격표의 가격은 사전 통지 없이 시가 변동에 따라 고정됩니다.
④ 가격표의 가격은 사전 통지 없이 마켓 클레임에 따릅니다.

해설 주어진 문장을 구분하여 영작하면 다음과 같다.
• 가격표의 가격 : These prices in the price list
• 시황에 따라 변동될 수 있습니다 : be subject to market fluctuation
• 사전통지 없이 : without notice
따라서 옳게 영작한 것은 ① These prices in the price list are subject to market fluctuation without notice.이다.
*market fluctuation : 시가 변동, 시황
*without notice : 예고 없이, 무단으로
*condition : 조건, 상황
*be fixed with : ~에 따라 고정되다
*market claim : 마켓 클레임

37 Fill in the blank with a suitable word.

> Tale Quale is used in contract for shipment of grain in bulk to signify that the consignor will accept the goods in whatever condition they arrive, so long as they were in good order at time of (　), as evidenced by a certificate of quality issued by an impartial inspection agency. This condition arises most commonly when the grain is shipped in dry-cargo type vessels, rather than tankers.

① procurement
② discharge
③ shipment
④ manufacturing

정답 ③

해석 빈 칸에 들어갈 적절한 단어를 고르시오.

> 선적품질조건은 곡물의 대량 선적 계약에서 사용되는데, 물품의 (선적) 시 상태가 양호하다면, 공정한 품질검사기관에 의해 발행된 품질증명서를 증거로 하여 물품 도착 시의 상태에 관계없이 송하인이 선적물을 인수하겠다는 의미이다. 이 조건은 곡물이 대형선박 보다는 건화물 유형 선박으로 선적될 때 가장 흔하게 발생한다.
>
> *Tale Quale : 선적품질조건
> *consignor : 하주(shipper), 송하인
> *so long as : ~이기만[하기만] 하면
> *certificate of quality : 품질증명서
> *inspection agency : 품질검사기관
> *dry-cargo type vessels : 건화물 유형 선박

① 조달[입수]
② 이 행
③ 선 적
④ 제조업

해설 ③ 선적품질조건은 선적물의 품질 결정시기를 선적완료 시점으로 하는 조건으로 FOB, CFR 또는 CIF 조건에 의한 거래, FAQ 조건, 런던곡물거래에 흔히 쓰이는 TQ(Tale Quale, Tel Quel) 등에 활용된다. 따라서 빈 칸에는 '선적물'을 의미하는 shipment가 적절하다.

선적품질조건[Shipped Quality Terms/Final = TQ(Tale Quale)]
• 품질결정(검사)시기가 선적 시점인 조건이다.
• 주로 변색·변질 위험이 적은 공산품인 경우 활용되는 조건으로 인도된 물품의 품질이 선적 시에 (공인 검사기관의 품질확인을 받고) 약정된 품질과 일치하기만 하면 그 후 (운송 도중) 변질되어 도착지에서 하자가 발견됐다 해도 수출상은 이에 대한 책임을 지지 않는 조건이다.
• 품질결정시기에 관해 당사자 간 합의가 없는 경우 정형거래조건의 E·F·C Group은 선적지 품질을 기준으로 한다.
• FOB, CFR, CIF 조건 등의 선적지 무역조건에서는 품질결정 시점에 대한 특별한 약정이 없는 경우 품질에 대한 수출상의 책임은 선적시점에서 종료된다.

38 Which of the following is NOT obligation of seller under CISG?

① To deliver the goods

② To provide any documentation relating to the goods

③ To transfer the property in the goods to the buyer

④ To take over the goods

정답 ④

해석 다음 중 CISG 하에서 매도인의 의무가 아닌 것은 무엇인가?

① 물품을 인도하기

② 물품 관련 서류 제공하기

③ 매수인에게 물품 소유권을 이전하기

④ 물품을 인계받기

해설 CISG 제30조 매도인의 의무

The seller must deliver the goods, hand over any documents relating to them and transfer the property in the goods, as required by the contract and this Convention.

매도인은 계약과 본 협약에서 요구하는 대로 물품을 인도하고, 모든 물품 관련 서류 및 물품에 대한 소유권을 이전해야 한다.

*take over : (~로부터) (~을) 인계받다

---

39 Below is the statements from replies to credit inquiries. Which of the following is BEST suited for the blank below?

> We are of opinion that they may be rated as A1 and you (   ) in opening connections with them.

① would not run the least risk

② would eventually taking risk

③ would bear risks involved

④ would pass the risk

해석 아래는 신용조회에 대한 답신의 서술문이다. 빈 칸에 가장 알맞은 것은 무엇인가?

> 의뢰하신 동 상사는 최고 등급의 평판을 지녔으며, 귀사가 그들과 거래를 개설할 경우 (위험부담이 거의 없을 것)이라는 게 당사의 의견입니다.
>
> *A1 : 최고의, 최상의

① 위험부담이 거의 없을 것이다.
② 결과적으로 위험을 감수할 것이다.
③ 위험한 상황에 연루되는 것을 참아야 할 것이다.
④ 위험을 통과할 것이다.

해설 ① they may be rated as A1(동 상사는 최고 등급의 평판을 지녔다.)으로 미루어, 빈 칸에는 거래 개설에 대한 긍정적인 의견이 나와야 한다.
②·③·④ 모두 신용조회에 대한 부정적인 결과를 전달하고 있다.
*credit inquiries : 신용조회
*bear : 참다, 견디다

[40~41] Fill in the blanks with the most appropriate words in order.

40

> In case of (　) of this contract, the party (　) this contract is to compensate for the loss to the other party incurred in (　).

① unperformance, breaking, performance
② non-performance, breaking, non-performance
③ disperfomance, broken, performance
④ unperformance, broken, performance

41

> (　) your inquiry of yesterday, we have pleasure (　) the following information. We are looking forward to (　) from you soon.

① In reference of, in receiving you with, hearing
② In response to, in furnishing you with, hearing
③ In reply to, of giving you, hear
④ In response of, in giving you with, hear

해석 40

> 이 계약의 (불이행)의 경우, 이 계약을 (어긴) 당사자는 (불이행)에서 발생한 손실을 다른 당사자에게 보상해야 한다.

41

> 어제 귀사의 문의에 (답하여), 당사는 다음 정보를 즐거운 마음으로 (제공합니다). 당사는 가까운 시일에 귀사로부터 (듣기를) 고대하고 있습니다.

해설 40

무역계약의 불이행(Non-performance of contract)

무역계약이 체결되면 쌍무계약으로서의 특성상 양 당사자는 각각 일정한 채무를 지게 된다. 무역계약의 불이행(Non-performance of contract)이란 무역계약상의 채무 불이행, 즉 무역계약 위반(Breach of contract)을 의미한다. 일정 의무를 부담하고 있는 당사자가 자신의 의무를 지연, 해태, 거절, 미이행 혹은 불완전하게 이행하는 것과 이행불능의 경우에 일방의 귀책사유가 있는 것을 무역계약 위반이라 한다.

*non-performance : (계약) 불이행
*compensate : 보상하다
*incur : 초래하다

41

② 제시문은 이전 서신에 대한 답신으로, 관련 정보를 제공하고 있다. 따라서 첫 번째 빈 칸에는 '~에 대한 답변[답신]'라는 뜻을 나타내는 단어들이 들어가야 하므로 In response to, In reply to이 적절하다. 'A에게 B를 제공하다'는 furnishing A with B로 나타내며, '~을 고대하다'는 look forward to ~ing로 표현한다.

*inquiry : 질문, 문의, 조회
*furnish~ with : ~에게 ~을 제공[공급]하다

42 Which is LEAST appropriate to replace 'open'?

> This offer is <u>open</u> till the end of this month.

① valid
② remain
③ effective
④ in force

해석 '열려있는'과 대체하여 쓸 수 있는 것으로 적절하지 않은 것은?

이 청약은 이번 달 말까지 <u>유효</u>합니다.

① 유효한[정당한]
② (없어지지 않고) 남다
③ (법률·규정이) 시행[발효]되는
④ (법·규칙 등이) 시행 중인

해설 valid, effective, in force는 '(법·규칙이) 시행 중인, 유효한'이라는 의미인데, remain은 '남아있다'라는 뜻이므로, 정답은 ②이다.

43 Which is the LEAST appropriate sentence for the blank?

> Order 27839
> It is now over seven months since we placed the above order with you and we are still waiting for the Linton filing cabinets. I should like to remind you that we have already paid for these cabinets.
> (   )

① We must insist that you deliver them immediately.

② These problems are completely beyond our control, as this is as a result of our suppler's factory.

③ Please refund our money.

④ Unless we hear from you within 7 days, we will be forced to take legal action.

해석 빈 칸에 들어갈 문장으로 가장 적절하지 않은 것은?

> 주문 27839
> 당사가 귀사에 상기 주문을 한 지 현재 7개월이 넘었는데, 당사는 아직도 Linton 서류 캐비닛을 기다리고 있습니다. 저는 당사가 이들 캐비닛의 대금을 이미 지불했다는 것을 상기시켜 드려야겠습니다.
> (   )

① 당사는 그것들을 즉시 배달할 것을 귀사에 주장해야만 합니다.
② 이것은 당사 공급업자 공장의 결과이기 때문에 당사가 어쩔 수 없는 문제들입니다.
③ 당사의 돈을 환불해 주십시오.
④ 귀사로부터 7일 이내에 듣지 못한다면, 당사는 법적 조치를 취할 수밖에 없을 것입니다.

해설 위 서신은 주문한 캐비닛이 도착하지 않아 클레임을 제기하는 내용인데, ②는 클레임을 받은 측에서 하는 답변이므로, 빈 칸에 들어가기에 적절하지 않다.

44 Which is the LEAST appropriate pair?

① A : Well, the shipment arrived but some of the items have been damaged.

    B : Can you send us a list of the damaged goods?

② A : If you order 15,000, we'll give you an additional 10% discount.

    B : Then, we should avoid ordering more than 15,000 to get the premium.

③ A : Did you contact the shipping agent and initiate a claim?

    B : I tried, but they told me you have to do it on your end.

④ A : Why don't you check with your agent there and see what he says?

    B : Absolutely. I'll do it right now and get back to you as soon as I find something.

정답 ②

해석 다음 대화 중 가장 적절하지 않은 짝은 어느 것인가?

① A : 선적물이 도착했지만, 일부 물품이 손상되었습니다.

    B : 당사에 손상된 물품 목록을 보내주실 수 있나요?

② A : 귀사가 15,000개를 주문한다면, 귀사에 10% 추가할인을 해드리겠습니다.

    B : 그렇다면, 당사는 보험료를 얻기 위해 15,000개 이상 주문하는 것을 피해야겠군요.

③ A : 해운회사와 연락해서 클레임을 제기했나요?

    B : 그렇게 해봤는데, 그들은 귀사 쪽에서 그것을 해야 한다고 제게 말했습니다.

④ A : 귀사의 대리인에게 확인하여 뭐라고 하는지 들어보는 게 어떨까요?

    B : 그렇군요. 지금 당장 해야겠어요. 뭔가 알아내는 대로 귀사에 바로 연락드릴게요.

해설 ② '15,000개 이상 주문 시 추가할인이 있다'고 하였으므로 적절한 답변은 '그렇다면, 당사는 추가할인을 받기 위해 15,000개 이상 주문하겠습니다.' 정도가 적절하다.

*shipping agent : 해운 회사[업자], 선박 회사 대리점[업자]

---

45 Who can NOT be the holder?

> Sight draft is a financial instrument payable upon presentation or demand. It must be presented for payment by its holder within reasonable time.

① Payee

③ Bearer

② Endorsee

④ Drawee

해석 **소지인이 될 수 없는 사람은 누구인가?**

> 일람불 환어음은 제시 또는 요구가 있을 시에 지불해야 하는 금융수단이다. 일람불 환어음의 지급을 위해서는 적당한 기간 내에 소지인에 의해 제시되어야 한다.

① 수취인[수령인]   ② 피(被)배서인, 양수인
③ 소지자   ④ 지급인

해설 **일람불 환어음(Sight draft)**
- 환어음 지급기일이 일람출급으로 되어 있는 경우로, 환어음이 지급인(Drawee)에게 제시(Presentation)되었을 때 즉시 지급해야 하는 어음이다.
- "AT OOO SIGHT"로 표시하며, 환어음상에 일람출급 또는 기한부 표시가 없는 경우 일람출급 환어음으로 본다.
*holder : 소유자, 소지인
*Sight draft : 일람불 환어음
*financial instrument : 금융 상품[증서]
*payable : 지불해야 하는; 지불할 수 있는
*presentation : 제출, 제시; 수여, 증정

---

46 Choose one that is NOT proper for the blank.

> Claims, if any, shall be ( ) by cable within fourteen days after arrival of goods at destination, and certificates by recognized surveyors shall be sent by registered letter without delay.

① filed   ② submitted
③ avoided   ④ made

정답 ③

해석 **빈 칸에 들어갈 단어로 적절하지 않은 것 하나를 고르시오.**

> 클레임은 목적지에 물품이 도착한 지 14일 이내에 전신으로 (제기)되어야 하며, 인정된 감독관에 의한 증명서가 지체 없이 등기우편으로 보내져야 한다.

① (소송 등을) 제기[제출]하다   ② (서류·제안서 등을) 제출하다
③ 피하다   ④ 만들다

해설 빈 칸에 들어갈 표현은 '클레임이 전신으로 제기되어야 한다'로, ①·②·④는 모두 '~을 제기[제출]하다'라는 의미인데, ③은 '~을 피하다'라는 뜻이므로 적절하지 않다.
*by cable : 전신으로
*recognized : 인정된
*surveyor : 감독관
*registered letter : 등기우편

47 What is the best replacement for the underlined?

> When trading internationally, the right <u>paper work</u> is crucial. Missing or inaccurate documents can increase risks, lead to delays in payment and extra costs, or even prevent a deal being completed. For example, different countries have different business cultures and even languages. It's a good idea to make sure we have a clear written contract to minimize the risk of misunderstandings.

① shipping documents   ② documentation

③ paper manual   ④ documentary draft

정답 ②

해석 밑줄 친 부분을 가장 잘 대체할 수 있는 것은?

> 국제무역에서 올바른 <u>서류작업</u>은 결정적이다. 서류를 잃어버리거나 부정확한 서류는 위험을 증대시키고, 지불 지연과 추가비용을 일으킬 수 있으며, 또는 심지어 거래가 완성되는 것을 막을 수도 있다. 예를 들어, 다른 나라들은 각각 다른 비즈니스 문화와 심지어는 언어도 다르다. 오해로 생기는 위험을 최소화하기 위해서 명확한 서면 계약서를 소지하도록 확실하게 하는 것은 좋은 생각이다.

① 선적서류   ② 문서화; 기록문서

③ 종이설명서   ④ 화환어음

해설 밑줄 친 paper work는 '서류작업'을 의미하므로, 이와 유사한 의미를 가진 ② documentation(문서화)이 정답이다.

---

48 What is MOST suitable for the blank?

> (　) refer to restrictions that result from prohibitions, conditions, or specific market requirements that make importation or exportation of products difficult and/or costly. These also include unjustified and/or improper application of sanitary and phytosanitary measures and other technical obstacles to Trade.

① Sanctions   ② Preferential Tax Rates

③ Tariff Restrictions   ④ Non-Tariff Barriers

해석 빈 칸에 들어갈 말로 가장 적절한 것은?

(비관세장벽)은 금지규정과 사정, 또는 제품의 수입 또는 수출을 어렵게 또는 비용이 많이 들게 하는 구체적인 시장 필요조건으로부터 기인한 제한을 가리킨다. 이것들은 또한 SPS협정에 대한 정당하지 않거나 부적절한 적용과 교역에 대한 기술적인 장애물을 포함한다.

① 제 재
② 특혜세율
③ 관세 규제
④ 비관세장벽

해설 Non-Tariff Barriers(비관세장벽)
관세 외의 형태로 수입을 억제하는 수단을 말하며, 수입수량의 할당, 국내산업 보호정책, 수출에 대한 금융지원, 각국의 고유 인증제도, 수입절차상 관세 등이 그 구체적인 예이다. 비관세장벽이 특히 주목을 받게 된 것은 미국이 1974년 통상법에 이 문제를 취급하면서부터 부각되었으며, 그 후 비관세장벽이 국제무역을 저해한다는 세계 각국의 판단에 따라 국제적 개선책을 모색하기 위해 1975년 GATT에서 다루게 된다.

49 Which is LEAST proper English writing for the below?

당사는 귀사에 대량주문을 하고자 합니다.

① We would like to send a considerable order to you.
② We are happy to put a substantial order with you.
③ We want to place an initial order with you.
④ We are pleased to make a huge order with you.

해석 아래 문장을 영작한 것으로 가장 적절하지 않은 것은?
① 당사는 귀사에 대량주문을 발주하고 싶습니다.
② 당사는 귀사에 상당한 주문을 하고 싶습니다.
③ 당사는 귀사에 최초 주문을 하기를 원합니다.
④ 당사는 귀사에 대량주문을 해서 기쁩니다.

해설 ①・②・④는 '대량주문을 하다'라는 뜻인데, ③은 '최초 주문을 하다'라는 뜻이므로 주어진 문장과 그 의미가 달라 적절한 영작이 아니다.
*considerable order : 상당한[많은] 주문
*substantial order : 상당한 주문
*initial order : 최초 주문
*huge order : 대량주문

50 Which is right for the blank?

( ) is a policy which describes the insurance in general terms, and leaves the name of the ship or ships and other particulars to be defined by subsequent declaration.

① A floating policy
② A valued policy
③ An unvalued policy
④ A insurance certificate

51 선하증권의 법정기재사항으로 옳지 않은 것은?

① 운 임
② 선박명
③ 선하증권의 작성통수
④ 무선박운송인

정답 ④

해설 **선하증권의 기재사항**

법정기재사항	임의기재사항
• 선박의 명칭·국적 및 톤수 • 송하인이 서면으로 통지한 운송물의 종류, 중량 또는 용적, 포장의 종별, 개수와 기호 • 운송물의 외관상태 • 용선자 또는 송하인의 성명·상호 • 수하인 또는 통지수령인의 성명·상호 • 선적항 및 양륙항 • 운 임 • 발행지와 그 발행연월일 • 수통의 선하증권을 발행한 때에는 그 수 • 운송인의 성명 또는 상호 • 운송인의 주된 영업소 소재지	• 선하증권 번호 • 항해번호 • 통지처 • 운임 지불지 및 환율 • 화물 착화통지처 • 비고 : 화물의 선적지 손상 및 과부족 상황 기재 • 면책약관 : 운송인의 면책조항

52 다음 설명에 해당하는 서류로 옳은 것은?

> 이 서류는 선박회사가 화물을 수취했음을 나타내는 화물수취증이며, 수화인의 성명과 주소가 명기되어 있고 유통불능문언이 부기되어 있다. 단지 송화인이 수화인에게 화물을 탁송했다는 비유통 증거서류로서의 역할을 한다.

① SWB
② Third Party B/L
③ Clean B/L
④ Charter Party B/L

정답 ①

해석 ① 해상화물운송장
② 제3자 선하증권
③ 무사고 선하증권
④ 용선계약 선하증권

해설 **해상화물운송장(Sea Waybill, SWB)**
• 운송 중인 화물에 대한 전매 필요성이 없는 경우 발행되는 선적서류이다.
• 운송계약의 증거서류이자 운송화물에 대한 수령증(화물수취증)이며, 기명식으로만 발행되지만 유가증권이 아니다.
• 선하증권이 발행되면 해상화물운송장은 발행되지 않는다.
• 화물의 수취증일 뿐이므로 양륙지에서 화물과 상환으로 제출되는 것을 조건으로 하지 않는다.
• 비유통성이며, 운송 중인 화물은 전매 불가하다는 점, 분실 시 위험성이 적다는 점, 기명식으로만 발행된다는 점에서 항공화물운송장(AWB)과 유사하다.

53 Incoterms 2010에 대한 내용으로 옳지 않은 것은?

① FCA 조건에서는 Buyer가 Seller를 위해 보험에 부보한다.

② CPT 조건에서는 Buyer가 자기 자신을 위해 보험에 부보할 수 있다.

③ CIP 조건에서는 Seller가 Buyer를 위해 보험에 부보하여야 한다.

④ CIF 조건에서 피보험자(Assured)는 매수인(Buyer)이다.

정답 ①

해설 ① FCA 조건에서는 매도인과 매수인은 모두 운송 및 보험계약의 의무가 없다. 단, 매수인은 인수받은 물품을 자신의 목적지까지 운반하기 위해 별도로 운송 및 보험 계약을 체결할 수 있다. 즉, 강제 의무는 없고 별도로 계약을 체결하는 것은 무방하다.

※ FCA, CPT, CIP, CIF 조건에서 매도인의 물품인도 및 위험의 이전, 매도인과 매수인의 보험 부보와 관련해서는 인코텀즈 2010과 2020에서의 내용이 같으므로, 인코텀즈 2020에서도 동일하게 적용될 수 있다. 다만, CIP 조건의 경우 2010에서는 부보기준이 ICC(C) 또는 이와 유사한 조건이었으나, 2020에서는 ICC(A)로 변경된 점에 유의하여야 한다.

54 UCP 600에 따른 신용장거래에서 결제를 위해 제시된 상업송장에 대한 설명으로 옳지 않은 것은?

① 신용장에 명시된 서류는 적어도 1통의 원본이 제시되어야 한다.

② 상업송장은 신용장과 같은 통화로 발행되어야 하며 수익자의 서명이 필요하다.

③ 개설은행과 확인은행은 신용장에서 허용된 금액을 초과하여 발행된 상업송장을 수리할 수 있다.

④ 상업송장의 물품의 명세는 신용장과 엄격히 일치해야 한다.

정답 ②

해설 ② 서명될 필요는 없으나 신용장에서 요구하는 경우에는 서명되어야 한다.

UCP 600 제18조 상업송장

A commercial invoice must be made out in the same currency as the credit and need not be signed.

상업송장은 신용장과 동일한 통화로 작성되어야 하며, 그리고 서명될 필요가 없다.

55 신용장 관계 당사자에 대한 설명으로 옳지 않은 것은?

① 개설은행을 지칭하는 표현으로 'Opening Bank' 등이 있지만, 신용장통일규칙(UCP 600)에서는 'Issuing Bank'를 사용하고 있다.

② 수익자는 환어음을 발행하여 대금을 지급받을 권리가 있다는 Accountee이다.

③ 통지은행은 대부분의 경우 수익자가 소재하는 곳에 있는 개설은행의 본·지점이나 환거래은행이 이용된다.

④ 네고은행 앞으로 환어음이 발행되면 안 된다.

정답 ②

해설 ② 수익자(Beneficiary)는 신용장 수취인으로서 수혜자이며 수출상을 말한다.
개설의뢰인(Applicant)
• 수익자(Beneficiary)와의 매매계약에 따라 자기거래은행(Opening Bank)에 신용장을 개설해줄 것을 요청하는 수입상으로 향후 수출 환어음 대금의 결제의무자가 된다.
• Importer(수입상), Accountee(대금결제인), Buyer(매수인), Opener(신용장 개설의뢰인), Drawee(환어음 지급인), Consignee(수하인)로도 불린다.

56 신용장 개설은행의 지시에 따라 신용장 대금을 매입은행 등에게 지급하는 은행은?

① Issuing bank

② Confirming bank

③ Reimbursing bank

④ Transferring bank

정답 ③

해석 ① 개설은행　　　　　　　　② 확인은행
③ 상환은행　　　　　　　　④ 양도은행

해설 ③ 상환은행(Reimbursing bank) : 개설은행의 상환수권이나 지시에 따라 지급·인수·매입은행의 상환청구를 받아 상환해주는 은행이다(결제 편의 제공). 제3국 통화로 거래할 때 제3국 소재의 은행을 이용하는 경우 등에 쓰이며, 개설은행의 입장에서는 결제은행(Setting bank)이 된다.
① 개설은행(Issuing bank) : 수입상의 거래은행으로서 개설의뢰인(수입상)의 요청과 지시에 의하여 신용장을 발행하는 은행이다.
② 확인은행(Confirming bank) : 수출상에게 개설은행의 지급확약 외에 추가적으로 2중의 대금지급 확약을 행하는 은행으로서 확인신용장의 경우 확인은행도 개설은행 및 수익자와 함께 신용장 기본 당사자가 된다.
④ 양도은행(Transferring bank) : 신용장을 양도하는 지정은행 또는 모든 은행에서 사용될 수 있는 신용장에서 개설은행에 의하여 양도하도록 특별히 수권되어 신용장을 양도하는 은행으로 개설은행도 양도은행이 될 수 있다.

57 신용장의 발행은행은 물품 자체가 아니라 서류만을 근거로 대금지급여부를 판단한다는 원칙에 해당하는 것은?

① 독립성의 원칙   ② 추상성의 원칙

③ 엄밀일치의 원칙   ④ 상당일치의 원칙

정답 ②

해설 ② 추상성의 원칙 : 신용장 거래는 상품, 용역, 계약이행 등의 거래가 아니라 서류로서 거래가 이루어지는데 이를 신용장의 추상성이라 한다. 즉, 서류만으로 매매계약의 이행여부를 결정하게 되므로 실제 물품·용역·계약의 불일치 또는 불이행에 따른 분쟁은 신용장과 전혀 별개의 문제이다.
① 독립성의 원칙 : 신용장은 수출·입자 간 체결된 매매계약 등을 근거로 개설되지만, 신용장 개설 후에는 그 근거가 되었던 매매계약과 완전히 독립되어 그 자체로 별도의 법률관계가 형성됨으로써 신용장 당사자(개설[발행]은행과 수익자)가 신용장 조건에 따라서만 행동하는 것(즉, 매매계약으로부터의 단절)을 신용장의 독립성이라 한다.
③ 엄밀일치의 원칙 : 수익자가 제시한 서류와 신용장조건과의 일치성 여부에 관한 심사는 오로지 서류의 문면상으로 판단함으로써 은행은 신용장조건에 엄밀히 일치하지 않는 서류를 거절할 권리가 있다는 법률원칙이다.
④ 상당일치의 원칙 : 엄밀일치의 원칙의 엄격성을 완화하는 원칙을 말하는데, 서류가 신용장 조건과 상당하게 일치하면 은행은 이를 수리할 수 있다는 원칙이다.

58 무역의 개념에 대한 설명으로 옳지 않은 것은?

① 무역이란 상이한 국가 간에 이루어지는 상거래이다.

② 무역거래의 대상은 물품, 용역, 자본 및 전자적 형태의 무체물이다.

③ 용역거래의 대상은 국제 간 이동에 따르는 운임, 보험료 및 배당금이 있다.

④ 무체물거래의 대상은 영상물, 음향, 음성물, 전자서적 및 데이터베이스 등이 있다.

정답 ③

해설 용역(Services)
• 경영 상담업, 법무 관련 서비스업, 회계 및 세무 관련 서비스업, 엔지니어링 서비스업, 디자인, 컴퓨터시스템 설계 및 자문업, 문화산업에 해당하는 업종, 운수업, 관광사업에 해당하는 업종, 수출유망 산업으로서 산업통상자원부장관이 정하여 고시하는 업종(전기통신업, 금융 및 보험업, 임대업, 광고업, 사업시설 유지관리 서비스업, 교육 서비스업, 보건업, 연구개발업, 번역 및 통역 서비스업)
• 특허권·실용신안권·디자인권·상표권·저작권·저작인접권·프로그램저작권·반도체집적회로의 배치설계권의 양도, 전용실시권의 설정 또는 통상 실시권의 허락

59 Usance Credit과 관련하여 매입은행은 수출상에게 매입 즉시 대금을 지급하고, 수입상의 거래은행인 발행은행은 어음의 만기일에 매입은행에게 대금을 지급하는 경우를 무엇이라 하는가?

① Shipper's Usance
② Buyer's Usance
③ Domestic Banker's Usance
④ Overseas Banker's Usance

정답 ④

해석 ① 무역 유전스[기한부]
② 매수인 유전스[기한부]
③ 국내은행 유전스[기한부]
④ 해외은행 유전스[기한부]

해설 신용공여의 주체를 기준으로 한 신용장 분류
• 은행 유전스 신용장(Banker's Usance) : 개설은행 또는 지정은행이 외상기간(어음기간) 동안 수입자에게 신용을 공여하는 신용장으로, 은행이 환어음 만기일까지의 이자를 부담한다.
  – 해외은행 유전스(Overseas Banker's Usance) : 지급 주체가 국내은행이나 국내은행의 해외지점인 경우
  – 국내은행 유전스(Domestic Banker's Usance) : 수출자에게 대금을 지급하는 주체가 해외은행인 경우
• 무역 유전스 신용장(Shipper's Usance) : 수출자가 외상기간(어음기간) 동안 수입자에게 신용을 공여하는 신용장으로, 수출자가 환어음 만기일까지의 이자를 지급한다.

60 UCP 600에 따른 신용장의 해석에 대한 설명으로 옳지 않은 것은?

① 일치하는 제시(Complying presentation)란 신용장의 조건과 UCP 600, ISBP에 따른 제시를 의미한다.
② 신용장은 취소불능이라는 표시가 있어야 취소가 불가능하다.
③ 선적기간을 정하기 위해 'to', 'until', 'till', 'from', 'between'이라는 단어가 사용된 경우 해당일자를 포함하고, 'before', 'after'라는 단어는 명시된 일자를 제외한다.
④ 어음의 만기를 정하기 위해 'from', 'after'가 사용된 경우 명시된 일자를 제외한다.

정답 ②

해설 ② 신용장은 취소불능의 표시가 없는 경우에도 취소불능으로 간주된다.
UCP 600 제3조 해석
A credit is irrevocable even if there is no indication to that effect.
신용장은 취소불능에 대한 표시가 없는 경우에도 취소불능이다.

61 결제방법의 구분에 대한 설명으로 옳지 않은 것은?

① 사전송금방식에 이용되는 결제방식에는 D/D, M/T, T/T가 있다.

② 사후송금방식에는 COD, CWO, CAD, O/A가 있다.

③ 추심결제방식에는 D/P, D/A 방식이 있다.

④ 신용장결제방식에는 Sight Credit과 Usance Credit 등이 있다.

정답 ②

해설 ② CWO(Cash With Order)는 대표적인 선지급 장식이며, COD와 CAD는 동시지급 방식이다.

물품·서류 인도시점 기준 무역대금결제방식 유형

선지급 (Payment in Advance)	• 주문불방식(Cash With Order, CWO) • 단순사전송금방식 　－ 우편송금환(Mail Transfer, M/T) 　－ 전신송금환(Telegraphic Transfer, T/T) 　－ 송금수표(Demand Draft, D/D) • 전대신용장(Red Clause L/C) • 연장신용장 • 특혜신용장
동시지급 (Cash on Shipment)	• 현물상환지급(Cash On Delivery, COD) • 서류상환지급(Cash Against Documents, CAD) • 일람지급(At Sight) 신용장방식 • 지급인도방식(Documents against Payment, D/P)
후지급 (Deferred Payment)	• 기한부 신용장(Usance L/C) • 인수도조건(Documents against Acceptance, D/A) • 상호계산/청산계정(Open Account)

62 Incoterms 2010에 대한 내용으로 옳지 않은 것은?

① DAT, DAP, DDP 조건은 양륙지 인도조건이다.

② FCA, CPT, CIP 조건은 선적지에서 매도인이 지정한 운송인에게 물품을 인도한 때 위험이 매수인에게 이전된다.

③ CFR, CIF, CPT, CIP 조건은 위험의 분기는 선적지에서 일어나는 반면 비용의 분기는 양륙지에서 일어난다는 점에서 다른 규칙과 다른 특징을 갖는다.

④ EXW, DDP 조건을 제외하고 수출통관은 매도인이, 수입통관은 매수인이 수행한다.

정답 ②

해설 ② FCA 조건은 매도인이 수출통관 절차를 마치고, 지정장소에서 매수인이 지정한 운송인에게 인도한 시점을 위험부담의 분기점(위험이전)으로 본다.

INCOTERMS 2020 11가지 조건

구 분	인도장소	운송계약	수출통관	수입통관
EXW	매도인 영업장 구내	매수인	매수인	매수인
FCA	매도인 영업장 구내/매수인 지정 제3자	매수인	매도인	매수인
FAS	지정 선적항의 선측	매수인	매도인	매수인
FOB	지정 선적항의 선박 갑판	매수인	매도인	매수인
CPT	지정목적지	매도인	매도인	매수인
CIP	지정목적지	매도인(보험필수)	매도인	매수인
CFR	지정 선적항의 선박 갑판	매도인	매도인	매수인
CIF	지정 선적항의 선박 갑판	매도인(보험필수)	매도인	매수인
DPU	수입국 지정장소	매도인	매도인	매수인
DAP	수입국 지정장소	매도인	매도인	매수인
DDP	수입국 지정장소	매도인	매도인	매도인

※ 매도인의 의무 및 비용의 부담, 매도인과 매수인의 보험 부보와 관련해서는 인코텀즈 2010과 2020에서의 내용이 같으므로, 인코텀즈 2020에서도 동일하게 적용될 수 있다. 다만, CIP 조건의 경우 2010에서는 부보기준이 ICC(C) 또는 이와 유사한 조건이었으나, 2020에서는 ICC(A)로 변경된 점에 유의하여야 한다. 또한 인코텀즈 2020은 DAT를 DPU(Delivered at Place Unloaded)로 명칭을 변경하였으며, 인도장소를 터미널에 국한하지 않고 어느 장소든지 목적지가 될 수 있도록 하였다.

63 국내에서 생산된 물품으로 자가창고에서 수출통관을 필한 후, 선적을 위하여 지정된 선적항으로 이동하는 경우, 관세법상 물품과 운송에 대한 설명으로 옳은 것은?

① 내국물품, 복합운송
② 외국물품, 보세운송
③ 내국물품, 보세운송
④ 외국물품, 복합운송

> 정답 ②
>
> 해설 보세운송
> 외국물품을 보세상태로 국내에서 운송하는 제도를 말한다. 외국물품을 국내에서 운송함에 있어서는 관세징수의 확보, 무면허유출의 방지를 위해서 보세운송의 발송지와 도착지를 한정하여 국제항, 보세구역, 타소장치장, 세관관서, 통관역 및 통관장 간에만 보세운송을 하고, 필요 시에는 담보도 제공토록 하고 있다.

64 컨테이너 화물운송형태에 대한 설명으로 옳지 않은 것은?

① CY-CY는 Door-to-Door 운송형태로 육해공을 잇는 일관운송형태로 수출지 공장에서 컨테이너에 적재한 후 최종 수하인의 창고까지 컨테이너의 개폐 없이 운송한다.
② CY-CFS는 1인의 수출상이 1개 수입국 내 다수 수입상에게 운송하는 형태로 수입국에서 컨테이너 화물 적출과 배분이 일어난다.
③ CFS-CY는 1개국 내 다수의 공급자로부터 소량화물을 받아 수출국에서 혼재한 후 수입국 1인의 수하인의 창고까지 운송하는 것으로 Door to Pier라고도 부른다.
④ CFS-CFS는 다수 화주의 소량화물(LCL)을 혼재해 FCL 화물로 만들어 수출하고 수입국에서 이를 다시 적출하여 다수 수하인에게 배분하는 운송형태다.

> 정답 ③
>
> 해설 CFS/CY(LCL/FCL) = PIER TO DOOR SERVICE
> • 단일 수하인이 다수 송하인(수출상)의 LCL 화물을 집화하여 자신의 창고로 운송 시 이용하는 방식
> • 운송인이 지정한 선적항의 CFS로부터 목적지의 CY까지 컨테이너로 운송하는 형태

65 다음 설명에 해당하는 대금결제방식은 무엇인가?

> (가) 거래금액 : 소액
> (나) 외상기간 : 단기
> (다) 소구권 : with recourse or without recourse
> (라) 대금결제 : open account

① 신용장 방식　　　　　　　　　② 추심 방식
③ Forfaiting　　　　　　　　　　④ Factoring

[정답] ④

[해설] 팩터링(Factoring)
- 제조업자가 구매자에게 상품 등을 외상으로 판매한 후 발생되는 외상매출채권을 팩터링회사(Factor)에게 일괄 양도함으로써 팩터링회사로부터 구매자에 관한 신용조사 및 지급보증, 매출채권의 관리, 회계업무(Accounting), 대금회수 및 전도금융 제공 등의 혜택을 부여받는 서비스를 말한다. 이는 지급보증 대리인(Del Credere Agent) 방식과 유사하다.
- 세계의 팩터링회사가 그룹을 결성하여 수출자 및 수입자에 대하여 제공하는 새로운 금융서비스로서 수출국 팩터링 회사(Export factor, 수출팩터)가 수출자와 거래계약을 체결한 후 금융제공을 하며, 수입국 팩터링회사(Import factor, 수입팩터)는 수입자에 대한 신용조사 및 신용승인(Credit approval) 등 팩터링서비스를 제공하는 거래를 말한다.

66 일정한 기간에 화물이 연속적으로 운송되는 경우 이에 대한 보험증권이 발급된 이후 선적 때마다 보험목적물과 송장가액 등이 확정되면 이를 보험계약자가 보험자에게 통지함으로써 계약 내용이 구체적으로 확정되는 보험을 무엇이라 하는가?

① 개별보험계약　　　　　　　　② 중복보험
③ 공동보험　　　　　　　　　　　④ 포괄예정보험

[정답] ④

[해설] ④ 포괄예정보험에 대한 설명으로 일정한 항로, 화물의 종류, 보험조건의 개요, 개산 예정액을 보험금액으로 하고 Open contract가 계약 양 당사자에 의해 작성된다.
① 개별보험계약(Specific policy) : 피보험목적물을 개별적으로 정한 보험계약을 말한다.
② 중복보험(Double insurance) : 동일한 피보험이익에 대하여 보험계약 또는 보험자가 복수로 존재하며 그 보험금액 합계액이 보험가액을 초과하는 경우를 말한다.
③ 공동보험(Co-insurance) : 피보험이익에 대해 2인 이상의 보험자가 공동으로 계약을 체결하는 것을 말한다.

67 Incoterms 2010에 대한 설명으로 옳지 않은 것은?

① Incoterms 2010에는 총 11가지 정형거래조건이 있다.

② 육상, 해상, 항공운송 등의 모든 운송방식에 사용할 수 있는 정형거래조건은 EXW, FCA, CPT, CIF, DAT, DDP가 있다.

③ ICC는 2010년부터 이를 상표로 등록하여 표기하고 있다.

④ Incoterms 2010 조건 중에서 DDP조건은 매도인의 의무부담이 가장 큰 조건이다.

[정답] ②

[해설] ② CIF는 FAS, FOB, CFR과 함께 해상 및 내수로 운송에만 사용되는 조건이다. 복합운송에 사용되는 조건으로는 EXW, FCA, CPT, CIP, DAT, DAP, DDP가 있다.

인코텀즈(Incoterms) 2020 중 해상과 내수로 운송에 적용 가능한 규칙
• 화물 인도·도착 장소 모두 항구라는 특성의 FAS, FOB, CFR, CIF 조건으로 구성된다.
• 규칙(4개) : FAS(Free Alongside Ship), FOB(Free on Board), CFR(Cost and Freight), CIF(Cost, Insurance and Freight)
※ 인코텀즈 2020에서도 동일하게 적용될 수 있다.

68 상사분쟁해결에 관한 설명으로 옳지 않은 것은?

① 분쟁해결방법 중 가장 이상적인 방법은 분쟁 당사자 간의 화해이다.

② 소송으로 분쟁을 해결하고자 할 경우에 분쟁 당사자 간에 합의를 필요로 하지 않는다.

③ 중재절차는 공개되므로 전문가에 의한 판단이 가능하다.

④ 분쟁 당사자 간에 유효한 중재합의가 존재하는 경우에 양 당사자는 분쟁을 소송으로 해결할 수 없다.

[정답] ③

[해설] ③ 재판은 일반적으로 공개가 원칙이나 중재절차는 비공개가 원칙이다.
① 분쟁 당사자 간의 화해는 우호적인 거래관계를 지속시켜 나갈 수 있다는 장점이 있어 가장 바람직하다.
② 소송은 당사자 간 합의가 없어도 절차 진행이 가능하다.
④ 상사중재는 중재인의 판정에 따르는 것에 합의하고(중재합의), 중재인의 판정(중재판정)에 따르지 않는 당사자에 대해 중재판정을 강제할 수 있다.

69 환어음(Bill of Exchange)에 대한 설명으로 옳지 않은 것은?

① 환어음(Bill of Exchange)이 포함된 추심거래는 국제상업회의소(ICC)에서 제정한 추심에 관한 통일규칙(Uniform Rules for Collection)이 적용된다.

② 환어음은 배서(Endorsement)나 교부(Delivery)를 통해 양도 가능하다.

③ 환어음 인수자는 만기일에 그 소지인에게 환어음 대금을 지급할 의무가 있다.

④ 환어음의 인수는 발행자가 어음의 뒷면에 어음 인수의사를 표시하고 서명날인하면 된다.

정답 ④

해설 ④ 환어음의 인수는 기한부환어음의 지급인이 기한부환어음의 만기일에 어음금액을 지급할 것을 약속하는 서명행위를 말한다. 어음의 앞면에 지급인의 단순한 기명날인 또는 서명이 있으면 인수로 본다.

환어음(Bill of Exchange)

어음발행인(Drawer)이 지급인(Drawee)인 제3자로 하여금 일정 금액을 수취인(Payee) 또는 그 지시인(Orderer) 또는 소지인(Bearer)에게 지급일에 일정한 장소에서 무조건 지급할 것을 위탁하는 요식 유가증권이자 유통증권 (Negotiable instrument)을 말한다.

70 청약에 대한 설명으로 옳지 않은 것은?

① Firm offer는 확정적이라는 표현과 함께 청약의 유효기간을 명시하여 그 기간 내에 승낙할 것을 조건으로 하는 취소불능 청약이다.

② Free offer는 확정적이라는 표현이 없거나 달리 승낙기간을 정하지 않은 청약이다.

③ Free Offer는 실무적으로 견적의 성격을 띤다.

④ Offer subject to confirmation은 피청약자가 청약내용을 승낙하면 계약으로 성립된다.

정답 ④

해설 ④ Offer subject to confirmation은 상대방의 승낙만으로 계약이 성립되는 것이 아니고 다시 청약자의 최종 확인이 있어야만 계약이 성립된다.

확인 조건부청약(Offer subject to confirmation)

청약자가 청약할 때 단서로서 계약 성립에는 청약자의 확인이 필요하다는 내용(Offer subject to final confirmation)을 명시한 조건부청약이다. 즉, 청약에 대해 피청약자가 승낙해도 청약자의 최종 확인이 있어야 계약이 성립한다.

71 무역계약에서 선적조건에 대한 설명으로 옳지 않은 것은?

① 선적은 본선에 싣는 것뿐만 아니라 항공기, 철도화차 등 모든 운송수단에 적재를 모두 포함하는 것으로 해석한다.

② 선적시기의 단월조건은 특정 월의 1일 ~ 말일까지를 선적유효기간으로 지정하는 방법이다.

③ 목적항까지 직항선이 없는 경우나 복합운송인 경우에는 환적이 필수적이다.

④ 수취선하증권이 발행된 경우에는 발행일이 곧 선적일이 된다.

[정답] ④

[해설] ④ 선적선하증권(Shipped B/L)의 경우 그 발행일이 선적일이다. 수취선하증권(Received B/L)의 경우 선하증권상의 본선적재일 표시(on board notation)가 선적일이다.

선적일 증명

선적일의 증명은 선하증권의 발행일을 기준으로 한다.

선적선하증권 (Shipped B/L)	그 발행일이 선적일이며, B/L 발급일이 신용장상의 선적일보다 늦을 수는 있으나 빠른 경우는 B/L의 선발행이 되므로 은행에서 매입을 거절당할 수 있다.
수취선하증권 (Received B/L)	선하증권상의 본선적재일 표시(on Board Notation)가 선적일이며, B/L상의 본선적재일(On Board Notation)이 신용장의 선적일보다 빨라야 한다.

72 매도인이 운송서류를 제공함으로서 물품 인도가 완료되는 상징적 인도(Symbolic delivery)방식에 해당하는 조건은?

① FCA

② CIF

③ DAP

④ DDP

[정답] ②

[해설] ② CIF와 CFR 조건의 경우 위험의 분기점은 선적항이고 비용의 분기점은 목적항이므로, 매도인의 의무는 현물을 당사자들이 합의한 기한 내에 선적지의 본선에 적재하고 서류(선하증권)를 제공하는 것이며, 매수인은 물품이 도착하면 선적서류와 함께 잘 인수하여 대금을 지불해야만 한다. 즉, 매도인이 통상의 운송서류를 지체 없이 매수인에게 인도하면 물품이 인도된 것으로 보는 방식이다(상징적 인도방식).

① · ③ · ④ 위험과 비용의 분기점이 같은 조건으로, 매도인이 매수인(또는 매수인이 지정한 운송인 등)에게 현물을 인도하여 이루어지는 방식이다.

73 무역계약에서 매도인의 의무위반에 대한 매수인의 구제수단으로 옳지 않은 것은?

① 물품명세확정권
② 특정이행청구권
③ 손해배상청구권
④ 대금감액청구권

정답 ①

해설 매수인의 권리구제(Buyer's Remedies)
- 대금감액(Reduction of the Price)청구권
- 추가기간설정권
- 계약해제권
- 손해배상청구권
- 특정이행청구권(매수인은 매도인에게 그 의무 이행청구 가능)
- 대체품인도청구권
- 하자보완청구권/수리요구권

74 복합운송에 대한 설명으로 옳은 것은?

① 복합운송인은 자신이 수행한 운송구간만 책임을 부담한다.
② 운송구간마다 별도의 운송증권이 발행된다.
③ 복합운송인은 반드시 운송수단을 보유하여야 한다.
④ 전체 운송구간에 대한 단일의 운임을 적용한다.

정답 ④

해설 ④ 복합운송인은 그 서비스의 대가로 각 운송구간마다 분할된 것이 아닌 전 구간에 대한 단일화된 운임을 설정(Through rate, 일관운임)하고 화주에게 제시해야 한다.
① 복합운송인은 송하인(화주)과 복합운송계약을 체결한 계약 당사자로서 전체 운송을 계획하고 여러 운송구간의 원활한 운송을 조정·감독할 지위에 있으므로 전 구간에 걸쳐 화주에 대해 단일책임을 져야 한다.
② 단일한 운송주체(복합운송인)가 상이한 운송형태로 진행되는 전 구간에 대해 단일 운송증권(Through B/L)을 발행한다.
③ 복합운송인에는 운송수단을 직접 보유하지 않은 NVOCC(무선박운송인, 계약운송인)형 복합운송인도 존재한다.
복합운송(Combined/Multimodal Transport)
- 복합운송인(Combined transport operator)이 육·해·공 중 두 가지 이상의 다른 운송수단으로 출발지에서 최종 목적지까지 운송 중 화물을 옮겨 싣지 않고 전 구간에 대해 단일운임을 대가로 화물을 일관운송(Through transport)하는 것을 말한다.
- 각각의 운송구간별 운송인이 자신의 운송구간에 대해 개별적 책임을 부담하는 것이 아니라 최초 운송인이 (복합)운송 전 구간에 대해 책임을 부담하는 것이다.

75 다음 중 Incoterms 2010이 규율하는 내용에 해당하지 않는 것은?

① 인도장소
② 위험분담
③ 비용분담
④ 소유권 이전 시기

정답 ④

해설 ④ Incoterms 2010에서는 11가지 조건에 따라 정형거래조건을 구성하고 있으며, 각 조건마다 물품 인도, 비용/위험 이전, 서류구비, 수출입통관 의무 등을 규정하고 있으나, 물품의 소유권 이전에 관한 사항은 다루지 않고 있다.
※ 인코텀즈 2020에서도 동일하게 적용될 수 있다. 다만, 인코텀즈 2020에서는 소개문(Introduction)에서 올바른 인코텀즈 규칙(조건)의 선택을 더욱 강조하며, 매매계약과 부수계약의 구분과 그 연결을 더 명확하게 설명한다. 또한 각 인코텀즈 규칙(조건)에 대한 기존의 사용지침(Guidance note)을 개선하여 설명문(Explanatory note)을 제시하고, 개별 인코텀즈 규칙(조건) 내에서 10개 조항의 순서를 변경하여 인도와 위험을 더욱 강조한다.

Incoterms 2020 소개문
• Incoterms(인코텀즈)의 역할
 − 의무 : 매도인과 매수인 중 누가 물품의 운송이나 보험을 마련하는지 또는 누가 선적서류와 수출 또는 수입허가를 취득하는지
 − 위험 : 매도인은 어디서 그리고 언제 물품을 인도하는지(위험이 어디서 매도인으로부터 매수인에게 이전하는지)
 − 비용 : 운송비용, 포장비용, 적재·양하비용 및 점검·보안관련 비용에 관하여 누가 어떤 비용을 부담하는지
• Incoterms(인코텀즈)에서 다루지 않는 사항
 − 매매계약의 존부
 − 매매물품의 성상(性狀)
 − 대금지급의 시기, 장소, 방법 또는 통화
 − 매매계약 위반에 대하여 구할 수 있는 구제수단
 − 계약상 의무이행의 지체 및 그 밖의 위반의 효과
 − 제재의 효력
 − 관세부과
 − 수출 또는 수입의 금지
 − 불가항력 또는 이행가혹
 − 지식재산권 또는
 − 의무위반의 경우 분쟁해결의 방법, 장소 또는 준거법
 − 매매물품의 소유권/물권의 이전

부 록

무역영어 2급 기출이 답이다

핵심 영단어 A to Z

핵심 확인학습

▌무역계약

- acceptance : 승낙
- accumulate : 축적하다, 모으다
- anticipate : 예상하다, 기대하다
- approval : 승인, 시제품
- authoritative : 권위 있는, 믿을 만한
- bank reference : 은행 신용조회처
- banker's check : 은행수표
- barrel : 통
- bilateral contract : 쌍무계약
- borne : bear(비용이나 책임 등을 지다, 떠맡다) 의 과거분사
- bundle : 묶음
- business ability : 영업능력
- business proposal : 거래제안
- buyer : 구매자, 구입자, 매수인
- capacity : 기업운용능력
- capital : 재정상태
- case by case contract : 개별계약
- character : 상도덕
- claim : (주문품의 미도착 등으로 인한) 클레임
- client : 고객
- collateral : 담보능력
- commercial invoice : 상업송장
- common carrier : 전문 운송인
- conditional offer : 조건부 청약
- consensual contract : 낙성계약
- contract of carriage : 운송계약

- contract of sales of goods : 물품매매계약
- correspond : 일치하다
- counter offer : 반대청약
- credit inquiry : 신용조회
- cross offer : 교차청약
- currency : (거래) 통화
- deal : 처리하다, 다루다, 거래하다
- deficit : 적자, 부족액
- delay : 지연시키다, 연기하다, 미루다
- escalation : (단계적인) 증대, 확대, 상승
- exclusive contract : 독점계약
- expiry date : 만료일, 유통기간
- export license : 수출승인
- facility : (기계나 서비스 등의 특수) 기능
- factoring : 팩터링
- fair average quality : 평균중등 품질조건(FAQ)
- financial status : 재정상태
- firm offer : 확정청약
- good merchantable quality : 판매적격 품질조건 (GMQ)
- handwriting : 수기
- hereto : 이에 관하여
- hereunder : 이 아래에, 이 다음에
- honesty : 정직성
- implied contract : 묵시계약
- import license : 수입승인
- inferior quality : 열등한 품질
- informal contract : 불요식 계약
- infringement : 위반, 침해

- inherent : 내재된, 고유의
- inland waters : 내수
- insurance premium : 보험료
- intermediary trade : 중계무역
- invisible trade : 무형무역
- invitation to offer : 청약의 유인
- invoice : 송장
- knockdown export : 녹다운 수출
- landed quality terms : 양륙 품질조건
- letter of credit : 신용장
- M/L Clause : 과부족용인 약관
- market research : (해외)시장조사
- master contract : 포괄계약
- maximum order quantity : 최대주문수량
- merchandising trade : 중개무역
- minimum order quantity : 최소주문수량
- negotiate : 협상하다, 협의하다, (어음 등을) 현금으로 바꾸다
- obligation : 의무, 계약, 약정
- occupy : 차지하다, 점유하다
- offer : 청약
- offer on sale or return : 반품허용 조건부 청약
- offer sheet : 매도확약서
- offer subject to prior sale : 선착순매매 조건부 청약
- offeree : 피청약자
- offeror : 청약자
- oral offer : 구두청약
- order sheet : 매입확약서
- owe : 빚지다, 의무가 있다
- partial acceptance : 부분적 승낙
- payment : 결제, 지급, 지불액
- personal check : 개인수표

- plant export : 플랜트 수출
- price terms : 가격조건
- principal : 계약당사자
- profit : 이익
- property in goods : 물품의 소유권
- rejection : 거절
- remunerative contract : 유상계약
- reputation : 평판
- reverse : 반대의, 뒤의
- revocation of offer : 청약의 철회
- rock-bottom : 최저선, 맨 밑바닥, 최저인
- sales by description : 설명매매
- seller : 파는 사람, 판매인, 매도인
- shareholder : 주주, 출자자
- shipped quality terms : 선적 품질조건
- shipping date : 선적기일
- sub-con offer : 확인조건부 청약
- suit : 적합하다, 어울리다
- switch trade : 스위치무역
- tariff barrier : 관세장벽
- terms of packing : 포장조건
- trade inquiry : 거래조회
- trade reference : 동업자 신용조회처
- transshipment : 환적
- transit trade : 통과무역
- transport document : 운송서류
- typewritten : 타자, 타이프로 기입된
- unit price : 단가
- Unknown Clause : 부지약관
- usual standard quality : 보통 품질조건(USQ)
- waiver : 권리포기, (지불 의무 등의) 면제
- within reasonable time : 합리적인 기간 동안
- workmanship : (제품의) 만듦새, (일의) 숙련도

▌무역결제

- abstraction : 추상성
- acceptance : 인수
- accounting : 회계업무
- advance payment : 선지급
- advising bank : 통지은행
- amend : 변경 ; 개정하다
- apparent authenticity : 외관상 진정성
- applicant : 개설의뢰인
- arbitral : 조정의, 중재의
- assignable : 양도할 수 있는
- at any moment : 언제라도
- at maturity : 만기에
- authorized bank : 수권은행
- available : 이용할 수 있는
- be accompanied by : ~을 동반하다
- belong to : ~에 속하다, ~의 부속이다
- beneficiary : 수익자
- between : 사이에, ~간에
- bill of lading : 선하증권(B/L)
- bona fide holder : 선의의 소지자
- cash against document : 서류상환 인도방식(CAD)
- cash on delivery : 물품인도 결제방식(COD)
- cash on shipment : 동시지급
- cash with order : 주문불 방식(CWO)
- certificate of origin : 원산지증명서(C/O)
- chartering : 용선
- claimant : 요구인, 원고
- clean L/C : 무화환 신용장
- collect : 수금하다, 징수하다
- collection bank : 추심은행
- collection exchange : 추심환

- commodity description : 상품명세
- complying : 일치하는
- conclusive : 종결적인, 최종의
- confirm : 확정하다, 더 분명히 해주다
- confirming bank : 확인은행
- consent : 동의하다, 승낙하다
- corres bank : 환거래은행
- correspondent bank : 대리은행(외환결제 제휴은행)
- cumulative : 누적하는, 누적에 의한
- defective : 결함 있는, 불량품, 불완전한
- defer : 연기하다, 미루다
- deferred payment : 후지급
- deferred payment credit : 연지급 신용장
- del credere agent : 지급보증 대리인
- demand draft : 송금수표(D/D)
- divisible : 나눌 수 있는, 양도할 수 있는
- document against payment : 지급인도조건(D/P)
- documentary sight bill : 일람불 화환어음
- documentary usance bill : 기한부 화환어음
- domestic : 국내의
- draft : 환어음, 어음 발행
- drawee : 지급인
- drawer : 수표 발행인
- due date : 만기일
- enforce : (법 등을) 집행하다
- engagement clause : 지급확약문언
- exchange : 환, 환율
- exemption method : 면제(세금공제)방식
- extravagant : 낭비하는, 사치스러운, 과장된
- following : 그 다음의, 다음에 나오는(언급되는)
- foreign tax credit method : 외국납부 세액공제 방식
- honor : (기일에) 지불하다

- in accordance with : ~와 일치하여, ~에 따라서
- income : 소득, 수입
- issuing bank : 개설은행, 신용장 발행은행
- jurisdiction : 관할권, 지배권
- limitation : 한계
- local L/C : 내국신용장
- marine : 바다의, 해운의
- maturity date : 만기일
- mirror image rule : 경상의 법칙, 거울의 법칙
- negotiation : 매입
- nominated bank : 지정은행
- non-documentary L/C : 무화환 신용장
- notify : 알리다, 통지하다, 통보하다
- on its[their] face : 문면상
- opener : 신용장 개설의뢰인
- original : 원본
- overseas : 해외의, 외국의
- payee : 대금영수인, 수취인
- paying bank : 일람지급은행
- payment : 지급
- place and date of issue : 개설 장소 및 일자
- practice : 관례
- prepaid : 선불의, 선납의
- presentation : 제시
- presenting bank : 제시은행
- principle : 원칙
- prior to : ~에 앞서, ~보다 전에
- prohibit : 금지하다, 막다, 방해하다
- proxy : 대리, 대리권
- quotation : 견적, 시세
- reasonable care : 상당한 주의
- red clause L/C : 전대신용장
- reimbursement method : 상환방법
- remedy : 구제(책)

- remittance : 송금, 송금액
- remittance basis : 송금방식
- remittance exchange : 송금환
- remitting bank : 추심의뢰은행
- restricted L/C : 매입제한 신용장
- revolving L/C : 회전신용장
- sight payment : 일람지급
- special instruction : 특별지시사항
- stand-by L/C : 보증신용장
- tenor : 환어음의 기간
- total amount : 합계금액
- transferable L/C : 양도가능 신용장
- trust receipt : 수입담보화물대도(T/R)
- until : ~까지
- usance : 어음기한(환어음의 만기일까지의 기간)
- value : 가격, 값, 구매력, 가치
- with recourse : 상환청구
- without engagement : 약정 없이
- without prior notice : 사전통지 없이

▌무역운송

- acid with care : 질산주의(주의사항 표시)
- actionable : (정보 등이) 이용할 수 있는, (계획 등이) 실행할 수 있는, 소송을 제기할 수 있는
- additional risk : 추가적 위험
- ad-hoc arbitration : 임시 중재
- affreightment contract in general ship : 개품운송계약
- air transport document : 항공운송서류
- along : ~을 따라
- apron : 격납고・터미널에 붙은 포장된 장소, 부두, 선창의 하역용 광장
- argue : 논쟁하다, 논의하다

- article : 조항
- assignment : (할당된) 임무
- at sight : 일람의, 보자마자, 제시하면 곧
- attention mark : 지시표시
- avert : (재난이나 어려운 사태 등을) 막다, 피하다
- bale : 가마니, 곤포
- bareboat : 나용선 계약의 선박, 나용선의
- bearer : (선하증권) 소지인
- berth : (항구의) 정박지, 정박시키다
- blank endorsement : 백지식 배서
- breach : 위반
- brief details : 간략한 세부사항
- bulk cargo : 대량 무포장 화물
- bundle : 다발
- canvass : (화물의) 집하
- cartel : 카르텔, 기업 연합
- carton box : 종이상자
- case number : 화물의 일련번호
- certificate of analysis : 분석증명서
- certificate of insurance : 보험증명서
- certificate of quarantine : 검역증명서
- charter party contract : 용선계약
- Chinese land bridge : 극동지역, 중국 대륙 철도와 실크로드를 거쳐 유럽에 도착하는 경로(CLB)
- circumstance : 상황, 환경
- combined transport operator : 복합운송인
- commercial packing : 상용 포장
- commission : 수수료
- compel : 억지로 시키다, 무리하게 시키다
- concession : 양보, 승인, 용인, 면허, 특허
- consignee : 수탁자, 수하인
- consignor : 발송인, 화주, 송하인
- consolidate : 하나로 묶어 만들다, 통합 정리하다
- consolidation : 혼재작업

- consular invoice : 영사송장
- container freight station : 컨테이너 화물 집합소 (CFS)
- container yard : 컨테이너 전용 야드(CY)
- counter mark : 부화인
- countervailing duty : 상쇄 관세, 상계 관세
- courier and post receipts : 특사수령증 및 우편 수령증
- credit note : 대변표
- cubic meter : 입방미터(CBM)
- customary quick despatch : 관습적 조속 하역 조건(CQD)
- daily charter : 일대용선계약
- dangerous : 위험물(주의사항 표시)
- date of pick up : 인수일
- dead freight : 부적운임, 공하운임
- dead weight tonnage : 재화중량톤수(DWT)
- debit note : 차변표
- delay in shipment : 선적지연
- demand guarantee : 청구 보증
- demise charter : 나용선(의장을 제외하고 오직 선박만을 이름)계약
- demurrage : 체선료, 초과 정박, 일수 초과료
- description of cargo : 화물의 명세
- discharge : (뱃짐을) 내리다, 양륙하다
- displacement tonnage : 배수톤수
- dispute : 분쟁, 논쟁, 문제, 갈등
- dock receipt : 부두수취증(D/R)
- document of title : 권리증권
- education taxes : 교육세
- endorsee : 피배서인
- endorsement : 배서, 승인, 보증
- erroneous : 잘못된, 틀린
- evidence of contract for carriage : 운송계약의 증빙

- exclusively : 독점적으로
- explosive : 폭약물(주의사항 표시)
- export license : 수출승인서
- extension : 확장, 신장, 범위, 한도
- favorable report : 호의적인 내용의 보고(서)
- flexible tariff system : 탄력관세제도
- forty-foot equivalent units : 40피트 컨테이너 (FEU)
- forwarder : 운송주선인
- foul B/L : 고장부 선하증권
- franchise : (해상 보험에서) 면책율
- full container load : 만재화물(FCL)
- gate : 정문
- generalized system of preferences : 일반특혜 관세
- glass with care : 유리주의(주의사항 표시)
- gross tonnage : 총톤수(G/T)
- groupage B/L : 집단 선하증권(= master B/L)
- gunny bag : 마대
- hamper : 광주리
- handle with care : 취급주의(주의사항 표시)
- import declaration : 수입신고
- import permit : 수입신고필증/수입면장
- in lieu of : ~대신에
- indent invoice : 매입위탁송장
- inflammable : 타기 쉬움(주의사항 표시)
- inner protection : 보호적 내장
- inquiry : 조회, 문의
- inspect : 검사하다, 조사하다, 검열하다
- insurance policy : 보험증권
- intercession : 중재, 주선
- interior packing : 수용물 포장(내장)
- irrevocable L/C : 취소불능 신용장
- keep dry : 건조한 곳에 보관(주의사항 표시)
- keep in cool : 서늘한 곳에 보관(주의사항 표시)

- keep out of the sun : 햇볕에 쬐지 말 것(주의사항 표시)
- land transportation : 육상 운송
- layday : 짐을 싣고 내리는 기간, 선적 하역기간
- layday statement : 정박일 계산서
- legal step : 법적 수단
- less than container load : 소량 컨테이너 화물 (LCL)
- letter of guarantee : 수입화물 선취보증서(L/G)
- liner : 정기선
- liquidate : 결제하다, 변제하다, (증권이나 부동 산을) 현금화하다
- load : 짐, 싣다, 실어넣다
- loan : 대출, 융자
- lump-sum charter : 선복용선계약
- main mark : 주화인
- manifest consolidation system : 적하목록 취합 시스템(MFCS)
- marshaling field : 본선 입항 전 선내적입 계획 에 따라 선적한 컨테이너를 적재해 두는 장소
- master of the vessel : (배의) 선장
- Mate's receipt : 본선수취증(M/R)
- measurement : 용적
- mini land bridge : 극동에서 미국 태평양 연안을 거쳐 미국 동부에 도착하는 경로(MLB)
- multimodal : 다양한 방식의
- multimodal transport document : 복합운송서류
- name of the vessel : 선박 명
- net tonnage : 순톤수(N/T)
- no mark cargo : 무화인화물(NM)
- no upside down : 거꾸로 들지 말 것(주의사항 표시)
- notify party : 착화통지처
- order B/L : 지시식 선하증권
- origin mark : 원산지표시
- outer packing : 외장

- over packing : 과대포장
- partial charter : 일부용선계약
- perishable : 부패성 화물(주의사항 표시)
- piece : 하나, 한 개(의)
- pier : 부두
- pirate : 해적
- poison : 독약(주의사항 표시)
- port mark : 항구표시
- prejudice : 편견, 선입관, 혐오감
- presume : 추정하다, 가정하다
- private carrier : 부정기선 운송인
- public carrier : 정기선 운송인
- quality certificate : 품질증명서
- quay : 안벽, 부두
- receipt for the goods : 화물영수증
- red B/L : 적색 선하증권
- reimburse : 환급하다
- reimbursement : 환급, 상환
- retaliatory duties : 보복 관세
- reveal : 드러내다, 보여주다
- reversible : 거꾸로 할 수 있는, 원상으로 되돌릴 수 있는
- running laydays : 연속 작업일 하역조건
- sack : 면대
- sailing schedule : 선적 스케줄
- salvage : 해난 구조, 침몰선의 인양
- sample invoice : 견본송장
- seal : 봉인
- seaworthiness : 내항성
- seizing : 압류, 점유, 체포
- sundays and holidays excepted : 일요일과 공휴일 정박기간에서 제외하는 하역조건(SHEX)
- sundays and holidays excepted Unless Used : 일요일과 공휴일에 실제 하역작업을 하지 않는 경우 일수에서 제외, 실제 하역작업 수행 시에는 일수에 포함하는 하역조건(SHEXUU)

- shipper : 수출상
- shipping : 선적, 적재, 해운업
- shipping conference : 해운동맹
- shipping mark : 화인
- shipping order : 선적지시서(S/O)
- shipping request : 선복요청서(S/R)
- ship's space : 선박 공간
- Siberian land bridge : 한국·일본, 시베리아 횡단철도를 거쳐 유럽/중동에 도착하는 경로(SLB)
- signature : 사인, 서명
- similar to : ~와 비슷한
- skeleton case : 투명상자
- sort : (화물의) 분류
- space booking : 선적공간 예약
- special excise tax : 특별 소비세
- stale B/L : 기간경과 선하증권
- stevedorage : 하역비
- stevedore : 뱃짐을 싣고 부리는 인부, 부두인부
- stock purchase : 주식 매입
- straight B/L : 기명식 선하증권
- stuffing : 적입
- submit : 제출하다, 제시하다
- sufficient to : ~하기에 충분한, 족한
- supply A with B : A에 B를 공급하다
- surrendered B/L : 권리양도 선하증권
- target of the pirates : 해적들의 표적
- tariff : 운임률
- time charter : 정기(기간)용선계약
- track record : 업적, 실적
- tramper : 부정기선
- transportation packing : 운송용 포장
- transshipment B/L : 환적 선하증권
- tribunal : 재판소, 법정
- trip[voyage] charter : 항해용선계약
- twenty-foot equivalent units : 20피트 컨테이너(TEU)

- undertake : ~할 의무를 지다, (일 등을) 시작하다
- undue : 지급 기한이 되지 않은, 아직 지급 의무가 없는
- unit load : 단위화물
- unitary packing : 개장
- unloading : 양륙
- value added tax : 부가가치세(VAT)
- vanning : 적입
- violation : 위반
- void : 쓸 수 없는, 무효인, 법적 구속력이 없는
- weather working days : 청천 작업일 하역조건 (WWD)
- weight : 중량
- weight mark : 중량표시
- whole charter : 전부용선(의장을 갖춘 상태)계약
- wooden case : 나무상자
- wrapped with paper : 종이로 포장된

▌ 무역보험

- abandonment : 권리이전(위부)
- accuracy : 정확성
- Act of God : 불가항력
- actual total loss : 현실전손
- all risks clause : 전위험 담보조건(AR)
- assignment of policy : 보험증권의 양도
- attributable : 기인하는, 기인한다고 생각되는
- bottomry : 보험대차 채권
- breakage : 파손위험
- cargo insurance : 적하보험
- change of voyage clause : 항해변경약관
- claim amount : (지급) 보험금
- clauses : 보험약관

- collision : 충돌
- constructive total loss : 추정전손
- contamination : 혼합위험
- covered risks : 담보위험
- deliberate damage : 고의적인 손상
- denting and/or bending : 곡손위험
- derailment : (운송 기차 등의) 탈선
- disbursement : 선비, 선급[지출금]
- disclaimer : 면책
- disclosure : 고지
- distress : 조난, 해난
- duration of policy : 보험계약기간
- duration of risk : 보험기간
- duty of disclosure : 고지의무
- expected commission : 기대보수
- expected profit : 기대이익
- express warranties : 명시담보
- extent : 범위, 정도, 한도
- falsification : 위조성
- fire : 화재
- first beneficiary : 제1수익자
- Force Majeure : 불가항력
- free from particular average : 단독해손 부담보 조건(FPA)
- general average expenditure : 공동해손 비용손해
- general average loss : 공동해손
- general average sacrifice : 공동해손 희생손해
- general conditions : 일반조건
- general policy : 포괄보험계약
- genuineness : 진정성
- hook & hole : 구손(H/H)
- hull insurance : 선박보험
- implied warranties : 묵시담보
- incident : 사건, 사고, 사태
- incidental : 부수적인, 부수하여 일어나는

- indemnify : ~에게 (손해나 손실이 가지 않도록) 보장하다, 배상하다
- inherent defect : 고유의 하자
- insolvency : 지급 불능, 파산
- Institute Cargo Clauses : 협회적하약관(ICC)
- insurable interest : 피보험이익
- insurable value : 보험가액
- insurance agent : 보험대리인
- insurance broker : 보험중개인
- insurance premium : 보험료
- insured : 피보험자(= assured)
- insured amount : 보험금액
- insurer : 보험회사, 보험업자
- jettison : 투하
- jettison and/or washing over board : 투하/갑판 유실 위험(JWOB)
- leakage : 누손
- legal effect : 법적 효력
- lost or not lost clause : 소급약관
- marine losses : 해상손해
- maritime perils : 해상위험
- material facts : 중요 사실
- misconduct : 위법행위, 불법행위
- misrepresentation : 부실고지
- mould & mildew : 곰팡이 손해
- negligence : 태만, 부주의, 과실
- on deck clause : 갑판적 약관
- open policy : 포괄예정보험계약
- ordinary tear & wear : 자연소모
- particular average loss : 단독해손
- particular charges : 특별비용(P/C)
- particular conditions : 특별조건
- passing of risk : 위험의 이전
- piracy : 해적위험
- policy : (보험)증권
- policy holder : 보험계약자
- premium rate : 보험요율
- provisional policy : 예정보험계약
- proximate cause : 근인주의
- responsibility : 책임, 의무
- rain and/or fresh water damage : 우담수 누손 (RFWD)
- right to substitute : 대체할 권리
- salvage : 구조비(= salvage awards, salvage remuneration)
- salvage charges : 구조료(S/C)
- secondary beneficiary : 제2수익자
- sinking : 침몰
- specific policy : 개별보험계약
- spontaneous combustion : 자연 발화
- stranding : 좌초
- strikes exclusion clause : 동맹파업 면책약관
- subject-matter insured : 피보험목적물
- sue and labour charges : 손해방지비용(S/L)
- superimpose : 덧붙이다, 첨가하다
- surveyor : 손해액사정인
- the latest added, the most effect : 최근 문언의 우선효과
- the principle of indemnity : 실손보상의 원칙
- the principle of utmost good faith : 최대 선의의 원칙
- total loss : 전손
- theft, pilferage and non-delivery : 도난, 발하, 불착손 위험(TPND)
- transmission : 송달
- undertake : (~하기를) 약속하다, ~할 의무를 지다
- war, strike, riot, civil commotion : 전쟁, 파업, 폭동, 소요 위험 담보조건(W/SRCC)

- waiver clause : 포기약관
- war perils : 전쟁위험
- warranty of legality : 적법성 담보
- warranty of seaworthiness : 내항능력 담보
- washing overboard : 갑판유실
- willful : 의도적인, 고의의
- with average : 분손담보조건(WA)

▌ 무역클레임

- accessible : 접근하기 쉬운, 이용하기 쉬운
- administer : 관리하다, 실시하다, 집행하다
- amicable settlement : 화해
- apologize : 사과하다
- appeal to a higher court : 상소하다
- arbitration : 중재
- arbitrator : 중재인
- assemble : 구성하다, 모으다, 소집하다
- arbitration agreement : 상사중재계약
- award : 중재판정, 심사, 판결
- breach of contract : 무역계약위반
- buyer's remedies : 매수인의 권리구제
- cash flow : 현금 유동성
- cede : 양보하다, 인정하다
- cheque : 수표(= check)
- clause : 조항
- clean receipt : 무사고수령증
- commercial arbitration : 상사중재
- Commercial Arbitration Board : 상업중재위원회
- complaint : 고발, 불평
- compromise : 타협하다, 절충하다, 양보하다
- concession : 양보, 인정, 시인, 양도
- conciliation : 조정(= mediation)

- conflict : 갈등, 분쟁, 충돌, 투쟁
- Constitution : 헌법
- controversy : 논쟁, 논의
- council : 회의, 위원회, 협의회
- counsel : (법정에서 변론하는) 변호사, 변호인단, 법률 고문
- court : 법정, 법원, 법관
- crease : 주름이 생기게 하다, 구기다, 구겨지다
- dedicated : (장비나 기계가 ~의) 전용(인)
- delay in performance : 이행지체(= failure to perform)
- demand : 요구하다
- destination port : 목적[도착]항
- dispute settlement body : 분쟁해결기구
- dissension : 불화, 의견 충돌, 분쟁
- enforcement : 시행, 실시, 집행, 적용
- enforcement of awards : 판결시행
- equivalent to : ~와 같은
- exclusive jurisdiction agreement : 비전속적 관할의 합의
- expand : 확대되다, 확대시키다
- facilitate : 가능하게 하다
- feasible : 실현 가능한
- final : 최종적인, 최종심의
- flagship : 최고급 선박, (어느 항로에서의) 주요선
- formidable : (문제가) 해답이 곤란한, 무찌르지 못할 것 같은
- general purpose : 범용(의)
- impossibility of performance : 이행불능
- in dispute : 논쟁 중인, 미해결인
- incomplete performance : 불완전 이행
- increasing cost : 비용 증가
- infringe : 침해하다, 어기다, 위반하다
- intercession : 알선(= recommendation)
- international litigation : 국제소송

- invalid : 효력 없는, 무효한
- jurisdiction : 사법권, 관할권, 권한
- legal : 법적인, 법률상의
- legitimate interest : 정당한 이익
- litigate : 소송하다, 법정에서 다투다
- litigation : 소송, 고소
- long arm statutes : 관할 확장법[미국 주(州)]
- market claim : 마켓클레임
- maximum discount : 최대할인
- mutual : 상호간의, 서로의
- net worth : 순자산
- non exclusive jurisdiction agreement : 비전속적 관할의 합의
- non-performance of contract : 계약의 불이행
- packing list : 포장명세서
- panel of arbitrators : 중재인단 명부
- practice : 관행, 관습, 실행
- principle of effectiveness : 실효성의 원칙
- procedure : (법률 정식) 절차, 소송절차
- promotional material : 홍보자료
- questionnaire : 설문조사, 질문서
- recognize : 인정하다, 승인하다, 평가하다
- reconciliation : 화해, 중재, 조정
- regretfully : 유감스럽게도, 애석하게도
- reject : 거절하다, 받아들이지 않다
- render : (판결, 판정 등을) 공식적으로 말하다, 전하다
- renunciation : 이행거절(= refusal to performance)
- seller's remedies : 매도인의 권리구제
- strife : 분쟁, 투쟁, 갈등, 싸움
- submit : 제출하다, 제시하다
- succinct : 간결한
- sue : 소송을 제기하다, 고소하다
- suit : 소송
- surrender : 포기하다, 인도하다

- survey report : 사고조사 보고서
- synthetic alternative : 종합적인 대안
- tactical : 전술의, 전술상의
- tribunal : 법정, 재판소
- unfortunately : 안타깝게도, 불행히도
- valid : 유효한, 합법적인
- venue : 재판지
- waive an appeal : 상소를 포기하다
- waiver of claim : 청구권 포기
- weight certificate : 중량증명서
- wholesaler : 도매업자
- withdraw an appeal : 상소를 취하하다

▌ 서비스 무역

- adhere : 고집하다, 집착하다
- adherence : 고수
- affiliate : 제휴하다, 연계하다, 계열사
- agency agreement : 대리점 계약
- aim : ~을 목표로 하다, ~을 대상으로 하다
- alternative : 대안, 선택 가능한 것
- announce : 발표하다, 알리다
- association : 협회, 제휴
- authorization request cryptogram : (정보보호) 승인 요청 암호문
- automated clearing house : (통신서비스) 자동 결제
- bank identifier codes : 은행식별부호(BICs)
- bilateral trade : 쌍무무역
- bill : 어음(= draft, note)
- bill of quantities : 물량명세서
- practice document : 사업실행 서류

- commence : 시작하다, 시작되다
- commercial presence : 상업적 주재
- commission : 수수료
- comprise : ~으로 구성되다
- consult : 상담하다, 상의하다
- consumer : 소비자
- consumption abroad : 해외소비
- contract of marine cargo insurance : 해상적하 보험계약
- contractor : 계약인
- cooperative : 협동하는, 협력하는
- cost recovery : 비용회수
- credit : (거래 상대의) 신용도
- cross-border supply : 국경 간 공급
- cryptogram : 암호
- customer relationship management : 고객 관계 관리(CRM)
- delivery : 배달, 인도, 전달
- direct : ~에게 명령하다, ~하도록 지시하다
- distinct : 뚜렷한, 분명한
- distributorship agreement : 판매점 계약
- e-customer relationship management : e-고객 관계 관리
- efficient : 능률적인, 유능한
- electronic funds transfer : 전자(온라인) 자금이 체(이행 결제)
- farm subsidies : 농업 보조금, 농산물 수출 보조금
- federation : 연방 국가
- International Federation of Consulting Engineers : 국제 컨설턴트 엔지니어링 연맹(FIDIC)
- financial institution : 금융기관
- foreign exchange market : 외환시장
- free trade agreement : 자유무역협정(FTA)
- freight : 운임
- funding : 자금, 자금 제공, 재정 지원
- general headquarters : 총사령부
- Hague Protocol : 개정 국제항공운송조약
- Hague Rules : 헤이그 규칙
- Hague-Visby Rules : 헤이그-비스비 규칙
- Hamburg Rules : 함부르크 규칙
- hardware security module : (데이터 통신) 보안 토큰
- headquarters : 본사, 본부
- income tax : 소득세
- incorporation : 합병
- industrial financing service : 산업금융업
- industrial goods : 산업용 제품
- industrial services : 산업 서비스
- infrastructure : 기반시설
- intangible : (회사의 자산이) 무형인
- intangible asset : 무형자산
- joint venture : 합작투자
- land development : 국토개발
- loan on security : 담보대출
- lump sump contract : 총액방식 공사계약
- magnetic ink character recognition : 자기잉크 문자 판독
- marine insurance policy : 해상보험증권
- most favored nation : 최혜국
- negotiable deposit : 양도성 예금
- participant : 참가자
- phantom withdrawal : 현금자동입출금기를 이 용한 은행계좌의 허가되지 않은 자금 제거
- presence of natural persons : 자연인의 이동
- producer : 생산자, 생산 국가
- production sharing contract : 생산 분배 계약
- production split : 생산 분배
- promote : 촉진하다, 고취하다
- protect : (보호관세를 통해 자국 산업을) 보호하다

- provide : 규정하다
- provisional : 임시의, 일시적인
- quantity surveyor : 물량검측사
- regional : 지역적, 지역의
- reminder : 독촉장
- remittance : 송금액, 송금
- representative : 대리인
- retention : (어떤 것을 잃지 않는) 보유, 유지
- risk service contract : 위험 청부 작업계약
- service fee : 서비스 제공에 따른 대가
- short form of contract : 약식 표준계약조건
- strictly : 엄격하게, 엄하게
- substantiation : 실증, 입증, 증거
- supervise : 감독하다, 지휘하다
- surveyor : 측량사, (배의 내항성) 검사관
- Society for Worldwide Interbank Financial Telecommunication : 은행 간 국제 금융거래 정보를 주고받는 네트워크를 제공하는 기구(SWIFT)
- technical task : 기술적 업무
- telecommunications : 통신
- tourism sector : 관광사업 분야
- transaction : 거래, 매매
- turnkey contract : 완성품 인수 인도 방식계약
- Warsaw convention : 국제항공운송통일조약

■ 기술무역 · 해외투자

- advance payment bond : 선수금반환보증서
- analysis : 분석
- answer to CAR : 신용승인통지서
- application : 응용
- area franchise : 지역개발 프랜차이즈
- be equipped with : ~을 갖추고 있다
- be responsible for : ~에 책임이 있다

- budget : 예산
- business format franchise : 사업형 프랜차이즈
- commercial transactions : 상업적 거래
- commercial use : 상업적 이용
- confidentiality agreement : 비밀유지계약
- credit approval : 신용승인
- credit approval request : 신용승인의뢰서(CAR)
- credit limit : 신용 한도
- data storage : 자료 저장
- defend[infringe] the intellectual property rights : 지적재산권을 방어[침해]하다
- demonstration facility : 전시시설
- development budget : 연구개발비
- direct unit franchise : 단일지역 프랜차이즈
- drawdown period : 인출기간
- drawing : 설계도면
- earlier termination : 조기종료
- eurocurrency floating rate loans : 유로화 변동금리대출
- exclusive right : 독점 영업권
- expiration : 만기종료
- export factor : 수출팩터
- facilitate : 가능하게 하다, 용이하게 하다
- factoring agreement : 국제팩터링계약
- financial lease : 금융리스
- fluctuations in exchange rate : 환율변동
- foreign direct investment : 해외직접투자(FDI)
- franchise : 프랜차이즈
- franchisee : 가맹점
- franchisor : 가맹본부
- full turnkey contract : 플랜트 수출과 시공 모두 인수한 계약
- generating plant : 자가발전 설비
- greenfield investment : 신설투자
- import factor : 수입팩터

- individual credit approval : 매 거래 시마다 신용승인조사를 결정하는 건별 방식
- industrial facility : 산업설비
- information technology : 정보 기술
- inhibit : 금지하다, 억제하다
- install : 설치하다
- integrated : 통합적인
- intellectual property rights : 지적재산권, 지적소유권
- international bond related agreement : 국제증권관련계약
- international financial leasing agreement : 국제금융리스계약
- international license agreement : 국제라이센스계약
- international term loan agreement : 국제정기대출계약
- invest : 투자하다
- join-several contract : 참여하는 기업이 각자 자신이 참여하는 부분에 대하여만 개별적으로 계약을 체결하지만 책임은 참여기업이 연대하여 부담하는 경우의 계약
- joint venture : 수 개의 기업이 합작투자회사를 설립하여 이 회사가 계약을 체결하는 방식
- large scale R&D projects : 대형연구개발사업
- lessor : 임대인
- license agreement : 라이센스계약
- licensee : 기술을 필요로 하는 기업
- licensor : 생산기술을 보유한 기업
- life sciences : 생명과학
- main subcontract : 1개 기업만이 수주하지만 발주자의 동의를 얻어 하도급을 줄 수 있는 계약
- majority ownership : 다수지분
- master franchise : 지역분할 프랜차이즈
- mergers and acquisitions : (기업의) 인수합병(M&A)
- minority ownership : 소수지분
- operate : 운용하다
- operating lease : 운용리스
- patent : 특허권
- patent law : 특허법
- performance bond : 이행보증서
- plant export : 플랜트수출
- portfolio investment : 간접투자
- product & name franchise : 상품·상호유통 프랜차이즈
- product development process : 제품개발 과정
- promotion policy : 촉진 정책
- renewable : 재생 가능한, 갱신 가능한
- research development : 연구개발
- royalty : 대가
- semi turnkey contract : 발주자가 플랜트를 공급하고 수주자는 시공만을 하는 계약
- similar characteristics : 유사한 특성
- sole venture : 단독투자
- specification : 시방서, 명세서
- status : 동향, 상태, 상황
- strategy : 전략
- structural change : 구조적 변화
- syndicated loan agreement : 신디케이트론 계약(= syndicated loan)
- take steps : 조치를 취하다
- technical guidance agreement : 기술자 파견계약
- technical support center : 기술지원 센터
- technology licensing office : 기술이전 전담 조직(TLO)
- technology manager : 기술관리자
- technology transfer : 기술이전
- turnkey contract : 플랜트 판매와 함께 현지에서 플랜트 시공까지 인수하는 계약
- warranty : 보증

▌전자무역 · 무역규범

- abstraction : 추상(성)
- act on the establishment of free export zones : 수출자유지역설치법
- agricultural policy advisory committee : 농업정책자문위원회(APAC)
- allocate : 할당하다, 배분하다, 책정하다
- alternative dispute resolution : 소송외적인 분쟁해결(ADR)
- apportion : 나누다, 배분하다
- arbitration law : 중재법
- Association of South East Asian Nations : 동남아시아국가연합(ASEAN)
- auto approved payment : 자동승인 지급방식 (AAP)
- bill of lading for Europe : bolero 프로젝트. 전 세계 무역체인의 보안과 전자무역서류의 법적 문제를 해결하기 위한 네트워크
- budget : 예산, (지출 예상) 비용
- clear a balance : (결산) 차액/부족액을 결제하다, (빚을) 갚다, 청산하다
- clearing house : 어음교환소, 정보 교환 기관, 홍보 기관
- collaborate : 협력하다, 공동으로 작업하다
- compensation : 보상금
- compulsory enforcement : 강제집행규정
- customs tariff law : 관세법
- cut down : 줄이다, 삭감하다, 축소하다
- cyber market : 사이버마켓[온라인시장]
- direct network : 직접 네트워크
- electronic commerce : 전자 상거래, 온라인 상거래
- electronic data interchange : 전자문서교환방식 (EDI)
- electronic signature : 전자서명

- electronic trade : 전자무역(= e-trade)
- emasculate : (문장이나 법률 등의) 효력을 약화시키다
- European Free Trade Association : 유럽 자유무역연합
- exchange rate : 환율, 외환 시세
- export free-zone : 수출자유지역
- export inspection act : 수출검사법
- export insurance act : 수출보험법
- foreign capital inducement act of Korea : 외자도입법
- foreign exchange transactions act : 외국환 거래법
- foreign trade act : 대외무역법
- generate revenue : 수익을 내다
- Group of five : 미국, 영국, 프랑스, 독일, 일본 5개국(G-5)
- Group of seven : G5에 이탈리아와 캐나다가 참가(G-7)
- Hague Rules : 헤이그 규칙
- Hague-Visby Rules : 헤이그-비스비 규칙
- Hamburg Rules : 함부르크 규칙
- hold down : 억제하다, 유지하다
- in respect of : ~에 대한, ~에 대한 보수로
- INCOTERMS : 정형거래조건의 해석에 관한 국제규칙
- industrial policy : 산업 정책
- insolvency : 파산, 지급 불능
- inspect : 검사하다, 정밀히 조사하다
- Institute Time Clauses-Hulls : 협회기간약관
- intangible goods : 무형물
- interchange agreement : 거래약정(I/A)
- International Bank for Reconstruction and Development : 국제부흥개발은행(IBRD)
- International Development Association : 국제개발협회(IDA)

- International Law Association : 국제법협회 (ILA)
- International Monetary Fund : 국제통화기금 (IMF)
- International Standardization Organization : 국제표준화기구(ISO)
- International Trade Organization : 국제무역기구(ITO)
- inventory : 재고, 재고품
- make a commitment to : ~에 헌신하다
- marine insurance act : 해상보험법(MIA)
- natural environment conservation act : 자연환경 보전법
- network agreement : 네트워크 약정(N/A)
- nominate : 지명하다, 임명하다
- notation : 표기
- off-shore : 외국의
- on behalf of : ~을 대신하여, ~을 대표하여
- Organization for Economic Cooperation and Development : 경제협력개발기구(OECD)
- outsource : (회사가 작업이나 생산을) 외부에 위탁하다
- paper document : 종이서류
- paperless trade : 서류 없는 무역거래
- pharmacy law : 약사법
- plant protection act : 식물방역법
- potential risks : 위험 요인들
- powerhouse : 강력한 그룹, 강력한 조직
- protective legislation : 무역 보호 법령
- refund : 환불하다, 환불(금)
- rules for electronic bills of lading : 전자식 선하증권에 관한 규칙
- sales of goods act : 물품매매법(SGA)
- stamped : 소인이 찍힌
- structured format data : 구조화된 형태의 데이터
- subscriber : 가입자, 기부자

- superimpose : 덧붙이다, 첨가하다
- syntax : 구문
- tangible goods : 유형재
- terminate an agreement : 계약을 종료하다
- third party network : 제3자 네트워크
- trade related intellectual properties : 무역 관련 지적재산권에 대한 규범(TRIPS)
- turn out : 밝혀지다, 드러나다
- Uniform Customs and Practice for Documentary Credits : 화환신용장통일규칙 및 관례(UCP)
- Uniform Rules for Collections : 추심통일규칙
- Uniform Rules for Sea Waybills : 해상화물운송장에 관한 통일규칙
- upscale market : 고소득층 시장
- value added network : 부가가치통신망
- Vienna Convention : 비엔나협약(CISG)
- Warsaw-Oxford Rules for CIF Contracts : CIF 계약에 대한 바르샤바-옥스퍼드 규칙
- World Customs Organization : 세계관세기구(WCO)
- York and Antwerp Rules : 요크-앤트워프 규칙(YAR)

▌UCP 600

- a range of : 다양한
- acceptable : 용인되는, 받아들여지는
- advise : (정식으로) 알리다, 통지하다
- air transport document : 항공운송서류
- amendment : 개정, 수정
- applicant : (개설) 의뢰인
- apply : 적용하다
- article : (합의서나 계약서 등에서의) 조항
- as of : ~일자로, ~현재

- authentication : 입증, 증명, 인증
- authenticity : 진실성
- authorize : 권한을 부여하다, 인가하다
- be construed as : ~로 해석되다
- bind : (약속 등으로) 의무를 지우다, 구속하다
- certificate of posting : 우송증명서
- charges additional to freight : 운임의 추가 비용
- charter party bill of lading : 용선계약 선하증권
- clean transport document : 무고장 운송서류
- competent : 능숙한
- comply : (법이나 명령 등을) 따르다, 준수하다
- confirmation : 확인
- courier receipt : 특송화물수령증
- cover : 담보, 담보하다
- customary risks : 관습적 위험
- deduct : 공제하다, 제하다, 감하다
- describe : 서술하다, 묘사하다
- destination : 목적지
- discrepancy : 차이, 불일치
- dispatch : (편지, 소포, 등을) 보내다, 발송하다
- due to : ~때문에
- entire carriage : 전체 운송
- even if : ~라 하더라도, ~에도 불구하고
- evidence : 증언하다, 입증하다, 증거가 되다
- exclusion clause : 면책조항
- expeditious : 신속한, 효율적인
- expiry date : 만기 날짜
- extension of expiry date : 유효기일의 연장
- forward the document : 문서를 보내다, 전달하다
- geographical : 지리학상의, 지리적인
- hours of presentation : 제시시간
- in accordance with : ~에 부합되게

- in addition to : ~에 더하여, ~일뿐 아니라
- in duplicate : 2통으로
- in relation to : ~에 관하여, ~와 비교하여
- in respect of : ~에 대한
- inconsistent with : ~와 상반되는
- inland waterway transport documents : 내륙수로운송서류
- installment drawings : 할부어음 발행
- installment shipments : 할부선적
- irrevocable : 변경할 수 없는, 취소불능의
- LASH barge : 래쉬선
- last day for presentation : 제시를 위한 최종일
- legalize : 합병화하다
- loss of interests : 이익의 손실
- modify : 수정하다, 변경하다
- nominated bank : 지정은행
- non-negotiable sea waybill : 비유통성 해상화물운송장
- notification : 알림, 통지, 공고
- obligation : (법적 혹은 도의적) 의무(가 있음)
- official : 공인된
- on deck : 갑판적재
- partial drawings : 분할어음 발행
- partial shipments : 분할선적
- pending : ~을 기다리는 동안, (어떤 일이) 있을 때까지
- perforate : 구멍을 내다, 뚫다
- permit : 허용하다
- port of loading : 적재항
- post receipt : 우편수령증
- pre-printed wording : 사전에 인쇄된 문언
- preclude : ~하지 못하게 하다, 불가능하게 하다

- preliminary : 예비의, 예비 단계
- prior to : ~에 앞서, 먼저
- prohibit : 금하다, 금지하다
- provided that : ~라면, ~하면
- provision of this article : 본 조항의 규정
- purchase a draft : 어음을 구입하다
- qualification : 자격, 자격증
- qualified : 자격이 있는
- reference : 언급, 대상, 참고, 참조
- refuse to honour or negotiate : 결제 또는 매입을 거절하다
- respectively : 각자, 각각, 제각기
- revision : 개정
- said by shipper to contain : 송하인의 신고 내용에 따름
- separate transaction : 별도의 거래
- shipper's load and count : 송하인의 적재 및 수량확인
- standby L/C : 보증신용장
- state : 진술하다, 서술하다
- subsequent : 차후의, 그 다음의
- terms : 조건, 요구액
- tolerance in credit amount : 신용장 금액의 과부족
- trailer : 트레일러
- underlying contract : 원인 계약
- usual risks : 통상적 위험
- disclaimer on transmission and translation : 송달 및 번역에 대한 면책
- disclaimer for acts of an instructed party : 피지시인의 행위에 대한 면책
- transferable : 양도가능
- assignment of proceeds : 대금의 양도

▌ 협회적하약관

- attempt : 시도, 시도하다, 애써 해보다
- bailee : 수탁자
- bear : (책임 등을) 떠맡다, 감당하다
- belligerent : 적대적인, 공격적인
- binding contract : 구속력 있는 계약
- both to blame collision clause : 쌍방과실 충돌 조항
- capacity : 능력, 용량
- circumstance : 환경, 상황, 정황
- civil strife : 사회적인 갈등
- confrontation : 대결, 직면, 충돌
- contemplate : 고려하다, 생각하다
- continuation : 연속, 지속
- credibility : 진실성, 신용할 수 있음
- deliberate damage : 의도적 손상(피해)
- derailment of land conveyance : 육상운송용구의 탈선
- derelict : 이용되지 않는, 버려진
- detainment : 구금, 억류
- deviation : 일탈, 탈선
- discharge of cargo : 양하, 하역
- disseminate : 유포하다, 퍼뜨리다
- duty of the assured : 피보험자의 의무
- earthquake : 지진
- enclose : 동봉하다, 넣다, 봉하다
- ensure : 반드시 ~하게 하다, 보장하다
- exclude : 제외하다, 배제하다
- financial default : 금융채무불이행
- fire or explosion : 화재 또는 폭발
- foresee : 예견하다, 내다보다
- forwarding charges : 계반비용, 운송 제비용

- get in touch with : ~와 접촉을 유지하다, 계속해서 연락하다
- hereunder : 아래에, 이 기록에 따라, 이에 의거하여, 이 조건에 따라
- hostile act : 적대행위
- in favor of : (수표 등이) ~을 수취인으로 하여
- in no case : 어떠한 경우에도 ~하지 않다, 결코 ~이 아니다
- increased value : 증액
- insurrection : 반란사태, 내란사태
- labor disturbance : 노동쟁의
- lock out : 직장폐쇄
- look forward to ~ing : ~할 것을 기대하다
- nature of the subject-matter : 보험목적물의 성질
- negligence : 부주의, 태만, 과실
- notwithstanding : ~에도 불구하고, 그러하긴 하지만
- obligation : 의무, 책임, 책무
- ordinary course of transit : 통상의 운송과정
- overthrow : 타도하다, 전복시키다
- overturning : 뒤집힘
- owing to : ~때문에
- payable : 지불해야 하는, 지불할 수 있는
- pending requisition : 보류 중인 요청
- piracy excepted : 해적위험 제외
- port of distress : 조난항
- prevent : ~을 하지 못하게 하다
- privy to : ~에 접근할 수 있는
- prompt notice : 지체 없는 통고
- properly : 제대로, 적절히
- provision : 규정
- pursuance : 이행, 수행, 속행

- rebellion : 반란, 모반
- recession : 불황, 침체, 불경기
- reliable : 믿을 만한, 신뢰할 만한
- seizure : 압수, 물량
- special discount : 특별할인
- stipulate : (계약 조항으로) 규명하다, 명기하다
- stowage : 짐칸
- strand : 좌초하다, 오도 가도 못하게 되다
- subject-matter insured : 보험의 목적[보험목적물]
- sum : 액수, 총계, 합계
- take up : 수리하다(= accept)
- tentative : 임시의, 일시적인
- termination : 종료
- therefrom : 그것으로부터
- therein : 그 안에
- thereon : (앞에 언급된) 그것에 대해
- unfitness of vessel or craft : 본선 또는 부선의 부적합
- unseaworthiness of vessel or craft : 본선 또는 부선의 불내항성
- unsuitability of packing : 포장 부적합
- variation : 변화, 차이
- volcanic eruption : 화산 분화
- warehouse : 창고
- weapon : 무기
- whilst : ~하는 동안, ~인 데 반하여(= while)
- wilful misconduct : 고의의 불법행위
- withstand : 견뎌내다, 이겨내다
- attributable to : ~에 기인하는, ~이 그 원인인
- in connection with : ~와 관련되어
- only if : ~해야만, ~경우에 한하여

CISG(비엔나협약)

- according to : ~에 따르면, ~에 따라서
- additional period of time : 추가기간
- adequate to : ~에 적합한
- alter : 변하다, 달라지다, 바꾸다
- amount to : ~에 이르다
- amount to acceptance : 승낙에 해당하다
- anticipatory breach and instalment contract : 이행기일 전의 계약위반과 분할이행계약
- apparent : ~인 것처럼 보이는, 여겨지는
- arbitral tribunal : 중재 재판부
- assent to : ~에 대해 찬성하다, 동의하다
- assurance : 확언, 장담, 확약
- auction : 경매
- avoidance of the contract : 계약해제
- breach of contract : 계약위반
- claim damages : 손해배상을 청구하다
- commercial character : 상사상의 성격
- commit : 저지르다, 범하다
- comparable circumstance : 유사한 상황
- conclude : 결론을 내리다, 끝내다, 마치다
- conduct : 행위
- constitute : ~이 되다
- constitute a counter offer : 반대청약이 되다
- contract rate : 개별운임율
- contractual period of guarantee : 계약상의 보증기간
- declare : 선언하다, 신고하다
- deficiency in the quantity : 수량결함[부족]
- definite : 확실한, 분명한, 뚜렷한
- deprive of : ~에게서 ~을 빼앗다
- derogate : 약화시키다, 훼손시키다
- detriment : 손상

- different specification : 상이한 물품명세
- document embodying the contract of carriage : 운송계약을 구현하고 있는 서류
- effective : 시행되는, 발효되는
- excess quantity : 초과수량
- execution : 강제집행
- exemption : 면책
- exercise the right : 권리를 행사하다
- final provision : 최종조항
- fundamental breach of contract : 본질적인 계약위반
- general provision : 통칙, 일반조항
- grant : 승인하다
- habitual residence : 일상적인 거주지
- household use : 가사용
- in case of non-delivery : 인도 불이행의 경우
- in conformity with : ~에 따르는, ~에 일치하여
- in respect of : ~에 대한, ~에 대해서는
- inactivity : 무활동, 정지, 휴지
- instantaneous communication : 즉각적인 연락
- intellectual property : 지적소유권
- interest : 이자
- interpretation of the convention : 협약의 해석
- investment security : 투자증권
- judgement : 판단, 비판
- lack of conformity : 불일치
- lapse : 소멸되다, 경과
- late delivery : 인도 지연
- liable : 법적 책임이 있는
- manufacture : 제조하다, 생산하다
- modification : 수정, 변경
- negotiable instrument : 유통(양도성)증권
- non-business day : 비영업일

- notwithstanding the provision : 조항에도 불구하고

- observance : (법률이나 규칙 등의) 준수

- official holiday : 공휴일

- ought to : ~해야 한다

- period of grace : 유예기간

- preponderant : 우세한, 능가하는

- preservation of the goods : 물품의 보존

- property : 소유권

- reduce the price : 대금을 감액하다

- relevant circumstances : 관련 상황

- remedy for breach of contract : 계약 위반에 대한 구제

- resort to : ~에 기대다, 의지하다

- result in : ~을 야기하다

- retain : 유지하다, 보유하다

- revoke : 폐지하다, 철회하다

- sale of goods : 물품의 매매

- serious deficiency : 중대한 결함

- settlement of dispute : 분쟁 해결

- share : 시분

- sphere of application : 적용범위

- substantial part of the materials : 재료의 중요한 부분

- substitute goods : 대체품

- take ~ into consideration : 고려하다

- third party : 제3자

- transfer the property in the goods : 물품에 대한 소유권을 이전하다

- usage : 어법, 용법

- validity of the contract : 계약의 유효성

- withdraw : 중단하다, 취소하다, 철회하다

- witness : 증인

▌Incoterms

- accrue : (이자나 이익이) 생기다

- acquire : 획득하다, 입수하다

- against : ~반대하여, ~ 대신에

- air cargo terminal : 항공운송 화물터미널

- alongside : ~옆에, 나란히

- applicable : 해당되는, 적용되는

- appropriate : 적절한

- arrange shipment : 선적을 마련하다

- associate : 제휴하다, 공동으로 함께 하다

- be advised to : ~충고를 받다

- be bound to : ~할 의무가 있다

- be entitled to : ~할 권리가 있다

- be reluctant to : ~을 주저하다, 망설이다

- be suitable for : ~에 맞다, 적합하다

- bear all the costs and risks : 모든 비용과 위험을 부담하다

- business proposal : 사업제안

- buyer's risk and expense : 매수인의 위험과 비용

- carry out : 수행하다, 이행하다

- cater for : ~에 맞추다, 부응하다

- clear the goods for export : 수출통관 승인을 얻다

- clearance : 승인, 허락

- commodity trade : 상품무역

- critical point : 중요한 지점

- customs formalities : 통관 수속

- damage to the goods : 물품의 손실

- deposit : (은행에) 예금하다, 계약금

- disposal : (임의) 처분

- domestic demand : 국내수요

- duplicate : 부본, 사본, 복사(물)

- emerging economies : 신흥국들
- ensure : 확실하게 하다, 보증하다
- financial analysis : 재정분석
- financial standing : 재정상태
- follow suit : 선례를 따르다
- fulfill the obligation to deliver : (물품 등을) 인도할 의무를 다하다
- hand the goods : 물품을 넘겨주다
- headhunt : 인재를 스카우트하다
- identify : 확인하다
- implementation : 이행, 수행, 완성
- import duty : 수입 관세
- inland waterway transport : 내수로 운송방식
- involve : 수반하다, 포함하다
- irrespective of : ~와 상관 없이, 관계 없이
- manner specified in the chosen rule : 선택된 규칙에 규정된 방식
- market opportunity : 시장성
- minimum cover : 최소담보
- minimum obligation for the seller : 매도인에게 최소 의무
- mode of transport : 운송수단
- moderate : 완화하다, 누그러지다
- monetary : 통화의, 금융의
- named place : 지정된 장소
- necessary to : ~에 필요한
- obligation to clear the goods for import : 화물의 수입통관 의무
- obtain export clearance : 수출통관 승인을 얻다
- operating revenue : 영업수익
- particularly : 특히, 특별히
- party : (소송이나 계약 등의) 당사자
- pass : 이전시키다
- phase out : ~을 단계적으로 중단하다, 폐지하다
- postpone : 연기하다, 미루다, 지연시키다
- precisely : 바로, 꼭, 정확히
- proceed : (이미 시작된 일을 계속) 진행하다, 계속해서 ~을 하다
- procure : 구입하다, 입수하다
- reach the place of destination : 목적지에 도착하다
- rebate : 환불, 할인하다
- receive an order : 주문을 받다
- recover : 되찾다, 만회하다
- rectify : 조정하다, 시정하다
- reference : 참고, 참조, 문의
- renounce : 포기하다, 부인하다, 단념하다
- reporting purpose : 보고 목적
- represent : 대신하다, 대표하다
- reputation : 평판, 명성
- risk of loss : 멸실의 위험
- rules for any mode or modes of transport : 복합운송방식
- seller's premises : 매도인의 부지[구내]
- several carriers : 여러 명의 운송인
- ship : 배에 싣다, 수송하다
- shortfall : 부족분, 부족액
- specification : 세목, 내역, 명세 사항
- string sales : 연속 매매
- take legal action : 기소하다, 법적 조치를 취하다
- tariff : 관세
- taxation : 조세, 세수
- unless otherwise agreed : 별도 합의된 사항이 없으면
- unload : (짐을) 내리다

해석을 보고 빈칸을 채워보세요.

001 당사는 금일 귀사를 지급인으로 한 일람 후 30일 출급조건의 환어음을 발행하였고, 런던의 바클레이 은행을 통하여 매입하였습니다.

→ We have today drawn on you at 30 d/s, and (　　　　) the draft through the Barclays Bank, London.

002 당사자는 자기 자신을 위해 혹은 자신의 회사 이익을 위해 교역하는 것이나 대행사는 고객 혹은 고객사를 위해 교역한다.

→ (　　　　) is trading for himself or money for his firm but agency is trading for a client or firm of a client.

003 귀사의 상품이 당 시장에 적합하기 때문에 9월 10일자 귀사의 제안을 기꺼이 수락합니다.

→ We are pleased to (　　　　) your proposal dated September 10 as your goods suit our market.

004 당사는 전보로 확정청약을 합니다.

→ We cable you the (　　　　) offer.

005 당사는 반대청약을 하고자 합니다.

→ We would like to make a (　　　　) offer.

006 제품의 품질은 샘플의 품질과 정확히 동일해야 합니다.

→ The (　　　　) of the goods should be exactly to that of the samples.

007 운송비 지급 인도조건에서 합의된 목적지까지 운송을 위하여 후속 운송인이 사용될 경우에, 위험은 물품이 최초 운송인에게 인도되었을 때에 이전된다.

→ In CPT, if subsequent carriers are used for the carriage to the agreed destination, the risk passes when the goods have been delivered to the first (　　　　).

008 공장 인도조건을 제외한 모든 인코텀즈는 매도인이 물품의 수출통관을 이행할 것을 요구하고 있다.

→ All the terms of INCOTERMS except EXW require the (　　　　) to clear the goods for export.

009 이 신용장의 만기는 5월 15일까지입니다.

→ The (   ) of this L/C is May 15.

010 당사는 포장명세서, 선하증권, 상업송장, 원산지증명서, 수입승인서를 동봉합니다.

→ Enclosed you will find packing lists, bill of lading, (   ), certificate of origin and import license.

011 결제조건에 따라, $3,000에 대한 일람 후 30일 지급 환어음을 귀사를 지급인으로 하여 발행하였습니다.

→ In compliance with the terms of payment, we have drawn a (   ) on you at 30 d/s for $3,000.

012 환어음은 취소불능 신용장에 의거하여 일람 후 90일 출금 조건으로 발행될 것이다.

→ Drafts are to be drawn at 90 d/s under (   ).

013 어음이 제시되면 결제해 주십시오.

→ Please (   ) the bills when it is presented.

014 선적서류를 첨부한 환어음을 한국외환은행에서 매입하였습니다.

→ We have (   ) the draft through Korea Exchange Bank with shipping documents attached.

015 귀사의 선적서류와 신용장 조건에 차이가 있다면, 매입은행은 귀사에 환어음 가액을 주지 않을 것입니다.

→ If there should be any (   ) between your shipping documents and L/C terms, the negotiation bank will not give the value of the drafts to you.

016 신용장은 그것이 일람지급, 연지급, 인수 또는 매입 중 어느 것에 의하여 사용될 수 있는지를 명기하여야 한다.

→ A credit must state whether it is available by (   ), deferred payment, acceptance or negotiation.

017 지급이행 또는 매입을 위하여 명기된 유효기일은 제시를 위한 유효기일로 본다.

→ An expiry date stated for honor or negotiation will be deemed to be an expiry date for (   ).

018 은행은 그 은행에 의하여 명시적으로 동의된 범위 및 방법에 의한 경우를 제외하고 신용장을 양도할 의무를 부담하지 아니한다.

→ A bank is under no obligation to (　　　　　) a credit except to the extent and in the manner expressly consented to by that bank.

019 발행은행(개설의뢰인)은 외국이 법률과 관행에 의하여 부과되는 모든 의무와 책임에 구속되며 이에 대하여 은행에게 보상할 책임이 있다.

→ The issuing bank(applicant) shall be bound by and liable to indemnify a bank against all (　　　　　) and responsibilities imposed by foreign laws and usages.

020 귀사가 요청한 것과 동일한 품질의 물품은 생산되지 않습니다.

→ The same quality as you requested is (　　　　　) of production.

021 신용장에는 환적이 금지되어 있어도, 환적이 행해지거나 행해질 수 있다고 표시되어 있는 운송서류는 수리될 수 있다.

→ A transport document indicating that transshipment will or may take place is acceptable, even if the credit (　　　　　) transshipment.

022 항공운송서류는 신용장이 원본의 전통을 명시하고 있는 경우에도, 송화인 또는 화주용 원본이어야 한다.

→ An air transport document must be the (　　　　　) for consignor or shipper, even if the credit stipulates a full set of originals.

023 철도 또는 내륙수로운송서류는 원본이라는 표시의 유무에 관계 없이 원본으로서 수리된다.

→ A rail or inland waterway (　　　　　) will be accepted as an original whether marked as an original or not.

024 선적 최종일은 연장되지 아니한다.

→ The (　　　　　) for shipment will not be extended.

025 당사는 비유통성 선하증권 사본 한 부, 해상보험증권 사본 몇 부 및 포장명세서 사본 한 부를 동봉하였습니다.

→ Enclosed please find a copy of (　　　　　), copies of Marine Insurance Policy and one copy of Packing List.

026 약 5%의 물품이 손상된 상태로 도착했습니다.

→ About 5% of your goods arrived in a (　　　　　) condition.

027 선하증권의 일자는 선적일의 결정적인 증거로 간주되어져야 한다.

→ The date of bill of lading shall be taken as conclusive proof of the day of (　　　　).

028 무고장 선하증권을 보면 화물이 양호한 상태로 선적되었음을 알 수 있을 것입니다.

→ From the (　　　　), you will see that the goods were shipped in good condition.

029 선적서류는 당사의 운송중개인이 귀사로 발송할 것입니다. 그러면 귀사는 선적서류 수령 후 60일 이내에 상업송장을 보내야만 합니다.

→ Our (　　　　) will send you the shipping documents. Then you must remit the invoice within 60 days on receipt of shipping document.

030 이 보험은 운송인 또는 기타의 수탁자의 이익을 위하여 이용되어서는 안 된다.

→ This (　　　　) shall not extend to or otherwise benefit the carrier or other bailee.

031 추가 보험료는 당사자가 부담할 것입니다.

→ The additional (　　　　) will be paid by us.

032 보험목적물을 목적지까지 운송하기 위해 선박이 내항성을 갖추고 적합하여야 한다는 묵시담보를 위반한 경우에 보험자는 그 권리를 포기한다.

→ The insurers waive any breach of the (　　　　) of seaworthiness of the ship and fitness of the ship to carry the subject-matter insured to destination.

033 보험증권은 포괄예정보험에 의한 보험증명서 또는 통지서를 대신하여 수리될 수 있다. 그러나 보험승인서는 수리되지 아니한다.

→ An (　　　　) is acceptable in lieu of an insurance certificate or a declaration. But cover notes will not be accepted.

034 당 보험은 최종 양륙항에서 외항선으로부터 보험목적물의 양하 작업을 완료한 후 60일이 경과될 때에 종료한다.

→ This insurance terminates on the expiry of 60 days after completion of discharge overside of the (　　　　) insured from the oversea vessel at the final port of discharge, whichever shall first occur.

035 이 보험이 개시된 후에 피보험자에 의하여 목적지가 변경되는 경우에는 합의될 보험요율과 보험조건을 위해 보험자에게 지체 없이 통지되어야 한다.

→ Where, after attachment of this insurance, the destination is changed by the (　　　　), this must be notified promptly to insurers for rates and terms to be agreed.

036 보험목적물을 구조, 보호, 회복하기 위하여 피보험자 또는 보험자가 취한 조치는 위부의 포기 또는 승낙으로 보지 아니하며, 또는 그 밖에 어느 일방의 권리 침해로도 보지 않는다.

→ Measures taken by the Assured or the Insurers with the object of saving, protecting or recovering the subject-matter insured shall not be considered as a (   ) or acceptance of abandonment or otherwise prejudice the rights of either party.

037 분쟁의 양측이 중재를 받기로 합의했다.

→ Both sides in the (   ) have agreed to go to arbitration.

038 중재는 상업적 분쟁에 있어서 유용한 수단이다.

→ (   ) is a wonderful thing in commercial disputes.

039 그 회사는 법적 분쟁에 대한 자문을 제공하는 10명의 사내변호사가 있다.

→ The company has 10 in-house lawyers providing consultancy services for (   ) disputes.

040 두 회사는 특허권 문제로 분쟁 중이다.

→ The two companies are in the middle of a (   ) dispute.

041 WTO의 분쟁해결기구는 회원국 간의 무역분쟁에 대한 결정을 내려준다. 분쟁해결기구의 결정은 주로 분쟁 패널의 결정과 일치한다.

→ The (   ) of the World Trade Organization makes decisions on trade disputes between governments that are adjudicated by the Organization. Its decisions generally match those of the dispute panel.

042 분쟁해결기구는 역만장일치제라고 알려진 특별한 결정절차를 사용한다.

→ The DSB uses a special decision procedure known as (   ).

043 귀사의 클레임 조사 결과, 당사는 당사 발송부서에서 실수가 있었음을 확인하였습니다.

→ After (   ) your complaint, we have ascertained that an error was made in our dispatch department.

044 귀사의 클레임을 우호적으로 해결하기 위하여 송장금액 기준 5%의 할인을 제공할 용의가 있습니다.

→ In order to (   ) your claim (   ), we are willing to give you 5% discount off the invoice amount.

045 당사보다는 보험회사에 클레임을 제기하는 편이 더 나을 것입니다.

→ We feel that you should ( ) a claim the insurance company rather than us.

046 국내 턴키공사의 클레임 예방을 위한 클레임 요인 추출 및 분석에 관한 연구

→ The Study on Extraction and Analysis of the ( ) for Preventing the Potential Claim in Domestic Turnkey Base Project.

047 중국 정부는 미국에 무역최혜국 대우를 1년 연장해 줄 것을 촉구했습니다.

→ China called on the United States to extend its ( ) nation trade status for another year.

048 우리는 정부가 임박해오고 있는 시장 개방이라는 위험으로부터 우리(농부들)를 보호해 줄 것을 요청한다.

→ We demand the government ( ) farmers from the growing dangers of market opening.

049 우리는 새로운 금융거래 시스템이 필요하다.

→ We need a new ( ) trading system.

050 1960년대에 해외생산이 확대되었고 아르헨티나, 오스트레일리아, 벨기에, 브라질, 프랑스, 영국, 인도, 이탈리아, 일본, 멕시코, 스페인 그리고 미국에서 공장들이 건설되었다.

→ In the 1960s, ( ) was expanded and plants were built in Argentina, Australia, Belgium, Brazil, France, United Kingdom, India, Italy, Japan, Mexico, Spain and the United States.

051 송금은 수표로도 할 수 있고 신용카드로도 할 수 있다.

→ ( ) can be made by check or credit card.

052 외상매출 채권 매입은 중요한 금융도구이다.

→ ( ) is an important financial instrument.

053 비과세 금융 상품에 가입하는 것은 좋은 절세 방법이다.

→ A good way to ( ) is to purchase tax-exempt financial instruments.

054 그는 유엔 안보리 회원들에게 몇 가지 문제들을 제출하기 위해 유엔에 갔고, 그들에게 라이베리아의 목재 수출에 제재를 가해달라고 호소했습니다.

→ He went to the UN to present some issues to members of the ( ) and urged them to impose a ban on the Liberian timber trade.

055 세계무역기구(WTO)는 2005년 국제 무역은 느린 출발을 보였지만 중반부터 약진을 보여 2005년 말 물품과 서비스의 무역 양은 6퍼센트 증가한 것으로 결론지었다.

→ The World Trade Organization says cross-border trade got off to a sluggish start in 2005, but picked up mid-year to end the year with a six percent growth in the (   ) of goods and services traded.

056 많은 프랜차이즈 업체들은 유망한 프랜차이즈 가맹점으로 하여금 계약내용에 대해서 법률적 검토할 것을 권고한다.

→ Many franchisors advise aspiring (   ) to have their contracts legally checked.

057 두 회사는 50 대 50의 지분으로 합작회사를 설립했다.

→ The two companies set up a fifty-fifty (   ).

058 UBS 그룹은 다수의 국내 주요 인수합병 건에 적극 참여해 왔다.

→ UBS has been involved in a number of major (   ) in Korea.

059 신설투자는 합병보다 아주 약간의 더 큰 영향을 미친다.

→ (   ) have a slightly greater impact than acquisitions.

060 지적재산법은 정책 입안자와 업계에서 주요 쟁점이 되고 있다.

→ (   ) is becoming a key issue for policy makers and businesses.

061 20개 금융기관들은 신디케이트론에 2조 3,100억 원을 적립할 계획이며, 산업은행은 이 프로젝트가 예산 부족을 겪게 될 경우를 대비해 2천억 원의 자금을 대기 자금으로 추가 제공할 계획이다.

→ The 20 financial institutions will pool 2.31 trillion won into a (   ) while KDB will extend an additional 200 billion won in stand-by facility in case the project runs over budget.

062 이 기술이 이전된다면 국내 주요 수출품목의 하나인 DCMA 방식 휴대폰 제조업체들이 엄청난 타격을 받을 것이 분명하다.

→ The (   ), if realized, will surely deal a devastating blow to domestic manufacturers of CDMA technology-based mobile phones, one of the nation's major export items.

063 몇몇 생산회사들은 24시간 공장을 운용하고 있다.

→ Some ( ) are operating plants 24 hours a day.

064 DJH와 SOE는 각각 9천억 달러를 합작기업에 투자할 예정이다.

→ DJH and SOE will ( ) $900 billion each in a joint venture.

065 PAA의 또 다른 목표는 기업들에게 전자상거래 응용프로그램 서비스를 제공하기 위하여 국가간 전자무역 네트워크를 구축하는 것이다.

→ Another PAA objective is to allow inter-connection of network services to provide e-commerce transaction application ( ) for the business community.

066 PAA 회원들은 글로벌 전자무역 서비스를 개발하기 위한 무역회사들과의 협력을 강화하고 보다 많은 대기업들이 전자상거래 관행을 채택할 것을 독려하기로 합의했다.

→ Alliance members also agreed to strengthen cooperation with trading companies to develop global e-trade services and encourage more big corporations to practice ( ).

067 1995년, 무역을 규제하기 위한 정식 국제기구인 세계무역기구가 설립되었다. 이것은 세계 무역법 역사에서 가장 중요한 발전이다.

→ In 1995, the ( ), a formal international organization to regulate trade, was established. It is the most important development in the history of international trade law.

068 인코텀즈 규칙은 그 자체로는 매매계약이 아니므로, 매매계약을 대체하지 않는다.

→ The Incoterms® rules are NOT in themselves - and are therefore no ( ) for - a contract of sale.

069 운송인 인도라 함은 매도인이 물품을 자신의 영업장 구내 또는 기타 지정장소에서 매수인에 의해 지정된 운송업자나 다른 사람에게 인도하는 것을 의미한다.

→ Free Carrier means that the seller delivers the goods to the carrier or another person ( ) by the buyer at the seller's premises or another named place.

070 운송인 인도조건에서, 당사자들은 합의된 인도장소의 인도지점을 가능한 명확하게 특정할 것이 권고된다. 왜냐하면 그 해당 지점에서 위험이 매수인에게 이전되기 때문이다.

→ In FCA, the parties are well advised to specify as clearly as possible the point within the named place of delivery, as the ( ) passes to the buyer at that point.

071 운송비·보험료 지급 인도조건은 매도인이 합의된 장소(당사자 간에 장소가 합의된 경우)에서 자신이 지정한 운송인이나 다른 사람에게 물품을 인도하는 것을 의미하며, 매도인은 지정된 목적지까지 물품을 운송하기 위해 필요한 운송계약을 체결하고 운송비를 지급해야 한다.

→ CIP means that the seller delivers the goods to the carrier or another person nominated by the seller at an agreed place (if any such place is agreed between the parties) and that the seller must contract for and pay the costs of carriage necessary to bring the goods to the (   ).

072 통지은행이란 발행은행의 요청에 따라 신용장을 통지하는 은행을 의미한다.

→ Advising bank means the bank that (   ) the credit at the request of the issuing bank.

073 개설은행이란 개설 의뢰인의 요청에 의해 또는 자체적으로 신용장을 발행하는 은행을 의미한다.

→ Issuing bank means the bank that issues a credit at the request of an (   ) or on its own behalf.

074 확인은행이란 발행은행의 수권 또는 요청에 따라 신용장에 확인을 추가하는 은행을 의미한다.

→ Confirming bank means the bank that adds its (   ) to a credit upon the issuing bank's authorization or request.

075 "~경에" 또는 그 유사한 표현은 어떤 일이 특정일 이전 5일부터 특정일 이후 5일까지의 기간 동안에 발생했다는 명문으로 해석될 것이며, 시작일 및 종료일 모두를 포함하는 개념이다.

→ The expression "on or about" or similar will be interpreted as a stipulation that an event is to occur during a period of five calendar days before until five calendar days after the specified date, both start and end dates (   ).

076 본질적으로 신용장은 그 근거를 두고 있는 매매계약 또는 기타 계약과는 독립된 별도의 거래이다. 그러한 계약과 관련된 어떤 사항이 신용장에 포함되어 있다 할지라도, 은행은 그러한 계약과는 전혀 무관하며 이에 구속되지도 않는다.

→ A credit by its nature is a (   ) from the sale or other contract on which it may be based. Banks are in no way concerned with or bound by such contract, even if any reference whatsoever to it is included in the credit.

077 은행은 서류를 취급하는 것이지 그 서류와 관련된 물품, 용역 또는 의무이행을 취급하는 것이 아니다.

→ Banks deal with (   ) and not with goods, services or performance to which the documents may relate.

078 발행은행은 신용장을 발행하는 시점부터 지급을 이행할 취소불능의 의무를 진다.

→ An issuing bank is ( ) bound to honour as of the time it issues the credit.

079 지정에 따라 행동하는 지정은행, 확인은행(있는 경우) 또는 발행은행은 제시가 일치하지 아니한 것으로 결정할 경우, 지급이행 또는 매입을 거절할 수 있다.

→ When a nominated bank acting on its nomination, a confirming bank, if any, or the issuing bank determines that a presentation does not comply, it may ( ).

080 공동해손 : 이 보험은 제4조, 제5조, 제6조, 제7조의 면책사유를 제외한 일체의 사유에 따른 손해를 피하기 위해 또는 피함과 관련하여 발생한, 해상운송계약 및 또는 준거법이나 관습에 따라 정산되거나 결정된 공동해손과 구조료를 보상한다.

→ General Average : This insurance covers general average and ( ), adjusted or determined according to the contract of carriage and/or the governing law and practice, incurred to avoid or in connection with the avoidance of loss from any cause except those excluded in Clauses 4, 5, 6 and 7.

081 쌍방과실충돌조항 : 이 보험은 본 약관에서 담보된 위험과 관련하여, 운송계약의 "쌍방과실충돌"조항에 따라 발생한 책임에 대하여 피보험자에게 보상한다.

→ Both to Blame Collision Clause : This insurance ( ) the Assured, in respect of any risk insured herein, against liability incurred under any Both to Blame Collision clause in the contract of carriage.

082 ICC(A) : 어떠한 경우에도 이 보험은 피보험자의 고의의 불법행위에 기인하는 멸실, 손상 또는 비용을 담보하지 않는다.

→ ICC(A) : In no case shall this insurance cover loss damage or expense attributable to ( ) of the Assured.

083 ICC(A) : 어떠한 경우에도 이 보험은 보험목적물의 고유의 하자 또는 성질로 인하여 발생한 멸실, 손상 또는 비용을 담보하지 않는다.

→ ICC(A) : In no case shall this insurance cover loss damage or expense caused by ( ) or nature of the subject-matter insured.

084 ICC(B) · ICC(C) : 어떠한 경우에도 이 보험은 본선의 소유자, 관리자, 용선자 또는 운항자의 지급불능 또는 금전상의 채무불이행으로 인하여 발생한 멸실, 손상 또는 비용을 담보하지 않는다.

→ ICC(B) · ICC(C) : In no case shall this insurance cover loss damage or expense caused by ( ) or financial default of the owners, managers, charterers or operators of the vessel.

085 ICC(B)·ICC(C) : 어떠한 경우에도 이 보험은 보험목적물 또는 그 일부에 대한 어떠한 자의 불법 행위에 의한 고의적인 손상 또는 고의적인 파괴를 담보하지 않는다.

→ ICC(B)·ICC(C) : In no case shall this insurance cover (　　　　　) damage to or deliberate destruction of the subject-matter insured or any part thereof by the wrongful act of any person or persons.

086 특히 이 협약은 별도의 명시적인 규정이 있는 경우를 제외하고는 다음과 같은 사항과는 무관하다.
: 계약 또는 그 조항이나 관행의 유효성 ; 매각된 물품의 소유권에 대해 해당 계약이 갖는 효력

→ In particular, except as otherwise expressly provided in this Convention, it is not concerned with : the (　　　　　) of the contract or of any of its provisions or of any usage ; the effect which the contract may have on the property in the goods sold.

087 이 협약은 그 어떤 당사자에게든 물품에 의하여 야기된 누군가의 사망 또는 신체적인 상해에 대한 매도인의 책임에 대해서는 적용되지 아니한다.

→ This Convention does not apply to the (　　　　　) of the seller for death or personal injury caused by the goods to any person.

088 당사자는 이 협약의 적용을 배제하거나 제12조에 의거 이 협약의 어떤 조항의 효력을 약화시키거나 변경시킬 수 있다.

→ The parties may exclude the application of this Convention or, subject to article 12, (　　　　　) from or vary the effect of any of its provisions.

089 이 협약에 의하여 규율되는 사항으로써 이 협약에서 명시적으로 해결되지 아니한 사항과 관련된 문제는 이 협약의 기초가 되는 일반원칙에 따라 해결되거나 그러한 원칙이 없는 경우 국제사법의 규칙에 의하여 적용되는 법률에 따라 해결되어야 한다.

→ Questions concerning matters governed by this Convention which are not expressly settled in it are to be settled in conformity with the (　　　　　) on which it is based or, in the absence of such principles, in conformity with the law applicable by virtue of the rules of private international law.

090 당사자가 사업장을 갖고 있지 아니한 경우에는, 당사자의 일상적인 거주지를 사업장으로 간주한다.

→ If a party does not have a place of business, reference is to be made to his (　　　　　).

091 매매계약은 서면으로 체결 또는 입증되어야 할 필요가 없으며, 또 형식과 관련해서도 다른 특정요건에 따를 필요는 없다. 매매계약은 증인을 포함하여 여하한 수단에 의해서도 입증될 수 있다.

→ A contract of sale need not be concluded in or evidenced by writing and is not subject to any other requirement as to form. It may be proved by any means, including (　　　　　).

092 청약은 피청약자에게 도달한 때 효력이 발생한다.

→ An offer becomes (　　　　　) when it reaches the offeree.

093 EXW : 일반적으로 국내 교역에는 본 규칙이 적합한 반면, 국제 교역에는 FCA 규칙이 더 적합하다.

→ EXW : It is suitable for trade, while FCA is usually more appropriate for (　　　　) trade.

094 FCA : 본 규칙 조항은 운송수단의 종류에 구애받지 않고 적용할 수 있을 뿐만 아니라 하나 이상의 운송수단이 사용될 경우에도 적용될 수 있다.

→ FCA : This rule may be used irrespective of the (　　　　) selected and may also be used where more than one mode of transport is employed.

095 운송인 인도조건에서는 해당되는 경우 매도인이 물품의 수출통관을 이행하여야 한다. 그러나 매도인에게 물품의 수입통관, 수입관세 지불, 수입 관련 통관절차 이행에 관한 의무는 없다.

→ FCA requires the seller to (　　　　) for export, where applicable. However, the seller has no obligation to clear the goods for import, pay any import duty or carry out any import customs formalities.

096 CPT : 당사자들은 합의된 인도장소의 인도지점을 가능한 명확하게 특정해야 한다. 왜냐하면 그 해당 지점까지의 비용을 매도인이 부담해야 하기 때문이다.

→ CPT : The parties are well advised to identify as precisely as possible the point within the agreed place of destination, as the costs to that point are for the account of the (　　　　).

097 DAP : 매도인이 지정 목적지에서 또는 지정 목적지 내의 어떤 지점이 합의된 경우에는 그 지점에서, 도착한 운송수단에 물품을 실어둔 채 양하 준비된 상태로 매수인의 처분 하에 놓아 인도하는 것을 의미하며, 이때 위험도 이전된다.

→ DAP means that the seller delivers the goods - and transfers risk - to the buyer when the goods are placed at the (　　　　) of the buyer on the arriving means of transport ready for unloading at the named place of destination or at the agreed point within that place.

098 관세 지급 인도조건은 매도인의 최대 의무를 의미한다.

→ DDP represents the maximum (　　　　) for the seller.

099 FAS : 본 규칙은 오로지 해상 및 내수로 운송에만 사용된다.

→ FAS : This rule is to be used only for sea or (   ) transport.

100 본선 인도란 매도인이 지정선적항에서 매수인이 지정한 선박의 본선상에 물품을 인도하거나 이미 그렇게 인도된 물품을 조달하는 것을 의미한다.

→ Free on Board means that the seller delivers the goods (   ) the vessel nominated by the buyer at the named port of shipment or procures the goods already so delivered.

번호	정답	번호	정답
001	negotiated	031	premium
002	Principal	032	implied warranties
003	accept	033	insurance policy
004	firm	034	subject-matter
005	counter	035	assured 또는 insured
006	quality	036	waiver
007	carrier	037	dispute
008	seller	038	Arbitration
009	expiry date	039	legal
010	commercial invoice	040	patent
011	draft	041	dispute settlement body
012	irrevocable L/C	042	reverse consensus
013	honor, pay 또는 settle	043	investigating
014	negotiated	044	settle, amicably
015	differences 또는 discrepancy	045	file
016	sight payment	046	Claim Elements
017	presentation	047	most favored
018	transfer	048	protect
019	obligations	049	financial
020	out	050	production abroad
021	prohibits	051	Remittance
022	original	052	Factoring
023	transport document	053	reduce tax
024	latest date	054	Security Council
025	non-negotiable B/L	055	volume
026	damaged	056	franchisees
027	shipment	057	joint venture
028	clean B/L	058	mergers and acquisitions
029	forwarder	059	Greenfield Investments
030	insurance	060	Intellectual property law

061	syndicate loan	081	indemnifies
062	technology transfer	082	willful misconduct
063	manufacturers	083	inherent vice
064	invest	084	insolvency
065	services	085	deliberate
066	electronic commerce	086	validity
067	World Trade Organization(WTO)	087	liability
068	substitute	088	derogate
069	nominated	089	general principles
070	risk	090	habitual residence
071	named place of destination	091	witnesses
072	advises	092	effective
073	applicant	093	international
074	confirmation	094	mode of transport
075	included	095	clear the goods
076	separate transaction	096	seller
077	documents	097	disposal
078	irrevocably	098	obligation
079	refuse to honor or negotiate	099	inland waterway
080	salvage charges	100	on board

좋은 책을 만드는 길
독자님과 함께하겠습니다.

도서나 동영상에 궁금한 점, 아쉬운 점, 만족스러운 점이
있으시다면 어떤 의견이라도 말씀해 주세요.
SD에듀는 독자님의 의견을 모아 더 좋은 책으로 보답하겠습니다.

www.sdedu.co.kr

2022 합격자 무역영어 2급 기출이 답이다

초 판 발 행	2022년 06월 03일
초 판 인 쇄	2022년 04월 29일
발 행 인	박영일
책 임 편 집	이해욱
저 자	무역시험연구소
편 집 진 행	김은영 · 이나래
표지디자인	박수영
편집디자인	최미란 · 곽은슬
발 행 처	(주)시대고시기획
출 판 등 록	제10-1521호
주 소	서울시 마포구 큰우물로 75 [도화동 538 성지 B/D] 9F
전 화	1600-3600
팩 스	02-701-8823
홈 페 이 지	www.sdedu.co.kr
I S B N	979-11-383-2341-3 (13320)
정 가	24,000원

합격의 자신감을 심어주는 합격자 무역 시리즈!

2022 합격자 무역영어 1급
한권으로 끝내기 + 무료동영상(기출)

합격에 자신있는
무역시리즈

합격자 *ROADMAP*

관세사 1차 한권으로 끝내기 ▶ 동영상 강의 교재

- [상권]+[하권] 분권구성
- 출제경향을 반영한 과목별 핵심이론
- 최신기출문제+상세한 해설 수록
- 출제예상문제 및 OX문제 수록

관세사 1차 3개년 기출문제집 ▶ 동영상 강의 교재

- 기출문제 학습을 통한 실전대비서
- 과목별 분리 편집구성
- 최신기출문제+상세한 해설 수록

관세사 2차 논술답안백서 ▶ 동영상 강의 교재

- [상권]+[하권] 분권구성
- 핵심이론 및 최신기출문제 수록
- 모의문제 및 고득점 비법 수록
- 최신 개정내용 추가 수록

국제무역사 1급 한권으로 끝내기

- 출제경향을 완벽 반영한 핵심이론
- 과목별 100문제+최종모의고사 1회분 수록
- 소책자 무역이론 핵심요약노트+오디오북 제공

※ 도서의 구성 및 이미지는 변경될 수 있습니다.

시험에서 일순위 개념집으로 당당히 백 퍼센트 합격!

일당백

2024 기출 키워드

시험에서 일순위 개념집으로
당당히 백 퍼센트 합격!

일.당.백.
2024 기출 키워드

일당백 기출족보란?

일 순위 개념집으로
당당히
백 퍼센트 합격!
기출족보 한 권이 100권의 노트의 몫을 해냅니다~

1. 본 내용은 2024년 최신 기출문제에 실제로 나왔던 주요 기출 키워드 중 일부를 요약 · 정리하여 표로 정리한 것입니다.
2. 출제가 유력한 주요 기출 키워드 중, 반복 학습 · 암기가 필요한 개념만을 엄선하였습니다.
3. 본 기출족보는 소지가 간편한 사이즈로 구성하여, 시간과 장소에 구애받지 않고 학습할 수 있도록 하였습니다.

일당백 기출족보를 활용한 추천 학습방법

1. 본격적인 학습에 앞서서 내용을 파악하기 위한 **예습노트!**
2. 교재를 정독하며 개념을 정리하는 나만의 **요약노트!**
3. 교재 학습을 끝낸 후 개념을 재확인하는 **복습노트!**
4. 시험 보기 직전 **최종 점검노트!**

제1과목 **스포츠사회학**

※ 본 기출 키워드는 학습을 돕기 위해 이론별 관련 개념을 표시한 것이며, 개념 간 관계성이나 하위개념을 명시한 것이 아니므로 자세한 포함관계는 본문에서 확인하시기 바랍니다.

01 정부가 스포츠에 개입하는 목적 (Houlihan)

- 공공질서 보호
- 시민들의 건강 및 체력 유지
- 지역사회 · 국가적 명성 고취
- 정체성과 소속감 증진
- 지배적인 정치 이데올로기와 관련된 가치 재생산
- 정치 지도자와 정부에 대한 시민 지지 증대

02 「스포츠클럽법」

- 스포츠클럽의 지원과 진흥에 필요한 사항을 규정하고 있음
- 국민체육진흥과 스포츠 복지 향상 및 지역사회 체육발전에 기여함을 목적으로 함
- 국가 및 지방자치 단체는 스포츠클럽의 지원 및 진흥에 필요한 시책을 수립 · 시행하여야 함
- 우수선수 발굴, 육성을 위해 행정적, 재정적 지원을 할 수 있음

03 스포츠의 사회적 기능(구조기능주의 관점)

- 사회 · 정서적 기능
- 사회 통합 기능
- 사회계층 이동 기능

04 스포츠 육성 정책 모형

- 피라미드 모형 : 법령 · 시설 · 제도 등이 확충되어 스포츠 참여 저변이 확대되면, 세계 수준의 선수가 배출될 수 있다고 봄
- 낙수효과 모형 : 엘리트 스포츠로서 세계적 수준의 선수를 육성하게 되면 그 영향으로 대중이 스포츠에 참여하는 수준이 더욱 확대된다고 봄
- 선순환 모형 : 엘리트 스포츠 발전으로 인해 학생선수들이 우수한 성과를 내면, 일반 청소년들의 스포츠 참여 확대가 일어나고, 그 결과 대중의 스포츠 참여가 확대되어 우수한 스포츠 선수를 육성할 수 있다고 봄

05 스포츠 세계화의 동인

- 민족주의
- 제국주의 확대
- 종교 전파
- 과학기술의 발전

06 사회계층의 특성(Tumin)

- 보편성 : 대부분의 스포츠 현상에는 계층 불평등이 나타남
- 다양성 : 현대 스포츠에서 계층은 종목 내, 종목 간에서 나타남
- 역사성(고래성) : 스포츠에서 계층 불평등은 역사발전 과정을 거치며 변천해 왔음

- 영향성 : 스포츠 참여에서 나타나는 사회적 불평등은 일상 생활에도 유사하게 나타남
- 사회성 : 스포츠계층은 사회계층을 반영함

07 스포츠에서의 사회계층 이동
- 스포츠는 계층 이동을 위한 수단으로 활용됨
- 사회계층의 이동은 사회적 상황과 개인적 상황을 반영함
- 사회 지위나 보상 체계에 차이가 뚜렷하게 발생하는 계층 이동은 '수직이동'임
- 사회계층의 이동 유형은 시간에 따라 '세대 내이동', '세대간이동'으로 구분함

08 스포츠 일탈이론 – 차별교제 이론
- 스포츠 일탈을 상호작용론 관점으로 설명함
- 일탈 규범을 내면화하는 사회화 과정이 존재함
- 다른 사람과 상호작용을 통해 스포츠 일탈 행동을 학습함

09 경계폭력 – 경기장 내 신체 폭력 유형
- 경기의 규칙을 위반하는 행위지만, 대부분의 선수나 지도자들이 용인하는 폭력 행위의 유형임
- 이 폭력 유형은 경기 전략의 하나로 활용되며, 상대방의 보복 행위를 유발할 수 있음

10 상업주의의 대두에 따른 스포츠 규칙의 변화(Coakley)
- 극적인 요소가 늘어남
- 득점이 증가하게 됨
- 상업 광고 시간이 늘어남
- 경기의 진행 속도가 빨라짐

11 AGIL 이론(Parsons)
- 구조기능주의적 관점의 이론임
- 스포츠는 체제 유지 및 긴장 처리 기능을 함
- 스포츠는 사회구성원을 통합시키는 기능을 함
- 스포츠는 사회구성원이 사회체제에 적응하게 하는 기능을 함

12 상호의존성 – 스포츠의 정치적 속성 (Etizen & Sage)
- 국가대표 선수는 스포츠를 통해 국위를 선양하고 국가는 선수에게 혜택을 줌
- 국가대표 선수가 올림픽에 출전하여 메달을 획득하면 군복무 면제의 혜택을 줌

13 국제정치 관계에서 스포츠 기능별 사례 (Strenk)
- 정치이념 선전 : 1936년 베를린 올림픽
- 외교적 도구 : 1971년 미국 탁구팀의 중화인 민공화국 방문
- 갈등 및 적대감의 표출 : 1972년 뮌헨올림픽에서의 검은구월단 사건
- 외교적 항의 : 남아프리카공화국의 아파르트헤이트에 대한 국제사회의 대응

14 스포츠 세계화의 특징(Bale)
- IOC, FIFA 등 국제스포츠 기구가 성장함
- 다국적 기업의 국제적 스폰서십 및 마케팅이 증가함
- 글로벌 미디어 기업의 스포츠에 관한 개입이 증가함
- 국가보다 외국인 선수 증가로 팀, 스폰서의 정체성이 강화됨

15 스포츠의 교육적 기능

순기능	• 사회통합 : 교내, 학교-지역사회 등 • 전인교육 : 학업활동 및 사회화 촉진, 정서 순화 • 사회선도 : 인권의식 신장, 장애인의 적응력 배양, 평생체육 기반 조성
역기능	• 부정행위 조장(상업주의, 일탈, 위선, 도핑, 악·폐습) • 교육목표 훼손(승리지상주의, 참가기회 제한, 성차별의 간접교육) • 편협한 인간의 육성(독재적인 지도자, 선후배·동료 간 갈등, 잘못된 규범으로의 복종)

16 스포츠미디어가 생산하는 성차별 이데올로기

• 경기의 내용보다는 성(性)적인 측면을 강조함
• 여성 선수를 불안하고 취약한 존재로 묘사함
• 여성들이 참여하는 경기를 '여성 경기'로 부름
• 그들의 성과보다 여성성에 더 많은 관심을 보임

17 스포츠 일탈 유형(Hughes)과 윤리 규범(Coakley)

• 2002년 한일월드컵 당시 황선홍 선수, 김태영 선수의 부상 투혼 • 2022년 카타르 월드컵에서 손흥민 선수의 마스크 투혼

• 선수들의 부상투혼은 '과잉동조'의 대표적인 사례임
• 과잉동조 : 규범을 무비판적으로 수용함
• 인내규범 : 위험을 감수하고 고통을 인내해야 함

18 코칭 - 사회학습 이론(Leonard)

• 새로운 운동기능과 반응이 학습됨
• 학습자에게 동기를 부여할 수 있게 됨
• 지도자가 적합하다고 생각하는 새로운 지식을 알게 됨

19 스포스로부터의 탈사회화

• 부상, 방출 등의 자발적 은퇴로 탈사회화를 경험함
• 재정, 시간, 환경적 상황에 의해 참여가 제한되는 것을 대인적 제약이라고 함

20 과학기술의 발전에 따른 스포츠의 변화

• IoT, 웨어러블 디바이스 발전으로 경기력 측정의 혁신을 가져옴
• 4차 산업혁명에 따른 초지능, 초연결은 스포츠 빅데이터의 활용을 확대시킴
• VR, XR 디바이스의 발전으로 가상현실 공간을 활용한 트레이닝이 가능해짐

제2과목 스포츠교육학

01 내용 지식 – 7가지 교사 지식(Shulman)

교과 내용에 관한 지식

02 동료 평가

교사에게 받은 점검표(Checklist)로써 서로를 평가하는 방법

03 상규적 활동 – 스포츠 지도 활동

- 출석점검, 과제제공, 스케줄과 같은 정해진 수업습관을 의미함
- 상규적 활동의 비중을 줄이는 것은 수업 중 학습자의 부주의하고 파괴적인 행동을 억제하는 효과가 있음

04 인성을 강조한 수업모형(Glover & Anderson)

- 협동학습모형
  - '서로를 위해 서로 함께 배우기'를 통해 팀원 간 긍정적 상호의존, 개인의 책임감 수준 증가, 인간관계 기술 및 팀 반성 등을 강조한 수업
- 개인적·사회적 책임감 지도모형
  - '통합, 전이, 권한 위임, 교사와 학생의 관계'를 통해 타인의 권리와 감정 존중, 자기 목표 설정 가능, 훌륭한 역할 본보기 되기 등을 강조한 수업

05 교사의 행동별 예시

- 직접기여 행동 : 학생의 부상, 용변과 물 마시는 활동의 권리
- 간접기여 행동 : 안전한 학습 환경, 피드백 제공
- 비기여 행동 : 학습 지도 중에 소방 연습과 전달 방송 실시

06 기본 움직임 기술

- 이동 움직임 : 걷기, 달리기, 뛰기, 피하기 등
- 비이동 움직임 : 서기, 앉기, 구부리기, 비틀기 등
- 조작 움직임 : 치기, 잡기, 배팅하기 등

07 학교스포츠클럽의 운영(「학교체육진흥법」 제10조 제4항)

학교의 장은 학교스포츠클럽 활동내용을 학교생활기록부에 기록하여 상급학교 진학자료로 활용할 수 있도록 하여야 함

08 상호학습형 교수 스타일(Moston)에서 수업 참가자의 역할

- 지도자 : 교과내용 선정, 질의응답, 피드백 제공
- 학습자
  - 수행자와 관찰자로 나뉨
  - 수행자나 관찰자의 역할 수행, 피드백 제공

09 학교체육 전문인 자질

- 지식 : 학습자에 대한 이해, 교과지식에 대한 이해
- 수행 : 교육과정 운영 및 개발, 수업 계획 및 운영, 학습 모니터 및 평가, 협력관계 구축
- 태도 : 교직 인성, 사명감

10 인지(사고)과정 – 모스턴(Moston)의 교수 스타일

- 학습자가 해답을 찾고자 하는 욕구가 있는 단계
- 학습자에 대한 자극(질문)이 흥미, 욕구, 지식 수준과 적합할 때 이 단계가 발현됨
- 학습자에게 알고자 하는 욕구를 실행에 옮기도록 동기화하는 단계

11 체육지도자의 양성(「국민체육진흥법」 제11조 제3항)

- 연수과정에는 다음의 사항으로 구성된 스포츠윤리교육 과정이 포함되어야 함
  - 성폭력 등 폭력 예방교육
  - 스포츠비리 및 체육계 인권침해 방지를 위한 예방교육
  - 도핑 방지 교육
  - 그 밖에 체육의 공정성 확보와 체육인의 인권보호를 위하여 문화체육관광부령으로 정하는 교육

12 동료교수 모형 – 수업 주도성 프로파일

	직접적	상호작용적	간접적
내용 선정	▨		
수업 운영		▨	
과제 제시	▨		
참여 유형	▨		
상호 작용	A	B	
학습 진도			▨
과제 전개	▨		

13 반성적 교수 – 교수 기능 연습법 (Siedentop)

- 학생 6~8명의 소집단을 대상으로 학습 목표와 평가 방법을 설명한 후, 수업을 진행함
- 수업에 참여한 학생들의 질문지 자료를 토대로 김 교사와 학생, 다른 관찰자들이 모여 김 교사의 교수법에 대해 '토의'를 함
- 객관적인 자료를 근거로 교수 기능 효과를 살핌

14 스포츠강사의 자격조건

- 스포츠강사는 「초ㆍ중등교육법」 제2조 제2호에 따른 초등학교에 배치될 수 있음
- 「국민체육진흥법」 제2조 제6호에 따른 체육지도자(스포츠지도사, 건강운동관리사, 장애인스포츠지도사, 유소년스포츠지도사, 노인스포츠지도사 자격 중 하나를 취득한 사람)를 임용할 수 있음

15 리드-업 게임 - 체육학습 활동(Metzler)

정식 게임을 단순화하고 몇 가지 기능에 초점을 두며 진행하는 것

16 스포츠 교육 모형(Siedentop)의 특징

- 열정 : 스포츠를 참여하는 태도와 관련된 정의적 영역
- 인지적 영역 : 시즌 중 심판으로서 역할을 할 때 학습영역 중 우선하는 것
- 변형 : 참여를 유도하기 위해 학습자 수준에 적합하게 경기 방식을 조작하는 것

17 현장개선연구

- 연구의 특징은 집단적(협동적), 역동적, 연속적으로 이루어짐
- 연구의 절차는 문제 파악-개선계획-실행-관찰-반성 등으로 순환하는 과정임
- 연구의 주체는 지도자가 동료나 연구자의 도움을 받아 자신의 수업을 탐구함

18 동시처리 - 예방적 수업(Kounin)

수업의 흐름을 유지하면서 수업 이탈 행동 학생을 제지하는 것

19 체력인증센터가 제공하는 서비스

- 체력측정 서비스
- 맞춤형 운동처방
- 국민 체력 인증서 발급

20 평정척도 - 평가기법

- 운동 수행을 평가하는 데 자주 사용하는 평가 방법
- 운동 수행의 질적인 면을 파악하여 수준이나 숫자를 부여하는 평가 방법

제3과목　스포츠심리학

※ 본 기출 키워드는 학습을 돕기 위해 이론별 관련 개념을 표시한 것이며, 개념 간 관계성이나 하위개념을 명시한 것이 아니므로 자세한 포함관계는 본문에서 확인하시기 바랍니다.

01 관찰학습 – 사회학습 이론
자기가 좋아하는 국가대표선수가 무더위에서 진행된 올림픽 마라톤 경기에서 불굴의 정신력으로 완주하는 모습을 보고, 자기도 포기하지 않는 정신력을 10km 마라톤을 완주하였음

02 개방운동기술의 사례
- 야구 경기에서 투수가 던진 공을 타격하기
- 자동차 경주에서 드라이버가 경쟁하면서 운전하기
- 미식축구 경기에서 쿼터백이 같은 팀 선수에게 패스하기

03 동기 이론
- 동기 : 노력의 방향과 강도로 설명됨
- 내적 동기 : 스포츠 자체가 좋아서 참여함
- 외적 동기 : 보상을 받거나 처벌을 피하고자 스포츠에 참여함

04 인지 재구성 – 심리기술훈련 기법
- 멀리뛰기의 도움닫기에서 파울을 할 것 같은 부정적인 생각이 듦
- 부정적인 생각은 그만하고 연습한 대로 구름판을 강하게 밟자고 생각함
- 스스로 통제할 수 있는 것에 집중하자고 다짐함

05 인지 재구성 – 심리기술훈련 기법
- 멀리뛰기의 도움닫기에서 파울을 할 것 같은 부정적인 생각이 듦
- 부정적인 생각은 그만하고 연습한 대로 구름판을 강하게 밟자고 생각함
- 스스로 통제할 수 있는 것에 집중하자고 다짐함

06 운동발달의 단계
- 반사단계(출생~1세 신생아기)
- 기초단계(1~2세 영아기)
- 기본움직임단계(2~6세 유아기)
- 스포츠기술단계(7~14세 아동기)
- 성장과 세련단계(청소년 시기)
- 최고수행단계(20~30세 성인 초기)
- 퇴보단계(30세 이후)

07 자기효능감(Bandura)에 가장 큰 영향력을 미치는 것
성취경험

08 연습방법
- 집중연습 : 연습구간 사이의 휴식시간이 연습시간보다 짧게 이루어진 연습방법
- 무선연습 : 선택된 연습과제들을 순서에 상관없이 무작위로 연습하는 방법

- 분산연습 : 휴식시간이 연습시간보다 상대적으로 긴 연습방법
- 전습법 : 한 가지 운동기술과제를 구분 동작 없이 전체적으로 연습하는 방법

09 「AASP 윤리 원칙 및 표준」(2023)

- 정의된 전문적 또는 과학적 관계 또는 역할의 맥락에서만 진단, 치료, 교육, 교육, 감독, 멘토링 또는 기타 컨설팅 서비스를 제공함(일반 윤리 기준 : 제1조 제a항)
- 자신의 과학적 작업의 한계를 인식하고 이러한 한계를 초과하는 주장을 하거나 조치를 취하지 않음(일반 윤리 기준 : 제2조 제e항)
- 학생, 멘티, 감독자, 직원 및 동료의 윤리적 행동을 적절하게 장려함(전문 제3문단)
- 과학 및 연구 활동을 수행하는 사람은 다른 전문가와의 작업 공유를 촉진하고 책임을 보장하며 기관 또는 기관의 기타 요구 사항을 충족하기 위해 적절한 경우 기관 윤리 위원회의 승인을 포함하여 자신의 과학적 작업 및 연구를 적절하게 문서화함(일반 윤리 기준 : 제14조 제b항)

10 절차적 기억의 사례

- 오랜 기간 자전거를 타지 않았음에도 불구하고 여전히 자전거를 탈 수 있는 것
- 어린 시절 축구선수로 활동했던 사람이 축구의 슛 기술을 어떻게 수행하는지 시범을 보일 수 있는 것

11 상황부합 리더십 모형(Fiedler)

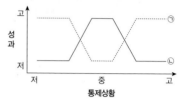

- 과제지향형리더 (㉠)
  - 상황이 리더에게 매우 유리할 경우 혹은 매우 불리할 경우에 적합한 리더
  - 언어적 강화 및 집단의식의 필요성을 인식함
  - 과제의 성취도가 구성원의 관계 유지에 중요한 요소로 작용한다고 여김
- 관계지향형리더 (㉡)
  - 상황이 리더에게 중간일 때 적합한 리더
  - 과제보다 상호 협조 및 긍정적 상호 관계를 중요시함

12 운동학습에 의한 인지역량의 변화

- 정보를 처리하는 속도가 빨라짐
- 주의집중 역량을 활용하는 주의 체계의 역량이 좋아짐
- 새로운 정보와 기존의 정보를 연결하여 정보를 쉽게 보유할 수 있는 기억체계 역량이 좋아짐

13 계획행동 이론(Ajzen)

- 태도는 행동을 수행하는 것에 대한 개인의 정서적이고 평가적인 요소를 반영함
- 주관적 규범은 어떤 행동을 할 것인지 또는 안 할 것인지에 대해 개인이 느끼는 사회적 압력을 말함
- 어떠한 행동은 개인의 의도에 따라 그 행동 여부가 결정됨
- 행동총제인식은 어떤 행동을 하기가 쉽거나 어려운 정도에 대한 인식 정도를 의미함

14 정보처리 이론

- 정보처리 이론 : 인간을 능동적인 정보처리 자로 설명함
- 도식 이론 : 일반화된 운동프로그램을 근거로 하여 운동행동의 원리를 설명함
- 개방회로 이론 : 대뇌피질에 저장된 운동프로그램을 통해 움직임을 생성하고 제어한다고 설명함
- 폐쇄회로 이론 : 정확한 동작에 관한 기억을 수행 중인 움직임과 비교한 피드백 정보를 활용하여 움직임을 생성하고 제어한다고 설명함

15 스포츠수행의 사회심리적 가설

- 사회적 촉진 : 타인의 존재가 과제 수행에 미치는 영향력을 말하는데, 사회적 추동 이론과 자기 이론으로 구분할 수 있음
- 단순존재가설 : 타인이 존재하는 것만으로도 수행이 달라진다고 보는 이론임. 수행기능이 단순할수록 학습이 잘 되어 있을수록 각성이 증가할수록 수행이 향상되며, 그 반대일 경우에는 수행이 저하된다고 설명함
- 관중효과 : 운동 수행 중에 그것을 타인이 보고 있음으로써 그 수행의 양이나 속도, 질 등에 영향을 받는 현상임

16 힉(Hick)의 법칙

자극-반응 대안의 수가 증가할수록 반응시간은 길어짐

17 심상조절력

- 심상을 조정하여 내가 원하는 대로 심상이 이루어지도록 연습하는 것
- 실패하는 것을 심상하는 대신에 성공적인 것을 심상할 수 있도록 도움
  예 복싱선수가 상대의 펀치를 맞고 실점하는

장면이 계속해서 떠올라 심상조절력을 높이는 훈련을 했음

18 운동 행동을 설명하는 이론

- 천장효과 : 운동 기술 과제의 난도가 너무 낮아서 검사에 응한 모든 대상자가 매우 높은 점수를 얻는 현상
- 바닥효과 : 운동 기술 과제의 난도가 너무 높아서 검사에 응한 모든 대상자가 매우 낮은 점수를 얻는 현상

19 운동 실천을 위한 환경적 영향요인

- 운동지도자의 영향
- 운동집단의 영향
- 물리적 환경의 영향
- 사회와 문화의 영향
- 사회적 지지의 영향

20 심리적 불응기

1차 자극에 대한 반응을 수행하고 있을 때 2차 자극을 제시할 경우 2차 자극에 대한 반응시간이 느려지는 현상
예 농구 경기에서 수비수가 공격수의 첫 번째 페이크 슛 동작에 반응하면서, 바로 이어지는 두 번째 실제 슛 동작에 제대로 반응하지 못하는 현상이 발생함

제4과목 한국체육사

※ 본 기출 키워드는 학습을 돕기 위해 이론별 관련 개념을 표시한 것이며, 개념 간 관계성이나 하위개념을 명시한 것이 아니므로 자세한 포함관계는 본문에서 확인하시기 바랍니다.

01 한국체육사의 특징
- 한국 체육과 스포츠의 시대별 양상을 연구함
- 한국 체육과 스포츠를 역사학적 방법으로 연구함
- 한국 체육과 스포츠의 과거를 살펴보고, 이를 통해 현재를 직시하고 미래를 조망함

02 제천의식과 부족국가
- 무천 – 동예
- 가배 – 신라
- 영고 – 부여
- 동맹 – 고구려

03 《위지 · 동이전》에 등장한 신체 문화
삼한에서는 등가죽을 뚫어 줄을 꿰고 나무를 꽂는 의식 거행 후 통과하면 '큰사람'이라고 불렀으며, 해당 기록은 성인식과 주술의 신체 문화를 보여 줌

04 고대 삼국의 무예
- 신라 : 궁전법을 통해 인재를 등용하였음
- 고구려 : 경당에서 활쏘기 교육이 이루어짐
- 백제 : 박사제도를 실시하였음

05 고려시대 최고 교육기관과 무학 교육기관
- 최고 교육기관 : 국자감
- 무학 교육기관 : 전문7재 중 강예재

06 고려시대의 신체활동
- 기격구 : 귀족층이 유희로 즐겼음
- 궁술 : 국난을 대비하여 장려되었음
- 마술 : 무인의 덕목 중 하나로 장려되었음
- 수박 : 무관이나 무예 인재의 선발에 활용되었음

07 석 전
- 세시의 민속놀이, 군사훈련, 관람스포츠, 운동경기의 수단으로 사용되었음
- 명절에 종종 행해지던 민속놀이였음
- 전쟁에 대비한 군사훈련에 활용되었음
- 실전 부대인 석투군과 관련이 있었음

08 조선시대 서민층의 민속놀이
- 추천 : 단오절이나 한가위에 즐겼음
- 각저 · 각력 : 마을 간의 겨룸으로써 풍년을 기원함
- 삭전 · 갈전 : 농경사회의 대표적인 민속놀이로서 농사의 풍흉을 점치는 의미도 있었음

09 조선시대의 무예서

- 무예도보통지 : 정조의 명에 따라 24기의 무예가 수록 · 간행되었음
- 무예신보 : 사도세자의 주도하에 18기의 무예가 수록 · 간행되었음
- 무예제보 : 선조의 명에 따라 전란 중에 긴급하게 필요했던 단병기 6기가 수록 · 간행되었음

10 조선시대의 궁술

- 군사훈련의 수단
- 무과의 필수 과목
- 학사사상이 바탕

11 교육입국조서에서 삼양이 표기된 순서

덕양 – 체양 – 지양

12 배재학당

- 헐버트(Hulbert)가 도수체조를 지도하였음
- 1885년 아펜젤러(Appenzeller)가 설립하였음
- 과외활동으로 야구, 축구, 농구 등의 스포츠를 실시하였음

13 개화기 학교 운동회

- 민족의식을 고취하는 역할을 하였음
- 초기에는 육상 종목이 주로 이루어졌음
- 사회체육 발달의 촉진제 역할을 하였음
- 근대스포츠의 도입과 확산에 기여하였음

14 개화기에 설립된 체육단체

- 대한체육구락부
- 대동체육구락부
- 황성 기독교청년회운동부

15 노백린(1875~1926)

- 체조 강습회 개최
- 체육 활동의 저변 확대를 위해 대한국민체육회 창립
- 체육 활동을 통한 애국심 고취를 위해 광무학당 설립

16 일제강점기의 체육사적 사실

- 체조교수서가 편찬되었음
- 학교에서 체조가 필수 과목이 되었음
- 황국신민체조가 학교체육에 포함되었음

17 일제강점기의 조선체육회

- '전조선축구대회'를 창설하였음
- 조선체육협회에 강제로 흡수되었음
- 국내 운동가, 일본 유학 출신자 등이 설립하였음
- 종합체육대회 성격의 전조선종합경기대회를 개최하였음

18 여운형(1886~1947)

- 〈체육 조선의 건설〉 저술
- 사회를 강하게 하는 것은 구성원의 힘을 강하게 하는 것이라 주장함
- 구성원의 힘을 방법은 교육이며, 여러 교육의 기초는 체육이라고 강조함

19 체육정책 담당 부처의 변천

체육부 → 문화체육부 → 문화체육관광부

> ※ 조금 더 자세히 서술하면 아래와 같다.
> 문교부 → 문화공보부 → **체육부** → 체육청소
> 년부 → **문화체육부** → 문화관광부 → **문화체
> 육관광부**

20 한국 여자 대표팀의 국제 대회 성과

- 탁구 : 1973년 사라예보 세계선수권대회에
  서 단체전 우승 달성
- 배구 : 1976년 몬트리올 올림픽대회에서 구
  기 종목 사상 최초의 동메달 획득
- 핸드볼 : 1988년 서울 올림픽대회에서 당시
  최강국을 이기고 금메달 획득

제5과목 운동생리학

※ 본 기출 키워드는 학습을 돕기 위해 이론별 관련 개념을 표시한 것이며, 개념 간 관계성이나 하위개념을 명시한 것이 아니므로 자세한 포함관계는 본문에서 확인하시기 바랍니다.

01 지구성 훈련 후 지근섬유의 생리적 변화

- 모세혈관 밀도 증가
- 마이오글로빈 함유량 증가
- 미토콘드리아의 수와 크기 증가
- 절대 운동강도에서의 젖산 농도 감소

02 유산소성 트레이닝 후 근육 내 미토콘드리아 변화

- 근원섬유 사이의 미토콘드리아 밀도 증가
- 근육 내 젖산과 수소이온(H^+) 생성 감소
- 손상된 미토콘드리아 분해 및 제거율 증가
- 근육 내 크레아틴 인산(Phosphocreatine) 소모량 감소

03 운동 중 지방분해를 촉진하는 요인

- 인슐린 감소
- 글루카곤 증가
- 에피네프린 증가
- 순환성(Cyclic) AMP 증가

04 운동에 대한 심혈관 반응

- 점증 부하 운동 시 심근산소소비량 증가
- 고강도 운동 시 내장 기관으로의 혈류 분배 비율 감소
- 일정한 부하의 장시간 운동 시 시간 경과에 따른 심박수 증가
- 고강도 운동 시 활동근의 세동맥(Arterioles) 확장을 통한 혈류량 증가

05 심근산소소비량

- 심장의 부담을 나타내는 심근산소소비량은 심박수와 수축기혈압을 곱하여 산출함
- 산소섭취량이 동일한 운동 시 다리 운동이 팔 운동에 비해 심근산소소비량이 더 적게 나타남

06 골격근의 수축 특성을 결정하는 요인

- 특이장력 = 근력 / 근횡단면적
- 근파워 = 힘 × 수축속도

07 말초신경계(감각계)의 운동기능 조절

- 근방추 : 근육의 길이 정보 전달
- 골지 건기관(건방추) : 힘 생성량 정보 전달
- 근육의 화학수용기 : 근육의 대사량 정보 전달

08 도피반사 - 교차신전반사

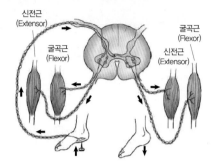

- 반사궁 경로를 통해 통증 자극에 대한 빠른 반사가 일어남
- 통증 수용기로부터 활동전위가 발생하여 척수로 전달됨
- 신체 균형을 유지하기 위해 반대편 대퇴의 굴곡근 수축이 억제됨
- 통증을 회피하기 위해 통증 부위 대퇴의 신전근이 수축됨

09 고온 환경과 운동

- 고온 환경에서 장시간 최대하 운동 시 운동 수행능력을 저하시키는 요인
  - 글리코겐 고갈 가속
  - 근혈류량 감소
  - 1회박출량 감소

10 트레드밀 에르고미터를 이용한 운동량의 측정

- 체중 = 50kg
- 트레드밀 속도 = 12km/h
- 운동시간 = 10분
- 트레드밀 경사도 = 5%
(단, 운동량(일) = 힘 × 거리)

- 체중 = 50kp(kp는 정상적인 중력 가속도에서 1kg의 질량에 힘을 가하는 것)
- 트레드밀 속도 = 12km/h
  = 12,000m/60min = 200m/min
- 이동거리 = 200m × 10min = 2000m
- 경사진 트레드밀에서의 이동거리 = 2000m × 0.05(경사도) = 100m
- 운동량 = 힘 × 거리
  = 50kp x 100m
  = 5,000kpm

11 대사 과정별 속도조절효소

대사 과정	속도조절효소
ATP-PC 시스템	크레아틴 키나아제
해당작용	포스포프룩토키나아제
크렙스 회로	이소시트르산탈수소효소
전자전달체계	사이토크롬산화효소

12 근육의 힘 · 파워 · 속도

- 단축성 수축 시 수축 속도가 빨라짐에 따라 힘(장력) 생성은 감소함
- 신장성 수축 시 신장 속도가 빨라짐에 따라 힘(장력) 생성은 증가함
- 근육이 발현할 수 있는 최대 근파워는 신장성 수축 시에 나타남
- 단축성 수축 속도가 동일할 때 속근섬유가 많을수록 큰 힘을 발휘함

13 카테콜라민(카테콜아민)

- 부신수질에서 분비
- 교감신경의 말단에서 분비
- α1 수용체 결합 시 혈관 수축
- β1 수용체 결합 시 심박수 증가

14 에너지 대사

- 해당과정으로써 1단위의 포도당을 분해할 때 2단위의 ATP를 이용하여 2분자의 NADH와 4분자의 ATP, 2분자의 피루브산을 생성함
- 크렙스 회로와 베타산화는 미토콘드리아에서 관찰되는 에너지 대사 과정임
- 포도당 한 분자의 해당과정의 최종산물은 ATP 2분자와 피루브산염 2분자(또는 젖산염 2분자)임
- 낮은 운동강도(예 : VO_2max 40%)로 30분 이상 운동 시 점진적으로 호흡교환율이 감소하고 지방 대사 비중은 높아짐

15 혈당량 - 운동 중 항상성의 조절

- 성장호르몬 : 간에서 포도당신생합성 증가
- 코르티솔 : 중성지방으로부터 유리지방산으로 분해 촉진
- 노르에피네프린 : 골격근 조직 내 유리지방산 산화 촉진
- 에피네프린 : 간에서 글리코겐 분해 촉진 및 조직의 혈중 포도당 사용 억제

16 삼투압 - 운동 중 항상성의 조절

- 장시간의 중강도 운동 시 혈장량은 감소하고 알도스테론 분비량은 증가함
- 땀 분비로 인한 혈장량 감소는 뇌하수체 후엽의 항이뇨호르몬 분비를 유도함
- 충분한 수분 섭취 없이 장시간 운동 시 체내 수분 재흡수를 위해 레닌-안지오텐신Ⅱ 호르몬이 분비됨

17 폐환기 검사의 실제

참가자	주 은	민 재	다 영
1회 호흡량 (mL)	375	500	750
호흡률 (회/min)	20	15	10
분당환기량 (mL/min)	7,500	7,500	7,500
사강량 (mL)	150	150	150
폐포 환기량 (mL/min)	4,500	5,250	6,000

- 분당환기량(VE)은 1회 호흡량과 호흡률의 곱으로 산출한다. 공식을 활용하여 산출하면, 아래와 같이 세 참가자 모두 7,500mL/min으로 나옴
  - 주은 : 375 × 20 = 7,500mL/min
  - 민재 : 500 × 15 = 7,500mL/min
  - 다영 : 750 × 10 = 7,500mL/min
- 폐포 환기량은 1회 호흡량에서 사강량을 뺀 값을 호흡률과 곱하여 산출함. 공식을 활용하여 산출하면, 다영의 폐포환기량은 6L/min으로 나오며, 세 사람 중 다영의 폐포 환기량이 가장 크고, 주은의 폐포 환기량이 가장 작은 것을 알 수 있음
  - 주은 : (375-150) × 20 = 225 × 20 = 4,500mL/min = 4.5L/min
  - 민재 : (500-150) × 15 = 350 × 15 = 5,250mL/min = 5.25L/min
  - 다영 : (750-150) × 10 = 600 × 10 = 6,000mL/min = 6L/min

18 1회박출량의 증가 요인

- 심박수 감소
- 심실 수축력 증가
- 평균 동맥혈압(MAP) 감소
- 심실 이완기말 혈액량(EDV) 증가

19 골격근 섬유

- 근수축에 필요한 칼슘(Ca^{2+})은 근형질세망에 저장되어 있음
- 운동단위는 감각뉴런이 아니라 '운동뉴런'이 지배하는 근섬유의 결합임
- 신경근 접합부(시냅스)에서 분비되는 신경전달물질은 아세틸콜린임
- 지연성 근통증은 근육의 신장성 수축을 과도하게 하고 나면 발생함

20 속근섬유의 특성

- 낮은 피로 저항력
- 근형질세망의 발달
- 마이오신 ATPase의 빠른 활성
- 운동신경세포(뉴런)의 큰 직경

제6과목 운동역학

01 뉴턴의 운동법칙

- 운동 제1법칙(관성의 법칙) : 외력을 받지 않으면 물체는 정지 또는 등속도 운동 상태를 계속한다는 법칙
- 운동 제2법칙(가속도의 법칙) : 운동하는 물체의 가속도는 힘이 작용하는 방향으로 일어나며, 그 힘의 크기에 비례한다는 법칙
- 운동 제3법칙(작용–반작용의 법칙) : 모든 작용력에 대하여 항상 방향이 반대이고 크기가 같은 반작용 힘이 따른다는 법칙

02 힘

- 질량과 가속도의 곱으로 결정됨
- 단위는 N(뉴턴)
- 크기와 방향을 갖는 벡터

03 원심력과 구심력

- 원심력과 구심력은 크기가 같고, 방향이 반대임
- 원심력을 극복하기 위해 반지름을 작게 하여 원운동을 해야 함

04 (선)운동량과 (선)충격량

- 선운동량은 질량과 선속도의 곱으로 결정되는 물리량임
- 충격량은 충격력과 충돌이 가해진 시간의 곱으로 결정되는 물리량임

- 시간에 따른 힘 그래프에서 접선의 기울기가 아니라 밑넓이가 충격량을 의미함
- 토크와 관련된 것은 선운동량과 (선)충격량이 아니라 각운동량과 회전충격량임

05 운동학적 분석과 운동역학적 분석

운동학적 분석	운동역학적 분석
운동형태의 측정 · 분석	힘의 측정 · 분석
운동의 변위, 속도, 가속도, 일률, 무게중심, 관절각 등	마찰력, 근모멘트, 근전도, 지면반력 등

06 물리량

벡터	스칼라
크기와 방향을 가짐	크기만 가짐
· 속 도 · 무 게 · 변 위 · 여러 가지 힘 · 일과 일률 · 운동량과 충격량	· 속 력 · 질 량 · 거 리 · 온 도 · 시 간 · 부피와 밀도

07 유체에서 투사체의 운동

- 육상의 원반 투사 시, 최적의 공격각은 양항비($\frac{양력}{항력}$)가 최대일 때의 각도임
- 커브볼은 마그누스의 힘(마그누스 효과)을 이용한 것임
- 파도와 같이 물과 공기의 접촉면에서 형성되는 난류에 의하여 발생하기도 함
- 날아가는 골프공의 단면적(유체의 흐름 방향에 수직인 물체의 면적)에 비례함

08 배율법 - 2차원 영상분석

- 동작이 수행되는 평면에 직교하게 카메라를 설치함
- 분석대상이 운동평면에서 벗어나면 투시오차가 발생할 수 있음
- 배율법은 주로 철봉, 역도와 같은 종목에서 활용됨
- 기준자는 영상평면에서의 분석대상 크기를 실제 운동 평면에서의 크기로 조정하기 위해 사용됨

09 각운동

- 각속력은 스칼라, 각속도는 벡터
- 각속력은 시간당 각거리
- 각가속도는 시간당 각속도의 변화량
- 각변위는 물체의 처음과 마지막 각위치의 변화량

10 부력

- 부력은 물에 잠긴 신체의 부피에 비례하여 수직으로 밀어 올리는 힘임
- 유체의 밀도가 커질수록 부력도 커짐
- 물의 온도가 올라갈수록 부력은 작아짐
- 부력중심의 위치는 수중에서의 자세 변화에 따라 달라짐

11 관성모멘트와 각운동량의 보존

- 막대에 실로 공을 매달아서 돌릴 때, 회전축에서 공까지의 거리를 절반으로 줄이면,
  - 회전반경이 절반으로 줄어들고
  - 관성모멘트가 1/4로 감소하기 때문에
  - 공의 회전속도는 4배 증가함

12 지렛대의 원리

- 1종 지레에서 축(받침점)은 힘점과 저항점(작용점) 사이에 위치하고 역학적 이점이 1보다 크거나 작을 수 있음
- 2종 지레는 저항점이 힘점과 축 사이에 위치하고 역학적 이점이 1보다 큼
- 3종 지레에서 힘점은 축과 저항점 사이에 위치하고 역학적 이점이 1보다 작음
- 지면에서 수직 방향으로 발뒤꿈치를 들고 서는 동작(Calf Raise)은 2종 지레임

13 수직점프에 대한 운동역학적 분석

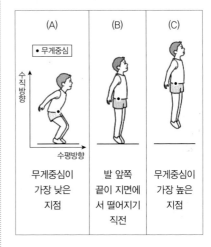

(A)	(B)	(C)
무게중심이 가장 낮은 지점	발 앞쪽 끝이 지면에서 떨어지기 직전	무게중심이 가장 높은 지점

- (A)부터 (B)까지 한 일은 높이가 바뀌었기 때문에 위치에너지의 변화량이 같지 않음

- (A)부터 (B)까지 넙다리네갈래근(대퇴사두근)은 구심성 수축을 함
- (B)부터 (C)까지 무게중심의 수직가속도는 아래로 당기는 중력가속도의 영향으로 점차 감소함
- (C)지점에서 인체 무게중심의 수직속도는 0m/s임

- 인대는 뼈와 뼈를 연결한다. 골격근과 뼈를 연결하는 것은 건(힘줄)임
- 작용근(주동근)은 의도한 운동을 발생시키는 근육임
- 팔꿈치관절에서 굽힘근(굴근)의 수축이 일어난다는 것은 '팔을 굽힌다' 내지 '팔이 굽는다'라는 말과 같음. 따라서 관절의 각도가 작아짐

14 회전운동
- 회전하는 물체의 접선속도는 각속도와 반지름의 곱으로 산출함
- 각속도는 나중 각위치에서 처음 각위치의 차를 운동 시간으로 나누어 산출함
- 토크는 힘의 연장선이 물체의 중심에서 벗어난 지점에 작용할 때 발생함

18 기저면의 변화와 안정성
- 산에서 내려오며 산악용 스틱을 사용하여 지면을 지지함
- 씨름에서 상대방이 옆으로 당기자 다리를 좌우로 벌림
- 스키점프 착지 동작에서 다리를 앞뒤로 교차하여 벌림

15 인체의 무게중심
- 무게중심은 인체 외부에 위치할 수 있음
- 무게중심의 위치는 안정성에 영향을 줌
- 무게중심은 토크의 합이 '0'인 지점
- 무게중심의 위치(높이)는 성별, 나이, 체형, 인체의 자세에 따라 달라짐

19 일과 일률
- 일의 단위는 J(줄)과 N · m(뉴턴미터)이며, 일률의 단위는 W(와트) 또는 J/s(줄 퍼 세크)임
- 일률은 힘과 속도의 곱으로 산출함
- 일률은 일의 양을 단위 시간(1초)로 나눈 것임. 일의 양은 힘과 이동거리의 곱으로 나타내기 때문에 이동 거리를 고려하지 않을 수 없음
- 일은 가해진 힘의 크기에 비례함

16 중력가속도
- 토스한 공은 포물선운동을 하게 됨
- 이때, 상하축(y축) 방향으로는 중력가속도의 영향을 받아 등가속도(9.8%)직선운동을, 좌우축(x축) 방향으로는 등속도운동을 함
- 따라서 상승할 때에도 하강할 때에도 중력가속도의 영향을 받는다고 설명할 수 있음

20 운동역학을 스포츠 현장에 적용한 사례
- 멀리뛰기에서 도약력 측정을 위한 지면반력 분석
- 다이빙에서 각운동량 산출을 위한 3차원 영상분석
- 축구에서 운동량 측정을 위한 웨어러블 센서의 활용

17 인체의 근골격계
- 골격근이 수축하고 이완함으로써 우리 몸은 수의적으로 움직일 수 있음

제7과목 스포츠윤리

※ 본 기출 키워드는 학습을 돕기 위해 이론별 관련 개념을 표시한 것이며, 개념 간 관계성이나 하위개념을 명시한 것이 아니므로 자세한 포함관계는 본문에서 확인하시기 바랍니다.

01 「스포츠기본법」의 기본 이념

- 이 법은 모든 국민이 자유롭고 평등하게 스포츠에 참여하여 건강한 삶을 누리게 함
- 국가와 지자체가 스포츠의 가치 확산을 위해 노력하도록 함
- 개인이 차별 없이 스포츠 활동을 하도록 함

02 스포츠 상황에서의 폭력

- 직접적 폭력
  - 상해를 입히려는 의도가 있는 행위
  - 가시적이고 파괴적임
- 구조적 폭력
  - 의도가 노골적이지 않지만 관습처럼 반복됨
  - 비가시적이며 장기간 이루어짐
- 문화적 폭력
  - 언어, 행동양식 등의 상징적 행위를 통해 가해짐
  - 위해를 옳은 것이라 정당화하여 문제가 되지 않게끔 만들기도 함

03 스포츠에서 성차별이 발생 · 심화되는 원인

- 생물학적 환원주의
- 남녀의 운동 능력 차이
- 남성 문화에 기반한 근대스포츠

04 테일러(Taylor)의 생명중심주의

- 불침해의 의무 : 다른 생명체에 해를 끼쳐서는 안 됨
- 불간섭의 의무 : 생태계에 간섭해서는 안 됨
- 신뢰의 의무 : 낚시나 덫처럼 동물을 기만하는 행위를 해서는 안 됨
- 보상적 정의의 의무 : 부득이하게 해를 끼친 경우 피해를 보상해야 함

05 인종차별 - 스포츠 불평등

- 인종 : 생물학적, 형태학적 특징에 따라 분류된 인간 집단
- 인종주의 : 특정 종목에 유리하거나 불리한 인종이 실제로 존재한다는 사고 방식
- 인종차별 : 선수의 능력 차이를 특정 인종의 우월이나 열등으로 과장하여 차등을 조장하는 것

06 의무주의

> 그 선수가 충돌을 피할 수 있는 시간은 충분했다. 그러나 그는 피하려 하지 않았다. 따라서 퇴장의 처벌은 당연하다.

의무주의적 윤리 이론은 옳고 그름을 판단하는 기준으로 행위에 대한 동기를 강조함

07 공정시합과 윤리적 규범

> 나는 운동선수로서 경기의 규칙을 숙지하고 준수하여 공정하게 시합을 한다.

- 페어플레이
- 스포츠에토스
- 스포츠퍼슨십

08 아크라시아(Akrasia, 자제력 없음)의 사례

- 경기 규칙의 위반은 옳지 않음을 알면서도 불공정한 파울을 행하기도 함
- 도핑이 그릇된 일이라는 점을 알고 있지만, 기록갱신과 승리를 위해 도핑을 강행함

09 정언명령의 사례

- 정정당당하게 경기에 임하라.
- 어떠한 경우에도 최선을 다해라.
- 운동선수는 페어플레이를 해야 한다.

10 행위 공리주의적 관점과 스포츠 행동

나(개별 행위자)는 경기에 참여 시 행동(행위) 하나하나가 가능한 한 많은 사람이 만족(최대의 유용성)하는 데에 기여할 수 있도록 노력해야 함

11 스포츠 상황과 절차적 정의

정의를 모든 선수에게 동등한 기회를 보장하기 위한 절차(공수 교대, 전후반 진영 교체 등)를 중시함

12 충서와 충 · 서

- 충서 : 조금의 속임이나 허식 없이 자기의 온 정성을 기울이는 것이 주로 타인에게 이르게 되는 것
- 충 : 마음이 중심을 잡아 한쪽으로 치우치지 않는 상태
- 서 : 나와 타인의 마음이 서로 다르지 않은 상태

13 스포츠 상황과 윤리

> 스포츠 경기에서 승자의 만족도는 '1'이고, 패자의 만족도는 '0'이라고 말하는 사람이 있다. 그러나 스포츠 경기에서 양자의 만족도 합은 '0'에 가까울 수 있고, '2'에 가까울 수도 있다. 승자와 패자의 만족도가 각각 '1'에 가까울 수 있기 때문이다.

- 공리주의적 입장
  - 승자와 패자의 만족도는 항상 1과 0으로 정해진 값은 아니며, 공리주의적 관점에서 바라봤을 때 패자여도 결과적으로 다수가 행복하다고 생각한다면 만족도는 1이 될 수 있음
- 의무론적 입장
  - 의무적 성격을 띤 정언명령은 공정경쟁을 꾀하는 스포츠에서 중요한 윤리요소임

14 의도적 구성 반칙 - 반칙의 유형

- 동기, 목표가 뚜렷함
- 스포츠의 본질적인 성격을 부정하는 의미로 해설할 수 있음
- 실격, 몰수패, 출전 정지, 영구 제명 등의 처벌이 따름

15 종차별주의

- 스포츠 활동은 인간의 이상을 추구하기 위한 것이고, 그 이상의 실현을 위해 동물은 수단으로 활용될 수 있음
- 승마의 경우 인간과 말이 훈련을 통해 기량을 향상시키고 결국 사람 간의 경쟁에 동물을 도구로 활용한다고 볼 수 있음

16 매킨타이어(MacIntyre)의 덕윤리

- 윤리적 갈등이 발생하면, 우리 사회에서 오랫동안 본보기가 되어온 위인들을 떠올림
- 그 위인들처럼 행동하려고 노력해야 함

17 스포츠윤리의 특징

- 스포츠 경쟁의 윤리적 기준임
- 올바른 스포츠 경기의 방향이 됨
- 일반 윤리학이 제시한 윤리적 원리와 덕목을 고찰하는 것도 포함됨
- 스포츠인의 행위 · 실천의 기준임

18 학생운동선수의 학습권 보호

- 최저 학력 제도
- 주말 리그 제도
- 학사 관리 지원 제도

19 윤리적 상대주의

스포츠 행위의 도덕적 가치는 사회에 따라, 또는 사람에 따라 다를 수 있으나 도덕적 준거가 없는 것은 아님

20 기술도핑의 문제점과 사례

- 문제점 : 스포츠에 과학기술의 도입은 필요하지만 이러다가 스포츠에서 탁월성의 근거가 인간에서 기술로 넘어갈 수 있음
- 사례 : 특수 제작된 신발, 전신 수영복, 압축 배트

제8과목 특수체육론

01 한국장애인복지체육회

「장애인복지법」(1989)에 근거하여 최초로 설립된 장애인 체육 행정조직

02 장애인스포츠지도사의 역할

- 장애인의 독특한 요구를 확인함
- 장애인에게 적합한 지도환경과 지도내용을 결정함
- 스포츠와 관련된 과제, 환경 등을 장애인의 요구에 맞게 변형함

03 사정 · 평가 · 측정 · 검사

- 사정 : 개인의 행동특성을 다양한 형태의 증거를 근거로 종합적으로 판단(배치 등)하는 과정
- 평가 : 수집된 자료에 근거하여 가치 판단을 내리는 과정
- 측정 : 행동특성을 수량화하는 과정
- 검사 : 운동기술과 지식 등을 측정하기 위한 도구

04 TGMD-3(Test of Gross Motor Development-3)

- 3~11세의 아동들을 대상으로 함
- 규준지향검사와 준거지향검사 방식을 모두 적용함
- 6가지 이동기술(달리기, 질주하기, 뛰어오르기, 한 발로 뛰기, 수직점프, 슬라이딩) 검사와 6가지 공 기술(정지한 공 치기, 드리블, 차기, 붙잡기, 던지기, 굴리기) 검사를 포함함
- 각 검사항목의 수행 준거를 정확하게 수행하면 1점, 정확하게 수행하지 못하면 0점을 부여함

05 개별화교육프로그램(IEP)의 필수 구성 요소

- 학생의 현행 수준 평가
- 연간교육목표(장기목표)와 단기교육목표
- 교육 서비스(또래 교수, 부모상담 등)와 교재 · 교구
- 교육 시작 날짜와 교육기간
- 기타 : 부모의 동의, 교육 프로그램의 책임자, 목표달성 기준과 평가절차

06 비대칭 긴장성 목반사 - 원시반사

- 누운 자세에서 머리를 좌우로 돌렸을 때 나타나는 반응
- 뒤통수 쪽의 팔과 다리는 굽어지고, 얼굴 쪽의 팔과 다리는 펴짐
- 뇌성마비 장애인은 반사가 사라지지 않고 남아 있음

07 스테이션 수업

- 지도자는 효과적인 농구 수업을 위해 체육관의 각기 다른 구역에 여러 가지의 과제를 준비함
- 한 가지 과제에서 시작하여 주어진 활동을 마치거나 지도자가 신호하면 학습자들은 다음 과제의 수행장소로 이동함
- 지도자는 각각의 과제를 수행하는 곳을 돌며 도움이 필요한 학습자를 지도함

08 대근운동발단단계(Ulrich, 1985)

구 분	시 기	내 용
1단계	신생아기	반사와 반응
2단계	학령전 및 초등 저학년기	게임 운동기술
3단계	초등 3~4학년 시기	기본(대근) 운동 기술과 양식
4단계	초등 고학년에서 청소년 시기	스포츠 및 전문 여가 운동기술

09 조작성 운동양식

- 3세에는 몸으로 끌어안으며 공을 받음
- 2~3세에는 다리를 펴고 제자리에 서서 공을 참
- 2~3세에는 앞을 보고 상하 방향으로 공을 침
- 7~14세에는 던지는 팔과 반대쪽 발을 앞으로 내밀며 공을 던짐

10 척수(T6) 손상 선수의 체력운동

- 상부 흉추가 손상된 경우 호흡 기능에 장애가 생길 수 있으므로 폐활량 증가 및 호흡기 질환의 예방을 위해 적절한 유산소 운동이 필수적임
- 유산소 운동 중 젖산이 급격히 생성되므로 긴 휴식시간과 에너지원 보충이 필요함
- 땀을 흘리는 피부 면적이 좁아 더위에서 운동하면 체온이 급격히 올라가는 것을 고려해야 함
- 교감신경계 손상이 있는 척수 손상 환자의 경우, 안정 시와 운동 시의 심박수 반응이 일반적인 경우와 다를 수 있으며, 자율신경반사 이상 등의 위험이 있으므로 주의가 필요함

11 행동관리 기법

- 타임아웃 : 학습자가 교사의 시야 내에 위치하지만, 수업에 참가하지 못하게 하는 것
- 반응대가 : 나쁜 행동이 발생했을 시 좋아하는 것(정적 강화물)을 빼앗는 것
- 부적 (처)벌 : 어떤 행동의 빈도를 줄이기 위해 유쾌한 자극을 박탈하는 것

12 미국지적장애및발달장애협회(AAIDD, 2021)의 지적장애 정의

- 표준화 검사를 통해 산출된 지능지수 점수가 −2 표준편차 이하임
- 적응행동의 실제적 기술은 식사, 옷 입기, 작업 기술, 건강과 안전, 일과 계획, 전화사용 등이 포함됨
- 22세 이전에 발생함

13 다운증후군

- 상염색체 중 21번 염색체가 3개임
- 의학적 문제(선천성 심장질환, 근시 등)가 있을 수 있음
- 인종, 국적, 종교, 사회적 지위 등과 관계없이 발생하는 보편성을 지니고 있음
- 대부분 포만 중추의 문제로 과체중 발생 빈도가 매우 높음
- 근육 저긴장성 때문에 지도자의 관리하에 근력 운동이 필요함
- 경추 정렬의 문제 때문에 운동 참여 시 척수손상에 대해 특히 주의해야 함

14 보 체

- 경기장은 3.66m × 18.29m 크기의 직사각형임
- 공식 경기에는 단식 경기, 복식 경기, 팀 경기 등이 있음
- 한 팀당 4개의 공을 소유하고, 표적구에 가까이 던진 팀이 점수를 획득하는 경기임

15 운동기능에 따른 뇌성마비의 분류체계

구 분	경직형	운동 실조형	무정위 운동형
손상 부위	운동피질	소 뇌	기저핵
근 긴장도	과긴장성	저긴장성	근 긴장의 급격한 변화
운동 특성	• 관절 가동 범위의 제한 • 가위보행	• 평형성 부족 • 협응력 부족	• 불수의적 움직임 • 머리 조절의 어려움

16 자폐성 장애인의 운동 지도전략

- 특성 : 자폐성 장애인들은 새롭거나 기존 환경과 다른 정보가 무작위적 또는 무계획적으로 제공될 때 부적절한 행동으로 반응할 때가 있음
- 전략 : 이때 처음부터 끝까지 일상적 과제를 수행하게 하면, 과제의 숙달과 완성에 대한 교사의 기대치를 높일 수 있음

17 척수손상 장애인의 특성에 대한 지도자의 대처

- 욕창이 생기지 않도록 자세를 자주 바꾸게 함
- 기립성 저혈압의 경우 압박 스타킹을 착용하도록 함
- 운동 중에 과도하게 체온이 상승하는 것을 예방하기 위해 물을 분무해 주면서 휴식을 취하도록 함

18 시각 장애인의 지도전략

- 시범은 잔존시력 범위에서 보이면서 언어적 설명을 병행하는 것이 효과적임
- 지도자는 지도할 때 시각 장애인에게 신체 접촉의 형태, 방법, 이유 등을 구체적으로 안내함
- 전맹의 경우 스포츠 동작에 대한 이해도를 높이기 위해 관절이 굽어지는 인체 모형을 사용할 수 있음

19 진행성 근이영양증

- 디스트로핀 단백질 결손과 관련된 유전질환임
- 듀센형 장애인은 대부분 평균 이상의 지적 능력을 보임
- 듀센형 장애인은 종아리 근육에 가성비대가 나타남

20 스포츠와 관련 있는 수어

운동	두 주먹을 어깨 앞에서 위·아래로 움직임
수영	검지와 중지를 교대로 움직이며 손등 방향으로 움직임
스케이트	검지와 중지를 펴서 화살표와 같이 교대로 내밂

제9과목 유아체육론

※ 본 기출 키워드는 학습을 돕기 위해 이론별 관련 개념을 표시한 것이며, 개념 간 관계성이나 하위개념을 명시한 것이 아니므로 자세한 포함관계는 본문에서 확인하시기 바랍니다.

01 유아체육 지도자의 교수전략

• 각 유아에게 적합한 수준에서 연습할 수 있도록 개별화된 학습경험을 제공해야 함
• 유아의 실제학습시간(ALT)을 증가시킬 수 있는 환경을 조성해야 함
• 유아의 능력 수준을 고려한 학습과제를 제공하고, 연습 시간을 최대한 확보해 줌

02 운동기술 연습 시 지도자의 적합한 시범

• 시범에서 언어적 표현을 보다 많이 활용할 때 더 효과적임
• 시범은 주가적 학습단서와 함께 제공될 때 더 효과적임
• 다양한 각도에서 이루어진 시범을 통해 정확한 정보를 제공함
• 자주 실수하는 동작에 대해 반복적인 시범을 보여 줌

03 내적 참여동기를 증진하는 교수전략

• 유아의 능력과 과제 난이도를 고려한 프로그램 제공을 통해 몰입을 도움
• 학습과제 범위 내에서 유아에게 자율적 선택권을 부여함
• 활동적으로 참여하는 유아를 격려하고 칭찬함

04 유아기의 지각–운동 발달

• 유아기는 지각–운동 발달의 최적기임
• 지각–운동 발달은 아동의 운동능력을 나타내는 중요 요소 중 하나임
• 유아기의 지각–운동 학습경험이 많을수록 다양한 운동상황에 반응하는 적응력이 발달됨

05 열사병

• 체온이 40℃ 이상으로 오름
• 땀을 전혀 흘리지 않거나 과도하게 많이 흘림
• 신체 내 열을 외부로 발산하지 못해 고체온 발생 및 중추신경계의 이상을 보임
• 신속한 체온감소 조치와 병원 후송이 필요함

06 유아체육 프로그램의 구성원리별 사례

• 연계성 : 차기의 개념 학습 후, 정지된 공에서 빠르게 움직이는 공의 순으로 수업을 설계함
• 방향성 : 대근육 운동에서 소근육 운동으로 확장된 움직임 수업을 설계함
• 적합성 : 발달 단계에 따른 민감기를 고려한 움직임 수업을 설계함

07 성장 · 발달 · 성숙

- 성 장
  - 일정 시기가 되면 자연히 발생되는 양적인 변화과정임
  - 신장, 체중, 신경조직, 세포증식의 확대에 의한 증가를 뜻함
- 발 달
  - 신체, 운동, 심리적 측면에서 전 생애에 걸쳐 일어나는 체계적이고 연속적인 변화를 뜻함
  - 변화하는 속도에는 개인차가 있으며, 상승적 변화뿐 아니라 하강적 변화도 포함함
- 성 숙
  - 기능을 더 높은 수준으로 발전할 수 있도록 하는 질적 변화를 뜻함
  - 신체적, 생리적 변화뿐 아니라 행동 변화까지 포함함

08 TGMD-II의 검사영역

- 이동 기술 영역 : 달리기, 갤럽, 외발뛰기(홉), 립, 제자리멀리뛰기, 슬라이드
- (물체) 조작 기술 영역 : 치기, 튀기기(팅기기), 받기, 차기, 던지기, 굴리기

09 인지발달 이론

- 인지발달단계 이론
  - 발달단계 : 감각운동기 → 전조작기 → 구체적 조작기 → 형식적 조작기
  - 주요개념 : 평형화, 동화, 조절
  - 인지발달의 방향 : 내부 → 외부
- 사회문화적 이론
  - 발달단계 : 연속적 발달단계
  - 주요개념 : 내면화, 근접발달영역, 비계(Scaffold)설정
  - 인지발달의 방향 : 외부 → 내부

10 정보 부호화 단계 – 반사 움직임 시기

- 태아기를 거쳐 생후 약 4개월까지 관찰될 수 있는 불수의적 움직임의 특징을 보임
- 뇌 중추는 다양한 강도와 지속시간을 가진 여러 자극에 대해 불수의적 반응을 유발할 수 있음
- 뇌하부 중추는 운동 피질보다 더 많이 발달하며 태아와 신생아의 움직임을 제어하는 데 필수적임

11 신체활동의 역량 – 체육과 교육과정 (2022)

- 움직임 수행 역량 : 운동, 스포츠, 표현 활동 과정에서 동작에 필요한 지식, 기능, 태도를 다양한 상황에 적용하며 발달함
- 건강관리 역량 : 체육과 내용 영역에서 학습한 신체활동을 일상생활에서 실천하며 함양함
- 신체활동 문화 향유 역량 : 각 신체활동 형식의 특성을 이해하고 인류가 축적한 문화적 소양을 내면화하여 공동체 속에서 실천하면서 길러짐

12 안내–발견적 방법의 실제

- 활동 전 아이들에게 어떻게 하면 콘을 건드리지 않고 드리블해 나갈 수 있을지 질문한 후 실제 활동을 하게 함
- 이후 다양한 수준을 가진 아이들의 수행을 관찰하게 함

13 동작교육과정(Purcell)

- 신체인식 : 전신의 움직임, 신체 부분의 움직임
- 공간인식 : 수준, 방향
- 노력 : 시간, 힘
- 관계 : 파트너/그룹, 기구·교수 자료

14 인간행동의 역학적 요인

- 안정성 요인 : 중력 중심, 중력선, 지지면
- 힘을 가하는 요인 : 관성, 가속도, 작용/반작용
- 힘을 받는 요인 : 표면적, 거리

15 어린이와 청소년을 위한 FITT 권고사항 (ACSM 11판, 2022)

- 유산소 운동 : 여러 가지 스포츠를 포함한 즐겁고 성장 발달에 적절한 활동
- 저항 운동 : 신체활동은 구조화되지 않은 활동이나 구조화되고 적절하게 감독할 수 있는 활동으로 구성
- 뼈 강화 운동 : 달리기, 줄넘기, 농구, 테니스 등과 같은 활동
- 시간 : 하루 60분 이상의 운동시간이 포함되도록 함

16 기술 내 발달 순서 – 기본 움직임 과제

- 기본 움직임 패턴에서 신체 부위들의 발달 속도는 서로 다를 수 있음
- 기본 움직임 기술의 습득 및 성숙은 과제·개인·환경 요인들에 영향을 받음
- 갤러휴와 클렐랜드는 운동기술의 발달 순서에 대해 시작, 초보, 성숙으로 분류하였음

17 유아기 체력측정 – 국민체력 100

- 체력측정은 건강체력과 운동체력 항목으로 나뉨
- 건강체력 측정의 세부항목으로는 10m 왕복오래달리기, 상대악력, 윗몸말아올리기, 앉아윗몸앞으로굽히기 등이 있음
- 운동체력 측정의 세부항목으로는 5m×4 왕복달리기, 제자리멀리뛰기, 3×3 버튼누르기 등이 있음

18 유소년 운동프로그램 구성의 기본원리

- 가역성의 원리 : 운동을 중단하면 운동의 효과가 없어지므로 꾸준히 지속하는 것이 중요함
- 전면성의 원리 : 다양한 체력 요소가 골고루 발전되도록 운동해야 함
- 점진성의 원리 : 운동 강도를 조금씩 점진적으로 증가시켜야 함
- 과부하의 원리 : 운동 강도가 일상적인 활동보다 높아야 체력이 증진됨

19 운동에 대한 2차원 모델(Gallahue)

운동발달 단계	움직임 과제의 의도된 기능		
	안정성	이동	조작
반사 움직임 단계	직립 반사	걷기 반사	손바닥 파악반사
초보 움직임 단계	머리와 목 제어	포복하기	잡기
기본 움직임 단계	한발로 균형잡기	걷기	던지기
전문화 움직임 단계	축구 페널티킥 막기	육상 허들 넘기	야구 공치기

20 드리블 동작의 지도

- 시작단계의 드리블 동작에서 성숙단계로 발달하게 하려고 함
  - 두 발을 벌리고, 내민 발의 반대편 손을 앞으로 내밀어 드리블하도록 지도함
  - 허리 높이에서 몸통을 약간 앞으로 기울여 드리블하도록 지도함
  - 공을 튀길 때, 손목 스냅을 이용하여 공을 바닥 쪽으로 밀어내도록 지도함

제10과목 노인체육론

※ 본 기출 키워드는 학습을 돕기 위해 이론별 관련 개념을 표시한 것이며, 개념 간 관계성이나 하위개념을 명시한 것이 아니므로 자세한 포함관계는 본문에서 확인하시기 바랍니다.

01 노화에 따른 생리적 변화

- 1회박출량 감소
- 동정맥산소차 감소
- 근육의 산화능력 감소
- 심장근육의 수축시간 증가

02 면역반응 이론 – 노화 이론

항체의 이물질에 대한 식별능력이 저하되어 이물질이 계속 체내에 있으면서 부작용을 일으켜 노화가 촉진됨

03 쇠퇴성 – 노화의 특징

- 노화는 신체기능에 부정적 영향을 미쳐 사망을 초래함
- 나이가 들면서 신체기능이 더 좋아지면 노화가 아님

04 사회인지 이론 – 노인의 행동 변화 이론

- 인간의 행동 변화는 환경의 영향, 개인의 내적 요인, 행동 요인에 영향을 받음
- 자아효능감은 행동 변화와 밀접한 관련이 있음
- 운동지도자의 격려를 통해 지속적으로 운동 프로그램에 참여함

05 노인 폐질환

- 운동성 천식의 증상은 운동으로 악화될 수 있음
- 만성폐쇄성폐질환자의 기도저항은 호흡근 약화를 초래함
- 만성폐쇄성폐질환의 주요 증상은 호흡곤란, 가래, 만성적인 기침임
- 천식 환자의 운동유발성 기관지수축은 추운 환경, 대기오염, 스트레스에 의해 촉발됨

06 한국형 노인체력검사(국민체력 100)의 측정항목과 측정방법

측정항목	측정방법
협응력	8자 보행
심폐지구력	6분 걷기
상지 근기능	상대악력
유연성	앉아 윗몸 앞으로 굽히기

07 도구적 일상생활 활동 – 노인의 생활 기능 분류

- 일상생활능력(ADL) : 옷 입기, 걸어서 이동하기, 목욕, 식사하기, 침대에서 의자 · 휠체어로 이동하기, 화장실 사용
- 도구적 일상생활능력(IADLs) : 요리, 집안일, 빨래, 시장보기, 전화 통화, 약 먹기, 금전 관리, 대중교통 이용

08 노인의 운동지침(ACSM 11판, 2022)
- 유연성 운동 : 약간의 불편감이 느껴질 정도로 30~60초 동안의 정적 스트레칭
- 유산소 운동 : 중강도로 주 5일 이상 또는 고강도로 주 3일 이상의 대근육 운동
- 파워 운동 : 저강도에서 중강도의 부하로, 1RM의 30~60% 수준의 근력운동
- 저항 운동 : 8~10종의 대근육군 운동, 초보자는 1RM의 40~50% 강도의 체중부하운동

09 노인의 신체기능검사
- 6분 걷기 검사
  - 6분 동안 걸을 수 있는 최대거리(m)로 심폐지구력을 평가함
  - 장거리 보행이나 계단 오르기 등의 일상생활 동작과 관련이 있음
- 기능적 팔 뻗기 검사(FRT)
  - 균형을 잃지 않고 팔이 닿을 수 있는 최대거리를 측정하여 동적 평형성을 평가함
  - 노인의 낙상 위험도 범주 분류에 사용됨
- 노인체력검사(SFT) 중 '등 뒤에서 손잡기' 검사
  - 어깨 유연성을 평가함
  - 머리 위로 옷을 벗거나, 자동차에서 안전벨트를 매는 동작과 관련된 항목
- 단기신체기능검사(SPPB)
  - 하지기능을 평가하는 수행검사
  - 직립균형검사, 보행속도, 의자에서 일어나기 3가지 항목으로 구성
  - 수행불능 0점, 최저 1점, 최고 4점으로 평가

10 심혈관 질환 노인의 운동처방
- 운동자각도(10점 척도) 5~6의 빠르게 걷는 유산소 운동을 함
- 1RM의 40~50%의 강도로 대근육을 활용한 근력 강화 운동을 함

11 장애과정 모델(Vferbruggen & Jetter)
병 → 손상 → 기능적 제한 → 장애

12 심리사회적 단계(Erikson)
자아 주체성 대 절망 → 생산적 대 정체 → 친분 대 고독

13 말초동맥질환
- 죽상동맥경화 병변이 특징인 질환
- 위험요인 : 연령, 흡연, 고혈압, 당뇨병, 이상지질혈증
- 주요 증상 : 체중부하 움직임 시 하지의 간헐적 파행

14 노화에 따른 호흡계 변화
- 잔기량의 증가
- 흉곽의 경직성 증가
- 생리학적 사강의 증가
- 호흡기 중추신경 활동에 대한 민감성 감소

15 노인 당뇨병 환자의 운동 효과
- 체지방 감소
- 죽상동맥경화 합병증 위험 감소
- 당뇨병 전단계에서 제2형 당뇨병으로의 진행 예방

16 노인의 신체활동에 대한 심리적 효과 (WHO)
- 단기적 효과 : 이완, 불안 · 우울 · 스트레스 완화
- 장기적 효과 : 기술 획득, 인지 향상, 운동제어와 수행

17 노화에 따른 인지기능의 변화

- 유동성 지능의 감퇴
- 결정성 지능의 향상
- 단기 기억력의 감퇴
- 인지 처리 속도의 지연

18 노인의 근 · 골격계 질환에 관한 권장 운동

- 관절염 : 관절 부담을 적게 주는 자전거 운동
- 척추질환 : 단축된 결합조직을 이완시키는 유연성 운동
- 근감소증 : 넘어짐을 예방하기 위한 체중부하 근력 운동

19 치매 노인에게 적합한 운동 형태

- 계단 오르내리기
- 밴드를 이용한 저항 운동
- 물건 들고 안전하게 보행하기
- 대근육군을 사용하는 자전거 타기

20 노인 운동 시 위험관리

- 신체활동 프로그램 시작 전에 신체적 기능에 따라 참여자들을 선별함
- 시각적 문제가 있는 경우 적절한 조명과 거울로 된 벽, 방향 표시를 함
- 심장질환의 징후인 가슴통증, 호흡곤란, 불규칙한 심박수가 나타나면 운동을 바로 중단함